2022年版

工程造价司法鉴定典型案例

中国建设工程造价管理协会　编

中国建材工业出版社

图书在版编目（CIP）数据

工程造价司法鉴定典型案例 / 中国建设工程造价管理协会编．-- 北京：中国建材工业出版社，2022.3（2023.3重印）

ISBN 978-7-5160-3413-2

Ⅰ．①工…　Ⅱ．①中…　Ⅲ．①建筑造价管理－建筑法－司法鉴定－案例－中国　Ⅳ．① D922.297.5

中国版本图书馆 CIP 数据核字（2021）第 254807 号

工程造价司法鉴定典型案例

Gongcheng Zaojia Sifa Jianding Dianxing Anli

中国建设工程造价管理协会　编

出版发行：中国建材工业出版社

地　　址：北京市海淀区三里河路 11 号

邮政编码：100831

经　　销：全国各地新华书店

印　　刷：北京印刷集团有限责任公司

开　　本：889mm×1194mm　1/16

印　　张：26.25

字　　数：630 千字

版　　次：2022 年 3 月第 1 版

印　　次：2023 年 3 月第 6 次

定　　价：126.00 元

本社网址：www.jccbs.com，微信公众号：zgjcgycbs

编审委员会

主　　审：王中和

主　　编：张兴旺

副 主 编：吴雨冰

主要编审人员：（按姓氏笔画排序）

马玉峰　田华伟　田　祎　兰德卿　任双成
刘慧阳　孙建波　吴玉珊　张其涛　周明科
侯　赞　黄志挺　蓝仑山　檀中文

前　言

工程造价是建设市场的重要内容，贯穿建设、生产、固定资产投资全过程，关系基础设施建设及国计民生，关系各方建设主体的经济利益，因此，不可避免会发生纠纷。人民法院或仲裁机构每年处理大量与工程造价有关的建设工程纠纷案件，因工程造价的单一性、动态性、专业性和大额性，使得建设工程造价纠纷引发的案件成了人民法院、仲裁机构的“疑难杂症”，不得不借助于工程造价鉴定意见。

为了规范工程造价鉴定行为，中华人民共和国住房和城乡建设部于 2017 年 8 月发布了国家标准《建设工程造价鉴定规范》（GB/T 51262—2017）。工程造价鉴定是指鉴定机构接受人民法院或仲裁机构委托，在诉讼或仲裁案件中，鉴定人运用工程造价方面的科学技术和专业知识，对工程造价争议中涉及的专门性问题进行鉴别、判断并提供鉴定意见的活动。注册造价工程师和造价咨询企业受人民法院或仲裁机构委托，开展工程造价鉴定工作，出具客观公正的工程造价鉴定意见书，提供专业的鉴定意见，可以帮助人民法院、仲裁机构查清案件事实，是构建法治国家、和谐社会不可或缺的专业咨询活动，有助于维护当事人合法权益、化解市场矛盾、促进社会和谐。

工程造价需要客观反映工程建设，建设工程的单一性、过程性和复杂性注定了工程造价司法鉴定的特殊性；不仅如此，基于工程造价的形成规律和计价规则，任意一个微小失误都有可能造成工程价款的较大偏差，因此决定了工程造价司法鉴定需要具有较强的专业性、技术性和政策性。从建设工程造价鉴定实际工作来看，目前确实存在着鉴定成果文件质量良莠不齐的现象，从而引发矛盾争议，引起工程造价司法鉴定相关的投诉举报事件。中国建设工程造价管理协会工程造价纠纷调解工作委员会受理人民法院或当事人委托，在对工程造价鉴定报告进行技术评审时，发现很多造价鉴定意见书都存在“以鉴代审”、程序违规、不遵守鉴定规范、违反合同约定、鉴定依据不充分、鉴定意见不全面、鉴定成果文件不完整等较为明显的质量问题。

造价鉴定意见属于《中华人民共和国民事诉讼法》规定的证据之一，工程造价鉴定意见是认定案件事实的重要证据，尤其在确定工程价款数额时更为关键，对双方当事人的权利义务有直接影响。如工程造价鉴定意见有瑕疵、有错误，又无法得到纠正时，不仅会损害一方的合法利益，无法做到“定分止争”“案结事了”，而且还会导致案件久拖不决、诉讼程序空转，进而浪费司法资源和降低社会效率，引发新的社会矛盾。工程造价咨询企业作为工程计价与管理的主力军，作为工程造价鉴定的实践者，承担着工程造价管控的时代使命。为了总结建设工程造价鉴定工作经验，指导会员更好地开展工程造价司法鉴定工作，中国建设工程造价管理协会邀请各省级造价管理协会和专业委员会推荐工程造价司法鉴定典型案件，共收集了106篇典型案例。经中国建设工程造价管理协会反复筛选、组织及专家的修改完善，最终精选出33篇优秀案例。入选本书的案例具有一定的典型性、借鉴性和广泛性的特点，严格执行了国家标准《建设工程造价鉴定规范》(GB/T 51262—2017)，鉴定程序合法合规，做到了确定性意见、推断性意见和选择性意见的合理区分，反映了工程建设的客观事实，体现了工程造价鉴定的专业优势，充分突出了工程造价领域鉴定工作的规范性、严谨性、客观性和专业性等技术要求，鉴定意见均被委托人民法院或仲裁机构予以采纳，做到了法治效果和社会效果的有机统一。

本书收集的优秀案例凝聚了各位撰稿人坚持工程造价客观反映工程实际的心血，是撰稿人专业技术与智慧的结晶。我们感谢为本书提供案例的工程造价咨询企业、撰稿人和参与评审、修改的专家，也衷心感谢行业内外的专家学者批评指正。希望本书的出版，能为广大工程造价咨询企业和注册造价工程师开展造价鉴定工作提供有益的参考。

目　录

某住宅项目工程工期司法鉴定

——北京求实工程管理有限公司

邹雪云　尚天江　张大平

一、案情简介

某建筑施工公司（以下简称申请人）与某公司（以下简称被申请人）就某地产项目施工合同纠纷引起的仲裁案于2017年在某仲裁委员会提起仲裁。鉴定机构需分别就本案合同涉及的工程总工期延误情形、节点工期延误情况以及造成工期延误的责任分配等问题，提供专业鉴定意见并出具工期鉴定报告，工期鉴定报告经双方质证后作为仲裁庭审理本案的参考依据。

二、案件焦点和工期鉴定难点

（一）案件焦点

北京求实工程管理有限公司（以下简称鉴定机构）受某仲裁委员会委托作为本案工期鉴定机构，对本案涉及的工期延误情况及工期延误责任进行鉴定，本案双方当事人对本案工程的开、竣工时间的认定原则，合同工期天数，延误程度的认定，延误责任的分配，合同的有效性均存在分歧。案件的焦点内容包括：

（1）本案所签订的合同约定计划开工日期、计划竣工日期以及合同总工期的认定。

（2）本案工程实际开工日期、实际竣工日期、实际总工期，以及实际开工日期和实际竣工日期的认定依据和理由。

（3）本案工程实际工期延误情形和延误责任分配。

（4）本案工程所涉及的每个楼栋的节点工期延误情形的认定依据和理由。

（二）工期鉴定难点

1. 节点延误负偏离情况的处理难点

由于在本案合同工期中，合同约定的部分节点工期明显不合理（与正常的工序安排相比，部分节点要求存在明显错误）或者有建设加速等情况，导致前期节点工期延误而后期节点工期提前、总工期延误天数小于节点相对延误天数之和等情况；可能存在延误事件对节点工期计算出来的影响延误天数大于实际延误天数，导致节点工期出现非正常提前或非正常滞后，节点延误天数存在负偏离的情况。以延误事件为分析基础的延误责任计算结果不能有效地反映实际，且与实际感知的情况存在明显偏差。在工期鉴定过程中，需要结合负偏离情况发生的原因进行有效识别并纠偏后才能使工期延误责任的分配更为合理。

2. 用作证据的资料识别难点

本案所涉工程工期时间较长、规模较大，当事人提交的工程资料版本多、类别多、时间长、矛盾多。对于当事人提交的证据资料，例如单方证据、有矛盾的证据、未经质证的资料等，鉴定人对证据进行分析、鉴别和认定是本案鉴定中的难点。最终需要结合质证情况对证据的证明力作出判断，包括证据的真实性、可靠性和证据关联程度的强弱，决定是否采用某项证据作为工期延误鉴定的证据。

3. 实际开、竣工日期的认定难点

本案双方当事人对工程实际开、竣工日期的主张及认定依据存在较大偏差，存在开工通知时间、合同约定开工日期、实际进场记录时间等多处不一致的开工时间记录文件；也存在竣工验收时间、正式移交时间、竣工备案时间等多处不一致的竣工时间记录文件。鉴定机构应依据双方当事人提交的证据资料和相关法律、法规、规章和司法解释对本案实际开、竣工时间进行认定，确定实际工期，将实际工期和合同工期进行对比，计算总延误天数。

4. 无法有效识别的甲指分包延误责任事件

本案的施工合同条款中对于甲指分包工程导致的延误责任的约定比较笼统，无清晰的责任界定描述，且双方当事人对合同效力的认定存在分歧。从施工过程记录文件反馈的工程影响来看，甲指分包单位与总承包人的施工相互交叉且互有影响，鉴定机构无法准确判断各自的影响天数。鉴定机构只能结合合同约定及施工过程中的相互影响分析，提供选择性的责任分担比例，供仲裁庭参考。

三、鉴定情况

（一）司法鉴定委托人提供鉴定材料内容

本案司法鉴定委托人提供的鉴定材料包括如下内容：

（1）合同文件：备案合同、未备案合同、中标通知书。

（2）与工期有关的记录文件：施工组织设计、施工总进度计划、设计变更、双方往来函件、重要的会议记录文件、索赔资料、开工令、分部分项工程验收记录、竣工验收报告、竣工备案表。

（3）仲裁相关文件：庭审笔录、申请人工期鉴定申请书、被申请人工期鉴定说明。

（4）其他文件：双方支付款过程记录文件、部分试验资料、隐蔽验收记录、笔迹鉴定申请书。

（二）工程工期司法鉴定情况

1. 鉴定过程

（1）受理。

2017 年 4 月，某仲裁委员会委托鉴定机构对本案进行工程工期鉴定。

（2）资料接收。

2017 年 5 月，鉴定机构收到本案当事人提交的工期鉴定资料。

（3）资料核对。

2017 年 6 月，鉴定机构召集本案双方当事人共同召开资料核对会，双方分别就对方的鉴定资料发表意见。

（4）工期延误分析。

2017 年 7 月，鉴定机构根据本案双方当事人提供的各类鉴定资料开展工期延误分析。

（5）征求意见稿。

2017 年 8 月，鉴定机构提交鉴定意见书征求意见稿。

（6）异议回复。

2017 年 9 月，鉴定机构收到双方当事人针对工期鉴定意见书征求意见稿提交的异议意见，鉴定机构出具“工期异议回复说明”。

（7）出庭。

2018 年 10 月，鉴定机构出席本案庭审会议，接受本案双方当事人和仲裁庭的询问。

（8）补充鉴定报告。

2018 年 11 月，鉴定机构出具“工期鉴定补充报告”。

2. 鉴定依据

本案开展工期鉴定的依据包括鉴定委托书、证据材料和适用规范、条款。

（1）鉴定委托书：仲裁委员会出具的“工期鉴定委托书”和“工期鉴定委托补充通知”说明了委托鉴定的目的、范围、事项和鉴定要求。

（2）证据材料：本案双方当事人提交经过质证并经委托人认定或当事人一致认可后用作鉴定的证据材料。

（3）适用规范、条款：《建设工程造价鉴定规范》（GB/T 51262—2017）、《司法鉴定程序通则》（司法部令第 132 号）、《最高人民法院关于民事诉讼证据的若干规定》《最高人民法院关于审理建设工程施工合同纠纷案件适用法律问题的解释（一）》。

3. 鉴定方法

目前在国际工程中主要有两个比较成熟的工期鉴定方法体系，英国建筑法学会（SCL，Society of Construction Law）《工期延误与干扰索赔分析准则》（*Society of Construction Law Delay and Disruption Protocol*）和美国成本工程师协会（AACE，Association for Advancement of Cost Engineering）《法务工期鉴定操作规程》[AACE RP29R-03（2011）]。由于国内缺乏工期延误分析

鉴定方法与准则，鉴定机构参考英国建筑法学会《工期延误与干扰索赔分析准则》和美国成本工程师协会《法务工期鉴定操作规程》两种国际上主要的工期延误分析方法体系，进行研究和借鉴。SCL-DDP 与 AACE 所使用方法名称的对应关系见表 1。

表 1　SCL-DDP 与 AACE 所使用方法名称的对应关系

<table>
<tr><th colspan="2">SCL-DDP
工期延误与干扰索赔分析准则</th><th>AACE
法务工期鉴定操作规程</th></tr>
<tr><td>编号</td><td>名称</td><td>名称</td></tr>
<tr><td>1</td><td>计划影响分析法</td><td>3.6 基于单一基准的加法建模法</td></tr>
<tr><td>2</td><td>时间影响分析法</td><td>3.7 基于多重基准的加法建模法</td></tr>
<tr><td rowspan="4">3</td><td rowspan="4">窗口分析法</td><td>3.3 当前动态观测法</td></tr>
<tr><td>3.4 分离动态观测法</td></tr>
<tr><td>3.5 改进 / 重建动态观测法</td></tr>
<tr><td>3.1 全体静态观测法</td></tr>
<tr><td>4</td><td>实际与计划工期对比法</td><td>3.2 周期静态观测法</td></tr>
<tr><td rowspan="2">5</td><td rowspan="2">影响事件剔除法</td><td>3.8 基于单一基准的减法建模法</td></tr>
<tr><td>3.9 基于多重基准的减法建模法</td></tr>
<tr><td>6</td><td>最长路径法</td><td></td></tr>
</table>

《法务工期鉴定操作规程》将专门用于工期法律责任分析的方法进行了分类，共九种类别分析方法，需要考虑的影响因素之一是进度数据的完整性。这主要包括：进度计划（As-planned/Baseline Schedule）、更新进度计划（Schedule Updates）和实际进度计划（As-built Schedule）。根据不同项目资料的完备性可以选用不同的分析方法。各种方法对进度计划和数据的完整性要求见表 2。

表 2　各种方法对进度计划和数据的完整性要求

进度或数据	分析方法								
	3.1	3.2	3.3	3.4	3.5	3.6	3.7	3.8	3.9
基准进度计划	需要	需要				需要	需要		
进度更新数据			需要	需要			需要		需要
实际数据记录	需要	需要			需要			需要	需要

鉴定机构通过整理双方当事人提供的资料，发现资料中无实际更新进度计划可用，无法确认实际的竣工计划，但施工组织设计中有双方当事人签署认可的施工总进度计划。依据这种资料情况，鉴定机构建议可以采用《法务工期鉴定操作规程》中方法 3.6 计划影响分析法（Impacted As-planned）进行工期延误分析的工期法律责任分析，基于单一基准计划分析延误事件对工期造成的影响。

4. 鉴定意见

工期延误责任划分为三类，分别是申请人责任、被申请人责任和第三方责任。

（1）申请人责任：承包人因施工组织不力、管理人员不足、质量整改等原因造成工期延误。

（2）被申请人责任：发包人因施工图纸下发滞后、设计变更、工程进度款支付不力、甲指分包、甲供材料招标采购等原因造成的工期延误。

（3）第三方责任：不可抗力、异常恶劣的气候条件、不利物质条件、情势变更等原因造成的工期延误，根据合同约定既不属于发包人也不属于承包人的责任事件。

本案某区合同工期 1016 日历天，实际工期 1306 日历天，总工期延误 290 日历天。本工程的工期延误责任矩阵见表 3。

表 3　本工程的工期延误责任矩阵　　（单位：日历天）

序号	合同名称	总工期延误天数	申请人责任天数	被申请人责任天数	第三方责任天数
1	某住宅项目建筑安装工程承包合同	290	75	200	15

（三）工期延误分析重点

本案双方当事人和仲裁庭关注的重点主要包括鉴定证据的选择、工期节点延误分析和延误事件分析等。针对本案工期鉴定过程中涉及的重要分歧和鉴定难点，笔者参考国外相关成熟的鉴定方法体系，结合所参与多起工期鉴定案件的经验做了重点研究和分析。

1. 鉴定证据的选择

由于国内缺乏工期延误分析鉴定方法与准则，当前工期鉴定主要依据《建设工程造价鉴定规范》（GB/T 51262—2017）、《司法鉴定程序通则》（司法部令第 132 号）、《最高人民法院关于民事诉讼证据的若干规定》等相关规范、法律规定展开。在诉讼或仲裁案件中，鉴定机构通常接收法院或仲裁庭（以下称委托人）组织质证后的证据作为鉴定依据。证据的提交包括委托人移交和当事人提交两种方式，但均需要委托人组织质证，未经质证的材料不得作为鉴定依据。然而在实践中，对于当事人直接向鉴定机构提交的资料，大部分不能直接作为鉴定的证据使用。对于证据的选择，需要考虑如下方面。

1）证据选择的基本要求

工期鉴定的第一步工作是从纷繁复杂的大量工程资料中去识别满足证据要求的有效资料作为鉴定的依据。尽管依据《最高人民法院关于民事诉讼证据的若干规定》，当事人应当围绕证据的真实性、关联性、合法性，针对证据证明力有无以及证明力大小，进行质疑、说明与辩驳，但当事人提供给鉴定机构的资料中并非全部满足上述三性的要求。作为鉴定证据，通常应满足如下要求：

（1）定性。

定性是指证据材料能否作为证据使用的基本评价（即证据的真实性、关联性、合法性）。证据真实性包括形式真实与内容真实，形式真实即证据形成过程真实，非伪造；内容真实即证据是对案件有关事实的客观记载和反映。证据关联性是指证据应与待证事实之间存在实质性联系，对案件待证事实有证明作用。证据合法性是指证据的收集和提供需符合法定程序，不为法律所禁止。

（2）定量。

定量是指通过证据材料所记载的内容可以确定证据材料所描述事实的影响程度。比如，证明工期延误事件的证据材料应能明确延误事件影响的开始时间和结束时间，可以量化延误程度，便于计算延误事件对整体工期的影响程度。或者通过其他相互关联的材料可以识别出可量化的影响程度。又如承包人记录发包人原因造成工程暂停所导致的停工影响，在主张工程暂停所造成的费用损失时，该项证据材料中应该明确记载受影响的资源情况（人工、机械窝工的数量情况），并具备有效签字记录。

2）证据选择应考虑的问题

鉴定机构依据当事人或委托人提供的资料经专业分析后出具鉴定意见。2019 年 12 月最高人民法院发布的《最高人民法院关于修改〈关于民事诉讼证据的若干规定〉的决定》第三十四条规定“未经质证的材料，不得作为鉴定的根据”。2020 年 8 月 14 日最高人民法院发布的《最高人民法院关于人民法院民事诉讼中委托鉴定审查工作若干问题的规定》（法〔2020〕202 号）第二节对鉴定资料的审查规定“未经法庭质证的材料（包括补充材料），不得作为鉴定材料。当事人无法联系、公告送达或当事人放弃质证的，鉴定材料应当经合议庭确认。对当事人有争议的材料，应当由人民法院予以认定，不得直接交由鉴定机构、鉴定人选用”。工程资料由于其自身的特性，往往版本多、类别多、时间长、矛盾多。当事人提交的证据资料中往往存在资料冗杂、与案件待证事实无关的资料繁多；往来函件或重要节点验收文件无落款时间；进度计划存在多个版本，没有监理人和发包人的确认记录；施工进度计划逻辑关系不完善等情况。面对前述复杂的资料情况，鉴定机构在梳理和识别证据的过程中，通常难度较大且消耗时间极多。在仲裁案件中，鉴定机构需要从申请人提交的资料中识别满足证据要求的本证，还要从被申请人提交的资料中找出反证的情况。最终需要通过大量的间接证据形成证据链来还原事实，再以证据为基础，利用专业技术知识进行工期延误责任的量化计算。

为了控制鉴定证据材料选择上的风险，笔者认为无论是案件当事人还是鉴定机构，均需要特别重视以下几方面的工作：

（1）严格遵守合同约定。

工期鉴定应以合同为出发点，同时要充分尊重证据所体现出的客观事实。在开展工期鉴定时应以合同所规定的风险分担原则及责任条款作为鉴定的依据和参考。工期延误原因包括发包人延误事件、承包人延误事件或第三方延误事件，不同类型建设合同中的规定会有所不同，需要依照合同约定的相关条款对证据材料加以利用，尤其要高度重视与索赔相关的条款。

如果在当事人双方的合同中明确了工期延误分析所选择的方法，则鉴定机构必须按照合同约定的延误分析方法进行鉴定分析。

（2）加强证据的管理、收集和整理。

工期鉴定是基于合同和事实开展工期延误分析，在遵守合同约定的前提下，鉴定机构依据当事人提交的证据资料，对待证事实基于专业方法进行分析计算。承包人尤其要注意加强证据材料的收集和整理，做好工期索赔的基础性工作。同时，在诉讼或仲裁阶段要确保收集和整理的资料应具备证据“定性、定量”的要求，从而有利于权利和诉求的主张得到保障。

（3）鉴定意见的不唯一性。

基于鉴定材料的复杂性及矛盾性，当事人提交的证据材料可能存在分歧，例如关于某节点完工时间，当事人可能存在相互对立的本证与反证，但没有其他可供应的证据进行确认。在这种情况下，针对不同情形的证据材料，鉴定机构出具的鉴定意见应包括确定性意见、推断性意见或供选择性意见，供委托人判断使用。

① 确定性意见：当鉴定项目或鉴定事项内容客观、证据充分，鉴定机构出具的鉴定意见。

② 推断性意见：当鉴定项目或鉴定事项内容客观、事实较清楚，鉴定机构出具的鉴定意见。

③ 供选择性意见：当鉴定项目合同约定矛盾或鉴定事项中部分内容证据矛盾，委托人暂不明确要求鉴定机构分别鉴定的，鉴定机构分别按照不同的合同约定或证据出具的鉴定意见。

2. 工期节点延误分析

工期节点延误分析（整体工期延误和节点延误）是计算各延误事件对整体工期的影响天数、各节点工期的延误天数、同期延误天数及相关责任方的责任天数。对工期节点延误分析时，首先需要明确两个概念，即绝对工期延误和相对工期延误。

通常合同如果约定以绝对的日历天作为节点工期延误处罚依据时，延误天数的计算很容易，即直接用实际节点完成时间减去合约约定完成时间。但在采用节点工期考核进度时可能出现只是前期的节点延误，后期的节点相对工期实际没有延误（甚至提前）但仍然会被罚款，这种情况下会存在明显的不公平。这种情况下，如果合同约定的节点工期表达的处罚原则是某个节点与上个节点间相对工期延误才进行处理时，就需要处理绝对工期延误和相对工期延误的计算问题。

（1）绝对工期延误：某一节点完成日期相对工程开工日期（固定不变）的工期差。绝对工期延误＝节点计划（实际）完成日期 - 节点计划（实际）开始日期 +1。

（2）相对工期延误：相邻两个节点的绝对工期差。相对工期延误＝[节点计划（实际）完成日期 2- 节点计划（实际）开始日期 2+1）]-[节点计划（实际）完成日期 1- 节点计划（实际）开始日期 1+1）]。

当工程只有开、竣工日期两个节点时，相对工期延误即为总工期延误天数。

通过建立一个数学模型来更好地理解工期节点延误分析，可将项目划分为三个主要阶段（窗口）：

① 第一阶段：项目开工到结构正负零。

② 第二阶段：结构正负零到结构封顶。

③ 第三阶段：结构封顶到项目竣工。

（3）施工合同中约定的计划节点：项目计划开工日期、计划结构正负零完成日期、计划结构封顶完成日期、项目计划竣工日期。初始模型示意如图 1 所示。

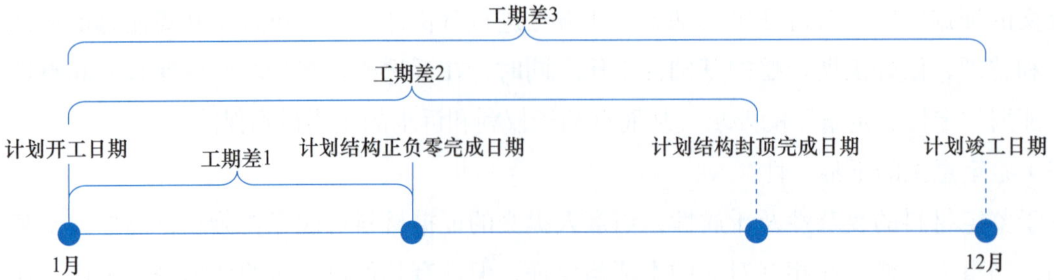

图 1　初始模型示意

注：工期差 1——合同中计划开工至计划结构正负零施工天数。

工期差 2——合同中计划开工至计划结构封顶施工天数。

工期差 3——合同中计划开工至计划竣工施工天数。

绝对工期延误（计划结构正负零完成日期 - 计划开工日期）= 工期差 1 。

绝对工期延误（计划结构封顶完成日期 - 计划开工日期）= 工期差 2 。

绝对工期延误（计划竣工日期 - 计划开工日期）= 工期差 3 。

（4）实际确定的节点时间：项目实际开工日期、结构正负零实际完成日期、结构封顶实际完成日期、项目实际竣工日期。偏差分析模型示意如图 2 所示。

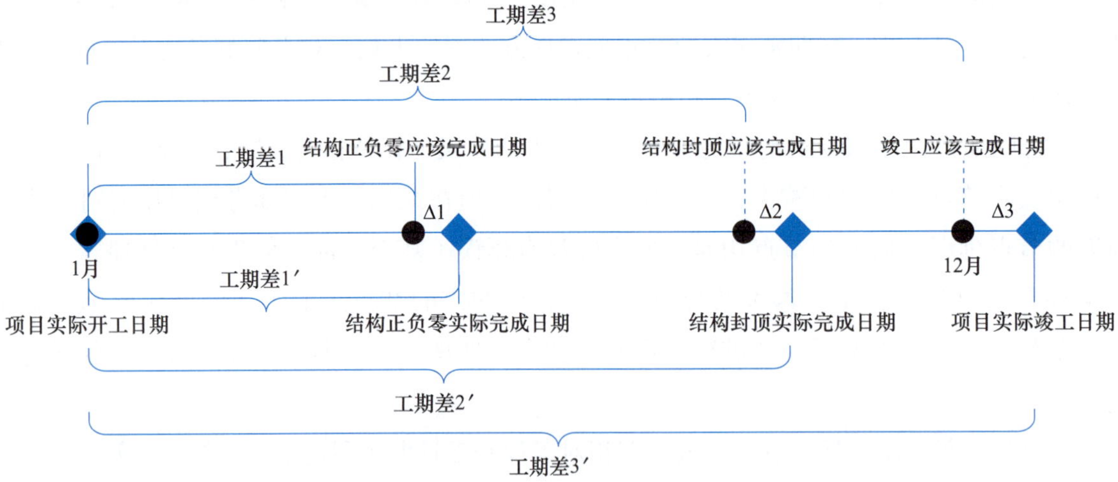

图 2　偏差分析模型示意

注：工期差 1′ ——项目实际开工至结构正负零施工天数。

工期差 2′ ——项目实际开工至结构封顶施工天数。

工期差 3′ ——项目实际开工至实际竣工施工天数。

结构正负零应该完成日期 = 工期差 1+ 实际开工日期 -1。

结构封顶应该完成日期 = 工期差 2+ 实际开工日期 -1。

竣工应该完成日期 = 工期差 3+ 实际开工日期 -1。

绝对工期（结构正负零实际完成日期 - 项目实际开工日期）= 工期差 1′ 。

绝对工期（结构封顶实际完成日期 - 项目实际开工日期）= 工期差 2′ 。

绝对工期（项目实际竣工日期 - 项目实际开工日期）= 工期差 3′ 。

Δ1——（项目开工至结构正负零施工阶段）绝对工期延误天数，Δ1 = 工期差 1′ - 工期差 1。

Δ2——（结构正负零至结构封顶施工阶段）绝对工期延误天数，Δ2 = 工期差 2′ - 工期差 2。

Δ3——（结构封顶至项目竣工阶段）绝对工期延误天数，Δ3 = 工期差 3′ - 工期差 3。

$\Delta1'$ ——（项目开工至结构正负零施工阶段）相对工期延误天数，$\Delta1' = \Delta1$。

$\Delta2'$ ——（结构正负零至结构封顶施工阶段）相对工期延误天数，$\Delta2' = \Delta2-\Delta1$。

$\Delta3'$ ——（结构封顶至项目竣工施工阶段）相对工期延误天数，$\Delta3' = \Delta3-\Delta2$。

$\Delta3 = \Delta1' + \Delta2' + \Delta3'$。

通过上述建立的数学模型，经清楚地识别和计算，得知工期节点延误的程度，计算得到当前节点工期相对于上一个节点工期的相对延误程度为正值时，表示节点工期延误；当计算得到当前节点工期相对于上一个节点工期的相对延误程度为负值时，表示节点工期提前。

在遇到合同约定的节点工期不合理（节点工期天数明显偏少）或者有建设加速等情况时，会导致前期节点工期延误而后期节点工期提前、某节点相对延误天数偏多等情况。为了保证工期延误的分析公平、公正、科学、合理，此时鉴定机构建议双方当事人按此原则处理：双方当事人均不承担工期延误责任，同时将相对延误天数视为零，减轻该节点延误程度。节点延误分析示意见表 4。

表 4 节点延误分析示意

序号	节点	名称	某楼栋	某楼栋（建议方案）
1	第一节点开工	合同计划开工日期	2009 年 5 月 20 日	2009 年 5 月 20 日
		实际开工日期	2009 年 9 月 5 日	2009 年 9 月 5 日
2	第二节点结构正负零	合同计划结构正负零完成日期	2009 年 9 月 30 日	2009 年 9 月 30 日
		结构正负零应该完成日期	2010 年 1 月 16 日	2010 年 1 月 16 日
		结构正负零实际完成日期	2010 年 1 月 22 日	2010 年 1 月 22 日
		工期延误	6（天）	6（天）
3	第三节点结构封顶	合同计划结构封顶完成日期	2010 年 3 月 30 日	2010 年 3 月 30 日
		结构封顶应该完成日期	2010 年 7 月 16 日	2010 年 7 月 16 日
		结构封顶实际完成日期	2010 年 6 月 30 日	2010 年 6 月 30 日
		相对工期延误	-22（天）	0
		绝对工期延误	-16（天）	0
4	第四节点竣工	合同计划竣工日期	2010 年 12 月 30 日	2010 年 12 月 30 日
		竣工应该完成日期	2011 年 4 月 17 日	2011 年 4 月 17 日
		实际竣工日期	2011 年 6 月 27 日	2011 年 6 月 27 日
		相对工期延误	87（天）	65（天）
		绝对工期延误	71（天）	71（天）

如表 4 所示，某楼栋总工期延误 71 天，第二节点相对工期延误和绝对工期延误均为 6 天；第三节点绝对工期延误为 -16 天，相对工期延误为 -22 天；第四节点绝对工期延误为 71 天（即总工期延误为 71 天），相对工期延误天数为 87 天。如果按照建议方案的原则，第二节点相对工期延误、绝对工期延误均为 6 天；第三节点绝对工期延误为 -16 天，相对工期延误为 -22 天，此时将第三节点相对工期延误和绝对工期延误均视为零；第四节点绝对工期延误为 71 天（即总工期延

误 71 天），相对工期延误天数为 65 天。通过对比两组数据，如果按照鉴定机构建议的原则进行分析，在总工期延误天数没有变化的前提下，减轻了该节点延误的程度。

3. 延误事件分析

当事人提交证据资料后，鉴定机构开始延误事件分析工作，包括延误事件分类和延误事件识别。

1）延误事件分类

（1）按构成延误事件的影响因素进行分类，可分为以下两类：

① 单因延误事件：由发包人或承包人单独一方原因造成的延误事件。

② 共同延误事件：两个以上导致索赔的原因在同一时间发生所产生的延误事件。

（2）按是否可原谅、是否可补偿的情况进行分类，可分为以下三类：

① 可原谅并可补偿事件：承包人有权索赔工期和费用的发包人延误事件。

② 可原谅不可补偿事件：承包人有权索赔工期但不可补偿费用的延误事件。

③ 不可原谅并不可补偿事件：承包人无权索赔工期和费用的发包人延误事件。

2）延误事件识别

延误事件识别包含延误事件识别流程和延误事件延误天数计算两部分内容。

（1）第一部分：延误事件识别流程。

① 确定基准进度计划，识别关键线路。

② 将所有延误事件进行分类。

③ 识别每一个延误事件详细的实际开始日期和实际结束日期，注意发生在同时期的事件与它们是否有延误关系。

④ 将延误事件插入基准进度计划，与受延误事件影响的工序相关联，并确定该延误是否影响了工序的开始时间或时长。

⑤ 对所有重要的延误进行识别，明确是否影响关键线路，注意进度偏差是否大于总时差。

⑥ 对于共同延误事件（如果有），需要明确影响时间节点和影响程度，建议画示意图予以区分和分析。

⑦ 对确定的延误天数进行责任分配。

（2）第二部分：延误事件延误天数计算。延误事件延误天数分析模型如图 3 所示。

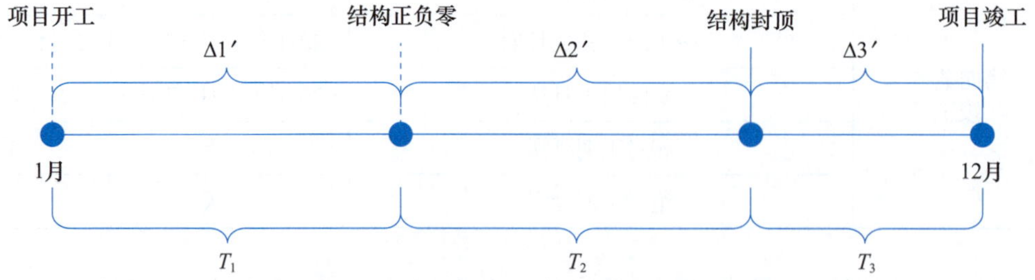

图 3　延误事件延误天数分析模型

注：Δ1′ ——（项目开工至结构正负零施工阶段）相对工期延误天数。

Δ2′ ——（结构正负零至结构封顶施工阶段）相对工期延误天数。

Δ3′ ——（结构封顶至项目竣工阶段）相对工期延误天数。

T_1——（项目开工至结构正负零施工阶段）延误事件天数。

T_2——（结构正负零至结构封顶施工阶段）延误事件天数。

T_3——（结构封顶至项目竣工施工阶段）延误事件天数。

通过上述分析模型，鉴定机构开展工期延误分析发现，一般情况下，延误事件、延误天数和工期节点延误天数对比存在两种不同的情形，建议处理的原则如下。

① $T_1>\Delta 1'$（$T_2>\Delta 2'$、$T_3>\Delta 3'$）：

当延误事件插入计算出来的累计影响天数（剔除重叠天数）大于实际的节点工期相对延误天数时，可视为承包人采取了建设加速的措施，在没有其他更有效证据资料的前提下，鉴定机构建议采取的处理原则是将其两者时间差值优先用于减少承包人的延误责任天数。

② $T_1<\Delta 1'$（$T_2<\Delta 2'$、$T_3<\Delta 3'$）：

由于合同约定不清晰或施工过程中不同延误事件彼此相互影响，可能出现无法准确识别的延误事件。对于无法准确识别的延误事件所造成的延误，在没有其他更有效的证据资料的前提下，鉴定机构建议采取的处理原则是双方应各自按一定的比例承担延误责任。

当准确识别的延误事件插入计算出来的累计影响天数（剔除重叠天数）和无法识别的延误责任天数之和小于实际的节点工期延误天数时，在没有其他更有效证据资料的前提下，鉴定机构建议采取的处理原则是将其两者时间差值认定为举证责任方应承担的延误责任。

（四）案件当事人对工程工期司法鉴定意见异议问题

本案双方当事人对鉴定机构出具的“工期鉴定报告”提交了异议问题，鉴定人及时针对双方当事人的异议意见逐一进行了如下回复与解答。

1. 当事人异议意见

（1）实际开、竣工日期的认定依据。

本案双方当事人各自主张应以“开工令”“实际进场记录”和“单位工程质量竣工验收记录”“竣工验收申请表”分别确定实际开、竣工日期。

（2）关键路径的确定。

鉴定机构依据的基准进度计划存在瑕疵，无法准确识别关键路径。

2. 鉴定机构回复

（1）实际开、竣工时间的认定依据。

依据本案施工合同、双方当事人提交的证据资料和《最高人民法院关于审理建设工程施工合同纠纷案件适用法律问题的解释（一）》第十四条，鉴定机构对工程的实际开、竣工时间给予认定。

（2）关键路径的确定。

本案双方当事人只提供一份基准进度计划，未提供月度进度计划和更新调整的过程修订计划。基准进度计划中每个单体楼栋是独立的进度计划，需要单独识别和确定单体楼栋的关键线路。单体楼栋之间未设定清晰的施工流水安排和工序的搭接，工序任务逻辑关系不完整，整个项目建议以最早单体楼栋的开始时间和最晚单体楼栋完成时间所生成的最终关键路径进行分析。

四、出庭作证情况

本案主要参加了两次出庭，第一次主要是仲裁机构针对当事人提出的笔迹鉴定，申请对工期鉴定所产生的影响征询鉴定人的意见。鉴定人针对本案鉴定所依据的资料情况，向仲裁机构如实阐述了鉴定机构开展工期所依据的资料情况及笔迹鉴定可能会带来的影响。笔迹鉴定结果可能会导致之前所采信的证据无效，进而导致定性和定量的分析和判断发生偏差。

第二次出庭作证，主要针对双方当事人的意见及仲裁庭针对工期鉴定报告中的相关疑问进行了解答。鉴定机构针对各方的疑问均予以回答。为了更方便地阅读及理解鉴定意见，仲裁机构要求鉴定机构按照要求的形式调整鉴定报告中的相关鉴定数据表现形式，突出体现工期延误有关的索赔事件是否为关键路径、延误天数、延误责任认定、延误责任分析依据、工期计算的原则，以方便仲裁机构阅读。鉴定机构承诺按照仲裁机构的要求格式在限定时间内出具“工期鉴定补充报告”。

五、心得体会

（一）工期鉴定的程序及流程

国际上在合同纠纷案件中引入工期鉴定是一个普遍流程，鉴定机构应能够对案件中的工期延误事项及索赔申请进行专业分析及论证，运用其专业知识客观真实地论证并量化工期延误责任。国内鉴定机构参与工期定量分析及实施阶段的咨询服务目前仍处于启动阶段。

（二）工期鉴定人员的知识结构

工期鉴定业务涉及工程技术、合约知识和法律条款等不同层面的知识，需要鉴定人员掌握多元的知识结构，并具备综合的业务能力。这些能力有助于开展与工期鉴定相关的各项工作，确保鉴定结论的准确性和可采性。笔者结合所参与多起工期鉴定案件的经验，认为工期鉴定人员必须具备以下三个方面的知识结构。

1. 工程技术知识

工程施工层面的知识包括对专业技术和专业软件的掌握和熟悉。

专业技术是指现场施工进度管理的经验。鉴定人员要熟知进度管理相关的资料文件，具备判断延误事件和工期延误关联性的能力，能够清晰地识别各类延误事件和延误程度。特别需要注意的一点是，要求鉴定人员克服作为施工管理人员的局限性，因为工期延误可能是多方原因导致的，例如承包人、发包人和第三方等。作为第三方鉴定机构，应全面分析各方的延误原因。

专业软件是指工程进度管理软件（Project、斑马进度、P6 等）的熟练使用，便于开展延误事件的分析和计算（延误事件的插入、逻辑关系的分析等）。

2. 合约知识

合同条款层面的知识包括对合同条款的熟悉和解读，以及与合同相关联的主要计价知识。工期鉴定首先要基于所涉工程签订的合同开展鉴定工作，应熟悉合同中约定的工期相关的所有条款，识别工期索赔的事由和索赔程序。需要关注合同约定的计划开、竣工日期，计划工期和重要里程碑节点（如果有）。如果合同中明确了工期延误分析所选的方法，则鉴定机构必须按照合同约定的延误评估方法进行鉴定分析。目前，涉及国内项目工期鉴定案件的合同条款可以参照住房城乡建设部《建设工程施工合同（示范文本）》（GF—2017—0201）中的有关规定。

3. 法律方面的知识

常见的建设工程合同存在合同条款约定不清、未作约定、约定显失公平等情况。鉴定人员应收集适用于鉴定项目的法律、法规、规章和规范性文件，加强学习并理解，包括《中华人民共和国合同法》《中华人民共和国建筑法》《中华人民共和国招标投标法》《最高人民法院关于审理建设工程施工合同纠纷案件适用法律问题的解释（一）》和《最高人民法院关于审理建设工程施工合同纠纷案件适用法律问题的解释（二）》等。

专家点评

建设工程具有施工周期长、涉及单位多、工艺交错繁复、施工工序多等特点，常常会发生工期延误的情况。在建设过程中，通常会有发包人、承包人、第三方等原因导致工期延误。这些原因，对工期延误可能会互相影响，错综复杂，导致责任难以准确界定，进而产生纠纷。

本案例为工期司法鉴定，本案双方当事人和仲裁庭关注的重点主要包括鉴定证据的选择、工期节点延误分析和延误事件分析等。

1. 鉴定证据的选择

本案既从申请人提交的资料中识别满足证据要求的本证，还从被申请人提交的资料中找出反证的情况。最终需要通过大量的间接证据形成证据链来还原事实，再以证据为基础，利用专业技术知识进行工期延误责任的量化计算。

2. 工期节点延误分析

本案建立数学模型可更好地进行工期节点延误分析，能够清楚地识别和计算得知工期节点延误的程度。由于本案合同工期中合同约定的部分节点工期明显不合理（与正常的工序安排相比，部分节点要求存在明显错误）或者存在建设加速等情况，导致前期节点工期延误而后面节点工期提前、总工期延误天数小于节点相对延误天数之和等情况；可能存在延误事件对节点工期计算出来的影响延误天数大于实际延误天数，导致节点工期出现非正常提前或非正常滞后，或节点延误天数存在负偏离的情况。以延误事件为分析基础的延误责任计算结果不能有效地反映实际，且与实际感知的情况存在明显偏差。本案在工期鉴定过程中，结合负偏离情况发生的原因进行有效识别并纠偏后使工期延误责任的分配更为合理。

3. 延误事件分析

本案通过建立延误事件延误天数分析模型，当延误事件插入计算出来的累计影响天数（剔除重叠天数）大于实际的节点工期相对延误天数时，可视为承包人采取了建设加速的措施，在没有其他更有效证据资料的前提下，鉴定机构建议采取的处理原则是将其两者时间差值优先用于减少承包人的延误责任天数。

对于工期司法鉴定，目前国内鉴定机构参与较少，且处于探索阶段。北京求实工程管理有限公司参考国外相关成熟的鉴定方法体系，如英国建筑法学会（SCL）《工期延误与干扰索赔分析准则》和美国成本工程师协会（AACE）《法务工期鉴定操作规程》等，通过建立数学模型，更好地表达工期节点延误分析及延误事件分析。本案例以延误事件为分析基础的延误责任计算结果不能有效反映实际，且与实际感知的情况存在明显偏差，结合负偏离情况发生的原因进行有效识别并纠偏以使工期延误责任的分配更为合理；对于无法有效识别的甲指分包延误责任事件，结合合同约定及施工过程中的相互影响分析，提供选择性的责任分担比例，供仲裁庭参考。

本案例成功运用工期司法鉴定，最后总结心得体会，提出“工期鉴定业务涉及工程技术、合约知识和法律条款不同层面的知识，需要鉴定人员掌握多元的知识结构，具备综合的业务能力”，具有很好的学习借鉴作用。

建经投资咨询有限公司　黄志挺

对天津市某商务区一期已完项目的工程造价司法鉴定

——天津泰达工程管理咨询有限公司

郭朝军　宋冬菊

一、案情简介

2012 年 9 月 29 日，某实业投资（天津）有限公司（以下简称被告）与天津东丽区某管委会就天津某商务区项目签署投资框架协议。该协议约定：被告拟开发建设航空配套产业商务区，包括一期、二期国际甲级写字楼、精装修研发楼及公寓、商业配套等工程。2011 年 7 月至 11 月间，被告向天津东丽区某管委会递交本项目总体规划方案书，在管委会全面配合和协调下，方案经天津市东丽区规划局初步同意，在天津市规划局备案，并报天津市东丽区土地局申报本项目地块挂牌。该项目预计投资 10 亿美元，一期投资 4 亿美元。2013 年 4 月 11 日，被告与管委会又签订了投资框架补充协议，对涉讼项目的土地整理、挂牌、价格等做了进一步详细的约定。

2013 年 5 月 30 日，被告与江苏某建设工程集团有限公司（以下简称原告）签订了施工合同，其中约定：工程名称为“天津某商务区一、二、三期工程”，工程内容为桩基、土建、装饰装修、机电安装、消防安装、室外道路及管网、绿化工程等，开工日期为 2013 年 6 月 15 日，一期工程造价暂定 6 亿元，项目一、二、三期总预算金额 22 亿元。合同专用条款第 23.2 条对合同价款约定如下：“（1）按通用条款第 23.2（2）条执行，并以天津市 2012 年定额及计价办法全额取费方式确定，不作任何浮动。（2）合同项下由发包方指定公开招标的材料、物料的价款按通用条款第 23.2（3）条执行，中标价另加不超过 3% 的酬金为承包方材料、物料采购价格合同条款。合同价款中包括的风险范围及风险范围以外价款的计取方法：施工期内人工费按《天津工程造价信息》中调价文件规定的调整方法进行调价。”第 23.3 条约定：“双方约定合同价款的其他调整因素：在施工过程中，如出现政府政策性的调价文件，按文件执行：材料、机械费按施工期所对应的《天津工程造价信息》的‘中准价’调整。”

原告于 2013 年 6 月 15 日开始施工，至 2014 年 12 月 15 日因各种原因停止施工。2015 年 9 月 9 日，被告、原告及管委会三方签署了“关于天津某商务区一期项目工作协议”，该协议约定了对已完工程进行造价审核、评估事项，被告与原告共同委托管委会就一期已完工程项目委托审核评估机构进行造价审核评估，双方一致同意接受审核评估机构按双方合同条款审核的结果为公平公正的最终评估结果。随后管委会委托天津中某财造价公司进行造价审核，最终审核造价为6.58亿元，原告同意此结果，而被告以未收到天津中某财造价出具的造价报告为由而不予认可，同时被告提交了自己单方面委托的天津某银行造价中心做出的造价报告，金额为4.38亿元。

2017年6月20日，原告向天津市某人民法院提起诉讼，请求：①判令被告向原告支付欠付的工程款本金人民币62231.9538万元，并按照银行同期贷款利率给付利息至本息全部付清为止；②判令被告向原告支付停工损失赔偿金本金26247405元，并按照银行同期贷款利率自2015年1月1日给付利息至本息全部付清时止；③判令被告向原告支付因停工后财税政策调整致使原告多缴纳的税款人民币48121149.53元；④请求确认原告在第一、第二、第三项诉讼请求范围内就该工程折价或者拍卖的价款优先受偿；⑤本案案件受理费、鉴定费、保全费等全部诉讼费用由被告承担。

因被告与原告对工程造价一直未达成一致意见，原告申请对已完工程造价进行鉴定，天津市某人民法院于2018年1月8日下发司法鉴定委托书，正式委托天津泰达工程管理咨询有限公司（以下简称鉴定公司）对已完工程及停工损失进行鉴定，鉴定公司最终于2019年8月6日出具了《工程造价鉴定意见书》。

二、案件争议焦点和造价鉴定难点

1. 本案争议的焦点

（1）一期已完工程的造价，包括工程款、停工损失以及利息，诉讼前管委会委托天津中某财造价公司出具最终造价为6.58亿元，被告委托天津某银行造价中心出具最终造价为4.38亿元，两者相差2亿元，原告基本认可天津中某财造价公司的造价结果，但是被告以未收到天津中某财造价公司出具的报告为由，单独委托天津某银行造价中心做出造价，双方认可的造价结果均为天津地区有资质、有实力的造价咨询公司出具，因此双方互不让步，成为本案争议的焦点。

（2）被告同原告签订的施工合同是否有效、是否存在借照和转包的情形、原告是否有权主张工程款。被告认为本工程并非由原告直接施工，而是由众多实际施工人完成，因此双方签订的合同应该无效，原告根本无权主张工程款。

（3）对于合同专用条款第23.2条“以天津市2012年定额及计价办法全额取费方式确定，不作任何浮动”的理解，原告主张所有的单位工程都应按照一类工程进行取费。

（4）对安装预留、预埋工程是否施工的争论。因为在证据材料质证阶段原告将户内电气图纸遗漏，直至鉴定公司被选中作为鉴定单位，在移交材料时发现缺少户内电气图纸，此时原告才补充证据材料，但是被告认为此部分未施工，而且原告提交的图纸为白图，即非设计院正式出具的蓝图。

（5）被告认为原告将工程违法分包给诸多专业分包队伍，因此应该在总造价中剔除企业管理费、规费和利润。

（6）合同中约定有甲供材料、甲方指定品牌材料的程序规定，但是在实际的施工过程中未按照约定执行，提交给鉴定公司的鉴定材料中的相关材料不齐全，需要同法院沟通，并从现有的材料中分析判断。

2. 本案造价的鉴定难点

（1）涉案工程一期项目设计1栋地下车库、5栋8～9层的研发楼、5栋10～12层的创业楼、3栋2～3层的配套用房等，截至2014年12月停工时，地下车库结构施工完毕，其余的研发楼、创业楼以及配套结构施工节点不一，存在着梁柱钢筋绑扎完毕但未浇筑混凝土的情况，需要深入现场，逐一排查，进而确定施工进度节点。因此，如何确定施工完工界面是本案的重点及难点。

（2）在案件审理过程中，被告、原告双方互不配合，对立情绪严重，双方就工程中的许多问题均不能达成一致，需要分别听取双方的意见，同法官沟通后作出判断，例如支护工程中的泥浆量、边坡顶部的处理方法等，双方各执一词，鉴定公司只能在听取各方的意见后，查阅施工方案、相关规范、监理记录以及留存的照片才能作出判断。

（3）法院提供的鉴定材料均无电子版，这给鉴定公司建模算量造成很大的困难，只能依靠蓝图建模，增加实际工作量。

（4）本案被告完全不懂工程计价计量规则，案件初期也没有委托专业的造价人员，完全凭自己的主观想法同鉴定公司对量对价，例如被告认为混凝土工程量必须扣除其中的钢筋体积，水电预留、预埋不应该计量等。

（5）在对出具的初稿质证中，原告与被告提出的意见及建议，鉴定公司虽然按照规范、定额规定及常规做法作出了解释，但是一些问题，例如地库究竟按照几类工程计价、安全网是否包括在脚手架子目中、桩头钢筋整理是否需要单独计取、筏板集水坑是套用筏板子目还是小型池槽子目等，定额中并没有明确规定，这些未明确的问题都需要同法院一起到定额站咨询。

三、鉴定情况

1. 司法鉴定委托人提供鉴定材料内容

鉴定公司于2018年1月8日收到法院的委托书后，参考《建设工程造价鉴定规范》（GB/T 51262—2017）附录E“送鉴证据材料目录”以及本案的实际情况向法院提交了鉴定需要证据材料的清单。法院于2018年1月12日、2018年2月11日分两次向鉴定公司移交了相关材料：施工蓝图，施工合同（包括补充协议），施工组织设计，桩基、支护、降水、模板等专项施工方案，甲方工作联系单，现场签证单，工程联系单，工作联系单，隐蔽工程验收记录，分部分项工程验收记录等。收到资料后鉴定公司对资料进行了认真分析。

（1）法院向鉴定公司移交了施工蓝图，但是一直无法提供电子版图纸。本案一期已完工程建筑面积计20余万平方米，如果没有电子版图纸，会对算量建模造成很大的困难，但是由于被告书面向法院提交说明，认为造价鉴定应以施工蓝图为依据，如果需要电子版图纸，则被告公司需要花费大量的时间去核对电子版图纸是否同蓝图一致，而且不能保证何时能核对完毕，因此建议法院要求鉴定单位以蓝图为计量依据。

（2）施工合同。虽然被告一直主张施工合同无效，但是鉴定公司依据《最高人民法院关于审理建设工程施工合同纠纷案件适用法律问题的解释》(2005 年 1 月 1 日起施行)第二条:“建设工程施工合同无效,但建设工程经竣工验收合格,承包人请求参照合同约定支付工程价款的,应予支持”,经过同法院沟通,本案原告已就已完工程提交了房屋技术鉴定报告,证明本工程符合现行施工质量验收规范的要求,因此施工合同专用条款 23.2 条仍是造价鉴定的重要依据。

(3)现场的记录文件包括甲方工作联系单 31 份、工程联系单 19 份、现场签证单 59 份、工作联系单 96 份,这些文件由被告公司提出,虽然已经签字盖章,但只表示收到过这些文件,对其中记录的内容全盘否定,不予认可。经与法院沟通,鉴定公司认为这些联系单、签证单是在施工过程中发现施工设计图纸有误、与现场不符或者发生图纸以外工作量的记录文件,只要各方签字、盖章齐全,就应该作为计价依据。法院同意鉴定公司的观点。

(4)涉及措施费用的施工组织设计,桩基、降水、支护、模板等专项施工方案,这些方案均已审批通过,且签字盖章齐全,因此包括塔吊、挖掘机等大型机械的费用、土方运距、降水台班、支护措施、措施钢筋等均按照上述方案计取。

(5)其他的一些施工资料,例如分部分项验收记录、隐蔽工程验收记录、材料进场记录等,均是造价鉴定过程中需要不断翻阅、印证的证据材料。

2. 工程造价司法鉴定情况

(1)鉴定过程。

2018 年 1 月 8 日,鉴定公司接到法院下发的委托单。2018 年 1 月 15 日,包括法院、原告、被告以及鉴定公司相关鉴定人员一起到现场勘查,逐一单体确认施工进度节点,但是被告拒绝在确认单上签字,法院要求鉴定公司以现场实际情况计量计价。在鉴定过程中,严格按照《建设工程造价鉴定规范》(GB/T 51262—2017)及法院提供给的相关资料包括施工蓝图、施工合同、甲方工作联系单、现场签证单、工程联系单、工作联系单等资料开展工作,利用广联达计量软件建立计量模型,根据合同约定的计价原则于 2018 年 6 月 22 日完成初稿,并认真回复了原告、被告对鉴定公司出具的初稿意见。在回复意见中明确提出,如果对初稿有任何疑问,鉴定公司均会在法院的主持下进行双方或者三方的核对。经过法院的协调,原告于 2018 年 8 月 15 日开始到鉴定公司核对初稿,至 2018 年 9 月 21 日核对完毕。但是被告却以各种理由拒绝进行核对。在法院的催促下,直至 2018 年 10 月 15 日才到鉴定公司开始核对工程量及价格,核对过程中细致认真地向被告及聘请的专家详细介绍了设计图纸的每一个细节:包括桩的数量、直径、桩长,钢筋的级别型号,混凝土的强度等级等设计内容,细致演示了从蓝图到广联达计量模型是如何一步步建立起来的,也对涉及的每一个定额子目进行了详细的解释,对计量模型与蓝图的异同均有双方的签字笔录以及录像记录。2019 年 3 月 20 日,鉴定公司同被告核对完毕。针对核对中出现的争议项,鉴定公司会同法院一起到天津市定额站咨询,并形成书面记录。鉴定公司在核对的基础上于 2019 年 4 月 26 日出具初稿第 2 版。之后鉴定公司又分别于 2019 年 5 月 21 日、5 月 24 日回复了原告、被告对初稿第 2 版的意见,最终于 2019 年 8 月 6 日将正式版鉴定报告送至法院。

(2)鉴定依据。

鉴定公司在接到本案初便向法院提交了送鉴证据材料清单,法院按照清单向鉴定公司移交了相应的鉴定证据材料,包括施工合同,施工蓝图,施工组织设计,桩基、支护、降水、模板等专项施工方案，甲方工作联系单，现场签证单，工程联系单，工作联系单，隐蔽工程验收记录，分部分项工程验收记录等，并且会同法院、原告、被告一起勘查了现场，这些都作为本项目造价鉴定的原始依据。

合同是最基本也是最重要的鉴定依据，建设工程施工合同受到不同领域的多部法律及其他规范性文件调整。法律、行政法规和部颁规章中，调整建设工程施工合同的强制性法律、标准、规范达 60 多条，如果违反这些规范就都以违反法律强制性规定为由而认定合同无效，则不符合合同法的立法本意，不利于维护合同的稳定性，也不利于保护各方当事人的合法权益，同时也会破坏建筑市场的正常秩序。《最高人民法院关于审理建设工程施工合同纠纷案件适用法律问题的解释》（2005 年 1 月 1 日起施行）中第一条和第四条规定了施工合同无效的 5 种情形，本项目虽然施工合同无效，但是依据《最高人民法院关于审理建设工程施工合同纠纷案件适用法律问题的解释》（2005 年 1 月 1 日起施行）第二条：“建设工程施工合同无效，但建设工程经竣工验收合格，承包人请求参照合同约定支付工程价款的，应予支持”，经过鉴定公司同法院沟通，本案原告公司已就已完工程提交了房屋技术鉴定报告，证明本工程符合现行施工质量验收规范的要求，因此施工合同仍是鉴定公司造价鉴定的重要依据。

本案施工合同专用条款第 23.2 条约定：“本合同价款采用：①按通用条款第 23.2（2）条执行，并以天津市 2012 年定额及计价办法全额取费方式确定，不作任何浮动。②合同项下由发包方指定公开招标的材料、物料的价款按通用条款第 23.2（3）条执行，中标价另加不超过 3% 的酬金为承包方材料、物料采购价格合同条款。合同价款中包括的风险范围及风险范围以外合同价款的计取方法：施工期内人工费按《天津工程造价信息》中调价文件规定的调整方法进行调价。”第 23.3 条约定：“双方约定合同价款的其他调整因素：在施工过程中，如出现政府政策性的调价文件，按文件执行：材料、机械费按施工期所对应的《天津工程造价信息》的‘中准价’调整。”

本案施工合同专用条款第 25 条规定：“承包方确定工程量的基础是根据发包方审定、批准的工程设计图纸，承包方应按发包方最终审定确认的图纸进行施工，否则发包方对没有有效图纸依据的工程量不予认可及拒绝支付相应工程款。”

因此鉴定公司对本案造价进行鉴定，主要依据上述本案施工合同专用条款第 23.2 条及第 25 条确定的计量、计价原则为根本，结合现场施工过程中留存的过程资料及现场勘查进行。

（3）鉴定方法。

《建设工程造价鉴定规范》（GB/T 51262—2017）第 5.1.2 条规定：“鉴定人应根据合同约定的计价原则和方法进行鉴定。如因证据所限，无法采用合同约定的计价原则和方法的，应按照与合同约定相近的原则，选择施工图预算或工程量清单计价方法或概算、估算的方法进行鉴定。”本案合同约定“以天津市 2012 年定额及计价办法全额取费方式确定，不作任何浮动”，依据以上规定及约定，并结合《建设工程工程量清单计价规范》（GB 50500—2013）及 2012 年天津市预算定额进行造价鉴定，采用工程量清单的方法进行鉴定。

对于鉴定公司按照合同约定中“以天津市 2012 年定额及计价办法全额取费方式确定，不作任何浮动”，采用清单计价的方法鉴定，原告认为“全额取费”即为顶格取费也就是一类取费，而且在项目月度产值确认表中，也是按照一类取费上报的，被告从未提出过异议，因此在鉴定报告中所有的工程都应该按照一类取费计价。而被告认为合同约定的为定额计价，鉴定报告应该以施工图预算的方法进行。对于原告以及被告的疑问，鉴定公司书面回复原告、被告及法院：首先，天津市城乡建设和交通委员会发布的“2012 天津市建筑工程预算基价”中对建筑工程费的组成包括人工费、材料费、施工机具使用费、企业管理费、利润、规费和税金，“全额取费”是指造价的组成，“工程类别”是指利润的高低，无论单位工程按照几类取费，鉴定公司均是按照定额的规定全额取费，工程类别不影响全额取费的构成。其次，我国现阶段的清单计价仍然是以定额为基础，每一清单项均由相对应的定额子目组成，因此无论采用清单计价的方法还是采用施工图预算的方法，所得到的总造价是一致的。鉴定公司向法院提供了清单综合单价计价明细表及计算表，原告及被告均可以在表中找到对应的定额项。

（4）鉴定意见。

2019 年 8 月 6 日，鉴定公司出具了工程造价鉴定意见书并提交法院，鉴定意见如下：

① 我公司依据施工合同、施工蓝图等资料最终鉴定总造价为 650173835 元。

② 鉴于江苏某建设工程集团有限公司（原告）对合同专用条款第 23.2 条中“以天津市 2012 年定额及计价办法全额取费方式确定，不作任何浮动”的理解同我方不一致，应法官要求，我方在鉴定报告中将全部单位工程按照一类取费单独列出总造价为 671146323 元。鉴定报告出具后，法院又单独征求我公司对此的意见，我公司认为应该按照 2012 年定额的规定，区分单位工程类别，最终法官采纳了我方的鉴定意见。

③ 对于户内电气预留预埋工程，因为图纸证据是江苏某建设工程集团有限公司（原告）后期补充的，而且图纸非施工蓝图，对此某实业投资（天津）有限公司（被告）不予认可，法院征求我公司意见，我公司认为首先电气预留预埋工程是随着结构的施工一起施工的，而且原告提供的虽然是白图，但是都经过设计的签认，因此可以作为造价鉴定的依据，我方将此部分造价单独列在鉴定报告中。

④ 对于总造价中的企业管理费、规费、利润等，我公司按照法院的要求单独列出，供法院在查明案由后依法判决。

⑤ 对于甲供材、甲指品牌材料问题，我公司依据合同约定、鉴定材料向法院提交了我公司专业建议，经与法院沟通专门开庭对此问题进行质证澄清，得到了原告、被告的认可。

3. 案件当事人对工程造价司法鉴定意见异议问题

原告对鉴定报告的意见主要是对单位工程取费标准的异议，原告认为在施工过程中原告、被告确认按照一类取费，且其月度产值报表也是按照一类取费计算的，并据此主张被告已经认可一类取费，对此问题，法院认为合同未约定一类取费，原告应提供证据，另外被告认为虽然收到原告的月度产值报表，但是一直未予认可。最终法院在征求鉴定公司意见后采纳鉴定报告意见。

被告认为鉴定报告中钢筋、混凝土量等工程量过高，甲方联系单、工程签证单等过程资料不应作为鉴定依据，所做出的总造价超过合同约定的预估造价（合同中一期暂估 6 亿元）等问题，鉴定公司在向法院汇报后，意见如下：“第一，工程量是根据施工图利用广联达计算软件建模得出，并且 2018 年 10 月 15 日至 2019 年 3 月 20 日，历时 5 个月有余，我公司的 10 余名造价工程师分别在法院、我公司会议室向被告及所聘请的专家详细介绍了施工蓝图的各个细节，从桩的数量、直径、桩长到钢筋的级别、型号，混凝土的强度等级等，并现场演示了从施工蓝图到广联达软件的计量模型的建立，对涉及的每一定额子目也进行了详细的解释，过程中全程录音录像，并设专人做笔录，最终签字确认，被告并未找到我公司的计量模型同图纸存在重大的纰漏和错误。第二，对于鉴定总造价超出合同的暂估值，因为合同约定的仅为暂估价，并未约定为固定总价合同，我公司按照合同约定的原则计量计价，得出鉴定总造价同合同约定的原则一致。第三，甲方联系单、工程联系单、工作联系单、工程签证单这些施工过程资料，均为法院移交给我公司的鉴定材料，而且法院也组织原告、被告进行了质证，上述材料形成于施工过程中，是对施工蓝图瑕疵以及现场实际的修正和补充，被告认可签字盖章的有效性，但是不认可作为造价鉴定的依据，法院认为被告的理由缺乏事实依据。”

四、出庭作证情况

鉴定公司就本案共出庭 4 次。2018 年 5 月 2 日就鉴定材料存在的问题，法院主持开庭，在法庭上，鉴定公司将目前收到的鉴定材料存在的问题，特别是影响造价的问题逐一向法官、原告及被告进行了说明，一并提交了书面的问题联系单。2018 年 6 月 22 日，鉴定公司出具了鉴定报告的第 1 版初稿，在分别书面回复了原告、被告对第 1 版初稿的疑问后，由于被告公司一直以各种理由拒绝到鉴定公司核对，因此法院于 2018 年 8 月 21 日开庭，了解同原告的核对进度及被告拒绝核对的原因，鉴定公司向法院详细汇报了同原告的核对进度及存在的问题，并约定就争议问题到天津市定额站共同咨询，被告以鉴定公司出具的第 1 版初稿存在巨大漏洞和问题为由拒绝核对，但是却说不出具体的漏洞和问题在哪里，在法官的要求下，最终被告答应到鉴定公司核对。2018 年 8 月 30 日，被告的一名现场管理人员到鉴定公司核对，由于是非专业的造价人员致使核对无法进行。2018 年 10 月 10 日，法院再一次就核对问题开庭，鉴定公司到庭造价工程师 5 名，在法官的主持下，对第 1 版初稿逐项逐条向被告解释，因为法院的会议室资源有限，被告到鉴定公司核对直至 2019 年 3 月 20 日才完成。鉴定公司于 2019 年 4 月 26 日出具鉴定报告第 2 版初稿并书面回复了原告、被告对第 2 版的质疑后，于 2019 年 8 月 6 日出具正式版工程造价鉴定意见报告。2019 年 12 月 19 日最后一次开庭，鉴定公司当庭回复了法官、原告以及被告对造价鉴定意见的质询。

五、心得体会

鉴定公司于 2018 年 1 月 8 日接到法院关于本案的委托函，直至 2019 年 12 月 19 日最后一次出庭，历时近两年时间，主要的体会如下。

（1）工程造价鉴定对专业人员的要求高，需要对《建设工程工程量清单计价规范》《建设工程造价鉴定规范》《建设工程司法鉴定程序规范》《最高人民法院关于审理建设工程施工合同纠纷案件适用法律问题的解释》《最高人民法院关于审理建设工程施工合同纠纷案件适用法律问题的解释（二）》等有全面的认识和理解；作为一名合格的造价鉴定人员，需要在没有旁站、没有见证，原告、被告鉴定的合同内容不全、意义不明、原始资料不齐全、签证不严谨等情况下作出最终的造价结论；不仅要有丰富的造价工作经验，还应具备其他多方面的知识，诸如法律、工程施工、工程设计等，同时要有较好的判断能力、协调能力、文字和语言能力。

（2）工程造价鉴定过程中的程序必须符合《建设工程造价鉴定规范》《建设工程司法鉴定程序规范》等规定，按照规范要求接收鉴定材料、留存鉴定过程资料，特别是鉴定材料，必须通过法院获得，不可以私自接收原告、被告报送的材料。作为证据的鉴定材料，需要经过法庭质证才能作为鉴定依据，鉴定材料的有效性由法院确定，鉴定人不可自行决定。

（3）工程项目进行到诉讼阶段，原告、被告双方的矛盾比较深，争议比较大，而作为鉴定人，在鉴定过程中，需要了解法院、原告、被告所关注的焦点，找到原告、被告的利益平衡点，积极同各方沟通，按法院要求参加开庭，接受原告、被告的质询，使各方能以客观务实的态度正确对待分歧，争取各方的积极配合，做到公正公平，最大限度地消除原、被告对鉴定结果的疑虑。

（4）重视鉴定方案的作用。鉴定方案在整个鉴定过程中起到提纲挈领的作用，在收到法院的委托书、鉴定材料后，要认真研究分析，熟悉鉴定要求，了解整个项目的基本情况以及原、被告争议的焦点，并且编制鉴定方案，如果案情复杂还很有必要及时向法院汇报鉴定方案，以保证方案的合理性、客观性，以及鉴定工作的顺利进行。

（5）重视造价鉴定初稿完成后的出庭质证，听取原告、被告各方的意见或建议，提高鉴定结论的准确性。因为工程项目往往情况复杂，鉴定资料众多，作为鉴定人，虽然经过现场勘查，法院及原告、被告的情况介绍，鉴定资料的筛查研究等，但是未必能做到面面俱到。因此在完成鉴定初稿后，要根据法院转交的原、被告对鉴定初稿的意见建议，认真复核复查，依法出庭参与质证，回复法官、原告、被告对初稿的意见建议，特别是对鉴定依据、工程量的计算、定额的套用、费用的计取等计价原则问题要慎之又慎，尽量保证鉴定结论的真实、公正。

（6）《建设工程造价鉴定规范》中对“造价鉴定”的定义为“对工程造价争议中涉及的专门性问题进行鉴别、判断并提供鉴定意见”。因此在鉴定中要把握分寸，不可以越俎代庖对非造价专业的问题发表意见。对争议性的问题，可以按照原告、被告双方提供的证据，在法院的同意下分别作出两种鉴定结论，单独列明在鉴定意见中，作为法院判决的依据。

本项目工程造价鉴定，泰达咨询公司投入了10余名造价工程师参与其中，从勘查现场、依据合同约定计量计价、出具初稿、出庭接受原告及被告的质询、当面核对量价到最终出具鉴定意见报告，历时近两年，鉴定公司深知工程造价鉴定结果与法院最终的判决密切相关，清醒地认识到担负的责任，在鉴定过程中始终坚持客观公正的办事原则和职业道德，以精良的业务水平为法院正确解决建筑领域的案件提供了良好的服务。

专家点评

本案例案情虽然比较复杂，但案情简介表述清晰明了、结构完整、层次分明；同时，对案件争议焦点和鉴定难点定位准确，鉴定难点主要集中在以下三个方面：①项目各单体工程施工节点不统一，电子技术资料缺失，鉴定难度加大；②项目投资方缺少专业人员，对工程计价、计量等基本原则存在认知偏差和沟通障碍；③项目争议各方对立情绪严重，不能积极配合鉴定工作等。

鉴定人在历时近两年的鉴定过程中，严格按照现场实际情况计量计价，充分考虑项目投资方缺少专业人员的实际情况，在鉴定报告初稿完成后，安排专业工程师向项目投资方及其聘请的专家详细介绍图纸细节，细致演示从蓝图到计量模型的建立过程，对涉及定额子目的选用进行充分说明，并就争议项向工程所在地的定额站进行咨询，同时形成有效的书面记录，确保鉴定依据充分、鉴定方法合理、鉴定意见翔实。

针对争议各方存在对立情绪问题，鉴定人积极与各方沟通，找准各方关注的焦点和可以达成共识的契合点，并坚持公平、公正、客观、合理的原则，推进各方以客观务实的态度对待分歧及争议，最终得到各方认可。案件鉴定总体思路清晰，完成质量较高，具有较好的代表性及指导意义。

中励国惠工程咨询有限公司　刘慧阳

对天津市某附合的装饰装修物工程造价司法鉴定

——天津宇和工程咨询有限公司

郑子艳　刘飞　孙小颖　郑秋杰　陈广维

一、案情简介

鉴定申请人承租被申请人位于天津市某区某超市的店铺用于经营某加盟店，租赁面积约 1000m^2，租赁期限为 6 年。

2015 年 3 月，申请人向被申请人交纳了履约保证金后进行店铺装修，经过 2 个月的装修，申请人于 2015 年 5 月 1 日试营业。

2015 年 6 月 15 日，被申请人通知申请人关闭该超市，并提出自 2015 年 6 月 30 日与申请人解除租赁关系，要求申请人在当年 7 月 20 日前腾出场地并交付给被申请人。因对店铺装修等补偿费用没有达成共识，申请人将被申请人起诉。

因申请人装修涉诉商铺的施工费用没有正式的票据，且不能完整地反映出全部的装修费用，故申请对某加盟店附合的装饰装修费用进行工程造价鉴定。

二、案件争议焦点和造价鉴定难点

案件争议焦点：因申请人自行组织施工，涉诉商铺的装修施工费用没有施工合同，费用支出证据材料也没有正式的票据，被申请人对相关证据不予认可。

造价鉴定难点：初始委托鉴定范围与内容不清；附合的装饰装修物工程造价鉴定缺少可直接引用的技术标准。

三、鉴定情况

（一）司法鉴定委托人提供鉴定材料内容

（1）鉴定申请书（2015 年 10 月 19 日）。

（2）民事起诉状（2015 年 10 月 19 日）。

（3）询问笔录（2015 年 11 月 5 日）。

（4）某加盟店装饰装修项目施工图。

（5）某加盟店修改意见回执。

（6）某加盟店修改意见回执（消防部分）。

（7）询问笔录（2016 年 3 月 21 日）。

（二）工程造价司法鉴定情况

1. 鉴定过程

（1）接受委托。

2015 年 11 月 9 日，天津宇和工程咨询有限公司（以下简称鉴定公司）收到法院邮寄的委托书及相关资料。委托书列明的委托事项为“对某加盟店装修工程造价进行鉴定（详情见鉴定申请书）”。

委托人移送的鉴定材料仅有 3 件：一份鉴定申请书、一份民事起诉状和仅有第 1 页的未全部完成的询问笔录，主要申诉了申请人（原告）与被申请人（被告）发生租赁合同纠纷的内容，及因缺少确定装修费用的正式票据，申请对涉讼标的装修工程造价及设备给予评估鉴定的理由，其他信息寥寥无几。其中，鉴定委托书明确要求，本次鉴定事项是对某加盟店装修工程造价进行鉴定，询问笔录中提到由申请人提供与鉴定范围对应的明细清单。

根据委托人提供的鉴定材料，鉴定公司于 2015 年 11 月 12 日给委托人回函，确认可以承接该项鉴定任务，同时也提出鉴定资料不足以及进行继续鉴定需要当事人进一步提供资料的清单名录。

（2）初步落实鉴定条件。

2015 年 11 月 25 日，申请人提供了某加盟店装饰装修项目施工图（以下简称勘查用图纸）。

2015 年 12 月 4 日，在委托人承办法官的主持下，鉴定人与涉讼双方当事人的代表共同对装修现场进行了查勘，澄清了部分情况，涉讼当事人双方签认现场勘验记录单，同时明确了勘查用图纸与现场实物尚存在着一些遗漏或不明确的内容，申请人需要进一步补充资料。

2015 年 12 月 22 日，鉴定公司收到了委托人移送的申请人针对现场勘验记录单的补充资料，其中包括某加盟店装饰装修项目施工图（以下简称 12.22 图纸）。

（3）与法院进一步沟通。

2016 年 2 月 23 日，鉴定公司就委托人移送的补充鉴定资料，以及申请人陆续提供的装修材料单据存在的问题等向委托人发函沟通，希望委托人询问双方当事人，进行确认、补充，或再次组织现场勘验确认如下内容：

① 12.22 图纸与现场实物及勘查用图纸比对还存在多项遗漏或不明确的项目。

② 装饰装修施工合同文件，包括有关涉讼项目合同资料、预结算资料等文件缺失。为能够实现本项目工程造价鉴定目的，公司建议本项目视为涉讼当事人对该项工程的“工程造价约定不明确”，按照申请人以“包工包料”方式发包，依《天津市建设工程计价办法》的规定以施工图预算计价方式，以相应专业工程的计价依据对本项目的工程造价进行鉴定。

③ 装饰装修施工相关价格文件可用性差，几乎都是“白条”形式的收据类单据。鉴定公司建议，后续的鉴定以工程造价当事人协商的计价时间对应的《天津市工程造价信息》中的同品种、规格的材料价格的中准价或市场价格确定本项目的施工材料价格。对于《天津市工程造价信息》没有的材料价格，将参照市场询价确定。

（4）协助委托人确定鉴定范围及价格依据。

2016 年 3 月 21 日，委托人组织了专题庭审，并通知鉴定人参加。庭审针对鉴定公司 2 月 23 日沟通函所涉问题询问了双方当事人，形成询问笔录（2016 年 3 月 21 日）。在鉴定人的协助下，本次庭审确认了如下事项。

本项目的委托范围及内容：①申请人已经施工完成，且经申请人和被申请人签认的相关图纸反映的装修实物的工程造价（简称装修实物造价）；②双方现场确认的，由某超市高压变电室到涉讼某加盟店店面配电箱之间的动力电缆、空调电缆及室外照明电缆敷设施工的工程造价（简称电缆造价）；③双方现场确认的由被申请人指定接口到涉讼某加盟店店面厨房范围内的燃气管线及设施的工程造价（简称燃气管线造价）；④双方现场确认的某加盟店店面装修前原场地店铺隔间的拆除等的工程造价（简称前期拆除造价）；⑤考虑装修物已经使用的情况，对申请人剩余租赁期内某加盟店装修工程的剩余价值给出意见。

再次组织现场勘验：法院确定 2016 年 3 月 24 日上午 9 点对新增鉴定内容、图纸不明内容等问题进行现场勘验。双方当事人同意相应内容以现场勘验数据为准。

当事人双方同意：按照 2015 年 3 月市场价格及天津市相关计价规定进行鉴定，申请人提交的相应票据仅供鉴定参考。

（5）再次进行现场勘验。

2016 年 3 月 24 日，在委托人承办法官的主持下，鉴定公司与涉讼当事人的代表一并对装修现场再次进行了查勘，当事人双方签认了现场勘验记录单，对庭审时涉及的项目逐项予以落实。

（6）出具鉴定意见书。

本项目鉴定意见书初稿完成后，鉴定公司与主审法官进行了电话沟通，询问是否需要先发征求意见稿，听取意见后再出正式鉴定意见书。法院的答复是：“此事由鉴定机构自己决定，法院不参与意见。”

鉴定公司综合考虑各方面因素后决定，本鉴定项目不发征求意见稿，直接出具正式鉴定意见书。

2016 年 4 月 6 日，鉴定公司出具正式鉴定意见书。鉴定意见书正文包括基本情况、鉴定资料、委托鉴定事项涉及鉴定项目争议的简要情况、鉴定的依据及使用的专业技术手段、书证摘录、对鉴定过程的说明、鉴定意见、附件目录 8 部分。

2. 鉴定依据

（1）行为依据。

① 天津市某区人民法院委托书。

② 鉴定申请书。

③ 询问笔录（2016 年 3 月 21 日）。

（2）政策依据。

① 国家标准《建设工程工程量清单计价规范》（GB 50500—2013）。

② 国家标准《建设工程造价咨询规范》（GB/T 51095—2015）。

③ 天津市建设管理委员会《天津市建设工程计价办法》（DBD 29-001-2012）。

（3）分析（计算）依据。

① 中国建设工程造价管理协会《建设工程造价鉴定规程》（CECA/GC 8—2012）。

② 中华人民共和国司法部司法鉴定管理局《建设工程司法鉴定程序规范》（SF/Z JD0500001—2014）。

③ 天津市建设管理委员会，2012 年《天津市建筑工程预算基价》（DBD 29-101-2012）、《天津市装饰装修工程预算基价》（DBD 29-201-2012）、《天津市安装工程预算基价》（DBD 29-301-2012 ～ DBD 29-314-2012）、《天津市房屋修缮工程预算基价》（DBD 29-701-2012 ～ DBD 29-704-2012）等各专业预算基价。

④ 天津市建设工程定额研究管理站《天津市工程造价信息》（2015 年第 3 期）。

⑤ 现场勘验记录单（2015 年 12 月 4 日、2016 年 3 月 24 日）。

⑥ 委托人移送的图纸、说明等可以作为鉴定依据的其他鉴定材料。

3. 鉴定方法

（1）计价方式。

经庭审确认，本项目依《天津市建设工程计价办法》的规定以施工图预算计价方式编制工程造价鉴定文件。

（2）本鉴定项目工程造价的构成。

根据项目委托要求，本项目鉴定的工程造价，按照实际内容可以分解成装修实物造价、电缆造价、燃气管线造价和前期拆除造价 4 部分，即：

鉴定项目的工程造价＝装修实物造价＋电缆造价＋燃气管线造价＋前期拆除造价

根据《天津市建设工程计价办法》，上式中 4 部分造价都由如下内容组成：

分部分项工程费（施工图预算合计）＋措施项目费（一）＋措施项目费（二）＋规费＋利润＋税金。

（3）鉴定项目工程造价的计算。

本鉴定项目的造价鉴定（装修实物造价、电缆造价、燃气管线造价和前期拆除造价），按照 2016 年 3 月 21 日庭审当事人双方确认的方法，采用 2012 年《天津市建设工程计价办法》及《天津市装饰装修工程预算基价》（DBD 29-201-2012）、《天津市安装工程预算基价》（DBD 29-301-2012 ～ DBD 29-314-2012）、《天津市房屋修缮工程预算基价》（DBD 29-701-2012 ～ DBD 29-704-2012）等各专业预算基价，《天津市工程造价信息》（2015 年第 3 期）信息价格进行计算。造价信息没有的材料价格，采用同期的市场价格。

鉴定的工程造价总额为人民币 2769289 元。

（4）装饰装修的剩余价值计算。

装饰装修的剩余价值（简称剩余价值），也称剩余租赁期内装饰装修残值，是指房屋租赁合同履行期限届满前，附合于房屋建筑上的装饰装修物在剩余租赁期限内尚存在的价值。

对于租赁店面装修费用形成的固定资产（即法律上所称的“附合的装饰装修物的价值”）的折旧，会计账务处理时，业界普遍以租赁期平均计算。这一点与法律上的认识是一致的，即如果承租人在房屋租赁合同约定的租赁期履行完毕后，完全使用了租赁房屋，也就同时完全享用了附合的装饰装修物的价值。

根据上述原理，剩余价值一般按下述公式计算：

剩余价值=装饰装修鉴定总造价 ×（剩余租赁期 / 租赁期）

本项目的租赁期：根据申请人在民事起诉状所述“租赁期限为 6 年”，确定租赁期为 6 年，即 72 个月。

本项目申请人对店铺的经营使用期：按照 2016 年 3 月 21 日询问笔录记载，为 0.5 年，即 6 个月。

故　　剩余租赁期=租赁期－经营使用期= 66 个月

本项目装饰装修的剩余价值总额为 2538515 元。

4. 鉴定意见

某加盟店装修工程鉴定的工程造价总额为人民币 2769289 元，其中装修实物造价额为 2475511 元，电缆造价额为 159224 元，燃气管线造价额为 100821 元，前期拆除造价额为 33733 元。

本项目装饰装修的剩余价值为人民币 2538515 元。

（三）案件当事人对工程造价司法鉴定意见的异议问题

1. 当事人对工程造价司法鉴定意见的异议

2016 年 6 月 7 日，鉴定公司收到法院转来的被申请人（以下简称异议人）就某加盟店装修工程造价鉴定意见书提出的《关于工程造价鉴定异议书》（以下简称异议书）。

异议书提出，异议人对本鉴定项目工程造价构成及造价总额不认可。鉴定意见书中“本鉴定项目工程造价由分部分项工程费（施工图预算合计）+ 措施项目费（一）+ 措施项目费（二）+ 规费 + 利润 + 税金”构成鉴定意见书工程造价结论为 2769289 元，其中税费总计 487996 元。

异议人提出，本次鉴定是基于异议人与鉴定申请人之间的租赁合同纠纷产生，因异议人作为出租方向承租方提出解除合同，导致申请人就涉诉商铺的装修费用提出工程造价鉴定，该工程造价鉴定最终要解决的问题是就承租方装修投入的实际损失进行确定，而非建设工程施工纠纷中对应付工程款的确定，且申请人装修商铺的施工费用没有正式票据，故异议人认为，造价构成中不应包含税费，只应按照市场价格确定实际施工费用。

异议人对工程造价鉴定意见书鉴定的工程造价总额 2769289 元不认可，认为应减除税费 487996 元为 2281293 元，由此计算出剩余价值总额为 2091185 元。

2. 鉴定公司对异议的书面答复

经与主审法官沟通，鉴定公司以书面形式对异议书有关内容进行了回复。答复函的主要内容如下。

（1）对异议书要求减除税费内容的理解。

异议书提出，异议人认为应扣减税费 487996 元（以下简称相关税费）。

该异议书并没有具体指出“相关税费”是指“分部分项工程费（施工图预算合计）+措施项目费（一）+措施项目费（二）+规费+利润+税金”中的哪项或哪几项内容。

公司根据异议书所提数据分析、核实后认为，异议书所指“相关税费”是指“规费+利润+税金”，即异议人认为“本鉴定项目的工程造价=分部分项工程费（施工图预算合计）+措施项目费（一）+措施项目费（二）”。

（2）本项目鉴定造价的费用组成符合委托人的委托事项。

法院委托鉴定公司的鉴定事项为：“对某加盟店装修工程造价进行鉴定。”

鉴定公司认为，国家标准《工程造价术语标准》（GB/T 50875—2013）（以下简称GB/T 50875—2013）对“工程造价”有公认的定义，不存在其他不同的理解。按照委托人的委托和本鉴定项目的实际情况，委托事项所说“对某加盟店装修工程造价进行鉴定”是指某加盟店装修施工所形成的工程造价，即“建筑安装工程费用”的范畴。关于这一点，涉讼双方都没表示出不同意见。

中华人民共和国住房和城乡建设部、中华人民共和国财政部发布的《建筑安装工程费用项目组成》（建标〔2013〕44号）规定：“建筑安装工程费用项目按费用构成要素组成划分为人工费、材料费、施工机具使用费、企业管理费、利润、规费和税金。”“建筑安装工程费用按工程造价形成顺序划分为分部分项工程费、措施项目费、其他项目费、规费和税金。分部分项工程费、措施项目费、其他项目费包含人工费、材料费、施工机具使用费、企业管理费和利润。”

本项目鉴定工程造价内容的组成，根据《天津市建设工程计价办法》的规定，列为“分部分项工程费（施工图预算合计）+措施项目费（一）+措施项目费（二）+规费+利润+税金”，完全符合行业规定、本项目实际以及委托人的要求。

（3）房屋租赁“附合的装饰装修物的价值”中应该包括“相关税费”。

本鉴定确系“基于异议人与鉴定申请人之间的租赁合同纠纷产生，因异议人作为出租方向承租方提出解除合同”导致的。因当事人双方对租赁商铺装修费用形成的固定资产（即法律上所称的“附合的装饰装修物的价值”）不能取得一致意见，才有委托人委托鉴定公司“对某加盟店装修工程造价进行鉴定”。

在最高人民法院民事审判第一庭编著的《最高人民法院关于审理城镇房屋租赁合同纠纷案件具体应用法律若干问题的解释的理解与适用》中写道：“在司法实践中，出租人和承租人往往对于承租人附合的装饰装修投资数额无法达成一致，人民法院应当委托专门鉴定机构对承租人用于附合的装饰装修费用作出鉴定。”鉴定公司认为，按照专业视角，“附合的装饰装修投资”是一种“建设投资”，其实际支出就形成了承租人在承租房屋上装修投入的实际建设成本。中华人民共和国财政部《基本建设财务管理规定》（财建〔2002〕394号）中明确：建设成本包括建筑安装工程投资支出、设备投资支出、待摊投资支出和其他投资支出。若按“建设投资”或“建设成本”理解，其费用内容都要比“建筑安装工程费”包括的内容广泛得多。如果仅从施工花费的角度理解，“附合的装饰装修费用”或“附合的装饰装修物的价值”则属于建筑安装工程投资支出，即建筑安装工程费的范畴。按照国家建筑安装工程费组成的规定，其中必然包括“相关税费”。

（4）以鉴定“承租方装修投入的实际损失”的角度，鉴定的费用中也应包括“相关税费”。

鉴定公司认为，异议人关于建设工程施工应付工程款中应该包含“相关税费”的理解，是正确的。按照国家标准 GB 50500—2013 的规定，规费、利润、税金应计入建筑安装工程造价。因此，“规费、利润、税金”是工程款的法定组成部分。

鉴定公司认为，“承租方装修投入的实际损失”是由承租人发包该涉讼装饰工程给实际施工人，向实际施工人支付的“工程款”汇总而成的。主要理由为：①涉讼项目有单独设计的装修施工图纸；承租人自行组织施工；店铺装修的施工，承租人不是具体的施工人；有多个实际施工人参与了工程施工。②承租人在本项目装修中的角色是一个发包人或称建设单位，而非施工单位。它对装修工程的实际支出是以给具体的施工人支付“工程款”的方式形成的。③涉讼项目的装修涉及多个实际施工人，这从申请人（承租人）向法院提交的相关证据材料可见一斑。④申请人（承租人）不是施工费用中必然包括的“规费＋利润＋税金”的实际支配人，也不是“利润”的享有者，更不是向有关部门缴纳“规费、税金”的法定单位。不论其是否有正式的施工票据，都需要向实际施工人支付这些费用，从而形成“承租方装修投入的实际损失”。因此，“承租方装修投入的实际损失”等于实际施工人的“工程款”之和。这就如异议人对“工程款”应包括的内容的认识一样，“承租方装修投入的实际损失＝分部分项工程费（施工图预算合计）＋措施项目费（一）＋措施项目费（二）＋规费＋利润＋税金”。

综上，公司工程造价鉴定意见书中关于工程造价总额构成为“分部分项工程费（施工图预算合计）＋措施项目费（一）＋措施项目费（二）＋规费＋利润＋税金”并无不妥。异议人认为本鉴定项目的工程造价＝分部分项工程费（施工图预算合计）＋措施项目费（一）＋措施项目费（二），其中“相关税费”487996 元应扣减的异议，不能成立。

鉴定公司维持工程造价鉴定意见书中的鉴定意见不变。

四、出庭作证情况

本项目的书面异议复函发出后，委托人没有再要求鉴定人出庭作证。

中国裁判文书网发布的本案判决文书显示，被申请人在诉讼中一直坚持“鉴定意见中的相关税费应予以扣减”的主张。本案经区人民法院一审、中级人民法院二审和高级人民法院再审，公司的鉴定意见包括对异议书的答复被三级法院民事判决书、民事裁定书采信。

五、心得体会

1. 弄清鉴定范围和内容是实施鉴定的前提

鉴定委托书是鉴定人实施鉴定的行为依据，只有基于清晰的委托要求，鉴定意见才可能满足委托人的需求，进而达到鉴定目的。

从本项目的委托书可知，委托人确定的委托事项为“对某加盟店装修工程造价进行鉴定”。委托人在最初提出的鉴定委托事项中“工程造价鉴定”的要求看似明确，但列出“详情”的鉴定申请书中所述的要求中仅概括地描述了“因缺少确定装修费用的正式票据，申请对涉讼标的装修工程造价及设备给予评估鉴定”，并没有具体内容和清晰的范围描述。

《建设工程造价鉴定规程》（CECA/GC 8—2012）第4.1.2条明确要求，鉴定受托人对委托文书中的鉴定范围、内容、要求或期限等有疑问的，宜及时与鉴定委托人联系，排除疑问。从前面案例介绍可以看出，本项目中，从接受委托开始，鉴定人与委托人进行了多次沟通，围绕的核心内容就是鉴定范围与鉴定内容，鉴定人通过持续的“挤牙膏”式的沟通，才得以弄清本项目的鉴定范围和内容。

按照委托书确定的鉴定范围、事项完成鉴定工作，是对工程造价鉴定鉴定人的基本要求。《建设工程造价鉴定规程》（CECA/GC 8—2012）第6.3.1条明确要求，项目鉴定范围和内容必须符合鉴定委托文书，鉴定成果文件表述的鉴定范围和内容必须符合鉴定委托文书要求，不得作出不符合委托的鉴定表述。《建设工程造价咨询成果文件质量标准》（CECA/GC 7—2012）也将“鉴定范围和内容必须符合鉴定委托文件”作为鉴定成果文件质量的重要条件。因此，鉴定委托范围、内容模糊，必然使鉴定人从鉴定之始就处于“失焦”状态，将极大地影响鉴定意见书的质量，也可能从根本上影响鉴定意见书的可接受性。

2. 以当事人认定方式确定计价标准与方法是本鉴定成功的关键

鉴定人和鉴定机构从事司法鉴定业务，应当遵守工程造价鉴定技术标准，这是法律的要求，也是鉴定工作专业性的体现。但现行的与工程造价鉴定相关的技术规范，如《建设工程工程量清单计价规范》《建设工程造价鉴定规程》《建设工程造价鉴定规范》等，主要是对施工合同纠纷工程造价鉴定的规定，并没有针对租赁房屋附合装饰装修物损失鉴定的规定。

从理论上讲，承租人对租赁房屋进行装饰装修属于不动产附合，事实上就是新建造的不动产，其资产类型属于固定资产。杜万华等在《关于审理城镇房屋租赁合同纠纷案件司法解释的理解与适用》一文中指出，租赁房屋在返还出租人之前，装饰装修物归承租人所有，补偿款作为装饰装修物的代位物，依照物权归属原则，归承租人所有。按照会计学原理，固定资产购建时发生的全部支出构成固定资产原价。从固定资产购建者的角度说，固定资产原价属于建设成本，或称固定资产建造的实际工程造价。由此可知，附合于房屋之上的装饰装修物的初始建造价值，或称装饰装修费用、装饰装修物投资，就是装饰装修物的工程造价。

从工程造价鉴定的一般要求看，《建设工程工程量清单计价规范》等技术规范明确要求，在鉴定项目合同有效的情况下应根据合同约定进行鉴定，不得任意改变双方合法的合意；在鉴定项目合同无效或合同条款约定不明确的情况下应根据法律法规、相关国家标准和相关规范的规定，选择相应专业工程的计价依据和方法进行鉴定。这些针对施工合同纠纷的规定，难以直接用于支撑租赁合同附合的装饰装修物工程造价的鉴定上。但前述鉴定的一般要求，体现了工程造价鉴定应遵循的“有约从约、无约依法”的鉴定原则。这为公司解决本项目所面临的没有技术标准可依的难题提供了很好的思路。

在具体应用层面上，《天津市建设工程计价办法》中明确规定天津市各专业工程预算基价以及本市工程造价管理机构发布的人工、材料、施工机械台班市场价格信息、价格指数等是工程造价鉴定的依据。这为选择以工程定额标准鉴定工程造价提供了政策支撑。

因此，面对本项目的鉴定标准与方法的确定上缺少明确法律规定、没有适用的技术标准以及缺失当事人均认可的施工价格证据资料的特殊情况，我们从工程造价鉴定的一般原理出发，在本项目鉴定过程中适时与委托人沟通，借助《建设工程工程量清单计价规范》的相关条文提出对本项目视为“工程造价约定不明确”，建议依《天津市建设工程计价办法》的规定，选用施工图预算计价方式，以相应专业工程的计价依据和工程造价管理机构发布的市场价格信息为标准，对本项目所涉附合的装饰装修物工程造价进行鉴定。该建议获得委托人、当事人的积极响应，并得到明确确认。

从某种意义上说，像本案例这种非施工合同纠纷引发的工程造价鉴定，鉴定人常常需要面对缺少法律法规和技术标准有力支撑的窘境，而采用以当事人认定方式确定特定项目工程造价鉴定的计价标准与方法，应是鉴定人的不二之选。

专家点评

本案例为对租赁房产附合的装饰装修物工程造价的司法鉴定，叙述事实清晰、内容完整。本案实际情况比较复杂，主要有四方面难点：①本案初始委托鉴定范围与内容不清；②申请人自行组织涉诉商铺的装修施工，与各实际施工人未签订正式合同，施工费用支出的证据材料也未开具正式发票，被申请人对相关证据认可度不足；③附合的装饰装修物工程造价鉴定缺少可直接引用的技术标准；④调整后的委托范围中，增加了对申请人剩余租赁期内附合的装饰装修工程剩余价值给出意见。上述难点导致鉴定人在工程造价鉴定时，实际取证困难，价格鉴定方法复杂。

在本案例中，鉴定人充分考虑项目实际情况，对鉴定难点进行细致分析，并按照鉴定程序与委托人进行书面沟通，及时配合委托人组织了专题庭审；针对鉴定范围与内容不明确问题，及时询问双方当事人，形成询问笔录并达成共识，重新确定鉴定范围及内容，遵循工程造价“有约从约、无约依法”的鉴定原则，保证了从多角度为鉴定人出具鉴定结论。本案案值金额不大，但涉及装饰装修工程造价、装饰装修物权归属、剩余租赁期内装饰装修残值等多项法规依据结合使用，此类争议在司法鉴定案例中并不多见，案例比较典型，为从业人员破解类似案例提供多种思路，具有一定的参考价值。

中劢国惠工程咨询有限公司　刘慧阳

河北省某住宅项目一期工程造价司法鉴定

——河北卓越工程项目管理有限公司

谷志华　杨永香　杨振波　郜云飞　魏兴龙

一、案情简介

原告：施工总承包单位

被告：施工发包单位

2012 年 8 月 5 日，双方当事人签订了建筑安装工程施工合同补充协议，协议约定由原告承建被告开发的某住宅项目工程，工程规模为 8 栋住宅及地下工程、沿街商业工程，总建筑面积约 23.3 万平方米，资金来源自筹，承包范围为项目一期建筑安装工程施工，承包方式为包工包料。施工协议约定采用可调价，以 2008 版河北省预算定额为计价依据，按承包工程的相应工程类别取费，人工费、机械费按河北冀建价〔2010〕553 号文件执行，若遇新文件不作调整，结算总价下浮 6%；工程中甲方进行综合认质认价的内容，不执行预结算，按照发包人限定价格计取税金直接进入工程总价；总承包服务配合费按建筑面积 1.5 元 /m^2；工期为 520 日历天，施工期每个春节顺延 30 日历天，预计开工日期 2012 年 9 月 1 日，完工日期为 2014 年 4 月 3 日并通过竣工验收。此后双方又签订了“接待中心施工协议”“一期精装、小区道路、雨污管网及绿化景观中除种植、栽植外其他工程施工合同”2 份附属协议。2014 年 3 月 11 日，双方补签了建设工程施工合同。上述合同签订后，原告完成了施工内容，2016 年 8 月 10 日，案涉工程进行了四方验收，载明开工日为 2012 年 11 月 8 日，竣工日期为 2016 年 8 月 10 日，验收结果为合格，随后案涉工程交付使用。

双方当事人经过多次磋商，于 2018 年 7 月 6 日共同确认无争议造价约为 3.48 亿元（实际为 348273943 元），有争议部分数十项合计约 7650 万元。本案诉讼中，原告申请就案涉工程造价进行整体鉴定，被告主张应仅就有争议部分进行鉴定，同时表示如法院无法仅就有争议部分进行鉴定，则尊重法院的决定。法院经审查认为，双方争议项目数量较多，情况较为复杂，双方当事人无争议部分造价范围不明确，为避免部分计算不准确影响争议问题解决的情况发生，依法委托河北卓越工程项目管理有限公司（以下简称鉴定公司）就全部工程造价及停窝工损失进行鉴定，双方当事人对此均无异议，并予以积极配合。

2019 年 12 月 16 日，法院依法判决原告的诉讼请求部分成立，其中工程造价以及停窝工造成的损失全部采信鉴定公司出具的造价鉴定意见，一审判决后当事人双方均未就工程造价判决提起上诉。

二、案情争议焦点和造价鉴定难点

（一）争议焦点问题

1. 工程欠款及其利息的认定问题

关于工程欠款计算，法院经审查认为，案涉工程为商品住宅建设项目，期间依法属于必须招标投标的项目，建筑安装工程施工合同补充协议虽表达了双方当事人的真实意图，但系未经招标投标程序签订，依法认定为无效合同；备案的河北省建设工程施工合同是在原告已进场施工一年多之后补签，属于未招标先定的违法情形，也属无效合同。因双方当事人均同意以建筑安装工程施工合同补充协议作为工程价款结算依据，法院对此予以确认，工程造价鉴定也按此原则执行。结合工程造价鉴定意见，根据法院已查明的工程总造价、已付款数额及合同关于质保金返还的约定，本案欠付工程款数额应为 54700897 元。

关于利息计算，根据《最高人民法院关于审理建设工程施工合同纠纷案件适用法律问题的解释》第十八条之规定："利息从应付工程价款之日计付，双方当事人有约定的从约定，没有约定的从法定。"本案工程虽已于 2016 年 8 月联合竣工验收合格，但原告并未如约在一个月内提交竣工结算报告和完整的结算资料，考虑到原告 2018 年 7 月 6 日才提交完整的结算资料及第三方出具的"工程结算报告"，以及第一期质保金返还时间为 2019 年 8 月 17 日，为计算方便并综合上述情况，可以 2018 年 8 月 17 日作为应付款时间以及欠付工程款利息起算时间。

2. 原告索赔的各项损失认定问题

原告主张的索赔包括三部分，分别为商票贴息费用、停工误工费用以及售楼处垫付电费。鉴定公司已依据鉴定规范对有证据支持的停工误工费用 5324690.67 元（停工损失 4788159.07 元、现场管理人员费用 536531.6 元）进行了核算确认，对未计入鉴定意见的部分均进行了说明，而且停工损失的鉴定意见与诉前双方就此协商过的 500 万元数额也大致相当，法院对此予以确认；关于商票贴息费用，由于被告先后曾多次使用商票支付工程款，现有证据表明原告从未就此提出过异议，贴息费用由被告负担依据不足，法院不予支持；关于售楼处垫付电费问题，依据提交的相关证据资料及缴费票据，双方当事人鉴定过程中对其真实性进行了确认，经审核计算列入确定性意见，法院审理予以采信。

3. 原告对案涉工程享有建设工程价款优先受偿权问题

《最高人民法院关于审理建设工程施工合同纠纷案件适用法律问题的解释（二）》第二十二条规定，承包人行使建设工程价款优先受偿权的期限为 6 个月，自发包人应当给付建设工程价款之日起算。已认定应付款时间为 2018 年 8 月 17 日，至原告提起本案诉讼并未超过 6 个月的除斥期间，法院依法确认原告对其施工部分工程在欠付工程款范围内享有建设工程价款优先受偿权。

（二）鉴定难点问题

1. 多份合同、协议的效力认定问题

合同效力属法院审理权限范围，案涉工程存在多份合同、协议，法院审理认定为无效合同。《中华人民共和国合同法》规定：“无效合同自始没有法律约束力，但不影响合同中独立存在的有关结算和争议条款的效力”；《最高人民法院关于审理建设工程施工合同纠纷案件适用法律问题的解释》第二条规定：“建设工程施工合同无效，但有关工程价款的约定条款可以参照适用”。因双方当事人均同意以建筑安装工程施工合同补充协议作为工程价款结算依据，法院对此予以确认，并作为造价鉴定依据。

2. 材料价格争议处理问题

材料价格争议基本在每个案涉工程造价鉴定中都会存在，除特殊情况外，本案材料价格争议按照以下原则进行：已提供认质认价的材料，按认质认价计入；无认质认价的主要材料、设备，按建筑工程施工协议书的约定计入；既无认价，造价信息和定额也没有的，按市场询价计入。

3. 多份鉴定证据前后不一致，与合同约定歧义处理问题

案涉工程存在多份鉴定证据资料前后不一致的情况，鉴定意见以最后日期资料为准；若不同资料与合同约定存在歧义，按合同解释顺序效力确定。

4. 鉴定证据签字手续不同情况的处理问题

案涉工程证据资料签字盖章手续完整齐全的计入确定性意见，其他不完善部分区分不同情况列入选择性意见，由法院根据补证资料结合庭审实际情况确定。

5. 不同情况的索赔处理问题

索赔在工程造价鉴定中属于争议难点问题，即使在常规的结算中也不容易确定，在工程造价鉴定中也很难把握，需要结合案涉工程实际情况确定。实际工程实施过程中索赔程序、时效不太严格，索赔的因果关系也不易推论，且索赔工程量的计取除双方当事人有记录确认的以外，其他也很难追溯，所以在处理索赔事件时必须慎重，区别索赔证据资料及庭审情况的不同认真对待。

三、鉴定情况

（一）司法鉴定委托人提供鉴定材料内容

（1）鉴定委托书。

（2）合同文件及补充协议。

（3）质证笔录、庭审笔录。

（4）工程结算书。

（5）工程竣工图纸、电子版 AutoCAD 图纸。

（6）工程变更及签证单。

（7）工程洽商记录、图纸会审记录。

（8）工程联系单。

（9）材料认质认价单。

（10）施工组织设计、施工方案。

（11）其他资料。

（二）工程造价司法鉴定情况

1. 鉴定过程

（1）2019 年 1 月 14 日，鉴定公司收到法院委托书，工程造价鉴定申请书、民事起诉状、建筑安装工程施工合同补充协议，以及某项目一期精装、小区道路、雨污管网及绿化景观中除种植、栽植外其他工程施工合同等相关资料。

（2）2019 年 1 月 14 日，依据已经接收的鉴定资料，经专业人员登记整理、初步审核后，鉴定公司提交案涉工程关于鉴定委托的复函（含送鉴证据材料目录）以及鉴定人员组成通知书。

（3）2019 年 4 月 3 日，鉴定公司组织专业人员去法院接收相关补充资料，包括签证洽商、图纸会审、联系单、确认单、图纸、结算书、电子版资料等。

（4）2019 年 4 月 19 日，鉴定公司收到关于甲方直接分包项目有关问题的回复，鉴定工作全面开始。

（5）2019 年 4 月 23 日，鉴定公司对已收到资料进行整理后，向法院提交需进一步提交补证资料的联系函。

（6）2019 年 6 月 11 日，鉴定公司收到部分补充资料。

（7）2019 年 8 月 19 日，鉴定公司完成案涉工程工程量计算、计价等工作，出具鉴定意见书（征求意见稿）。

（8）2019 年 9 月 2 日，鉴定公司收到原告当事人的异议问题。

（9）2019 年 9 月 6 日，鉴定公司收到被告当事人的异议问题。

（10）2019 年 9 月 12 日，鉴定公司对双方当事人的异议问题进行回复。

（11）2019 年 9 月 25 日，鉴定公司收到被告当事人提交的“针对原告提交给鉴定机构的补充证据的意见”。

（12）2019 年 9 月 27 日，在法院主办人员的组织下，鉴定公司与双方当事人就异议问题进行核对，并收到原告当事人部分补证资料。

（13）2019 年 10 月 12 日，鉴定公司收到原告当事人对鉴定意见书（征求意见稿）部分工程造价问题的意见。

（14）2019 年 10 月 28 日，鉴定公司收到被告当事人有关问题复函的再次说明。

（15）2019 年 10 月 30 日，鉴定公司完成案涉工程造价调整，出具鉴定意见书。

（16）2019 年 11 月 19 日，鉴定公司参加法院组织的庭审质证，收到部分补证资料。

（17）2019 年 11 月 25、26 日，鉴定公司分别收到双方当事人关于保温线条的回复。

（18）2019 年 11 月 28 日，鉴定公司完成案涉工程补充资料调整，出具鉴定意见书（补正）。

2. 鉴定依据

1）行为依据

（1）司法鉴定委托书。

（2）《最高人民法院关于审理建设工程施工合同纠纷案件适用法律问题的解释》《最高人民法院关于审理建设工程施工合同纠纷案件适用法律问题的解释（二）》。

2）政策依据

（1）《中华人民共和国建筑法》。

（2）《中华人民共和国合同法》。

（3）《中华人民共和国民事诉讼法》。

（4）《最高人民法院关于民事诉讼证据的若干规定》。

（5）《建设工程造价鉴定规范》（GB/T 51262—2017）。

（6）国家、省、市的法律法规等其他有关文件、资料。

3）分析（或预算）依据

（1）双方当事人签订的施工合同、专业分包合同及补充协议、有关材料、设备采购合同。

（2）河北省建设工程计价标准《全国统一建筑工程基础定额某省消耗量定额》（HEBGYD-A—2008）、《全国统一建筑装饰装修工程消耗量定额某省消耗量定额》（HEBGYD-B—2008）、《全国统一安装工程预算定额某省消耗量定额》（HEBGYD-C—2008）及相关费率标准，有关配套调整文件及办法。

（3）河北省建设工程计价标准《全国统一建筑工程基础定额某省消耗量定额》（HEBGYD-A—2012）、《全国统一建筑装饰装修工程消耗量定额某省消耗量定额》（HEBGYD-B—2012）、《全国统一安装工程预算定额某省消耗量定额》（HEBGYD-C—2012）、《河北省房屋修缮工程消耗量定额》（HEBGYD-G01—2013）、《河北省园林绿化工程消耗量定额》（HEBGYD-E—2013）及相关费率标准，有关配套调整文件及办法。

（4）工程竣工图、经批准的施工组织设计、设计变更、工程洽商、索赔与现场签证。

（5）施工期间“某市工程造价信息”、工程材料和设备认价单。

（6）法院提供的鉴定资料。

3. 鉴定方法

（1）依据鉴定委托书内容和工程施工合同（协议书）、施工技术资料确定鉴定范围。

（2）依据双方当事人确认的施工或竣工图纸、工程做法和约定的定额标准编制计价文件。

（3）依据鉴定委托书要求及材料价格确定原则，根据有关定额及配套标准、相关文件以及施工期间当地工程造价信息等确定单价。

（4）鉴定过程中采用全面审核法，对本工程所涉项目的工程量计算、定额套用、材料价格采用、取费标准执行等方面，依据鉴定委托书要求及相关规定进行鉴定。

（5）采用三级程序确定案涉工程造价，即一级编制、二级复核、三级审定。

4. 鉴定意见

1）确定性意见

（1）某项目一期工程 8 栋住宅楼及地下工程、沿街商业（适用于 2008 定额部分）。

2013 年 9 月 2 日被告当事人采购部工作联系单明确：“采购部认价材料已进行了价格下浮，最终结算时所认材料不再参与合同中总体下浮。”该联系单为采购部个人印章（其他联系单为技术专用章），2015 年 6 月 11 日工作联系单第 2.3 款对上述采购部联系单进行了确认。另，当事人双方建筑安装工程施工合同补充协议第 4.1.2、4.1.3 条约定："结算总价下浮 6%；工程中甲方进行综合认质认价的内容，不执行预结算，按照发包人限定价格计取税金直接进入工程总价。"双方当事人对此部分认质认价材料最终结算时是否下浮 6% 未达成一致意见，鉴定意见书按认质认价材料下浮和不下浮分别出具，请法院根据庭审实际情况参照鉴定结论意见确定。

鉴定意见：认质认价材料下浮 6%，工程造价为 365988558.22 元（其中 FTC 保温砂浆价格为 16853765.72 元）；认质认价材料不下浮 6%，工程造价为 374837426.76 元（其中 FTC 保温砂浆价格为 17929538 元）。

（2）接待中心工程（适用 2008 定额）。

鉴定意见：工程造价为 1228013.64 元。

（3）1 号～ 8 号楼单元首层大堂精装、小区道路、雨污管网工程及景观工程中除绿化种植、栽植外工程（适用 2012 定额部分）。

鉴定意见：工程造价为 11849834.33 元。

（4）总包服务费。

鉴定意见：按照当事人双方建筑安装工程施工合同补充协议第 4.2 条内容约定，依据计算确定的建筑面积，总承包服务费为 273287.58 元。

（5）双方已确认部分。

① 土方回填、外购及集水坑确认造价为 3577100 元，下浮 6% 后造价为 3362474 元，由于确认单中未明确是否下浮，单位鉴定意见按下浮和不下浮分别出具，法院会根据庭审实际情况确定。

② 回购土方：1161395.85 元（综合认质认价，不下浮 6%）。

③ 燃气调压站确认造价为 149954 元，下浮 6% 后造价为 140956.76 元。由于确认单中未明确是否下浮，合同执行 2012 版定额，鉴定意见按下浮和不下浮分别出具，法院将根据庭审实际情况确定。

④ 总承包 102 份签证除已审核及土方外汇总确认造价为 1167329.59 元，下浮 6% 后造价为 1097289.81 元。由于确认单中未明确是否下浮，鉴定意见按下浮和不下浮分别出具，请法院根据庭审实际情况确定。

上述①～④项确认部分，不下浮造价合计 6055779.44 元，下浮 6% 后造价合计 5762116.42 元。

（6）女儿墙及花架墙内侧真石漆。

依据 1 号～ 8 号楼及商业屋面花架墙保温做法确认单，双方确认做法为真石漆，被告当事人签署意见按实际做法和图纸做法造价低者计入。因图纸未明确该做法，鉴定意见按确认单实际做法真石漆计入，工程造价为 630789.3 元。

（7）5 号楼外墙装饰保温线条。

依据 2019 年 11 月 19 日庭审笔录和 2019 年 11 月 25 日、26 日收到的关于保温线条的回复及情况说明，双方当事人对 5 号楼外墙装饰保温线条按 200mm+60mm 厚分层计价无争议，列入确定意见，工程造价为 1969328 元。

（8）售楼处垫付电费（索赔三）。

依据双方当事人2016年6月4日签认的用电量确认单，工程造价为949280元。

2）选择性意见

由于未见相关资料、提交的资料不全以及相关资料没有签字盖章或不完整、有歧义，双方当事人未达成一致意见，根据不同情况列入选择性意见，请法院根据庭审实际情况参照选择性意见确定。

（1）阳台旁空调板房间面向洞口墙面、独立设备平台墙面、空调板上表面真石漆。

鉴定意见：依据外墙平台FTC施工方案确认单和2015联字第12号工程联系单，阳台旁空调板房间面向洞口墙面、独立设备平台墙面、空调板上表面做法为外墙防水腻子，而实际施工单位按真石漆施工。由于工程做法资料与实际做法不一致，双方当事人未达成一致意见，鉴定意见按真石漆和防水腻子分别计算列入选择性意见。按真石漆计算工程造价为1278581.3元，按防水腻子计算工程造价为98487.75元。

（2）外墙装饰保温线条（不含5号楼）。

2019年11月19日庭审笔录及2019年11月25、26日双方当事人回复和情况说明中明确：1号～4号楼为200mm厚，6号～8号楼为260mm厚，均分层施工无争议，分别为150mm+50mm厚和200mm+60mm厚。双方当事人对计价方式存在争议，原告主张1号～4号楼按150mm+50mm分层计价，6号～8号楼按200mm+60mm分层计价，被告主张1号～4号楼按200mm整体计价，6号～8号楼按260mm整体计价。2015年5月25日、7月15日及2016年3月14日认质认价单的认价形式分为260mm厚、200mm厚、150mm厚及60mm（50mm）厚4种。依据现有证据资料，除5号楼按200mm+60mm厚分层计价计入确定性意见外，其他楼号按照上述认价单分别计算列入选择性意见。

鉴定意见：按被告主张，200mm和260mm厚整体计价工程造价为6743173.7元；按照原告主张，150mm+50mm和200mm+60mm厚分层计价工程造价为9557692元。

（3）工程变更签证。

① 土建工程签证（部分无签认、部分有监理签认）。

无签认部分鉴定意见：由于该部分签证无监理、被告当事人签认，也未提供其他相关证据资料，暂不发表鉴定意见。

监理签认部分鉴定意见：工程造价为817772.66元。

② 安装工程签证（无签字盖章）。

鉴定意见：由于该部分签证无监理、被告当事人签认，也未提供其他相关证据资料，暂不发表鉴定意见。

③ 接待中心签证（无签字盖章）。

鉴定意见：由于该部分签证无监理、被告当事人签认，也未提供其他相关证据资料，暂不发表鉴定意见。

④ 景观铺装工程（无签字盖章）。

鉴定意见：由于该部分签证无监理、被告当事人签认，也未提供其他相关证据资料，暂不发表鉴定意见。

（4）索赔。

索赔（一）：商票贴息费

不属鉴定公司鉴定范围，未发表鉴定意见，请法院根据庭审实际情况另行确定。

索赔（二）：停工、误工费用

工程索赔造价鉴定依据提供的鉴定资料计算，仅对索赔资料能够计量部分的工程造价发表意见，未考虑因施工组织合理性而引起的误差，也未考虑索赔原因的责任分担问题。

① 2013 年停工损失。

原告主张：18655598.4 元。

鉴定意见：依据提交的质证资料，一期工程正施工的工作面在 2013 年 6 月 23 日下午至夜间全部停工，于 6 月 26 日正式停工，建设、监理、施工单位三方于 2013 年 12 月 5 日对停工期间现场留存的材料、机械、设备进行了核实。依据现场核实材料设备机械确认单，租赁机械设备暂按租赁合同价格计入（租赁合同的真实性由庭审确定）、自有机械按折旧费用计算，停工损失造价为 4788159.07 元，请法院根据庭审实际情况确定。

原告当事人主张管理费用 1220387.8 元（其中 2013 年 6 月 21 日～ 2014 年 1 月 31 日现场管理人员费用 1077727.8 元、现场水电费用 142660 元），无监理单位及双方当事人确认意见。依据相关工程联系单，结合所提供的考勤表和费用发放表，2013 年 6 月 23 日～ 2013 年 10 月 31 日及 2014 年 1 月现场管理人员费用为 536531.6 元，请法院根据庭审实际情况确定；停工期间现场用水电费根据实际挂表结合电费缴纳情况另行结算。

除上述证据资料外，由于未提供停工期间双方当事人及监理单位确认的其他资料，原告当事人主张的钢筋资金占用及外调费用损失、劳务补偿、调遣费补偿、企业管理费等损失，无法发表鉴定意见，请法院根据庭审实际情况，结合相关资料确定。

② 商业图纸延迟下发导致成本增加。

原告主张：243960 元。

鉴定意见：因未提供相关签认证据资料，未发表鉴定意见。

③ 电动吊篮延长使用额外费用。

原告主张：1020659.2 元。

鉴定意见：因未提供相关签认证据资料，未发表鉴定意见。

④ 主体结构延迟验收导致管理费用增加。

原告主张：3328544.68 元。

鉴定意见：因未提供相关签认证据资料，未发表鉴定意见。

⑤ 商票无法承兑导致停工损失费用。

原告主张：116669.53 元。

鉴定意见：因未提供相关签认证据资料，未发表鉴定意见。

⑥ 外窗延迟导致装修工作窝工。

原告主张：1670400 元。

鉴定意见：因未提供相关签认证据资料，未发表鉴定意见。

以上鉴定结果详见后附表：建设工程汇总表。

3）其他需要说明的问题

（1）一期工程住宅楼及地下工程、沿街商业依据建筑安装工程施工合同补充协议，执行 2008 年河北省建设工程计价标准及相关文件；住宅楼单元首层大堂精装、小区道路、雨污管网工程及景观工程中除绿化种植、栽植以外的全部工程依据相应合同，执行 2012 年河北省建设工程计价标准及相关文件；接待中心工程依据施工合同及协议条款，执行 2008 年河北省建设工程计价标准及相关文件。

（2）住宅楼及地下工程、沿街商业依据合同约定水电费不调价；住宅楼首层大堂精装、小区道路、雨污管网工程及景观工程中除绿化种植、栽植以外的工程中水电费据实调整；接待中心工程水电费用据实调整。

（3）材料价格确定原则：已提供认质认价的材料，按认质认价计入；无认质认价的主要材料、设备，按本项目建筑工程施工协议书的约定计入；既无认价，造价信息和定额也没有的，按市场询价计入。

建设工程汇总

序号	类型	名称	鉴定造价(元)		备注
			材料认价下浮 6%	材料认价不下浮	
1	确定性意见	一期工程 8 栋住宅楼及地下工程、沿街商业土建部分	326204854.83	333989543.94	含无争议部分签证
2		一期工程 8 栋住宅楼及地下工程、沿街商业安装部分	39783703.39	40847882.82	
3		1～2 项小计	365988558.22	374837426.76	1+2（序号）
4		接待中心工程	1228013.64		
5		一期精装	453180.74		外网
6		景观硬化小品	6521293.69		
7		室外电力系统	1124908.99		
8		室外雨污管网系统	3750450.91		
9		4～8 项小计	11849834.33		4+5+6+7+8（序号）
10		总包服务费	273287.58		
11		确认土方造价	3362474	3577100	双方确认造价
12		回购土方	1161395.85		
13		一期总包 102 份签证中，除审计已审核及土方外汇总	1097289.81	1167329.59	
14		燃气调压站	140956.76	149954	
15		11～14 项小计	5762116.42	6055779.44	11+12+13+14（序号）
16		女儿墙及花架墙内侧真石漆	630789.3		
17		5 号楼保温线条（200mm+60mm 厚）	1969328		
18		售楼处垫付电费（索赔三）	949280		

续表

<table>
<tr><th rowspan="2">序号</th><th rowspan="2">类型</th><th rowspan="2" colspan="2">名称</th><th colspan="2">鉴定造价(元)</th><th rowspan="2">备注</th></tr>
<tr><th>材料认价下浮6%</th><th>材料认价不下浮</th></tr>
<tr><td>19</td><td rowspan="5">选择性意见</td><td rowspan="2">阳台旁空调板房间面向洞口墙面、独立设备平台墙面、空调板上表面</td><td>真石漆</td><td colspan="2">1278581.3</td><td></td></tr>
<tr><td>20</td><td>防水腻子</td><td colspan="2">98487.75</td><td></td></tr>
<tr><td>21</td><td rowspan="2">外墙装饰保温线条（1号～4号、6号～8号）</td><td>200mm（150mm）+60mm（50mm）厚</td><td colspan="2">9557692</td><td></td></tr>
<tr><td>22</td><td>260mm（200mm）厚</td><td colspan="2">6743173.7</td><td></td></tr>
<tr><td>23</td><td colspan="2">土建工程签证有监理盖章</td><td colspan="2">817772.66</td><td></td></tr>
<tr><td>24</td><td rowspan="4">索赔二（2013年停工损失）</td><td colspan="2">外租赁材料、设备停工损失</td><td colspan="2">4737186.61</td><td></td></tr>
<tr><td>25</td><td colspan="2">自有机械停工损失</td><td colspan="2">50972.5</td><td></td></tr>
<tr><td>26</td><td colspan="2">现场管理费用</td><td colspan="2">536531.6</td><td></td></tr>
<tr><td>27</td><td colspan="2">合计</td><td colspan="2">5324690.71</td><td></td></tr>
</table>

（三）案件当事人对工程造价司法鉴定意见异议问题

鉴定意见书征求意见稿及正式稿出具后，双方当事人先后就有关问题提出异议，主要异议问题如下。

1. 部分工程量计算、定额套用及措施费计取问题

此类问题通过详细复核及当事人双方核对后已经解决。

2. 认质认价材料价格下浮6%异议问题

由于证据资料存在矛盾，鉴定意见按认质认价材料总价下浮和不下浮分别出具，由法院结合庭审实际情况参照鉴定结论意见确定。

3. 部分工程做法异议问题

根据女儿墙及花架墙以及阳台旁空调板房间面向洞口墙面、独立设备平台墙面、空调板墙面做法的证据资料，按照不同情况分别列入确定性意见和选择性意见。

4. 外墙装饰保温线条计价方式异议问题

工程做法认价签认单的单价及范围有异议，按照现有证据资料区别不同单价分别计算列入选择性意见，由法院结合庭审实际情况参照鉴定结论意见确定。

四、出庭作证情况

根据法院通知的规定时间，鉴定公司安排造价鉴定专业人员就案涉工程出庭作证，本次庭审采取互联网直播同步进行。

根据庭审安排，法庭调查与法庭辩论一并进行。庭审结合本案焦点问题进行：①工程价款及

利息的认定，应付款、已付款和利息应当从何时计算，利息标准如何认定；②原告主张的停工损失等索赔项应否支持，数额如何认定；③优先受偿权应否支持，其范围应当如何认定。

双方当事人先后进行答辩并对造价鉴定意见书发表意见，公司就材料下浮、外墙保温线条、真石漆、索赔等争议难点问题逐项进行了答复。庭审质证结束，公司与双方当事人出庭人员对庭审笔录签字确认。

五、心得体会

（一）明确鉴定范围，避免超出范围或者缩小范围鉴定

严格按照法院委托书的范围进行鉴定，不得擅自扩大或缩小。本案当事人主张除委托书要求的工程造价及因停工造成的损失外，还包括欠款利息及优先受偿权等方面，不属于工程造价鉴定范畴，不能随意超范围发表鉴定意见。

（二）区别项目类型，合理确定鉴定人员以及鉴定方案

根据案涉工程的类型、规模及鉴定要求，合理配备相应的专业技术人员，鉴定方案要结合案涉工程实际情况制订，并根据鉴定过程进展进行针对性的调整。

（三）依据鉴定规范，重点解决案涉工程焦点、难点问题

案涉工程焦点、难点问题的解决是法院审理及鉴定工作成败的关键。本案严格按照《建设工程造价鉴定规范》规定的鉴定方法、步骤及河北省法院审理指南要求进行，对不同的争议难点问题分别出具确定性及选择性意见，确保庭审需要。实际工作中要注意两个方面：①避免以鉴代审，如合同效力及证据的真实性问题属法院审理范畴，不能擅自确定；②回避争议，鉴定深度不够，达不到委托人案件审理需要的鉴定深度。

（四）结合焦点、难点，认真做好庭前沟通以及出庭质证

对焦点、难点问题的书面鉴定意见，不是所有法院主办人员均能对有关专业问题的鉴定意见充分理解、掌握，应根据实际情况就不易理解的问题，主动与主办人员沟通，便于庭审；另外，出庭作证前应根据双方当事人的异议问题，认真核实准备，为庭审顺利进行及采信奠定基础。

（五）严格鉴定时限，避免超期

根据案涉工程的规模、难易程度，严格按照规范及法院审理规定的时限进行鉴定。资料收集、书面往来做好文字记录，并具有可追溯性。随着信息化管理工作的深入，法院已基本实现网上案件的审理及监督管理，通过造价业务管理系统与法院审理业务管理系统对接，随时掌握案件的进展情况，如果出现资料提交等原因停滞，及时书面与主办人员落实督促，避免因自身原因造成的

超期，在规定的时间内出具鉴定意见书。

专家点评

本案例为某住宅项目工程造价司法鉴定，案涉工程为商品住宅建设项目的造价争议问题，具有一定的市场普遍性，案涉的主要问题有以下5点。

1. 多份合同、协议的效力认定问题

施工合同（补充协议）效力，属法院审理权限范围，切记不能以鉴代审。案涉工程存在多份合同、协议，法院审理认定为无效合同。《中华人民共和国合同法》规定无效合同自始至终没有法律约束力，但不影响合同中独立存在的有关结算和争议条款的效力。《最高人民法院关于审理建设工程施工合同纠纷案件适用法律问题的解释（一）》第二条规定，建设工程施工合同无效，但有关工程价款的约定条款可以参照适用。因双方当事人均同意以建筑安装工程施工合同补充协议作为工程价款结算依据，法院对此予以确认，作为造价鉴定依据。

2. 材料价格争议处理问题

材料价格争议常常在每个案涉工程造价鉴定中都会存在，除特殊情况外，材料价格争议按照以下原则进行：①已提供认质认价的材料，按认质认价计入；②无认质认价的主要材料、设备，按建筑工程施工协议书的约定计入；③既无认价，造价信息和定额也没有的，按市场询价计入。

3. 多份鉴定证据前后不一致，与施工合同约定歧义处理问题

案涉工程存在多份鉴定证据资料前后不一致的情况，鉴定意见以最后日期资料为准；若不同资料的内容与施工合同约定存在歧义，按施工合同（补充协议）解释顺序效力确定。

4. 鉴定证据签字手续不同情况的处理问题

案涉工程证据资料、签字盖章手续完整齐全的，予以计入确定性意见；其他不完善部分，区分不同情况列入选择性意见，由法院根据补证资料结合庭审实际情况确定。

5. 不同情况的索赔处理问题

索赔在工程造价鉴定中属于争议难点问题，即使在常规的结算中也不容易确定，在工程造价鉴定中也很难把握，需要结合案涉工程实际情况确定。实际工程实施过程中索赔程序、时效不太严格，索赔的因果关系也不易推论，且索赔工程量的计取除双方当事人有记录确认的以外，其他也很难追溯。所以在处理索赔事件时必须慎重，区别索赔证据资料及庭审情况的不同认真对待。

本案例全面分析了鉴定争议的焦点、难点（停工误工的索赔、材料价格的争议、鉴定证据资料前后矛盾、鉴定证据资料签字盖章手续不全等），明确了鉴定的依据（行为依据、政策依据、分析依据），给出了鉴定意见（确定性意见和选择性意见），并总结了鉴定的心得体会。案例总结的心得体会“结合焦点、难点，认真做好庭前沟通以及出庭质证，应根据实际情况就不易掌握的问题主动与法院主办人员沟通，便于庭审”，值得鉴定机构及相从业人员关注并加强。

建经投资咨询有限公司　黄志挺

对唐山市某项目幕墙工程造价司法鉴定

——河北建友工程咨询有限公司

袁丽娟　曲颖　王克辉

一、案情简介

原告诉状称：2015 年 5 月 8 日，某建筑装饰工程有限公司（原告）与某建设集团有限公司（被告）签署建设工程施工合同，约定原告承包被告位于唐山市某项目幕墙施工，合同约定总价为 35960158.26 元（约 3596 万元），合同采用固定综合单价形式，最终结算以实际完成工程量计算。

合同实际履行情况：涉案工程于 2016 年 3 月竣工，原告将工程移交给被告且提交了竣工验收记录，被告认可涉案工程已经竣工验收，且已投入使用。原告向被告提交结算书，结算金额为 4161 万元。但双方对结算金额争议很大，无法达成一致意见。原告为了维护自己利益，依法向唐山市某法院提起诉讼，并申请法院委托有资质的鉴定机构对涉案工程价款进行鉴定。

二、案件争议焦点和造价鉴定难点

（一）案件争议的焦点

本案竣工图纸相对于双方签署合同时的施工图纸发生了变更，主要是部分石材幕墙变更为铝板幕墙，部分石材幕墙的转接件及挂件系统发生了变化，以及玻璃幕墙的铝合金龙骨及连接件发生了变化。原告、被告双方均认可变更的事实，但是关于变更部分价款如何确定争议很大。

双方是沿用《河北省建设工程施工合同》（示范文本，2013 年），合同专用条款第 9.7 条“合同价款的约定与调整因素”对综合单价的表述：“合同价款采用固定综合单价形式，此综合单价包含施工直至该幕墙工程完工达到竣工验收标准的全部费用，最终结算以实际完成工程量计算。”关于合同价款的调整因素，双方约定执行通用条款，即工程变更、超过双方约定幅度的市场价格变化、清单项目漏项、工程量偏差、项目特征不符等。关于合同价款调整方法，双方约定“无”。

但是，在合同专用条款第 3.1 条，承包人有关工作的约定中表述：“施工中发生的变更、签证，承包人应向发包方提供变更、签证及索赔费用的计算底稿原件，工程量据实计算，费用执行已签订综合单价，措施费不再计取。”

被告主张：施工内容发生变更，合同约定的综合单价应予以相应调整，因双方签订的施工合同并无对工程变更部分价格调整方法的约定，按照合同有关条款或者交易习惯，应按照河北省 2012 定额计算。

原告主张：涉案工程造型复杂、工期紧迫的特殊性，价格相对高于定额，系双方在招标时以及合同签订时就已经确认的事实，所以不同意按照河北省 2012 定额计算，应根据合同第 3.1 条“施工中发生的变更、签证，工程量据实计算，费用执行已签订综合单价。

（二）造价鉴定的难点

原告的投标报价不是按河北省 2012 定额组价，而是按自己企业定额报的完全综合单价。而且，本案当初施工时，因为具备工期要求较短、造型要求新颖、节点复杂等特点，因此具备一定的施工难度，签约时合同价格高于按河北省 2012 定额计算的价格。所以，如何鉴定变更部分的单价是本案鉴定的难点。

三、鉴定情况

（一）司法鉴定委托人提供鉴定材料内容

司法鉴定委托书、建设工程施工合同、施工图纸、竣工图纸、变更洽商、开庭审理笔录等鉴定资料。

（二）工程造价司法鉴定情况

1. 鉴定过程

1）标的物概况

本工程主要设计项目的结构系统包括钢结构隐框玻璃幕墙、内倾斜隐框玻璃幕墙、立面人造文化石幕墙、石材屋面内衬金属屋面幕墙、隐框采光顶玻璃幕墙、室内明框幕墙、屋面遮阳系统、自动感应旋转门等。

2）鉴定实施过程

2018 年 7 月 18 日，河北建友工程咨询有限公司（以下简称鉴定公司）接到唐山市某法院司法鉴定委托，对原告负责施工的某项目幕墙工程工程价款进行司法鉴定。鉴定公司立即成立鉴定小组，并给委托人发出关于鉴定委托的复函、鉴定人员组成通知书、请委托人补充提供鉴定资料的函。

2018 年 9 月 25 日，鉴定公司参加了委托人组织的当事人补充提交鉴定资料的质证，同时鉴定公司对本案所涉鉴定问题进行了询问，庭后委托人将部分鉴定资料转交至鉴定公司。

2018 年 9 月 29 日，经委托人允许，鉴定公司约当事人就 2018 年 9 月 25 日询问笔录中提到的证据二原件发表意见，鉴定公司将此意见记录形成询问笔录。

2018 年 11 月 30 日，按鉴定程序，邀请当事人到鉴定公司进行了造价核对工作。因本鉴定项目具备工程造型新颖、节点复杂等特点，当事人在核对过程中都很全面细致，对图纸中的一些节点争议较大，故鉴定公司提请委托人组织现场勘验。

2019 年 1 月 28 日，在委托人的组织协调下，当事人及鉴定公司对本案进行现场勘验，并形成现场勘验记录，当事人签字，并作为鉴定依据。

2019 年 2 月 27 日至 2019 年 3 月 29 日，经过现场勘验后对争议节点涉及的工程量进行了调整，再次邀请当事人来鉴定公司进行造价核对。

2019 年 5 月 7 日，鉴定公司出具鉴定意见书（征求意见稿）及征求意见函。

2019 年 5 月 17 日，收到委托人转交的当事人双方的书面异议。

2019 年 6 月 12 日，鉴定公司出具正式鉴定意见及书面异议回复。

2019 年 7 月 10 日，经委托人通知，鉴定公司鉴定人依法出庭作证，接受当事人对工程造价鉴定意见书的质询，回答与鉴定事项有关的问题。

2. 鉴定依据

1）行为依据

河北省唐山市某法院司法鉴定委托书。

2）政策依据

（1）《中华人民共和国建筑法》。

（2）《中华人民共和国合同法》。

（3）《中华人民共和国民事诉讼法》。

（4）《最高人民法院关于民事诉讼证据的若干规定》。

（5）国家、省、市的法律法规等其他有关文件、资料。

3）分析（或计算）依据

（1）《建设工程造价鉴定规范》（GB/T 51262—2017）。

（2）唐山市某法院提供的鉴定资料。

（3）现场勘验记录及有关资料。

（4）《全国统一建筑装饰装修工程消耗量定额河北省消耗量定额（2012）》《全国统一建筑工程基础定额河北省消耗量定额（2012）》和河北省有关 2012 定额系列调整文件。

（5）《唐山市工程造价信息》。

3. 鉴定方法

1）计价依据及计价方法问题

本案竣工图纸与施工图纸比较，部分内容发生了变更，施工合同只约定了价款的调整因素却未约定价款调整方法，因此当事人对变更部分的综合单价是否调整以及如何调整，争议很大。原告主张按施工合同第 3.1 条“施工中发生的变更、签证，工程量据实计算，费用执行已签订综合单价”；被告主张：“工程内容发生变更，合同约定的综合单价应予以调整，调整的方法应该执行施工当期的计价依据（即河北省 2012 定额）。”

鉴定过程中，鉴定公司的鉴定人员经过认真分析、深入研究全部合同条款之后分别与当事人进行了沟通。双方均认可图纸无变化部分执行原合同单价，工程量据实计算；图纸有变化部分，如何计价是本案鉴定的争议焦点，也是本案鉴定的难点。原告认为本鉴定项目具有工期较短、工程造型新颖、节点复杂等特点，且有一定的施工难度，签约时合同价格高于按河北省 2012 定额计算的价格，而被告坚持执行河北省 2012 定额。故鉴定公司依据河北省 2012 定额，按照是否考虑签约时的合同价格水平两种方法计算出金额，列入可供选择性造价，供委托人选择使用。

选择性意见一：按照河北省 2012 定额，考虑合同价格水平计算的结果；选择性意见二：按照河北省 2012 计价依据，不考虑合同价格水平计算的结果。其中，在“选择性意见一”中，图纸变化部分鉴定造价＝图纸变化后 2012 定额造价 ×（图纸变化前合同价 ÷ 图纸变化前 2012 定额造价）。

2）规费问题

河北省 2012 计价依据中规费的计取是依据造价管理机构测定的企业规费费率核定书。鉴定公司收到的鉴定资料内没有原告方的企业规费费率核定书。依据《关于规范房屋建筑和市政基础设施工程造价中规费、安全生产文明施工费和税金计取及有关事项的通知》（唐住建发〔2014〕169 号）中第二、2.（3）条“工程竣工结算时以‘核定书’中的费率为计取费率，未办理或未出示‘核定书’的由发包人、总承包人协商确定计取费率，协商不一致时按《唐山市住房和城乡建设局关于开展 2013 年度建筑企业规费费率核定的通知》中一档费率的 80% 计取”。故鉴定公司按《唐山市住房和城乡建设局关于开展 2013 年度建筑企业规费费率核定的通知》中一档费率的 80% 计算了规费。

3）含税安全生产文明施工费问题

河北省 2012 定额的安全生产、文明施工费的计取依据是造价管理机构测定的安措费费率表。《河北省住房和城乡建设厅关于加强建设工程安全生产、文明施工费计取和管理的指导意见》规定：“实行工程总承包的，总承包单位依法将工程分包给其他单位的，总承包单位与分包单位应当在分包合同中明确安全生产、文明施工费用由总承包单位统一管理。”本案被告为本鉴定项目的总承包方，鉴定过程中并没有提供安措费费率测定表。由于原告方在施工期间发生了必不可少的安全生产文明施工的保障费用，并且为了保障工程安全生产和文明施工，河北省住房和城乡建设厅于 2015 年 7 月 2 日发布了冀建市〔2015〕11 号通知，调整了自 2015 年 7 月 15 日及以后完成的工程量和新开工工程的安全生产、文明施工费计取方式和费率。文件指明：安全生产、文明施工费计取方式调整为固定费率，现场评价、费率核定有关内容停止执行。本鉴定项目幕墙大面制作、安装工期为自合同签订之日起至 2015 年 7 月 20 日完成，收边、收尾、清洗工期为 2015 年 7 月 20 日至 2015 年 8 月 10 日。另，工程变更洽商记录中合同内变更施工内容及合同外新增施工内容的签证日期都在固定费率执行日期即 2015 年 7 月 15 日之后。因此，鉴定公司按照冀建市〔2015〕11 号通知要求计算出相关施工内容的含税安全生产、文明施工费作为推断性意见，供委托人判断使用。

4）竣工图纸与现场勘验结合问题

本鉴定项目具备造型新颖、节点复杂等特点，当事人与鉴定公司核对过程中对图纸中的一些节点争议较大，通过现场勘验，部分争议点得到解决，但有些争议点由于已被遮挡或其他条件所限已无法勘验。依据《建设工程造价鉴定规范》（GB/T 51262—2017）第 5.11.3 条“当鉴定项目或鉴定事项内容客观，事实较清楚，但证据不够充分，应作出推断性意见”。故鉴定公司对于此类问题，分别计算出金额，列入推断性造价，供委托人判断使用。具体情况表述如下：

（1）图纸没有标出部分构件，现场勘验存在的内容包括：MQ24 部分钢骨架及 MQ1 门上部铝单板的侧边。

（2）图纸节点标注不明，现场勘验中已被面层遮挡看不到的内容包括：MQ23、MQ24、MQ25、MQ27 与主体钢结构的连接节点，鉴定公司参照 MQ22 的连接节点计算造价。

（3）图纸没有标注，现场勘验中已被面层遮挡看不到的内容包括：C-SC-11/12/13 有些部位有面层却未标注龙骨，鉴定公司参照此幕墙中标注龙骨部位计算造价。

5）工程变更洽商被告不认可问题

工程变更洽商 3：“玻璃幕墙钢结构偏差，造成我司玻璃幕墙生根件重新定制”，工程变更洽商 5：“石材幕墙钢结构偏差（因石材甲供），造成我司 250mm 钢管安装的耳板和肋板进行大量切割和焊接”，工程变更洽商 7：“室内幕墙 MQ22 已经做好，按甲方要求后又拆除改回原施工图位置，经过力学计算，需将幕墙龙骨增大为 180mm × 60mm × 8mm 矩形管”。被告认为此三项变更洽商内容未在竣工图中标注，且工程变更洽商记录单上被告方只签字未盖章，不能作为计算依据；原告认为此三项变更洽商内容已施工完毕，且被告方已签字认可，应予以增加造价。鉴定公司无法从专业技术角度判断或推断此三项变更洽商的真实性或合理性，现场也无法核实。故分别计算出金额，列入推断性造价，供委托人判断使用。

4. 鉴定意见

1）选择性意见一

按照河北省 2012 定额，考虑合同价格水平计算的结果如下。

（1）确定性造价。

① 双方确认执行原合同单价部分：4278026.57 元；

② 图纸变化及双方认可的变更洽商部分：32935781.94 元。

（2）推断性造价。

① 图纸变化及双方认可的变更洽商部分的含税安全生产文明施工费：1366461.03 元；

② 竣工图纸与现场勘验结合部分：61973.12 元（其中含税安全生产文明施工费为 929.47 元）；

③ 工程变更洽商第 3、第 5、第 7 部分：173775.02 元（其中含税安全生产文明施工费为 7041.79 元）。

2）选择性意见二

按照河北省 2012 定额，不考虑合同价格水平计算的结果如下。

（1）确定性造价。

① 双方确认执行原合同单价部分：4278026.57 元；

② 图纸变化及双方认可的变更洽商部分：27677127.68 元。

（2）推断性造价。

① 图纸变化及双方认可的变更洽商部分的含税安全生产文明施工费：1148286.58 元；

② 竣工图纸与现场勘验结合部分：58213.93 元（其中含税安全生产文明施工费为 781.07 元）；

③ 工程变更洽商第 3、第 5、第 7 部分：146029.43 元（其中含税安全生产文明施工费为 5917.47 元）。

（三）案件当事人对工程造价司法鉴定意见异议问题

1. 对原告所提异议的回复

（1）关于隐框玻璃幕墙：电动开启五金不能只补材料，应计取人工费、机械费及相应的管理费和利润，大约相差 225350 元。

回复：鉴定公司依据的是《全国统一建筑装饰装修工程消耗量定额河北省消耗量定额》（HEBGYD-B—2012）第 156 页第二十二条“玻璃幕墙设计有平开、推拉窗者，仍使用幕墙项目，窗型材、窗五金相应增加，其他不变”。所以此部分只增加了材料费并无不妥。

（2）防雷一项在清单里没有，大约相差 500000 元。

回复：鉴定公司依据的是《全国统一建筑装饰装修工程消耗量定额河北省消耗量定额》（HEBGYD-B—2012）第 156 页第二十二条“玻璃幕墙中的玻璃按成品考虑，幕墙中的避雷装置、防火隔离层项目中已综合，但幕墙的封边、封顶的费用另行计算”。防雷一项未计并无不妥。

（3）竣工部分（及图纸变化加双方认可的变更洽商部分）面积比施工图部分大，为何外脚手架、满堂脚手架、垂直运输的费用反而比施工图纸部分少？

回复：产生此差异是因为单价措施项目中涉及的材料价格，施工合同材料表中没有的，依据《唐山工程造价信息》价格计入，施工图部分按照合同签订日期价格计入，竣工图（图纸变化及双方认可的变更洽商部分）按照合同工期平均价格计入。

2. 对被告所提异议的回复

（1）图纸变化及双方认可的变更洽商部分的分部分项工程量清单综合单价不应套用 B5-250 定额，应该补充子目数量乘以综合单价；在原建设工程施工合同玻璃幕墙中的氟碳喷涂铝型材、钢材氟碳报价为包含材料及人工费的成品价格，司法鉴定机构将成品价格鉴定为材料费，后再计取人工费是错误的，我方（被告）不予认可。

回复：鉴定公司依据的是当事人双方签订的建设工程施工合同中的材料表，钢材氟碳喷涂及铝型材氟碳喷涂为材料表中的内容，因此把此部分列为材料费，再计取人工费并无不妥。

（2）图纸变化及双方认可的变更洽商部分的总价措施项目费冬季施工增加费不应计取，本工程开工时间为 2015 年 5 月 8 日，完工时间为 2015 年 10 月 14 日，没有进入冬季，不能计取冬季施工费。

回复：依据的是《2012 年河北省建筑工程计价依据解释汇编》第 12 页 A.15 其他可竞争措施项目第 3 条“只在冬季或雨季施工时如何计取冬季或者雨季施工增加费？答：只在冬季施工时，雨季施工增加费计取 50%；只在雨季施工时，冬季施工增加费计取 50%”。

（3）图纸变化及双方认可的变更洽商部分的总价措施项目费停水停电增加费不应计取，双方签订的建设工程施工合同专用条款第3.1条约定，承包人应自行配备发电设备，费用由承包人自负，并且双方对此没有签证，因此在总价中计入停水停电费用错误。

回复：依据的是《2012年河北省建筑工程计价依据解释汇编》第12页A.15其他可竞争措施项目第2条“临时停水停电费、二次搬运费如何计取？答：全年摊销，都应计取。停水停电每周累计超过8小时应按签证另行计取”。

（4）图纸变化及双方认可的变更洽商部分的分部分项工程量清单综合单价中电动开启五金件，竣工图中159套，根据施工合同专用条款第9.7.1条合同价款采用固定综合单价形式，此综合单价包含施工直至该幕墙工程完工达到竣工验收标准的全部费用。最终结算以实际完成工程量计算。因此竣工图纸中完成的实际数量为159套，司法鉴定机构按投标数量258.78套计取错误。

回复：依据当事人双方签订的建设工程施工合同第9.7.1条“合同价款采用固定综合单价形式，此综合单价包含施工直至该幕墙工程完工达到竣工验收标准的全部费用。最终结算以实际完成工程量计算。幕墙工程中的电动开启装置系统不进行调整，含在所在幕墙、断桥铝窗中，不得另行计取”。所以，鉴定公司未调整电动开启五金件数量。

（5）图纸变化及双方认可的变更洽商部分的含税安全生产文明施工费的异议，安全生产文明施工（临时路、临时设施、临时水、临时电、围挡等项）全部由我方施工，司法鉴定机构不应计取措施费。

回复：现有鉴定资料内无法显示临时路、临时设施、临时水、临时电、围挡等具体由哪方施工，所以，鉴定公司按常规计取了相关费用，列入推断性意见。

四、出庭作证情况

2019年7月10日，经委托人通知，鉴定公司两名鉴定人员依法出庭作证，接受当事人对出具的鉴定意见书的质询，回答与鉴定事项有关的问题。

法庭上原告、被告针对鉴定意见书均提出质询问题，对于在鉴定意见书中已经加以说明的问题，法庭上不再赘述，统一回复为详见鉴定意见书第 × 页分析说明第 × 条。对于在法庭上原告、被告新提出的问题，两名鉴定人员深思熟虑后能够在法庭上明确的已经给出回复，有些问题需要查阅相关鉴定资料才能回复的，庭上答复为核实后书面回复。

比如：关于氟碳喷涂人工费问题。

回复：因鉴定意见给出了两个可供选择的意见，所以分别回答如下。

（一）选择性意见一：按照河北省2012定额，考虑合同价格水平计算的结果

因合同后附材料表中铝型材及钢材氟碳喷涂单价是否包含氟碳喷涂人工费影响到上浮系数，原鉴定意见视为合同后附材料表中铝型材及钢材氟碳喷涂单价中不包含氟碳喷涂人工费，若包含氟碳喷涂人工费，则上浮系数会变大，致使鉴定结论会相应变化如下：

（1）若合同后附材料表中铝型材氟碳喷涂单价中含铝合金型材表面氟碳喷涂人工费，根据条

款，则原鉴定意见中，图纸变化及双方认可的变更洽商部分增加 15746.25 元；原鉴定意见中，图纸变化及双方认可的变更洽商部分的含税安全生产文明施工费增加 760.59 元。

（2）若合同后附材料表中钢材氟碳喷涂单价中含钢骨架表面氟碳喷涂人工费，根据条款，则原鉴定意见中，图纸变化及双方认可的变更洽商部分增加 1005.08 元；原鉴定意见中，图纸变化及双方认可的变更洽商部分的含税安全生产文明施工费增加 48.55 元。

（二）选择性意见二：按照河北省 2012 定额，不考虑合同价格水平计算的结果

（1）若合同后附材料表中铝型材氟碳喷涂单价中含铝合金型材表面氟碳喷涂人工费，根据条款，则原鉴定意见中，图纸变化及双方认可的变更洽商部分扣减 225175.06 元；原鉴定意见中，图纸变化及双方认可的变更洽商部分的含税安全生产文明施工费扣减 9252.86 元。

（2）若合同后附材料表中钢材氟碳喷涂单价中含钢骨架表面氟碳喷涂人工费，根据条款，则原鉴定意见中，图纸变化及双方认可的变更洽商部分扣减 14372.88 元；原鉴定意见中，图纸变化及双方认可的变更洽商部分的含税安全生产文明施工费扣减 590.61 元。

五、心得体会

对于司法鉴定项目，在接到法院委托书后，首先需要做的事情就是看委托鉴定范围、鉴定事项及鉴定要求是否明确。若不明确，应及时给委托人发函，提请委托人明确。

同时应充分研究委托人转交的鉴定资料是否齐全，尤其是工程招标投标文件、中标通知书、施工组织设计、施工合同及补充协议、施工图纸及竣工图纸、图纸会审记录、设计变更单、工程签证单、工程洽商记录、会议纪要、工程验收记录、竣工验收报告等必需资料。若不齐全，应及时给委托人发函，提请委托人补充证据。

接下来，鉴定人应根据鉴定项目的特点、鉴定事项、鉴定目的和要求制订鉴定方案。首先研究委托人转交的民事起诉状、庭审笔录等，初步判断原告、被告争议的焦点，然后研究合同及补充协议条款，分析原告、被告争议焦点产生的原因。很多时候都是因为对合同条款的理解不同或者对变更资料中相关各方签字盖章手续是否齐全产生争议。

鉴定过程中应充分听取原、被告方对争议点的理解，这对之后出具鉴定报告时鉴定金额归入哪一项至关重要。切记不能以鉴代审。对于当事人双方有争议的证据资料，不能因为签字盖章齐全，鉴定人就擅自认为是有效的。鉴定不同于结算审计，证据的认定是委托人的责任，在委托人未确认前，鉴定人可暂用此证据作为鉴定依据进行鉴定，并将鉴定意见单列，供委托人判断使用。

鉴定人宜采取先自行按照鉴定依据计算，再与当事人核对等方式逐步完成鉴定。核对过程中需要注意的是，需要前来核对的预算人员携带委托书，鉴定人应对每一个阶段性成果提请所有当事人提出书面意见或签字确认。鉴定人对调查了解的与鉴定项目相关的情况应及时制作询问笔录，提请所有当事人提出书面意见或签字确认，作为鉴定依据。

当核对到一定程度，如有必要应提请委托人同意并组织现场勘验，对于核对中双方争议较大且能通过勘验解决的问题，勘验时作为重点部位，如实记录现场情况。

出具征求意见稿时应谨慎，在没有补充新证据的情况下，正式意见尽量不做大的调整。收到当事人书面异议后，应逐条进行核实，确保出具正式意见的准确性。

鉴定人出庭前应做好准备工作，尤其是鉴定过程中双方的争议焦点，在庭上会再次提出，做好充分准备如何回复。对于与鉴定事项无关的问题，可经委托人允许，不予回答。

鉴定人在整个鉴定过程中应建立鉴定工作流程信息表将鉴定过程中每一事项发生的时间、事由、形成等进行完整地记录。鉴定中需向委托人说明或需要委托人了解、澄清、答复的各种问题和事项，鉴定机构应及时制作联系函送达委托人。

专家点评

本案例为某幕墙工程的造价司法鉴定。

本案竣工图纸相对于双方签署合同时的招标图纸发生了变更，主要是部分石材幕墙变更为铝板幕墙、部分石材幕墙的转接件及挂件系统发生了变化，以及玻璃幕墙的铝合金龙骨及连接件发生了变化。原告、被告双方沿用《河北省建设工程施工合同》(示范文本)，合同专用条款第9.7条“合同价款的约定与调整因素”对综合单价的表述：“合同价款采用固定综合单价形式，此综合单价包含施工直至该幕墙工程完工达到竣工验收标准的全部费用，最终结算以实际完成工程量计算。”关于合同价款的调整因素，双方约定执行通用条款，即工程变更、超过双方约定幅度的市场价格变化、清单项目漏项、工程量偏差、项目特征不符等。关于合同价款调整方法，双方约定“无”。但是，在合同专用条款第3.1条，承包人有关工作的约定中表述：“施工中发生的变更、签证，承包人应向发包方提供变更、签证及索赔费用的计算底稿原件，工程量据实计算，费用执行已签订综合单价，措施费不再计取。”

原被告双方争议的焦点是“原告的投标报价不是按河北省2012定额组价，而是按自己企业定额报的完全综合单价。而且施工时，因为工期要求较短、造型新颖、节点复杂等，有一定的施工难度，签约时合同价格高于按河北省2012定额计算的价格”。如何鉴定变更部分的价格是本案鉴定的难点。

鉴定过程中，本案鉴定人员经过认真分析、深入研究全部合同条款之后分别与当事人进行了沟通。双方均认可图纸无变化部分执行原合同单价，工程量据实计算。图纸有变化部分，如何计价是本案鉴定的争议焦点。结合双方的争议，鉴定机构依据河北省2012定额，按照是否考虑签约时的合同价格水平两种方法计算出金额，列入可供选择性造价，供委托人选择使用。

结合国家建设市场政策“逐步去定额化”的要求(住房城乡建设部发布《关于印发工程造价改革工作方案的通知》，取消最高投标限价按定额计价的规定)，本案例所述由承包人按企业定额报价的行为，顺应市场政策要求。由此引起的造价司法鉴定，鉴定机构给出选择性的鉴定意见，供委托方选择。既符合《建设工程造价鉴定规范》，也满足市场政策要求。

案例最后总结心得体会：首先，需要做的事情就是看委托鉴定范围、鉴定事项及鉴定要求是否明确。同时，应充分研究委托人转交的鉴定资料是否齐全。尤其是工程招标投标文件、施工组织设计、施工合同及补充协议、施工图纸及竣工图纸、图纸会审记录、设计变更单、工程签证单、工程洽商记录、会议纪要、工程验收记录、竣工验收报告等必需资料。若不齐全，应及时给委托人发函，提请委托人补充证据。接下来，鉴定人应根据鉴定项目的特点、鉴定事项、鉴定目的和要求制订鉴定方案。在鉴定过程中应充分听取原、被告方对争议点的理解，这对之后出具鉴定报告时鉴定金额归入哪一项至关重要。切记不能以鉴代审。对于当事人双方有争议的证据资料，不能因为签字盖章齐全，鉴定人就擅自认为是有效的”，对鉴定机构及参与人员，具有参考借鉴意义。

建经投资咨询有限公司　黄志挺

对鄂尔多斯市苏某诉刘某、陕西某建设集团有限公司承揽合同纠纷案的造价司法鉴定

——内蒙古百年工程项目管理有限责任公司

王梁

工程造价鉴定案件中根据案情的不同、合同约定等差异，形成了不同案件的不同鉴定方法。本文着重分享的是在事前合同中对某项工程约定了平方米固定单价，而在施工过程中未全部完成此项工程便产生纠纷，此时对该项未全部完工的工程进行鉴定的方法和心得。

一、案情简介

原告：苏某（以下简称申请人），身份为实际施工人。

被告 1：刘某（以下简称被申请人 1），身份为分包人。

被告 2：某建设集团有限公司（以下简称被申请人 2），身份为总承包方。

事由：申请人于 2018 年 10 月中旬从被申请人 1 处承包了某煤矿厂房的彩钢网架工程，并与被申请人 1 签订了两个厂房的彩钢网架施工合同，在合同中约定："一、工程计量、工程质量和要求：1. 甲方将 C 型檩条彩钢板工程的劳务承包给乙方，工程量以实际完成的工程量计算（结算以实际测量为准）。""三、计价方式：1. 工程量大概约 13000m^2，建设单价为 14 元 /m^2，结算以实际测量为准。"

被申请人 2 在本案件中与申请人没有任何利害关系，仅是因与被申请人 1 属于总承包 - 分包的关系被起诉，实际被申请人 2 与本案无关联，遂不再赘述。

二、案件争议焦点和鉴定难点

本案的申请人与被申请人 1 签订的合同约定建设单价为 14 元 /m^2，根据双方当事人描述，此单价包含的是 C 型檩条彩钢板工程成活价的全部内容，即 C 型檩条钢结构的加工制造、除锈刷油、安装运输；彩钢板的制作安装及对应的管理费和利润。如按照以上的工作内容做完，则根据合同约定的 14 元 /m^2 进行结算是完全没有问题的。

实际工程完成情况：申请人按照合同中要求施工的内容仅完成了一个厂房，另一个厂房由于

被申请人原因造成了停工并撤场，所以另一个厂房实际完成了钢结构的加工制造、除锈刷油、安装运输工程内容，未将合同中彩钢板制作安装的内容完成。

此时申请人认为，由于被申请人原因造成了停工并撤场，给申请人造成了经济上的损失，此部分损失应按照原合同单价的 14 元 /m^2 给予结算。而被申请人 1 提出虽然申请人停工撤场的原因是被申请人 1 造成的，但申请人实际上并未进行安装彩钢板工程，所以此部分价格应按照市场上的价格给予扣减，只给计算钢结构的加工制造、除锈刷油、安装运输及相应的管理费和利润，未做部分不再计取。

本案的施工图纸双方当事人均未向法院提供，所以在鉴定方案制订前，内蒙古百年工程项目管理有限责任公司（以下简称鉴定公司）作为鉴定单位先行发函并电话通知当事人向法院提交施工图纸再进行质证。且将不提供图纸的利害关系告知了当事人，最终当事人在接到补充资料函及电话通知的情况下仍未向法院提交图纸资料，造成了证据缺失。

以上情况形成了本案的争议焦点和鉴定难点，如下所示：

（1）案件中关于 14 元 /m^2 的合同约定单价在申请人完成的钢结构的加工制造、除锈刷油、安装运输中如何体现？

（2）未做的彩钢板制作安装工程如何扣减才不脱离合同且显示合理?

（3）在没有图纸的情况下如何确定案件中关于 14 元 /m^2 的合同约定单价的内容?

（4）如何在没有图纸的情况下确定本案申请人实际完成的工程量?

基于以上情况和问题，经过工程造价鉴定单位组织相关专家论证，制订鉴定流程。

三、鉴定流程

1. 鉴定流程

首先熟悉由法院移交的资料，本案资料有如下内容：

（1）某村煤矿网架施工合同。

（2）申请人情况说明。

（3）彩钢厂加工承揽合同。

其中，某村煤矿网架施工合同说明了被申请人 1 和被申请人 2 的发包－总承包关系，申请人情况说明主要是阐述工程完成情况和诉求，彩钢厂加工承揽合同证明了申请人和被申请人 1 的关系。

本次鉴定流程为接受委托、制订工作计划、现场勘验测量及分析、提交征询意见、接到当事人回复意见、出具正式报告。具体步骤如下：

（1）了解鉴定目的。鉴定人要全面了解熟悉案情，对送鉴材料要认真研究，了解当事人争议的焦点和委托方的鉴定要求，结合工程合同和有关规定提出鉴定方案。因为本案情况较为复杂，而鉴定方案直接影响着鉴定结论，所以鉴定方案必须经鉴定公司技术人员共同论证，由技术负责人批准后方能实施。

鉴于本案的情况，鉴定公司技术负责人详细地制订了工作计划，具体内容如图所示。

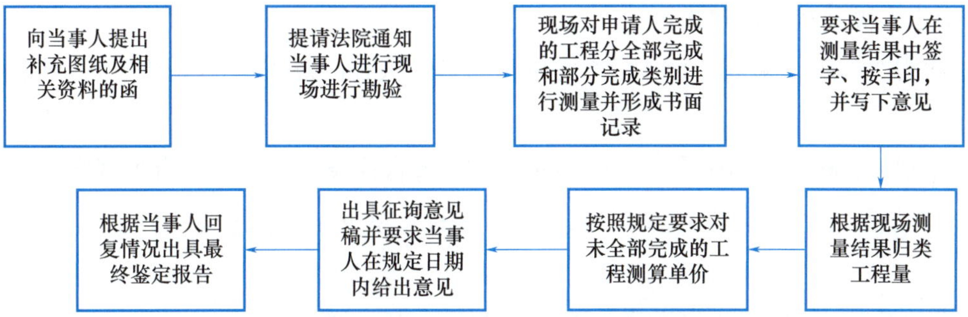

图　针对本案的工作计划

（2）通过现场勘查了解案件情况。主要目的：一是避免其中一方当事人的先入为主，能够客观、公正地了解案情；二是克服送鉴材料的局限性，对一些不完整、表达不清楚、有矛盾的地方必须经双方当事人共同核实；三是确定现场勘验的进行，现场勘验必须经双方当事人共同确认并通知委托人方能进行。对当事人争议的地方进行现场实测、实量、实查、实验。

本次鉴定经由法院分别通知了当事人和鉴定公司勘验的时间和地点，由法院进行组织，当事人配合工程造价鉴定单位对案件进行现场勘验，但在勘验时发生了如下事件：

鉴定现场勘验活动申请人按时到场，但被申请人 1 按时到场后得知要对完成情况进行现场测量时，突然向法院提出要求离场并拒绝在勘验笔录上签字，虽然法官告知其如果中途离场需要承担不配合现场勘验所带来的法律后果，鉴定人员劝说被申请人 1，如中途离场不配合鉴定会有不利的后果，但被申请人 1 仍执意离开了现场，在此种情况下，人员及法院工作人员共同将此情况记录，并保留全程影像记录。而被申请人 2 明确在电话中告知不参与本次现场勘验活动。

鉴于此种情况，鉴定人员在得到法官同意后，开始对本案进行现场勘验，并由申请人对现场进行介绍，将其中全部按照合同单价完成的工程量归为一类，未按照合同单价内容完成的工程量归为二类，再对现场的彩钢板、钢构件等进行实地测量并全程录像，进而画出现场草图标出尺寸后，做现场勘验笔录并由申请人确定后签字按手印。对于被申请人 1 和被申请人 2 的做法，鉴定人员按照中华人民共和国住房和城乡建设部发布的《建设工程造价鉴定规范》（GB/T 51262—2017）中 4.6.4“鉴定机构按委托人要求通知当事人进行现场勘验的，应填写现场堪验通知书，通知各方当事人参加，并提请委托人组织。一方当事人拒绝参加现场勘验的，不影响现场勘验的进行。”4.6.6“当事人代表参与了现场勘验，但对现场勘验图表或勘验笔录等不予签字，又不提出具体书面意见的，不影响鉴定人采用勘验结果进行鉴定”的条款进行继续鉴定。

（3）按照现场勘验测量结果计算本案的工程量及计价，起草造价意见征询稿并提交委托方，书面告知当事人应在接到意见征询稿 10 天内给予书面回复，如不回复的，视作对意见征询稿无异议。

本案申请人书面表示同意征询意见稿的意见，无异议，被申请人 1、被申请人 2 在接到意见征询稿后 10 天内并未向法院提交书面意见，仅在短信中回复了无关本案的一些信息。

（4）出具正式报告。

2. 鉴定依据

鉴于上述情况，鉴定公司最终以现场测量数据及下列依据出具正式报告。

（1）《中华人民共和国合同法》。

（2）中价协〔2002〕第015号《工程造价咨询单位执业行为准则》《造价工程师职业道德行为准则》。

（3）中价协〔2002〕第016号《工程造价咨询业务操作指导规程》的有关规定。

（4）中华人民共和国住房和城乡建设部发布的《建设工程造价鉴定规范》（GB/T 51262—2017）。

（5）《建设工程司法鉴定程序规范》（SF/Z JD0500001—2014）。

（6）委托单位移交的鉴定材料。

（7）2017年《内蒙古自治区房屋建筑与装饰工程预算定额》《内蒙古自治区建设工程费用定额》。

（8）国家、省、市及地方政府的相关规定。

3. 鉴定方法

（1）关于工程量鉴定方法：由于当事人未向法院提供图纸资料，因此鉴定公司先行向法院提出补充资料函，要求当事人对本工程的鉴定资料进行补充并经法院质证，申请人表示手中没有施工图纸，无法提供。被申请人均表示手中没有施工图纸。后经过与法院电话沟通，本次鉴定案件可以采用工程量现场实测实量的鉴定方法进行鉴定。

于是申请人带领鉴定工作人员及陪同的法院工作人员到其施工的彩钢板及钢构件现场具体位置进行了测量，除测量面积以外，为保证测量的准确性，对檩条的间距、规格、除锈刷油情况利用游标卡尺、红外测距仪、盒尺等测量工具采用了尽可能多的取点测量及复测。在测量完毕后根据现场情况绘制了草图，标注尺寸并要求申请人对测量结果及现场勘验笔录进行签字确认。而鉴定人员在结束现场勘验后第一时间回到公司用AutoCAD制图软件将本次草图绘出，以此作为鉴定参考依据。

（2）关于价格鉴定方法：此处为争议焦点。申请人现场完成的工程量分为两部分：

第一部分是全部按照合同要求完成的部分和未按合同要求全部完成的部分。按照合同要求完成的部分只需要计算出来面积并乘以合同中约定的单价即可。

第二部分是未按合同要求完成的部分。在鉴定过程中产生了两种不同的意见：①本案虽然约定了固定单价，但是其中有一部分是未按照合同单价约定内容实行的，此部分可以按照当时施工所在地适用的定额及材料信息价进行重新组价，从而确定此部分的单价；②首先鉴定不能脱离合同，在合同未被判作无效合同的前提下仍应遵守合同中的约定进行鉴定。鉴定公司翻阅了近年来类似项目资料，认为参照中华人民共和国司法部司法鉴定管理局2014年3月17日发布实施的《建设工程司法鉴定程序规范》（SF/Z JD0500001—2014）中7.1.11的做法最为稳妥："建设工程施工合同往往会因各种原因而终止履行。施工合同终止履行后应按受鉴项目施工合同约定的计价方法和计价标准或受鉴项目施工合同履行期间适用的工程造价指导性计价依据，制定科学、客观、公正的鉴定技术路线，确定承包人已完成的工程量的工程造价。"

4. 鉴定意见（摘自鉴定报告）

根据现场测量情况，计算得出申请人完全按照施工合同在煤矿网架施工C型檩条彩钢板工程总量为 10624.61m^2。

另有右煤棚墙面，申请人阐述仅做了 C 型钢檩条，未做彩钢板，此部分面积为 2575.26m^2。完成合同单价经过测算应为 75.01%（按照 2017《内蒙古自治区房屋建筑与装饰工程预算定额》本案对应的工程项目进行测算，详见单位工程鉴定测算表），即 14 元 /m^2 × 75.01% = 10.5 元 /m^2。

说明：由于当事人未能提供施工图纸，故目前数据均按照实测计算，计算结果中已经考虑了洞口的扣除。由于当事人未能提供图纸所带来的误差，鉴定公司不予承担相关责任。（增加此条说明的主要目的是防止当事人将未能提供图纸所带来的误差责任转嫁给鉴定公司。）

案件当事人对工程造价鉴定意见异议问题：

申请人未提出异议，被申请人后在出具正式报告后提出异议，主要是针对之前的现场测量数据及鉴定单价的质疑。根据质疑情况，鉴定公司向被申请人发回复函，内容如下：

（1）本案的工程量均为工程造价鉴定单位工作人员现场实测得出，已经考虑了门洞口的扣除，可能会存在与实物或图纸的数字误差，被申请人方如有不同意见，可提供本案的纸质图纸资料并经过法院组织质证后，工程造价鉴定单位再行计算。

（2）原告未完全按照合同完成的部分是公司经过 2017 年《内蒙古自治区房屋建筑与装饰工程预算定额》测算得出的，并根据《建设工程造价鉴定规范》（GB/T 51262—2017）中 5.3.3：“在鉴定项目工程合同计价依据、计价方法约定不明或没有约定的情况下，当事人之间发生争议，鉴定人可参照鉴定项目所在地同时期适用的计价依据和计价方法进行鉴定。”

四、出庭作证情况

法院未要求工程造价鉴定单位出庭作证。

五、心得体会

工程造价鉴定是指依法取得有关工程造价鉴定资格的鉴定机构和鉴定人，接受司法机关或当事人委托，依据法律、法规及行业管理部门颁布的工程造价定额标准，针对某一特定建设项目施工图纸和竣工资料来计算和确定诉讼仲裁活动中所涉及的工程价值并提供鉴定结论的活动。就其本质而言，是因委托而产生的专业行为，而非行政或司法行为，也不是国家行为。其公正准确程度并不取决于鉴定人员行政权力的大小，而是鉴定人员的专业技术水平（包括造价、政策和法律）和职业道德水平。因此，工程造价鉴定具有合法、公正、客观、科学的特点。其原则为，最高人民法院《人民法院司法鉴定工作暂行规定》（法发〔2001〕23 号）明确规定：合法、独立公开；客观、科学、准确；文明、公正、高效。

由于工程造价鉴定是一项技术性、政策性、经济性及法律性很强的工作，涉及的内容广泛又复杂，因此在工程造价鉴定过程中应该注意以下六个方面的问题。

1. 区别工程造价鉴定与工程造价审计

工程造价审计就是工程造价审核（审价），是工程造价咨询单位咨询业务的一部分，是受业主委托对其工程项目的概算、预算及结算等，依据现行国家政策法规、计价依据及相关工程技术资料对送审造价的工程量、单价及取费等进行逐项审核的一种活动。

而工程造价鉴定是由法院委托鉴定机构进行鉴定，其所作出的鉴定报告，经法院审查和采纳后将以司法鉴定的证据作为定案的依据，判决生效后，即产生强制性。司法鉴定的结果可能不符合原被告的意愿，这一点是不同于工程审计的，鉴定报告不需要原告、被告的签字，但在开庭时鉴定人须解答当事人的质询及书面呈现向法院答复当事人的异议。

2. 把握技术路线和工作程序

由于工程造价鉴定既是工程造价咨询业务技术性工作，同时也是司法审判证据链的组成部分，因此，工程造价鉴定必然有其二者结合的特点，表现出工程造价鉴定所具有的技术路线和工作程序。其基本程序可分为两个阶段：①第一阶段的主要任务是收集工程造价鉴定计算的事实依据，具体环节有委托受理、查阅案卷、收集证据（包括现场勘探）、鉴定质询、出具鉴定初稿等几个方面；②第二阶段的主要目的是通过当事人对鉴定听证勘误报告和鉴定报告提出的异议，解决工程造价鉴定依据的事实问题和适用规范问题，具体环节有听证质疑、修改鉴定初稿、形成鉴定结论、庭审质证等几个方面。

两个阶段均以当事人会议为基本形式，贯穿鉴定举证、听证、质证、认证的行为过程，鉴定人在充分听取当事人对鉴定的主张、申辩以及对鉴定报告异议的基础上，根据委托鉴定内容，作出工程造价鉴定结论。

3. 确保提供资料完整真实

工程造价鉴定最重要的、工作量最大的环节就是资料的收集，其完整性、真实性直接影响到司法鉴定的准确性、公正性。因此，证据必须收集完善，大体上包括以下九个方面：

（1）当事人的起诉和答辩状、法庭庭审调查笔录。

（2）当事人双方认定的各相关专业工程设计图纸、设计变更、现场签证、技术联系单、图纸会审记录。

（3）当事人双方签订的施工合同、各种补充协议。

（4）当事人双方认定的主要材料、设备采购发票、加工订货合同及甲供材料的清单。

（5）工程预（结）算书。

（6）招标投标项目要提供中标通知书及有关的招标投标文件。

（7）鉴定调查会议笔录（询问笔录）、现场勘察记录。

（8）经建设单位批准的施工组织设计、年度形象进度记录。

（9）当事人双方认定的其他与工程造价鉴定有关的资料。

从上述内容可见，鉴定的资料证据必须经双方当事人确认。资料不齐全的，原告、被告双方必须在规定的时间内补齐鉴定所需资料；在举证期限内不提交的，视为放弃举证权利。对证据的真实性问题，当事人在提供证据时，必须提供复印件，同时出具原件，对自己提供证据的真实性负法律责任，并要求当事人出具有效证明文件及承诺书。鉴定人不负责证据真伪的鉴别。资料不全又能在现场测得的，一定要在报告结论处释明，这样既能体现客观事实，又能保护自身。

4. 客观公正解决举证矛盾争议

对当事人双方的举证出现相互矛盾而又无法提供准确的资料时，理论上应当由人民法院来判定。但在实际鉴定工作中，由于工程造价的专业性，基本上还是以鉴定人的判定为主。鉴定人的判定原则应包括如下四个方面：

（1）工程设计图有矛盾时，以现场勘测或设计规范为准。

（2）计取费用等级有争议，可根据施工合同、施工单位取费证或建筑物类别等为标准。

（3）建筑材料价格有争议时，应以合同约定及同期的市场价格信息为准。

（4）施工措施有争议时，以正常的施工组织设计为准。

5. 认真做好勘查记录和询问笔录

由于建筑工程的建造周期较长，很多单位的档案管理不够严谨完备，很难提供完整的竣工图及结算资料，因此做好勘查记录和询问笔录对整个司法鉴定具有十分重要的作用。其内容应包括以下几个方面：

（1）注明时间、地点、勘验人或询问人、临场人或被询问人、记录人。

（2）记清问答情况、当事人承认确认或争议情况及关键语句，记准勘测数据。需绘制勘测图时应做到清晰准确。

（3）结束时当事人查阅笔录后签字（不识字的按规定宣读按手印）。

（4）记录必须存档备查。

6. 严格运用司法审判权

在工程造价司法实践中，大量存在以审代裁的问题。如由造价鉴定单位确定鉴定范围、确定鉴定依据、确定鉴定材料、确定有争议的合同条款的理解方法，而非由法院确定。这样一来，当事人的合法权益就不能得到有效保障。因此，明确工程造价鉴定中涉及司法审判权，可以让造价鉴定单位、审判人员认识到，涉及的司法审判权应由法院行使，从而防止发生以审代裁的问题。

那么，在工程造价鉴定过程中，哪些环节必须运用司法审判权呢？概括来讲，有以下四个方面：①工程造价鉴定范围的确定权属于司法审判权；②工程造价鉴定依据的确定权属于司法审判权；③对合同约定理解存在争议的确定权属于司法审判权；④造价鉴定资料的确定权属于司法审判权。

当然，要提高工程造价鉴定水准，还必须增强鉴定人员的法律意识，提高鉴定水平和职业道德素质。

总之，工程造价鉴定是工程造价咨询和司法鉴定相互纵深发展的新的业务内容，研究和解决工程造价技术在司法鉴定中的程序问题，对改进工程造价技术在司法鉴定中的应用，保证工程造价鉴定结论的科学性和公正性具有重要的意义。

从专业的角度看，工程造价鉴定应遵循以下原则：从约原则、公正原则、合法原则、独立原则、证据原则、取舍原则等。

从约原则即遵守合约的原则，是司法鉴定最重要的原则。施工合同是工程造价活动的开始，也是工程造价鉴定的关键依据。工程造价争议源于纠纷双方对施工合同、补充协议或其中的条款有不同的理解。鉴定人员须明白，只要当事人的约定没有违反《中华人民共和国合同法》及相关法律法规规定，并且合同在平等自愿基础上签订，无论合同条款是否合理，该合同都是有效的。鉴定过程中，如果发现合同中有部分条款可能影响鉴定执行，应暂停鉴定活动，告知法院并由法官裁决，这也是对鉴定活动负责的一种表现。公正、合法、独立、证据原则是司法活动的基本要求，司法鉴定必须严格遵守。取舍原则针对的是互为矛盾但均有效的资料，或多种并存可能影响鉴定的资料，鉴定人员不应私自取舍，而应根据不同的鉴定材料提供相应的鉴定结果，由法官根据案件审理进行裁决。许多鉴定人员误认为工程造价鉴定类似其他鉴定，鉴定结果必须唯一，其实司法鉴定结果是由鉴定材料决定的，不同鉴定材料会产生不同的鉴定结果，鉴定人员应只对鉴定事项的真实性负责，审判结果必须也只能由法官作出。换言之，鉴定工作只是为司法裁决提供客观真实的断案依据，不能越俎代庖代行审判。因此，鉴定材料必须经过严格的质证，并按有效鉴定材料进行鉴定，对鉴定意见应实行三级复核（鉴定人自核、鉴定项目负责人复核、鉴定机构技术负责人审核）程序，以确保鉴定材料的可靠性及合法性。工程造价鉴定既是一个造价审价的工作，同时也是司法活动的一部分。有些鉴定机构将工程造价鉴定等同于一般的工程造价审价活动，缺乏法律意识与担当，或"以鉴代审"损害鉴定结果的公正性，因此要保证司法鉴定规范程序与实体客观公正，并保护当事人的正当权益。

对于造价鉴定依据，应按照如下三个方面开展。

1）施工合同应作为造价鉴定的首要依据

依据《建设工程造价鉴定规程》的规定，在施工合同有效的情况下，应当以合同约定的计价方法进行。但在实际工作中，可以作为鉴定依据的合同文本，可能会存在多种情况，比如当事人之间签订多份合同文本、合同既约定按实结算又约定固定总价、合同约定按定额计价但未约定具体适用的定额文件名称等。律师在对鉴定报告进行质证时，应结合案件的基本证据材料，也就是要对鉴定机构依据的鉴定素材进行分析，以便对鉴定机构适用的鉴定依据是否合法作出判断，从而对鉴定结果的正确性作出判断。

2）施工过程中形成的资料作为工程造价鉴定依据

建设工程的复杂性决定了在施工过程中会发生诸如设计变更、工程量增减，以及一些涉及工程款结算的签证单等资料的出入，而这些资料又都是工程造价的组成部分。

3）计价规范性文件作为工程造价鉴定依据

依据《建设工程司法鉴定程序规范》的规定可以得出，国家计价规范性文件系鉴定人员进行造价鉴定的执行依据，各地的造价鉴定机构都会按照各地地方政府部门指定的计价原则和计价标准进行造价鉴定。

具体到本案，尽管标的较小，但"麻雀虽小五脏俱全"，从整个鉴定过程及最终的鉴定结论来看，出现了如下三个问题：

（1）证据资料不全的应对方法：在证据资料不全的前提条件下，首先想到的应是提请法院协调当事人对缺少的资料进行补充，并对补充资料进行质证，或向资料管理部门履行手续进行调取。如关键性资料无法提供，则需要确定能否按照现场实测实量的方法推进案件进展等。如以上方法仍无法取得关键性证据，则应及时向法院作出说明。

（2）当事人不配合现场勘验：在鉴定过程现场勘验中，可能会遇到案件当事人不配合鉴定的情况，鉴定人员只需要谨记中华人民共和国住房和城乡建设部发布的《建设工程造价鉴定规范》（GB/T 51262—2017）中 4.6.4 条：“鉴定机构按委托人要求通知当事人进行现场勘验的，通知各方当事人参加，并提请委托人组织。一方当事人拒绝参加现场勘验的，不影响现场勘验的进行。” 4.6.6 条：“当事人代表参与了现场勘验，但对现场勘验图表或勘验笔录等不予签字，又不提出具体书面意见的，不影响鉴定人采用勘验结果进行鉴定。”

同时该情况仍需向法院作出说明，在法院同意的情况下可继续进行现场勘验。现场勘验的时间须和法院确定后由法院向当事人传达，如法院授意鉴定公司通知的，则需要鉴定公司留下通知痕迹，除电话告知外，短信通知也需要同时发出，留好工作痕迹。

签订了平方米包干单价，但部分工程项目仅完成了一部分，属于平方米未包干完成部分：此处最好的方法仍是参照本案中使用的手法，即参照中华人民共和国司法部司法鉴定管理局 2014 年 3 月 17 日发布实施的《建设工程司法鉴定程序规范》（SF/Z JD0500001—2014）中 7.1.11 条：“建设工程施工合同往往会因各种原因而终止履行。施工合同终止履行后应按受鉴项目施工合同约定的计价方法和计价标准或受鉴项目施工合同履行期间适用的工程造价指导性计价依据，制定科学、客观、公正的鉴定技术路线，确定承包人已完成的工程量的工程造价。”

（3）固定单价合同：

平方米单价固定合同：

① 按照现行标准《建筑工程施工质量验收统一标准》（GB 50300）的规定，一个建筑工程由地基基础、主体结构、建筑装饰装修、建筑屋面、建筑给水排水及采暖、建筑电气等 9 个分部工程及数百个分项工程组成。根据国家现行建设工程的技术标准和现行工程造价的相关法规，均无法将发包的固定单价分解到每个单位工程及每个分部分项工程。因此，根据《中华人民共和国合同法》的有关规定，宜采取以下技术路线对承包人已完成的工程量进行造价鉴定。

② 根据现行标准《建筑工程建筑面积计算规范》（GB/T 50353）的规定，按原施工图确定受鉴项目的计算建筑面积 S_j，以 m^2 为单位。

③ 按受鉴项目施工图设计文件计算全部工程量，执行受鉴项目施工合同履行期间适用的工程造价指导性计价依据，确定受鉴项目完全工程造价 m。

④ 计算确定受鉴项目完全单方造价 $n_h = m / S_j$。

⑤ 计算施工合同单方造价 n_t 占完全单方造价 n_h 的百分比 $\eta = n_t / n_h \times 100\%$。

虽然以上方法耗时、耗力，看似“笨拙”“不取巧”，但是该方法真正做到了公平公正且有理有据。

笔者曾遇到过高层商业大厦采用平方米包干的方式签订合同，后因其他原因产生合同纠纷并诉诸于法律，由于施工方也同本案申请人一样并未按照合同内的包干单价完成该工程，仅完成了包干价的一部分，经过深入细致地研讨，抛弃了据实结算，认为按照以上的鉴定方法进行鉴定仍然是最科学稳妥的办法。这个过程中按照该方法会大大增加劳动强度，因需要先按照当地适用的定额及相关政策规定算出合同中约定的平方米包干价的全部内容金额，再对施工方实际完成的工程内容进行确定，最终确定完成比例后乘以平方米包干单价。然而，司法鉴定工作理应遵循的原则和要达到的要求却能掷地有声、不折不扣。

所以遇到此类案件，往往万变不离其宗，只需要确定好鉴定方案和正确的路线，就会使得鉴定人员在鉴定案件的过程中迎刃而解、事半功倍、无往不利。

目前来说，中华人民共和国住房和城乡建设部、中华人民共和国国家质量监督检验检疫总局联合发布的《建设工程造价鉴定规范》(GB/T 51262—2017)仍是造价鉴定所必须依赖的鉴定依据，工程造价鉴定类案件鉴定步骤均需要在鉴定实践过程中严格执行，以避免鉴定过程中造成不必要的麻烦。和当事人沟通的电话记录、往来书函、核对过程均需要留下痕迹，如电话往来最好进行电话录音，往来书函除寄出外，还需自行备份，做好记录工作。如有需要当事人前来鉴定地点核对的必要，则需要要求当事人委托代理人携带案件当事人授权委托书前来进行核对，每次在当事人前来鉴定地点核对工作的时候在到场记录表签字。

司法鉴定是一项涉及范围广、内容庞杂的工作，但却始终有法可依、有章可循，只要严格按照相关条律进行具体案件的分析整理，相信任何问题都能追本溯源，达成共识。

专家点评

本案例具有涉及纠纷额度不大、案情比较复杂的特点，但案情简介整体阐述清晰明了、结构完整、层次分明。案例主要有两方面难点：①在双方当事人均未向法院提供施工图纸的情况下，鉴定人发函并电话通知双方当事人补充提供施工图纸并进行质证后，仍未提交图纸资料，证据严重缺失；②由于受鉴项目双方签订的是平方米固定单价合同，但实际施工中因被申请人原因未能完成合同约定的全部工作内容，导致鉴定人在对未全部完成的工程造价进行鉴定时，遇到实际取证困难、价格鉴定方法复杂等问题。

在本案例中，鉴定人充分考虑项目实际情况，逐一化解了上述难点问题：对于证据缺失问题，采用相关各方现场实测实量，按照测量结果绘制施工草图，并要求申请人对测量结果及现场勘验笔录上签字确认的方式解决；对于价格鉴定方法，先按照当地适用的定额及相关政策规定，计算出合同中约定的平方米固定单价的全部内容金额，再对照施工方实际完成的工程内容，确定完成内容金额，确定完成内容金额占全部工作内容金额比例后，乘以合同约定的平方米固定单价及实际完成的平方米工程量，最终得出申请人已完成工程内容合同争议金额。鉴定人选用以上价格鉴定方法，虽然大幅增加了鉴定人自身的工作量，但最大程度地保证了鉴定结论的科学、客观和公正，得到了争议各方的普遍认同。

本案例中，鉴定人准确适用《建设工程造价鉴定规范》中的相应条款，将受鉴项目施工合同约定的平方米固定单价计价方法，与受鉴项目施工合同履行期间适用的工程造价指导性计价依据有效结合，鉴定依据充分、鉴定方法合理、鉴定意见翔实，有效化解了司法鉴定中比较典型的争议类型，具有一定的推广和示范意义。

中劢国惠工程咨询有限公司　刘慧阳

对安徽省某住宅项目工程延误工期及造价司法鉴定

——江苏诚信工程咨询管理有限公司

戴鹏

一、案情简介

承包、发包双方于2011年5月签订了“建设工程施工合同”，约定工程范围为安徽省某住宅项目（地下室、4栋高层）的土建、安装工程施工，该建筑结构层数18层，建筑面积50000m^2。总工期460日历天，开工日期以甲方开工令为准。合同金额5200万元，采用固定价格合同。

后双方签订工程建设承诺书，补充约定以下内容：

（1）增加土方工程和基坑降水，按实结算。

（2）发包方指定分包项目：桩基工程、电梯及电梯安装工程。

（3）甲供材料：钢材。

（4）工期修改为：480日历天。

该工程目前已完工，双方已进行了结算审核，出具了“工程造价咨询报告书”。但双方对工期索赔、人工费调差等问题未达成一致，遂申请仲裁。

二、案件争议焦点和造价鉴定难点

（一）案件争议焦点

承包人诉求：由于发包人甲供材供应不及时、分包工程延误以及组织竣工验收迟延，造成我方损失，请求裁定发包人赔偿。

发包人诉求：实际工期979天，比合同约定延误499天，请求裁定承包人按合同约定支付违约金。

仲裁庭总结双方的详细诉求后，委托的鉴定内容如下：

（1）发包方供应钢材的问题是否导致工期延误？如果导致工期延误，则延误的具体天数及具体损失是多少？

（2）承包方延误工期的天数（不考虑发包方已同意延期的天数）。

（3）报验后因发包方分包工程（电梯等）原因以及组织竣工验收迟延等是否导致工期延误？

如果导致工期延误，则延误的具体天数及具体损失是多少？

（二）造价鉴定难点

1. 工期问题

本项目无论是鉴定承包人请求的误工损失赔偿，还是发包人请求的工期延误违约金赔偿，都要先确定工期延误的时间和责任归属。而影响工期的因素众多、错综复杂，尤其是本项目还牵涉到甲供钢材的延误。

2. 损失问题

损失问题鉴定的难点在于承包方的误工损失，包括误工损失的列项和计量。承包方由于法律意识淡薄，很多证据保存得不完善，给鉴定工作增加了难度。

三、鉴定情况

（一）司法鉴定委托人提供鉴定材料内容

（1）双方申请书及前期庭审记录。

（2）招标投标文件（含预算）。

（3）建设工程施工合同、补充协议。

（4）建设工程施工许可证、开工通知、停工报告、图纸会审、工作联系单。

（5）钢筋用量计划表、销货清单。

（6）工程造价咨询报告。

（7）工程款支付申请、承兑汇票、建设工程预算书、催款通知及递达详单、取费计划表。

（8）《施工组织设计》（审批版）。

（9）监理会议纪要、监理月报。

（10）发包方工程款支付记录、承包方项目财务资料。

（11）各类验收记录（地下室、主体、电梯等）。

（12）塔式起重机、升降机、钢管扣件租赁合同，钢管领料单。

（13）施工期间造价部门发布的人工费调整文件。

（二）工程造价司法鉴定情况

1. 鉴定过程

因诉讼双方对工期延误的时间及责任归属、损失赔偿无法达成一致，遂申请仲裁庭进行鉴定。经双方遴选，2017 年 9 月 13 日江苏诚信工程咨询管理有限公司（以下简称鉴定公司）接受仲裁委员会委托，对该案件的上述三项内容进行鉴定。

2017 年 10 月 26 日鉴定公司收到委托人提供的有关鉴定资料，经查满足鉴定的基本要求，遂展开鉴定工作。

2017 年 12 月 8 日鉴定公司出具了该案件司法鉴定意见书的征询意见稿，之后双方当事人针对意见稿提交了书面意见。

2018年2月6日仲裁庭关于鉴定意见书的征询意见稿进行了开庭质证，并补充提供了监理会议记录等资料。

2018年3月31日鉴定公司出具了正式的司法鉴定意见书。6月26日仲裁庭要求补充鉴定：因钢材供应延误导致的人工费调整价款。

2018年7月17日鉴定公司出具了该案件司法鉴定意见书的补充意见。至此圆满地完成了仲裁庭委托的鉴定工作。

2. 鉴定依据

1）行为依据

某案件建设工程司法鉴定协议书。

2）政策依据

（1）《中华人民共和国合同法》。

（2）《最高人民法院关于民事诉讼证据的若干规定》。

（3）《建设工程司法鉴定程序规范》（SF/Z JD0500001—2014）。

（4）《建设工程造价鉴定规程》（CECA/GC8—2012）。

（5）《建设工程工程量清单计价规范》（GB 50500—2013）。

（6）《建设工程施工合同》（GF-1999-0201）。

（7）《建设工程造价鉴定规范》（GB/T 51262—2017）。

3）分析（或计算）依据

（1）《全国统一建筑工程基础定额安徽省综合估价表》（2000年）。

（2）《全国统一安装工程基础定额安徽省综合估价表》（2000年）。

（3）《全国统一建筑工程基础定额安徽省装饰工程综合估价表》（1999年）。

（4）建设工程劳动定额（LD/T 72.1—2008 ～ LD/T 72.11—2008）。

（5）仲裁委员会交付的鉴定资料。

3. 鉴定方法

本鉴定项目内容客观，事实较清楚，但承包方由于法律意识淡薄，证据保留得不够充分，根据《建设工程造价鉴定规范》（GB/T 51262—2017），应作出推断性意见。具体鉴定方法如下。

第一项鉴定内容：发包方供应钢材的问题是否导致工期延误？如果导致工期延误，则延误的具体天数及具体损失是多少？

（1）判断发包方供应钢材的问题是否导致工期延误，首先需要确定本项目的开工日期。鉴定材料中涉及的开工日期统计见表1。

表1 开工日期统计

序号	文件（时间排序）	有关内容
1	招标文件（2011年4月）	460日历天，开工日期空白。备注：具体开工时间以业主开工令为准
2	中标通知书（2011年4月30日）	460日历天，开工日期空白。备注：具体开工时间以业主开工令为准

续表

序号	文件（时间排序）	有关内容
3	施工合同（2011 年 5 月 20 日）	460 日历天，开工日期：2011 年 5 月 28 日（以甲方开工令为准）
4	工程建设承诺书（2011 年 5 月 25 日）	工期为 480 日历天，开工日期以甲方发放的开工通知单要求的开工时间为准
5	施工许可证（2011 年 6 月 20 日）	合同开工日期为 2011 年 6 月 20 日
6	开工通知（2011 年 7 月 26 日）	开工时间定为 2011 年 7 月 31 日
7	工作联系单（20120204-2）	同意 2011 年 8 月 20 日为开工日期

注：工作联系单（20120204-2）见附件一。

分析：根据《建设工程司法鉴定程序规范》（SF/Z JD0500001—2014）：“7.2 建设工程工期鉴定中：7.2.1 受鉴项目应按施工合同约定的时间开工”。施工合同中未约定受鉴项目开工时间，应以发包人或监理人批准的开工时间为准。

本项目施工合同中开工日期为 2011 年 5 月 28 日，但备注“以甲方开工令为准”。故本项目鉴定时以开工通知的开工时间为准，即开工时间为 2011 年 7 月 31 日。工作联系单（20120204-2）虽有同意 2011 年 8 月 20 日为开工日期的文字，但其本质应理解为因为《工程建设承诺书》中增加了“土方、边坡支护”这两项易受降雨影响的工序，由于降雨原因导致工期延长了 20 天。

（2）判断钢筋的制作、绑扎是否处于项目的关键线路。

根据承包方 2011 年 5 月 19 日经批复的施工组织设计，地下室结构施工，1 ～ 5 层结构施工、6 ～ 10 层结构施工，这三项工作处于关键线路。主体结构施工的顺序一般是：测量放线→柱钢筋制作、绑扎→模板搭设→梁板钢筋绑扎→混凝土浇筑→养护→拆模。故地下室结构施工、1 ～ 5 层结构施工、6 ～ 10 层结构施工，这三项工作中钢筋的制作、绑扎工序也属于关键线路，11 ～ 15 层结构施工、16 ～ 18 层结构施工，这两项工作在施工进度计划横道图上属于次要线路（总时差 37 天），当总时差消耗为 0 时也会变为关键线路，从而对工期产生影响。工程进度计划横道图见附件二。

（3）统计每层钢筋的规格、型号、数量，根据发包方供应的数量、时间判断是否延误工期。

承包方提供的该项目预算中“楼层构件类型级别直径汇总表”，经统计共 2090.298t，工程造价咨询成果文件中的钢筋共计 2070.506t，鉴定方复核的主体钢筋总量为 2080.47t，三方数据误差小于 1%。按照行业惯例，承包方施工时申报的甲供钢材计划的数据来源于预算，故采用承包方提供的“楼层构件类型级别直径汇总表”作为测算钢筋供应计划的参考依据，通过每层钢筋的需求时间与发包方供应钢筋的时间对比来确定工期延误的天数。

分析计划供应的钢筋与实际供应的钢筋发现，一级钢筋 8mm、10mm、12mm 和二级钢筋 12mm、14mm、16mm 均有不同程度地欠供，而三级钢筋有不同程度的超供现象，钢筋的总量存在超供。钢筋进场明细及对比见表 2。如果要求实际供应钢筋的各规格完全覆盖计划供应钢筋，则该工程工期延误过长，与监理会议纪要、工程验收记录记载的工程实际进度不符，故可以推断：

本工程为保证进度，对钢筋进行了等强代换。

表 2 钢筋进场明细及对比 （单位：t）

进场日期	一级		二级		三级		合计
	A6	A8 ~ A12	B12 ~ B16	B18	C6 ~ C16	C18 ~ C25	
2011 年 9 月 21 日	—	—	—	—	—	—	18.43
…	…	…	…	…	…	…	
2012 年 10 月 15 日	—	—	—	—	—	—	6.48
进场钢筋合计	21.28	383.21	320.26	14.08	828.28	417.77	1984.87
地下室钢筋计划	2.49	42.88	120.15	3.82	370.19	194.59	734.13
主体钢筋计划	16.77	462.56	257.53	6.86	190.08	135.91	1069.71
计划钢筋合计	19.26	505.45	377.69	10.68	560.27	330.49	1803.83
分规格超欠供	2.02	-122.23	-57.43	3.40	268.00	87.28	181.04

由于钢筋进行等强代换计算较复杂，且具体用何种规格代换选择较多，为简化计算，鉴定公司将欠供的一级钢筋 8mm、10mm、12mm 和二级钢筋 12mm、14mm、16mm 命名为“紧俏规格组”，将超供的三级钢筋 6mm、8mm、10mm、12mm、14mm、16mm 命名为“富裕规格组”，假设规格相同、强度不同的钢筋进行了等强代换。通过每层“紧俏规格组”钢筋的欠供数量乘以等强代换综合系数，与同层“富裕规格组”的钢筋超供数量进行比较，把比较后钢筋数量满足要求且三级钢筋各规格数量也充足时的供货日期认定为该层钢筋供应满足日期。为减少计算量，当该规格欠供量少于 1% 时，假设施工方可通过优化放样节约钢材，也视为供应充足。

等强代换综合系数：一级钢筋强度系数 2.4，二级钢筋强度系数 3.4，三级钢筋强度系数 3.8。一级钢筋与三级钢筋的等强代换系数为 0.632（2.4/3.8），二级钢筋与三级钢筋的等强代换系数为 0.895（3.4/3.8）。钢筋欠供数量中，一级钢筋占 68%，二级钢筋占 32%，加权平均后的等强代换综合系数是 0.71（68% × 0.63+32% × 0.89）。

按照《施工组织设计》（审批版），2011 年 7 月 31 日工程开工，则最早牵涉到甲供钢筋的工序（底板结构施工）应于 2011 年 9 月 14 日开始，鉴于工程建设承诺书因土方工程和基坑降水等原因将工期延长了 20 天，工作联系单（20120204-2）又延长工期 20 天，这两个文件均发生在项目的初始阶段，此时钢筋制作工作尚未开始，根据时差属于项目的原则（合同未约定时差的归属时，时差属于项目，属于首先使用的一方当事人），底板结构施工开始时间可推定为 2011 年 10 月 24 日。

5 号地下室基础层的钢筋为 383.944t，按《施工组织设计》（审批版）中钢筋工人数及投入的钢筋加工机械测算钢筋制作工期。根据《建设工程劳动定额》（2008 年）计算，钢筋制作需提前两天，故底板结构钢筋的供应时间应为 2011 年 10 月 22 日。汇总 2011 年 10 月 22 日前发包方供应的钢筋清单，一共欠供 84.728t，故可以得出结论：发包方供应钢筋不足导致了工期延误。

截至 2011 年 11 月 14 日，对照底板结构钢筋明细，发包方欠供二级 25mm 钢筋 0.422t，由于数量极少，且有规格相近钢筋可进行代换，忽略不计。根据上文钢筋供应日期判断的原则，换算后钢筋超供 143.289t，三级钢筋各规格均处于超供状态，故 5 号地下室底板结构钢筋于 2011 年 11 月 14 日视为供应完全，对比 2011 年 10 月 22 日，延误工期 23 天。

其余各结构层钢筋供应日期推算情况同上，见表 3。

表 3　各结构层钢筋满足供应日期测算（只含 5 号地下室基础层，其他层略）（单位：t）

规格	一级		二级			三级		合计
	A6	A8 ~ A12	B12 ~ B16	B18	B25	C6 ~ C16	C18 ~ C25	
钢筋计划量	0.30	8.14	34.51	1.40	0.42	228.93	110.24	383.94
2011 年 11 月 14 日	2.10	73.07	89.81	14.08		290.23	160.35	629.62
各规格超欠供	1.80	64.92	55.30	12.68	−0.42	61.30	50.10	245.68
紧俏规格欠供合计		−120.22		富裕规格超供合计		61.30	代换后超供	143.29
	12 以内		12~20		大于 20		合计	
钢筋数量	58.65		223.24		102.05		383.94	
劳动定额	3.56		2.95		2.65			
小计（工日）	16.48		75.68		38.51		130.67	
制作人数							30.00	
耗时（小时）							34.84（约 2 天）	

（4）通过施工进度计划网络图测算出工作线路的时差，并判断时差是否足以抵消甲供钢材的延误天数，如足以抵消则不导致工期延误，反之延误，计算出延误时间。

11 ～ 15 层结构施工、16 ～ 18 层结构施工，这两项工作原处于非关键线路，具有 37 天的总时差和 16 天的自由时差。对照表 4，钢筋供应在第 10 层时已延误 111 天，远大于总时差 37 天，故 11 ～ 15 层结构施工、16 ～ 18 层结构施工，这两项工作也变成了关键线路，11 ～ 18 层的钢筋供应延误也必然导致工期延误。

根据表 3，截至 2012 年 9 月 2 日，主体结构钢筋供应完成，此时电梯间层钢筋供应延误 102 天，考虑到各层主体框架施工工期为 10 天（6 ～ 10 层为 8 天），在前期已耽误工期的情况下，每层钢筋供应期间隔少于 10 天（6 ～ 10 层为 8 天）时，也应视为 10 天（6 ～ 10 层为 8 天）后钢筋才供应完全，故对延误天数进行修正，修正后的主体延误天数为 130 天。鉴于 11 ～ 18 层结构拥有 37 天的总时差，弥补后最终的总工期延误天数为 93 天。

表 4　钢筋延误时间测算（按供应计划）

序号	施工阶段	计划开始时间	修正计划时间	计划钢筋到场	实际钢筋到场	计划延误	备注	到场间隔	修正间隔	认可到场时间
1	底板	9月14日	10月24日	10月22日	11月14日	23	含底板延误23天	0	0	11月14日
2	地下室	9月19日	10月29日	10月27日	12月5日	39		21	21	12月5日
3	1层	10月27日	12月6日	12月5日	12月10日	5	计划10天一层	5	10	12月15日
4	2层	11月6日	12月16日	12月15日	2月15日	62		67	62	2月15日
5	3层	11月16日	12月26日	12月25日	3月28日	94		42	42	3月28日
6	4层	11月26日	1月5日	1月4日	4月1日	88		4	10	4月7日
7	5层	12月6日	1月15日	1月14日	4月12日	89		11	10	4月17日
8	6层	12月16日	1月25日	1月24日	4月23日	90	计划8天一层	11	8	4月25日
9	7层	12月24日	2月2日	2月1日	5月6日	95		13	11	5月6日
10	8层	1月1日	2月10日	2月9日	5月24日	105		18	18	5月24日
11	9层	1月9日	2月18日	2月17日	6月6日	110		13	13	6月6日
12	10层	1月17日	2月26日	2月25日	6月15日	111		9	9	6月15日
13	11层	1月25日	3月5日	3月4日	7月7日	125	计划10天一层	22	22	7月7日
14	12层	2月4日	3月15日	3月14日	7月16日	124		9	10	7月17日
15	13层	2月14日	3月25日	3月24日	7月28日	126		12	11	7月28日
16	14层	2月24日	4月4日	4月3日	8月12日	131		15	15	8月12日
17	15层	3月5日	4月14日	4月13日	8月12日	121		0	10	8月22日
18	16层	3月15日	4月24日	4月23日	8月23日	122		11	10	9月1日
19	17层	3月25日	5月4日	5月3日	9月2日	122		10	10	9月11日
20	18层	4月4日	5月14日	5月13日	9月2日	112		0	10	9月21日
21	电梯间	4月14日	5月24日	5月23日	9月2日	102		0	10	10月1日

注：1. 计划开始时间按 2011 年 7 月 31 日开工计算，修正计划时间为考虑工期由 460 天变更为 480 天、开工时间调整为 8 月 20 日这两个因素，推迟了 40 天。

2. 计划钢筋到场时间 = 每层结构计划开始时间 − 每层钢筋制作所需时间（按劳动定额测算）。

3. 在钢筋到场时间已经延误的情况下，后期钢筋供应再快，也不能缩短已延误的工期，所以钢筋到场的间隔时间应不小于《施工组织设计》（审批版）中每层结构施工的计划工期。

4. 主体延误天数 130 天（最后一批电梯间钢筋计划 2012 年 5 月 23 日到场，可认可的到场时间为 2012 年 10 月 1 日），考虑可利用的总时差 37 天后，工期延误天数为 93 天。

（5）如工期延误，在承包方未提供主体施工期工人实际数据的情况下，根据施工组织设计的人工安排及相应流水段测算出的工日数，推算出工地理论用工数量，用来计算主体施工阶段的误工损失。

（6）窝工费。

①项目经理部窝工费。

根据《施工组织设计》（审批版）第 11 页，项目经理部人员见表 5。

表 5　项目经理部人员构成

职务	备　注
项目经理	基础部分按 1 人计，上部结构按 0.5 人计（施工组织设计含四栋高层，本案只涉及其中两栋）
技术负责人	与项目经理为同 1 人，不另计
施工员	1 人
质检员	1 人
安全员	1 人
资料员	1 人
材料员	基础部分按 1 人计，上部结构按 0.5 人计（施工组织设计含四栋高层，本案只涉及其中两栋）

另根据承包方提供的项目费用财务资料中对应的人员工资表，计算出项目经理部的窝工费为 32410.00 元，见表 6。

表 6　项目经理部延误工资测算

职务	工资	基础部分延误费	上部结构延误费	主体延误费小计	迟延验收误工费	备注
项目经理	3000	3900.00	5300.00	6550.00	15000.00	基础部分按 1 人，上部结构部分按 0.5 人
技术负责人	3000	0.00	0.00	0.00	0.00	项目经理同一人，不计
施工员	2000	2600.00	3600.00	6200.00	10000.00	
质检员	2000	2600.00	3600.00	6200.00	10000.00	
安全员	2000	2600.00	3600.00	6200.00	10000.00	
资料员	2000	2600.00	3600.00	4400.00	0.00	
材料员	1300	1690.00	2340.00	2860.00	0.00	基础部分按 1 人，上部结构部分按 0.5 人
合计				32410.00	45000.00	

注：基础部分延误 39 天，上部结构部分延误 54 天（93 天 -39 天）。

②工人窝工费。

鉴于窝工人员的工资鉴定双方未在施工合同中明确约定，仲裁庭内部暂未形成统一意见。根据仲裁庭要求，鉴定公司考虑工作和放假的工资差异给出一个费用范围，供他们后期讨论。

经查《关于调整执行建设工程定额人工费的实施意见》（造计〔2011〕25 号），2012 年 1 月 1 日前的定额人工费为 47 元 / 工日，2012 年 1 月 1 日后的定额人工费为 57 元 / 工日。再考虑工作和休息的工资差异，结合当地最低工资标准，鉴定公司认为窝工的工资 2012 年 1 月 1 日前可酌情定为

20～47元/日，2012年1月1日后可酌情定为30～57元/日。由于本次鉴定只涉及两栋高层（一共四栋），故主体施工阶段的人数按《施工组织设计》（审批版）的一半计人。另，虽然延误的工期为93天，但是主体阶段工人窝工的天数并没有因时差弥补而减少，仍按130天计算，详见表7。

表7　窝工费测算

<table>
<tr><th>主要工种</th><th>基础施工阶段人数</th><th colspan="2">主体施工阶段人数</th></tr>
<tr><td>木工（人）</td><td>120</td><td colspan="2">60</td></tr>
<tr><td>钢筋工（人）</td><td>120</td><td colspan="2">60</td></tr>
<tr><td>混凝土工（人）</td><td>150</td><td colspan="2">75</td></tr>
<tr><td>架子工（人）</td><td>0</td><td colspan="2">20</td></tr>
<tr><td>机械工（人）</td><td>5</td><td colspan="2">5</td></tr>
<tr><td>塔式起重机司机（人）</td><td>0</td><td colspan="2">2</td></tr>
<tr><td>汽车司机（人）</td><td>0</td><td colspan="2">2</td></tr>
<tr><td>电焊工（人）</td><td>4</td><td colspan="2">4</td></tr>
<tr><td>钳工（人）</td><td>2</td><td colspan="2">2</td></tr>
<tr><td>电工（人）</td><td>2</td><td colspan="2">4</td></tr>
<tr><td>管道工（人）</td><td>2</td><td colspan="2">2</td></tr>
<tr><td>测量工（人）</td><td>3</td><td colspan="2">3</td></tr>
<tr><td>试验工（人）</td><td>1</td><td colspan="2">1</td></tr>
<tr><td>合计（人）</td><td>409</td><td colspan="2">240</td></tr>
<tr><td>延误天数（天）</td><td>39</td><td>17</td><td>74</td></tr>
<tr><td>窝工工资（元）</td><td>20.00～47.00</td><td>20.00～47.00</td><td>30.00～57.00</td></tr>
<tr><td>窝工费（元）</td><td>319020.00～749697.00</td><td colspan="2">614400.00～1204080.00</td></tr>
<tr><td>窝工费合计（元）</td><td colspan="3">933420.00～1953777.00</td></tr>
</table>

（7）如工期延误，在承包方未提供完整索赔资料的情况下，根据施工组织设计，推算出机械闲置台班、脚手架、临时设施摊销，计算相应的误工损失。

①塔式起重机闲置台班费。

《施工组织设计》（审批版）第23页：塔式起重机安装在土方施工前完成，可以推定塔式起重机的闲置天数为93天。塔式起重机的型号为QZ5015自升式，一共两台，即《施工组织设计》（审批版）第151页：QZ5015自升式塔式起重机每栋一台。

根据承包方提供的《塔式起重机租赁合同》，塔式起重机的型号为自升式QZ6010，月租金为13000元/月（不含司机工资），则日租金为：13000元/30日=433.33元/日。

根据《安徽09机械台班定额》Z03037（塔式起重机，起重力矩60kN·m）基价444.85元，故承包方的塔式起重机租赁费用基本属实，本案的塔式起重机闲置台班可推定为：2台×93日×

433.33 元 / 日 / 台 =80599.38 元。

② 井架闲置台班。

《施工组织设计》(审批版)第 152 页、18 页：SD200 井架每栋一台，外用施工电梯负责砖砌体及施工人员上下。

承包方提供的《施工升降机租赁合同》：SCD200 施工升降机（双位）2 台，月租金为 10000 元 / 月（不含司机工资），合同签订日期为 2012 年 7 月 15 日，而满足 11 层钢筋供应的日期应是 2012 年 7 月 7 日，与原计划基本吻合，所以钢筋供应延误可认为对井架费用没有影响。

③ 外脚手架延期费。

由于钢筋供应只是延误了主体框架施工时的工期，故只需计算外脚手架延期费用。根据《施工组织设计》(审批版)第 49 页：1 ～ 6 层采用双排落地式钢管脚手，搭设高度 20m，7 层至顶层采用型钢悬挑双排脚手分段搭设。

根据《施工组织设计》(审批版)的施工进度计划，并按实际开工日期调整，脚手架的搭设日期应为 2011 年 12 月 6 日（在基坑土方回填后开始），而承包方提供的租赁合同及附件显示第一批钢管、扣件于 2011 年 7 月 3 日租赁，应认定为其未按施工组织设计方案执行，结合外脚手架搭设进度，按一层脚手架材料延长 121 天租赁计算延期费。详见表 8。

根据《建筑施工手册》测算，每层钢管用量为 3269m、扣件 2155 个（计算过程略）。故脚手架延期费用为：

钢管延期费：3269m/ 层 ×18.5 层 ×2 栋 ×0.014 元 / 日 ×121 日 =204894.38 元。

扣件延期费：2155 只 / 层 ×18.5 层 ×2 栋 ×0.011 只 / 日 ×121 日 =106127.29 元。

合计：311021.67 元。

表 8 外脚手使用延长时间测算（单位：日）

序号	施工阶段	钢筋进场时间	修正搭设时间	间隔时间	进度计划	延长时间
1	1 层结构	2011 年 12 月 15 日	2011 年 12 月 16 日			
2	2 层结构	2012 年 2 月 15 日	2012 年 2 月 16 日	62	10	52
3	3 层结构	2012 年 3 月 28 日	2012 年 3 月 29 日	42	10	32
4	4 层结构	2012 年 4 月 7 日	2012 年 4 月 8 日	10	10	0
5	5 层结构	2012 年 4 月 17 日	2012 年 4 月 18 日	10	10	0
6	6 层结构	2012 年 4 月 25 日	2012 年 4 月 26 日	8	8	0
7	7 层结构	2012 年 5 月 6 日	2012 年 5 月 7 日	11	8	3
8	8 层结构	2012 年 5 月 24 日	2012 年 5 月 25 日	18	8	10
9	9 层结构	2012 年 6 月 6 日	2012 年 6 月 7 日	13	8	5
10	10 层结构	2012 年 6 月 15 日	2012 年 6 月 16 日	9	8	1
11	11 层结构	2012 年 7 月 7 日	2012 年 7 月 8 日	22	10	12
12	12 层结构	2012 年 7 月 17 日	2012 年 7 月 18 日	10	10	0
13	13 层结构	2012 年 7 月 28 日	2012 年 7 月 29 日	11	10	1
14	14 层结构	2012 年 8 月 12 日	2012 年 8 月 13 日	15	10	5

续表

序号	施工阶段	钢筋进场时间	修正搭设时间	间隔时间	进度计划	延长时间
15	15 层结构	2012 年 8 月 22 日	2012 年 8 月 23 日	10	10	0
16	16 层结构	2012 年 9 月 1 日	2012 年 9 月 2 日	10	10	0
17	17 层结构	2012 年 9 月 11 日	2012 年 9 月 12 日	10	10	0
18	18 层结构	2012 年 9 月 21 日	2012 年 9 月 22 日	10	10	0
19	电梯间	2012 年 10 月 1 日	2012 年 10 月 2 日	10	10	0
合计					170	121

④临时设施延期费。

根据该项目投标文件中的报价，统计出临时设施费。再按工期摊销，测算出临时设施延期费用，见表 8。

表 9　临时设施费测算　　（单位：元）

栋号	分类	直接费	临设费	每日摊销	钢筋延误 93 天费用	推迟验收 150 天费用
地下室	土建部分	9056951.37	114117.59	228.24	21225.87	34235.28
	装饰部分	31105.58	2395.13	4.79	445.49	718.54
	安装部分	97022.23	7276.67	14.55	1353.46	2183.00
1 号楼	土建部分	6171962.79	77766.73	155.53	14464.61	23330.02
	装饰部分	14559.54	1121.08	2.24	208.52	336.33
	安装部分	160872.48	12065.44	24.13	2244.17	3619.63
2 号楼	土建部分	6214058.67	78297.14	156.59	14563.27	23489.14
	装饰部分	14559.54	1121.08	2.24	208.52	336.33
	安装部分	160872.48	12065.44	24.13	2244.17	3619.63
总计		21921964.68	306226.30	612.45	56958.09	91867.89

第一项：误工费＝项目经理部窝工费＋工人窝工费＋塔式起重机闲置台班费＋井架闲置台班费＋外脚手架延期费＋临时设施延期费

=32410.00+（933420.00 ～ 1953777.00）+80599.38+0.00

+311021.67+56958.09

=1414409.14 ～ 2434766.14 元

第二项：承包方延误工期的天数（不考虑发包方同意延期的天数）。

A. 首先确定本项目的开工日期。

本项目的开工日期为 2011 年 7 月 31 日，分析同上。

B. 确定本项目的竣工日期。

本项目涉及的竣工有关的日期见表 10。

表 10　竣工日期统计

序号	文件名称	内　容
1	工程竣工报告	完工日期 2014 年 1 月 20 日
2	工程竣工验收报告	竣工日期 2014 年 1 月 20 日
3	工程初验申请	拟定于 2013 年 8 月 2 日进行工程初步验收
4	施工合同	460 日历天，竣工日期：2012 年 8 月 1 日（开工日期以甲方开工令为准）
5	施工许可证	合同竣工日期：2012 年 9 月 30 日

分析：根据《建设工程司法鉴定程序规范》（SF/Z JD0500001—2014）：“7.2　建设工程工期鉴定中 7.2.5 各方当事人对建设工程实际竣工日期有争议的，按照以下情形分别确定竣工日期：……承包人已经提交竣工验收报告，发包人拖延验收的，以承包人提交验收报告之日为竣工日期。”

按照工程惯例，正式竣工验收前由监理单位组织预验收，预验收之后根据是否需要整改以及整改量的大小，一般在 7 ~ 15 天组织正式的竣工验收。2013 年 7 月 30 日工程初验申请为预验收的申请，按惯例应在 2013 年 8 月 10 日左右提交竣工验收报告。在不考虑电梯安装等分包项目的因素下，2013 年 8 月 10 日可推定为应竣工日期。

C. 计算出本项目的实际工期，与合同工期比较，计算出延误天数（不考虑发包方同意延期的天数）。

本工程的实际工期推定为：2011 年 7 月 31 日至 2013 年 8 月 10 日，共 741 天。按 480 天工期计算，延误 261 天（不考虑发包方同意延期的 20 天）。

第三项：报验后因发包方另行分包工程等原因（电梯等）以及组织竣工验收延迟等是否导致工期延误？如果导致工期延误，则延误的具体天数及具体损失是多少？

A. 查阅有关规定，确定报验后因发包方另行分包工程等原因（电梯等）以及组织竣工验收延迟等是否导致工期延误。

根据《建设工程质量管理条例》第十六条：“建设单位收到建设工程竣工报告后，应当组织设计、施工、工程监理等有关单位进行竣工验收。”

建设工程竣工验收应当具备下列条件：

a. 完成建设工程设计和合同约定的各项内容；

b. 有完整的技术档案和施工管理资料；

c. 有工程使用的主要建筑材料、建筑构配件和设备的进场试验报告；

d. 有勘察、设计、施工、工程监理等单位分别签署的质量合格文件；

e. 有施工单位签署的工程保修书。

建设工程经验收合格的，方可交付使用。

发包方另行分包工程（电梯等）属于“建设工程设计和合同约定的各项内容”，所以必然导致工期延误。《建设工程质量管理条例》颁布以后，竣工验收改由建设单位组织，所以组织竣工验收延迟等导致工期延误的责任在于发包方。

B. 计算出延误的具体天数。

根据承包方2013年10月20日的报告，2013年7月7日已具备电梯安装条件，一般18层18站电梯安装调试完毕需要30天左右。按照《施工组织设计》（审批版）中的进度计划横道图，设备安装完毕后还有室外工程（12天）和清理竣工验收（5天）两项工作才竣工，即2013年8月23日才能竣工。本工程在不考虑发包方另行分包工程等原因（电梯等）以及组织竣工验收延迟等因素的情况下，应竣工日期为2013年8月10日，但因其他原因延误至2013年8月23日，实际竣工日期为2014年1月20日（竣工验收报告），延误工期150天。

C. 根据施工组织设计及行业惯例计算误工损失。

由于应竣工日期为2013年8月10日，在此之后除项目组外，安全、维护、修补等零星用工一般在10人左右，故误工损失主要是人员的工资和临时设施的摊销费用。

a. 根据《施工组织设计》（审批版）第11页项目经理部组成人员和承包方提供的项目费用财务资料中对应的人员工资表，计算出项目经理部因迟延验收导致的费用为45000.00元，见表6。

b. 安全、维护、清扫等零星用工按10人计算，根据造计〔2013〕16号《关于调整执行建设工程定额人工费的实施意见》，2013年11月1日前的定额人工费为57元/工日，2013年11月1日后的定额人工费为68元/工日，则工人的费用为：10人×（57元/日/人×70日+68元/日/人×80日）=94300.00元。

c. 临时设施费：612.45元/日 ×150日=91867.89元，见表9。

第三项误工费＝项目经理部费用＋工人费用＋临时设施延期费

=45000.00+94300.00+91867.89

=231167.89元

4. 鉴定意见

（1）发包方供应钢材的问题导致工期延误，延误的具体天数为总工期93天，鉴于窝工费合同中未明确约定，按仲裁庭要求认定范围在20～57元/工日，则具体损失经测算为1414409.14～2434766.14元。

（2）按480天工期计算，承包方延误工期261天（不考虑发包方同意延期的20天）。

（3）报验后因发包方另行分包工程等原因（电梯等）以及组织竣工验收延迟等导致工期延误，共延误150天，具体损失为231167.89元。

（三）案件当事人对工程造价司法鉴定意见异议问题

1. 承包方意见

（1）管理人员工资应按申报人员统计。

回复：管理人员名单未得到发包方认可，而《施工组织设计》（审批版）中的管理人员名单是得到发包方和监理人员认可的，所以管理人员数量按《施工组织设计》（审批版），工资按承包方项目财务资料。

（2）窝工人工费应采用定额人工数量及单价或市场人工数量及单价。

回复：窝工人数是采用《施工组织设计》（审批版）中工人进场计划，即市场人工数量，而窝工人工单价目前没有统一的窝工赔偿或者补偿标准，且合同未明确约定，故按仲裁庭要求提供了窝工费范围。

（3）因电梯影响延误的 150 天内管理人员费用过低，电梯的设备材料需吊装，应增加机械台班，后期清扫、安全、维护费用过低。

回复：管理人员费用意见同第一条。电梯设备材料一般是井架运输，确实可能会发生井架的机械台班，但是鉴于电梯进场时间过迟（现有资料显示电梯导轨安装于 2013 年 12 月 11 日进行，电梯自检为 2014 年 1 月 3 日，可推测电梯于 2013 年 12 月 1 日进场），超出井架计划拆除时间 4 个月，无证据显示现场仍保留井架，也不排除电梯施工单位自行运输，故不予考虑。且后期时间较长，工人数量可以满足需要，且这些工人只需普工，定额人工单价能达到其工资水平。

2. 发包方意见

（1）《建设工程劳动定额》不能作为计算依据，人工工资应按双方签订的《建设工程施工合同》约定的 31.14 元 / 日计算。

回复:《建设工程劳动定额》是人力资源和社会保障部和住房城乡建设部于 2009 年 1 月 8 日联合发布的，是各省预算定额的编制依据，用来测算人工工日数量并无不妥。至于窝工的人工单价具体应为多少，待仲裁庭的裁决。

（2）从鉴定资料中提取有关部分和内容作为鉴定依据不妥。

回复：依据《建设工程造价鉴定规范》《建设工程造价鉴定规程》等有关文件，鉴定人可依据法律法规、工程造价专业技术知识和有关政策对鉴定资料经过甄别后予以区别对待：①用以计算并纳入可以确定的鉴定结论造价意见；②用以计算或估算并区别原因纳入无法确定的部分项目造价意见；③可不采用。

（3）“工程建设承诺书”为黑合同，工期应为 460 天，开工日期为 2011 年 8 月 20 日。

回复：是否为黑合同、合同效力如何、工期条款是否有效，均是仲裁庭裁决的权限，如有调整可按仲裁庭意见修改。

（4）报告认定时间与事实不符，主体封顶后不需钢筋。

回复：项目实际工期受多因素影响，目前委托的鉴定只考虑单一因素，且施工单位上报计划时间会根据现场情况不断调整，鉴定报告理论推算的时间与实际时间会有所出入，但这些出入不影响本次鉴定的结论。主体封顶后，仍有构造柱、圈梁等二次结构需要用到钢筋。

（5）临时设施 2013 年 6 月 4 日已要求拆除，临时设施费、项目经理部窝工费不应计算。

回复：任何项目的临时设施在后期均会先后拆除，鉴定中的临时设施费是按投标时全工期摊销的，所以计算费用时也应对应变化后的全工期。现有资料中未见项目经理部人员离场记录。

（6）工程初验申请不符合事实，那时尚未完工，不符合验收条件。启动竣工验收的文件是承包人提交的竣工验收报告，竣工日期为 2014 年 4 月 25 日。

回复：根据现有资料，承包方负责施工的部分已基本完工。根据《建设工程质量管理条例》，“建设工程竣工验收应当完成建设工程设计和合同约定的各项内容”。其中必然包括电梯安装，鉴定报告中表明的“在不考虑电梯安装等分包项目的因素下，2013 年 8 月 10 日可推定为应竣工日期”原则上没有问题。

四、出庭作证情况

2018 年 2 月 6 日仲裁庭关于鉴定报告进行了开庭质证，由于鉴定公司在报告出具后即要求双方书面反馈质证意见，且给予了书面回复，故开庭比较顺利，少数遗留问题需待仲裁庭裁决后再进行调整。

五、心得体会

（1）本案中甲供钢材是一个多次重复的延误事件，对工期的测算较为复杂，只能采用网络图关键线路法，通过多次对比关键线路和关键工作上干扰事件发生前后施工进度网络计划两种工期的计算结果，不断修正，从而计算出工期延误天数。

（2）《建筑施工组织设计规范》（GB 50502—2009）说明：施工组织设计是用以指导施工的技术、经济和管理的综合性文件。施工组织设计的重要性，承包、发包双方要予以重视，尤其是经发包人、监理审批后的施工组织设计。本案在直接证据缺乏的情况下之所以能得以顺利鉴定，很多证据都是来源于施工组织设计，如施工进度计划、项目部及劳动力配置计划、施工工艺、施工机具等。

（3）通过本次鉴定，我们深刻理解了注册造价工程师的内涵。工程造价专业涉及的知识面广、综合性强，要求造价工程师既要懂工程经济，又要懂工程技术和管理，它是技术与经济的结合。这应该就是命名为“注册造价工程师”而不是“注册造价师”的关键所在。

（4）鉴定公司的鉴定结论作为证据采用，是司法机关的“借脑”行为。《建设工程造价鉴定规范》（GB/T 51262—2017）指出：鉴定意见可同时包括确定性意见、推断性意见或供选择性意见。所以在鉴定时应根据鉴定人员的专业知识，能确定的就确定，该推断的要推断，既要防止以鉴代审，也要防止因噎废食，否则就失去了司法机关请专业人员进行鉴定的意义，对鉴定行业的社会地位是不利的。

附件一：工作联系单（20120204-2）

工 作 联 系 单

工程名称：****小区　　编号：20120204-2

致：****有限公司

事由：关于工程联系单回复的相关事宜

内容：

贵司于2012年2月2日《工程联系单》提出的事宜，现我公司回复如下：

1. 春节前完成的工程量我公司按工程形象节点核实，如存在异议双方可重新核对；

2. 银行承兑汇票是工程款支付的一种形式，且贵司已经接收。而现提出承兑汇票视为工程款拖欠，并单方面说我公司违约，有违双方友好合作的态度。在此我公司表明如贵司不接受这种工程款支付方式，今后取消；

3. 今后确有甲供钢材造成的工期延误，贵司及时提出申请，经监理单位和建设单位确定后可顺延工期；

4. 八月份连续降雨不是不可抗力因素，不能作为工期顺延的理由。为了双方今后更好地合作，我公司同意2011年8月20日为开工日期；

5. 水电安装、装饰主材价格在承诺书中有约定，而且我公司多次提醒贵司申报价格，再次提醒贵司重视。

负责人

单　位　CHENGXIN 江苏诚信

日　期

抄送：****有限公司

附件二：某住宅工程进度计划横道图

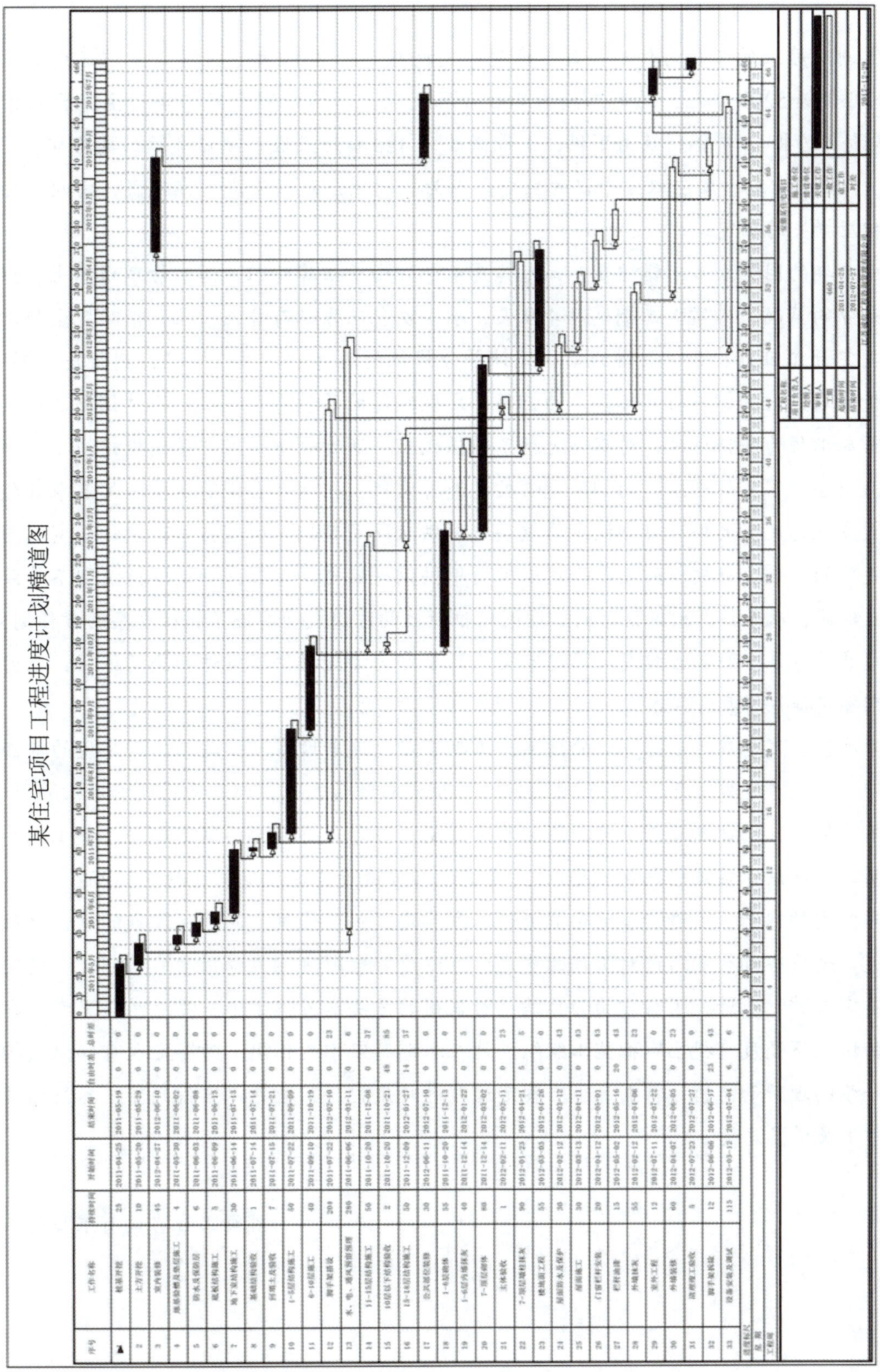

专家点评

本案例所涉及的工程为住宅项目，承包、发包双方于2011年5月签订了“建设工程施工合同”，合同金额5200万元，约定工期为460日历天数，具体以甲方开工令为主。后双方又签订“工程建设承诺书”，将钢材改为甲供，工期修改为480日历天数。项目实际工期为979天，延误499天。本案例承包、发包双方争议的主要焦点为钢材供应延误造成工期延误，由此产生的责任划分及相应损失的确定。

影响工期的因素众多，错综复杂，尤其是承包方由于法律意识淡薄，管理跟不上，证据保留得不够充分的情况下本案例工期延期499天，承、发包双方都有责任，往往很难完全厘清。鉴定人通过判定开工日期、分析关键线路、统计并分析钢材的计划与供应情况，判断是否影响工期。通过分析计划供应的钢筋与实际供应的钢筋，发现钢筋的总量存在超供；通过钢筋进场明细及对比，推断本工程为保证进度，对钢筋进行了等强代换；通过分析每层“紧俏规格组”钢筋的欠供数量并与同层“富裕规格组”的钢筋超供数量进行比较，把比较后钢筋数量满足要求且超供钢筋各规格数量也充足时的供货日期认定为该层钢筋供应满足日期；通过施工进度计划网络图，测算出工作线路的时差，并判断时差是否足以抵消甲供钢材的延误天数，如足以抵消则不导致工期延误，反之延误，从而计算出延误时间。案例以推断性的方法成功解决了错综复杂的责任划分问题，最终鉴定意见也基本被各方接受。通过本案例的鉴定为法院提供了案件判决的依据，也为类似案件的工期鉴定提供了参考样本。

随着承包、发包双方法律意识的增强，工期鉴定也逐渐增多，但施工工期延误的责任划分因施工工期长、生产过程复杂、定价过程特殊、依据资料收集困难，以及文化观念等影响因素众多，往往并不易划分，因此本案例具有很强的参考作用。另外，目前哪些鉴定部门具备工期鉴定的资格并不明朗，在法律实践中也是五花八门。《建设工程造价鉴定规范》（GB/T 51262—2017）中列入了工期鉴定的内容，为造价咨询企业进行工期鉴定提供了依据。同时，工期的延误往往与费用紧密相连，造价咨询企业通过对工期的鉴定，可以更好地解决相应费用的索赔判定。鉴定人通过本案的鉴定工作，还进行了四方面的总结：对采用的方法本身作了进一步总结与思考；在直接证据缺乏的情况下高度重视已审批施工组织设计在工期鉴定中的作用；对鉴定人员知识结构的建设有了进一步的理解和感悟；特别注重在鉴定过程的尺度把握，避免以鉴代判等。本案例具有很好的引导作用及借鉴意义。

瑞衡工程咨询有限公司　兰德卿

某化工企业房屋整改修复工程的造价司法鉴定案例

——苏世建设管理集团有限公司

唐灿根　沈洪志　张运中

一、案情简介

某化工企业房屋整改修复项目位于江苏省某市化学工业园区，共有 11 个单体建筑物和构筑物，分别为综合楼、BHT 车间、公用辅房、南门卫、西门卫、北门卫、消防泵房、消防水池、成品库、原料库、原料罐区。

本案由原告（施工单位，反诉被告，下同）起诉被告（建设单位，反诉原告，下同）关于建设工程施工合同的纠纷后，反诉原告就建设工程施工合同违约和质量纠纷提起反诉，并向法院提起对质量整改修复方案和整改修复工程造价进行鉴定。质量整改修复方案在法院主持下已由第三方鉴定机构完成并出具鉴定文书，整改修复工程的造价鉴定通过随机抽签确定鉴定机构，由法院委托苏世建设管理集团有限公司（以下简称鉴定公司）对某化工企业房屋整改修复工程的造价进行司法鉴定。

二、案件争议焦点和造价鉴定难点

（一）案件争议焦点

本案争议的焦点在于原告、被告双方就质量整改修复方案和整改修复造价的鉴定必要意见不一。

原告认为根据 2015 年江苏省某人民法院《建设工程施工合同纠纷案件司法鉴定操作规程》，涉案工程已经竣工验收合格而建设单位提出质量抗辩，明确的是不能做质量鉴定，故施工单位对质量鉴定机构出具的鉴定报告，检测报告的真实性、合法性、关联性都有异议，并且不同意进行整改修复造价的鉴定。同时原告要求工程竣工验收合格后项目进入质量保修阶段，应由原告方对该项目进行维修。

被告认为原告施工的房屋工程多个单体多处部位出现严重的质量问题，其构成了施工合同的质量违约。由于原告消极处理质量问题，被告多次发函要求原告维修，原告都不能及时维修。而且原告在进行过多次维修的情况下至今未能根本解决质量缺陷，给被告方造成了较大的经济损失。另一方面，因被告方行业的特殊性，任何修缮维修工程的施工均需向主管部门报备，采取充分的安全保障措施并经核验批准后方能施工，其造成的停工、停产等损失是巨大的。因此原告方并不具备合格的维修能力，坚决不同意原告方维修，坚持要求进行质量鉴定和造价鉴定。

本案中是否进行整改修复工程的造价鉴定应由人民法院裁定，鉴定公司已经接受人民法院委托对某化工企业房屋整改修复工程的造价进行司法鉴定。但由于该焦点的存在，致使对造价鉴定持反对意见的当事人在鉴定过程中不能有效配合鉴定工作的开展。

（二）造价鉴定难点

（1）质量鉴定机构出具的涉案工程质量鉴定报告仅针对现场已有的质量问题给出了修复方案，并未考虑修复过程中必要的措施方案。

如柱梁碳纤维加固需要拆除柱边和梁底墙体，局部拆除或整体拆除、拆除宽度和高度还要根据设计规范、施工规程及可操作性等方面合理确定方案，并且取得原告、被告双方的一致意见。

如综合楼主要功能房间有实验室、会议室、办公室等，均已进行精装修，精装修由被告另行发包，执行整改修复方案涉及对精装修部分的拆除、恢复或采取保护措施，该部分影响造价占比较大，造价鉴定过程中应予重点关注。

（2）质量鉴定机构出具的涉案工程质量鉴定报告甚至就同一个质量问题有多个修复方案。

如综合楼修复方案第 11 条“混凝土屋面建筑面层做法与设计不符的处理，如果以设计做法为修复目标，则修复方案为：铲除做法与设计不符的屋面建筑面层，按屋面原设计做法重新施工”。与第 12 条“屋面渗漏的处理，如已经按第 11 条处理，则本条取消”和第 13 条“混凝土屋面防水卷材翻边处破损的处理，如已经按第 11 条处理，则本条取消”形成了多个修复方案。最终造价鉴定依据的修复方案的选定成了造价鉴定的难点。

（3）涉案工程系石油化工单位生产厂房及相关配套用房，防火防爆等级为甲级，被告鉴定申请中请求对企业的相关行业特殊性等情况务必予以重视，对修复方式、预防措施、装备及系统保护措施方案等的安全可行性予以充分的论证和保证。

（4）涉案工程区别于普通房屋修缮工程，因其化工行业企业性质的特殊性，根据《中华人民共和国固体废物污染环境防治法》相关要求，主管部门将对整改修复所产生的外运建筑垃圾属性进行鉴定，普通垃圾与化工垃圾的外运及消纳，其造价有很大的差异。

（5）由于原告、被告双方就质量整改修复方案和整改修复造价的鉴定必要意见不一，原告本身是对质量鉴定单位出具的鉴定报告、检测报告的真实性、合法性、关联性都有异议，所以在整改修复方案（工程）的造价鉴定过程中配合度不高。如在勘查现场环节和出具征求意见稿后的核对环节，仅有委托律师到场，并未派出造价专业人员到场，鉴定全过程中未提出任何反馈意见，且拒绝在现场踏勘记录与核对记录上签字。

（6）由于涉案工程先进行了质量鉴定，在造价鉴定过程中，要尽量避开对质量情况进行说明，因为质量鉴定属于质量司法鉴定部分，如对工程质量存在质量鉴定报告以外的其他争议，应对工程先进行质量鉴定，再进行工程造价鉴定。

三、鉴定情况

（一）司法鉴定委托人提供鉴定材料内容

（1）司法鉴定委托书。

关键内容摘录：对某化工企业房屋整改修复方案进行造价鉴定委托。

（2）房屋修复造价鉴定申请。

关键内容摘录：某化工企业系石油化工生产单位，防火防爆等级为甲级，请对企业的相关行业特殊性等情况务必予以重视，对修复方式、预防措施、装备及系统保护措施方案等的安全可行性予以充分的论证和保证，以便修复造价能真正落实修复事宜。

（3）建设工程司法鉴定报告——涉案房屋整改修复方案。

关键内容摘录：本鉴定报告仅供服务司法诉讼活动，根据鉴定报告中的修复方案施工前应进行深化设计、图纸会审、设计交底，取得相关主管部门批准后方可施工。除特别说明外，修复施工应符合原设计要求，未尽事宜按国家现行标准、规范、规程执行。

（4）原设计图纸。

（5）质证笔录复印件。

（6）综合楼装修图纸。

（7）关于修复造价的材料补充。

（8）实验室、安保中心、设备（设施）的采购合同。

（9）实验室、安保中心的拆除（保护及重新装修）的询价。

（10）车间和罐区安全维护费用的询价。

（11）综合楼装修甲供材发票、合同。

（12）某鉴定机构工程造价鉴定书（原告诉被告已完工程量造价鉴定书）。

（二）工程造价司法鉴定情况

1. 鉴定过程

1）认真清理和仔细研究分析所接收的送鉴资料

鉴定公司在收到人民法院下发的司法鉴定委托书后立即成立造价鉴定项目组，对送鉴材料进行熟悉与研究分析案情。发现委托人移送的材料中缺少涉案房屋工程的相关图纸，影响工程量的计算，在向法院提交司法鉴定工作计划书的同时提交了鉴定需补充材料清单，缩短了鉴定工作的启动时间。

随着鉴定工作的深入开展，鉴定人员发现本案中对房屋的整改修复不可避免会对装修工程造成破坏，以办公、会议、实验为主要功能的综合楼已全面二次精装修，鉴定公司再次提请委托人，要求当事人补充综合楼精装修图纸等相关材料，并且限定当事人提交的时间。涉案工程已投产运营，房屋的整改修复施工不可避免会对企业生产产生影响，此影响不属于工程造价鉴定的范畴，鉴定组未将其纳入鉴定范围。

所有送鉴材料必须经过质证才能作为鉴定依据，鉴定材料的有效性由法院判定，鉴定人不能越权认定。在涉案工程造价的鉴定过程中，当事人向委托人或鉴定机构多次补充提交送鉴材料，鉴定机构均提请委托人予以开庭质证。

鉴定过程中，鉴定人对个别主要依据材料理解有歧义的，及时与法官进行了沟通。

2）进行现场勘验

涉案工程造价司法鉴定主要涉及房屋整改修复项目，现场勘验是重要环节之一。鉴定机构在做好勘验准备工作的同时向委托人申请组织现场勘验，经委托人同意后向双方当事人发出现场勘验通知书，现场勘验通知书注明当事人不能参加现场勘验工作，不影响现场勘验工作的进行，但将承担相应的法律责任。鉴定过程中鉴定人根据鉴定工作的需要，申请委托人组织了多次现场勘验，由于综合楼精装修工程系由被告另行发包，现场勘验时对该部分给予了充分关注。勘验现场及时制作完成勘验笔录和勘验图表，并留存影像资料，参加现场勘验各方人员均需要签字确认。当事人一方不同意签字确认，又不提出具体书面意见的，不影响鉴定人采用勘验结果进行鉴定。

3）工程量计算

根据原建筑施工图纸、“建设工程司法鉴定报告——涉案房屋整改修复方案”等依据资料，结合现场勘验的实际情况核算各项工程量，对工程造价影响较大的工程量的计算予以充分关注。

4）工程计价

由于涉案工程是针对整改修复方案的造价进行鉴定，项目还没有开始实施，计价没有合同依据。鉴定公司依据鉴定规范按现行国家标准计价规范的相关规定，结合项目所在地计价定额、费用定额、政策性文件的标准进行计价，供委托人判断使用。其中人工费按江苏省住房和城乡建设厅发布的《建设工程人工工资指导价》文件执行，材料费、机械费参照项目所在地区的工程建设材料市场指导价格，项目所在地区的工程建设材料市场指导价格中没有的材料价格参照周边地区市场指导价格，周边地区也没有价格的，通过询价确定材料价格，同时保留询价依据资料。

本案中，对于普通垃圾与化工垃圾的外运与处理的价格确定，鉴定公司成立专门的询价小组，深入到该化工企业所处的化学工业园区中寻找具备相关资质的单位进行询价，将该部分作为争议造价项逐个在鉴定结论中说明，并与无争议鉴定部分所计算的造价分别列明。这样，一方面可避开双方争执的焦点，有利于司法鉴定工作的顺利开展；另一方面，司法机关在判决时，无论判定哪方面合理，都能从鉴定报告中找出对应的造价。这样可以避免仅作出单一情况鉴定结论而不被法院采用时，必须重新启动鉴定的尴尬局面。

综合楼精装修的材料价格根据鉴定委托人提供的鉴定材料——综合楼装修甲供材发票、合同，并调研市场价格波动情况，结合互联网大数据分析，在原单价基础上考虑价格上涨系数使鉴定造价能真正落实该项目的修复事宜。

5）鉴定初稿的核对与签认

鉴定初稿是鉴定人自行依据送鉴资料，在未与当事人沟通的情况下，进行独立的专业分析得出的阶段性的初步鉴定结果。鉴定初稿是工程造价鉴定独立原则的重要体现，一个好的初步鉴定结果可以为后续的鉴定工作奠定良好的基础。

鉴定初稿需要请当事人核对确认。鉴定人在核对工作开始前向双方当事人发出“邀请当事人参加核对工作函”，并且在函件中明确载明当事人如果不参加核对工作的，不影响鉴定工作的进行。在鉴定核对过程中，鉴定人对每一个鉴定工作程序的阶段性成果提请所有当事人提出书面意见或签字确认。本案原告方既不提出书面意见又不委派造价从业人员参与核对并签字确认，不影响鉴定工作的进行。

鉴定过程中，鉴定人可从专业的角度，促使当事人对一些争议事项达成妥协性意见，并告知委托人。鉴定人应将妥协性意见制作成书面文件由当事人各方签字（盖章）确认，并在鉴定意见书中予以说明。

6）鉴定意见书征求意见稿的出具及其复函

鉴定人与当事人核对后调整初步鉴定结果，就调整后的初步鉴定结果在公司内部组织复核，重点讨论对理解上可能产生歧义的内容，对工程造价有重大影响的工程量和单价进行重点复核，最终调整形成鉴定意见书征求意见稿，并以正式文件的形式递交委托人。

在向委托人递交鉴定意见书征求意见稿的同时，鉴定人向双方当事人书面发出《工程造价鉴定意见书征求意见函》，就初步鉴定意见征求原告、被告的意见，征求意见函明确当事人的答复期限及其不答复行为将承担的法律后果，即不答复行为视为对该鉴定意见书无意见。

鉴定机构在得到原告、被告的书面回复意见后，应根据复函中的异议及其相应证据对征求意见稿逐一进行分析，有必要调整征求意见稿初步鉴定结果的予以调整，直到对未解决的异议都能答复时，确定最终鉴定意见。最终鉴定意见应能如实地反映工程的实际造价，避免事后当事人看到鉴定结论对己不利而予以否认或提出异议，给后面的审理工作造成被动。

本案当事人一方对鉴定意见书征求意见稿仅提出不认可的异议，未提出具体修改意见，无法复核的，鉴定公司在正式鉴定意见书中加以说明，鉴定人做好出庭作证的准备。

当事人逾期未对鉴定意见书征求意见稿提出修改意见，不影响正式鉴定意见书的出具，鉴定公司对此在鉴定意见书中予以说明。

在最终鉴定结论出具前，鉴定公司内部履行了严格的会审程序。对于复杂争议问题的解决实行合议制，由鉴定公司总工办联合鉴定项目组在充分讨论的基础上用表决方式确定鉴定意见，合议会议做详细会议记录，鉴定意见按多数人的意见作出，少数人的意见也应如实记录。

7）出具工程造价司法鉴定意见书

鉴定机构出具的工程造价司法鉴定意见书对涉案工程造价的意见分为两个部分：确定性意见和不确定性意见。

（1）确定性意见：事实清楚、证据充分，是对被鉴定问题作出的断然性结论。本案中依据质量鉴定机构出具的鉴定报告（房屋整改修复方案）所鉴定的实体工程造价以及所必需的间接工程造价均属于可确定部分，拆除垃圾无论其属性如何均须清理外运，鉴定结论将普通建筑垃圾对应的造价计入确定性部分。

（2）不确定性意见：是对被鉴定问题作出不确定性的分析意见。本案中需要权威部门鉴定拆除垃圾的属性造成了相应的造价不确定性，鉴定公司将该部分作为不确定部分造价列项，法庭在作出判决时可参考引用量化的数据。同时，鉴定公司根据鉴定房屋的设计用途不同，将生产用房（BHT 车间、公用辅房、消防泵房、消防水池、成品库、原料库）与辅助用房（南门卫、西门卫、北门卫、综合楼）的化工垃圾增加费分开列项，方便法庭判决时进行多种选择的比较判断。

8）出庭质证

根据案件审理的需要出庭，针对鉴定报告进行质证。

2. 鉴定依据

1）鉴定人自备依据（基础依据）

（1）《建设工程造价鉴定规范》（GB/T 51262—2017）。

（2）《建设工程造价咨询规范》（GB/T 51095—2015）。

（3）《中华人民共和国固体废物污染环境防治法》。

（4）《建设工程工程量清单计价规范》（GB 50500—2013）。

（5）《江苏省建筑与装饰工程计价定额》（2014 年）。

（6）《江苏省房屋修缮工程计价表》（2009 年）。

（7）《江苏省安装工程计价定额》（2014 年）。

（8）《江苏省建设工程费用定额》（2014 年）。

（9）《省住房城乡建设厅关于发布建设工程人工工资指导价的通知》（苏建函价〔2019〕411 号文件）。

（10）鉴定同期工程建设材料市场指导价格。

2）委托人移交（直接依据）

（1）建设工程质量司法鉴定报告。

（2）原建筑设计图纸。

（3）质证笔录。

（4）综合楼装修图纸。

（5）关于修复造价的材料补充资料。

3. 鉴定方法

采用逐项鉴定法，对本工程所涉项目的所有分部分项工程、单位工程、单项工程的工程量计算、单价的确定、定额的套用、材料价格的采用、取费标准的执行等都严格执行相关规定。

4. 鉴定意见

鉴定意见书只就案件事实作出鉴定意见，不对案件定性，或确定鉴定事项当事人的法律责任。鉴定公司在工程造价司法鉴定意见书征求意见稿以及与当事人双方充分核对的基础上，将当事人双方与鉴定公司达成一致的部分作为可确定造价部分；将当事人双方、鉴定公司未达成一致的部分作为未确定部分，同时明确鉴定机构意见，供法院审理使用。本案中，依据质量鉴定报告（房屋整改修复方案）所鉴定的实体工程造价和所必需的间接工程造价以及普通建筑垃圾的外运、消纳造价计入可确定部分的造价结论部分；分别将生产厂房、非生产用房的拆除垃圾作为化工垃圾时，其增加的造价费用列为未确定部分的造价，作为不确定性意见供委托人判断使用。

1）可确定部分的造价结论意见见表 1

表 1　某工程可确定部分的鉴定造价汇总

序号	工程名称		鉴定金额(元)
（一）	整改修复鉴定方案实体工程造价		
1	BHT 车间		884725.15
2	公用辅房		237044.19
3	南 门 卫		16291.36
4	西 门 卫		17739.91
5	北 门 卫		18783.19
6	消防泵房、消防水池		96885.17
7	成 品 库		1283437.66
8	原 料 库		612538.89
9	原料罐区		344862.73
10	综 合 楼		3381925.99
	小 计		6894234.24
（二）	为达到整改修复鉴定方案所必需的间接工程造价		
1	BHT 车间		163384.37
2	公用辅房		9235.71
3	消防泵房、消防水池		32689.18
4	综合楼土建恢复		140577.21
	综合楼安装恢复		242635.86
	综合楼拆除工程	装修拆除	167810.39
		安装拆除	43292.63
	综合楼装修恢复	内墙涂料	152757.47
		地面保护	185783.56
		墙面恢复	1431920.75
		天棚恢复	851532.01
		其他项目	318529.72
	小 计		3740148.86
（三）	垃圾外运造价（建筑垃圾）		
1	BHT 车间		33902.06
2	公用辅房		8817.44
3	南门卫		398.80

续表

序号	工程名称		鉴定金额(元)
4	西门卫		452.04
5	北门卫		452.33
6	消防泵房、消防水池		3870.31
7	成品库		18234.30
8	原料库		1342.89
9	综合楼	鉴定方案	69439.34
		装修拆除	38283.83
小 计			175193.34
总 计			10809576.44

2）罐区、厂房存在争议部分的造价结论意见见表 2

表 2　罐区、厂房（如鉴定为化工垃圾需增加的费用）未确定部分的鉴定造价汇总

序号	工程名称	计算式	鉴定金额(元)	备注
1	BHT 车间	2184080-33902.06	2150177.94	8000 元 /t
2	公用辅房	683640-8817.44	674822.56	
3	消防泵房、消防水池	205040-3870.31	201169.69	
4	成品库	1645200-18234.3	1626965.70	
5	原料库	120960-1342.89	119617.11	
	合 计		4772753.00	此费用未计入可确定鉴定造价中

3）门卫、综合楼存在争议部分的造价结论意见见表 3

表 3　门卫、综合楼（如鉴定为化工垃圾需增加的费用）未确定部分的鉴定造价汇总

序号	工程名称		计算式	鉴定金额(元)	备注
1	南门卫		35880-398.8	35481.20	8000 元 /t
2	西门卫		40680-452.04	40227.96	
3	北门卫		40920-452.33	40467.67	
4	综合楼	鉴定方案	5534200-69439.34	5464760.66	
		装修拆除	2571520-38283.83	2533236.17	
	合 计			8114173.66	此费用未计入可确定鉴定造价中

（三）案件当事人对工程造价司法鉴定意见异议问题

鉴定意见异议问题及解决方案见表 4。

表 4　鉴定意见异议问题及解决方案

序号	异议问题	被告意见	鉴定人意见	最终解决方案
1	填充墙拉结筋不符合设计要求	内外墙应全部拆除，重新砌体增加拉结筋	按鉴定报告给定的处理方案进行开槽植筋，此方案根据施工工艺，完全可实施	经核对后同意按鉴定公司意见
2	柱箍筋设置不符合设计要求	主张柱梁环向围束粘贴碳纤维布加固涉及的砌体应全部拆除，所拆除门、窗应报废	鉴定公司根据常规施工方案及现场实际情况给出鉴定意见：柱加固涉及墙体拆除至构造柱部位，梁加固考虑拆除梁下 20cm 墙体，所拆除门、窗均按再利用计入	经沟通后同意按鉴定公司意见
3	混凝土屋面建筑面层做法与设计不符的处理	因施工单位做法与设计做法不一致，顺序有误，屋面拆除至结构层，按图纸要求重新施工	按鉴定修复方案拆除至防水层部位，从防水层（含）以上按图纸施工	“屋面修复”做法拆除至基层，按原设计图纸要求做法计入
4	屋面防水重做期间防护措施	屋面施工过程中需防雨保护措施，增加此部分费用	费用已包含在总价措施项目中	经核对后同意按鉴定公司意见
5	因综合楼为精装修工程，增加砌体拉结筋及公共区域增加钢丝网对装修有破坏，应如何施工	主张内外墙体全部拆除，所以墙面、地面、顶面、门窗都要拆除，无法保留	鉴定公司按开槽方案考虑： 1. 地面用木工板保护； 2. 墙面按照整改修复方案拆除后恢复原装修，所拆除门、窗均按再利用计入； 3. 吊顶高度影响到增补拉结筋的，按全部拆除计入，反之，矿棉板更换面层，石膏板面层刷乳胶漆一道； 4. 洗漱台、镜面玻璃、隔断重新更换（不考虑再次利用）	经核对后同意按鉴定公司意见
6	涂料内墙面铲除按鉴定方案进行修复后，重新恢复墙面面层涂料的计取	要求计入土建工程内	内墙面按原交付标准，计入满批腻子一道，其余面层均计入装修恢复工程中	经核对后同意按鉴定公司意见
7	建筑垃圾外运价格	化工厂区垃圾有指定位置，化工垃圾有明确的处理文件	按外运距离 35km 考虑计价	鉴定单位询价小组市场询价建筑垃圾与化工垃圾运输价格，普通垃圾单价（包含消纳费）110 元 /m^3，化工垃圾单价 8000 元 /t，经沟通统一按此计入
8	建筑垃圾与化工垃圾的界定	化工厂区垃圾都应按化工垃圾处置	所有垃圾按建筑垃圾计入可确定部分费用，化工垃圾作为未确定费用在报告中明确，如后期鉴定为化工垃圾可增加化工垃圾与建筑垃圾的差价	经核对后同意按鉴定公司意见
9	甲供材材料价格的取定	恢复装修原甲供材应根据市场价格进行调整	根据原告方提供的甲供材资料，调研市场价格波动情况，结合互联网大数据分析，在原单价基础上考虑价格上涨系数	经核对后同意按鉴定公司意见

续表

<table>
<tr><th>序号</th><th>异议问题</th><th>被告意见</th><th>鉴定人意见</th><th>最终解决方案</th></tr>
<tr><td>10</td><td>装修脚手架与修缮加固脚手架计入</td><td>认为装饰与修缮非同一家施工单位，且施工时间不一致，均需计入脚手架</td><td>装修脚手架可以部分利用修缮加固脚手架</td><td>经核对后同意按被告方意见</td></tr>
<tr><td>11</td><td>实验室、安保中心的拆除、保护、重装费用</td><td rowspan="3">此部分费用需计入</td><td rowspan="3">不在鉴定修复方案内，不予计入造价费用中，被告人可将资料整理后交法院</td><td rowspan="3">经核对后同意按鉴定公司意见</td></tr>
<tr><td>12</td><td>车间和罐区安全维护费用</td></tr>
<tr><td>13</td><td>正常经营时必需的运营及各项保障管理支出的费用、正常经营收益、停产修复期间市场损失</td></tr>
</table>

四、出庭作证情况

（一）因案件涉及非工程造价鉴定的专业领域及不确定因素，并在质量鉴定报告中未体现，属于委托鉴定范围以外的情况，鉴定人在出庭质证中对鉴定结果中未包含的损失及其内容予以详细阐述。

1. 鉴定结果中未包含停业损失

（1）正常经营时必需的运营及各项保障管理支出的费用。

（2）正常经营收益。

（3）停产修复期间市场损失。

2. 鉴定结果中未包含的其他内容

（1）实验室、安保中心的拆除、保护、重新装修费用。

（2）车间和罐区的安全维护费用。

（二）出庭质证过程对鉴定意见中影响造价结果的施工方案及计价方式进行逐条说明。

（1）质量鉴定报告中关于柱加固项目，要求环向围束粘贴碳纤维布 3 层，考虑拆除部分墙体及门窗，所拆除门、窗均按再利用计入，所拆除墙体按重新砌筑并按原设计做法恢复装饰；关于梁加固项目，要求环向围束粘贴碳纤维布，考虑拆除梁下 20cm 墙体，所拆除墙体按重新砌筑并按原设计做法恢复装饰。

（2）质量鉴定报告中关于增补填充墙拉结筋项目，增补拉结筋按墙体开槽嵌入方式计入，拉结筋的端部固定按植筋考虑，钢筋连接方式按焊接连接，恢复装饰按修复方案鉴定报告及原设计图纸做法计入。

（3）所有楼栋拆除产生建筑垃圾，按挖掘机装车，自卸汽车外运计入，外运距离按 35km 考虑。

（4）屋面接闪带底部连接处固定按独立费计入，综合单价为 20 元 / 处（税前），数量按现场实际数量计入。

（5）钢结构屋面修复方案：屋面增设模塑聚苯乙烯泡沫塑料保温板及防水卷材，做法详图集，未对保温板厚度及防水卷材明确说明，本鉴定意见中保温板厚度按 50mm 计入，防水卷材按 2mm 厚自粘聚酯胎乙烯膜卷材计入。

（6）钢结构涂层修复项目中，底漆、中间漆、面漆按修复范围所有钢构件均计入，防火涂料根据现场实际情况，仅计入已实际施工防火涂料层的构件。

（7）钢结构厂房修复中螺栓的增补、替换、紧固按独立费每车间 1000 元综合考虑计入，焊缝缺陷处理按独立费每车间 2000 元综合考虑计入。

（8）本鉴定意见中砂浆及混凝土均按预拌计入。

（9）综合楼：

① 修缮建筑工程：内墙面按原交付标准，计入满批腻子一道，其余面层均计入装修恢复工程中；卫生间渗水处理防水层按全部铲除，重新涂刷计入；屋面修复按质量鉴定整改修复方案做法拆除至基层，按原设计图纸要求做法计入。

② 装修工程：地面工程按铺木模板保护；墙面工程按照质量鉴定整改修复方案拆除后恢复原装修；天棚工程中吊顶高度影响到增补拉结筋的，按全部拆除考虑，吊顶高度未影响到增补拉结筋的，按矿棉板吊顶的更换矿棉板面层，纸面石膏板吊顶的，仅在面层刷乳胶漆一道考虑；洗漱台、镜面玻璃、隔断重新更换（不考虑再次利用）。

（三）在鉴定意见书质证过程中，鉴定人对争议问题只分析问题实质，对法官提出超出造价鉴定范围的问题，不发表任何倾向性意见，而是站在第三方角度，分别对双方不同的表述作出不同的造价结果。

五、心得体会

1. 司法鉴定程序问题的重要性

本案由于原被告双方就质量整改修复方案和整改修复造价的鉴定必要意见不一，一方当事人在造价鉴定过程中配合度不高，如在勘查现场和征求意见稿核对环节的缺席与拒绝签字。此类情形尤其应注重司法鉴定的程序问题，在勘验和核对开展前按工作程序向双方当事人发出联系函，明确当事人不能参加现场勘验工作，不影响现场勘验工作的进行，但将承担相应的法律责任。当事人参加了勘验或核对，但不在勘验、核对记录或勘验、核对图表上签字，又不提出具体书面意见的，不影响鉴定人采用勘验、核对结果进行鉴定。为了避免事后当事人一旦看到鉴定结论对己不利就予以否认或提出异议，给后面的审理工作造成被动，鉴定机构需要高度重视司法鉴定的工作程序，把握好造价技术和司法鉴定程序的有机结合，以合理规范的鉴定程序保证鉴定结论的合法性。

2. 关于施工方案的选择确定

本案主要涉及房屋整改修复，对填充墙拉结筋不符合设计要求的处理，鉴定公司给出的方案按开槽植筋，此方案根据施工工艺完全可以实施；对柱箍筋设置不符合设计要求的处理，根据常规施工方案并结合现场实际情况给出鉴定意见，柱加固涉及墙体拆除至构造柱部位，梁加固拆除梁下 20cm 墙体，所拆除门、窗均按再利用考虑；对于混凝土屋面建筑面层做法与设计不符的处理，鉴定公司给出拆除至基层（保留找平层）的方案；对于整改修复对精装修影响的处理，鉴定公司给出地面装饰按铺木工板的方式保护，吊顶高度影响到增补拉结筋的，按全部拆除计入，反之，按矿棉板吊顶的，更换矿棉板面层，纸面石膏板吊顶的，仅在面层刷乳胶漆一道的方案处理。上述关于鉴定过程中施工方案的选择确定，对鉴定造价的结果有举足轻重的影响，对此，鉴定人应秉持“方案可行、经济合理”的原则，并在核对过程中通过沟通得出原告、被告双方的平衡点，绝不可因图省事而一概而论。故鉴定人除了需要具备一定的专业技术和知识外，更需拿出敬业、专注的“工匠精神”，精益求精地做好工程造价司法鉴定的每一步。

3. 关于不确定性鉴定意见的应用

本案中，按常规施工方案，修复过程中产生的建筑垃圾考虑装车、外运与消纳等费用即可形成明确性的鉴定意见。但本案所涉建筑系石油化工单位生产厂房及相关配套用房，经当事人举证及现场勘验，内容客观，事实较清楚，《中华人民共和国固体废物污染环境防治法》中也明确了化工垃圾的定性与处理要求，但鉴定期间当事人无法提供化工垃圾定性的充分证据，因此对该被鉴定问题作出不确定性的分析，形成不确定性鉴定意见，应用得当。

4. 关于鉴定人出庭质证

鉴定人出庭作证的具体任务包括：①宣读鉴定意见书，即完成举证任务；②接受当事人、委托人按照法律程序就有关鉴定意见方面的问题进行询问，即完成质证任务。其中质证是鉴定人最经受考验的一关，本案质证中，双方当事人为维护自身的权益对鉴定结论提出了各种质疑，这不仅需要鉴定人要有过硬的基础业务素质，还需要有很好的分析判断能力和语言组织能力，才能有理有据地作出合理解释，从而为委托人的判决提供客观公平的依据。

当然，对于当事人、委托人提出的不属于委托鉴定范围内的问题，鉴定人也应该当庭作出该问题不在委托鉴定范围内的陈述，如被告提出的本案中涉及的停业损失费用与特种设备的处理费用问题、法官提出的柱箍筋缺漏的质量问题。

总而言之，工程造价司法鉴定是一项有着较大困难和复杂程度的工作。工程造价本身具有不确定性，作为一名合格的造价鉴定人员，不仅要有良好的职业操守、丰富的造价知识和工作经验储备，还应具备其他多方面的知识，如法律法规、工程技术、财务会计等方面的知识。同时还必须研究和解决工程造价技术在司法实践中的应用，特别是要关注司法鉴定中的程序问题。

鉴定人要了解各方当事人的利益所在、平衡点所在及其最为关注的问题，使当事人各方以客观务实的态度正确对待分歧，争取当事人的积极配合，最大限度地消除当事人对鉴定结果的疑虑，从而保证工程造价鉴定结论的科学性和公正性，同时得到委托人的充分信任，便于建筑工程纠纷案的顺利解决。

专家点评

本案例所涉及的工程为某化工企业房屋整改修复项目，工程完工并交付使用后，因质量存在问题，当事人对工程质量进行了鉴定并出具了质量整改修复方案，申请对质量整改修复工程造价进行鉴定。本案争议焦点在于原告、被告双方就质量整改修复方案和整改修复造价的鉴定必要性意见不一；难点是发生的必要修复措施费用的鉴定、多个修复方案的取舍等。

质量鉴定机构出具的涉案工程质量鉴定报告仅针对现场已有的质量问题给出了修复方案，并未考虑修复过程中必要的措施。同时，质量鉴定机构出具的涉案工程质量鉴定报告出现就同一质量问题有多个修复方案，修复方案的选定成了造价鉴定的难点。最终按照最经济的修复方案作为鉴定的最终方案，得到原告、被告双方的认可。质量鉴定报告中关于柱加固需要对需加固柱周围的墙体及门窗进行拆除，本案例鉴定没有按照全部拆除考虑，而是尽可能地少拆除节约费用，并且考虑了拆除材料的二次利用；质量鉴定报告中关于增补填充墙拉结筋并按墙体开槽嵌入方式计入，恢复装饰按修复方案鉴定报告及原设计图纸做法计入，这些做法均反映了鉴定人丰富的理论知识和实践能力，也反映了鉴定人解决实际问题的能力，值得其他相似案例借鉴。

关于工程完工后质量问题的修复，存在鉴定工作难度大，鉴定结论争议大，没有相关的标准等情况，需要鉴定人员熟悉施工规范，现场查勘工作需要尽可能细致等。本案例不仅对修复费用进行了鉴定，对修复中发生的拆除费、修复措施费进行了鉴定，并且取得了原告、被告双方的基本认可，属于比较有广泛性的案例。本案例可以在大多数行业和专业中借鉴应用，具有代表性。

本案例在心得体会中明确提到了在鉴定过程中一方当事人配合度不高，在勘查现场和核对征求意见稿环节的缺席与拒绝签字的情况下，鉴定机构更应注重司法鉴定的程序，在勘验和核对开展前按工作程序向双方当事人发出联系函，并明确当事人不参加现场勘验工作不影响勘验工作的进行，但将承担相应的法律责任。鉴定机构高度重视司法鉴定的工作程序，以合理规范的鉴定程序保证鉴定结论的合法性值得学习。

瑞衡工程咨询有限公司　兰德卿

对某化工生产项目未竣工工程的工程造价司法鉴定

——江苏建诚工程咨询有限公司

谢安滔　张高增　夏国庆

一、案情简介

某化工公司（以下简称A公司，原告）在化学工业园区新建某化工项目，A公司与某总承包单位（以下简称B公司，被告）于2014年5月6日签署了“建设工程施工及设备生产线运输、安装、调试的总承包工程合同”（以下简称总承包工程合同），总承包工程合同第一部分协议书第二条对承包商的工作范围进行了详细约定，具体如下：

“1. 建设工程施工：该项目招标版总图范围内的三套化工生产装置以及与之相关的公用工程、安全、环保设施的所有的建、构筑物土建（含全部主辅材）及安装工程（包括拆除装置的异地建设的全部施工），并自费提供除业主承诺的物资外（详见合同协议书第五条）的所有的设备材料：

（1）桩基；（2）消防；（3）室外绿化；（4）甲方与供电局合同范围内的变压器、高压开关柜的供货、安装、调试、送电等；（5）总图界区外的污水不锈钢管道铺设；（6）化工园区氮气管道、蒸汽管道的接驳等。除以上6种由业主另行招标的部分工程外，其他均在承包商的工作范围内。

2. 承包商负责按照《保护性拆除协议》将拆自某化工一厂的业主所需的所有设备、材料安全完好地运输至位于某化学工业园区A地块的本项目施工现场。

3. 负责对运至现场的拆除项目中采购的其他设备、材料（如有）按照项目的要求进行安装。

4. 负责该项目的所有设备、电气、仪表的安装、调试（其中，装置的控制系统由供货商负责调试）和单机试车，并达到中交要求，配合业主联运满足试生产需求。

5. 其他相关义务、服务等，即该总承包工程项目的一切承包商工作范围内的工作均由承包商承担，且全部的费用不再调整，已包含在合同总价中。”

总承包工程合同约定：“业主提供该工程所需增补的管材、阀门、法兰、螺栓、垫片、油漆、保温、电气仪表设备和材料、钢格板材料和储罐制作所需的板材、附件及新增的动设备、静设备和成套设备（具体见附件）；合同总价款为固定总价4800万元；合同固定总价在1%以下的增减不予计算，由此而引起的工期变化，业主考虑予以适当顺延。”

开工日期和竣工日期的约定："该项目总承包工程的工期为自本合同签署生效之日起 8 个月，自 2014 年 5 月 8 日开工或业主另行书面通知的日期，竣工日期为 2015 年 1 月 8 日达到项目整体竣工验收要求并交付给业主。"

该项目签订总承包工程合同后，B 公司于 2014 年 6 月 6 日进场施工，2014 年 9 月 11 日双方与案外人 C 公司共同签订了保护性拆除协议。2015 年 5 月 23 日，涉案工程主体结构工程质量验收合格。因本项目工期严重滞后，A 公司分别于 2015 年 8 月 25 日、9 月 2 日、10 月 9 日致函 B 公司，要求其加快施工进度，尽快竣工以及承担违约责任。2015 年 10 月 17 日，B 公司向 A 公司送达了解除合同通知函。A 公司 2015 年 10 月 18 日的回函表示同意解除合同，认可总承包工程合同已于 2015 年 10 月 17 日解除，并要求 B 公司停止现场施工，5 天内移交工地。

A 公司向一审法院提出申请，要求对未竣工工程的工作界面、未完工程价款、质量争议及修复方案、修复价款、未完工程价款（以 2017 年 3 月 16 日为基准日）进行司法鉴定。一审法院委托江苏建诚工程咨询有限公司（以下简称鉴定公司）对涉案工程中的工作界面、未完工程价款、修复价款及未完工程价款（以 2017 年 3 月 16 日为基准日）进行造价鉴定，委托某检测公司对涉案工程中的钢结构构件、压力管道的施工质量进行工程质量鉴定。

二、鉴定对象及范围

一审法院于 2016 年 8 月 1 日出具司法鉴定委托书，要求鉴定公司对本案未竣工工程的工作界面、已完工程价款、未完工程价款进行造价鉴定，为委托人提供鉴定意见。

一审法院于 2017 年 8 月 17 日出具补充鉴定函，要求鉴定人对未完工程修复方案价款及未完工程价款（以 2017 年 3 月 16 日为基准日）进行造价鉴定，为委托人提供鉴定意见。

三、案件争议焦点和造价鉴定难点

本案所涉工程为新建化工项目，涉及原厂设备、管道等搬迁及运输，合同固定总价为 4800 万元，各单体土建基本完成，但是设备及管道安装部分都未完工，原告、被告双方已经通过协商方式解除合同，但对工程价款结算存在较大争议。因此，本案造价鉴定存在较多争议焦点与难点。

（一）对已完工程和未完工程的工作界面进行鉴定

本案所涉工程为未竣工工程，原告、被告双方已经协商解除合同，A 公司（原告）要求 B 公司（被告）停止现场施工，移交工地现场，便于 A 公司重新安排施工队伍进场施工，争取早日投产减少损失。但是，本案鉴定标的额较大，涉及土建、水电安装、工艺管道、仪器仪表设备、室外道路及管网等多个专业，施工现场土建主体工程完工，但设备及管道安装以及室外工程均未完工，要想准确划分已完工程与未完工程的工程量存在很大困难，原告、被告双方对工程价款结算存在较大争议，造价鉴定工作极其复杂。如果 B 公司不撤场，需要鉴定公司完成未完工程造价鉴定并出具鉴定报告后，B 公司再向 A 公司移交工地现场，必然要拖延很长时间，甚至 2 ～ 3 年，对 A 公司会造成更大的经济损失，不利于案件执行。为此，A 公司向一审法院提出申请，要求根据涉案工程现状对已完工程与未完工程的工作界面进行鉴定，为原告、被告双方移交涉案工程（包括工地临设现状等）再进行未完工程价款鉴定奠定基础。

一审法院组织鉴定人、原告、被告双方现场代表共同勘验现场，鉴定人对涉案工程的鉴定资料、工地现状以及原告、被告双方诉求分别进行调查后，制订了工作界面鉴定工作方案，按照各专业工程（土建、钢结构、水电安装、工艺管道及仪器仪表、总图工程）分为 5 个鉴定工作小组，编制工作界面现场调查取证工作底稿样本。鉴定人员查询相关工程技术资料，对工地现场进行调查取证（书面记录、录音摄像），对相关工程信息进行分析、归纳、整理，形成工作界面造价鉴定报告书征询意见稿，根据原告、被告双方反馈意见进行梳理、审核、修改后，于 2016 年 10 月 20 日向委托人提交对工作界面的造价鉴定报告书。

（二）拆分固定总价合同内已完工工程和未完工工程两部分工程价款

（1）A 公司提出，被告撤离施工现场后，需要及时委托其他施工单位进场完成涉案工程未完工部分施工，要求按照现行建筑市场计价标准，对涉案工程未完工程价款进行造价鉴定。

A 公司要求按照现行建筑市场计价标准计算的涉案工程未完工程价款＝未完工程部分按合同约定计算的造价金额（第 1 项）+ 此部分工程因重新进场施工引起的不同计价标准的差额（包括人工差价、材料差价以及机械设备二次进场等相关费用）（第 2 项）+ 已完工程因质量缺陷需修复所增加的造价金额（第 3 项）。

鉴定公司分析认为，上述公式第 2 项应视为双方协商解除合同后的损失，第 3 项为质量缺陷的修复方案造价，上述两项不在第一次司法鉴定委托书委托鉴定范围内。一审法院于 2017 年 8 月 17 日出具补充鉴定函，要求鉴定人对上述第 2 项、第 3 项工程造价进行补充鉴定。

（2）B 公司提出，原告、被告双方已经协商解除合同，要求按照总承包工程合同约定对涉案工程已完工程价款进行造价鉴定。

被告要求按照施工合同约定计算的涉案工程已完工价款＝合同内已完工程价款 + 设计变更和工程签证等相关价款。

鉴定公司分析认为，本项目采用固定总价包干合同，对合同内未完工程价款进行造价鉴定与合同内已完工程价款进行造价鉴定并无冲突，即合同总价＝合同内已完工程价款 + 合同内未完工程价款。但是，本案原告、被告双方均未能提供合同价款组成明细（即工程量清单报价表），也就是可以计算出合同内已完工程的工程量和未完工程的工程量，但是没有相应的合同单价组成依据，无法按照合同约定组价直接计算出合同内已完工程价款或合同内未完工程价款。如果以合同基准日为基准期按照同一计价标准组价计算合同内已完工程价款或合同内未完工程价款，考虑到涉案工程在合同谈判时已经充分竞争，则（合同内已完工程价款 + 合同内未完工程价款）远大于合同固定总价，即采用其中任何一种方式（先计算合同内已完工程价款再推算未完工程价款，或者先计算合同内未完工程价款再推算已完工程价款），必然造成一方当事人有利、另一方当事人受损的情形。鉴定公司分析认为，以上鉴定思路不科学，不宜作为本案的鉴定方法。

（3）鉴定人提出，借鉴《广东省高级人民法院关于审理建设工程施工合同案件若干问题的指导意见》（粤高法发〔2011〕37号）第五条、《北京市高级人民法院关于审理建设工程施工合同纠纷案件若干疑难问题的解答》（京高发〔2012〕245号）第13条的指导意见，采用司法实践中多次运用的“按比例折算”方式，即由鉴定公司以合同基准日为基期，在同一计价标准下分别计算出合同内已完工程的预算金额或未完工程的预算金额（根据已完工程或未完工程的工作量大小，视案情选择工作量较小的部分进行鉴定）和整个合同工程的工程预算总金额，计算合同价款下浮比例＝1-（合同固定总价/工程预算总金额）×100%，再根据合同价款下浮比例计算合同内已完工程价款＝合同内已完工程的预算金额×（1-合同价款下浮比例），或合同内未完工程价款＝合同内未完工程的预算金额×（1-合同价款下浮比例）。采用上述鉴定方法，把合同固定总价拆分为两部分，即合同内已完工程价款和合同内未完工程价款，可以化解鉴定方法选择不科学的矛盾。

事后，江苏省高级人民法院发布了《建设工程施工合同纠纷案件相关问题解答》，印证了鉴定人选择上述“按比例折算”的鉴定方法是科学的。2018年6月12日，江苏省高级人民法院召开第6次审判委员会，《对建设工程施工合同纠纷案件审理中的若干问题》进行了专题讨论，于2018年6月26日印发了《江苏省高级人民法院关于审理建设工程施工合同纠纷案件若干问题的解答》。该文件第8条对固定总价合同履行中，承包人未完成工程施工工程价款如何结算做出解答，进一步明确应用“按比例折算”的方式，与本案鉴定方法不谋而合。

因此，本案未竣工工程造价鉴定的重点就是按照总承包工程合同约定拆分出合同内已完工程价款和未完工程价款。鉴定人通过归纳、分析、整理，编制涉案工程的鉴定方案提交给一审法院，与一审法院鉴定科及审判庭充分沟通、交换意见后，一审法院组织鉴定人和原告、被告双方召开鉴定工作专题会，鉴定人向双方介绍拟采用的鉴定方法，得到双方认可后，再安排下一阶段未完工程价款造价鉴定工作。

（三）对合同内已完工程合格与否的争议子项进行造价鉴定

本案合同内已完工程部分管道已经安装完成，但管道（材质为碳钢管）严重锈蚀无法使用，部分阀门虽已安装就位但是法兰垫没有安装，应做无损检测的管道未提供超声波等检测报告，部分设备已吊装就位但设备就位方向错误需要重新吊装。上述问题该如何鉴定？

根据《中华人民共和国合同法》第二百七十九条“建设工程竣工后……验收合格的，发包人应当按照约定支付价款”的规定，已完工程进行计量的前提是合格工程。本案为未竣工工程，没有通过竣工验收，现场已经施工的工程或已经安装的管道设备是否合格，双方各执一词，无法达成共识。鉴定人提出，首先确定本案造价鉴定的假设前提，即现场已经按施工图纸和施工验收规范施工的分部分项工程（包括已经安装的工艺管道及设备）均视为合格工程，并据此开展造价鉴定工作。对于原告指出涉案工程的钢结构构件、压力管道等存在的质量争议，由原告提出质量鉴定申请，一审法院委托有资质的检测鉴定机构对涉案工程质量争议进行鉴定，出具质量鉴定报告。

根据第三方出具的质量鉴定报告，钢结构工程和设备管道工程存在多处不合格子项。一审法院要求原告委托具有相应资质的设计单位提供修复方案（本案由原设计单位出具修复方案设计图及核对情况说明），经质量鉴定公司复核认可后，作为鉴定人开展已完工程修复方案造价鉴定的主要依据。一审法院根据被告方退场日期确定以 2017 年 3 月 16 日为未完工程和修复方案造价鉴定的基准期，鉴定人根据最终确认的修复方案进行修复工程的造价鉴定。经鉴定所确定的修复工程造价金额（也称修复费用），可以视为双方协商解除合同后的损失组成部分，最终由一审法院根据当事人双方的责任划分进行裁决。

四、鉴定情况

（一）司法鉴定委托人提供鉴定材料内容

（1）司法鉴定委托书、补充鉴定函。

（2）总承包工程合同、保护性拆除协议。

（3）施工图纸（纸质版及电子版）。

（4）工程签证等技术资料。

（5）A 公司提供的工程结算相关资料。

（6）B 公司提供的工程结算相关资料。

（二）工程造价司法鉴定情况

1. 鉴定过程

（1）根据施工现场现状对未竣工工程的工作界面进行鉴定。

鉴定人与一审法院案件承办法官、原告被告双方勘验现场，听取原告方、被告方对本案件涉及项目陈述以及一审法院鉴定科对本案造价鉴定提出的要求，初步了解案情后，编制鉴定方案与工作计划，于 2016 年 9 月 5 日开始启动未竣工工程的工作界面鉴定工作。

本案未竣工工程工作界面鉴定的起止时间：2016 年 9 月 5 日至 2016 年 9 月 17 日，共分为 5 个鉴定工作小组（土建、钢结构、水电安装、工艺管道及仪器仪表、总图工程），通过现场实际勘查、记录并拍摄相关影像资料，再根据现场勘查的原始记录进行内业分析、归纳、整理，按各单体工程分专业把已完工程、未完工程相关资料整理成册，出具工作界面鉴定报告征询意见稿，听取原告、被告双方反馈意见后，于 2016 年 10 月 20 日整理出具工作界面造价鉴定报告书，对本案所涉的土建、钢结构、水电安装、工艺管道及仪器仪表、室外道路及管网工程等所有已完工程与未完工程的工作界面予以确定。

（2）对未竣工工程的已完工程价款、未完工程价款进行造价鉴定。

本案未竣工工程的已完工程价款＝合同内已完工程价款 + 设计变更和工程签证等相关价款

根据上述案情分析，采用“按比例折算”方法，以合同基准日（合同签订日期向前推 28 天）为基准期，计算出总承包工程合同的工程预算总金额，推出合同价款下浮比例，在同一计价标准下计算出合同内未完工程的预算金额，再推算出合同内未完工程价款＝合同内未完工程的预算金额 ×（1- 合同价款下浮比例），就可以把合同固定总价划分为两部分，即合同内已完工程价款和合同内未完工程价款。

对于设计变更和工程签证等相关价款，根据工程签证手续是否齐全以及现场勘验记录，分别作出确定性意见和选择性意见，由一审法院视案情作出裁决。

B 公司提出钢结构防火涂料属于消防工程承包范围，A 公司认为钢结构防火涂料在钢结构工程设计图纸内，属于钢结构施工工艺的一部分，不应属于消防工程承包范围。鉴定人根据一审法院要求，把钢结构防火涂料价款单独列项，由一审法院征询行业专家意见后进行裁决。

鉴定人于 2017 年 9 月 25 日出具鉴定报告征询意见稿。2018 年 1 月 4 日一审法院审判庭主持召开鉴定工作专题会议，听取原告、被告双方反馈意见。2018 年 2 月 3 日，鉴定公司出具未完工程造价鉴定报告书，对合同内已完工程价款、合同内未完工程价款以及设计变更和工程签证等相关价款分别出具鉴定意见。

2018 年 3 月 21 日，一审法院开庭，原被告双方对《未完工程造价鉴定报告书》进行质证，鉴定人出庭作证，对原被告双方提出的相关问题作出书面回复，未涉及修改鉴定意见及鉴定结果。

（3）对未完工程修复方案造价及未完工程价款（以 2017 年 3 月 16 日为基准日）进行鉴定。

一审法院于 2017 年 8 月 17 日出具补充鉴定函，要求鉴定人对未完工程修复方案造价及未完工程价款（以 2017 年 3 月 16 日为基准日）进行鉴定。

根据已出具的以总承包工程合同为依据的未完工程造价鉴定报告书，统计合同内未完工程的工程量，以 2017 年 3 月 16 日为基准日按照同期计价标准重新组价，计算未完工程价款。与原合同基准日（合同签订日期 2014 年 5 月 6 日向前推算 28 天）比较，新的基准日已经推迟近 3 年，计价标准发生重大变化（已经颁布新的计价文件，涉及营业税改为增值税等政策性文件），且人工、机械、材料等价格均发生较大幅度上涨。据此计算，新的未完工程价款与未完工程造价鉴定报告书中的未完工程价款相比，增加约 839 万元。该部分差价应视为双方协商解除合同后的损失，由一审法院根据当事人双方责任划分比例作出裁决。

2019 年 3 月 5 日，鉴定公司收到一审法院提交的修复方案，该修复方案已经质量检测鉴定机构的复核，并经原告、被告双方质证。修复方案包括鉴定假设前提下需要返工部分的钢结构、管道安装、设备安装等工程，鉴定公司以 2017 年 3 月 16 日为基准日，按照同期计价标准所涉及的计价文件进行造价鉴定，出具鉴定意见。

针对涉案工程中未完工程价款（以 2017 年 3 月 16 日为基准日）及施工质量争议修复价款，鉴定人出具修复方案造价鉴定报告书征询意见稿，征询原告、被告双方反馈意见。鉴定人对双方的反馈意见进行审核、修改后，于 2019 年 6 月 12 日出具修复方案造价鉴定报告书。

2. 鉴定依据

1）鉴定行为依据

（1）司法鉴定委托书。

（2）补充鉴定函。

（3）法院委托鉴定材料移送交接表及所交接的材料。

（4）某检测公司出具的工程质量鉴定报告。

（5）某化工设计院出具的钢结构修复核对情况说明。

（6）某化工设计院出具的修复方案设计图。

2）法律、法规等依据

（1）《工程造价咨询单位管理办法》（建设部第 74 号令）。

（2）《造价工程师注册管理办法》（建设部第 75 号令）。

（3）《司法鉴定程序通则》。

（4）《建设工程造价鉴定规程》（CECA/GC 8—2012）。

（5）《关于对工程造价司法鉴定有关问题的复函》（建办标函〔2005〕155 号）。

（6）国家及地方现行法律法规、规范性文件。

（7）《广东省高级人民法院关于审理建设工程施工合同纠纷案件若干问题的指导意见》《北京市高级人民法院关于审理建设工程施工合同纠纷案件若干疑难问题的解答》中推广的鉴定方法①。

3）工程技术资料

（1）建设工程施工合同。

（2）保护性拆除协议。

（3）施工图纸。

4）计价依据

（1）《建设工程工程量清单计价规范》（GB 50500—2013）。

（2）《江苏省建筑与装饰工程计价定额》（2014 年）、《江苏省安装工程计价定额》（2014 年）、《江苏省市政工程计价定额》（2014）、《江苏省施工机械台班费用定额》（2007 年）、《江苏省建设工程费用定额》（2014 年）。

（3）江苏省、南京市造价管理部门关于人工、材料等相关文件。

（4）其他相关工程造价资料。

3. 鉴定方法

（1）《广东省高级人民法院关于审理建设工程施工合同纠纷案件若干问题的指导意见》《北京市高级人民法院关于审理建设工程施工合同纠纷案件若干疑难问题的解答》中推广的鉴定方法：“当事人双方未能提交投标报价书或合同价款组成明细，无法按合同条款对未竣工工程进行造价鉴定。鉴定人按施工图纸及计价文件计算工程预算总价，再测算合同价与工程预算总价的下浮比例，据此计算未竣工工程工程造价。”

（2）已完工程造价鉴定假设前提条件：现场已经按施工图纸和施工验收规范施工的分部分项工程（包括已经安装的管道设备）均视为合格工程，并据此开展造价鉴定工作。

（3）修复方案造价鉴定前提条件：一审法院委托质量鉴定机构对涉案工程中的钢结构构件、压力管道等工程的施工质量进行鉴定，并出具质量鉴定报告。一审法院要求原告委托具有相应资质的设计单位提供修复方案（本案由原设计单位出具修复方案设计图及核对情况说明），经质量鉴定机构复核认可后，作为鉴定人开展已完工程修复方案造价鉴定的主要依据。

---

① 本案鉴定报告于 2018 年 1 月完成，2018 年 6 月 26 日江苏省高级人民法院印发了《江苏省高级人民法院关于审理建设工程施工合同纠纷案件若干问题的解答》，其中第 8 条对固定总价合同履行中，承包人未完成工程施工工程价款如何结算作出解答，提出“按比例折算”的鉴定方法。

4. 鉴定意见

1）2016 年 10 月 20 日，鉴定人出具工作界面造价鉴定报告书，对工程所涉的土建、钢结构、安装工程、室外管网工程、室外总图工程的界面予以确定。

2）2018 年 2 月 3 日，鉴定人出具未完工程造价鉴定报告书，鉴定意见如下：

（1）合同价款部分：①总承包工程合同约定固定总价为 4800 万元，按施工图纸及计价文件计算工程预算总金额为 5664.75 万元（其中土建 3726.25 万元、安装 1938.50 万元），未完工程预算金额为 2020.74 万元（其中土建 971.18 万元、安装 1049.56 万元）；②根据合同固定总价与工程预算总金额的下浮比例＝ 1-（合同固定总价 / 工程预算总金额）×100% 进行计算，本案合同固定总价与工程预算总金额下浮比例为 15.265%；③钢结构防火涂料未计入合同施工范围的情形下，根据合同价款下浮比例，本案合同固定总价内未完工程价款为 2020.74 万元 ×（1-15.265%）＝ 1712.28 万元；合同固定总价内已完工程价款为 4800-1712.28 ＝ 3087.72 万元；④钢结构防火涂料计入合同承包范围的情况下，本案合同固定总价内未完工程价款的鉴定价格为 1742.45 万元，已完工程价款的鉴定价格为 3057.55 万元；⑤钢结构防火涂料总造价为 55.92 万元，根据合同价款下浮比例，此部分已完成价款为 55.92×（1-15.265%）＝ 47.38 万元。

（2）合同外部分：①工程签证手续齐全部分预算造价金额为 48.96 万元，按合同价款下浮比例，此部分价款的鉴定价格为 46.38 万元；②工程签证手续不齐全部分预算造价金额为 28.00 万元，按合同价款下浮比例，此部分价款的鉴定价格为 23.72 万元。

3）2019 年 6 月 12 日，鉴定人就涉案工程中未完工程价款及质量争议修复价款出具修复方案造价鉴定报告书，鉴定意见如下：

（1）以 2017 年 3 月 16 日合同解除交接日为基准日，未完工程价款为 2581.61 万元，其中土建及钢结构部分未完工程价款为 1270.69 万元（含防火涂料 99.18 万元），压力管道安装工程未完工程价款为 1310.92 万元。

（2）涉案工程施工质量问题修复价款的鉴定价格为 465.98 万元。其中，钢结构修复价款为 336.00 万元（含防火涂料 99.17 万元），压力管道安装工程修复价款为 129.97 万元。

（三）案件当事人对工程造价司法鉴定意见存在异议

鉴定人于 2017 年 9 月 25 日出具未完工程造价鉴定报告书（征询意见稿），2018 年 1 月 4 日一审法院主审法官主持召开鉴定工作专题会议，听取原告、被告双方的反馈意见。其中，B 公司对合同内外承包范围划分提出异议，要求以招标版图纸划分合同内、合同外承包范围。

鉴定人经调查了解，A 公司为 C 公司内部改制单位，购买了 C 公司三套生产装置资产，搬迁至某化工园区。A 公司委托某化工设计院进行设计。在前期仅完成方案设计文件（未能提供初步设计文件和施工图设计文件）时就邀请了 6 家有化工项目总承包经验的总承包单位进行竞标，各投标单位依据 A 公司提供的方案设计文件并现场勘查了 C 公司搬迁前的化工设备装置生产项目，然后进行多轮报价及谈判，最终确定 B 公司作为总承包工程施工单位，合同固定总价为 4800 万元，并对承包范围及例外条件均做了详细约定。

本项目招标图纸为总平面布置图（白图），A 公司邀请的 6 家公司均为具有类似化工项目总承包经验的总承包工程施工单位，并且均赴现场勘查了C公司原有化工设备生产装置资产，均了解生产工艺流程及管道设备安装情况，知晓本项目为原有装置搬迁项目，包括原有管道设备的运输、安装，合同对例外条款（不在承包范围内的桩基、消防、室外绿化等6项）以及甲供材料设备也做了详细描述。

总承包工程合同对承包范围第1项建设工程施工的描述："招标版总图范围内的三套装置以及与之相关的公用工程、安全、环保设施的所有的建、构筑物土建（含全部主辅材）和安装施工（包括拆除装置的易地建设和全部施工）。"B公司提出，施工图纸超出招标版总图的内容应为合同增加内容（即合同外工作），例如总图工程中没有地下雨污水管网、罐区基础等，更没有工艺管道系统图，B公司认为这些都不应在承包范围内，属于合同外工作。

B公司提出的合同内外工程范围划分的异议，直接影响涉案工程预算总价的计算范围，对本案未完工程造价鉴定非常关键：一方面，鉴定人按照从约原则进行鉴定，按照合同约定的承包范围计算工程预算总价；另一方面，鉴定人协助一审法院主审法官分析B公司提出的异议，最终通过一审法院的司法审判权作出认定。首先，B公司接受了A公司的报价方案（以方案设计文件为依据，经现场考察原有生产装置、生产工艺流程后进行报价），双方在总承包工程合同中对承包范围做了详细约定，且达到设计要求，配合业主联运满足试生产需求，并对除外条款作了说明。其次，在施工过程中，B公司按照施工蓝图组织施工，从未向业主提出上述异议部分为合同外工作。因此，针对B公司提出的上述异议，一审法院主审法官回复鉴定人，总承包工程合同是本案造价鉴定的主要依据，包括合同中明确的承包范围及合同价款结算方法等，要求鉴定人按照一审法院提供的施工图纸和总承包工程合同约定的承包范围开展工程造价鉴定工作。

五、出庭作证情况

鉴定公司在出具工程造价鉴定报告书前，先出具工程造价鉴定报告书（征询意见稿），要求原告、被告双方在限定时间内提供书面反馈意见，并由审判庭组织召开鉴定工作专题会议，以便于鉴定人更好地梳理双方的反馈意见，修改鉴定意见。

在2017年9月25日出具工作界面造价鉴定报告书（征询意见稿）后，一审审判庭于2018年1月4日组织原告、被告双方及鉴定公司召开鉴定工作专题会，专门听取各方对征询意见稿的反馈意见，鉴定人均予以了回复，其中部分合理意见予以采纳并在工作界面造价鉴定报告书正式稿上做了调整。2018年2月3日鉴定人出具工作界面造价鉴定报告书正式稿。

2018年3月21日，一审法院开庭，原被告双方对《未完工程造价鉴定报告书》进行质证，鉴定人出庭作证。原被告双方所提出的相关问题与该报告征询意见稿阶段反馈意见基本一致，未提出新的重大问题，鉴定人当庭予以回复，并整理资料以书面方式提交给委托人，未涉及修改鉴定意见及鉴定结果。

2019年6月12日，鉴定公司就涉案工程中未完工程价款及施工质量问题修复费用出具“修复方案造价鉴定报告书”。在征询意见稿阶段，A公司认可鉴定意见，B公司除对合同内外范围划分存在异议，未提出其他新的异议，一审法院审判庭视案情作出裁决，没有要求鉴定人出庭作证。

六、心得体会

（一）要求原告、被告双方必须限期补充提交鉴定资料

在鉴定准备阶段，鉴定人接收一审法院移交的鉴定资料后，发现鉴定资料中缺少招标投标文件、合同价款组成明细（即工程量清单报价文件）等资料，无法直接确定鉴定方法。如果申请人提交工程量清单报价文件，则合同内未完工程价款＝合同总价－合同内已完工程价款；如果原告、被告双方均没有提交合同价款组成明细或工程量清单报价文件，则无法按合同约定直接计算合同内已完工程价款。鉴定公司提出需要按施工图纸及计价文件计算工程预算总价，再测算合同价与工程预算总价的下浮比例，据此计算合同内未完工程造价。因此，鉴定公司于 2016 年 9 月 21 日发出工作联系函（四），要求原告、被告双方在限定时间内提交相关补充鉴定资料，如仍不提供，鉴定公司在鉴定过程中不再接收任何补充鉴定资料，无论对当事人任何一方是否构成不利条件。针对本案，如果在征询意见稿完成后当事人一方再补充提交报价清单，导致前期所确定的鉴定方法不科学，会直接影响鉴定结果的准确性。

（二）根据委托鉴定资料科学确定鉴定方法

鉴定工作开始前首先要确定鉴定方法，采用何种鉴定方法直接取决于鉴定资料内容。如果鉴定资料包括合同价款组成明细或工程量清单报价文件，就可以按照施工图纸计算合同内已完工程量和未完工程量，根据合同组价原则直接计算出合同内已完工程价款和未完工程价款；如果没有合同价款组成明细或工程量清单报价文件，即使计算出合同内已完工程量和未完工程量，也无法准确划分合同内已完工程价款和未完工程价款，采用按比例折算的方式更科学合理。原告、被告双方在限定时间内均无法提交招标投标文件和工程量清单报价文件，同意鉴定人提出按比例折算的鉴定方法。

（三）准确把握鉴定权和司法审判权的界限

工程造价司法鉴定中必须准确把握鉴定权和司法审判权的界限。工程造价司法鉴定应限于解决工程造价的事实问题，为案件提供专业技术证据，不能代替法官进行责任的认定。在鉴定工作过程中，原告、被告双方争辩的焦点在于某项费用是否应当计入工程造价。就本案来说，双方对防火涂料是否计入工程预算总价、部分变更签证不完善是否计入已完工程部分价款存在争议，鉴定人无权对此进行认定。因此，鉴定公司把上述两项争议所涉及造价金额单独列项，由一审法院在听取行业专家意见后独立对存在争议的造价逐一进行分析认定并作出判决。

（四）大型复杂项目应聘请法律顾问和专业造价咨询机构共同参与项目招标和合同谈判

A 公司购买 C 公司化工设备生产装置资产需原厂搬迁设备运至新厂区安装，A 公司委托某化工设计院进行设计，在完成设计方案后（未出具施工图）邀请多家具有化工项目总承包经验的总

承包单位参加竞标，并勘查了原有设备装置拆除前的工厂项目。在项目招标阶段没有聘请专业造价咨询机构参加，多家总承包单位报价差距较大，且没有提供较为详细的报价清单，未作报价合理性分析，为合同履行过程可能产生的争议埋下伏笔。

总承包工程合同采用固定总价方式，法律顾问对总承包工程合同的承包范围和甲供材料设备等均做了详细阐述，对不在承包范围内的例外情形也做了详细描述。总承包工程合同约定，预付款 30% 且无预付款担保（抵作进度款不扣回），进度款按月支付至 80% 即止，无论工程进展如何，达到该金额后业主不再支付进度款。

鉴定公司分析认为，在总承包工程合同谈判中可能存在的风险在于：

第一，总承包工程合同组成中没有详细的报价清单，在月进度计量时可能产生矛盾，总承包单位上报的累计月进度产值（变更签证价款另计）可能大于合同总价，总承包单位认为建设单位没有及时付款，建设单位认为已经付至合同总价的 80% 即止。如果采用按形象进度节点付款应该可以减少争议。

第二，如果本项目顺利竣工交付，可以按照总承包工程合同约定结算，即结算价款=合同总价+变更签证价款，但是法律顾问没有考虑到本项目如何开展中间结算。如果总承包工程合同附有详细的报价清单，已经完成工程的工程量按报价清单进行结算，即使报价清单有漏项，按照总承包工程合同约定承包范围也可以解决。上述两点风险在本案中都得以体现，如果聘请专业造价咨询机构参与项目招标或合同谈判，应该可以规避上述风险。

专家点评

本案例所涉及工程为新建化工项目，包括原厂设备搬迁，固定合同总价为 4800 万元，但无合同价款组成明细。各单体土建基本完成，但是设备及管道安装都未完工，双方已经协商解除合同。涉案工程的焦点和难点有工作界面的确定、已完工程及未完工程的造价拆分、修复造价及未完工程基准日等方面。

本案例当事人双方已经协商解除合同。为减少损失，建设单位要求总承包单位停止现场施工并移交工地，重新安排施工队伍进场施工，争取早日投产。但本案标的额较大，涉及专业多，现场情况复杂，双方对工程价款结算存在较大争议，如果等未完工程造价鉴定结果完成后再移交工地，必然要拖延很长时间，会对建设单位带来更大的损失。为此，首先根据现状对工作界面进行鉴定，为双方移交工地和进行未完工程价款鉴定奠定基础。鉴定工作中将现状工作面的盘点前置，为建设单位重新安排施工队伍进场施工，争取早日投产、减少损失，值得类似案件学习借鉴。

本案例为未完工程且无合同总价组成明细，鉴定人员确定“按比例折算”的方法进行鉴定，这也是从业人员在固定总价合同且未完工程造价鉴定中经常采用的方式。即以合同基准日（合同签订日期向前 28 日）为基准期，按投标图纸计算出整个合同工程预算总价，并与合同价对比计算出折算系数，再按照统一计价标准计算出合同内未完工程部分的预算价并乘以折算系数，就可以得出与合同价水平一致的未完工程造价。本案例在假设现场已经施工工程或已经安装的管道设备均为合格工程的前提下，运用“按比例折算”法很好地解决了合同价款无组成明细的问题。此案例所提供的问题解决方式对类似项目具有很好的借鉴意义，有推广价值。

通过涉案工程的鉴定工作，鉴定人最后也做了有益的总结与反思，分别是：鉴定过程中要求原告、被告双方必须限期补充提交鉴定资料，可以有效避免鉴定期限的拖延；根据委托鉴定资料科学确定鉴定方法，提高鉴定质量；准确把握鉴定权和司法审判权的界限，有利于鉴定意见的合法采信；大型复杂项目应聘请法律顾问和专业造价咨询机构共同参与项目招标和合同谈判，可以有效维护各方利益，减少法律纠纷。

瑞衡工程咨询有限公司　兰德卿

某工程三轴深层搅拌桩基坑支护工程造价司法鉴定

——江苏仁禾中衡工程咨询房地产估价有限公司

宋王芹　许友宏

一、案情简介

（一）合同情况

某房地产开发有限公司（以下简称发包人或甲方）与某建筑基础公司（以下简称承包人或乙方）于2013年9月23日签订了某公寓基坑支护工程施工合同，工程承包范围为该公寓基坑支护施工；承包方式为图纸及合同范围内的工作量包工包料。合同主要条款如下：

（1）发包人责任：负责提供施工图纸、工程地质报告、周边建筑物及管网图、场地标高及相关的坐标技术资料，并对乙方进行施工技术交底。

（2）承包人责任：必须严格遵守操作规程，按照设计图纸和现行施工规范及验收标准的要求进行施工；提供基坑支护施工方案一份，并报发包方及监理审批后严格按方案施工。

（3）工程工期：合同工期暂定50日历天。逾期不能完成，每日按合同总价款的万分之二支付违约金。具体开工日期以发包方下达的开工令为准，发包方应提前7天书面通知乙方，如遇不可抗拒的因素导致停工（经发包方等部门签证认可），工期顺延。

（4）价格及结算办法：按《江苏省建筑与装饰工程计价表》和《某市工程造价信息》施工期平均信息价结算后总价下浮17%，工作量按施工图纸设计及变更要求计算。

（二）合同履行情况

该基坑支护工程未进行公开招标投标程序，发包、承包双方经友好协商，于2013年9月23日签订了基坑支护施工合同，因发包人相关规划手续未齐全，且基坑支护施工图纸还未设计完成，故在签订合同时暂未能施工。至2014年10月，发包人向承包人签署了开工令要求开工，承包人于2014年10月21日进场施工。在施工过程中，遇到变压器故障停电、地下障碍物及发包人对图纸多次进行设计变更等因素，直至2015年4月22日承包方完成设计图纸中的工作内容（即支护桩及三轴深层搅拌桩施工）。同年，承包人向发包人提交了竣工结算资料，要求发包人对已施工的工程量按合同约定进行结算。

发包人自行对该工程进行审计，双方因三轴搅拌桩的工程量、水泥掺入比、工程签证单及文明施工措施费等存在分歧意见，至2017年2月，经多次协商仍未能达成一致意见。

（三）司法途径

因相关结算一直得不到妥善解决，承包人于2017年3月向法院提出诉讼请求：①判令发包人向承包人支付拖欠工程款600多万元，并从发包人取得商品房预售许可证第31日开始至判决生效确定给付之日止按年利率6%承担利息。②发包人向承包人返还保证金73万元，并从发包人取得商品房预售许可证之日起至判决确定给付之日止按年利率6%承担利息。理由是本项目于2014年10月21日开工，至2015年4月22日竣工，承包人按合同及发包人的要求进行施工，且该公寓项目已交付并对外销售，双方多次进行自行结算，发包人一直推诿，未能有结算结论，诉请法院依法支持承包人的诉讼请求。发包人提出具体的工程价款应以双方无异议的鉴定结论为准。

诉讼过程中，一审法院应承包人申请，对涉案工程造价进行司法鉴定，并通过随机摇号方式确定了鉴定单位。2017年10月，鉴定单位接受法院委托后对相关工程资料进行了查阅、计算，根据法院委托书要求的内容及双方签订的工程施工合同，于2018年8月作出了工程造价司法鉴定意见书的鉴定意见。一审法院于2018年11月对该诉讼作出了判决。发包人不服，于2019年1月上诉至二审法院，二审法院于2019年7月对该诉讼作出了终审判决。

二、案件争议焦点和造价鉴定难点

（一）案件争议焦点

1. 工程结算执行定额标准

《江苏省建筑与装饰工程计价表》（2004年）（以下简称04计价表），从2004年4月1日开始执行;《江苏省建筑与装饰工程计价定额》（2014年）（以下简称14计价定额），从2014年7月1日开始执行。14计价定额的定额水平比04计价表的定额水平约高5%。

因该公寓基坑支护工程合同签订时间为2013年9月，实际开工时间为2014年10月，发包人提出应执行14计价定额及相应配套的费用定额；承包人认为应执行04计价表及相应配套的费用定额。双方对执行定额标准存有争议。

2. 三轴搅拌桩套接一孔的工程量计算

图纸设计该基坑支护工程采用三轴深层搅拌桩套接一孔法施工，每孔直径为850mm，用作止水帷幕，桩中心距为1200m，桩长为18m。工程结算时，承包人计算的三轴搅拌桩套接一孔法施工的工程量，发包人认为套接一孔部位存在重复计算情况。

3. 三轴搅拌桩套接一孔部位桩水泥掺入比

设计图纸要求水泥掺入比为22%，水灰比为1.5～2.0。工程结算时，发包人认为套接一孔部位存在水泥掺入比双倍的说法，即水泥掺入比为44%，承包人认为水泥掺入比符合图纸设计要求。

（二）造价鉴定难点

（1）合同约定时并未考虑到江苏省定额执行调整情况。合同结算条款仅约定“按《江苏省建筑与装饰工程计价表》和某市工程造价信息施工期平均信息价结算后总价下浮17%，工作量按施工图纸设计及变更要求计算”，这导致双方在工程结算时对执行定额标准产生争议。

（2）04计价表中没有三轴深层搅拌桩的相应定额子目可以执行，是否可以借用江苏省其他市区的相应补充定额子目。

（3）三轴搅拌桩套接一孔施工工艺法中，套接一孔部位如何计算工程量；套接一孔部位的水泥掺入比如何换算。

三、鉴定情况

（一）司法鉴定委托人提供鉴定材料内容

（1）工程造价司法鉴定业务须有委托方的书面委托，委托书应写明鉴定项目的名称、范围、要求、联系人及联系电话。

（2）工程施工合同、补充合同、协议等（如公开或邀请招标的工程还应提供招标文件、投标文件及相应的电子版本）。

（3）委托鉴定范围内涉及的施工图纸（包括设计修改、变更通知单、现场签证单等，由发包人或业主供应的建筑材料和设备的，还应提供其材料、设备清单）。

（4）申请人及被申请人的起诉状、答辩词、庭审笔录或申请人、被申请人的申请书、答辩书等（以了解和掌握纠纷中争议的焦点等）。

（5）开工报告、竣工验收证明，或明确该工程的实际开工、竣工时间。

（6）其他资料（如地质资料、施工日记、隐蔽工程验收记录等）。

（7）委托方转交的证据材料应分为双方当事人确认部分和未确认部分，以便客观、及时地提供鉴定意见。

（8）涉及该工程造价鉴定的相关证据材料等。

（二）工程造价司法鉴定情况

1. 鉴定过程

（1）熟悉法院移交的鉴定资料。

鉴定人员应熟悉由法院移交的卷宗及相关资料，并草拟司法鉴定计划书，把对该项目的鉴定委托事项、鉴定依据、鉴定进度计划、鉴定人员、鉴定方案，以及还需要补充哪些必要的鉴定资料等罗列相关清单告知法院及双方当事人。因发包人不太配合，所需鉴定的竣工图纸迟迟不予提供，造成本项目从法院委托到出具鉴定意见书时间较长，近 8 个月。

（2）审查鉴定资料及勘察现场。

鉴定人员在鉴定过程中对影响工程造价的相关资料进行了严格的审查及整理，重点检查了承包人提供的施工合同、签证单、部分图纸，并经法院庭审质证。鉴定人员把通过法院庭审质证过的、双方均认可的资料与双方有争议的鉴定资料进行归类鉴定，同时要求承包人、发包人双方提供与鉴定单位核对造价的相关专业造价人员的委托书。鉴定人员根据该工程的特点及双方签订的合同、工程计价表的规定，并多次发函通过法院要求承包人、发包人双方补充鉴定资料，如竣工图纸、专项施工方案、打桩记录等，以求取得工程资料的全面性。要求双方提供的补充资料必须递交给法院，并通过双方质证后转交给鉴定单位。在鉴定过程中，由法院通知鉴定人员、承发包人双方共同对施工工程现场勘验。鉴定时整个公寓已有住户入住，无法在现场鉴证基坑侧壁及周边环境采用的支挡、加固与保护等措施。对此项内容，鉴定单位采用了竣工资料相关信息进行鉴定。

（3）工程计量的鉴定。

鉴定人员根据竣工图纸及计价规则对承包人施工完成的工程量进行鉴定。鉴定过程中，发包人提出 ϕ850mm 三轴搅拌桩套接（打）一孔部位的工程量存在重复计算。据了解，承发包人双方在自行结算时，承包人认为应按照三轴搅拌桩的打桩顺序，每成活一次算一副桩，即截面积 $S=(0.85/2)^2\times3.1416\times3-4\times0.052$（重叠弧形面积）$=1.495\text{m}^2$，再乘设计桩长乘以成活次数（$V=S\times5$ 次 $\times18.5=1.495\times5\times18.5=138.29\text{m}^3$），成活次数为 5 次，如图 1 所示。

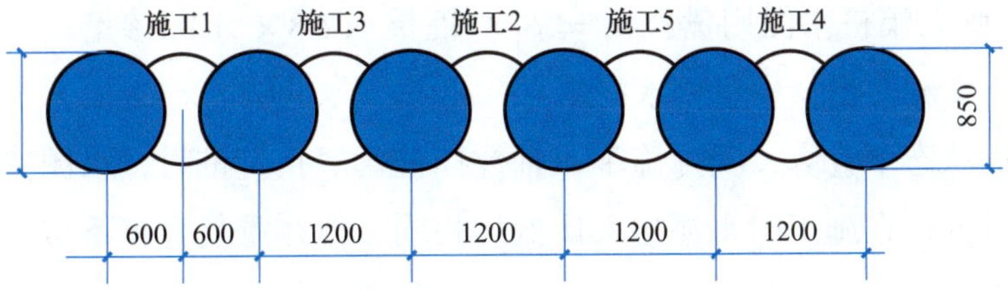

图 1　三轴搅拌桩套接一孔法施工顺序（单位：mm）

鉴定人员对 ϕ850mm 三轴搅拌桩套接一孔法施工的工程量计算如下：计价表工程量计算规则规定"深层搅拌桩按设计长度另加 500mm（有规定的按设计要求）乘以截面积以 m^3 计算（重叠部分面积不得重复计算），群桩间的搭接不扣除"，如图 2 所示。

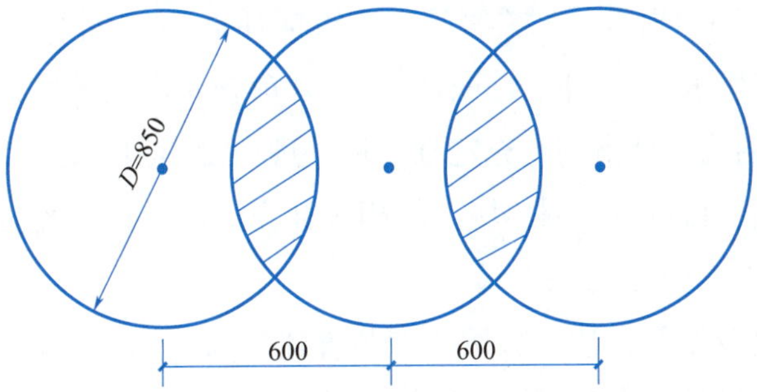

图 2　三轴搅拌桩示意（单位：mm）

正常工艺三轴搅拌桩计算方式如下：三轴搅拌桩一次成活三个桩径断面，其工程量计算时应扣除两个部位的重叠面积，即三个圆面积（S_1）扣减 4 个重叠的弓形面积（S_2）。三轴搅拌桩一次

成活面积 S：

$$S=3S_1-4S_2（弓）=3\times（0.85/2）^2\times 3.1416-4\times 0.052=1.495m^2$$

但对于套接一孔法施工的水泥搅拌桩的工程量，重复套打不重复计算工作量，工程量 V＝桩截面积 × 桩数 × 设计桩长。

ϕ850 搅拌桩大幅面积：$S_1=S=1.495m^2$。

ϕ850 搅拌桩小幅面积：$S_2=（0.85/2）^2\times 3.1416=0.567m^2$。

ϕ850 搅拌桩中幅面积：$S_3=（1.495+0.567）/2=1.031m^2$。

每幅桩平均断面：$S=（1.495+1.702/3）/2=1.031m^2$。

即图 1 中 $V=1.031\times 6\times 18.5=114.44m^3$，图 1 中的桩数为 6 根，比承包方计算的工程量少 $23.85m^3$。

（4）水泥掺入比的换算。

定额备注为“ 深层搅拌桩定额子目中水泥掺入比按 12% 计算，设计要求掺入比与定额取定不同时，水泥用量可以调整，其他不变”。本案例“套打”工艺中水泥搅拌桩的水泥掺入比按图纸设计比例换算发包人争议较大，认为“套打”一孔桩部位（即图 1 中阴影部分）水泥掺入比为设计的双倍。设计图纸给定的掺入量比例，未考虑套打部位时重叠部位截面范围掺入量比例，特别是当采用整个桩径断面套打时，如三轴搅拌桩按整个桩径套打时，其断面情况如图 1 所示，计算水泥掺入比时，设计要求水泥搅拌桩套接一孔法施工，搅拌涉及水泥掺入比规定为 22%，取土体的比重系数为 1.8，则大幅桥水泥用量：$m_1=S_1\times$ 桩长 ×1.8× 水泥掺量；小幅桩水泥用量：$m_2=S_2\times$ 桩长 ×1.8× 水泥掺量；中幅桩水泥用量：$m_3=S_3\times$ 桩长 ×1.8× 水泥掺量。以上计算水泥掺入比是理想化的状态下计算，实际施工三轴搅拌桩套一孔打桩时，水泥掺入比是无法分大幅桩、小幅桩及中幅桩的，在施工时水泥掺入比例均相同，但在重复套打不重复计算工作量的前提下，鉴定人员按计价定额子目水泥掺入比 12% 直接换算水泥掺入比 22%，就不存在发包人认为水泥掺入比为双倍的错误认知。

（5）计价的确定。

发包人提出应执行 14 计价定额及相应的费用定额，其理由为：①该项目实际开工时间为 2014 年 10 月，14 计价定额为 2014 年 7 月 1 日开始执行；② 04 计价表没有三轴搅拌桩定额子目可执行；③当地造价管理部门出具了相关答复“三轴搅拌桩为 04 计价表缺项子目，可参照 14 计价定额子目执行，计算定额水平差。除合同有约定，外市补充定额子目原则上不参照”。承包人认为应执行 04 计价表，借用当地外市的补充定额子目。理由是本项目建设地点在江苏省范围内，如当地没有相应的补充定额子目可借鉴周边城市的相应补充定额子目。经对比，按 14 计价定额执行比按 04 计价表执行造价要减少 328362.5 元。

本案例合同约定价格及结算方法是“按《江苏省建筑与装饰工程计价表》和《某市工程造价信息》施工期平均信息价结算后总价下浮 17%，工作量按施工图纸设计及变更要求计算”。承包、发包双方于 2013 年 9 月签订施工合同时，结算定额依据仅有 04 计价表可以参照执行。故鉴定人员根据合同约定，依据 04 计价表及相关费用定额，借用江苏省内其他地区已施行的定额标准，对三轴搅拌桩中人、机按照当地标准调差，对材料价差按实际施工期间的《某市工程造价信息》平均价进行鉴定。

（6）签证变更的鉴定。

承包人提供了共23份签证单、工程联系单及设计变更单。设计变更单双方均认可无异议。但签证单、工程联系单中有两张［签证单5-4（2015-03-12）和签证单5-5（2015-03-25）］没有发包人相关人员签字，发包人不予认可，但承包人坚持实际已发生并已施工了。鉴定人员对双方均认可的签证单、设计变更单进行鉴定并纳入鉴定意见中；对有争议的两张签证单合计造价为817536.09元未放在鉴定意见中，但在鉴定意见书中进行单列说明，由法院调查事实后裁决。

（7）资料不完善不充分的争议处理。

在鉴定过程中，因双方提供的部分资料手续不全或事实不清，鉴定人员针对此类事项在鉴定情况说明中单列说明，如发包人对泥浆运输运距是5km还是10km存在异议。鉴定人员分别按照泥浆运输运距5km及运距10km计算两种结果，当泥浆运输运距5km时合计费用为576641.93元；当泥浆运输运距10km时合计费用为661863.55元，即每增加1km则增加费用17044.32元，供法院庭审案件时参考。

再如：发包人提出“砖砌泥浆池结算时按实调整，未发生不予结算”，承包人提出实际施工时是砖砌泥浆池的。鉴定人员把砖砌泥浆池费用4377.15元在鉴定意见书中进行说明，“因未有相关资料，暂未包含在鉴定意见中，是否实际施工，由法院调查事实后裁决”。

（8）出具征求意见稿。

在鉴定过程中，鉴定人员出具了鉴定意见书的征求意见稿和征求意见函，请法院转交承包、发包双方当事人，要求承包、发包双方在一定期限内对征求意见稿进行回复，鉴定人员可根据案件的难易及复杂程度对答复期限的长短进行适当放宽。

（9）出具司法鉴定意见书。

鉴定人员收到双方当事人对鉴定意见书征求意见稿的回复函后，根据复函中的异议及其相应证据对征求意见稿逐一复核、修改完善。针对部分异议，鉴定项目组进行充分讨论并请鉴定公司的专家进行会办，与双方当事人再次进行充分沟通后出具司法鉴定意见书。若无法沟通，或双方仍存在异议，如本案例中发包人要求执行14计价定额，承包人要求执行04计价表；再如发包人对三轴搅拌桩的水泥掺入比例有异议等，则鉴定人员在鉴定意见书中对异议加以说明，并做好出庭作证的准备。

2. 鉴定依据

（1）法院出具的司法鉴定委托书、质证记录、庭审笔录等卷宗。

（2）2013年9月，承包、发包双方签订的某公寓基坑支护工程施工合同。

（3）承包、发包双方确认的某市测绘勘察研究院设计的图纸及竣工图纸。

（4）经庭审质证过的图纸会审、设计变更、施工签证、打桩记录、基坑支护专项施工方案以及双方认可的与工程造价结算有关的其他资料等。

（5）《江苏省建筑装饰工程计价表》及相关费用定额。

（6）某市工程造价信息。

（7）《最高人民法院关于审理建设工程施工合同纠纷案件适用法律问题的解释》。

3. 鉴定方法

鉴定人员根据合同约定的计价原则和方法进行鉴定，并依据鉴定依据计算工程量后与当事人进行充分核对。在鉴定核对过程中，鉴定人员对每一个鉴定工作程序的阶段性成果提请承包、发包双方提出书面意见或签字确认。如当事人不提出书面意见也不签字确认，不影响鉴定工作的进行。如本案例中要求双方对工程量计算成果确认，承包人同意确认签字，发包人不同意，鉴定单位按照程序出具鉴定意见书递交法院。

4. 鉴定意见

鉴定人员把双方无争议的费用纳入鉴定意见中，双方有争议的，且无法协调沟通的，在鉴定意见情况说明中一一说明，供法院庭审案件时参考或调查事实后进行裁决。

（三）案件当事人对工程造价司法鉴定意见异议问题

鉴定意见书中三轴搅拌桩的执行依据为 04 计价表，发包人认为司法鉴定意见书鉴定的工程造价与事实不符，应按 14 计价定额计算三轴深层搅拌桩的人、材、机含量以及水泥掺入比按成型后的 22% 计算，三轴深层搅拌桩的合价为 196.4 万元，鉴定意见多计算了价款 148.5 万元。理由是 04 计价表中没有三轴深层搅拌桩定额子目，案涉工程实际施工于 2014 年 10 月，此时 14 计价定额中 2-12 定额子目已开始执行，应适用该定额子目计算三轴深层搅拌桩的人工、材料及机械的含量，鉴定人员借用外市的补充定额不当；施工图纸确定三轴深层搅拌桩成型后的水泥掺入比为 22%，鉴定意见计算的三轴深层搅拌桩水泥掺入比达到了 44%。2019 年 1 月，发包人上诉至二审法院，二审法院于 2019 年 7 月对该诉讼作出了终审判决：

“1. 关于三轴深层搅拌桩的执行定额标准问题。承发包双方于 2013 年 9 月签订案涉工程施工合同，合同中约定按《江苏省建筑与装饰工程计价表》和某市工程造价信息施工期平均信息价进行结算，此时 14 计价定额尚未颁布施行，故可认定合同所约定的《江苏省建筑与装饰工程计价表》为 04 计价表及相关配套费用定额，该计价表中无三轴深层搅拌桩定额子目，虽然施工期间 14 计价定额已颁布实施，但承发包双方当事人未补充约定可套用该定额标准，现发包人要求以 14 计价定额作为结算依据，不符合双方合同的约定。在无相应定额子目的情形下，鉴定单位借鉴参照省内其他地区已施行的定额标准，即江苏省苏州市苏建价（2008）补充定额，对案涉工程的三轴深层搅拌桩中人、材、机的消耗含量进行鉴定是可以的。

“2. 关于三轴深层搅拌桩工程量及水泥掺入比的比例问题。根据咨询定额总站及相关造价管理部门，三轴深层搅拌桩套接一孔施工工艺法，鉴定单位所鉴定的工程量套打部分未重复计算，且每组桩的水泥掺入用量为 22% 符合设计标准，故鉴定单位未存在多计事实。”

四、出庭作证情况

（一）做好出庭准备工作

鉴定人员在鉴定过程中对双方争议焦点进行解释沟通说明，但双方仍各自坚持，不能达成一致意见。故鉴定人员收集好鉴定资料，做好该项目出庭前的准备工作。在接到委托单位通知要求参加庭审作证时，鉴定人员立即将原鉴定档案调出，认真阅读全部内容，熟悉鉴定案情，回顾当时鉴定过程中的每个细节，对案件中所涉及的各种问题了如指掌；同时站在双方各自的立场上，分析检查整个鉴定过程是否存在漏洞，做好准备。鉴定公司的鉴定人员出庭质证的实质，是通过当事双方及法官对鉴定人员的询问，解决有关专业性问题，也使当事人了解鉴定意见形成过程，使双方对鉴定意见产生信任感。

（二）了解争议焦点，积极应对

及时与承办法官取得联系，请法官转交双方的质证争议问题。鉴定人员应充分研究承包、发包人双方对鉴定意见的争议点，根据争议点做好回复记录并附相关依据。对鉴定意见中涉及的专业知识做到全面准备，并预测承包人、发包人双方在庭上可能还会提出其他问题，需逐一进行充分准备，并将有关鉴定文献资料带至庭上。如执行定额标准是 04 计价表还是 14 计价定额，鉴定人员把江苏省住房和城乡建设厅 2014 年 5 月 2 日所发通知苏建价〔2014〕216 号：“《江苏省建筑与装饰工程计价定额》（2014 年）自 2014 年 7 月 1 日起执行” 文件带至庭上，当庭交给法官，并将鉴定依据当庭向法官阐述：本工程施工合同是 2013 年 9 月签订，当时结算定额依据仅有 04 计价表，合同虽仅注明按《江苏省建筑与装饰工程计价表》结算，双方也应都默认为是 04 计价表，并且双方在签订合同时，都不清楚后面是否有新的定额计价实施，故施工合同本意应是执行 04 计价表。本工程实际开工时间虽为 2014 年 10 月，如要执行 14 计价定额，双方应该在新的计价定额实施后对结算依据签订补充协议，而不是在最后结算时再确定结算依据。再如对三轴搅拌桩的工程量计算，鉴定人员当庭画示意图向法官解释鉴定计算工程量原理，套打部分未重复计算工程量，法官当庭听懂了鉴定人员的阐述。

在法庭庭审作证时，如仅由辩护人参与质证并不会给鉴定人员带来多少困难，因为部分律师对“工程造价专业性问题”毕竟是外行，假如有专家辅助人（工程造价专业人员 ）的参与，势必给鉴定人员质证带来挑战，对鉴定意见的质证将上升至鉴定人员与专家辅助人之间专业知识及水平的较量。

（三）准备好证件出庭作证

鉴定人员出庭时应当准备好相关证件，如身份证、学历证书、专业职称、执业资格证等各种证件，以备开庭时接受查验。

（四）注重仪表形象，临场应对

鉴定人员出庭仪态要严肃、庄重，保持自信、沉着、冷静的心态。在庭审过程中，一定要听清楚并理解双方当事人所提出的问题，如其表述不清可要求复述一遍或加以解释。鉴定人员回答问题时既要简明扼要、条理清晰，又要注意采用通俗易懂的语言对鉴定意见进行解释。庭审回答问题秉持实事求是的态度，客观阐述，把握好情绪和态度，回答问题尽量留有思考的余地，不轻易回答明确的问题，也不轻易得出肯定的结论。明确鉴定人员出庭的目的不是回答庭审各方的问题，而是帮助法官理解适用的鉴定意见，因此鉴定人员应当控制好庭审节奏，自始至终围绕鉴定意见质证，超出鉴定意见范围或者无关问题可拒绝回答。如在本案例庭审作证时，发包方提出“是否审查承包人的承包资质”，要求鉴定人员做出回答，鉴定人员可拒绝回答。作证结束后，法官要求鉴定人员签字并宣布鉴定人员退庭时，鉴定人员应签完字后立即退出法庭。

五、心得体会

（一）鉴定人员切勿以鉴代审

在工程造价鉴定过程中，双方有争议属于正常现象。但鉴定单位应该分清造价鉴定与法庭审判的界限，鉴定单位只能对发生的费用进行造价的计算、鉴定，给出双方有争议的造价费用，便于法院庭审案件时参考，不得超越权限去对事实进行认定。如本案例中的两张签证单（签证单5-4和签证单5-5），鉴定公司将涉及造价为817536.09元进行鉴定，但签证单中的施工内容是否实际发生的事实应由法院调查事实确认，而不是由鉴定公司来认定。

（二）尊重司法程序，克服造价审核的习惯思维

（1）司法鉴定与结算审核两者性质不同。工程造价司法鉴定是受法院或仲裁机构委托，要明确争诉焦点和司法委托的内涵，其鉴定意见是涉及法官审判案件的结论导向证据，对其合法性、有效性有严格的界定。而造价结算审核受发包方或承包方双方委托，其审核成果是承包、发包双方结算工程价款的主要依据。

（2）司法鉴定与结算审核两者对资料要求程度不同。工程造价司法鉴定对提供的鉴定资料必须经双方质证认可，方可作为鉴定依据使用。对有分歧意见的相关资料，必须由司法委托人作出是否有效的认定后，才能作为鉴定证据使用。造价结算审核资料一般由承包人交发包人审核确认，发包人审核后提供给第三方有资质的咨询单位或发包人的专业审计人员使用。

（3）司法鉴定与结算审核两者对待争议焦点的处理不同。工程造价司法鉴定针对双方争议处理，一般分析问题实质，不发表任何倾向性意见，分别对双方不同的表述作出不同的造价意见，供司法委托人审查裁决，一般不作出唯一一个造价意见。工程结算审核依据造价审核人员的专业技能和谈判协调能力，对双方争议焦点作出判断，并说服双方接受审核意见。不管争议问题性质如何，一般情况一个问题只有一个审核结果。

故鉴定公司在做工程造价司法鉴定时，应尊重司法程序，切勿以工程造价结算审核的习惯性思维进行造价司法鉴定。

（三）司法鉴定过程中应尊重合同原则

施工合同签订后，关键在于双方共同履行，出现一些与签订合同内容相差较大情况时或合同内容表述不明确不具体时，应及时协商签订合同补充协议，以弥补合同的本身缺陷，同时可以补充协议形式调整工程价款。认真履行合同、做好合同管理是减少施工合同纠纷的重中之重。如本

案例合同中能明确《江苏省建筑与装饰工程计价表》是2004年版或2014年版，就不存在结算时对计价执行标准存有歧义。除此之外，还要明确工程变更、签证的管理程序，各个环节各负其责，分别把关，及时办理好现场签证。

随着经济发展日新月异，新产品、新技术及新工艺等结算，相关部门应适时补充相关结算依据及定额子目，有些矛盾不应由造价或鉴定人员解决，而应由设计人员明确给定或相关造价管理部门根据实际需要测算、编制或补充相关定额子目及结算依据。如本案例中三轴搅拌桩套接一孔工艺中套打部分桩水泥掺入比问题，以及04计价表中三轴搅拌桩定额子目缺项等，当地造价管理部门应及时编制或补充。

专家点评

本案例所涉及的某公寓基坑支护施工工程，承包、发包双方于2013年9月签订了《某公寓基坑支护工程施工合同》，实际开工时间为2014年10月。本工程未进行公开招标投标，承包、发包双方经协商确定价格："按《江苏省建筑与装饰工程计价表》和《某市工程造价信息》施工期平均信息价结算后总价下浮17%，工程量按施工图纸设计及变更要求计算。"本案例承、发包双方争议的主要焦点、难点是深层搅拌桩基坑支护工程工程量的确定及计价依据的适用问题。

造价鉴定项目工程量的精确性直接影响造价鉴定意见的准确性，可以减少争议，提高采信率。工程量的计算方式是本案例鉴定工作的焦点与亮点，鉴定意见中对三轴搅拌桩的施工工艺采用图例进行说明，对正常工艺三轴搅拌桩计算方式与套接一孔法施工的水泥搅拌桩的工程量的计算方式进行更加直观的阐述，具有很强的说服力，同时也使得计算结果更容易得到理解和认可。本案例施工合同签订日期为2013年9月，合同中只约定了采用的计价依据名称，未注明发布日期；由于发包人的原因，实际开工延期到2014年10月，2014年7月当地发布了14计价定额，且14计价定额比04计价表水平高（造价低），双方对选用计价依据产生争议，鉴定人员根据违约责任的处理原则圆满解决了这一问题。同时，本案例在依据资料不完善、不充分的情况下，对争议问题的处理方式既符合鉴定程序，又充分尊重委托方的裁判权，对鉴定机构的鉴定权与委托方的裁判权区分得非常清楚。例如案例中有两张签证单，其施工内容是否实际发生存在争议，本鉴定分别按照争议部分给出可选择鉴定意见，便于法院在审理案件时参考，而不是由鉴定单位直接认定。

本案例在出庭前的准备工作方面、人员专业形象方面、临场应对方面都准备得很充分。通过双方当事人及法官对鉴定人员的询问，解决鉴定意见中的专业性问题，使各方理解并接受鉴定意见，便于鉴定意见的采信。本案例中遇到的难点和焦点问题也是工程鉴定过程中常见的问题，具有较好的引导作用及借鉴意义。本案同时体现了鉴定人员具备较为丰富的理论知识和工作经验，具备相应的知识结构，法律和工程技术结合较好等，具备较好的观察能力、判断能力以及表达能力。

瑞衡工程咨询有限公司　兰德卿

对某医院后勤服务基地迁扩建工程建安造价司法鉴定案例分析

——浙江中达工程造价事务所有限公司

黄君绸　华钟鑫

工程造价司法鉴定是涉及建设各方当事人在各自立场上对工程造价结算不同诉求的技术性鉴定，造价鉴定涉及金额大、影响因素复杂，其争议焦点多是工程造价领域的疑难杂症，很多问题往往无法在工程造价技术层面全面解决。浙江中达工程造价事务所有限公司通过20多年的工程造价司法鉴定实践总结，在鉴定机构内部建立了造价咨询质量委员会集体会商决策制度，避免因鉴定人员的个人认知偏差导致鉴定质量风险。同时，鉴定意见书中列示争议问题及选择性鉴定意见，充分保障当事人的诉权，寻求庭审中法律层面解决问题，更好地保证客观、公正，避免“以鉴代判”。

一、案情简介

某医院后勤服务基地建安工程于2011年10月25日进行公开招标，2011年11月15日开标，2012年5月4日发出中标通知书确定某施工单位中标，2012年7月某医院与某施工单位（以下简称施工单位）签订施工合同，合同价约为7041万元，合同工期为670天。该施工合同同时约定合同价款采用固定综合单价，合同价款风险范围以外的调整方法：工程量清单误差调整和联系单变更工程量于竣工结算时按实计量。①分部分项工程量清单项目工程数量调整的确定：A.发包人提供的分部分项工程量清单项目的内容有误，或设计变更引起分部分项工程量清单项目的内容调整，其工程数量由承包人按《建设工程工程量清单计价规范》（GB 50500—2008）、《某省建设工程计价规则（2010版）》规定的工程量计算规则计算；B.发包人提供的分部分项工程量清单项目的工程数量有误，经查证投标书综合单价计算表中明确表示没有组价的确定为有误，没有明确表示没有组价的确定为无误，或设计变更引起分部分项工程量清单的工程数量调整，其调整的工程数量由承包人按《建设工程工程量清单计价规范》（GB 50500—2008）、《某省建设工程计价规则（2010版）》规定的工程量计算规则计算。②由于上述①的原因导致清单项目、工程数量调整，分部分项工程量清单项目综合单价应按下列方法确定：A.发包人提供的工程量清单项目漏项，或设计变更引起新的工程量清单项目，其相应综合单价的确定方法为：a.合同中有类似清单项目综合单价的，参照合同中类似项目的综合单价同口径计算确定；b. 合同中没有类似清单项目综合单价的，由承包人根据投标报价所采取的“计价依据”及优惠水平按投标同口径为标准提出适当综合单价，经发包人审定后执行；B. 由于清单项目中项目特征或工程内容发生部分变更的，应以原综合单价为基础，仅就变更部分相应定额子目调整综合单价；C. 发包人提供的工程数量有误，或设计变更引起的工程数量增减，有投标单价的应执行原有综合单价；D. 因设计变更引起的材料品种、规格、型号发生变化，或工程联系单发生材料品种、规格、型号发生变化，其投标单价不变，只计补主材价差（即施工当期信息价和投标时的主材价之差，无信息价的由承包人与发包人协商后确定的主材价为准）和税金，其余一律不得调整。③本工程所涉及的主材指钢材、水泥、混凝土，其报价依次参考《某市工程造价信息》正刊、《某省建设工程造价信息》正刊，均为造价信息 2011 年第 10 期信息价，在工程结算时按照造价信息 2011 年第 10 期与工程正式开工至主体结构结顶之间的施工月份的信息价（指对应的上述所涉及的信息价正刊刊物上的信息价）的算术平均价的价差进行计算。④零星工作按发包人签证的数量和投标承诺的单价结算，只计规费和税金，不计其他费用。⑤组织措施费按实结算；技术措施费以项为单位的项目按投标报价包干，招标提供工程量的项目按实结算，价格按投标单价。⑥地质情况明显不符（经勘察、设计单位认可并经发包人批准）或地下未探明的深度大于 7m 的障碍物而引起的施工及技术措施费用，按发包人批准数调整。⑦不可抗力因素造成的承包方的直接损失费用，发包人将根据实际情况另行协商，但属于应该预见、预防、承包方没有及时预防或预防不力造成的损失，发包方不负责补偿。

2012 年 10 月 27 日，施工单位与某人（以下简称 A 某）签订工程项目承包合同，约定工程最终结算价扣除 2.5% 的管理费后，工程最终结算价的 97.5% 返还给 A 某，将其中标的全部工程内容转包给实际施工人 A 某。

该工程于 2012 年 9 月 30 日开工，2013 年 8 月通过主体结构结顶验收，2014 年 9 月 10 日通过竣工验收。开工时间比开标日（2011 年 11 月 15 日）延迟了 10 个多月，期间人工价格大幅度上涨、材料价格大幅度下跌。

工程竣工后，施工单位向某医院提交结算资料及结算书，主张结算造价约 12188 万元，但某医院迟迟未完成结算审核。于是 A 某以实际施工人身份向人民法院起诉施工单位和某医院，要求法院判令施工单位和某医院支付剩余工程款和利息、承担诉讼费用。人民法院立案受理后，根据相关法律法规规定，于 2017 年 5 月 25 日委托浙江中达工程造价事务所有限公司（以下简称鉴定公司）对某医院后勤服务基地迁扩建建安工程造价作司法鉴定。

鉴定公司接受委托后对相关工程资料进行查阅，对工程现场进行勘验，并对工程量进行逐项计算，于 2018 年 1 月 11 日出具某医院后勤服务基地迁扩建建安工程造价司法鉴定意见书。人民法院之后对该诉讼作出了判决。

二、案件争议焦点和造价鉴定难点

本案工程造价司法鉴定过程中，某医院、施工单位、A 某三方当事人站在自己的立场上各抒已见，主要争议焦点和造价鉴定难点问题如下。

（一）材料价格涨跌调整价差

本工程中标通知书发出日期已超投标有效期，且开工日期比开标日延迟了10个多月，期间材料价格大幅度下跌。施工合同没有约定中标通知书发出至延迟开工期间的材料价格涨跌如何调整，也未形成关于材料价格涨跌调整的补充协议[①]。某医院主张钢材、水泥、混凝土按照施工合同约定2011年第10期《某地造价信息》与正式开工至主体结构结顶之间的施工月份信息价算术平均价调整材料价差，即扣减材料价差4368910元。A某主张其中标后已采购所有材料，且非承包商原因延迟开工导致材料价格下跌不能扣除材料价差，即材料价差为0元。

（二）人工价格涨跌调整价差

本工程中标通知书发出日期已超投标有效期，且开工日期比开标日延迟了10个多月，期间人工价格大幅度上涨。在鉴定过程中，施工单位出示编号为2013-5-15的工程施工联系单，内容为“因本工程从招标投标阶段开始至合同签订，到正式通知工程施工承包单位进场施工止，距本单位投标报价完成并递交的有效截止时间已长达10个月之久，期间政府职能部门所颁发的相关建设工程计价性指导依据也在更新，且施工承包合同条款又把建设工程的人工费用风险包括在内，使得施工人被动接受原投标报价中的人工费用成本风险，违背了平等、公平、互信的原则，造成不必要的经济损失，要求工程内人工费成本在原投标报价的基础上，按照某市在本工程施工期间所发布的人工信息价平均值进行补差并计取税金”；监理单位签复“情况属实，请业主（即某医院，下同）审核明确”；某医院签复“施工单位反映情况属实，请审计确定”[②]。

联系单中施工单位主张计算人工价差5489396元，其计算方法是根据施工期间《某地造价信息》上人工信息价的平均价与2011年第10期《某地造价信息》计算价差。

在该项目招标前，工程属地政府部门某市建设委员会、某市财政局颁布《关于进一步加强某市建设工程市场要素价格动态管理的指导意见》（某建市〔2011〕198号），规定当人工市场价格波动幅度超过合同约定时，发承包双方可按照竣工后一次性结算方式调整人工费价差。人工费价差采用价格指数法调价，价差只计取税金。风险幅度以外人工费价差计算公式为：①当施工期人工价格指数平均值相对于编制期人工价格指数的比值上涨超过约定的风险幅度时，人工费价差（正值）=[合同工期内各月份人工价格指数算术平均值/编制期人工价格指数-（1+风险幅度）]×人工费总额。②当施工期人工价格指数平均值相对于编制期人工价格指数的比值下跌超过约定的风险幅度时，人工费价差（负值）=[合同工期内各月份人工价格指数算术平均值/编制期人工价格指数）-（1-风险幅度）]×人工费总额。若按该文明确的人工价格指数法计算，人工费价差为953188元。

---

① 作者注。工程属地政府部门某市建设委员会、某市财政局颁布的《关于进一步加强某市建设工程市场要素价格动态管理的指导意见》（某建市〔2011〕198号）为原施工合同对材料价格涨跌调整约定不明确的，可签订补充协议作为工程结算依据之一。

② 作者注。此处“审计”为原文引用，工程所在地习惯将工程造价咨询审核称为审计。

（三）停工窝工索赔

停工窝工索赔7份联系单，主张4772357元。A某在鉴定过程中出示7份，监理公司签证“情况属实，相关费用请业主审核确认”，但某医院没有签证。某医院主张该联系单未得到签证，不能计算费用。

（四）提前竣工奖励

A某在鉴定过程中提交7份签证顺延工期269天的联系单，原合同工期670天，顺延工期后的合同工期939天，而实际工期只有710天，提前229天竣工，A某主张按施工合同约定计算提前竣工奖励1612324元。某医院主张工期签证的本意是其不向施工单位主张工期索赔。上述涉及的工程联系单少量有建设单位签证，大部分工程联系单仅有监理单位签证，没有建设单位签证。

（五）施工企业项目经理到位率的违约金及履约保证金扣除

某医院主张施工合同约定的项目经理未到位，要求扣除施工企业项目经理到位率的违约金及履约保证金。A某主张项目经理已到位并负责项目现场施工管理工作。

三、鉴定情况

（一）司法鉴定委托人提供鉴定材料内容

（1）人民法院出具的司法鉴定委托书。

（2）人民法院2017年3月14日的法庭审理笔录（第一次）、2017年5月4日的鉴定笔录和询问笔录。

（3）当事人提交的施工合同、打桩记录、图纸会审纪要、工程联系单、工程技术联系单、竣工图等工程技术资料和证据材料。

（二）工程造价司法鉴定情况

1. 鉴定过程

鉴定公司的人员按照必要的程序，根据送鉴资料、案情及人民法院的要求，组织三方当事人对送鉴材料的真实性进行确认，现场勘验，独立计算，发出征求意见稿，就当事人反馈意见约谈当事人，鉴定核对及第二次现场勘验，就当事人反馈意见中重大问题召集鉴定机构造价咨询质量委员会集体研究表决，鉴定成果复核和调整，出具正式鉴定意见书。

2. 鉴定依据

（1）人民法院提供的鉴定材料、鉴定过程中现场踏勘记录、约谈会议纪要、人民法院转寄的鉴定补充资料、当事人对鉴定征求意见稿的反馈意见。

（2）《建设工程工程量清单计价规范》（GB 50500—2008）、《某省建设工程计价规则》（2010版）、《某省建筑工程预算定额》（2010版）、《某省安装工程预算定额》（2010版）、《某省市政工程预算定额》（2010版）、相关期《某造价信息》、相关期《某地造价信息》及相关定额解释。

（3）某市建设委员会、某市财政局发布的《关于进一步加强某市建设工程市场要素价格动态管理的指导意见》（某建市〔2011〕198号）。

3. 鉴定方法

1）鉴定人员选派的方法

本鉴定项目争议标的较大，争议事项较多，且涉及土建、安装、市政3大专业。从项目规模、标的额和专业胜任能力考虑，鉴定公司选派5名有丰富施工经验和造价鉴定实践经验的一级造价工程师组成鉴定项目组。

2）鉴定资料交接与真实性确认的方法

对于鉴定资料交接与真实性的确认，比较理想的状态是所有鉴定资料均由人民法院事先开庭质证，确认鉴定资料真实有效后，再移交给鉴定公司。现实因工程造价鉴定涉及的资料繁多，法官对工程造价鉴定所需资料不了解，存在专业上的障碍，且目前基层法院的法官普遍超负荷办案，故往往要求鉴定公司自行接收鉴定资料和确认真实性，而鉴定公司为推进鉴定进度，往往被动接受这个方法，也是现实中的无奈之举。在此现实之下，做好鉴定资料交接尤为重要。

本次鉴定的做法：①鉴定人员认真审阅人民法院已移交的资料，根据自己的经验，列出鉴定所需资料清单，书面发函给当事人，要求提交。②当事人提交鉴定资料后，鉴定人员进行审阅，备注自己关注的问题。③由于组织质证是人民法院的工作，鉴定公司可以约谈双方当事人，就资料的真实性询问双方当事人意见。④双方当事人对鉴定资料真实性无异议部分作为鉴定依据，对鉴定资料真实性有异议部分做好记录。⑤约谈过程做好影像记录，并形成书面的约谈纪要。

3）现场勘验方法

现场勘验是工程造价司法鉴定的重要程序，是鉴定人员直观了解工程现状、维护鉴定客观公正的基础。根据人民法院要求，本次鉴定现场勘验由鉴定机构组织，通过电话征询双方当事人意见后确认现场勘验日期并书面通知当事人。在现场勘验前，项目鉴定组工程师进行认真准备，将资料审阅过程中鉴定人员关注的问题和当事人对鉴定资料真实性有异议部分作为现场勘验的重点。同时，在现场勘验过程中，对竣工图纸的真实性进行校核，对施工不清晰的内容进行现场核实。现场勘验过程中，及时拍照取证，避免后续重复劳动；现场勘验结束，形成现场勘验纪要，请双方当事人当场签字确认，以固定勘验成果。

4）工程量的鉴定方法

本次鉴定根据施工合同约定，工程量按竣工图、施工联系单、现场勘验纪要、《建设工程工程量清单计价规范》（GB 50500—2008）、《某省建设工程计价规则》（2010版）规定的工程量计算规则计算工程量。

5）单价的鉴定方法

本次鉴定根据施工合同约定的计价原则和方法进行鉴定：①合同中若有相同清单项目综合单

价的，则按投标价；②合同中有类似清单项目综合单价的，参照合同中类似项目的综合单价同口径计算确定；③合同中没有类似清单项目综合单价的，由承包人根据投标报价所采取的“计价依据”及优惠水平按投标同口径组价；④清单项目中项目特征或工程内容发生部分变更的，以原综合单价为基础，仅就变更部分相应定额子目调整综合单价；⑤因设计变更引起的材料品种、规格、型号发生变化，或工程联系单发生材料品种、规格、型号发生变化，其投标单价不变，只计补主材价差（即施工当期信息价和投标时的主材价之差，无信息价的由承包人与发包人协商后确定的主材价为准）和税金，其余一律不调整。

6）各项取费的鉴定方法

本次鉴定根据施工合同约定，组织措施费按实结算，各项费率均按投标口径鉴定。

7）争议事项的鉴定方法

本案争议事项涉及金额高达约1624万元，成因复杂，历经多次约谈，双方当事人间无妥协空间，是双方当事人和社会各界关注的重点。为客观公正地完成造价鉴定任务，避免因鉴定人员的认知偏差导致鉴定质量风险，鉴定公司通过20多年的工程造价司法鉴定实践，已建立造价咨询质量委员会集体会商决策制度。

本案鉴定过程中，鉴定人员根据当事人提出的争议事项，从专业角度提出自己的观点，申请召集鉴定公司造价咨询质量委员会集体会商决策。鉴定公司根据鉴定人员的申请，在公司内随机抽取5人及以上单数的一级注册造价工程师组成质量委员会并召开会议。会上，鉴定人员介绍具体争议事项，阐述自己的观点和理由，与会各委员逐一发表自己的意见并进行讨论，通过这一形式发挥集体智慧，共同研究协商具体疑难问题，最后按照少数服从多数的原则形成民主集中制的鉴定意见。

鉴定公司造价咨询质量委员会集体会商决策的鉴定意见，由鉴定人员通过约谈当事人、鉴定核对的方式促使当事人对争议事项达成协商性意见，并形成由当事人签字确认的书面约谈纪要，也可以全程录音录像的方式固定当事人间的协商性意见。

对于无法促使当事人达成协商性意见的争议焦点及鉴定难点问题，鉴定意见书中列示争议问题及选择性鉴定意见，充分保障当事人诉权，寻求在法庭审理阶段解决问题，避免“以鉴代判”。

8）出庭作证的方法

依法出庭作证、接受当事人对工程造价鉴定意见书的质询、回答与鉴定事项有关的问题，是鉴定人员的义务。虽然对鉴定人员出庭作证有要求，但实践中要求鉴定人员出庭作证尚是小概率事件，据统计，约20%的鉴定项目会要求鉴定人出庭作证。在此现状下，工程造价司法鉴定人员普遍缺乏出庭作证经验，极易在庭审中紧张或发挥失常造成鉴定质量事故，因此出庭作证的方法对工程造价司法鉴定来说非常重要。本案工程造价司法鉴定实践中，鉴定公司采用下列方法：

（1）加强与人民法院的沟通，要求当事人将针对工程造价鉴定意见书的质证问题提纲先行发给鉴定机构。鉴定机构根据当事人的质询问题，组织工程师温习专业领域的法律、法规、规范和鉴定项目的合同约定，事先草拟答复意见及答复意见的备选方案，供出庭质证的鉴定人员临场决断。

（2）鉴定人员出庭质证前，应准备并携带鉴定人员的身份证明，包括身份证、一级造价工程师注册证、专业技术职称证等，避免在当事人或委托人要求出示时无法提供，造成不必要的紧张情绪。

（3）强化心理准备。鉴定人员出庭作证时，应依法、客观、公正、有针对性地回答与鉴定事项有关的问题。个别律师习惯性用庭辩技巧发问与鉴定事项无关的问题，可以当庭请示法官或仲裁员，不予回答。

4. 鉴定意见

本工程建安工程鉴定结算造价为 92742759 元，不包括争议造价，争议造价请法庭审理后裁定。

争议造价包括以下 5 个部分：

（1）材料价格涨跌调整价差。因主要材料在施工期内是下跌的，若是承包方原因导致工程延期竣工，应按施工合同约定计入负差，由发包方受益，材料价差经审核为 -4368910 元。若非承包方原因延迟竣工，参照某建市〔2011〕198 号文件第一条第（三）款的责任与风险分担原则的第 2 项规定，由承包方受益，不扣除负差价，则材料价差为 0 元。请法庭根据庭审情况和举证情况裁定采取何种价差调整方式。

（2）人工价格涨跌调整价差。因人工价格在施工期内是上涨的，若是承包方原因导致工期延误，责任应当由施工方承担，补差为 0 元。若非承包方原因延迟开工，按照监理公司、某医院已经签证、未作否定意见的“2013-5-15 工程施工联系单”，施工单位的联系单申请“人工费成本在原投标报价的基础上，按某市在本工程施工期间所发布的人工信息价平均值进行补差”，人工费价差按此方式审核鉴定为 5489396 元；若按照联系单之外的另一种方式，即按工程属地政府部门发布的某建市〔2011〕198 号文的人工价格指数法补差，人工费价差经审核鉴定为 953188 元。请法庭根据庭审情况和举证情况裁定是否可以补差及采取上述何种方式补差。

（3）停工窝工索赔 7 份联系单。A 某主张 4772357 元，均是某医院在建设过程中因施工场地交付不及时、修改的设计图纸交付不及时造成施工单位停工，导致施工人员和机械设备窝工产生损失。监理公司在联系单上签证“情况属实，相关费用请业主审核确认”，但未在联系单后附的具体窝工人数、机械设备型号和窝工数量的附件上签证，没有签证具体内容，联系单附件的真实性存疑。建设单位某医院没有在联系单上签证，且某医院在鉴定意见征求意见阶段提出不应该索赔。鉴于联系单附件的真实性存疑，即索赔损失是否成立待定，故鉴定机构暂未予计算具体金额。该等联系单的索赔是否成立，请法庭根据施工合同约定和庭审情况裁定。

（4）提前竣工奖励。A 某要求按照施工合同中有关提前竣工奖励的约定计算提前竣工奖励，其主张奖励金额为 1612324 元。根据人民法院转交的鉴定材料，涉案工程施工合同约定工期 670 天，实际工期 710 天，属于工期延误还是提前竣工，需要先行对工期索赔签证的联系单进行鉴定。送鉴材料中，设计变更增加工程量导致工期索赔的联系单数量较多，且该部分联系单仅得到监理单位的签证，没有得到某医院的签证，而该部分工期索赔是否成立恰好决定了是否要计算提前竣工奖励。通过鉴定机构的分析，设计变更增加工程量不是必然会导致工期增加，其取决于增加工程量的施工进度是否在施工的关键线路。而涉案工程送鉴材料中无施工进度计划的网络图，经鉴定机构催要后，当事人仍未能提供施工进度计划的网络图，鉴定人无法判断是否在关键线路上，即工期索赔成因是否成立待定，鉴定人无法对工期签证的有效性进行专业判断，导致工期索赔待定。鉴定过程中，权衡监理单位签证意见和无法判断关键线路的两个特殊情况，为遵循客观公正原则，鉴定机构暂未予计算具体金额，请法庭根据签证事实和庭审情况裁定是否可认定为提前竣工。

（5）施工企业项目经理到位率的违约金及履约保证金扣除，某医院主张承包方项目经理不到位应扣除 2832143 元。由于送鉴材料中没有项目经理考勤资料，仅发现部分工程技术资料上项目经理的签名情况存有疑义，因考勤资料不全面，鉴定机构无法作出肯定性意见，鉴定机构也未予计算具体金额，请法庭根据举证材料和庭审情况裁定。

上述 5 项争议事项对结算鉴定造价将产生显著影响，限于送鉴材料的完整性，以及部分问题系法律问题，并非纯粹的造价专业问题，故未对其作出肯定性的鉴定意见。应当支持何方主张，请人民法院根据庭审举证和辩论情况作出裁定。人民法院作出裁定后，可通知鉴定公司作出补充鉴定意见。

（三）案件当事人对工程造价司法鉴定意见异议问题

（1）某医院提出人工价格涨跌调整价差属于施工合同约定的风险范围内，不应给予人工补差。

（2）某医院提出停工窝工索赔未获其签证，且不合理。

（3）某医院提出其工期签证的目的是不产生工期索赔，工期提前奖励不成立。

四、鉴定人出庭作证情况

在人民法院审理期间，本案当事人申请鉴定人出庭作证。为提高出庭效果，经人民法院同意，要求当事人将针对工程造价鉴定意见书的质证问题提纲先行发给鉴定机构，鉴定人员可以在庭审前温习案情，做好准备工作。本案庭审过程中，鉴定人员当庭答复如下。

（一）人工价格涨跌调整价差

虽然施工合同并没有约定人工价格涨跌可以补差，但本工程实际施工中有另外一个事实“大幅度延期开工约 10 个月”，这一事实已经施工单位、监理单位、某医院三方以联系单形式加以认定。司法鉴定意见书中所述的人工补差金额是对延期开工 10 个月而影响人工涨价的具体金额作出鉴定意见，只是进行了定量鉴定，而没有进行定性鉴定，鉴定机构对此并未作出肯定性的鉴定意见，而是作为争议事项列入鉴定意见，由人民法院通过庭审来认定该由何方来承担延期的责任。

（二）停工窝工索赔 7 份联系单

某医院聘请的监理单位已签证，但某医院自己尚未签证。该联系单是否有效、索赔是否成立是一个法律问题，并非纯粹的造价专业问题，故未对其作出肯定性鉴定意见。应当支持何方主张，请人民法院根据庭审举证和辩论情况作出裁定。

（三）提前竣工奖励

提前竣工奖励涉及项目工期的考核。本项目的部分工期签证联系单得到监理单位、某医院的签证；部分工期签证联系单仅得到监理单位的签证，未得到某医院的签证。当事人间对工期签证联系单的有效性持不同意见，鉴定人提请人民法院对所有工期签证联系单的合法性、有效性进行审查。法律事实确定后，再由人民法院要求鉴定单位作出造价鉴定补充意见。

五、法院采纳情况及工作体会

1）根据中国裁判文书网公布的本案一审、二审的判决书，人民法院全部采纳了鉴定公司作出的确定性鉴定意见。人民法院根据《最高人民法院关于审理建设工程施工合同纠纷案件适用法律问题的解释》第一条裁定A某与施工单位签订的“工程项目承包合同”系双方真实意思表示，但施工单位将案涉工程转包给A某，A某系个人无相应资质，故“工程项目承包合同”无效。再依《最高人民法院关于审理建设工程施工合同纠纷案件适用法律问题的解释》第二条，建设工程施工合同无效，但建设工程经竣工验收合格，承包人请求参照合同约定支付工程价款的，应予支持，裁定按确定性鉴定意见的造价结算工程价款，某医院在欠付工程款范围内承担付款责任。

2）根据中国裁判文书网公布的本案一审、二审的判决书，人民法院对鉴定意见书中选择性鉴定意见采纳情况如下：

（1）材料价格涨跌调整价差和人工价格涨跌调整价差。一审法院认为施工单位和某医院签订的《施工合同》约定合同价款采用固定综合单价，除合同另列明的风险范围以外的影响因素外，其他因素均包括在风险范围之内。人工价格涨跌并不属于合同约定的风险范围以外的因素，2013年5月15日的工程联系单中，某医院也未明确认可同意支付人工费价差。另某医院也未提交证据证明本案存在合同约定的因设计变更引起的材料品种、规格、型号发生变化应当补主材价差的情形。故，虽然施工过程中人工及材料价格均有波动，但属于正常的商业风险，对A某要求增加人工费用和某医院要求扣除材料价差的主张均不支持。二审法院认为一审法院确定人工价差和材料价差在工程价款中不增不减，已适度平衡各方当事人利益，应属合理，确认一审裁判。

（2）停工窝工索赔。人民法院认为，A某未能提供有效证据证明案涉工程延误系施工单位造成且因此产生实际损失，故其要求施工单位赔偿该笔损失，于法无据，不予支持[①]。

（3）提前竣工奖励。人民法院认为，A某主张该奖励系施工单位与某医院之间签订的施工合同，而A某并非该合同的主体，故其主张该项奖励，于法无据，不予支持[②]。

（4）施工企业项目经理到位率的违约金及履约保证金扣除。人民法院认为，某医院未能提交有效证据，其要求扣除施工企业项目经理到位率的违约金及履约保证金，于法无据，不予支持。

---

① 该处涉及工程转包索赔时，实际施工人面临合同相对性原则的法律问题。

② 本案涉及的提前竣工奖励的前提是工期索赔，而工程转包索赔时，实际施工人面临合同相对性原则的法律问题。

3）本次鉴定结果采纳情况很好，通过本案的工程造价司法鉴定经历，鉴定公司总结有如下体会：

（1）实事求是、客观公正是工程造价司法鉴定的基本原则。按此原则鉴定造价，可以避免大量的争议，鉴定人员容易取得当事人间的互信，便于鉴定后期促使当事人对争议事项达成协商性意见。

（2）鉴定机构内建立造价咨询质量委员会制度，优化了鉴定质量。这一制度是帮助鉴定人员规避风险，准确把握解决争议的有效途径，同时也是鉴定机构正确履职、防范风险的手段。

（3）鉴定意见书中列示争议问题的选择性鉴定意见，充分保障当事人诉权。争议问题给出具体金额，性质的确定寻求法律层面解决问题，更能保证客观、公正，避免“以鉴代判”，且能推进鉴定进度。工程造价司法鉴定是一项专业技术性工作，而工程造价司法鉴定面对的很多问题，在技术层面本身就是多解或无解的，唯有在法律层面才可以有效解决，因此列示争议问题及选择性鉴定意见是较好的方法，也符合现行《建设工程造价鉴定规范》（GB/T 51262—2017）的精神。

（4）出庭作证，事先准备，有助于庭审顺利推进。出庭作证前，尽可能取得当事人针对鉴定意见书质证问题的提纲，有助于鉴定人员提前准备，为法庭质证提供全面的信息，避免出错。

（5）鉴定过程固定相关证据。工程造价司法鉴定过程中，及时通过影像记录、书面的约谈纪要、现场踏勘纪要等形式固定阶段性协商成果，避免因当事人的反复而造成鉴定工作的重复劳动。

（6）工程转包面临法律环境变化的思考。涉案工程造价鉴定完成于2018年1月10日，一审判决是2018年9月19日，二审判决是2019年1月29日，工程转包面临法律环境发生较大变化。涉案工程鉴定及判决时，最高人民法院《关于审理建设工程施工合同纠纷案件适用法律问题的解释（二）》（法释〔2018〕20号）尚未施行，A某向某医院主张停工窝工索赔、工期索赔（隐含提前竣工奖励），其作为实际施工人面临合同相对性原则的法律问题，未获得法院的支持。

2019年2月1日开始施行的最高人民法院《关于审理建设工程施工合同纠纷案件适用法律问题的解释（二）》（法释〔2018〕20号）第二十五条规定，实际施工人根据合同法第七十三条规定，以转包人或者违法分包人怠于向发包人行使到期债权，对其造成损害为由，提起代位权诉讼的，人民法院应予支持。已经允许实际施工人代为诉讼，人民法院应予支持。

《中华人民共和国民法典》颁布实施后，最高人民法院《关于审理建设工程施工合同纠纷案件适用法律问题的解释（一）》（法释〔2020〕25号）第四十四条，实际施工人依据民法典第五百三十五条规定，以转包人或者违法分包人怠于向发包人行使到期债权或者与该债权有关的从权利，影响其到期债权实现，提起代位权诉讼的，人民法院应予支持。更清晰、更进一步允许实际施工人代为诉讼，人民法院应予支持，我国的法律环境更有利于实际施工人。

专家点评

工程造价鉴定是指在诉讼活动中鉴定人员运用科学技术或造价知识对诉讼涉及的工程造价问题进行鉴别和判断并提供鉴定意见的活动。由于工程造价确定兼有契约性和技术性的特点，在工程造价鉴定中各方当事人基于不同诉求，造价问题与工程合同约定、工期履约、国家行业价格管理政策以及工程竣工质量等问题相互矛盾交织，争议焦点往往无法在工程造价技术层面全部解决，需要鉴定人结合案情按不同的标准和计算方法，遵循取舍原则，出具确定性意见、推断性意见或供选择性意见供委托人判定，避免“以鉴代判”。

本鉴定案例是由于工程延期开工，人工、材料发生市场变化，实际施工人产生停工、窝工和费用损失，以施工条件发生改变且建设方迟迟未完成结算审核为由，起诉施工方和建设单位要求支付工程欠款。该工程虽实际施工人主张的工程结算金额巨大，但工程建安造价的鉴定确认并不复杂，各方对鉴定结论并无争议，争议的焦点主要反映在延期开工索赔方面。鉴于该项目工程延期事实各方无争议，但对延期开工产生的市场人工、材料价差计算以及延期可能产生停工、窝工等索赔方面双方当事人存在较大争议，鉴定人根据证据事实，对争议事项采用内部造价咨询质量委员会集体会商决策制，在鉴定意见书中列示争议问题及选择性鉴定意见，供开庭和评议对鉴定意见进行取舍，寻求庭审中法律层面来解决问题。案例鉴定过程严谨，争议处理思路逻辑清晰，既避免了因鉴定人员的个人认知偏差导致鉴定质量风险，同时充分保障当事人的诉权，更好地保证了鉴定结果的客观、公正。造价鉴定争议问题集体会商决策制度，是鉴定机构正确履职、防范风险的重要内控机制。

在本项目鉴定过程中，认定证据虽是委托人的权力，但法庭通常不会在委托鉴定之前对证据材料单独进行认定，在实践中往往基于鉴定工作的专业性、效率性考虑，委托人会要求当事人直接向鉴定机构提交鉴定证据材料。本项目鉴定人约谈双方当事人，就资料的真实性询问双方当事人意见，就双方当事人对鉴定资料真实性无异议部分作为鉴定依据，对鉴定资料真实性有异议部分做好记录，形成书面的约谈纪要。这既尊重了当事人的权利，又保证了鉴定的效率。

在法庭质证环节，要求当事人将针对工程造价鉴定意见书的质证问题提纲先行发给鉴定机构，鉴定机构组织工程师草拟答复意见及答复意见的备选方案，供出庭质证的鉴定人员临场决断。这在一定程度上弥补了工程造价司法鉴定人员出庭作证经验不足的缺点，疏解了鉴定人员在庭审中的紧张情绪，保证了鉴定人专业技术水准在质证环节的正常发挥，解决了由此极易产生的发挥失常造成鉴定质量事故问题。

在本项目因工期延期开工造成的人工、材料差价鉴定处理中，处理方式在尊重事实的前提下，结合合同约定和行业政策指导意见，作出供委托人选择的推断性意见；对于停工、窝工索赔和提前竣工奖励，鉴定人在联系单附件真实性存疑的情况下，以及基于设计变更和工程量增加是否增加了关键线路和关键工作上的工程量分析，提出根据庭审裁定再行补充鉴定的处理方式，上述技术处理不仅在索赔方面保障了当事人的诉权，也为后续庭审法官平衡当事人各方之间利益关系，便捷、合理解决纠纷提供了很好的裁决证据依据。

本项目涉及转包施工合同无效，在《中华人民共和国民法典》（以下简称《民法典》）颁布实施后，根据《民法典》第七百九十三条“可以参照合同关于工程价款的约定折价补偿承包人”，本案涉嫌非法转包的实际施工人突破合同相对性，代位向建设单位提出诉讼后，工程计价标准“参照合同约定支付工程价款的，应予支持”应重新审视；另，“提前竣工奖励”是基于建设方业主提前竣工获取效益为前提，而实际施工人以延期开工顺延工期后的合同工期主张提前竣工奖励是否合理？工期延期后是否产生窝工损失以及设计变更导致工程量的增加是否必然导致工期的增加？这些争议焦点处理在法律层面和工程法务工期、造价管理层面，该案例均值得进一步深入探讨，本造价鉴定项目为行业提供了在这些方面很具代表的实践案例。

北京思泰工程咨询有限公司　马玉峰

某公路项目工程造价司法鉴定

——建经投资咨询有限公司

陈永胜　蒋成栋　陈周慧　陆鹏超

一、案情简介

某公路项目由申请人（以下简称某单位 A）中标，并于 2008 年 11 月 5 日签订施工合同，工程路线总长为 4.25km，等级为一级，设计时速为 80km/h。本项目于 2009 年 3 月 18 日开工，2014 年 12 月 31 日竣工。因被申请人（以下简称建设单位 B）政策处理、拆迁未到位，造成场地交付延误。延误工期共计 45.7 个月（2010 年 10 月 18 日至 2014 年 8 月 8 日）。

二、案件争议焦点和造价鉴定难点

（一）案件争议焦点

（1）工期延误期间（2010 年 10 月 18 日—2014 年 12 月 31 日，共计 50.43 个月）项目部管理人员工资损失。

（2）合同期（19 个月）内安全生产费和工期延误期间（2010 年 10 月 18 日—2014 年 12 月 31 日，共计 50.43 个月）安全生产费。

（3）路基实际沉降量和路基沉降土石方工程造价。

（4）工期延误期间（2010 年 10 月 18 日—2014 年 12 月 31 日，共计 50.43 个月），某单位 A 自有的 WJ-500 装载机 1 台、PC-320 挖掘机 1 台、YZ-20 压路机 1 台等机械停置损失（一、二标共用分摊）。

（5）工期延误期间（2010 年 10 月 18 日—2014 年 12 月 31 日，共计 50.43 个月），全套水稳层大型施工机械（全套水稳料搅拌设备）停置损失。

（6）工期延误期间（2010 年 10 月 18 日—2014 年 12 月 31 日，共计 50.43 个月）水稳摊铺碾压设备（摊铺机 2 台、压路机 6 台、自卸车 15 辆左右、洒水车 1 台）增加进出场费用及窝工 / 停置损失。

（7）摊铺机 2 台、压路机 6 台、自卸车 15 辆左右和沥青洒布车 1 台等路面施工机械增加 5 次进出场费用损失。

（8）因公路沉降（指上面层施工前公路沉降情况）造成桥与路基接坡段增加沥青的工程造价，接坡段增加黏层造价，以及上下面层间增加沥青混凝土造价。

（9）项目部管理用房搬迁费用。

（二）造价鉴定难点

（1）工程过程记录较为杂乱，对于关键路径的确定存在一定难度。

（2）施工设备存在与其他标段共用的情况，双方如何合理分摊租赁费用，需按一定标准进行划分。

（3）存在建设单位 B 场地交付延误问题，需将双方责任的时间界限划分清楚。

（4）公路桥梁连接处在上面层施工前存在沉降问题，沥青工程量、接坡段黏层工程量、上下面层间沥青混凝土工程量增加，并且存在费用暂付情况。

（5）对于案件双方（某单位 A 和建设单位 B）提交的证据，相对方皆存在多项异议，反复质证，需要仔细辨别和分析鉴定资料。

（6）工期延误期间，某单位 A 自有机械（如装载机、挖掘机、压路机、水稳料搅拌设备）和租赁设备的进退场问题处理。

（7）如何进行判断与有效处理鉴定过程中的各种问题，需明确工程造价司法鉴定的基础性原则，明确鉴定人与司法裁判人的权责划分。

三、鉴定情况

（一）司法鉴定委托人提供鉴定材料内容

（1）委托人提供的资料。

鉴定委托书、仲裁申请书、开庭笔录、某单位 A 提供的证据（质证意见表证据目录一、二、四）、建设单位 B 提供的证据（质证意见表证据清单目录及补充证据清单）、建设单位 B 的书面质证意见、工程招标文件、投标文件。

（2）某单位 A 提供的资料及建设单位 B 质证意见见表 1。

表 1　某单位 A 提供的证据清单及建设单位 B 质证意见

序号	某单位A证据清单	建设单位B质证意见
1	证据目录（一）：①中标通知书；②施工合同；③开工通知书	证据资料三性无异议
2	证据目录（一）：④政策处理时间表	证据资料三性无异议，证明目的和证明对象异议

续表

序号	某单位A证据清单	建设单位B质证意见
3	证据目录（一）：会议纪要（11 月 6 日、11 月 7 日、12 月 5 日）	11 月 6 日纪要真实性异议；11 月 7 日纪要三性无异议，认为不能证明工期延误；12 月 5 日纪要三性无异议，证明目的、对象异议
4	证据目录（一）：⑤设计滞后统计表、技术联系单及函件复印件 4 份	真实性待确认，关联性异议
5	证据目录（一）：⑥季度消耗及材料差额、关于调整某省公路工程概预算编制人工费单价的通知	价格信息：真实性异议，未见任何单位盖章，没有监理和建设单位 B 确认，无法证明施工期后消耗及损失；文件关联性异议
6	证据目录（一）：⑦延期（费用索赔）申请单	真实性、关联性异议
7	证据目录（一）：⑧问题清单；⑨二标平面示意图；⑩考勤表；⑪ 工资表	真实性异议。认为⑩考勤表与 ⑪ 工资表到岗人员与某单位 A 证据相悖
8	证据目录（一）：⑫ 养老保险证明、聘书	参保证明关联性异议，聘书真实性异议
9	证据目录（一）：⑬ 专用条款 9.2.5、投标文件清单；⑭15 期、16 期计量表；⑮ 安全生产费计算表	⑬⑭ 真实性无异议；⑮ 真实性异议。三组证据证明目的、证明对象异议
10	证据目录（一）：⑯ 土体沉降、水平位移观测记录等；⑰36 期计量表；㉓28 期、29 期计量表	⑯ 有监理签字，真实性予以认可；⑰ 真实性无异议
11	证据目录（一）：⑱ 机械停置统计；⑲ 收据、机械停置费用计算等；⑳ 水稳摊铺设备及人员确认等；㉑ 收据 6 份、沥青摊铺确认 7 份等	真实性不予认可，检验报告部分真实性认可
12	证据目录（一）：㉒2010 年 5 月份例会纪要	真实性无异议，证明目的、证明对象异议
13	证据目录（一）：㉓26 期、27 期计量表及附件	真实性无异议，证明目的、证明对象异议
14	证据目录（一）：㉔ 搬迁费用结算单	真实性无法确定，与建设单位 B 无关
15	仲裁申请	三性无异议
16	证据目录（一）：㉕ 承诺书	真实性无异议
17	补充证据（一）	真实性有异议
18	补充证据（二）	无原件，真实性有异议；有原件，关联性异议
19	证据目录（四）：①中间交验审批表	关联性异议
20	证据目录（四）：② 2012 年 10 月会议纪要	三性无异议，证明目的异议
21	证据目录（四）：③拆迁进度计划表	三性有异议，真实性存疑
22	证据目录（四）：④视频；⑤视频文字	合法性异议，举证手段质疑。偷拍不具有证据效力
23	证据目录（四）：⑥进场设备报验单（土方）；⑦进场设备报验单（水稳）	三性无异议
24	证据目录（四）：⑫2013 年 6、7、8、9 月份会议纪要	三性异议

（3）建设单位B提供的证据清单、质证意见的补充意见及某单位A的质证意见见表2。

表2 建设单位B提供的证据清单及某单位A质证意见

序号	建设单位B证据清单	某单位A质证意见	建设单位B补充意见
1	监理指令单002号	002号监理通知单与事先经监理工程师批准的《总体施工计划》不一致	真实性异议，某单位A未在工程开工前上报总体施工计划
2	第二次工地例会纪要	真实性异议	某单位A未上报用地计划，建设单位B无责任
3	第三次工地例会纪要	征拆工作迟缓影响施工进度	某单位A质证意见有误，征拆迟缓系因某单位A未上报用地计划
4	第四次工地例会纪要	证明目的与3相同，原因及责任均在建设单位B	某单位A对已具备条件的项目未正常动工
5	7月份工地例会纪要	证明目的与3相同，原因及责任均在建设单位B	质证意见与事实不符
6	第六次工地例会纪要	真实性异议，征拆工作迟缓是根本原因	征拆迟缓系因某单位A未上报用地计划
7	第七次工地例会纪要	关联性异议	征拆迟缓系因某单位A未上报用地计划
8	第九次工地例会纪要	证明目的与6相同，原因及责任均在建设单位B	征拆迟缓系因某单位A未上报用地计划
9	6月份工地例会纪要	关联性异议，人员更换与工期延误不存在关联性	某单位A引用会议纪要系为说明施工方施工不规范
10	8月份工地例会纪要	证明目的与6相同，原因及责任均在建设单位B	某单位A引用会议纪要系为说明施工方施工不规范
11	监理指令单003、005、006、007、013、016、017、018号	003、017号指令单证明目的与7相同，关联性异议，005、007、013、016、018号指令单某单位A未对工期造成影响，006号指令单关联性异议，018号指令单函（2013.6.19）相同，拆迁未完成	多次指令单证明某单位A存在各种施工不规范的情形
12	关于工程质量整改有关事宜的函	某单位A及时整改，未对工期造成影响	该证据证明某单位A存在各种施工不规范的情形
13	连接线工程进度函（2011.4.3和2011.3.8）	建设单位B要求不合理	真实性异议，某单位A不配合，“不因此而延误工期”与事实不符
14	函（2013.6.19和2013.7.22）	因施工后出现沉降问题，多次协商后达成阶段性协议	某单位A擅自停工，导致工期延期
15	关于做好某项目路面临时通车有关事项的请示	真实性异议，某单位A未委托第三方进行局部养护维修	某单位A擅自停工，导致工期延期，对于委托第三方进行养护维修，建设单位B提交工程结算书和收款收据两项证据

续表

序号	建设单位B证据清单	某单位A质证意见	建设单位B补充意见
16	连接线工程的函（2014.9.5）	因施工后出现沉降问题，多次协商后达成阶段性协议	真实性异议，某单位A不配合，“不因此而延误工期”与事实不符
17	一、二标段剩余工程施工安排的会议纪要（2014.9.28）	不存在某单位A原因延误工期	某单位A擅自停工，导致工期延期

（4）某单位A提供的证据、建设单位B质证意见及某单位A对建设单位B质证意见的补充意见见表3。

表3　某单位A提供的证据及建设单位B质证意见

序号	某单位A证据清单	建设单位B质证意见	某单位A对质证意见的补充意见
1	证据目录（五）:《两阶段施工图设计》的封面、批准页、本册目录、P130～P135	真实、合法性无异议，关联性有异议，预压期工序与工程延期无关系	预压期是关键工序，需考虑在内
2	证据目录（五）:《某项目工程计量表》（第27期P1和第28期P5）及第27期附件《路基沉降方量计算表》和第28期附件《路基沉降方量计算表》	真实性有异议，无齐全有效的观测资料	按照0.2m计量合理正当，工期延误责任全在建设单位B

（5）建设单位B提供的补充证据、某单位A质证意见见表4。

表4　建设单位B提供的补充证据及某单位A质证意见

序号	建设单位B证据清单	某单位A质证意见
1	补充证据清单:《工程结算书》	真实、合法性无异议，关联性有异议，预压期工序与工程延期无关系；不应该有其他单位介入涉案工程的施工工期延误的责任完全在于建设单位B
2	补充证据清单:《收款收据》	真实、合法性无异议，关联性有异议，预压期工序与工程延期无关系；不应该有其他单位介入涉案工程的施工工期延误的责任完全在于建设单位B

（二）工程造价司法鉴定情况

1. 鉴定过程

（1）收到委托人提交的鉴定委托书及送鉴证据材料目录。

（2）补充证据材料。

（3）出具鉴定意见书初稿，并开始征求当事人双方意见。

（4）收到补充证据、质证意见及初稿意见。

（5）出具正式鉴定意见。

在鉴定过程中，鉴定公司实施了包括资料补充、复核计算、征求意见等，且被认定为必要的鉴定程序。鉴定公司依据某单位A及建设单位B提供的资料，并结合相关造价文件规定进行鉴定。

2. 鉴定依据

（1）送鉴资料：委托人提供的资料：鉴定委托书、仲裁申请书、开庭笔录、某单位A提供的证据（质证意见表证据目录一、二、四）、建设单位B提供的证据（质证意见表清单目录及补充证据清单）、建设单位B的书面质证意见、招标文件、投标文件。

（2）与本工程相适应的《公路工程预算定额》（2003版）及补充定额、综合解释等有关规定文件。

（3）与工期相适应的《公路造价信息》等。

3. 鉴定方法

（1）分析工期延误情况。本次争议主要是建设单位B土地拆迁未到位、某单位A施工延误等原因造成工期延误，依据总体施工计划（第二合同段）、各期会议纪要、政策处理时间统计表、剩余工程安排会议纪要与施工同期记录等主要证据，鉴定公司给出建议性鉴定意见。

由于过程记录较为杂乱，以工期延误主要因素为归因原则，绘出并识别延误后的关键路径，再根据实际进度及计划进度对比，综合确定工期延误时间。

（2）根据证据的质证情况、工期延误情况，分析确定管理人员工资、机械台班闲置、人员窝工、进退场等与工期延误有关的费用，提出选择性鉴定意见。

（3）根据证据质证情况，提出与工期延误无关的选择性或确定性鉴定意见。

4. 鉴定意见

经鉴定：

（1）对工期延误提出建议意见。

（2）对路基实际沉降量、项目部管理用房搬迁费用发表确定性意见。

（3）对其他申请鉴定事项，鉴定方提交供选择性意见，具体由仲裁庭裁量。

具体意见如下：

（1）关键路径上的延误分析意见。

由于建设单位B政策处理、拆迁未到位，一直到2014年4月中旬才最终完成，场地交付影响路基土方工程，与桥梁上部工序之间的4个月左右的自由时差耗尽后，使之由非关键路径成为了关键路径因素，并进而影响底基层、基层及路面工程等关键路径工序，直到最后交工。尽管某单位A施工过程也同时存在延误，与场地交付构成共同延误，但因场地交付时间一直延续到2014年4月中旬（LK1+228-LK1+228未拆迁完成），由建设单位B负责的场地交付构成工期延误主要原因。鉴于底基层、基层施工已在拆迁同时完成大部分工作，沥青路面也已完成部分工作（结合剩余工程安排会议纪要、会议纪要、施工记录），根据分析更新后的施工计划图（如图1所示，路基土方按填方工序示意并标注基本逻辑关系和关键路径，逻辑关系基本并行水泥稳定碎石基层搭接于沥青混凝土下面层之前完成），计划竣工日期相应更新为2014年8月8日。实际竣工日期晚于计划竣工日期145天[①]。建议认定建设单位B因场地交付原因延误工期为45.7个月（2010年10月18日至2014年8月8日）。

① 实际竣工日期晚于计划竣工日期145天应为施工单位责任，承担误期损害赔偿责任。

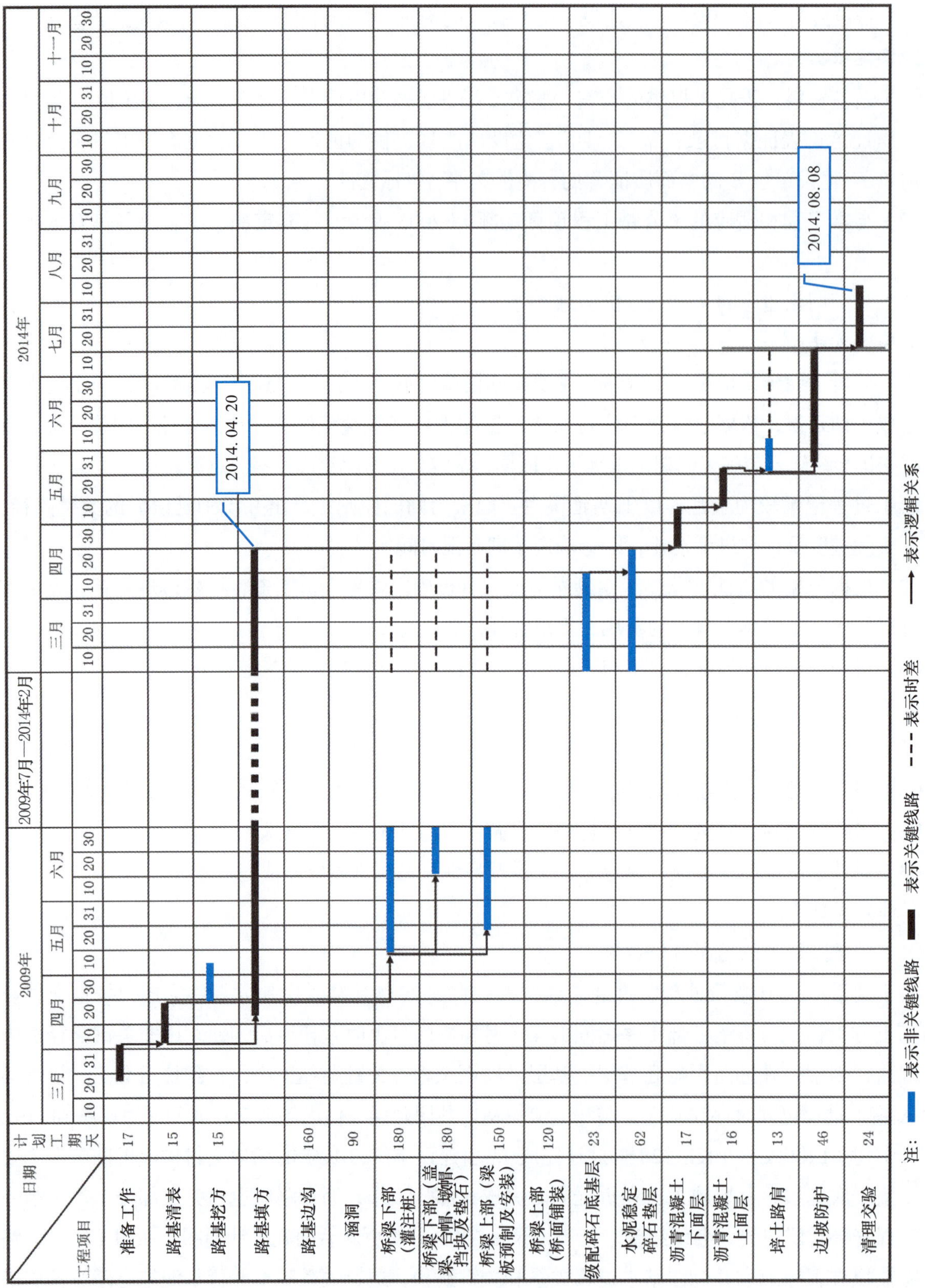

图1 更新后的施工计划

（2）对工期延误期间（2010 年 10 月 18 日至 2014 年 8 月 8 日，共计 45.7 个月）项目部管理人员工资损失提交选择性鉴定意见，见表 5。

方案 1：3382300 元。

方案 2：不认可考勤表、工资表等证据三性，则为 0 元。

表 5　管理人员工资费用统计

序号	时间	费用(元)
1	2010 年 10 月 18 日—2010 年 10 月 31 日	9.85 × 13/31 × 10000 = 41300
2	2010 年 11 月—2012 年 6 月	9.85 × 20 × 10000 = 1970000
3	2012 年 7 月—2012 年 12 月	7 × 6 × 10000 = 420000
4	2013 年 1 月—2013 年 12 月	5.2 × 12 × 10000 = 624000
5	2014 年 1 月—2014 年 7 月	4.5 × 7 × 10000 = 315000
6	2014 年 8 月 1 日—2014 年 8 月 8 日	4.5 × 8/30 × 10000 = 12000
合计		3382300

注：45.7 个月（延误期间：2010 年 10 月 17 日至 2014 年 8 月 8 日）。

（3）合同期（19 个月）内安全生产费和工期延误期间（2010 年 10 月 18 日—2014 年 8 月 8 日，共计 45.7 个月）安全生产费如下：

① 合同期内安全生产费 776819 元（其中 2010 年 12 月—2011 年 3 月的 340915 元已经指挥部确认，余 435904 元未确认），根据专用合同条款 9.2.5 引用的《某省公路水运建设工程安全生产费用管理暂行规定》文件第十二条“安全生产费用实际投入使用少于合同中规定的安全生产费用总额的，建设单位不得支付余额部分的安全生产费用”。未支付余额部分 435904 元不再确认。

② 工期延误期间安全生产费，不受专用合同条款 9.2.5 条约束，应按损失费用赔偿某单位 A，建议性鉴定意见为：

方案 1：按合同规定的安全生产费扣减已支付的余额推算确定为 435904 元。

方案 2：按未提交费用损失证据，则为 0 元。

（4）路基实际沉降量和路基沉降土石方工程造价。实际沉降量应支付承包商，但应提供证据认定，故对有监理签字证据部分提交确定性意见：

第 K5+020、K5+350、K5+540、K5+800、K6+120、K+6+320 标段有监理签字证据资料支撑部分沉降量为：

6432.24−3427.67+1000.01−1057.2+2453.34−1694.67+1960.86−1437.52+1661.51−1317.91+2361.14−2100.96 = 4833.17m^3

未计取路基沉降土石方工程应付为 4833.17 × 37.91 = 183225 元

第 K5+338、K6+680、K5+630、LK0+170、LK0+420、LK0+730、LK1+010 标段无监理签字证据资料支撑，未予确认。

（5）对工期延误期间（2010 年 10 月 18 日—2014 年 8 月 8 日，共计 45.6 个月）某单位 A 自有的 WJ-500 装载机 1 台、PC-320 挖掘机 1 台、YZ-20 压路机 1 台等机械停置损失（一、二标共用分摊）提交为选择性意见，见表6。

方案1：按0.6时间利用系数，机械停置损失费用为502903元。

方案2：不认可机械设备台账相关证据的三性，则为0元。

表6　2010年合同期后至2014年8月8日自有机械停置统计

合同段	单位	机械名称			备注
		PC-320挖掘机	WJ-500装载机	YZ-20压路机	
一	台班	170.68	231.7	424.65	附后说明3
二	台班	143.06	190.29	388.4	附后说明3
合计	台班	313.74	421.99	813.05	合同期后一、二标合计使用机械台班
正常停置时间	台班	209.16	281.33	542.03	按施工组织设计取时间利用系数0.6
总时长	台班	1374	1374	1374	平均时间为2010年11月3日开始
停置时间	台班	851.1	670.68	18.92	为空置现场的台班
停置单价	元/台班	465.19	655.08	536.11	含机械台班不变费用和人工费
停置金额	元	395923	439351	10141	
总计	元	845415			
第一合同段摊销		342512			
第一合同段摊销		502903			说明见表注

注：1. 以上机械为自有机械，由于政策处理等原因导致机械窝工，根据本工程的特点，为减少停工损失，与相邻标段共用以上土石方机械，故停置费用由两个标段单位分摊。

2. 第一合同段合同工期为2010年11月17日，第二合同段合同工期为2010年10月17日，为计算方便，平均按2010年11月3日开始计算机械停置费，2010年停置天数为59天，2011—2013年为365天，2014年为220天（2014年8月8日），合计1374天。

3. 使用台班为合同期后完成工程量除以部颁定额JTG/T B06—02—2007消耗量。

4. 按一标段延误36个月、二标段延误45.7个月在两个标段间按时间比例分摊。

（6）对工期延误期间（2010年10月18日—2014年8月8日，共计45.7个月）全套水稳层大型施工机械（全套水稳料搅拌设备）停置损失提交的鉴定意见为选择性意见，见表7。

方案1：全套水稳料搅拌设备停置损失为322613元。

方案2：不认可机械租赁合同、空置确认表等相关证据的三性，则为0元。

表 7　2010 年合同期后至 2014 年 10 月 18 日租赁机械停置费用计算

序号	空置时间	单位	WCB300 水稳料搅拌设备		备注
			确认数量(个)	合计(个)	
1	2010 年 11 月 3 日—2011 年 1 月 13 日	台班	72	1163	见确认表（省略）
2	2011 年 1 月 30 日—2011 年 7 月 4 日	台班	155		见确认表
3	2011 年 8 月 13 日—2012 年 6 月 30 日	台班	322		见确认表
4	2012 年 8 月 28 日—2012 年 11 月 30 日	台班	95		见确认表
5	2012 年 12 月 19 日—2013 年 1 月 11 日	台班	24		见确认表
6	2013 年 1 月 28 日—2013 年 7 月 16 日	台班	170		见确认表
7	2013 年 8 月 3 日—2014 年 6 月 22 日	台班	325		见确认表
8	2014 年 7 月 1 日—2014 年 10 月 18 日	台班	0		见确认表
总停置时长		月		38.77	按 30 天为 1 月
停置单价		元 / 月		15000	见补充合同
停置费用		元		581500	
第一合同段摊销（元）			258887		说明见表注
第二合同段摊销（元）			322613		

注：1. 以上机械为租赁机械，由于政策处理等原因导致机械窝工，根据本工程的特点，两个标段共用水稳料搅拌机械减少施工成本，故停置费用两个单位分摊。按一标段延误 36 个月、二标段延误 45.7 个月在两个标段间分摊。

2. 为计算方便，开始停置时间为 2010 年 11 月 3 日，查停置时间确认表最后停置时间为 2014 年 10 月 18 日。晚于 2014 年 8 月 8 日后的施工（第 4 段施工时间为 2014 年 10 月 19 日—2014 年 11 月 6 日）造成的停置时间（对应停置时间为 2014 年 7 月 1 日—2014 年 10 月 18 日，共计 120 台班）不再计算。

（7）对工期延误期间（2010 年 10 月 18 日—2014 年 8 月 8 日，共计 45.7 个月）水稳摊铺碾压设备（摊铺机 2 台、压路机 6 台、自卸车 15 辆左右、洒水车 1 台）增加进出场费用及窝工（停置）损失提交选择性意见，见表 8。

方案 1：认可证据清单中的收据、延误台班记录等证据，按市场价扣除合同所含一次进退场费则为 388000-10000 ＝ 378000 元。

方案 2：认可证据清单中的收据、延误台班记录等证据，按定额价则为 181420+40000（进退场）= 221420 元。

方案 3：认可延误事实，只依照证据清单中的进场费收据，认可部分进场费用，认定窝工及机械台班属于正常停滞、某单位 A 管理及合理控制停工损失问题，则为 40000 元（未认可合同价所含进退场费一次）。

表 8　第二合同段水稳施工间隙机械、人工损失统计

序号	名称	单位	数量	分次统计							预算单价（元）	市场单价（元）	预算金额（元）	市场金额（元）	备注（实际使用机械）
				第2次进场	第3次进场	第4次进场	第5次进场	第6次进场	第7次进场	第8次进场					
1	摊铺机	台班	66	0	0	50	0	0	0	16	1373.09	3000	90623.94	198000	9.5m
2	单光轮压路机	台班	50	0	0	50	0	0	0	16	388.14	500	19407	25000	20t
3	胶轮压路机	台班	50	0	0	50	0	0	0	16	464.65	800	23232.5	40000	30t
4	人工	工日	625	0	0	625	0	0	0	200	77.05	200	48156.25	125000	
5	合计												181420	388000	

注：第 8 次进场 2014 年 8 月 8 日后空置时间（2014 年 10 月 22 日—2014 年 10 月 25 日、2014 年 10 月 29 日—2014 年 11 月 1 日）不予计算。

（8）对摊铺机 2 台、压路机 6 台、自卸车 15 辆左右和沥青洒布车 1 台等路面施工机械，增加进出场费用损失提交选择性鉴定意见：

方案 1：由于合同价中已各含进退场费一次，因场地交付延误造成的沥青路面分段施工增加的进场次数为 8-2 = 6 次，两标段分摊费用为：（8-2）× 50000/2 = 150000 元。

方案 2：不认可证据清单中的收据、确认单、补充合同相关证据的三性，则为 0 元。

（9）经核对，对因公路沉降（指上面层施工前公路沉降情况，已预付 70%，补充协议约定最终支付比例由仲裁根据责任分担比例裁定）造成桥与路基接坡段增加沥青的工程造价、接坡段增加黏层造价以及上下面层间增加沥青混凝土造价提交选择性鉴定意见：

方案 1：支付全部剩余部分（30%）：453739 元（沥青碎石 2951.96 × 30% × 340 = 301099.92 元；AC-13 沥青混凝土 1120.08 × 30% × 454.25 = 152638.90 元，只计 30% 部分）。

方案 2：支付剩余部分 1512463 × x%（沥青碎石 2951.96 × x% × 340 = 301099.92 元；AC-13 沥青混凝土 1120.08 × x% × 454.25 = 152638.90 元，x 为 0 ～ 30）。

方案 3：扣回已暂付部分 1512463 × x%（沥青碎石 2951.96 × x% × 340 = 301099.92 元；AC-13 沥青混凝土 1120.08 × x% × 454.25 = 152638.90 元，x 为 0 ～ 70）。

值得注意的是，上述 x 为补充协议约定仲裁裁定的责任百分比例数。

（10）对项目部管理用房搬迁费用提交确定性鉴定意见：搬迁费用为某单位 A 与分包商的结算单，无证据证明与建设单位 B 有关。确定搬迁费用为 0 元。

综上，汇总形成鉴定意见，见表 9。

表 9　鉴定汇总

序号	项目名称	确定性意见(元)	选择性意见(元)		
			方案1	方案2	方案3
1	延误期间管理人员工资		3382300	0	
2	合同期内安全生产费及延误期间安全生产费		435904	0	
3	路基沉降土石方	183225			
4	装载机、挖掘机等自有停置设备		502903	0	
5	全套水稳搅拌机械停置		322613	0	
6	水稳摊铺进场及停置		378000	221420	40000
7	全套沥青摊铺进出场		150000	0	
8	上、下面层增加沥青混凝土		453739	1512463 × x%（x 由仲裁在 0 ～ 30 之间确定）	扣回 1512463 × x%（x 由仲裁在 0 ～ 70 之间确定）
9	项目部管理用房搬迁费用	0			
小计		183225			

（三）案件当事人对工程造价司法鉴定意见异议问题

对于某年 5 月 23 日仲裁委员会开庭结果，建设单位 B 提出异议：根据证据中的施工生产情况，工期延误期间某单位 A 自有及租赁的设备都存在长时间停滞不用情况，可对其进行进退场处理，并与现场实际机械窝工产生的停滞费用进行对比，再确定最终赔付金额。

四、出庭作证情况

本案于某年 5 月 23 日开庭，鉴定组成员出席说明鉴定过程及依据，并接受质证，各方对鉴定初稿并无具体意见，建设方提出在租赁的设备存在长时间停滞不用情况时，可对其进行进退场处理以减少损失。

五、心得体会

（1）建设工程工期是承包人依据工程技术规范及其施工经验编制的并经发包人批准的施工进度计划，按照特定的工艺流程和组织关系严格有序地完成全部分部分项工程所需要的期间。进度计划一般包括甘特图（横道图）、网络进度计划等，较为完善的建设项目一般采用网络进度计划，比较简单的则采用横道图。我国投标文件、开工报告中经审批的施工进度计划一般都比较简单，且缺乏更详细的二级、三级等更深的进度计划；且目前大多数项目管理过程中也不进行更新，无法做很精准的工期延误分析。根据会议纪要、施工过程记录，只能还原部分工序实际进度，无法采用“视窗”分析技术进行准确界定。

（2）本次鉴定采用时间影响分析法，依赖更新的基线进度计划，通过添加延误事件影响，计算出延误事件对基线进度计划预计完工日期的影响，通过比较前后网络计划完工日期的方式确定延误事件对工期的影响。在施工进度计划延误分析中，甘特图（横道图）一般可以进行较为粗略的逻辑关系分析，判断分部分项工程是否处于关键线路上，构成关键工作，而另一些分部分项工程则处于非关键线路上，属于非关键工作。本案例就是基于开工报告中的横道图，经分析后补充了逻辑关系，确定了基本的关键路径，把经延误并消耗自由时差后的非关键路径上升为关键路径，并考虑部分分部工程的实际组织施工情况后修改了搭接关系，重新确定工期，从而确定了延误工期。

（3）同期延误指导致延误事件，在同一时间发生 2 起或以上，且分别涉及业主和承包商的责任，共同对竣工日期延误造成影响，从而形成复杂的延误情形。发生较长时间的延误，一般同时会伴随着同期延误的同期影响，施工方延误与业主延误往往会交错发生、互相影响，导致各方责任难以准确判断，双方互相扯皮，难以调和。本案例采用了主要原因法进行了归责，并秉持“承包商的延误不能减少因业主延误造成的工期延长补偿”原则进行了工期延误鉴定。

（4）工期延误索赔的通病是过程记录往往不够全面、准确，不仅影响对施工过程或关键时间点的复原，也大大增加鉴定的难度和工作量。特别是在证据“三性”质证过程中，由于法律专业与造价专业的鸿沟巨大，证据数量过于繁多，司法裁判人缺乏对哪些证据是工期延误鉴定或费用索赔鉴定所必需的深刻认识，往往只进行了形式性的质证过程，并未对证据的真实性、合法性，特别是对关联性作出认定，导致造价鉴定人按规范只能做多种可能的选择性鉴定，并且一定程度上必须代替司法裁判人做了关联性的证据认定，有时甚至不得不隐含证据真实性、合法性的认定，致使鉴定人与司法裁判人存在一定的错位现象。

专家点评

在建设工程管理中，工期延误是一个大概率事件，往往在延误事件发生后建设方、施工方均对工期计划更新不及时，双方当事人对工期延误责任及延误天数的签证办理更不及时，无法做到精准的工期延误分析。另外，在施工过程中因各种同期延误事项交错发生、互相影响、错综复杂，导致各方责任难以准确判断，双方互相扯皮，最后在工程结算阶段矛盾不可调和爆发争议。因此，涉及工程工期延期责任的诉讼或仲裁案件，多具有建设工程施工周期长、施工工序繁、涉及主体多的特点，较难直接认定工期延期的责任承担主体，当事人对造成工程工期延期的原因、责任和延误经济索赔的计算也往往存在争议，这也成为司法裁决工作的疑难点。法律裁决需要有专业的鉴定人对工期延误进行评估和量化，确定工期延期的天数、延期的原因及责任承担主体应承担的违约金、损失的数额，故工期争议纠纷从性质来讲本质还是属于工程经济纠纷。虽然目前法律、行政法规并未对工期鉴定机构的资质作出相关规定，根据《中华全国律师协会律师办理建设工程法律业务操作指引》第5.6.3.2条“……但由于工期鉴定一般牵涉工期延期后应承担的违约金、损失赔偿的数额，故以委托具有工程造价咨询资质的机构进行鉴定为宜”，目前，在大多数造价司法鉴定项目中，由于工期延误而引发的经济索赔问题也是大多数造价鉴定人遇到的普遍问题。本案例为高效、准确处理工期延误索赔鉴定提供了良好的借鉴。

在工期延误鉴定中，双方当事人提供材料的真实性、合法性、关联性必须得到当事人和庭审法官（仲裁员）确认有效，才能用来作工期鉴定，鉴定机构或鉴定人一般不对材料的真实性、合法性进行判断。本鉴定项目工期延误时间长、工程过程记录较为杂乱、证据种类和数量繁多，不仅影响对施工过程或关键时间点的复原，也大大增加鉴定的难度和工作量。鉴定人在对鉴定资料质证的环节，对案件双方（某单位A和某建设单位B）提交的证据和补充证据资料，反复质证，并编制了质证意见表，提前为鉴定人辨别和分析鉴定资料做好充分准备，这种受鉴资料的处理方式在一定程度上可以减少鉴定人必须代替司法裁判人做证据三性认定的错位现象。

一般工期延误有实际进度与计划对比法、计划影响分析法、时间影响分析法、影响事件剔除法以及视窗分析等评估技术方法。本项目鉴定采用时间影响分析法，通过分析、添加延误影响事件，更新基线进度计划，计算出延误事件对基线进度计划预计完工日期的影响，再通过比较前后网络计划完工日期的方式确定延误事件对工期的影响，得出工期实际延误天数，同时通过因果关系分析，解决责任归属问题。工期延误鉴定技术评估逻辑清晰，处理思路简明，在关键线路分析中明确了如桥梁上部工序之间的4个月左右的自由时差等总时差的影响计算，易于被双方当事人接受，也更符合国内建设工程项目管理的实际现状。

作为第三方的鉴定机构，由于信息严重不对称，不能掌握工程全部的所需证据，在本项目对工期延误期间安全生产费、机械进出场费用及窝工（停置）损失等索赔费用鉴定中，也根据双方当事人提交证据的真实性、合法性和关联性质证情况，按规范提交了多种可能的选择性鉴定意见，供开庭和评议对鉴定意见进行取舍，不仅规避了业务风险，也保障了鉴定人鉴定结果的公平、公正。

北京思泰工程咨询有限公司　马玉峰

对某脱贫小区建设工程停工损失及预期可得利益损失司法鉴定

——中晨工程咨询有限公司

周子义　王波　周柯生

一、案情简介

某建设工程有限公司（以下简称承包人）与某城镇建设开发有限公司（以下简称发包人）签订了一份建设工程施工合同，由承包人施工某脱贫小区建设项目 1 号楼、2 号楼、3 号楼（以下简称受鉴项目）。由于发包人一直未处理好受鉴项目的建设土地的征用问题，1 号楼施工期间停工多次。受鉴项目 1 号楼竣工后，因受鉴项目土地征用问题未解决，2 号楼和 3 号楼无法继续施工，致使受鉴项目一直处于停工待工状态。由于承包人与发包人未就受鉴项目停工损失赔偿协商达成一致，从而导致诉讼。承包人向法院申请对受鉴项目的停工损失及预期可得利益损失进行鉴定。人民法院委托鉴定机构对受鉴项目停工损失及预期可得利益损失进行鉴定。

二、案件争议焦点和造价鉴定难点

本案争议焦点是由于发包人违约，造成受鉴项目后面二幢不能按约施工，承包人向法院提起诉讼，要求发包人赔偿停工损失和预期可得利益损失。

本案鉴定的难点：①停工损失由哪几部分组成；承包人不能提供的鉴定资料如何鉴定。②预期可得利益损失鉴定的依据是什么；如何确定预期可得利益损失。

三、鉴定情况

（一）司法鉴定委托人提供鉴定材料内容

（1）发包人与承包人签订的建设工程施工合同（1999 版示范合同）。

（2）受鉴项目投标书的技术标书。

（3）受鉴项目投标书 2 号楼、3 号楼的商务标书。

（二）工程造价司法鉴定情况

1. 鉴定过程

（1）熟悉案情和案卷资料，根据鉴定事项的鉴定要求，通过法院要求当事人补充鉴定资料。

（2）在法院法官组织下，鉴定机构鉴定人会同发包、承包双方代表进行现场勘验，查明工程情况，并要求双方就鉴定事项提交相关证据。

（3）根据法院委托的鉴定事项，确定鉴定依据和鉴定技术路线。

（4）出具鉴定的征求意见稿，通过法院向发包、承包双方提交征求意见稿。

（5）根据发包、承包双方对征求意见稿的异议，进行答复或解释，出具正式鉴定意见。

（6）应当事人申请，出庭作证接受对鉴定意见的质询。

2. 鉴定依据

（1）发包人与承包人签订的建设工程施工合同（1999 版示范合同）。

（2）《建设工程项目管理规范》（GB/T 50326—2006）。

（3）受鉴项目投标书的技术标书。

（4）受鉴项目投标书 2 号楼和 3 号楼的商务标书。

（5）施工机械台班费用定额。

（6）建设工程施工费用定额。

3. 鉴定方法

1）停工损失鉴定

（1）发包人与承包人签订的建设工程施工合同通用条款第 8.1 条约定："发包人按专用条款约定的内容和时间完成以下工作：办理土地征用、拆迁补偿、平整施工场地等工作，使施工场地具备施工条件，在开工后继续负责解决以上事项遗留问题；……"

专用条款第 8.1 条约定："发包人应按约定的时间和要求完成以下工作：施工场地具备施工条件的要求及完成时间：开工前 7 天提供符合施工要求的施工场地；……"

通用条款第 35.1 条第（4）项约定："发包人不履行合同义务或不按合同约定履行义务的其他情况。发包人承担违约责任，赔偿因其违约给承包人造成的经济损失，顺延延误的工期。"

（2）受鉴项目因土地征用问题未解决，发包人未能按合同的约定提供符合施工要求的施工场地，导致 1 号楼在施工过程中发生间断性停工，2 号楼和 3 号楼无法开工建设，应由发包人承担违约责任，赔偿因其违约给承包人造成的停工损失。

（3）受鉴项目因发包人未能按合同约定的要求提供符合施工要求的施工场地，导致承包人停止施工。承包人的停工损失费用应包括：承包人施工人员人工损失费用；停工期间施工机械停滞台班费；承包人为完成受鉴项目所投入的安全文明施工设施的摊销费用；承包人为完成受鉴项目租赁的施工机械和施工器材的租赁费用。

（4）鉴定机构根据鉴定事项，要求承包人提供项目部管理人员和施工人员的工资发放证据、施工机械的租赁合同，以进行停工损失的鉴定。承包人发函法院，因客观原因不能自行收集鉴定机构需要的相关鉴定资料，根据法律的规定，请求法院调查收集鉴定机构所需的鉴定资料。因建设工程鉴定资料的专业性较强，法院要求鉴定机构指派鉴定人员协助法院调查收集本案有关的鉴定资料。

（5）安全文明施工设施是为在建工程全项目全过程使用的，受鉴项目未施工部分的安全文明施工设施费用应按比例摊销。按照客观、公平、合理的原则，和受鉴项目2号、3号楼未施工的实际情况，本鉴定机构以承包人投标书商务部分（施工合同的有效组成部分）中2号、3号楼按《某省建设工程施工费用定额》规定费率确定的安全文明施工费，来计算受鉴项目未施工部分安全文明施工设施费用的摊销。

（6）根据承包人投标书的技术部分（施工合同的有效组成部分）施工组织设计中对受鉴项目项目部的组成人员及数量，以法院根据承包人申请调查收集的证据，向随机抽取的三家施工企业询价得到的项目部组成人员工资标准的平均值，比照承包人在索赔报告中载明的相应人员的工资标准从低确认，作为受鉴项目2号、3号楼停工损失中承包人项目部组成人员人工损失费用的鉴定依据。

（7）根据承包人投标书的技术部分（施工合同的有效组成部分）施工组织设计中在基础工程施工阶段安排的各工种工人数量，以法院根据承包人申请调查收集的证据，向随机抽取的三家施工企业询价得到的员工工资标准的平均值，比照承包人在索赔报告中载明的相应人员的工资标准从低确认，作为受鉴项目停工损失中承包人施工工人人工损失费用的鉴定依据。

（8）根据承包人投标书的技术部分（施工合同的有效组成部分）施工组织设计安排进场的施工机械设备（机具）品种及数量，施工机械（机具）的停滞费执行《某省施工机械台班费用定额》和以法院根据承包人申请调查收集的证据，对租赁机械设备（机具）出租人询价得到的机械设备（机具）日租赁价格，作为受鉴项目停工损失中停工期间施工机械（机具）停滞费的鉴定依据。

2）受鉴项目未施工部分预期可得利益鉴定

（1）承包人预期可得利益指在施工过程中，因发包人擅自解除或因发包人责任而解除建设工程施工合同，承包人主张的合同正常履行后可以获得的经营利益。

（2）承包人在施工项目开工前就为施工的整个项目保质按时完工做了充分准备。发包人擅自解除或因发包人责任而解除建设工程施工合同，构成严重违约，使承包人遭受了损失。发包人的违约行为与承包人遭受的损失存在因果关系，并且发包人的违约行为没有免责事由。因此，发包人擅自解除或因发包人责任而解除建设工程施工合同的违约行为，应承担违约责任，对承包人遭受的损失进行赔偿。

（3）《中华人民共和国合同法》第一百一十三条规定：“当事人一方不履行合同义务或者履行合同义务不符合约定，给对方造成损失的，损失赔偿额应当相当于因违约所造成的损失，包括合同履行后可以获得的利益，但不得超过违反合同一方订立合同时预见到或者应当预见到的因违反合同可能造成的损失。”《最高人民法院关于当前形势下审理民商事合同纠纷案件若干问题的指导意见》第9条规定：“在当前市场主体违约情形比较突出的情况下，违约行为通常导致可得利益损失。根据交易的性质、合同的目的等因素，可得利益损失主要分为生产利润损失、经营利润损失和转售利润损失等类型。”施工单位的可得利益损失属于经营利润损失。

（4）建设单位擅自解除或因建设单位责任而解除建设工程施工合同后，施工单位主张工程未施工部分可得利益的赔偿应当是可以确定的。施工单位所主张的可得利益，相当于未施工部分工程如在正常施工完毕后可获得的利润。如前所述，建设单位承担擅自解除或因其责任解除建设工程施工合同的违约责任，应向施工单位赔偿损失，不仅要赔偿施工单位已完工程的损失，还要赔偿可得利益的损失。根据《中华人民共和国合同法》第一百一十三条的立法本意，可得利益必须是纯利润，可得利益损失是指施工单位因建设单位违约而遭受的预期纯利润的损失。

（5）住房城乡建设部、财政部发布的《建筑安装工程费用项目组成》（建标〔2013〕44号）规定："建筑安装工程费按照费用构成要素划分：由直接费（人工费、材料费、施工机具使用费）、间接费（企业管理费、规费）、利润和税金组成。……利润，是指施工企业完成所承包工程获得的盈利。"施工单位完成所承包工程获得的利润，是建筑安装工程造价的组成部分，可按照当地建设行政主管部门在施工合同履行期间发布的计价依据（定额）规定的利润费率计取。另外，施工单位在投标预算的造价费用中，一般都列明了利润，发包人在签订施工合同时，对承包人完成工程可获得的利润也是知晓明了的（应当预见到的）。

（6）按照客观、公平、合理的原则和受鉴项目2号、3号楼未施工的实际情况，鉴定机构以承包人投标书的商务部分（施工合同的有效组成部分）中2号、3号楼按《某省建设工程施工费用定额》（2010版）规定费率确定的利润，来计算受鉴项目未施工部分2号、3号楼的预期可得利益。

4. 鉴定意见

1）承包人2号楼、3号楼停工损失费用鉴定中，对项目部组成人员的人工费用损失鉴定，按每月的损失费进行鉴定。实际停工时间（月数）的确定从而计算总损失费用，由法院在查明案件事实的基础上裁判确定。2号、3号楼停工期间项目部组成人员每月的人工损失费为76601元。

2）承包人2号楼和3号楼停工损失费用鉴定中，对现场等待施工的工人人工费用和机械设备（机具）停滞费用，按每天的损失费进行鉴定。实际停工时间（天数）的确定从而计算总损失费用，由法院在查明案件事实的基础上裁判确定。

（1）2号楼、3号楼停工期间现场等待施工的工人一天的人工损失费为35314元。

（2）2号楼、3号楼停工期间机械设备（机具）一天的停滞费为28109元。

3）受鉴项目未施工部分2号、3号楼的安全文明施工设施费用的摊销费用为96923元。

4）受鉴项目未施工部分2号、3号楼的预期可得利益为130743元。

（三）案件当事人对工程造价司法鉴定意见异议问题

1. 发包人就司法鉴定意见提出的异议

（1）在施工1号楼过程中，没有造成原告停工的事实，故鉴定征求意见稿作出1号楼停工35天的该项损失是没有事实和法律依据的。原告向人民法院提起诉讼的民事诉状和开庭审理陈述中所提出停工造成损失的是2号、3号楼，也没有提出1号楼有停工损失之事实。在原告在法院审理过程中所提交的证据交换质证中，并没有证据和理由来证实1号楼有停工损失。

（2）2号、3号楼停工期间项目部组成人员每月的人工损失费用为人民币81101元，计算是没有依据的。被告认为，原告明知2号、3号楼停止施工，根本就没有安排项目部人员。

（3）现场等待施工的工人人工费用按每天 36012 元计算是没有事实依据的，2 号楼停工期间工人一天人工损失费用计算表是原告编制的。

（4）2 号、3 号楼未动工，根本无设备进场，故不存在损失，不能按理论依据来推算。机械设备（机具）停滞费用，按每天的损失费 28109 元计算是不能成立的。因事实上原告根本没有任何设备搬运到 2 号、3 号楼工地上，哪有该项的设备损失？

（5）原告没有投入安全文明施工设施。2 号、3 号楼没有开始施工，根本不存在损失，所以不应列入损失鉴定范围。未施工部分 2 号、3 号楼的安全文明施工设施费用的摊销费用为 96923 元是没有证据支持的。

（6）鉴定公司确定受鉴项目未施工部分 2 号、3 号楼的预期可得利益的利润为人民币 130743 元是没有依据的，理由是：①可得利益不在停工损失范围；②原告没该项诉讼请求；③法院委托鉴定也没有该项鉴定内容。为此，被告认为其可得利益之利润不应列入停工损失。

2. 承包人就司法鉴定意见提出的异议

（1）鉴定机构应作出具体明确的受鉴项目停工损失的费用，而不能只是作出项目部组成人员每月的损失费、现场等待施工的工人人工费用和机械设备（机具）停滞费用每天的损失费这样不确定性的鉴定意见。

（2）司法鉴定意见确定的受鉴项目未施工部分 2 号、3 号楼的安全文明施工设施摊销费用偏低。

（3）司法鉴定意见确定的受鉴项目未施工部分的预期可得利益偏低。

（4）司法鉴定意见漏算了承包人已支付的为保障受鉴项目顺利进行的各项保险费用。

四、出庭作证情况

1）鉴定机构向法院出具司法鉴定意见后，当事人对司法鉴定意见有异议，向法院提出鉴定人出庭作证申请。法院正式通知鉴定机构指派相关鉴定人出庭。

2）对发包人异议的回答：

（1）异议一：在施工 1 号楼过程中，没有造成原告停工的事实，故鉴定征求意见稿作出 1 号楼停工 35 天的该项损失是没有事实和法律依据的。原告向人民法院提起诉讼的民事诉状和开庭审理陈述中所提出停工造成损失的是 2 号、3 号楼，也没有提出 1 号楼有停工损失之事实。在原告在法院审理过程中所提交的证据交换质证中，并没有证据和理由来证实 1 号楼有停工损失。

鉴定人答复：①承包人向人民法院提交的民事起诉状和鉴定申请书均记载：经招标投标，发包人和承包人就受鉴项目签订建设工程施工合同后即组织施工。开工后，受鉴项目所在的村庄的村民到施工现场阻扰施工造成承包人停工，承包人及时将工地因村民阻扰造成停工的情况报给发包人和参与该工程施工建设的监理公司。②在法院法官组织下，鉴定机构鉴定人员会同承包人代表和发包人代表及监理公司代表对受鉴项目进行了勘验，参加勘验各方到场人员均签字确认的现场勘验记录载明：承包人陈述：1 号楼施工期间，因发包人原因停工多次，停工时间为 3 天或 12 天不等。③诉讼期间，承包人向法院提交了 1 号楼停工情况说明，主张 1 号楼各时间段共停工 35

天。发包人对承包人提交的1号楼停工情况说明提出异议。④综上所述，发包人认为的在施工1号楼过程中，没有造成原告停工事实；承包人在民事诉状和开庭审理的陈述和提交的证据中并没有提出1号楼有停工损失，与事实不符。⑤由于发包人对承包人向法院提交的1号楼停工情况说明存疑，鉴定机构将1号楼停工损失费用鉴定单列，对1号楼人工费用和机械设备（机具）停滞费用，按每天的损失费进行鉴定，实际停工时间（天数）的确定从而计算总损失费用，由法院在查明案件事实的基础上裁判确定，符合建设工程司法鉴定的程序规定，并无不妥。

（2）异议二：2号、3号楼停工期间项目部组成人员每月的人工损失费用为人民币81101元，计算是没有依据的。被告认为，原告明知2号、3号楼停止施工，根本就没有安排项目部人员。

鉴定人答复：①《建设工程项目管理规范》（GB/T 50326—2006）第5.2.3条规定："项目经理部应在项目启动前建立，并在项目竣工验收、审计完成后或按合同约定解体。"因此，在本案中受鉴项目的项目部应按合同约定解体。在受鉴项目的施工合同终止履行或解除合同前，项目部项目经理、项目技术负责人和项目部七大员（施工员、质量员、安全员、测量员、材料员、资料员、预算员）不能转移到施工单位的其他项目上去工作。②发包人与承包人签订的建设工程施工合同（1999版）第一部分协议书第六条约定：组成本合同的文件包括：a. 本合同协议书；b. 中标通知书；c. 投标书及其附件；d. 本合同专用条款；e. 本合同通用条款；f. 标准、规范及有关技术文件；g. 图纸；h. 工程量清单；i. 工程报价单或预算书。双方有关工程的洽商、变更等书面协议或文件视为本合同的组成部分。③根据承包人投标书的技术部分（施工合同的有效组成部分）施工组织设计中对受鉴项目项目部的组成人员及数量，以法院根据承包人申请调查收集的证据，向随机抽取的三家施工企业询价得到的项目部组成人员工资标准的平均值，作为受鉴项目2号、3号楼停工损失中承包人项目部组成人员人工损失费用的鉴定依据。因此，司法鉴定意见中2号、3号楼停工期间项目部组成人员每月的人工损失费用为人民币81101元，有理有据，符合法规的规定。④鉴定机构进行承包人2号楼、3号楼停工损失费用鉴定，对项目部组成人员的人工费用损失，按每月的损失费进行鉴定，实际停工时间（月数）的确定从而计算总损失费用，由法院在查明案件事实的基础上裁判确定，符合建设工程司法鉴定的程序规定，并无不妥。

（3）异议三：现场等待施工的工人人工费用按每天36012元计算是没有事实依据的，2号楼停工期间工人一天人工损失费用计算表是原告编制的。

鉴定人答复：①受鉴项目1号楼竣工后，因受鉴项目征用土地问题未解决，2号楼和3号楼无法继续施工，致使受鉴项目一直处于停工待工状态。因此，基础工程施工阶段的施工工人在施工现场等待2号楼和3号楼开始施工。②根据承包人投标书的技术部分（施工合同的有效组成部分）施工组织设计中在基础工程施工阶段安排的各工种工人数量，以法院根据承包人申请调查收集的证据，向随机抽取的三家施工企业询价得到的员工工资标准的平均值，作为受鉴项目停工损失中承包人施工工人人工损失费用的鉴定依据。因此，征求意见稿中，2号、3号楼停工期间现场等待施工的工人一天的人工损失费为36012元，有理有据，符合法规的规定。③本鉴定机构进行承包人2号楼、3号楼停工损失费用鉴定，对现场等待施工的工人人工费用，按每天的损失费进行鉴定，实际停工时间（天数）的确定从而计算总损失费用，由法院在查明案件事实的基础上裁判确定，符合建设工程司法鉴定的程序规定，并无不妥。

（4）异议四：2号、3号楼未动工，根本无设备进场，故不存在损失，不能按理论依据来推算。机械设备（机具）停滞费用，按每天的损失费28109元计算是不能成立的。因事实上原告根本没有任何设备搬运到2号、3号楼工地上，即不存在该项的设备损失。

鉴定人答复：①受鉴项目1号楼竣工后，因受鉴项目征用土地问题未解决，2号楼和3号楼无法继续施工，致使受鉴项目一直处于停工待工状态。因此，在1号楼施工期间进场的机械设备（机具）在施工现场等待2号楼和3号楼开始施工。②根据承包人投标书的技术部分（施工合同的有效组成部分）施工组织设计安排进场的施工机械设备（机具）品种及数量，施工机械（机具）的停滞费执行《某省施工机械台班费用定额》（2010版）和以法院根据承包人申请调查收集的证据，对租赁机械设备（机具）出租人询价得到的机械设备（机具）日租赁价格，得承包人2号、3号楼停工期间施工机械（机具）一天的停滞费为28109元，有理有据，符合法规的规定。③本鉴定机构对承包人2号楼和3号楼进行停工损失费用鉴定，对现场等待施工机械设备（机具）停滞费用，按每一天的损失费进行鉴定，实际停工时间（天数）的确定从而计算总损失费用，由法院在查明案件事实的基础上裁判确定，符合建设工程司法鉴定的程序规定，并无不妥。

（5）异议五：原告没有投入安全文明施工设施，2号、3号楼没有开始施工，根本不存在损失，所以不应列入损失鉴定范围。未施工部分2号、3号楼的安全文明施工设施费用的摊销费用为96923元是没有证据支持的。

鉴定人答复：①安全文明施工设施是在受鉴项目开工前建设完备的，是为在建工程全项目全过程使用的。受鉴项目1号楼竣工后，因发包人受鉴项目征用土地问题未解决，2号楼和3号楼无法继续施工，致使受鉴项目一直处于停工待工状态，发包人存在违约行为。根据《中华人民共和国合同法》第113条的规定，承包人的损失应由发包人赔偿，受鉴项目未施工部分的安全文明施工设施费用应按比例摊销。②按照客观、公平、合理的原则和受鉴项目2号、3号楼未施工的实际情况，本鉴定机构以承包人投标书的商务部分（施工合同的有效组成部分）中2号、3号楼按《某省建设工程施工费用定额》（2010版）规定费率确定的安全文明施工费，来计算受鉴项目未施工部分安全文明施工设施费用的摊销费用为96923元，有理有据，符合法规的规定。

（6）异议六：鉴定公司确定受鉴项目未施工部分2号、3号楼的预期可得利益的利润为人民币130743元是没有依据的，理由是：①可得利益不在停工损失范围；②原告没该项诉讼请求；③法院委托鉴定也没有该项鉴定内容。为此，被告认为其可得利益之利润不应列入停工损失。

鉴定人答复：①法院签署的司法鉴定委托书载明：本法院办理的承包人与发包人建设工程施工合同工程合同纠纷一案，经本院决定对涉案工程停工损失、预期可得利益损失予以司法鉴定，现委托贵机构进行鉴定。鉴定要求：对脱贫小区建筑工程停工损失及预期可得利益损失进行鉴定。（具体见鉴定申请书、决定书，并结合现场勘验。）②《中华人民共和国合同法》第一百一十三条规定："当事人一方不履行合同义务或者履行合同义务不符合约定，给对方造成损失的，损失赔偿额应当相当于因违约所造成的损失，包括合同履行后可以获得的利益，但不得超过违反合同一方订立合同时预见到或者应当预见到的因违反合同可能造成的损失。"③受鉴项目1号楼竣工后，因发包人未能按合同约定的要求提供符合施工要求的施工场地，导致2号楼和3号楼无法继续施工，致使受鉴项目一直处于停工待工状态，发包人存在违约行为，应向承包人赔偿损失，损失赔偿额应当包括预期可得利益。④住房城乡建设部、财政部发布的《建筑安装工程费用项目组成》（建标〔2013〕44号）规定："建筑安装工程费按照费用构成要素划分：由直接费（人工费、材料费、施工机具使用费）、间接费（企业管理费、规费）、利润和税金组成。……利润，是指施工企业完成所承包工程获得的盈利。"施工单位完成所承包工程获得的利润，是建筑安装工程造价的组成部分，可按照当地建设行政主管部门在施工合同履行期间发布的计价依据（定额）规定的利润费率计取。另外，施工单位在投标预算的造价费用中，一般都列明了利润，发包人在签订施工合同时，对承包人完成工程可获得的利润也是知晓明了的（应当预见到的）。⑤按照客观、公平、合理的原则和受鉴项目2号、3号楼未施工的实际情况，本鉴定机构以承包人投标书的商务部分（施工合同的有效组成部分）中2号、3号楼按《某省建设工程施工费用定额》规定费率确定的利润，来计算受鉴项目未施工部分2号、3号楼的预期可得利益。承包人投标书的商务部分（施工合同的有效组成部分）中2号、3号楼载明的利润为130743元，有理有据，符合法规的规定。

3）对承包人异议的回答：

（1）异议一：鉴定机构应作出具体明确的受鉴项目停工损失的费用，而不能只是作出项目部组成人员每月的损失费、现场等待施工的工人人工费用和机械设备（机具）停滞费用每天的损失费这样不确定性的鉴定意见。

鉴定人答复：①受鉴项目停工损失费用，应由承包人和发包人根据有关法规和技术标准的规定、施工合同的约定进行举证和辩论，其项目部停工时间（月数）施工工人和施工机械设备（机具）停工时间（天数）的确定从而计算总损失费用，由法院在查明案件事实的基础上裁判确定。这是法院的审判权。②《全国人民代表大会常务委员会关于司法鉴定管理问题的决定》第一条和《司法鉴定程序通则》（司法部令第132号）第二条规定："司法鉴定是指在诉讼活动中鉴定人运用科学技术或者专门知识对诉讼涉及的专门性问题进行鉴别和判断并提供鉴定意见的活动。"因此，鉴定机构和鉴定人在进行司法鉴定活动中应"到位"而不能"越位"，只能对诉讼涉及的专门性问题进行鉴别和判断并提供鉴定意见，鉴定意见不得作出法律结论，不得载有案件定性和确定当事人法律责任的内容，也即不能"以鉴代审"。③本案鉴定机构和鉴定人对受鉴项目进行停工损失鉴定，只能对项目部组成人员人工费用每月的损失费、现场等待施工的工人人工费用和机械设备（机具）停滞费用每天的损失费这些专门性问题作出鉴定意见，其项目部停工时间（月数）施工工人和施工机械设备（机具）停工时间（天数）的确定从而计算总损失费用，这是法院的审判权，应由法院在查明案件事实的基础上裁判确定。

（2）异议二：征求意见稿确定的受鉴项目未施工部分2号、3号楼的安全文明施工设施摊销费用偏低。

鉴定人答复：《某省建设工程施工费用定额》（2010版）指明：安全文明施工费是指按照国家现行的建筑施工安全、施工现场环境与卫生标准和有关规定，购置和更新施工安全防护用具及设施、改善安全生产条件和资源环境所需要的费用。《某省建设工程施工费用定额》（2010版）特别规定：安全文明施工费为必须计算的措施费。施工单位在编制招标控制价时不得下浮、优惠、让利，发包人和承包人应当按费用定额规定的费率结算。

安全文明施工设施是在受鉴项目开工前建设完备的，是为在建工程全项目全过程使用的。虽然承包人在受鉴项目上创建了衢州市标准化工地，安全文明施工设施投入的费用较高（高于按定额规定计取的费用），但因鉴定人在法院法官组织下，会同发包人代表和承包人代表赴受鉴项目现场勘验时所见，承包人为受鉴项目施工所建的安全文明施工设施早已全部拆除，鉴定人已无法根据安全文明施工设施的搭设规模、建筑结构、施工工艺来确定安全文明施工设施的造价并按比例摊销。因此，鉴定机构以承包人投标书商务部分（施工合同的有效组成部分）中 2 号、3 号楼按《某省建设工程施工费用定额》（2010 版）规定费率确定的安全文明施工费，来计算受鉴项目未施工部分安全文明施工设施费用的摊销，是合理的，并无不妥。

（3）异议三：征求意见稿确定的受鉴项目未施工部分的预期可得利益偏低。

鉴定人答复：根据《中华人民共和国合同法》第一百一十三条的立法本意，可得利益必须是纯利润，可得利益损失是指施工单位因建设单位违约而遭受的预期纯利润的损失。

住房城乡建设部、财政部发布的《建筑安装工程费用项目组成》（建标〔2013〕44 号）规定："建筑安装工程费按照费用构成要素划分：由直接费（人工费、材料费、施工机具使用费）、间接费（企业管理费、规费）、利润和税金组成。……利润，是指施工企业完成所承包工程获得的盈利。" 施工单位完成所承包工程获得的利润，是建筑安装工程造价的组成部分，可按照当地建设行政主管部门在施工合同履行期间发布的计价依据（定额）规定的利润费率计取。

按照客观、公平、合理的原则和受鉴项目 2 号、3 号楼未施工的实际情况，本鉴定机构以承包人投标书商务部分（施工合同的有效组成部分）中 2 号、3 号楼按《某省建设工程施工费用定额》（2010 版）规定费率确定的利润，来计算受鉴项目未施工部分 2 号、3 号楼的预期可得利益，是合理的，并无不妥。

（4）异议四：征求意见稿漏算了承包人已支付的为保障受鉴项目顺利进行的各项保险费用。

鉴定人答复：承包人已支付的为保障受鉴项目顺利进行的各项保险费用，不在本鉴定机构本次鉴定范围。

五、心得体会

（一）证据应质证后才能使用

（1）《中华人民共和国民事诉讼法》第六十三条规定："……证据必须查证属实，才能作为认定事实的根据。"《最高人民法院关于民事诉讼证据的若干规定》（法释〔2019〕19 号）第三十四条规定："人民法院应当组织当事人对鉴定材料进行质证。未经质证的材料，不得作为鉴定的根据。"

（2）按照证据规则的规定，鉴定材料属于证据的范畴，理应进行质证。工程造价司法鉴定的鉴定材料应当在法庭上出示由当事人质证，未经质证的不能作为认定事实的依据。

（3）本案的特殊之处是：承包人发函法院，因客观原因不能自行收集鉴定机构需要的相关鉴定材料，根据法律的规定，请求法院调查收集鉴定机构所需的鉴定资料。随之产生的问题是：法院根据当事人申请调查收集鉴定机构所需的鉴定材料要不要进行质证？

（4）《最高人民法院关于民事诉讼证据的若干规定》（法释〔2019〕19号）第六十二条规定："人民法院根据当事人申请调查收集的证据，审判人员对调查收集证据的情况进行说明后，由提出申请的当事人与对方当事人、第三人进行质证。"因此，法院应当事人申请调查收集的证据，视为申请人提交的证据，也须经质证。本案法院组织了发包、承包双方对法院调查收集鉴定机构所需的鉴定材料进行了质证，法院确认可以作为鉴定依据采纳。

（二）承包人在向法院提交的诉讼材料中的人工费单价低于法院调查的，应按自认原则"从低确认"

（1）本案法院委托鉴定机构的一项主要鉴定事项是，因发包人违约，承包人诉求停工损失而委托鉴定。承包人在向法院提交的诉讼材料中，有些人工费单价低于法院调查收集的人工费单价，鉴定机构应采用哪种人工费单价进行停工损失鉴定？

（2）《最高人民法院关于民事诉讼证据的若干规定》（法释〔2019〕19号）第三条规定："在诉讼过程中，一方当事人陈述的于己不利的事实，或者对己不利的事实明确表示承认的，另一方当事人无需举证证明。在证据交换、询问、调查过程中，或者在起诉状、答辩状、代理词等书面材料中，当事人明确承认于己不利的事实的，适用前款规定。"

（3）本案中，承包人在向法院提交的诉讼材料中的人工费单价低于法院调查的人工费单价，应按自认原则"从低确认"。

（三）工程造价鉴定必须遵循的取舍原则

（1）在鉴定过程中由于当事人提供的证据不够完善，或者因案情的复杂性和特殊性，或者遇到需要定性方可判定，或者现有证据有矛盾难以作出确定判断，致使工程司法鉴定难以得出确定的意见时，司法鉴定人应结合案情按不同的标准和计算方法，根据证据成立与否出具不同的鉴定意见，供司法机关根据开庭和评议对鉴定意见进行取舍。有的司法鉴定人根据自己的意愿，径自认定一种证据材料，甚至认定合同无效，然后据此作出鉴定意见，这实质上是代行了审判权。比如有的合同对价款结算让利作了明显过高的约定，能否按约计算，其决定权应由司法机关裁判，司法鉴定人对鉴定资料的真实性和有效性无认定权，鉴定资料的真实性和有效性只能由审判人员认定。司法鉴定人应提供是否按约定计价的两个鉴定意见供司法机关判定。这就是工程造价鉴定必须遵循的取舍原则。

（2）本案鉴定机构和鉴定人对受鉴项目进行停工损失鉴定，只能对项目部组成人员人工费用每月的损失费、现场等待施工的工人人工费用和机械设备（机具）停滞费用每天的损失费这些专门性问题作出鉴定意见，其项目部停工时间（月数）施工工人和施工机械设备（机具）停工时间（天数）的确定从而计算总损失费用，这是法院的审判权，应由法院在查明案件事实的基础上裁判确定。

（四）预期可得利益鉴定

（1）根据原《中华人民共和国合同法》第一百一十三条的立法本意，建设单位承担擅自解除或因其责任解除建设工程施工合同的违约责任，应向施工单位赔偿损失，赔偿的损失应使施工单位处于如同合同已经履行的状态。损害赔偿是因建设单位不履行合同义务而产生的责任，即因建设单位违约而使施工单位遭受损害，建设单位和施工单位之间的原合同关系转化为损害赔偿关系。损害赔偿以赔偿施工单位实际遭受的全部损失为原则，建设单位违反合同后，施工单位不仅会遭受现有财产的损失，而且会遭受可得利益的损失，这些损失都应得到赔偿。只有全部损失获得赔偿才能使施工单位获得相当于合同正常履行情况下的同等收益，才能督促建设单位和施工单位积极有效地履行合同。

（2）建设单位擅自解除或因建设单位责任解除建设工程施工合同后，施工单位主张工程未施工部分可得利益的赔偿应当是可以确定的和可预见的。确定性和可预见性是违约可得利益损失获得法院支持的关键所在。施工单位所主张的可得利益，相当于未施工部分工程如在正常施工完毕后可获得的利润。

（五）社会鉴定机构从事司法鉴定活动应执行司法部发布的《司法鉴定程序通则》

（1）司法部是司法鉴定的行政主管部门，司法部依法定职权法定程序发布的《司法鉴定程序通则》，其法律效力体现在：①对司法鉴定活动有普遍适用力；②对从事司法鉴定活动的鉴定机构和鉴定人有约束力和强制力。

（2）《全国人民代表大会常务委员会关于司法鉴定管理问题的决定》（2015 年修正）第十二条规定："鉴定人和鉴定机构从事司法鉴定业务，应当遵守法律、法规，遵守职业道德和职业纪律，尊重科学，遵守技术操作规范。"

社会鉴定机构（工程咨询公司）接受办案机关（法院、检察院、公安、监委）的委托，对涉案建设项目专门性问题进行鉴别和判断，并向法院提供鉴定意见，从事的是司法鉴定活动，应执行有关司法鉴定的法律法规的规定和司法部发布的《司法鉴定程序通则》。

专家点评

本案涉及停工损失和预期可得利益损失的鉴定。鉴定机构的鉴定思路和方法具有较好的针对性和借鉴意义。

1）关于停工损失鉴定，有以下三个方面值得借鉴：

（1）对于安全文明施工费的鉴定。本案项目共涉及 3 栋楼，其中 1 号楼完成了部分施工，2 号、3 号楼未施工，施工单位建设的安全文明施工设施是为在建工程全项目全过程使用的，对于未施工的 2 号、3 号楼所涉及的安全文明施工设施费用应按比例摊销。鉴定机构以承包人投标书的商务部分中 2 号、3 号楼按定额规定费率确定的安全文明施工费，来计算受鉴项目未施工部分安全文明施工设施费用的摊销。

（2）对于人工费损失，根据承包人投标书的技术部分施工组织设计中对受鉴项目项目部组成人员及数量，以法院根据承包人申请调查收集的证据，向随机抽取的三家施工企业询价得到的项目部组成人员和施工人员工资标准的平均值，比照承包人在索赔报告中载明的相应人员的工资标准从低确认，作为受鉴项目2号、3号楼停工损失中承包人人工损失费用的鉴定依据。人工费损失的计算标准通常是当事人之间争议的一个焦点，本鉴定项目中采用的方法具有一定的借鉴意义。

（3）在停工损失鉴定中，鉴定机构只对项目部组成人员人工费用每月的损失费、现场等待施工的工人人工费用和机械设备（机具）停滞费用每天的损失费这些专门性问题作出鉴定意见，项目部实际的停工时间（月数）施工工人和施工机械设备（机具）停工时间（天数）的确定，交由法院在查明案件事实的基础上裁判确定。这样的处理思路在最大限度上避免了以鉴代审的情形出现，也具有较好的借鉴意义。

2）关于未施工部分预期可得利益鉴定，有以下方面值得借鉴：

施工单位所主张的可得利益，相当于未施工部分工程如在正常施工完毕后可获得的利润，可得利益损失是指施工单位因建设单位违约而遭受的预期纯利润的损失。施工单位完成所承包工程获得的利润，是建筑安装工程造价的组成部分，可按照当地建设行政主管部门在施工合同履行期间发布的计价依据（定额）规定的利润费率计取。另外，施工单位在投标预算的造价费用中，一般都列明了利润，发包人在签订施工合同时，对承包人完成工程可获得的利润也是知晓明了的（应当预见到的）。本案中，鉴定机构以承包人投标书商务部分中2号、3号楼按《某省建设工程施工费用定额》规定费率确定的利润，来计算受鉴项目未施工部分2号、3号楼的预期可得利益，具有一定的合理性。

在很多工程造价鉴定案例中，对可得利益损失的鉴定，常常让鉴定机构无从下手，本案例中采用的鉴定方法是一个值得借鉴的方法。

3）另外，在该案例中，鉴定单位对庭审过程中双方当事人的异议事由以及鉴定机构的回复意见均予以详细列明，且表述清楚、条理清晰，具有较强的借鉴意义。

中航勘察设计研究院有限公司　檀中文

对某商务楼实体工程造价及停工损失的司法鉴定

——浙江国信工程管理咨询有限公司

杨立文

一、案情简介

2013年12月23日，原告（某建筑工程有限公司）、被告（某置业有限公司）双方经招标投标签订了一份建设工程施工合同书，约定由原告承建被告的某商务楼项目。合同约定：①承包范围包括土建安装施工及附属工程总承包，合同工期总日历天数510天，合同价款5300万元（暂定价）。②付款节点：地下室底板完成后支付完成工程量的65%；地下室顶板完成后支付完成工程量的65%；四层楼面混凝土完成15个工作日内支付至完成工程量的65%等。③如果发包人未按约定时间或金额支付工程款（进度款），双方又未达成延期付款协议，由发包人支付应付工程款项银行同期贷款利息。

2014年1月15日，原告、被告签订一份工程施工合同书的补充协议，约定双方就商务楼项目总包工程合同做如下补充：①本工程按费率招标，按照某省2010年版定额下浮12%。在政府公共投资中心备案的工程总价不作为结算依据，无任何参考意义。具体结算方案参照备案合同相关条款执行。②付款节点：地下室底板完成后支付完成工程量的40%工程款；地下室顶板完成后支付完成工程量的40%工程款；六层楼面混凝土完成15个工作日内支付至完成工程量的65%工程款，若甲方未如期支付工程款，本付款节点应付未付部分应按银行同期贷款利率的2倍支付违约金。付款节点、违约责任均与建设工程施工合同书不一致。

2014年3月17日涉案工程开工，2014年5月15日围护支撑开始施工。

2014年9月20日，原告、被告及监理单位开会形成一份协商会议纪要，双方对工作界面、预算核对及进度款拨付依据、人员对接等达成共识。关于结算达成的共识为：钢材、水泥、黄砂、商品混凝土、电缆“五大材料”及人工、机械指数采用2014年5月至竣工验收合格之日的当月《某市建设工程造价信息》（综合版）上的某区材料价格平均值计算，并按合同下浮率下浮，无某区价格时参考其市区价格（综合版）或省造价信息（正刊）价格并按合同下浮率下浮。其他材料价格按2014年5月信息价计算。

2014 年 12 月 28 日，被告以某商务楼项目需调整为由出具停工通知单，并告知该工程自 2014 年 12 月 30 日开始停工，预计 2015 年 3 月 1 日复工。

2014 年 12 月 29 日，原告、被告双方明确停工时商务楼二层顶板已浇筑完成。

2015 年 3 月 26 日，原告发函给被告要求尽快复工并确认各项赔偿事宜，未得到被告确切回复，双方未达成一致。

2015 年 5 月 28 日，原告将被告起诉至法院。

2016 年 12 月 7 日，被告申请按照设计图纸要求对涉案工程存在的质量问题的修复方案及修复费用进行鉴定，以此进行反诉。

二、案件争议焦点和造价鉴定难点

（1）涉案工程已完部分主体工程造价。该部分造价鉴定的难点主要是部分隐蔽工程完成情况的确定、脚手架和垂直运输等措施费的计算。

（2）停工造成的损失（人工设备损失及工程款利息损失）。该部分内容的计价依据、数量的确定都没有明确的规定，是每个工程管理中的难点。

（3）因工程未完工，原告提出可得利润损失 2016756 元，该部分费用是否能计？若能计，该费用如何计算？

（4）工程存在质量问题，是否可以抵扣部分被告方的责任以及质量问题修复费用如何准确计价？

三、鉴定情况

（一）司法鉴定委托人提供鉴定材料内容

（1）司法鉴定委托书。

（2）鉴定申请书、答辩状、民事起诉书、质证笔录。

（3）建设工程施工合同及其补充协议、协商会议纪要。

（4）施工图纸、技术联系单、现场签证单、图纸会审纪要、施工界面分割说明。

（5）现场材料清单记录、塔式起重机及土方专项施工方案、维修保养记录。

（6）停工通知函、开工报告、原告提供的工程造价汇总表及各项明细清单等。

（7）质量鉴定报告、修复方案。

（二）工程造价司法鉴定情况

1. 鉴定过程

（1）接受委托，提交司法鉴定方案、鉴定费用清单、鉴定人员组成、需要补充资料的清单。

（2）组织现场勘验并填写现场勘验记录。

（3）工程量计算、价格计取，形成初步结果后与原告、被告双方进行初步核对。

（4）提交司法鉴定征求意见稿并限定反馈时间。

（5）对原告、被告双方提交的反馈意见进行分析处理并书面回复。

（6）出具最终司法鉴定报告，开具收费发票，资料退还。

2. 鉴定依据

（1）某区人民法院提供的司法鉴定委托书（法委鉴字第 159 号）。

（2）《某省人民法院实施〈人民法院对外委托司法鉴定管理规定〉细则》《某市人民法院对外委托司法鉴定工作暂行规定》。

（3）某市中级人民法院司法鉴定处《对外委托司法鉴定、拍卖工作手册》。

（4）中国建设工程造价管理协会标准《建设工程造价鉴定规程》（CECA/GC 8—2012）。

（5）《某省建筑工程预算定额》（2010 版）、《某省安装工程预算定额》（2010 版）、《某省建筑工程加固预算定额》（2010 版）、《某省建设工程施工取费定额》（2010 版）、《某省施工机械台班费用定额》（2010 版）及现行相关文件解释等。

3. 鉴定方法

1）涉案工程已完部分工程造价的鉴定方法

（1）关于适用何种合同的问题：涉案项目的性质不属于法定必须招标投标的项目，但是被告按照常规程序进行了公开招标投标程序，原告作为施工方与被告签订了“建设工程施工合同书”并在政府公共投资中心进行了合同备案。但双方在 2014 年 1 月 15 日签订的补充协议中对承包发包范围、工程计价、付款节点、违约责任等均作出不一致的约定，并明确“在政府公共投资中心备案的工程总价不作为结算依据，无任何参考意义”。这是两份典型的“阴阳合同”。原《建设工程司法解释》第 21 条规定：“当事人就同一建设工程另行订立的建设工程施工合同与经过备案的中标合同实质性内容不一致的，应当以备案的中标合同作为结算工程价格的依据。”虽然双方均未提出合同效力的主张，但按照规定，鉴定公司与法院及原被告双方进行了沟通，本着尽量维护合同有效的精神，按照施工过程中实际执行的合同进行鉴定（在以往其他类似案件中，因原告、被告双方对不同合同进行主张，鉴定公司一般按照两份合同分别进行鉴定并分别出具鉴定意见，最后由法院进行判决）。

（2）工程量：根据某区人民法院提供的施工图纸、技术联系单、现场签证单、图纸会审纪要等资料按合同及补充协议约定计算。

（3）信息价的计取：钢材、水泥、黄砂、商品混凝土、电缆、人工及机械指数按《某市建设工程造价信息》（2014 年 5 月—2014 年 12 月平均信息价）某区信息价优先计价，无某区价格时参考某市建设工程造价信息价（综合版）或同期某省造价信息价；其他材料价格按 2014 年 5 月信息价计算。

（4）本工程按工业与民用二类中值计费（其中，安全文明施工费按市区一般工程中值计取并按某发改投资〔2013〕320 号文件进行了调整，夜间施工增加费、二次搬运费、检验试验费、已完工程及设备保护费按中值计取，不考虑提前竣工增加费，税金按 3.577% 计取），总价按合同约定下浮 12%；塔式起重机基础按施工组织设计方案并结合预算计取，作为不计税不计费子目并不下浮。

（5）依据《某省建筑工程预算定额》（2010 版）下册第十六章脚手架工程说明第三节第 2 条说明：本定额已综合内外墙砌筑脚手架、外墙饰面脚手架、高度在 3.6m 以内的内墙及天棚装饰脚手架费用，因本工程仅施工结构部分工程，地上地下依据完成内容综合考虑确定地下部分综合脚手架工程量全算、地上部分综合脚手架及垂直运输费按定额规定的 50% 计算，地下室洞库照明费用按定额规定的 30% 计算。

（6）地下室混凝土中是否掺聚丙烯纤维和 HEA 膨胀剂：施工图设计说明中明确本地下室采用限制收缩的抗渗混凝土，需要掺聚丙烯纤维和 HEA 膨胀剂，但没有明确具体掺量。在鉴定意见征求意见稿中暂未计入该部分费用并在鉴定说明中予以明确。后依据法院提交的由原告提供的回复意见及混凝土配合比附表，该配合比附表显示其掺量分别为 $0.3kg/m^3$ 和 $38kg/m^3$，在正式报告中予以认可并按合同约定进行计价。

2）关于停工损失的鉴定

（1）塔式起重机损失。停滞天数没有争议，主要是停滞台班单价如何确定存在争议。塔式起重机为原告自有设备，原告主张按照市场租赁价格计算损失。司法鉴定认为自有设备按市场租赁价格计算没有事实依据，应当依据《某省施工机械台班费用定额》（2010 版）中附录 1“机械台班费用定额编制规则”中施工机械停滞费及租赁费的计算规则计算该部分费用，即机械停滞台班单价＝台班折旧费＋台班人工费＋台班其他费用。因原告始终主张要求按租赁价格计算，无法达成一致，经与法院沟通后将原告主张价格与鉴定价格的差价列入争议造价。

（2）钢管、扣件、套管租赁费。原告主张按照其与钢管出租单位内部协议价计算租赁损失，但是原告并未与钢管出租单位进行价款结算，也并未实际支付租赁费。鉴定认为内部租赁协议价格只能作为参考，但其价格的真实性、合理性很难确定；鉴于租赁事实的存在也符合市场行为，应依据市场信息价确定租赁损失；原告主张的有关钢管租赁逾期的违约金，是否发生均无从考证。经与法院沟通后将该部分原告主张金额与鉴定价格的差价列入争议造价。

（3）工地视频监控费、网络信息费、工人遣散费、临时设施损失费、水电材料退场搬运费、现场模板等整理归堆费，该部分费用均系根据现场实际情况依据原被告及监理单位等三方签证综合确认且在后期质证过程中并未提出异议，鉴定机构认为合情合理，直接予以采纳。

（4）人工损失。原告主张人工损失包括：

① 停工期间借用人员的费用损失（包括机修工 3 人、保管员 1 人、清洁工 1 人、门卫 1 人、塔吊司机及指挥 3 人、夜间值班人员 2 人、地下室抽水维护人员 1 人），均应按照原告与第三方的员工借用协议确定。被告认为停工期间现场值班人员数量应以 2016 年 7 月 13 日现场堪察的实际数量为准，即机修工 1 人（负责抽水）、门卫 2 人、保管 1 人。鉴定认为原告员工借用协议系工程开工时根据实际情况签订的内部协议，其真实性和合理性无法确定，且工程停工后现场情况已经发生变化，原告应及时采取措施减少损失，鉴于被告在工程监理单位在场的情况下确认的现场人员为门卫 2 人、保管 1 人、机修工 1 人（负责抽水），鉴定根据确认的人员数量结合市场人员工资标准进行计价。

② 停工期间工程管理人员的工资损失。原告主张按建设系统备案管理人员 6 人及备案人员之

外的管理人员从停工之日起至鉴定作出之日的工资损失均应由被告赔偿。鉴定认为，对于原告在停工等待复工期间（即原告起诉之日前的5个月）的工资损失应当按照市场价由被告承担。但原告在得知涉案工程复工无望并及时提起诉讼后，原告应采用措施避免损失扩大，且无论备案管理人员还是其他人员均是原告内部员工，由原告自主分配工作，并非为涉案工程单独聘用，停工后原告完全可以另行分配其他工作。综上，鉴定对备案管理人员工资除项目经理因证书未解锁影响其参与正常招标投标工作按月按市场价格计算工资外，其他5人工资计算至起诉月（即5个月）加证书未解锁引起的额外补偿费用，再加上1名预算员至起诉月（即5个月）的工资按市场价格计算。

以上人工损失费用，经与法院沟通后将该部分原告主张金额与鉴定金额的差价列入争议造价，鉴定金额作为无争议造价。

（5）工程款利息损失。原告主张未付工程款全部按2倍银行利率计算利息。鉴定认为原告、被告签订的补充协议明确约定若未如期支付工程款，本付款节点应付未付部分应按银行同期贷款利率的2倍支付违约金，该约定属于对工程进度款支付约定的违约责任，对其余工程款没有约束力，即根据相关规定，剩余未付工程款有约定的从其约定，没有约定的按照中国人民银行发布的同期同类贷款利率计算利息。因与原告无法达成一致意见，经与法院沟通后将该部分原告主张金额与鉴定金额的差价列入争议造价，鉴定金额作为无争议造价。

3）关于可得利润损失问题

（1）原告主张的可得利润是指如果不是因为被告原因造成工程无法继续实施，未施工完成的部分仍然可以产生相应的利润，现在因为被告原因不能继续实施，被告应予以赔偿。法律依据是原《中华人民共和国合同法》第一百一十三条，该条规定“当事人一方不履行合同义务或者履行合同义务不符合合同约定，给对方造成损失的，损失赔偿额应当相当于因违约所造成的损失，包含合同履行后可以获得的利益，但不得超过违反合同一方订立合同时预见到或应当预见到的因违反合同可能造成的损失”。可得利益作为有效合同的违约责任，法律依据是充分的。但建筑业行业利润率很难准确测算，且纵使项目继续实施，具体能有多少或是有没有利润，原告都难以举证。

（2）初步交涉后，原告又向法院提供了一份由某区地方税务机关向原告发送的关于税收的核定征收通知书，该通知书显示企业所得税按建筑业行业8%予以征收。经核实，该通知书仅能反映税务机关对原告税收的征收标准，与本案未施工部分的可得利润没有关联性。经与法院沟通后，认为对该项费用原告提供的证据不足且费用无法计算，本项费用不予鉴定。

4）关于修复费用的鉴定

（1）依据法院提供的某检测公司出具的质量鉴定报告，存在质量缺陷如下：①涉案商务楼已完成部分主体结构部分混凝土梁保护层厚度明显低于规范允许范围，现场部分钢筋已经受蚀生锈，这会严重影响结构受力，会有一定的安全隐患，应当予以修复；②涉案商务楼已完成部分主体结构梁、板、柱构件局部存在露筋、开裂和渗水等施工质量问题。上述质量缺陷为现行建设工程施工过程中的质量通病，在后期施工中往往会予以弥补或隐蔽。但现在已进行司法诉讼，原告、被告双方没有继续完成后续施工的可能，故按法院提交的由某设计研究院有限公司出具的修复方案进行计价。

（2）工程量：根据某区人民法院提供的修复方案、工程质量司法鉴定报告、检测报告并结合原设计图纸进行计算。

（3）信息价的计取：按《某市建设工程造价信息》（2017 年 7 月）某区信息价优先计价，无某区价格时参考《某市建设工程造价信息》（综合版）或同期某省造价信息价，无信息价部分按市场价计入。

（4）本工程按单独加固工程施工取费费率中值计取（其中：安全文明施工费、工程定位复测费、二次搬运费、已完工程及设备保护费按中值计取），按一般计税法计价，税金按 11% 计取（因计价规则于 2016 年 5 月开始已经进行了调整）。

（5）修改方案中明确为修复处理后再按原设计要求施工的部分内容均未计入修复费用内。

4. 鉴定意见

依据上述鉴定方法最终出具司法鉴定意见，主要如下：

（1）涉案工程已完部分工程造价为 16023472 元，其中无争议部分为 15958921 元、争议部分造价为 64551 元。

案件完结后，经与法院进行鉴定后评估回访得知，法院认定意见为：原告提供的监理公司证明为原件，且监理公司为施工过程中的现场监理单位，清楚现场实际施工情况，法院采信了该份证明，认定该涉案工程已完部分工程造价为 16023472 元。

（2）塔式起重机损失费按上述方法鉴定造价为 307487 元，与原告主张部分差价 268513 元列入争议部分。法院认为鉴定意见清楚有效，直接采信确定部分造价，争议部分不予支持。

（3）钢管、扣件、套管租赁费按上述方法鉴定造价为 852295 元，与原告主张部分差价 429978 元列入争议部分。法院认为鉴定意见符合市场行情，直接采信确定部分造价，争议部分不予支持。

（4）工地视频监控费、网络信息费、工人遣散费、临时设施损失费、水电材料退场搬运费、现场模板等整理归堆费共计 497193 元。法院认为事实清楚，直接采信。

（5）人工损失按上述方法鉴定造价为 1412500 元，与原告主张部分差价 2235500 元列入争议部分。法院认为鉴定意见合理合法，予以确认，但证书解锁的补偿费用应计算至鉴定报告作出之日，争议部分不予支持。

（6）工程款利息损失按上述方法鉴定造价为 1621919 元，与原告主张部分差价 1445550 元列入争议部分。法院认为鉴定意见合理合法，予以确认；争议部分依据不充分，不予支持。

（7）修复费用按上述方法鉴定造价为 156378 元，法院直接采信。

（三）案件当事人对工程造价司法鉴定意见异议问题

（1）原告认为地下室底板下 20mm 厚、1∶2.5 水泥砂浆找平层造价不应列入争议部分造价。

鉴定回复意见为：依据双方于 2017 年 7 月 21 日第 6 次质证笔录，申请人已提供了相关的证明和照片资料，可认为已按要求完成了该道工序施工，但被申请人以没有其委托人或是代表人确认过为由不予认可，鉴定公司暂列入争议部分造价。

（2）原告认为地上部分综合脚手架安拆费按 50% 计算没有依据，应全部计算。

鉴定回复意见为：依据《某省建筑工程预算定额》（2010 版）下册第十六章脚手架工程说明

第三节第 2 条说明：本定额已综合内外墙砌筑脚手架、外墙饰面脚手架、高度在 3.6m 以内的内墙及天棚装饰脚手架费用。因本工程仅施工结构部分工程，地上地下依据完成内容综合考虑确定地下部分综合脚手架工程量全算、地上部分综合脚手架工程量按 50% 计算，价格包括搭设和拆除费用。

（3）原告认为高层建筑增加费应予以计算。

鉴定回复意见为：依据《某省建筑工程预算定额》（2010 版）下册第十八章“建筑物超高施工增加费”相关内容：该施工增加费是指因建筑物檐高超过 20m 时引的人工及机械降效而增加的费用，因目前檐高并未超过 20m，不存在降效，故本次鉴定费用不予计算该部分费用。

四、出庭作证情况

本案委托人未要求鉴定机构出庭作证。但法院采用问询函的形式要求对索赔事项中钢筋材料价格及加工钢筋人工费单价进行回复，鉴定公司的回复意见如下：

（1）关于钢筋材料价格：依据《某市建设工程造价信息》（综合版）某区一栏 2014 年 5 月—2014 年 12 月材料价格，HPB300 钢筋平均价格为 3342.38 元 /t，计税 3.577% 并下浮 12% 后的价格为 3046.5 元 /t；HRB400 钢筋平均价格为 3304.5 元 /t，计税 3.577% 并下浮 12% 后的价格为 3011.98 元 /t。

（2）关于加工钢筋人工费单价：经调查，某市 2014 年下半年建筑工地钢筋加工人工费市场价为 160 ～ 210 元 /t。

五、心得体会

司法鉴定是一项科学的实证活动，鉴定结论有可能直接影响法官的审判结果。因此鉴定人必须清醒地认识鉴定责任，保证每一份鉴定书的质量，严格遵循各项程序规定，及时与审判法官沟通，坚持客观公正的办事原则和职业道德，以精良的业务水平为法院解决建筑领域的经济案件提供良好的服务。

通过对该案件的司法鉴定，对司法鉴定工作有了更深入的理解，对如何做好司法鉴定工作深有体会，主要有以下 7 点。

1）司法鉴定单位和鉴定人员必须按鉴定委托书中的鉴定要求范围进行鉴定，不能自行确定鉴定范围。依据原《最高人民法院关于审理建设工程施工合同纠纷案件适用法律问题的解释》第二十三条的规定，当事人对部分案件事实有争议的，仅对有争议的事实进行鉴定。对于何为有争议的事实，显然属于司法审判权的内容，只能由法院来行使；但实践中经常出现部分工程鉴定单位和人员自行确定工程鉴定范围，以鉴代审或以鉴代判。

2）人民法院在鉴定资料移交鉴定机构前应当组织当事人进行逐项质证，经质证认可或经人民法院予以认定的资料可以移交鉴定机构。

（1）若受鉴项目资料较多，人民法院可以先行委托鉴定机构对双方当事人提交的资料进行核对，确定无争议的资料和有争议的资料后，由人民法院组织双方当事人对核对结果进行确认。对于有争议的资料，人民法院应当组织当事人进行逐项质证。鉴定过程中，鉴定人可根据鉴定需要提请委托人通知当事人补充证据，对委托人组织质证并认定的补充证据，鉴定人可直接作为鉴定依据；对委托人转交但未经质证的证据，鉴定人应提请委托人组织质证并确认证据的证明力。

（2）鉴定材料是否具有真实性、合法性以及与工程司法鉴定的关联性，依法应通过质证由法院予以认定后再交给鉴定单位和鉴定人员进行鉴定，但实践中存在着案件当事人直接将相关材料交给鉴定机构，再由鉴定机构直接认定鉴定材料是否有效、是否可以纳入鉴定材料范围的情形，明显超越了鉴定单位的职权。鉴定机构对所有的鉴定材料都应当核对原件并制作书面笔录（代理人应签字），不接受当事人直接送来的鉴定材料，告知当事人通过法院转交；对于无法确定真伪的鉴定材料，要求法院决定是否作为检材。

（3）送鉴材料的质证可以为工程造价鉴定减少当事人双方不必要的“扯皮”现象，如本案中的垫层是否施工的监理证明，如果不进行证据质证而直接采纳，被告可能会以鉴定机构缺少公正性为由进行抗诉。

3）有明确的鉴定思路。尽管司法鉴定工作似乎仅仅是鉴定单位独立、公正、专业性的司法鉴定工作，无须其他当事人或机构的干涉或参与，但为了确保鉴定报告不偏离双方当事人的合同约定本意，确保鉴定报告的准确性，当事人或其代理人必须保持与鉴定单位和裁判机构的适当沟通，否则，鉴定机构出具的鉴定结果可能完全偏离合同的约定，最终损害当事人的利益。所以在提交鉴定方案前应当与委托单位（包括承办法官）进行必要的沟通以便制订正确的鉴定思路，然后在提交的鉴定方案中有所体现。

4）如何做好现场勘查是司法鉴定工作中的关键一步。建筑工程在施工过程中往往会出现这样或那样的变更，为了更好地了解建筑工程的实际情况，作为一名称职的造价工程师，有义务进行现场勘查，去现场了解情况，看工程实体与图纸是否存在差异。因此，建筑工程造价鉴定机构在收集好所有必要的资料后，主鉴定人员应组织相关鉴定人员认真阅读委托人所提供的各种资料，认真分析涉案工程是否需要进一步进行现场勘查，若需要进行现场勘查（确实不需要现场勘查的，可进行下一步工作），应确定所需勘查的内容。如果一次勘查不完全的，可经承办法院同意后再次勘查。为了减少勘查次数（一般情况下尽量一次性勘查到位），应注意以下 10 点：

（1）因建设工程项目具有个别性、差异性及复杂性，鉴定人员一般情况下必须到现场进行实地勘查（值得注意的是，鉴定人员必须至少有 2 人到场）。

（2）现场勘查时间应由鉴定机构提出并负责协调安排，法院承办法官组织双方当事人、其他诉讼参与人以及鉴定人员共同参加。

（3）参加现场勘查的各临场人员要有授权或委托证明资料，必要时需要提请承办法官请求当地派出所派人员到场维持秩序。

（4）当事人经通知未到场及中途退出，需承办法官确认，对无正当理由拒不参加的，由该当事人承担相应法律责任。

（5）对所鉴定的工程应进行详细全面勘查，听取双方当事人的情况介绍及所表明的主张。

（6）对双方当事人有争议的事项要逐一进行核实，并做好现场勘查记录和询问记录。

（7）鉴定过程中，如发现施工图纸不清，双方当事人对是否按图纸施工等有争议的，应进行必要的现场勘查，并做好记录。

（8）现场勘查过程中，如鉴定人员发现施工图纸与施工现场有不符的项目，鉴定人员应进行实际测量，并做好相应记录。

（9）建筑工程鉴定人员应将鉴定资料中不明确或相互表述有矛盾的地方事先做好记录，以便在现场勘查时询问双方当事人。

（10）现场勘查记录要求双方当事人、承办法官及到场鉴定人签字确认。

5）明确涉案项目的争议焦点，鉴定过程中该争议焦点即为重点，鉴定意见中必须有明确的意见，对证据确凿、依据合理的可直接列入确定部分，对确实存在意见分歧无法达成一致意见的可列入争议部分，并提出鉴定建议以供委托单位参考，做好相关的出庭答辩准备工作。

6）鉴定人应注意避免两种鉴定倾向：

（1）将鉴定工作等同于审判工作，在证据不力或依据不足且当事人无法达成妥协的条件下，擅自作出确定性意见。

（2）在证据不力或依据不足且当事人无法达成妥协的条件下，未通过专业分析、鉴别和判断，作出推断性意见，达不到委托人需要的鉴定工作深度。

7）本案例是一个典型的建设施工合同纠纷案，此类项目往往涉及实体争议较多，案外矛盾不断升级，且涉及周期较长，经常出现被告（建设单位）以质量有问题进行抗辩。可以告知当事人，已完工程造价鉴定和质量问题不相矛盾，质量问题可以另行反诉，可通过质量鉴定、修复方案及修复费用鉴定的方法进行解决。

专家点评

该案例涉及未完工程的工程结算、停工损失、质量问题修复费用等鉴定，在工程结算鉴定中还涉及黑白合同的适用等问题，是一个比较复杂的建设工程鉴定案件。鉴定机构在这几方面的处理上还是比较到位的，对处理同类型的造价争议具有一定的借鉴意义。主要体现在以下三个方面：

1）工程结算造价鉴定中黑白合同的处理问题：

涉案项目存在两份合同，一份是进行了备案的施工合同，另一份是双方签订的补充协议，两份合同之间具有实质性的差异。对于涉及黑白合同的工程造价鉴定，通常有两种思路：①由法院或仲裁机构就适用哪份合同先作出决定，由鉴定单位执行；②鉴定单位分别按照两份合同出具鉴定结果，由法院或仲裁机构决定。在本案中，鉴定机构先与法院及原告、被告双方进行了沟通，确定按照施工过程中实际执行的合同进行鉴定。评审认为这样的处理较为妥当，一方面节约了鉴定的工作量和时间，降低了成本；另一方面把可能涉及适用哪一份合同的争议先行解决，也让双方当事人对鉴定结果有一个合理的预期。

2）停工损失的鉴定问题：

对于塔式起重机损失，双方的争议主要是停滞期间台班单价。通常是根据设备的实际情况确定按照自有设备还是租赁设备来确定台班单价。本案中塔式起重机为原告自有设备，但原告主张按照市场租赁价格计算损失。鉴定机构按照定额计算机械停滞台班单价，并将原告主张价格与鉴定价格的差价列入争议造价，由法院确定。

对于人工损失，停工期间工程管理人员的工资损失是按照市场价，还是按照施工单位提供的工资发放记录等能够证明的实际工资计算，这两种处理方法，实务中都存在。本案中，鉴定机构是按照市场价格进行鉴定的。通常情况下，如果能够证明施工单位提供的工资发放记录等的真实性，且停工是由于建设单位的原因引起的，那么按照实际工资计算更为合理。

3）鉴定单位在心得体会方面，对现场勘查的注意事项从 10 个方面进行了归纳总结。另外，还提出鉴定人应注意避免的两种鉴定倾向，也均具有较好的借鉴意义。

但本案鉴定中也存在一些不足之处，主要体现在：

（1）对于人工费损失中的借用人员费用损失以及实际停工时间的鉴定，鉴定单位在其报告中的意见为“鉴定认为原告员工借用协议的真实性和合理性无法确定，且工程停工后现场情况已经发生变化，原告应及时采取措施减少损失”，鉴定机构将此种情形下的认定交由法院或仲裁机构判断会更稳妥一些。另外关于人员实际停工时间的计算，如果双方有争议，也建议按照双方的建议分别出具鉴定意见，由法院或仲裁机构裁决。

（2）对于工程款利息损失，原告主张未付工程款全部按 2 倍银行利率计算利息。鉴定单位认为补充协议关于按银行同期贷款利率的 2 倍支付违约金的约定属于对工程进度款支付约定的违约责任，对其余工程款没有约束力。评审认为，这属于对合同条款的理解与适用问题，将此种情形下的认定交由法院或仲裁机构更适合一些。

中航勘察设计研究院有限公司　檀中文

安徽省某项目工程造价司法鉴定

——国华工程科技（集团）有限责任公司

钱少平　韦俊瑞　杜康　张磊乐　倪进斌

一、案情简介

案件起诉于2017年6月，业主单位（即建设单位）申请鉴定：按建设工程施工合同约定的结算方式鉴定已完图示工程造价。施工单位申请鉴定：①按建设工程施工合同约定的结算方式鉴定签证工程造价；②鉴定钢材价差；③鉴定窝工、停工损失及停工期间的资金占用费。

项目位于市郊，总建筑面积为121902m^2，其中：广场面积29680m^2、公园面积56840m^2、地下商场面积17639m^2、地下停车场面积15249m^2、地下通道面积2494m^2。计划工期165日历天。施工单位通过两次竞争性谈判获取承建资格。合同价款32700万元（暂定价）。合同约定：计价方式为定额计价，取费类别按定额规定执行，风险范围：合同工期内，主材（商品混凝土、砖、钢筋、水泥、砂、石子、汽油、柴油、沥青）价格涨跌 ±10% 以内部分不予调整。

项目于2011年5月18日正式开工，主体工程于2012年10月16日完工（未验收），并投入使用。其他工程施工截止于2014年5月。

2014年8月29日，结算审计单位出具的某项目竣工结算审核报告记载：经审核，施工单位报审金额为57219.24万元，审定金额为42167.41万元。业主单位、施工单位、结算审计单位在工程价款审计汇总表上均加盖单位印章，汇总表记载：审定金额为421674176.30元，备注：不含钢材调整有争议部分，变更签证因手续不全，暂未计入。

因多种原因，业主单位否定了2014年8月29日的审定结果。结算审计单位于2015年10月27日向施工单位送达审核报告征求意见书，意见书记载："我单位在审计过程中经与业主单位和你公司分包施工单位（因中标单位承建工程后，将全部工程转包给第三方）反复核实，项目的工程价款初步审核结果为37139.02万元（该审核结果未与施工单位核对），现将审核结果送你单位征求意见等。"施工单位同日向业主单位、结算审计单位回复关于某项目工程结算审核（初稿）意见的事宜，对图纸工程、签证工程、审计时间等提出了多项异议，两份报告审定金额相差5000多万元，致使工程结算审核工作无法继续进行。

二、案件争议焦点和造价鉴定难点

（1）工程从投入使用至鉴定委托之日已近 5 年，工程面貌局部发生改变，经现场勘验，图示中的部分安装工程及绿化工程均无实物存在，现场无法核实。

（2）部分变更签证工程无法确定：监理单位及业主单位签字确认的内容不明确或没有定性的结论，或附件资料不全，无法准确计价。

（3）窝工、停工损失：停工时间 2012 年 2 ～ 6 月，该费用资料不全，如何确定因停工而产生的人工、材料、机械损失。

（4）各单位工程材料单价：申请人及被申请人均未提供施工组织设计，如何准确确定各单位工程的施工节点。

三、鉴定情况

（一）司法鉴定委托人提供鉴定材料（已经过申请人及被申请人质证）内容

1. 提供的纸质版材料

（1）招标文件、商务标、中标通知书、建设工程施工合同。

（2）工程联系单、现场签证单、地下室工程施工方案、会议纪要。

（3）变更及经济签证分项工程结算文件。

（4）施工图：民防工程施工图、结施、水施；地下空间工程建施、结施、水施、暖施；A 段道路施工图；园林景观施工图；污水管线修改图。

2. 提供的电子版材料

民防工程建施、结施、水施；地下车库电气、电力、暖施；广场工程电施；A 段道路施工图；园林景观施工图；雨水污水施工图；雨棚施工图。

（二）工程造价司法鉴定情况

1. 鉴定过程

工程造价鉴定：鉴定人运用工程造价方面的科学技术和专业知识，对纠纷项目的工程造价以及由此延伸而起的经济问题进行鉴别、判断并提供鉴定意见的活动。

工程造价鉴定过程应符合《建设工程造价鉴定规程》（CECA/GC 8—2012）及《建设工程造价咨询规范》（GB/T 51095—2015）的要求。鉴定过程主要包括：

1）鉴定小组成员的确定

国华工程科技（集团）有限责任公司（以下简称鉴定公司）在收到鉴定委托书第 3 日，给委托单位书面复函关于鉴定委托的复函。复函的主要内容如下：

（1）我方接受委托方的委托书。

（2）我方在复函发出之日起5个工作日内，向委托方送达鉴定人员组成通知书，请委托方及时告知申请人及被申请人，以便申请人及被申请人决定是否申请鉴定人员回避。本项目鉴定小组共由7人组成，注册造价工程师2人、非注册造价工程师的专业人员5人（含辅助人员）。

（3）我方在复函发出之日起5个工作日内，向委托方送达造价鉴定短缺资料，需申请人及被申请人补充提供下列资料（若有）：

① 招标文件、工程量清单、控制价、招标答疑；

② 投标文件（含商务标及技术标）纸质版及商务标电子版；

③ 预算书纸质版及电子版；

④ 建设工程施工合同；

⑤ 工程结算书纸质版及电子版；

⑥ 未提供的招标图纸纸质版及电子版；

⑦ 图纸会审记录、开工报告；

⑧ 下列资料内容模糊不清请重新提供：工程联系单（文件编号结构-002，日期2011年6月11日；附件JGH-001，时间2013年12月20日；GT2011-008，日期2011年12月19日；CKZSP-2，时间2014年3月30日；011，时间2014年1月9日），临时用地协议（2011年10月18日），现场签证单（编号003/015/018），会议纪要第27期附件，工作联系单[编号东地下施（结）-03]；

⑨ 分包工程明细表及结算书；

⑩ 已完工程（或未完工程）工程量确认单；

⑪ 材料、成品、半成品等单价确认单；

⑫ 已付工程款凭证、施工用水电费凭证；

⑬ 窝工、停工损失支撑资料；

⑭ 施工日志及监理日志；

⑮ 施工期间的《某市市场价格信息》（纸质版）；

⑯ 其他资料待定。

（4）我方在复函发出之日起5个工作日内，向委托方送达造价鉴定方案。鉴定方案载明：证据材料提供完整后的15个工作日内勘验现场，证据材料提供完整后的2个月内出具司法鉴定意见书（征求意见稿），我方收到申请人及被申请人对司法鉴定意见书（征求意见稿）的复函后，鉴定人对复函内容逐一进行复核、核对、修改完善，直到对未解决的异议都能答复。征得委托方同意后出具司法鉴定意见书。

（5）按委托方的鉴定期限要求2个月内及时出具鉴定意见书（征求意见稿）。如需延长，另向委托方申请（实际鉴定过程中鉴定工作申请延期30个工作日）。

2）鉴定准备

鉴定小组成立后，委托单位提供的鉴定材料发放各成员，鉴定工作实施前召开了鉴定准备工作会议。会议要点：

（1）各专业工程师必须明确本人鉴定内容、申请人及被申请人争议的焦点和委托人的鉴定要求。

（2）根据鉴定项目的特点、鉴定事项、鉴定目的和要求制订了项目鉴定的具体方案。

（3）鉴定方案明确：各工程师鉴定内容的施工时间节点。

（4）鉴定方案明确：计量准确（必须有计算公式）、计价无误、计费合法。

（5）鉴定方案明确：20天后进行现场勘验工作，2个月内出具司法鉴定意见书（征求意见稿）。

3）鉴定实施

鉴定准备工作会议后，各专业工程师按自己的鉴定方案计划时间展开了鉴定工作，按照现有资料规定执行常规的编制。本项目规模较大、资料繁多，通过两次有组织的现场勘验工作解决了有关工程现场实物是否存在的疑问。对本案件争议的焦点和造价鉴定难点进行了详细的解读和分析，通过鉴定实施会议，鉴定小组达成以下共识：

（1）现场未见实物工程：工程计量的直接依据资料是施工图纸、变更签证单及现场实物。工程从投入使用至鉴定委托之日已近5年之久，实物存在灭失的可能，因此，鉴定小组的处理意见：现场未见的图示中的安装工程及绿化工程计算出造价，单独列出，由法院裁定。

（2）无法确定的变更签证工程：此内容包括现场可勘验确认工程、隐蔽工程及现场未见实物工程。对于现场可勘验确认的工程，计入确定性工程造价内；对于现场无法确定的（含简单的破坏性勘验）隐蔽工程及现场未见实物工程，造价单独列出，由法院裁定。

（3）窝工、停工损失：施工单位按约定程序提出了窝工、停工损失索赔，监理单位及建设单位已签字认可，因建设单位原因导致窝工、停工的事实，但没有确认损失的构成及金额（施工人员误工工资清单、周转材料损失清单、机械费用清单、设施料租赁清单等）。鉴定小组的处理意见：按工程联系单及签证单申请的工程量计算出造价，单独列出，由法院裁定。

（4）各单位工程材料单价（施工时间）：由于申请人及被申请人均未提供施工组织设计，鉴定小组通过分析施工日志、监理日志、进度款审核意见书、工程联系单、经济签证单及监理例会会议纪要等相关资料确定各单位工程施工时间。

4）司法鉴定意见书（征求意见稿）的出具

鉴定人根据本项目的鉴定依据材料，各专业工程师自行计算，相互沟通，确保委托鉴定的内容无漏计、重计现象发生。各工程师的鉴定结果汇总后，再由审核人、审定人进行二级审查，确定无误后，出具司法鉴定意见书（征求意见稿）。

5）司法鉴定意见书的出具

鉴定公司收到申请人及被申请人对司法鉴定意见书（征求意见稿）的复函后，鉴定小组根据复函中的异议及相应证据对征求意见稿逐一进行复核、核对（与申请人及被申请人双方）、修改完善，对申请人及被申请人争议较大的问题实行合议制定案（部分问题通过咨询安徽省建设工程造价管理站及项目所在地建设工程造价管理站得以解决），即在充分讨论的基础上用表决方式确定结论性意见，直到对所提出的异议都能答复。征得委托方同意后出具司法鉴定意见书。

2. 鉴定依据

本项目鉴定依据包括：鉴定人自备的、委托人提交的、现场勘验的。主要内容如下：

（1）委托法院出具的对外委托鉴定、设计、评估、拍卖委托书。

（2）招标投标相关资料。

（3）“建设工程施工合同”（订立时间无，合同约定工期无），合同约定：合同价款金额为32700万元（暂定）。

（4）《2000年安徽省建设工程计价依据》。

（5）《2005年安徽省建设工程计价依据》（参考）。

（6）施工图纸纸质版及电子版。

（7）工程联系单、现场签证单及设计变更通知单等。

（8）现场勘验调查记录（勘验时间为2017年7月27日及2017年9月20日）。

（9）施工期间的《××项目所在市工程造价》（2011年1月为纸质版，其他月份为电子版），同时参考《蚌埠工程造价》（电子版）、《合肥建设工程市场价格信息》（纸质版，以下简称《价格信息》）、《六安建设工程造价》（电子版）。

3. 鉴定方法

（1）本鉴定项目划分为3个单项工程，即地下空间工程、下沉广场工程及地上工程。同时又划分为5个单位工程，即建筑工程、装饰工程、安装工程、市政工程及绿化工程。

（2）依据合同约定采用定额方式计价，工程类别为一类，风险范围：合同工期内，主材（商品混凝土、砖、钢筋、水泥、黄砂、石子、汽油、柴油、沥青）价格涨跌超过±10%以上部分予以调整。

（3）鉴定过程中，鉴定公司从专业的角度，促使申请人及被申请人对一些争议事项达成和解或妥协性意见。但因内容不明确的资料较多，很多内容申请人及被申请人双方争议较大，无和解或妥协意向，因此该工程又划分为确定工程和无法确定工程。

（4）根据案情需要，鉴定公司按照委托人的要求，对申请人及被申请人的争议事项列出鉴定意见，便于委托人判断使用。

4. 鉴定意见

鉴定结果总金额为495968877元，其中：

（1）已完图示工程造价为407503756元（其中现场未见实物图示工程造价13876964元）；

（2）变更签证工程造价为84506825元（其中：确定的工程造价为64692386元，无法确定的工程造价为19814439元）；

（3）窝工、停工损失及停工期间的资金占用费为3958296元。

5. 鉴定情况说明

1）现场未见实物图示工程：经现场勘验，图示中的部分安装工程及绿化工程均无实物存在，造价为13876964元。现分别详述如下，如何处理由法院裁定。

（1）安装工程现场未见实物的主要内容为：①地暖入口部位：阀门及设备；②通风空调工程：通风机、风口、调节阀、部分风管、风机盘管、供暖管道、制冷设备等；③污水工程：卫生洁具、污水提升设备；④视频监控及BAS系统：线路、设备；⑤火灾报警系统工程：桥架、设备、管线未施工完善；⑥喷淋工程：信号阀、水流指示器、湿式报警阀未见实物，管道未全部施工完善；⑦消防工程：阀门未施工完善、泵房水设备未见；⑧室外工程：灯具未施工完善；⑨地下空间工程：室内灯具。现场未见实物图示安装工程造价为 5972904+6004670 = 11977574 元，其中结算审计单位已计入的为 6004670 元。空调设备按 179 号买卖合同中载明的合同价以 498 万元计入。值得说明的是，179 号文件对业主单位提交的用于审计的材料的质证意见第 11 条载明：施工单位补交“（制冷设备）买卖合同”与供货公司对账单。证明业主单位对制冷设备采购招标后，要求施工单位与中标单位签约付款，施工单位实际支付 55 万元。但后来货到现场后，业主单位取消了该工程项目，造成施工单位损失 55 万元。附件（复印件）：①买卖合同；②应收账款：来往单位——合肥 ××× 商贸有限公司，贷方 200000 元；③应收账款：往来单位——××× 建设有限公司，贷方 350000 元。

（2）绿化工程现场有 3 处未见苗木实物，此 3 处分别为：西区侧匝道（汽车坡道）外侧、东区侧匝道（汽车坡道）外侧、东区下沉庭院，造价共 1899390 元。

2）变更签证无法确定的工程：该工程监理单位及业主单位签字确认的内容不明确或没有定性的结论，或附件资料不全，无法准确计价，按申请方编制的内容计算造价共 19814439 元，已计入鉴定结果（结算审计单位审核初稿按 3559998 元计入，鉴定结果比审核初稿结果多计入 16254441 元）。现分别详述如下（此处省略），如何处理由法院裁定。

3）窝工、停工损失：该费用资料不全，按申请方提供的资料计算金额为 3958296 元（鉴定结果按 3958296 元计入，结算审计单位审核初稿未计入。现分别详述如下（此处省略），如何处理由法院裁定。

4）《价格信息》先后执行顺序：《×× 项目所在市工程造价》《蚌埠工程造价》《合肥建设工程市场价格信息》《六安建设工程造价》。

5）工程造价任何一项从鉴定结果中增加或扣除，利息都应作相应的调整。

（三）申请人及被申请人对工程造价司法鉴定意见异议问题

申请人及被申请人对工程造价司法鉴定意见异议问题及鉴定公司的回复如下。

1. 取费表中的问题

1）异议（业主单位提出）：环境保护文明施工费等费用不应计算，该费用已含在综合费率内。

回复：经复核，无误。《2000 年安徽省建筑安装工程费用定额》载明：“文明施工增加费结合创建要求，按直接费的 1.5% ～ 3.0% 计取。”该费用没有纳入综合费率内，需另行计算，按项目所在地的 ×× 市工程建设标准定额站颁布的《关于发布建设工程安全防护、文明施工措施费的通知》（建定〔2005〕7 号）文件执行计算。

2）异议（业主单位提出）：税金费率应为 3.475% 而不是 3.539%，因该项目是 2011 年 5 月份开工的，而税金费率由 3.475% 调整为 3.539% 是自 2012 年 1 月 1 日起执行的。

回复：经复核，无误。安徽省建设工程造价管理总站颁布的《关于调整建设工程税金费率的通知》（造计〔2011〕26 号）文件规定“工程所在地在省辖市市区的，税金费率由 3.475% 调整为 3.539%”，自 2012 年 1 月 1 日起执行。需要注意的是，具体是根据工程进度款的支付日期来执行，而不是根据工程的开工时间或已完工程量。如果进度款的支付日期为 2012 年 1 月 1 日之前，则税金费率取3.475%，开税票时间滞后也执行3.475%税金费率。若进度款的支付日期为2012年1月1日之后，则税金费率取3.539%。

3）异议（业主单位提出）：工伤保险费不应计算，该费用应由施工单位自行承担。

回复：经复核，无误。“建筑安装工程费用项目划分及内容”中涉及3项保险费：“①现场管理费中的保险费：是指企业施工管理用财产、车辆保险，高空作业等特殊工程安全保险等；②企业管理费中的劳动保险费：是指企业支付离退休职工的退休金等；③企业管理费中的保险费：是指企业财产保险、管理用车辆等保险费用。”显然以上保险费均不包含工伤保险费。

工伤是因工负伤，劳动者在工作之中或是在规定的特殊情况之下，受到意外伤害或者患上职业病从而导致暂时或者永久地丧失劳动能力甚至死亡时，劳动者或其遗属能够从国家和社会获得物质帮助的保险制度即工伤保险。

经咨询项目所在地的××市工程建设标准定额站，给出答复：“××市没有规定工伤保险费的计算标准，可按照施工单位的实际缴纳数额计算。”因施工单位没有提供相关票据，鉴定结果按商务标的计算费率计入。

2. 直接费计算表中的问题

1）异议（业主单位提出）：井点降水应按定额规定，45根为一套套用相应定额，不应按水泵抽水台班套用相应定额。

回复：经复核，无误。定额中的井点降水：沿基坑四周或一侧以一定间距将井点管埋入蓄水层内，井点管上部通过弯联管与总管连接，利用抽水设备使地下水经过滤管进入井点管，经总管不断抽出，将地下水位降至基坑底以下。本工程的每个井点独立安装抽水设备，联系单已确认水泵的型号及抽水台班数量，不同于定额编制的井点降水。

2）异议（施工单位提出）：地下水位以下排水土方工程量为195890.65m^3，未计入鉴定结果内，此工程量见结算审计单位的审核数据（工程量计算书附后）。

回复：经复核，无误。本工程已采用井点降水，施工降水已超越土方开挖深度，基础施工采用井点降水的工程不得再套用排水定额，也不得再发生其他抽水机台班。

3）异议（业主单位提出）：本工程土方开挖时没有使用推土机，因此，计算履带式推土机场外运输费错误。

回复：经复核，无误。①挖掘机挖土方工作内容：挖土、装土或将土堆放一边，清理机下余土。编制定额时考虑了挖掘机和推土机的有效配合，同时考虑了不同型号挖掘机的搭配使用。②自卸汽车运土方工作内容：运土、卸土、平整。显然需要使用推土机。③通过上述分析，挖掘机挖土方及自卸汽车运土方定额子目均是在推土机配合的效率下编制的，如果实际施工时没有使用推土机，则挖掘机的实际使用效率就会比定额子目降低，定额子目的挖掘机使用台班数量上调才合理，而定额的法令性（是指定额一经国家、地方主管部门或授权单位颁发，各地区及有关施工企业单位都必须严格遵守和执行，不得随意变更定额的内容和水平。定额的法令性保证了建筑工程统一的造价与核算尺度）要求鉴定公司必须执行，因此即使实际施工时没有使用推土机，也要按照定额规定计算履带式推土机场外运输费。

4）异议（业主单位提出）：3∶7灰土中的黏土为虚体积，按定额分析的黏土含量应除1.3系数折算为实体积。分析 3∶7 灰土的配合比：1m^3（实体积）的 3∶7 灰土含生石灰 294kg，黏土为 1.15 m^3，水为 0.2 m^3，因此可确定黏土 1.15 m^3 为虚体积。

回复：经复核，无误。经咨询安徽省建设工程造价管理总站，给出的答复：建筑工程定额及市政工程定额 3∶7 灰土中的黏土均为实体积。

5）异议（业主单位提出）：混凝土剪力墙对拉螺栓无施工方案，根据定额说明，应当办理签证手续才予以计入结算，无签证资料，该项不能计取。

回复：根据施工规范常用的做法，按 ϕ12 钢筋，间距为 500mm×500mm、长度为墙厚 +0.5m，再结合《2005 年安徽省建设工程计价依据》消耗量计入（地下室混凝土外墙及人防地下室混凝土内墙对拉螺栓为一次性使用按 100% 计入，其他位置的对拉螺栓按 70% 计入）。

6）异议（业主单位提出）：脚手架应套用《2000 年安徽省建设工程计价依据》综合脚手架定额子目，而不应套用《2005 年安徽省建设工程计价依据》全钢管脚手架定额子目。

回复：该项目脚手架实际使用的为全钢管脚手架，而《全国统一建筑工程基础定额 2000 年安徽省综合估价表》系按金属脚手架、竹脚手架综合考虑的，缺项全钢管脚手架，可借用《2005 年安徽省建设工程计价依据》全钢管脚手架定额子目的消耗量。

7）异议（业主单位提出）：鉴定意见书大幅度调整苗木定额中的定额数量，调整错误，定额含量在没有合同主体双方约定的情况下应按照定额比例调整（例如色块定额规定种植 25 株 /m^2，现场实际种植 45 株，则定额含量应按照 45/25 = 1.8 系数调整）。

回复：定额含量包含损耗，除损耗量后按上述系数调整，因此调整方式无误。

8）异议（施工单位提出）：水体公园木龙骨和木材面层工程量为 730m^2，而木平台面积为 656.37m^2，有误。

回复：经复核，无误。木平台面积为水平投影面积，而木龙骨和木材面层面积为展开面积（包括侧边面积）。

9）异议（业主单位提出）：联系单的夜间照明费已包含在定额的综合取费中，详见《2000 安徽省建筑安装工程费用定额》，该费用重复计取。

回复：经复核，无误。定额中的夜间照明费是根据施工组织设计的规定，需要进行夜间连续施工而发生的，本工程是业主单位要求抢工期而发生的。

10）异议（业主单位提出）：××工程联系单：基坑采用水泥稳定级配碎石回填，套用市政定额子目错误。应套用土建定额子目并扣除定额中包含的挖土方费用。

回复：经复核，无误。本工程联系单涉及的基坑位于道路基层下，且该道路对社会开放属市政工程范畴，应套用市政定额子目。如果道路在小区内不对社会开放则属建筑工程范畴，则只能套用土建定额子目。如果土建定额没有相应子目，可借用市政定额子目的消耗量。

3. 材料价差计算表中的问题

1）异议（施工单位提出）：钢筋材料价格不正确。工程于 2011 年 5 月开始施工，至 2011 年 11 月开始停工，有 8 个月的停工，于 2012 年 7 月开始抢工。在 2011 年 11 月前钢筋就全部到位了，因此钢筋调整到 2012 年 8 月是不正确的。同样，水泥材料价格也不正确。

回复：经复核，无误。为了客观地反映该工程的真实造价，鉴定公司详细分析了各单位工程的施工时间节点，从而可准确统计各种材料的结算单价。

（1）各单位工程材料单价（施工时间段）：通过分析施工日志、监理日志、进度款审核意见书、工程联系单、经济签证单及监理例会会议纪要等资料，确定各单位工程施工时间段见下表。

表　已确定各单位工程施工时间段

序号	单位工程名称		施工时间段
1	地下空间工程	土方开挖工程	2011 年 6 月 8 日
		土方回填工程	2011 年 9 月 10 日
		建筑工程	2011 年 5 月—2012 年 2 月，2012 年 7 月 8 日
		装饰及安装工程	2012 年 7 月 12 日
2	下沉式广场工程		2012 年 7 月 12 日
3	地上工程（道路、铺装及绿化工程）		2012 年 8 月 9 日
4	变更签证工程		2011—2012 年，2014 年

（2）钢筋材料单价调整按施工合同约定执行。施工合同第 23.2 条中（2）约定：采用固定单价合同，风险范围以内的综合单价不再调整，风险范围以外的综合单价及合同价款调整方法：合同工期内，主材（商品混凝土、砖、钢筋、水泥、黄砂、石子、汽油、柴油、沥青等）价格涨跌超过 ±10% 部分予以调整（以同期 ×× 市建设工程造价管理协会、×× 市建设工程造价管理站颁发的《×× 项目所在市工程造价》中的价格为依据）。

2）异议（业主单位提出）：建筑工程材料价差表中，支撑钢管及扣件、钢支撑，《×× 项目所在市工程造价信息》均没有发布单价，不应调整材料差价。

回复：经复核，无误。《建筑施工扣件式钢管脚手架安全技术规范》（JGJ 130—2011）及《建筑施工模板安全技术规范》（JGJ 162—2008）均规定钢管为 ϕ48.3mm × 3.6mm 焊接钢管，因此，支撑钢管及扣件、钢支撑应执行焊接钢管单价。

3）异议（业主单位提出）：本工程施工用水为井水（施工单位打的井），不应调整施工用水的单价。

回复：经复核，无误。施工用水为井水时，合理的计价方法为：计算打井的费用和用水时抽水台班等费用，再扣除定额中水的费用。相关的材料双方均未提供，现只能按定额规定执行，调整施工用水价差。

四、出庭作证情况

本项目鉴定小组由 7 人组成，其中注册造价工程师 2 人，在鉴定过程中对申请人及被申请人争议的问题以及资料不明确的内容实行合议制定案，即在充分讨论的基础上用表决方式确定结论性意见。因此，开庭作证时对申请人及被申请人提出的异议给予了逐一的解释和明确的答复，庭后又按委托方的要求给予了书面回复。

鉴定公司强调：

1）本项目工程造价鉴定活动遵循了合法、独立、客观、公正的原则。

2）本项目工程造价鉴定符合《建设工程造价鉴定规程》（CECA/GC 8—2012）及《建设工程造价咨询规范》（GB/T 51095—2015）的要求。

（1）本鉴定机构及鉴定人具有相应的资质。

（2）本鉴定机构及鉴定人与本鉴定项目不存在现行法律法规所要求的回避情形。

（3）鉴定范围与委托书的委托内容一致。

（4）鉴定材料经过了申请人及被申请人双方质证。

（5）鉴定机构进行现场勘验的行为是规范的。

（6）鉴定机构选用的计价依据是合理的。

（7）鉴定意见的鉴定结果是客观、公正的。

五、心得体会

1. 严格地组织鉴定小组

（1）鉴定小组成员至关重要，它决定着鉴定工作是否能准时地保质按量完成。

（2）项目负责人既要拥有丰富的实践经验，又要掌握一定的法律、法规知识；同时要具有较强的组织能力和协调能力。

（3）鉴定小组成员既要拥有丰富的专业知识，更要拥有较强的责任心和良好的职业素养。

（4）鉴定小组成员要固定化：鉴定工作是鉴定小组的团队活动，要求成员之间互相协作配合，这样才能保证不会出现鉴定内容漏算、重算等现象。

2. 鉴定材料（依据）的收集

鉴定材料包括鉴定人自备的、委托人提交的、现场勘验的各类材料。

（1）鉴定人自备的材料：除自身拥有的材料外，一定要调查、收集项目所在地的资料，它是区分该地区不同于其他地区的第一手材料。

（2）委托人提交的材料：鉴定材料在司法鉴定中是计算工程量，确定人工、材料、机械单价和综合单价的基础，对工程造价产生最终影响。所以，鉴定机构应当以委托人转交的经过当事人（申请人及被申请人）双方质证并经委托人确认了证明力的证据材料为依据开展鉴定工作。质证后的鉴定材料更加客观真实，据以鉴定出来的结果也更加客观，更易于让双方当事人接受。关于证据材料是否采信，属于审判权的职责范围，应当由委托人确定。鉴定机构不可超越了鉴定权限，对属于法律问题的证据采信问题进行裁判，未经委托人同意，随意取舍证据材料。鉴定机构更不可直接从当事人处单方接收证据材料，依据没有经过质证的证据材料作出鉴定意见，如直接联系一方当事人要求提供相关材料，作为另一方当事人往往会怀疑对方当事人提交的材料的真实性和合法性，甚至对鉴定结果产生怀疑。所以，鉴定机构在鉴定活动过程中，应当先行通过委托人获取资料，由委托人通知当事人提交材料，或者由委托人依照自身职权收集相关鉴定资料，经当事人质证后，提交鉴定机构，作为鉴定的依据。

（3）现场勘验材料：图纸表达的内容为静态的，变更签证单表述的为动态的，动态的内容又反映在工程现场。因此，现场才是工程实际内容的真实表达。所以，勘验现场至关重要。勘验现场时一定要带着问题，把需要通过现场实物才能确定的动态疑问内容得以解决。

3. 鉴定过程及鉴定成果文件的公开

（1）鉴定过程的资料公开：委托人提交的资料是当事人提供的，按法律规定应通过当事人相互质证认定，凡是鉴定过程中用到的资料一律装订于鉴定意见书中以示公开，以便当事人复核。

（2）鉴定过程的工程量计算书公开：计算工程量是工程计价的第一步，计算是否准确直接影响鉴定成果文件的质量，因此，要求每个数据要有来源或公式。计算结果公开，于当事人也是对鉴定过程的一种监督和督促。

（3）鉴定过程的计价软件公开：无论是定额计价还是清单计价，仅仅通过纸质版是无法进行正确复核的，只有通过计价软件才能发现错误的问题，以及问题的原因。因此，计价软件公开，于当事人也是对鉴定过程的最后一步审核。

专家点评

本案例为市政工程项目的造价鉴定，业主单位申请按建设工程施工合同约定的结算方式鉴定已完图示工程造价，施工单位申请按建设工程施工合同约定的结算方式鉴定签证工程造价、钢材价差，以及窝工、停工损失及停工期间的资金占用费。项目包括广场、公园、地下商场、地下停车场、地下通道等工程内容。

本案例虽然为常规鉴定项目，但也存在诸如部分安装工程及绿化工程无实物存在，部分变更签证工程无法确定，窝工、停工损失费用资料不全等鉴定难点。该鉴定机构在一些具体的鉴定方法上的很多做法值得借鉴，如对于现场未见实物的工程，该鉴定机构认定：工程计量的直接依据资料是施工图纸、变更签证单及现场实物，提供的变更签证单未反映此内容发生变更，工程从投入使用至鉴定委托日已近5年之久，实物存在灭失的可能。因此，现场未见的图示中的安装工程及绿化工程均计算出造价，单独列出，由法院裁定；对于各单位工程材料单价（施工时间），该鉴定机构的处理方法是：由于申请人及被申请人均未提供施工组织设计，该鉴定机构通过分析施工日志、监理日志、进度款审核意见书、工程联系单、经济签证单及监理例会会议纪要等资料确定各单位工程施工时间。

目前工程造价司法鉴定实践中存在着许多不良，甚至是错误的习惯和做法，其中比较典型的是鉴定过程资料不公开、鉴定过程的工程量计算书不公开、鉴定过程的计价软件不公开。工程造价的特点是组合计价，即以分部分项（或定额项）价格分别计价后，组合得出相应的单位工程、单项工程造价，而分部分项工程造价又取决于该分部分项的工程量、人材机含量及价格、各项费率等要素，如果鉴定过程资料不公开、工程量计算书不公开，则作为案件当事人很难对造价鉴定报告进行核对，更无法发现造价鉴定机构在鉴定过程中发生的少算、多算、重复等错误。再如，变更和洽商的造价鉴定问题，如果造价鉴定报告不把相应的变更洽商单作为造价鉴定报告附件的话，当事人也很难分清造价鉴定报告中的相关数据来源于哪一份变更洽商，尤其是那些变更洽商单数量多、争议大的鉴定项目。

司法实践中，当事人对于以上不良，甚至错误的造价鉴定习惯和做法意见也很大，但苦于当事人无主动权，委托人往往也不进行干涉，导致上述习惯和做法长期得不到纠正，这不利于树立造价鉴定机构的权威，也不能彰显造价鉴定机构的自信。

本案例最值得肯定的是其鉴定过程中的一些做法：①鉴定过程的资料公开，凡是鉴定过程中用到的资料一律装订于鉴定意见书中以示公开，以便当事人复核；②鉴定过程的工程量计算书公开；③鉴定过程的计价软件公开。鉴定机构的以上做法体现出对自己工作成果的信心，更便于通过当事人及委托人纠正鉴定机构鉴定过程中的一些错误，也有利于取得当事人、委托人的信任。

北京大成律师事务所　蓝仓山

某花园小区 2 号、4 号、6 号住宅楼工程工期司法鉴定

——山东中大汇通工程咨询有限公司

刘继亮　王芳华

一、案情简介

山东某置业有限公司（以下简称发包人）与某建设集团有限公司（以下简称承包人）于 2012 年 1 月签订施工合同承包施工“某花园小区 2 号、4 号、6 号住宅楼工程”，合同约定工期 510 天。2 号楼于 2012 年 4 月 1 日开工，2016 年 4 月 6 日竣工；4 号楼于 2013 年 4 月 21 日开工，2016 年 7 月 21 日竣工；6 号楼于 2012 年 5 月 15 日开工，2016 年 4 月 6 日竣工。工程竣工后发包人以工程逾期为由起诉承包人，要求赔偿逾期交房及利息损失合计 2700 万元，其中逾期交房损失 1557.8 万元（共 15578207 元）。经法院一审审理，认定 2 号楼逾期竣工 956 天，4 号楼逾期竣工 677 天，6 号楼逾期竣工 912 天，逾期交房实际损失 1356.3 万元（共 13562931.94 元），判定承包人按照 80% 的比例向发包人赔偿逾期交房损失 1085 万元（共 10850345.55 元）。承包人不服判决上诉至中级人民法院，要求撤销一审判决，同时申请对“2014 年 9 月以后涉案住宅楼非承包人原因可顺延工期天数，即合理延期天数”进行鉴定。

二、案件争议焦点及分析

本案当事人争议的焦点是工程的逾期责任和天数。作为建设工程的特点和核心内容，主要体现在工期、质量、造价三个方面，而前两个方面（工期、质量）是直接影响工程造价的重要因素，参与建设各方都极为关注。对于工期而言，影响工期造成延误的事件是普发的，也是具有多样性的。由于建设工程施工合同履行期限长、影响因素多，不仅包括主观因素、客观因素、内在因素、外在因素，还包括设计变更、施工条件、计价依据、资金支付、相关政策变化等，关联到的主体也多，当事人往往不仅是涉及双方，还可能是多方。本案工程施工后期很多分包工程没有及时完成，直接影响到整体工期，准确且清晰地厘清各分包工程施工合同主体与发承包人间的关系及相互影响，是鉴定发承包工程逾期责任的一个重要工作。

针对涉及建设工程的工期司法鉴定，目前尚无统一的意见和规范。在具体实践中，鉴定公司通常结合合同工期、定额工期、计划开工日期、实际开工日期、竣工日期以及施工过程中的影响工期事件等多种因素进行鉴定，往往是鉴定整个工程的工期。而本案有所不同，承包人所主张的工期鉴定有明确的特指性，一是要求鉴定时间范围并非始于工程开工日期涵盖整个施工过程，而是要求对2014年9月以后的合理延期天数进行鉴定；二是要求鉴定“非承包人原因可顺延工期天数”。经分析，双方于2012年1月签订施工合同，合同约定工程工期总日历天数为510天，竣工时间为2013年7月31日。但在主体结构实际完工并确认符合时间节点后，双方于2014年9月对项目竣工前总体实施进度计划表（以下简称“项目竣工总体计划表”）予以确定，此时，承包人尚未完成“内粉饰及镶贴、屋面、施工洞口”等内容，发包人单独分包的“门窗、外墙保温、电梯、消防、室外配套、市政工程”等工程也未完成或尚未实施。双方通过项目竣工总体计划表确认主体结构完工后的剩余工程自2014年9月—2014年12月中旬全部竣工验收。上述约定视为双方变更竣工时间截至2014年11月上旬，即原则上工期应至2014年11月上旬竣工。双方均认可的实际竣工验收时间为：2号楼为2016年4月6日；4号楼为2016年7月21日；6号楼为2016年4月6日。

针对工程上述实际情形，进行鉴定时，总延误天数的计算相对简单，发包人与承包人原因导致延误天数的分析计算相对复杂。如何选择科学的鉴定方法，确定关键线路，准确分析事件相互关联影响，将逾期责任具体界定并量化，进而公正、公平、科学地给出工期合理顺延天数的鉴定意见，是本案鉴定工作的重点。

三、鉴定过程

（一）前期准备

1）鉴定资料前期已在法庭完成证据交换及质证程序。鉴定人根据鉴定内容及性质认为不需进行现场勘察，向当事人释明后，当事人未提出反对意见。

2）通过对鉴定资料初步梳理后进行分类和归纳，排除对本次鉴定无关联的资料，进一步明确鉴定范围和内容。在此过程中利用思维脑图软件及网络计划软件进行可视化分析，形成能够形象、直观地反映事件发生时间、施工先后次序及相互关系的图表，制订鉴定工作方案和以下工作程序：

（1）鉴于各住宅楼实际竣工时间不同，将2号、6号与4号楼分为两组鉴定对象。根据鉴定委托书、项目竣工总体计划表、竣工资料，确定工程逾期延误工期计算起始时间、计划竣工时间和实际竣工时间，进而确定在本鉴定时间范围内工程实际逾期天数（鉴定的可合理顺延天数应受实际逾期天数限制）。

（2）依据项目竣工总体计划表梳理分析该表中所列各项施工内容节点实际完成情况，分析确定是否存在之前施工内容或其他事件对此产生关联影响。

（3）绘制施工进度网络图，合理划分鉴定时间窗口，同时甄别确定是否存在施工关键线路。

（4）在每个时间窗口期内，对所发生事件及影响工期因素逐一进行细化分析，确认责任主体和责任比例，计算该窗口期内非承包人责任可合理顺延天数。

（5）根据各窗口统计计算结果编制初步鉴定意见。

（6）进行专家咨询，对比分析咨询结果与初步鉴定意见，完成内部复核。

（7）提供初步鉴定意见，回复当事人异议。

（8）出具鉴定意见，履行鉴定人出庭义务。

（二）鉴定依据材料

鉴定材料内容主要为当事人签订的建设工程施工合同、补充协议、住宅楼施工总包合同的协议（二）、各分项工程分包工程施工协议、2014 年 9 月 1 日之后历次监理例会会议纪要、项目竣工总体计划表、竣工验收申请资料、竣工验收表、质监质量问题整改报告、设备移交手续资料以及与本案工程有关的其他资料。其中项目竣工总体计划表和历次监理例会会议纪要是本次鉴定的重要和基础依据。

（三）鉴定方法的选择

（1）选择鉴定方法。结合本案工程实际情况和鉴定内容性质，鉴定工作综合采用了网络图分析法、直接法、比例计算法和综合评定法。

① 网络图分析法。通过绘制施工进度分析图确定关键线路和非关键线路，对比计划工期与实际工期，分析干扰事件对工期的影响，确定工期延误天数。该方法较为直观和明确，但对施工工艺及施工组织有较高的专业要求。本鉴定由于鉴定时间范围内结构主体工程已完工，后期多为分包工程，相对较为独立，借助该方法让鉴定分析过程更加形象直观。

② 直接法。对于施工过程中某干扰事件直接发生在关键线路上造成总工期的延误，或是依法依约发生合理的停工事件，直接将此类事件的实际干扰时间（延误时间）确定为工期顺延时间。本鉴定中针对双方办理的停工签证采用该方法。

③ 比例计算法。如果某干扰事件仅仅影响某单项工程、单位工程或分部分项工程的工期，分析其对总工期的影响，采用比例计算法。

④ 综合评定法。通过设定不同评价内容及评价标准，对各评价内容进行评分，采用加权相加，求得总分，然后进行评定。该评价方法受评价体系和评价标准的影响较大，往往主观性较强。本鉴定在机构外专家咨询过程中使用了该方法。

（2）划分鉴定时间窗口。根据 2014 年 9 月 1 日之后历次监理会议纪要以及质量监督部门现场质监记录和质监验收整改报告时间先后顺序划分各楼鉴定时间窗口。将 2 号、6 号楼划分为 11 个时间窗口，4 号楼划分为 7 个时间窗口，见表 1。

表 1 鉴定时间窗口划分

序号	时间窗口	计时时间	计止时间
2号、6号楼			
1	窗口一	2014 年 9 月 1 日	2014 年 11 月 10 日
2	窗口二	2014 年 11 月 11 日	2015 年 7 月 16 日
3	窗口三～五	2015 年 7 月 17 日	2015 年 10 月 19 日
4	窗口六～十	2015 年 10 月 20 日	2016 年 4 月 1 日
5	窗口十一	2016 年 4 月 2 日	2016 年 4 月 6 日
4 号楼			
1	窗口一	2014 年 9 月 1 日	2014 年 11 月 10 日
2	窗口二	2014 年 11 月 11 日	2015 年 10 月 19 日
3	窗口三～六	2015 年 10 月 20 日	2016 年 7 月 1 日
4	窗口七	2016 年 7 月 2 日	2016 年 7 月 21 日

（3）绘制施工进度分析图。在每个时间窗口内详细列明所发生的影响工期事件的各种时间信息（计划开始和结束时间，实际开始和结束时间、停滞时间等）以及影响因素（分包施工主体、分包施工内容），通过图表做到鉴定内容及信息的可视化、清晰化、条理化、逻辑化。借助施工进度分析图对每个时间窗口详细分析逾期责任主体，综合确定责任承担比例。逾期责任主体比例划分按照以下原则进行鉴定：

① 对处于施工进度计划关键线路上的逾期影响事件，因承包人原因造成施工进度滞后的，工期不予以顺延；非承包人原因造成施工进度滞后的，工期予以顺延。

② 对于逾期影响事件非由一方造成或是由两种或两种以上原因同时发生（或相互作用）形成的，视为“共同延误”。首先确认什么事件和因素影响工期，是谁造成的；如不是承包人原因造成，承包人是否依据合同提出工期延期申请，发包人或监理有无进行确认或提出异议，是否成立；承包、发包方有无对工期延误问题达成一致的协议；延误是否发生在关键线路上；承包人是否及时向发包人提出竣工验收申请，发包人是否及时组织竣工验收。本案因双方当事人未能向法庭提供其分包工程施工开始、结束时间证明资料，在责任分析时，鉴定人以其分包工程合同的签订时间、合同约定开工时间、合同约定工期或完工时间为鉴定依据并结合历次质监日期信息，综合分析延误责任主次方并确认责任比例。

（4）进行专家咨询。鉴于工期鉴定的特殊性以及确保鉴定方法更加科学，为保证出具的鉴定意见更公平、公正和合理，依据《建设工程造价鉴定规范》（GB/T 51262—2017）第 4.5.3 条，鉴定人对特别复杂、疑难、特殊技术等问题或对鉴定意见有重大分歧时，可以向本机构以外的相关专家进行咨询。鉴定人邀请了本机构外的多名专家（具有高级工程师职称的监理工程师或一级建造师）对鉴定资料及各个窗口影响工期事件等因素独立进行综合分析，对责任比例进行量化赋值。专家的咨询结果在鉴定中作为对比参考和验证使用。

四、鉴定意见

（1）鉴定时间范围起始依据项目竣工总体计划表中注明的计划竣工日期（2014 年 11 月上旬）和各楼质监站验收合格日期。工程实际逾期天数：2 号、6 号楼逾期 513 天，4 号楼逾期 619 天。

表 2　工程实际逾期天数计算

序号	楼号	整体竣工前总体实施进度计划的计划竣工时间	质监站验收合格日期	逾期天数(d)
1	2 号、6 号	2014 年 11 月 11 日	2016 年 4 月 6 日	513
2	4 号		2016 年 7 月 21 日	619

（2）2014 年 9 月后，非承包人原因可顺延工期天数：2 号、6 号楼 357 天，4 号楼 398 天，分别见表 3、表 4。

表 3　2 号、6 号楼非承包人原因合理顺延天数统计

序号	时间窗口	计时时间	计止时间	合理顺延天数(d)
1	窗口一	2014 年 9 月 1 日	2014 年 11 月 10 日	9
2	窗口二	2014 年 11 月 11 日	2015 年 7 月 16 日	174
3	窗口三～五	2015 年 7 月 17 日	2015 年 10 月 19 日	86
4	窗口六～十	2015 年 10 月 20 日	2016 年 4 月 1 日	83
5	窗口十一	2015 年 4 月 2 日	2016 年 4 月 6 日	5
6	合 计	—	—	357

表 4　4 号楼非承包人原因合理顺延天数统计

序号	日期窗口	计时时间	计止时间	合理延期天数(d)
1	窗口一	2014 年 9 月 1 日	2014 年 11 月 10 日	9
2	窗口二	2014 年 11 月 11 日	2015 年 10 月 19 日	241
3	窗口三～六	2015 年 10 月 20 日	2016 年 7 月 1 日	128
4	窗口七	2016 年 7 月 2 日	2016 年 7 月 21 日	20
5	合 计	—	—	398

五、鉴定分析说明

本文仅以 2 号、6 号楼为例进行表述。

（一）窗口一

2014年11月2日，监理单位下达监理工作联系单，通知因环保政策要求2014年11月3日～11日全部停止施工。该停工事件影响属于非发包人与承包人原因。依据施工合同通用条款第三条第13.1款约定，工期应相应顺延。本窗口期非承包人原因可延期天数为9天，见表5。

表5　2号、6号楼非承包人原因可顺延天数计算

时间窗口	计时时间	计止时间	合理延期天数(d)
窗口一	2014年9月1日	2014年11月10日	9

（二）窗口二

1. 该窗口截止日期为承包人提交竣工质监申请之日

因发承包人提交的建筑工程竣工验收报告没有落款日期，在鉴定人要求后仍未能提供各楼第一次提交质监申请时间证明，以质监部门第一次下达“建筑工程（质量）整改通知”之日即2015年7月16日为“竣工质监申请之日”进行鉴定。

2. 该窗口影响事件（因素）

（1）施工停电。2014年12月8日监理下达通知，12月10日晚10时～11日晚7时停电（累计21h）。依据建设工程施工合同通用条款第三条第13.1款约定，工期应相应顺延。本窗口期非承包人原因可延期天数：1天。

（2）消防工程（由发包人分包）。依据项目竣工总体计划表的要求，该施工内容应于2014年9月下旬～2014年10月下旬完成。根据第130、136、139、140、144、151、153、154、155、158、159、165、166、169、171次监理会议纪要内容，证明2号、4号、6号楼消防工程自2014年9月9日—2015年7月14日尚未全部完成。

（3）配电、热力、弱电、给水工程（由发包人分包）。依据项目竣工总体计划表的要求，上述工程应于2014年10月1日—2014年10月31日完成。发包人分别与不同分包单位于2014年11月6日签订热力工程分包合同（供热一次管网），于2015年2月9日签订热力工程分包合同（立管供热），于2015年10月13日签订供热设施设备安装、热计量表安装协议书，于2015年4月28日签订自来水管道安装工程施工协议书，于2015年7月7日签订新建户表安装工程施工协议书，于2014年10月26日签订2号、4号、6号楼及车库电梯五方通话布线工程施工补充协议。另有该项目其他标段承包人山东某建设工程总公司一分公司于2015年7月27日与吴某某签订给水管道表后（局部）安装工程施工合同，于2015年8月7日与吴某某签订2号、4号、6号楼水表支架等安装工程施工合同。以上资料表明，发包人分包工程的合同签订时间多晚于项目竣工总体计划表中的计划时间。另结合监理会议纪要等资料证明，分包工程实际开始施工时间也晚于合同约定时间。根据2015年7月16日建筑工程（质量）整改报告内容，证明至2015年7月16日，“配电系统、弱电系统、电力系统、给水系统未完成”。

（4）外墙保温、真石漆（由发包人分包）。发包人与分包单位分别于2013年8月5日签订2号、6号楼外墙保温、真石漆采购施工合同；于2014年2月28日签订4号楼外墙保温、真石漆

采购施工合同，上述分包工程应于项目竣工总体计划表要求的 2014 年 10 月 11 日前全部完成并具备报验条件，但根据 2015 年 6 月 30 日的监理会议纪要内容，证明至该时间，分包单位尚未提交验收资料满足报验要求。

（5）门窗工程（由发包人分包）。项目竣工总体计划表要求 2014 年 10 月 11 日—2014 年 10 月 20 日打胶完成。根据 2014 年 12 月 30 日监理会议纪要记录，证明到此时该项内容尚未全部完成。

（6）室内电梯安装调试及交付（由发包人分包）。项目竣工总体计划表要求室内电梯调试时间为 2014 年 9 月 21 日～2014 年 10 月 10 日。发包人主张因承包人室内电梯井基坑积水排除不及时等原因影响室内电梯安装调试。根据 2014 年 12 月 16 日第 144 次监理会议纪要内容，承包人对此负有一定责任。发包人依据第 149 次监理会议纪要主张承包人电梯实际使用日期为 2015 年 1 月 20 日，但该证据资料中也有"因电梯无法使用导致施工进度缓慢"的记录内容。本鉴定依据 2 号、4 号、6 号楼电梯使用协议书确定电梯交付承包人实际使用日期为 2015 年 3 月 27 日，由此说明室内电梯安装调试未按计划完成。

（7）室外施工电梯拆除。依据建筑起重机械安装（拆卸）告知书内容，承包人于 2014 年 9 月 10 日拆除 2 号楼施工电梯，于 2014 年 8 月 16 日拆除 6 号楼施工电梯，于 2014 年 12 月 21 日拆除 4 号楼施工电梯。由此证明 4 号楼施工电梯未能按项目竣工总体计划表的约定在 2014 年 10 月中旬前拆除。

（8）工程款支付。2015 年 4 月 6 日进度专题会议纪要中注明，经双方协商同意，发包人于 2 天内一次性拨付工程款 300 万元。依据付款明细表，表明发包人分别于 2015 年 4 月 9 日支付工程款 150 万元、2015 年 5 月 11 日支付 50 万元、2015 年 7 月 1 日支付 50 万元、2015 年 7 月 27 日支付 50 万元。由此证明发包人未按该会议纪要约定的时间及时支付工程款。

3. 工期延误分析

（1）合同责任分析。2012 年 1 月双方签订的施工合同专用条款第二条第 8 款（9）约定"发包人与承包人应共同做好甩项工程分包单位的管理协调工作"。第 23.2 条第 6 款约定"甲方分包的工程项目承包人计 5% 的施工配合费（总包服务费）"。第 13.1 条约定"因发包人未能按约定日期支付工程预付款、进度款，致使施工不能正常进行，工期相应顺延"；2013 年 12 月 21 日双方签订的 2 号、4 号、6 号住宅楼施工总包合同的补充协议（二）第三条约定"分包单位施工的工程质量、进度、安全文明施工直接由甲方负责，乙方一概不承担相关责任"，第七条约定"甲方对外分包人必须出具所承担工程项目的完整的验收资料，满足市质量安全监督站验收要求，乙方负责收集汇总上报"。

鉴定认为，针对分包工程，补充协议（二）已明确约定了各方管理职责，"甲方对分包工程进度负责"。工程建设项目的进度管理包括施工各个阶段，涵盖项目建设的全过程，进度管理责任就是工期管理责任。另在项目竣工总体计划表中也已注明，"本计划是按室外给水、暖气、煤气、电气、弱电、电话、智能化等均在 10 月上旬进场正常施工安排，如遇其他因素滞后进场施工或非施工方原因导致拖延，工期相应顺延"。由此表明：在本工程中，分包工程的工期管理责任不属于承包人，因分包工程开工晚、完成晚，造成工期延期的责任也不在承包人。

（2）发包人分包工程影响分析。分包工程属于任何一个工程项目不可分割的必要组成部分，分包工程完成是工程整体验收的首先和必要条件。本案工程无论总承包人自己的施工内容完成早晚，都受发包人分包工程完成时间的制约，分包工程不完成，发包人施工工程就达不到验收条件。由于发包人未能提供分包工程实际完工时间证据资料，2015 年 7 月 16 日建筑工程（质量）整改报告表明工程虽然开始进入报验程序，但该报告内容清楚注明“配电系统、弱电系统、电力系统、给水系统未完成”。鉴定人认为，发包人分包工程未完成是本窗口工期延误影响的主要因素。

（3）承包人原因工期延误分析。依据监理会议纪要，本窗口期内存在 2015 年春节期间，放假时间长、施工人员到岗晚、施工人员少、施工组织进度缓慢、采取赶工措施落实进度计划不到位情形；4 号楼室外施工电梯未按约定进度计划拆除，外墙施工洞口封堵完成时间晚，由此对发包人分包的外墙保温、门窗工程后续施工造成一定影响；室内电梯井基坑积水排水不及时导致电梯安装调试完成时间晚，间接影响发包人分包工程的施工人员、设备、材料的垂直运输，产生一定降效；室外护栏安装、散水施工时间较晚；总承包配合服务也有不到位等情形。这些因素对工程进度及竣工验收同样会产生一定影响，但依据当前鉴定资料无法进行具体量化。

4. 责任主体及责任比例确定

综上分析，承包人施工合同与分包工程施工合同相互独立，承包人所施工内容与发包人分包工程基本处于平行施工阶段，相互交叉影响较少。除承包人施工内容外，分包工程同样也是工程竣工验收的必要条件，其质量、工期对整体工程竣工验收产生直接影响。该项目中的消防、电梯、弱电、门窗、外墙系统、配电、热力、弱电、给水（立管及水表）、供暖（立管及热量表）、天然气均由发包人进行单独发包。承包人并未与各分包单位签订分包合同，非合同相对方，与分包队伍不存在合同权利与义务关系，客观上难以对各专业分包工程的施工进度进行有效管控。在该阶段对分包工程工期的控制主导权和控制能力显然不完全在承包人一方。根据监理例会会议纪要并结合工作联系单等证据资料来看，承包人与监理公司亦曾多次在工作例会上提醒发包人督促分包队伍加快施工进度，避免对工程验收造成影响。双方签订的补充协议（二）第三条已明确约定承包人不承担进度管理责任。该约定内容清晰，意思表述明确。

本窗口期内，市工程质量与安全生产监督站来现场进行了第一次检验，承包人应已基本完成 2 号、6 号楼自身施工内容，而发包人尚有“配电系统、弱电系统、电力系统、给水系统”等分包工程未完成，未能达到竣工验收条件，造成工期延误的事实，且发包人存在未及时支付进度款的情形，间接导致承包单位施工进度较慢，是造成该阶段工期延误的主要责任方。承包人在本窗口期内也存在施工进展缓慢情形，虽不是关键施工内容，但未按计划时间内完成，对工期延误有部分影响，应承担一定的工期延误责任。综合分析各方责任因素，鉴定意见：发包人负 70% 责任，承包人负 30% 责任，见表 6。

表 6　2 号、6 号楼非承包人原因可顺延天数计算

时间窗口	计时时间	计止时间	逾期延误天数(d)	非承包人责任比例	合理延期天数(d)
窗口二	2014 年 11 月 11 日	2015 年 7 月 16 日	248	70%	（248-1）× 70%+1 ＝ 174

（三）窗口三～五

（1）该窗口影响事件（因素）。2015年7月17日—2015年10月19日第172、173、183、184、185次监理会议纪要相关内容证明，2号、4号、6号楼消防工程期间尚未全部完成；2015年10月19日建筑工程（质量）整改报告证明，截至2015年9月28日消防保温未完成；2015年10月19日建筑工程（质量）整改报告证明，截至2015年9月28日配电、楼宇对讲、采暖、弱电未完成；建筑工程（质量整改报告）证明，2号、6号楼分别于2015年9月17日、2015年9月28日进行质监验收，期间双方各自进行整改。

（2）工期延误责任分析。该时间范围内，承包人主要施工内容为质量整改。发包人仍有未完工的分包工程，不能满足竣工验收条件，造成工期继续延误。

（3）责任主体及责任比例确定。综合分析各方责任因素，该阶段工期延误的主要责任方为发包人，承包人为次要责任方。鉴定意见：发包人负90%责任，承包人负10%责任，见表7。

表7　2号、6号楼非承包人原因可顺延天数计算

时间 窗口	计时时间	计止时间	逾期延误天数(d)	非承包人责任比例	合理延期天数(d)
窗口三～五	2015年7月17日	2015年10月19日	95	90%	95×90%＝86

（四）窗口六～十

根据建筑工程（质量整改报告）的内容，该期间，发包人与承包人针对市工程质量与安全生产监督站提出的工程质量问题各自进行整改。因双方未针对各自整改工作内容、涉及工程量、整改时间等提供鉴定证据并主张，综合分析整改事项及各方责任主体，鉴定意见：发包人负50%责任，承包人负50%责任，见表8。

表8　2号、6号楼非承包人原因可顺延天数计算

时间 窗口	计时时间	计止时间	逾期延误天数(d)	非承包人责任比例	合理延期天数(d)
窗口六～十	2015年10月20日	2016年4月1日	165	50%	165×50%＝83

（五）窗口十一

该时间段为办理市工程质量与安全生产监督站备案时间，非承包人责任。确认合理顺延5天，见表9。

表9　2号、6号楼非承包人原因可顺延天数计算

时间窗口	计时时间	计止时间	逾期延误天数(d)	合理延期天数(d)
窗口十一	2015年4月2日	2016年4月6日	5	5

六、当事人对鉴定初步意见的异议

（一）鉴定公司是否具备工期鉴定资格

发包人认为工期鉴定超出造价鉴定公司的执业范围，应有监理单位适格鉴定。目前法律、行政法规并未对工期鉴定公司的资质作出相关规定，但由于工期鉴定一般牵涉工期延期后应承担的违约金、损失赔偿的数额，故法院多以委托具有工程造价咨询资质的机构进行鉴定。鉴定公司的经营范围包括工程造价咨询、工程造价经济纠纷的鉴定和仲裁的咨询等，具有相应的资质，对工期进行鉴定并不违反相关法律规定。

（二）对鉴定方法的异议

发包人对鉴定公司所采用的鉴定方法以及向机构外专家咨询进行鉴定提出异议。鉴定公司认为，当前我国工期争议在实践中通常采取 3 种解决方法：①将申请人和被申请人各自有证据支持的每个延误事件的天数进行算术累加，然后以此来区分双方的工期过错。使用该方法应需具备很多前提条件。本案承包人向法庭提交的其单方委托咨询机构出具的工期延误报告，由于完全使用了该方法，造成其主张明显超出合理范围，未被作为有效证据采纳。②认为双方当事人对工期延误均有违约情形，根据双方所提供的证据，定性地区分双方过错和责任大小，认为一方对工期延误承担主要责任，另一方承担次要责任，确定责任百分比。③认为双方当事人对工期延误均有违约情形，所提供的证据无法精确计算合理延期的时间，难以准确区分双方过错和责任大小，对双方当事人主张对方承担工期延误违约责任的请求均不予支持。鉴定人认为本案鉴定显然更适用第二种情形。

《建设工程造价鉴定规范》（GB/T 51262—2017）第 4.5.3 条规定，鉴定人视其鉴定工作需要，可以向本机构以外的相关专家进行咨询。本案鉴定采用该方法可以使给出的鉴定意见更公正、公平，更具专业性。

（三）对鉴定工期范围及鉴定时间节点的异议

发包人认为承包人实际施工工期远超出合同工期，应基于施工全过程鉴定逾期工期和责任。鉴定公司认为，合同约定工期天数与本鉴定无关，总工期天数非本次委托鉴定内容。

七、法院判决结果

法院采纳并依据鉴定意见，按承包人原因延误天数占工程实际逾期天数比例确定了整体责任比例，2 号、6 号楼为（513-357）/513 = 30%，4 号楼为（619-398）/619 = 36%，以此判定承包人向发包人赔偿逾期损失金额，给出以下判决结果：

（1）逾期延误天数：2 号、6 号楼逾期为 513d（一审认定 2 号楼逾期 956d，6 号楼逾期

912d），4号楼逾期619d（一审认定4号楼逾期677d）。

（2）非承包人原因可顺延工期天数：2号、6号楼357d，4号楼398d。

（3）承包人对工期逾期承担责任比例：2号、6号楼30%，4号楼36%。

（4）撤销一审判决。

（5）承包人向发包人赔偿逾期损失4791408元。

八、鉴定体会

俗话讲，打官司打的就是证据。证据的“真实性、合法性、关联性”是最基本的要素。鉴定工作能否顺利开展，鉴定意见能否得到法庭认可，证据自始至终都起到关键作用。本案中，承包人因建有规范的项目管理和合同管理制度并切实予以认真执行，每周监理例会都形成书面会议纪要，记录内容完整清晰，参会单位和人员签章署名信息规范，对施工过程形成的技术文件，尤其发包人的分包工程合同收集存档十分齐全，对发包人未及时完成施工内容及时取证并进行公正。这些证据资料在本案鉴定中对承包人起到了很有利的作用。

鉴定工作不仅仅要求鉴定人掌握造价知识，更需要鉴定人全面了解施工管理及施工技术，对各专业工程施工内容、施工组织、施工工艺、施工顺序以及工程管理、合同管理等要熟悉，还要了解掌握相关法律知识。对于重大、疑难或是专业性很强的问题采取向机构外有关专家进行技术咨询方式，可以使鉴定意见更具有专业性、更客观公正。另外，借助应用网络图绘制、数据分析等专业软件、科技工具，可以使鉴定公司的工作更加科学和高效。

专家点评

本案例为工期延误司法鉴定。目前我国针对建设工程造价司法鉴定具有比较完善的规范，实践中也形成了比较成熟的鉴定方法。但是，针对涉及建设工程的工期延误司法鉴定，目前尚无统一的规范，实践中也未形成成熟的做法。因而工期司法鉴定机构在工期司法鉴定实践中，普遍感觉操作困难，没有可以依据的鉴定方法。虽然国外有一些相对成熟的工期鉴定方法，但因为我国工程承包市场自身的特点，以及工程承发包双方长期形成的工程管理习惯，我国工程实践有不同于国际工程的显著特点，即工程管理资料不完善、工期索赔资料欠缺。因此，在工期司法实践中，采用国外工期鉴定方法进行鉴定的基础资料往往不具备，加之我国工期司法鉴定专业人员对国外的工期鉴定方法也很难完全掌握，导致难以照搬国外工期鉴定方法进行鉴定。

本案例有两个特殊性：①要求鉴定时间范围并非涵盖整个施工期，仅是对整个工期中的2014年9月份以后的合理延期天数进行鉴定；②要求鉴定“非承包人原因”可顺延工期天数。因此，如何划分不同时间窗口、如何在每个窗口内进行逾期责任划分确认、如何量化确定合理顺延天数，是本案鉴定工作中的重点也是难点。本案例对上述两个特殊情况均进行了很好的处理。

本案例在鉴定过程中借助思维脑图软件及网络计划软件进行可视化分析，形成能够形象直观反映事件发生时间、施工先后次序及相互关系的网络图表。在鉴定时间范围内，根据工程实际进度及所发生事件性质合理划分不同时间窗口，按时间先后顺序列明所发生事件及影响工期因素，同时甄别确定是否存在施工关键线路。在每个时间窗口期内，对所发生事件及影响工期因素逐一进行细化分析，确认责任主体，评定责任比例，计算该窗口期内非承包人责任可合理顺延天数。

本案例综合采用网络图分析法，即通过绘制施工网络图确定关键线路和非关键线路，对比计划工期与实际工期，分析干扰事件对工期影响，确定工期延误天数。该方法较为直观和明确，但对施工工艺及施工组织有较高的专业要求。本鉴定由于鉴定时间范围内结构主体工程已完工，后期多为分包工程，相对较为独立并未存在关键性线路，故选用该方法起到形象直观的分析作用。本案还结合了直接法、比例计算法和综合评定法等进行工期鉴定。比如本案例中采用的综合评定法，是通过设定不同评价内容及评价标准，对各评价内容进行评分，采用加权相加，求得总分，然后进行评定。该评价方法受评价体系和评价标准的影响较大，往往主观性较强。本鉴定在专家咨询过程中使用了该方法。

目前工期司法鉴定中存在过分依靠不符合实际的进度计划，而对工期延误事件的真实性、影响范围、责任主体缺乏准确分析认定等问题。本案例在鉴定方法上具有创新性，体现了我国鉴定机构不照搬国外工期鉴定方法，根据我国国情和工程实际，实事求是解决工期争议的创新精神，具有很好的学习借鉴意义。

北京大成律师事务所　蓝仓山

对青岛市某住宅项目工程造价司法鉴定

——世润德工程项目管理有限公司

尹纪峰　李晓燕　方立斌　赵兴祖

一、案情简介

（一）合同履行情况

1. 案件纠纷范围

原告（某总承包单位）承包的被告（某发包单位）某住宅项目的土方回填、地基与基础、主体及二次结构、屋面及防水、室内粗装修、外墙抹灰、电气、给排水、采暖等图纸范围内所有施工内容。

2. 施工时间

（1）2014 年 10 月—2015 年 1 月：3 号楼基础筏板部分和 4 号、5 号楼一次结构施工。

（2）2015 年 1 月—2016 年 3 月停工。

（3）2016 年 3 月—2018 年 5 月：3 号、4 号、5 号、6 号、7 号、8 号（不含 4 号、5 号楼一次结构和 3 号楼基础筏板部分）、14 号、15 号、16 号、17 号楼及车库工程施工 。

（4）2018 年 5 月竣工验收 。

（二）起诉背景

涉案工程竣工验收完成后，一年多的时间内未完成涉案工程的结算工作，导致原告一直不能拿到未付的工程款。

二、案件争议焦点和造价鉴定难点

（一）案件争议焦点

原告、被告对涉案工程结算工作一直未完成，不能确定本案最终造价，具体为：

（1）钢筋、混凝土甲供材数量双方未达成一致。

（2）部分变更签证资料不完善，对资料的有效性存在分歧。

（3）虽竣工验收，被告始终怀疑原告在履约过程中偷工减料，未严格按照图纸施工。

（4）过程停工，原告、被告双方对计价原则、计价依据及材料价格存在较大分歧。

（二）造价鉴定难点

（1）钢筋、混凝土甲供材数量双方未达成一致，直到出造价鉴定意见时双方均未提供甲供材相关资料。

（2）部分变更签证资料不完善，对资料的有效性存在分歧，被告相关责任人员离职，资料的真实性无法核实。

（3）经现场勘验，原告存在部分部位未按图纸施工情况，但具体未按图纸施工范围双方未达成一致。

（4）原告、被告双方对计价原则、计价依据及材料价格存在较大分歧，双方对履约合同部分计价依据存在分歧，需鉴定公司补充价格鉴定依据。

三、鉴定情况

（一）司法鉴定委托人提供鉴定材料内容

送鉴材料：司法鉴定委托书、工程结算申报表、证据交换笔录、规划许可证、中标通知书、建设工程施工合同、补充协议、施工图纸、图纸会审、签证、设计变更等。

（二）工程造价司法鉴定情况

1. 鉴定过程

鉴定公司接受某法院司法鉴定委托后，依据《建设工程鉴定造价规范》(2018 年版)，结合法院的需求，对原告与被告建设工程施工合同纠纷一案所涉及工程造价进行了鉴定。鉴定过程见表 1。

表 1　青岛市某住宅项目工程造价司法鉴定鉴定过程

序号	时间	事项	记录种类	记录编号	备注
1	× 年 × 月 × 日	接收鉴定委托	委托书	× 号	
2	× 年 × 月 × 日	分析鉴定资料，制订鉴定方案，并经委托方确认	鉴定方案	鉴定人内部存档	
3	× 年 × 月 × 日	对涉案工程缺少资料以工作联系单形式转发委托方，要求补充鉴定资料，并确认已提交资料为本案工程所有资料	工作联系单	鉴定人内部存档	

续表

序号	时间	事项	记录种类	记录编号	备注
4	× 年 × 月 × 日	与原告、被告进行鉴定交底，并确认鉴定人员组成	会议纪要	鉴定人内部存档	
5	× 年 × 月 × 日	根据资料中涉案工程量、价初步计算涉案工程鉴定造价，并整理需要现场勘验及当事人双方澄清确认的问题	鉴定计算书	鉴定人内部存档	
6	× 年 × 月 × 日	与委托人及当事人现场勘验，对需要澄清的问题当面澄清，并形成书面记录	现场勘验记录	鉴定人内部存档	
7	× 年 × 月 × 日	根据现场勘验及与当事人落实问题调整鉴定造价	鉴定计算书	鉴定人内部存档	
8	× 年 × 月 × 日	与本工程原告、被告授权人进行工程量、工程价核对，并签字确认	鉴定意见过程稿	鉴定人内部存档	
9	× 年 × 月 × 日	将鉴定意见初稿（非正式）电子版发送与原告、被告当事人，并通知当事人限期对鉴定意见初稿进行反馈	鉴定意见过程稿	鉴定人内部存档	
10	× 年 × 月 × 日	根据原告、被告当事人对鉴定意见初稿的反馈，对有必要调整造价进行调整。无须调整部分，对造价依据给予当事人澄清、解释	鉴定意见过程稿	鉴定人内部存档	
11	× 年 × 月 × 日	鉴定人公司内部对本涉案工程造价鉴定进行三级复核	鉴定人公司内部三级复核	鉴定人内部存档	
12	× 年 × 月 × 日	与委托人汇报沟通鉴定意见初稿	电子邮件	鉴定人内部存档	
13	× 年 × 月 × 日	出司法鉴定意见书	书面报告	鉴定人内部存档	

2. 鉴定依据

（1）某法院司法鉴定委托书。

（2）证据交换笔录。

（3）建设工程施工合同。

（4）建设工程施工合同补充协议。

（5）本工程相关图纸、变更签证及现场勘验记录。

（6）《山东省建筑工程消耗量定额》（2003）。

（7）《山东省安装工程消耗量定额》（2003）。

（8）《山东省建筑工程消耗量定额青岛市价目表建筑分册》（2007）。

（9）《山东省安装工程消耗量定额青岛市价目表建筑分册》（2007）。

（10）《山东省建设工程价目表材料机械单价》（2012）。

（11）《青岛市工程结算资料汇编》（2012）。

（12）《青岛市材价信息》。

（13）《建设工程鉴定造价规范》（2018 年版）。

3. 鉴定方法

（1）根据涉案项目，对鉴定造价资料充分或者双方对某涉案内容依据认可一致部分作为鉴定造价一计入鉴定结论；对资料不充分，或者双方对某涉案内容依据存在分歧部分作为鉴定造价二计入争议造价；将鉴定项目划分为分部分项工程、单位工程、单项工程分别进行鉴定后汇总。

（2）根据双方签订的建设工程施工合同及施工合同补充协议约定的原则进行鉴定，合同约定不明确的，按照与合同约定相近的原则进行鉴定。对停工期间双方存争议的砌体、水泥、砂、石子等主要材料按照施工当期《青岛市材价信息》的算数平均值进行计算，经过协调，双方均认可按照《青岛市材价信息》执行。

（3）按照委托人的要求，根据原告、被告当事人的争议事项列出鉴定意见，供委托人判断使用。

（4）鉴定过程中，根据当事人的分歧，从专业的角度对部分争议问题进行澄清、解释，促使当事人对一些争议事项达成妥协性意见，双方签字确认，并告知委托人，同时在鉴定意见书中予以说明。

4. 鉴定意见

1）由原告施工的某住宅项目工程造价

（1）鉴定结论为：88432165.88 元（不含争议造价）。

（2）双方有争议部分：7310351.99 元（其中合同内争议金额 6565090.79 元，变更签证争议金额为 745261.20 元）。

具体争议内容及金额鉴定依据详见争议问题处理说明。

2）特别事项说明

（1）施工时间及施工范围：

① 4 号、5 号楼一次结构和 3 号楼基础筏板部分 2014 年 10 月—2015 年 1 月施工 。

② 2015 年 1 月—2016 年 3 月停工。

③ 3 号、4 号、5 号、6 号、7 号、8 号（不含 4 号、5 号楼一次结构和 3# 楼基础筏板部分）、14 号、15 号、16 号、17 号楼及车库工程 2016 年 3 月—2018 年 5 月施工 。

（2）人工费：

① 4 号、5 号楼一次结构和 3 号楼基础筏板部分，省价建筑费和安装费为 53 元 / 工日，市价建筑费为 56 元 / 工日、安装费为 56 元 / 工日。

② 3 号、4 号、5 号、6 号、7 号、8 号（不含 4 号、5 号楼一次结构和 3 号楼基础筏板部分）、14 号、15 号、16 号、17 号楼及车库工程，省价建筑费、安装费、装饰费为 53 元 / 工日，市价建筑费为 60 元 / 工日、安装费为 60 元 / 工日、装饰费为 64 元 / 工日。

（3）措施费：按照合同约定建筑面积平方米包干计取，其中 3 号、4 号、5 号、6 号、7 号、8 号楼措施费地上为 390 元 /m^2，地下为 400 元 /m^2（含附属车库）；14 号、15 号、16 号、17 号楼措施费地上为 480 元 /m^2，地下为 420 元 /m^2（含附属车库）。

（4）材料价格：4 号、5 号楼一次结构和 3 号楼基础筏板部分钢筋、混凝土为甲供材料，材料价格原告、被告均无异议。3 号、4 号、5 号、6 号、7 号、8 号（不含 4 号、5 号楼一次结构和 3 号楼基础筏板部分）、14 号、15 号、16 号、17 号楼及车库工程材料价格，有批价按照批价材料计取，无批价根据建设单位与施工单位协商一致按照《青岛市材价信息》计取。

（5）特别注意：本工程中，钢筋、混凝土原告、被告双方均认可为甲供材料，但至今双方当事人均未提交双方认可的甲方供料明细，本鉴定结论暂按图纸计算的定额含量计退甲方供料，如有其他资料，经法庭质证后移送鉴定公司，并按最新资料调整甲供材费。

甲供材采保费按照原、被告双方确认的图纸结算工程量计算，如有其他资料，经法庭质证后移送鉴定公司，并按最新资料调整甲供材采保费。

3）争议问题处理说明

双方有争议部分：7310351.99 元（其中合同内争议金额 6565090.79 元，变更签证争议金额为 745261.20 元）。

（1）合同范围内争议：争议内容及金额鉴定依据详见表 2。

表 2 青岛市某住宅项目工程合同范围内争议内容及金额汇总明细

序号	项目	建设单位主张		施工单位主张		鉴定暂定处理意见（计入鉴定结论）		施工单位主张与鉴定结论差额（计入争议造价中）	
		造价（元）	主张依据	造价（元）	主张依据	造价（元）	主张依据	造价（元）	鉴定依据
1	地下室非人防天棚	0.00	现场踏勘未打磨、未抹灰。我方套用非抹灰项刮腻子	380875.56	全部打磨、未全部抹灰、局部聚合物砂浆找补，已按双方确认做法施工，现场勘查为被告刻意找点且仅代表此点位置	0.00	现场勘验部位未打磨、未抹灰（属隐蔽工程，现场只能看到局部），暂未计取此造价	380875.56	
2	地下室人防天棚抹灰厚度	172285.68	现场聚合物砂浆厚度为 2～3mm，我方套用 5mm 内抗裂砂浆天棚面	480800.40	按双方确认建筑做法，包括 10mm 厚聚合物砂浆抹灰、打磨、界面剂	172285.68	现场勘验部位抹灰砂浆厚度不大于 5mm（属隐蔽工程，现场只能看到局部），鉴定结论暂按 5mm 内抗裂砂浆计取造价	308514.72	
3	地下室墙柱面抹灰	0.00	我方踏勘现场未打磨、未抹灰。同意按照实际甩浆、抹灰工程量计入结算	2409934.09	已按双方确认建筑做法施工，且人防与非人防两种做法，被告全部扣除，现场勘查三处，有两处（墙皮自然脱落处）已抹灰，勘查独立柱一处已抹灰，现场勘查为被告刻意找点且仅代表此点位置	0.00	现场勘验部位，部分勘验点抹灰，部分勘验点未抹灰（属隐蔽工程，现场只能看到局部），鉴定结论暂未计取抹灰造价	2409934.09	

续表

序号	项目	建设单位主张		施工单位主张		鉴定暂定处理意见（计入鉴定结论）		施工单位主张与鉴定结论差额（计入争议造价中）	
		造价（元）	主张依据	造价（元）	主张依据	造价（元）	主张依据	造价（元）	鉴定依据
4	地下室外墙保护层满粘与点粘	399347.76	现场踏勘点粘	437537.97	满粘	399347.76	现场勘验部位为点粘（属隐蔽工程，现场只能看到局部），图纸未明确做法，鉴定结论按点粘计取	38190.21	
5	地下室外墙抹灰及底板找平层	0.00	现场踏勘外墙未抹灰，底板找平层无做法	408786.09	7号、8号楼本就未计入找平层费用，其他楼层底板与地下室外墙使用同种卷材、做法一致，现场勘查为被告刻意找点且仅代表此点位置	0.00	现场勘验部位外墙未抹灰（属隐蔽工程，现场只能看到局部），鉴定结论暂未计取此费用	408786.09	
6	地面保温满粘与干铺	325113.84	现场踏勘点粘，满粘图纸无做法	532430.49	满粘	325113.84	现场勘验部位为点粘（属隐蔽工程，现场只能看到局部），图纸未明确做法，鉴定结论暂按点粘计取	207316.65	
7	7号、8号楼地面保温材料挤塑板与聚氨酯泡沫板	82192.12	现场踏勘点粘、材料为挤塑板，满粘图纸无做法	95654.85	已按双方确认建筑做法施工，现场勘查为被告刻意找点且仅代表此点位置	82192.12	现场勘验部位为点粘（属隐蔽工程，现场只能看到局部），鉴定结论暂按点粘计取	13462.73	
8	地上天棚是否抹灰	0.00	现场踏勘未打磨、未抹灰。我方套用非抹灰项刮腻子	753820.14	已按双方确认建筑做法施工，不同房间分别已做不同做法，现场勘查为被告刻意找点且仅代表此点位置	0.00	现场勘验部位未打磨、未抹灰（属隐蔽工程，现场只能看到局部），鉴定结论暂未计取此费用	753820.14	
9	界面剂	0.00	现场踏勘未打磨、未抹灰、未刷界面剂	775794.64	我方按图纸做法已抹灰、刷界面剂	0.00	现场勘验部位未打磨、未抹灰、未刷界面剂（属隐蔽工程，现场只能看到局部），鉴定结论暂未计取此费用	775794.64	

续表

序号	项目	建设单位主张		施工单位主张		鉴定暂定处理意见（计入鉴定结论）		施工单位主张与鉴定结论差额（计入争议造价中）	
		造价（元）	主张依据	造价（元）	主张依据	造价（元）	主张依据	造价（元）	鉴定依据
10	二次结构植筋	0.00	根据结构做法第十条砌体工程：框架柱及剪力墙预留拉结筋做法见12G614-1图集第8页、构造柱第10页，钢筋应预留植筋不符合设计要求；且定额加固筋是按预留、焊接考虑的，与图集做法一致	742069.47	二次结构砌体拉结筋及构造柱纵筋植筋费用，植筋属通用做法，且施工过程中被告未提出任何异议	0.00	结构设计说明为预留预埋，无变更、洽商，鉴定结论按图纸说明计取	742069.47	
11	马凳筋	0.00	汇编约定需要签证确认，合同第58页约定马凳筋由发包人供料，人工费包含在措施费中；合同第39页19.4约定发包人供应的材料设备，承包人未经发包人书面同意，不得自行采购	526326.49	现场成品马凳材料由我方采购，已经过被告同意，现场已使用成品马凳	0.00	钢筋双方均认可材料甲供，资料无特别说明马凳乙供，鉴定结论暂未计取此费用	526326.49	
	合计	978939.40	—	7544030.19	—	978939.40	—	6565090.79	—

（2）变更签证争议：建设单位相关负责人认可此部分争议事项，但根据现有资料无法核算工程量，鉴定公司根据现有资料结合合同及市场参考价，作出鉴定造价计入争议造价（鉴定依据及造价详见表3），如有其他资料，经法庭质证后移送鉴定公司，并按最新资料调整鉴定造价。

表 3　变更签证部分争议造价方案依据及造价汇总

序号	项目	建设单位主张造价		施工单位主张造价		鉴定暂定处理意见(计入争议造价)	
		造价(元)	主张依据	造价(元)	主张依据	造价(元)	鉴定依据
1	2016—2018现场签证（复工后）	10879.98	—	106280.00	—	104280.00	—
1.1	签证 168：平墅区屋面修瓦	7999.98	按照145号签证，屋面面积同比例计量	19200.00	结合现场实际情况，以综合单价形式报价	19200.00	签证资料描述不明确无法计量，施工单位申请20000元/栋，无建设单位批价，鉴定暂按4000元/栋计入
1.2	签证 141：别墅区对各专业分包产生垃圾清理及破坏修复	2880.00	我方认可清理垃圾人工，其他破损修复费用系施工单位成品保护不当造成，费用应由其自行承担（成品保护费已在措施费中包含）	22080.00	签证已签字确认	22080.00	签证资料描述不明确无法计量，清理垃圾人工按照签证认可工程量，其他工程量按照施工单位申请人工工程量计入，人工单价按照双方确认单价计入
1.3	交房后业主家改造项目	0.00	无法计量，复印件不认可	63000.00	竣工验收后，甲方要求我方对业主户内进行改造，资料中已签字确认	63000.00	业主交房后户内维修改造，工程量、价均无法核实，建设单位认可施工事实，暂按签证确认表价格计入
1.4	工作联系单2017052001：7号与17号楼切除斜撑	0.00	无法计量，复印件不认可	2000.00	工作联系单2017052001已明确，甲方已确认签字	0.00	根据工作联系单量、价均无法核实，暂未计取此部分造价
2	建设单位不认可项已确认计费	16125.00	—	640981.20	—	640981.2	—
2.1	签证 191：覆盖密目网（2014081001）	0.00	总承包对施工现场负有管理义务，应对施工现场的设施、物料采取保护措施，应对现场设施的损坏负有责任	532.80	签证已明确	532.80	因破损原因不明，计入争议造价，人工按照双方认可人工单价120元计入，参考同期类似项目0.6元/m^2计入

续表

序号	项目	建设单位主张造价		施工单位主张造价		鉴定暂定处理意见(计入争议造价)	
		造价(元)	主张依据	造价(元)	主张依据	造价(元)	鉴定依据
2.2	签证 202：红线范围外新增道路施工（2014113001）	0.00	因施工单位的施工组织不力导致原出入口通行不畅，施工单位申请另行增开出入口，由此产生的费用由施工单位自行承担	91070.36	签证已明确	91070.36	红线范围外新增道路施工，按照签证后附图计入（附图建设单位未签字确认）
2.3	签证 204：350 机型台班、商品混凝土等（2014091001）	0.00	施工单位已计取安全文明施工费，负有硬化施工道路的责任，不应二次计取	600.00	签证已明确	600.00	“现场道路未硬化”原因不明，暂按争议造价处理
2.4	签证 83：冬季施工取暖费用	0.00	施工单位已计取冬季施工费，不应二次计取	258220.00	签证已明确	258220.00	为配合甲方交付验收抢工增加措施费，塑料布封窗参考当期市场价询价，按 15 元/樘计入，人工按照双方确认价格 120 元/工日，煤炉及柴油器等费用缺少资料，暂按签证中施工单位申请金额计入
2.5	签证：塔式起重机检测（2015111601）	0.00	包含在补偿费用中，详见停工补偿协议	2800.00	签证已明确	2800.00	配合甲方办理施工许可导致检测费增加，检测费无法核实，暂按发票金额计入
2.6	签证 439：17 号楼人防通道人工排水（2017030801）	0.00	施工单位已计取雨季施工费，不应二次计取	240.00	签证已明确	240.00	积水原因不明，暂按争议造价计入
2.7	签证 214：2 号～3 号楼接跨处材料倒运（20171206）	0.00	非我方原因，不认可	3120.00	签证已明确	3120.00	“现场道路封闭”原因不明，暂按争议造价计入
2.8	签证 60：2 号～3 号楼间车库顶板施工倒料（2017121701）	16125.00	工程车无法计量，不认可	23125.00	签证已明确	23125.00	应甲方要求导致措施费增加，工程车无型号规格，暂按 1000 元/d 计入

续表

序号	项目	建设单位主张造价		施工单位主张造价		鉴定暂定处理意见(计入争议造价)	
		造价(元)	主张依据	造价(元)	主张依据	造价(元)	鉴定依据
2.9	签证 117：6 号楼钢筋除锈后重复利用	0.00	“停工补偿协议”第二条明确约定支付补偿费后施工单位不再就停工事件提出任何经济索赔	89671.25	签证已明确，停工补偿协议未包含，且利用此部分除锈钢筋是被告单方节约甲供材行为	89671.25	停工补偿协议已含停工期间一切损失，复工后补办 6 号楼钢筋重复利用签证，停工补偿协议无造价明细，无法判定停工补偿协议是否含此部分造价，按争议造价计入
2.10	签证 205：停工复工后脚手架重新安拆费	0.00	“停工补偿协议”第二条明确约定支付补偿费后施工单位不再就停工事件提出任何经济索赔	171601.79	签证已明确，停工补偿协议未包含	171601.79	停工补偿协议已含停工期间一切损失，复工后因配合办理施工许可证补办签证，停工补偿协议无造价明细，无法判定停工补偿协议是否含此部分造价，按争议造价计入
	造价二变更签证合计	27004.98	—	747261.20	—	745261.20	—

4）建设单位与施工单位双方已签订停工补偿费 260 万元，双方都同意停工补偿费用根据补偿协议协商解决，本鉴定造价暂未含停工补偿费用。

5）因双方当事人均未提交甲分包合同及结算金额，无法计算总包协调服务费及甲分包管理费，本鉴定造价不含总包协调服务费及甲分包管理费，如须鉴定此费用，请提供各分包结算资料。

6）资料的真实性由提供方负责。

7）鉴定公司向人民法院出具鉴定意见书一式四份。

（三）案件当事人对工程造价司法鉴定意见异议问题

关于原告与被告建设工程施工合同纠纷一案，鉴定公司于 × 年 × 月 × 日出具工程造价司法鉴定意见书，对案件当事人对工程造价司法鉴定意见提出的异议，鉴定人按照以下原则对案件原告、被告当事人作出回复。

1. 合同争议的鉴定

（1）委托人认定本鉴定项目合同有效，鉴定公司根据合同约定进行鉴定。

在工程合同纠纷案件中，根据《中华人民共和国合同法》的自愿和诚实信用原则，只要当事人的约定不违反国家法律和行政法规的强制性规定，不管双方签订的合同或具体条款是否合理，鉴定人均无权自行选择鉴定依据或否定当事人之间在合同中的约定内容，不能以专业技术方面的惯例来否定合同的约定。

（2）本鉴定项目当事人双方对合同计价依据、计价方法有争议的，如是按合同履行施工的，鉴定公司的鉴定人向委托人提出按合同约定的计价依据、方法进行鉴定；如没有按合同履行施工，鉴定人向委托人提出“参照鉴定项目所在地同时期适用的计价依据、计价方法和签约时的市场价格信息进行鉴定”的建议，鉴定人按照委托人最终决定进行鉴定。

（3）鉴定项目合同对计价依据、计价方法约定条款前后矛盾的，鉴定人提请由委托人决定适用条款，委托人暂不明确的，鉴定人按不同的约定条款分别作出鉴定意见，供委托人判断使用。

2. 证据欠缺的鉴定

1）鉴定项目施工图（或竣工图）缺失，鉴定人按以下规定进行鉴定：

（1）建筑标的物存在的情况下，鉴定人提请委托人组织现场勘验计算工程量作出鉴定。

（2）建筑标的物已经隐蔽的，鉴定人根据工程性质、是否为本鉴定工程的组成部分等作出专业分析进行鉴定。

（3）建筑标的物已经灭失，根据原告、被告双方当事人举证，鉴定人提请委托人对不利后果的承担主体作出认定，再根据委托人的决定进行鉴定。

2）在鉴定项目施工图或合同约定工程范围以外，承包人以完成了发包人通知的零星工程为由，要求结算价款，但未提供发包人的签证或书面认可文件，鉴定人按以下规定作出专业分析进行鉴定：

（1）发包人认可或承包人提供的其他证据可以证明的，鉴定人作出肯定性鉴定，供委托人判断使用。

（2）发包人不认可，但该工程可以进行现场勘验的，鉴定人提请委托人组织现场勘验，根据勘验结果进行鉴定。

3. 计量争议的鉴定

1）当鉴定项目图纸完备，当事人就计量依据发生争议时，鉴定人以现行国家相关工程计量规范规定的工程量计算规则计量；无国家标准的，按行业标准或地方标准计量。但当事人合同中约定了计量规则的除外。

2）一方当事人对双方当事人已经签认的某一工程项目的计量结果有异议的，鉴定人按以下规定进行鉴定：

（1）当事人一方仅提出异议未提供具体证据的，鉴定人按原计量结果进行鉴定。

（2）当事人一方既提出异议又提出具体证据的，鉴定人根据最新移交证据资料对原计量结果进行复核，必要时可到现场复核，按复核后的计量结果进行鉴定。

4. 计价争议的鉴定

1）当事人因工程变更导致工程量数量变化，要求调整综合单价发生争议的，或对新增工程项目组价发生争议的，鉴定人按以下规定进行鉴定：

（1）合同中有约定的，鉴定人按合同约定进行鉴定。

（2）合同中约定不明的，鉴定人厘清合同履行情况，如是按合同约定履行的，鉴定人向委托人提出按其进行鉴定；如没有履行，按现行国家标准计价规范的相关规定进行鉴定，供委托人判断使用。

（3）合同中没有约定的，鉴定人提请委托人决定并按其决定进行鉴定，委托人暂不决定的，鉴定人按现行国家标准计价规范的相关规定进行鉴定，供委托人判断使用。

2）当事人因物价波动，要求调整合同价款发生争议的，鉴定人按以下规定进行鉴定：

（1）合同中约定了计价风险范围和幅度的，按合同约定进行鉴定；合同中约定了物价波动可以调整，但没有约定风险范围和幅度的，提请委托人决定，按现行国家标准计价规范的相关规定进行鉴定。

（2）合同中约定物价波动不予调整的，对实行政府定价或政府指导价的材料按《中华人民共和国合同法》的规定进行鉴定。

3）当事人因人工费调整文件要求调整人工费发生争议的，鉴定人按以下规定进行鉴定：

（1）如合同中约定不执行的，鉴定人提请委托人决定并按其决定进行鉴定。

（2）合同中没有约定或约定不明的，鉴定人提请委托人决定并按其决定进行鉴定，委任人要求鉴定人提出意见的，鉴定人分析后进行鉴别：如人工费的形成是以鉴定项目所在地工程造价管理部门发布的人工费为基础在合同中约定的，按工程所在地人工费调整文件作出鉴定意见，供委托人判断使用。

4）当事人因材料价格发生争议的，鉴定人提请委托人决定并按其决定进行鉴定，委托人未及时决定的，可按以下规定进行鉴定，供委托人判断使用：

（1）材料价格在采购前经发包人或其代表签批认可的，鉴定人按签批的材料价格进行鉴定。

（2）材料采购前未报发包人或其代表认质认价的，鉴定人按合同约定的价格进行鉴定。

（3）发包人认为承包人采购的材料不符合质量要求，不予认价的，应按双方约定的价格进行鉴定，质量方面的争议应告知发包人另行申请质量鉴定。

5）发包人以工程质量不合格为由，拒绝办理工程结算而发生争议的，鉴定人按以下规定进行鉴定：

（1）已竣工验收合格或已竣工未验收但发包人已投入使用的工程，工程结算按合同约定进行鉴定。

（2）已竣工未验收且发包人未投入使用的工程以及停工、停建工程，鉴定人对无争议、有争议的项目分别按合同约定进行鉴定。工程质量争议告知发包人申请工程质量鉴定，待委托人分清当事人的质量责任后，分别按照工程造价鉴定意见判断采用。

5. 工期索赔的鉴定

1）当事人对鉴定项目开工时间有争议的，鉴定人提请委托人决定，委托人要求鉴定人提出意见的，鉴定人按以下规定提出鉴定意见，供委托人判断使用：

（1）合同中约定了开工时间，但发包人又批准了承包人的开工报告或发出了开工通知的，鉴定人采用发包人批准的开工报告或发出的开工通知的时间。

（2）合同中未约定开工时间的，鉴定人采用发包人批准的开工时间；没有发包人批准的开工时间的，根据施工日志、验收记录等相关证据确定开工时间。

（3）合同中约定了开工时间，因承包人原因不能按时开工，发包人接到承包人延期开工申请且同意承包人要求的，开工时间相应顺延；发包人不同意延期要求或承包人未在约定时间内提出延期开工要求的，开工时间不予顺延。

（4）因非承包人原因不能按照合同中约定的开工时间开工的，开工时间相应顺延。

（5）因不可抗力原因不能按时开工的，开工时间相应顺延。

（6）证据材料中，均无发包人或承包人提前或推迟开工时间证据的，采用合同约定的开工时间。

2）当事人对鉴定项目工期有争议的，鉴定人按以下规定进行鉴定：

（1）合同中明确约定了工期的，以合同约定工期进行鉴定。

（2）合同对工期约定不明或没有约定的，鉴定人应按工程所在地相关专业工程建设主管部门的规定或国家相关工程工期定额进行鉴定。

3）当事人对鉴定项目实际竣工时间有争议的，鉴定人提请委托人决定，委托人要求鉴定人提出意见的，鉴定人按照以下规定提出鉴定意见，供委托人判断使用：

（1）鉴定项目经竣工验收合格的，以竣工验收之日为竣工时间。

（2）承包人已经提交竣工验收报告，发包应在收到竣工验收报告之日起在合同约定的时间内完成竣工验收而未完成验收的，以承包人提交竣工验收报告之日为竣工时间。

（3）鉴定项目未经竣工验收，未经承包人同意而发包人擅自使用的，以占有鉴定项目之日为竣工时间。

4）当事人对鉴定项目暂停施工、顺延工期有争议的，鉴定人应按以下规定进行鉴定：

（1）因发包人原因暂停施工的，相应顺延工期。

（2）因承包人原因暂停施工的，工期不予顺延。

（3）工程竣工前，发包人与承包人对工程质量发生争议停工待鉴的，如工程质量鉴定合格，承包人无过错的，工期顺延。

5）当事人对鉴定项目因设计变更顺延工期有争议的，鉴定人应参考施工进度计划，判别是否增加了关键线路和关键工作的工程量而引起工期变化，如增加了工期，相应顺延工期；如未增加工期，工期不予顺延。

当事人对鉴定项目因工期延误索赔有争议的，鉴定人应按确定的实际工期，与合同工期对比，以此确定是否延误以及延误的具体时间。

对工期延误责任的归属，鉴定人从专业鉴别、判断的角度提出建议，最终由委托人根据当事人的举证判断确定。

6. 费用索赔争议的鉴定

1）当事人因提出索赔发生争议的，鉴定人应提请委托人就索赔事件的成因、损失等作出判断，委托人明确索赔成因、索赔损失、索赔时效均成立的，鉴定人运用专业知识作出因果关系的判断，作出鉴定意见，供委托人判断使用。

2）一方当事人提出索赔，对方当事人已经答复但未能达成一致的，鉴定人按以下规定进行鉴定：

（1）对方当事人以不符合事实为由不同意索赔的，鉴定人在厘清证据事实以及事件的因果关系的基础上作出鉴定。

（2）对方当事人以该索赔事项存在，但认为不存在赔偿的，或认为索赔过高的，鉴定人根据相关证据和专业判断作出鉴定。

3）当事人对暂停施工索赔费用有争议的，鉴定人应按以下规定进行鉴定：

（1）合同对上述费用的承担有约定的，按合同约定作出鉴定。

（2）因发包人原因引起的暂停施工，费用由发包人承担，包括对已完工程进行保护的费用、运至现场的材料和设备保管费、施工机具租赁费、现场生产工人与管理人员工资、承包人为复工所需的准备费用等。

（3）因承包人原因引起的暂停施工，费用由承包人承担。

7. 工程签证争议的鉴定

1）当事人因工程签证费用发生争议，鉴定人应按以下规定进行鉴定：

（1）签证明确了人工、材料、机械台班数量及其价格的，按签证的数量和价格计算。

（2）签证只有用工数量没有人工单价的，其人工单价按照工作技术要求比照鉴定项目相应工程人工单价适当上浮计算。

（3）签证只有材料和机械台班用量没有价格的，其材料和台班价格按照鉴定项目相应工程材料和台班价格计算。

（4）签证只有总价款而无明细表述的，按总价款计算。

（5）签证中的零星工程数量与该工程应予实际完成数量不一致的，应按实际完成工程数量计算。

2）当事人因工程签证存在瑕疵发生争议的，鉴定人应按以下规定进行鉴定：

（1）签证发包人只签字证明收到，但未表示同意，承包人有证据证明该签证已经完成，鉴定人可作出鉴定意见并单列，供委托人判断使用。

（2）签证既无数量又无价格，只有工作事项的，由当事人双方协商，协商不成的，鉴定人可根据工程合同约定的原则、方法对该事项进行专业分析，作出推断性意见，供委托人判断使用。

3）承包人仅以发包人口头指令完成了某项零星工作或工程，要求费用支付，而发包人又不认可，且无物证的，鉴定人应以法律证据缺失为由，作出否定性鉴定。

四、出庭作证情况

对案件当事人对工程造价司法鉴定意见异议问题进行回复后，委托人通知鉴定公司的造价鉴定人员于 × 年 × 月 × 日 × 时 × 分在人民法院 × 法庭开庭，请造价鉴定人员准时参加。

鉴定公司接收到法院出庭作证通知后，按约定时间准时参加本案开庭，进行出庭作证，对出具的鉴定造价意见书及当事人提出的异议和委托人的问题进行澄清、说明。

五、心得体会

1）进入造价司法鉴定程序的工程案件，很多都是双方无法心平气和地当面沟通，核对工程造价。造价鉴定执业人不仅要有扎实的专业知识，鉴定执业人在鉴定过程中体现出公正、公平、客观、合理的处理原则，更有利于造价鉴定工作的开展。本造价鉴定过程中对当事人提出的各种质疑，鉴定公司均找出相关法律法规及行业鉴定依据，并耐心公正对当事人进行答疑、澄清。鉴定公司出具报告后双方均提出异议，但双方对鉴定造价金额无异议，只是对当事人提供的鉴定依据的效力提出异议，对于异议是否计入鉴定造价，由法院根据原告、被告提供的资料判断使用。

2）造价鉴定工作一定要严格按照《建设工程造价鉴定规范》进行，鉴定人及执业人具有相应的鉴定资质，按规范相关规定承接涉案工程造价鉴定工作。

3）鉴定人应全面了解熟悉鉴定项目，对送鉴证据要认真研究，了解各方当事人争议的焦点和委托人的鉴定要求。委托人未明确鉴定事项的，鉴定机构应提请委托人确定鉴定事项。

4）鉴定人应根据鉴定项目的特点、鉴定事项、鉴定目的和要求制订鉴定方案。方案内容包括鉴定依据、应用标准、调查内容、鉴定方法、工作进度及需由当事人完成的配合工作等。

5）根据鉴定项目证据材料是否完整、充分、详细，应优先选择精算法，如受证据所限，可采用粗算法进行鉴定。

（1）精算法鉴定：若鉴定项目资料完整、充分，双方当事人对施工范围和内容无异议，对合同内价格理解等存在分歧，鉴定方法应采用精算法（如施工图算法、清单计价法）。精算法做出的鉴定造价依据充分，适用于鉴定资料完善的情况，鉴定人作出肯定性鉴定，供委托人判断使用。

（2）粗算法鉴定：若鉴定项目资料不完整，双方当事人对施工范围和内容存异议，对合同内价格依据等存在分歧，无法按照精算法进行造价鉴定，鉴定方法可采用粗算法（如指标估算法、比例估算法）。粗算法适用于鉴定资料不完善、无法使用精算法计算的情况，供委托人判断使用。

6）鉴定过程中，鉴定人可从专业的角度，促使当事人对一些争议事项协商达成妥协性意见，并告知委托人。鉴定人应将妥协性意见制作成书面文件由当事人各方签字（盖章）确认，并在鉴定意见书中予以说明。鉴定的过程应当是减少争议、化解争议的过程，鉴定人从专业角度促使当事人对一些争议事项达成妥协性意见，也有利于确定性意见的形成。

7）在鉴定核对过程中，鉴定人应对每一个鉴定工作程序的阶段性成果提请所有当事人提出书面意见或签字确认。当事人既不提出书面意见又不签字确认的，不影响鉴定工作的进行。

8）鉴定机构在出具正式鉴定意见书之前，应提请委托人向各方当事人发出鉴定意见书征求意见稿和征求意见函，征求意见函应明确当事人的答复期限及其不答复将承担的法律后果，即视为对鉴定意见书无意见。

专家点评

本案例为某住宅项目工程造价司法鉴定，属于常规鉴定项目，工程内容为某住宅项目的土方回填、地基与基础、主体及二次结构等图纸范围内所有施工内容。

本案例虽为常规造价鉴定项目，但在造价鉴定过程中仍存在一些难点，这些难点主要有：钢筋、砼甲供材数量双方未达成一致，至出造价鉴定意见时双方均未提供甲供材相关资料；部分变更签证资料签字手续不完善，对资料的真实性无法核实；经现场勘验，原告存在部分部位未按图纸施工情况，但具体未按图纸施工范围双方未达成一致；原、被告双方对计价原则、计价依据及材料价格存在较大分歧，需鉴定人补充价格鉴定依据。

对于以上这些难点以及其中所涉及的争议事项，工程造价司法鉴定意见书均分别进行了处理。

对于合同争议部分，该鉴定机构是这样处理的：委托人认定本鉴定项目合同有效，该鉴定机构根据合同约定进行鉴定。本鉴定项目当事人双方对合同计价依据、计价方法有争议的，如是按合同履行施工的，该鉴定机构向委托人提出按合同约定的计价依据、方法进行鉴定；鉴定项目合同对计价依据、计价方法约定条款前后矛盾的，该鉴定机构提请由委托人决定适用条款，委托人暂不明确的，该鉴定机构按不同的约定条款分别作出鉴定意见，供委托人判断使用。

对于证据欠缺部分的鉴定，该鉴定机构是这样处理的：鉴定项目施工图缺失，在建筑标的物存在的情况下，该鉴定机构提请委托人组织现场勘验计算工程量作出鉴定。建筑标的物已经隐蔽的，该鉴定机构根据工程性质、是否为本鉴定工程的组成部分等作出专业分析进行鉴定；建筑标的物已经灭失，根据原、被告双方当事人举证，该鉴定机构提请委托人对不利后果的承担主体作出认定，再根据委托人的决定进行鉴定。

除了以上争议事项外，该鉴定机构对于工程数量上存在的计量争议、对于人材机价格变动导致的计价争议、停窝工导致的费用索赔争议等事项，也都进行了相应的妥善处理。

本案例根据鉴定项目证据材料是否完整、充分、详细，优先选择精算法，精算法做出的鉴定造价依据充分，鉴定人往往作出肯定性鉴定，供委托人判断使用，实践中，委托人一般是直接作为判决依据；

如受证据所限，则采用粗算法进行鉴定。此种鉴定方法主要适用于鉴定项目资料不完整、双方当事人对施工范围和内容存异议，对合同内价格依据等存在分歧的项目。由于采用粗算法时鉴定依据并不充分，鉴定人作出的鉴定意见一般只是供委托人参考，委托人一般会根据案件的整体情况有选择性的判断使用。

本案例在鉴定方法上具有一定的创新性。本案例的鉴定程序也较为完善，包括了制作鉴定方案、三级复核等很多鉴定项目所忽略的环节。特别值得肯定的是，该鉴定机构对自身定位把握很准，对于应由委托人确定的事项都事先请委托人作出相关决定再进行鉴定。因此，对于常规项目的造价鉴定而言，本案例具有一定的参考作用。

北京大成律师事务所　蓝仑山

对某度假酒店项目工程造价司法鉴定的总结

——中兴豫建设管理有限公司

贾世军　徐文　李杰　郭唐煌

一、项目及案情简介

项目名称：某度假酒店项目

建设单位：某旅业有限公司（被告）

承包单位：某省一建集团有限公司（简称某省一建，原告）

2010年11月30日，某省一建集团有限公司与某旅业有限公司签订某度假酒店项目“建设工程施工合同”，工程范围包括：场区土方、围墙、挡土墙、堆山工程，普通客房A楼、B楼，湖景客房C楼、D楼，后勤楼；采用暂定总价合同，暂定总价为1亿元整，最终工程价款以实际竣工结算为准，合同约定本项目执行某省现行相应定额进行计价，取费除堆山、土方工程以建设单位批价单为计算基数计取8%费率外，其他建安工程均执行某省建设标准定额站发布的费率标准后，税前造价下浮3.5%计取；合同中约定了工、料、机价格取定及价差调整方法，对商品混凝土（含泵送费）执行某市商品混凝土备案价格下浮2%。合同约定工期为518日历天，开工时间以开工令为准。合同签订后，建设单位于2011年3月1日下达开工令，竣工日期确定为2012年7月30日。某省一建按合同约定进场施工，施工至2014年6月，承包单位因工程进度款支付和对重大设计变更签证等原因停止施工，2014年12月，双方经协商同意对已完工程量进行清点后解除合同，承包单位退场，后双方在工程款结算问题上发生纠纷。

2017年10月，承包单位某省一建起诉建设单位某旅业有限公司，请求人民法院判决被告某旅业有限公司支付拖欠的剩余工程款6000万元及利息，并承担诉讼费。2017年11月，建设单位提起反诉，诉称承包单位肢解分包、层层转包给不具备资质的施工队伍，造成工期严重延误、工程质量事故频发，请求原告支付逾期竣工、非法分包、施工质量问题等造成的经济损失和违约金2000万元。

2018年6月，人民法院通过摇号的方式，从某省工程造价司法鉴定机构花名册中选定中兴豫建设管理有限公司（以下简称鉴定公司）为本案工程造价司法鉴定机构，并向其送达了（2018）某中法技委鉴字第 20-1 号“司法鉴定委托书”，委托鉴定事项：①对某省一建实际施工部分的工程造价进行鉴定；②对某省一建退场遗留的工程质量问题签证，某旅业有限公司另行委托其他施工单位修复的工程造价进行鉴定。

二、案件争议焦点和造价鉴定难点

（一）案件争议焦点

（1）某省一建合同解除前实际施工完成的工程范围及应付的工程价款。

（2）某省一建退场遗留的工程质量问题签证的效力及应支付的修复价款。

（二）造价鉴定难点

（1）界面的确定难度大：本鉴定项目是合同解除，承包商中间退场，虽然有退场盘点清单，但仍无法全面、准确反映实际施工完成节点，存在很多分部分项工程施工界面不清的问题，不仅是涉及层面完成情况，有的甚至是某个墙面粉刷工作完成比例等细节。

（2）时间跨度大，增加鉴定难度：本鉴定从项目 2010 年 11 月 30 日签订合同，到 2017 年 10 月承包单位提起诉讼，历时 7 年，施工时间跨越较大，给鉴定人执行计价规范、计价依据、材料价格增加难度。

（3）质量问题修复费用鉴定难度较大：因原承包单位已退场，未参与后续施工前的质量验收工作，质量修复签证单也未经原承包单位签证确认。质证时承包单位对质量修复相关的证据材料不予认可，委托法院又未明确其效力，但质量问题修复费用属于本项目委托鉴定的事项之一。

（4）鉴定证据的长时间、多次性提交，并且数量巨大，可能造成证据的重复采用，增加鉴定工作难度。

（5）质证中一方当事人对另一方提交的证据材料异议较大，不予认可的证据较多。

（6）鉴定项目包含的单项工程、单位工程较多，鉴定小组需要严格执行鉴定方案，统一鉴定步骤和鉴定方法。

（7）工程造价核对过程中，当事人的不配合、故意拖延，延长了鉴定时间。

三、鉴定情况

（一）司法鉴定委托人转交鉴定材料内容

（1）2018 年 7 月 9 日，委托人转交鉴定证据如下：

施工合同及附件，协议书，施工进度结算书，施工图纸（复印件）、电子版图纸光盘一张（含图纸 366 张），实际履行情况资料（复印件），某省一建离场原因及退场盘量情况（复印件），建筑工程质量问题签证扣款结算书（复印件），2011 年 8 月～12 月停工补偿费资料，图纸会审记录，工程形象进度统计表，现场签证单，工程材料设备批价单，工作联系函，工程洽商记录，施工组织设计及施工方案，某度假酒店图纸版本变更说明。

（2）2018 年 7 月 30 日及 9 月 10 日，委托人分两次转交补充鉴定证据：建设工程施工合同、补交证据 2、中标通知书、退场盘量情况、现场工作量盘点情况、施工方编制报审结算书、U 盘存储的电子版材料。

（3）2020 年 3 月 20 日，委托人转交第三次补充鉴定证据：公共与堆山施工资料、后勤区（含新增部分）资料、普通客房施工资料、海景客房施工资料（含海景餐厅与冠梁）共 16 册及法院质证笔录 15 页（复印件）。

（二）工程造价司法鉴定情况

1. 鉴定过程

（1）2018 年 6 月 2 日，鉴定公司接受委托进行鉴定。根据鉴定项目的概况，鉴定公司组成鉴定项目组，向委托人送达鉴定组成人员通知书，请委托人及时告知各方当事人，以便当事人决定是否申请本鉴定机构和鉴定人回避。

（2）2018 年 7 月 9 日，某中级人民法院组织将当事人提供的鉴定资料转交鉴定机构。鉴定人编制鉴定方案，经批准后开始执行。

（3）2018 年 7 月 16 日，鉴定机构与委托人沟通后，委托人向当事人发出现场勘验通知书，在约定的时间，委托人组织鉴定机构及当事人授权代表共同对鉴定项目进行了现场勘验。

（4）2018 年 7 月 30 日、9 月 10 日，在委托人组织下，当事人将补充提交的鉴定资料转交鉴定机构。

（5）2018 年 9 月 25 日，鉴定机构根据鉴定材料完成对鉴定项目工程量的计量、计价工作，9 月 29 日，在委托人组织下，鉴定机构鉴定人员与双方当事人开始进行造价的核对工作，11 月 20 日基本完成造价的核对工作。

（6）2018 年 11 月 27 日，鉴定机构完成初步鉴定工作，出具工程造价司法鉴定意见书（征求意见稿）。2019 年 3 月 27 日，鉴定人针对双方当事人对征求意见稿提出的异议分别作出答复，并出具正式某酒店建设项目工程造价司法鉴定意见书。

（7）2019 年 8 月 29 日，接委托法院出庭作证通知，鉴定人出庭作证。鉴定人在出庭作证中，发现出具的某酒店项目工程造价司法鉴定意见书中一个事项存在缺陷，依据《建设工程造价鉴定规范》（GB/T 51262—2017）及相关法规的规定，予以补充鉴定。准备出具补充鉴定意见时，接委托法院通知，当事人正在准备三次补充提交证据材料，让补充证据后再出具补充鉴定意见。

（8）2020 年元旦后，接委托法院通知，不再补充鉴定资料，让出具补充鉴定，1 月 11 日出具补充鉴定意见书 1。

（9）2020 年 3 月 20 日，收到委托法院转交的第三次补充的鉴定资料。根据第三次补充的 16 册鉴定资料，鉴定人经过分析，对不重复的部分进行了补充鉴定，出具补充鉴定意见书 2。7 月 14 日，接委托法院通知，鉴定人出庭作证。

2. 鉴定依据

（1）《建设工程造价鉴定规范》（GB/T 51262—2017）。

（2）《工程造价咨询业务操作指导规程》。

（3）某省建筑和安装、装饰、市政、修缮综合定额及相关计价文件。

（4）某省定额站发布的《工程造价信息》。

（5）委托法院转交的鉴定材料、现场勘验记录。

3. 鉴定的技术方法

1）鉴定范围的确定

按照司法鉴定委托书委托内容要求，①对原告已实际施工完成工程的造价进行鉴定；②对原告退场遗留的工程质量问题签证，被告另行委托其他施工单位修复的工程造价进行鉴定。

2）已完工程界面的确定

因本项目已完工程界面的确定是鉴定的难点，为减少争议界面，鉴定人按照鉴定方案采取以下几种技术方法确定界面：

（1）根据解除合同后退场盘点清单确定的已完工程确定界面。

（2）结合现场勘验记录确定施工界面。

（3）结合鉴定证据中各支付期施工进度结算书的已完工程量和工程形象进度统计表确定施工界面。

（4）对于一些已完工程的界面涉及单个构件的中间节点，如某个梁、板的局部或某个墙面装饰的局部情况，鉴定人结合施工记录及施工期间的现场照片、录像等辅助资料确定构件或墙面完成比例的方法确定施工界面。

（5）对于模糊不清、存在争议的分部分项工程具体界面，通过工程量核对工作来确定；同时通过核对工作量时的交流，鉴定人从专业的角度，促使当事人对一些争议事项达成妥协性意见，将争议界面减少到最低。

3）鉴定方法的确定

鉴定项目为暂定总价合同，合同约定最终工程价款以实际竣工结算为准。本鉴定按照施工图纸并结合解除合同后退场盘点清单等证据材料确定的界面，采用施工图预算的方法进行鉴定。

4）计价定额的确定

根据施工合同第七条执行计价定额的约定，本鉴定执行《某省建筑、安装市政园林工程综合定额》（2005 年）、《某省装饰装修工程综合定额》（2008 年）、《某省安装工程综合定额》（2008 年）、《某省房屋修缮工程综合定额》（2007 年）进行计价。

5）计量规则的确定

本鉴定采用合同约定的相应定额的工程量计量规则计算工程量。

6）材料价格的确定

鉴定项目施工跨越时间较长，给鉴定人确定材料价格增加难度，鉴定人按鉴定方案采取以下几种技术方法确定材料价格：

（1）根据合同约定，双方当事人有约定审批价的按照材料批价单确定，无约定的执行本项目建设期间《某省某市工程造价信息》发布的指导价确定，对商品混凝土（含泵送费）执行某市商品混凝土备案价格下浮 2%。

（2）没有进行批价的材料，同时信息价也无法确定价格的材料，采用鉴定证据中各支付期施工进度结算书计入的材料价格，没有特别异常情况的，在本鉴定中可以采用。

（3）对上述都无法确定的材料价格，参考鉴定机构工程数据库中与鉴定项目同期类似的建设项目采用的相同规格、型号的材料价格进行确定。

7）人工价格的确定

根据合同约定，人工单价按照各单位工程建设期间某省住房和城乡建设厅发布的《关于调整建筑工人人工单价的通知》文件进行确定。

8）取费标准的确定

执行合同约定的取费原则：

（1）堆山、土方工程以建设单位批价单为计算基数计取 8% 费率。

（2）其他建安工程执行某省建设标准定额站发布的费率标准后，税前造价下浮 3.5% 计取。

9）税率的确定

本鉴定项目执行税率为 3.36%。

10）退场遗留质量问题签证修复费用的鉴定

对某省一建退场后质量问题签证，是某旅业有限公司另行委托其他施工单位进行修复施工，该质量问题签证修复费用为法院委托鉴定事项之一，因某省一建对此质量问题签证的证据全部不予认可。经鉴定人研究决定：按照委托法院提供的鉴定材料中质量问题签证单进行计量、计价，确定修复费用，作出推断性鉴定意见，由委托法院根据证据判断使用。

11）临建设施价格的确定

承包人有偿接收某建设集团有限公司搭设的临建设施费用 100 万元整，由双方依据签订的转让协议自行解决，不计入本次鉴定范围。

4. 鉴定意见及两次补充鉴定意见

1）工程造价司法鉴定意见

（1）实际施工部分的工程造价：116028824.94 元；

（2）退场遗留质量问题签证修复费用推断性鉴定意见：1184997.07 元。

2）补充鉴定意见书 1

实际施工部分增加工程造价：278914.18 元。

3）补充鉴定意见书 2

实际施工部分造价增加推断性鉴定意见：3750649.78 元。

（三）案件当事人对工程造价司法鉴定意见异议及回复

（1）工作联系单 LJ-2011-014，此项虽有工作联系单，但是附图 1 及附图 2 没有任何签字盖章，不能凭目前这些资料计算工程量及造价，应扣减 10572.19 元。

回复：经复核，鉴定无误。鉴定意见书中已进行说明，因你方对补充鉴定证据的异议较大，故鉴定公司对此次补充证据作出推断性鉴定意见，供委托法院判断使用。

（2）普通客房 A 楼、B 楼设计变更通知书（设变－普客－土建 005）中多计取栏板挑檐钢筋混凝土费用为 30834.02 元，原鉴定意见已计取，补充鉴定重复计取，应扣减造价 30834.02 元。

回复：经复核，鉴定无误。因原鉴定证据不齐全，该部分工程量未计入，本次补充鉴定增加的工程量与原鉴定不重复。

（3）鉴定公司未按建设单位批价计取 5.25% 的税金，鉴定书应增补此项费用 145683.4 元。

回复：经复核，鉴定无误。根据某省建定〔2011〕131 号文件，建筑安装工程税金自 2011 年 1 月 1 日起调整为 3.36%，税金应按法定税率计算。

（4）鉴定公司仅执行了建设单位已确认的停工、窝工损失 65 万元，对施工过程中多次向建设单位报送停工、窝工损失资料，有发文及签收记录，且停工的事实存在，鉴定公司应在报送的资料上给予核实与确认。

回复：经复核，鉴定无误。你方提出的异议因缺乏证据材料，无法鉴定，原鉴定意见书中对此已作出说明。

（5）鉴定公司将刚性防水套管制作安装定额子目从第六册更换为第八册中穿楼板翼环套管。我方认为应执行第六册刚性防水套管制作安装，请鉴定机构核实、更正。

回复：经复核，鉴定无误。根据某省 2008 安装定额综合解释的规定，该套管应套用第八册相应子目。

（6）鉴定意见书第 15 页：湖边冠梁不予计量，我方提供有电子版图纸，应予计量该造价。

回复：经复核，鉴定无误。湖边冠梁为贵方回复异议书中附带提供的电子版图纸，该电子版图纸未经法庭组织质证，不能作为鉴定证据。

（7）后勤区地下室 K 轴以南、走廊以北的公共活动室内回风箱制作安装未计取，造价为 111699.82 元。

回复：经复核，鉴定无误。根据鉴定证据显示“回风箱制作验收不合格，安装取消”，不予计取该项造价。

（8）湖景客房 D 楼安装税前造价不应下浮 3.5%。

回复：经复核，鉴定无误。根据补充协议第一条，湖景客房 D 楼参照原合同约定“整栋楼座的土建工程及安装工程，税前造价下浮 3.5%”的标准执行。

四、出庭作证情况

按委托法院通知，鉴定公司于 2019 年 8 月 29 日和 2020 年 7 月 14 日两次出庭作证。

（一）首次出庭作证

在开庭作证中，双方当事人分别对鉴定意见书内容提出了各自的异议，有些异议是在征求意见稿时已经提出，并已书面回复过的，当事人认为书面回复没有解释清楚，当庭再次提出，鉴定公司对此进行了详细的解释与说明，同时当事人也提出了一些新的异议，鉴定公司也予以当庭答复。对提出的个别异议，鉴定人当庭无法核实准确，可能涉及鉴定意见更正的，经法庭同意，庭后认真核实10天内以书面形式回复。经复核，发现存在个别鉴定缺陷，予以更正，并出具了补充鉴定意见书1。

（二）二次出庭作证

在对补充鉴定材料出具补充鉴定意见书2后，鉴定人于2020年7月14日出庭作证，回答了双方当事人对第三次补充证据后出具的鉴定意见的异议，并对其他提问进行了当庭答复。

五、案例指导意义

本项目从2010年11月30日签订合同到承包单位提起诉讼，历时7年；从2018年7月9日法院提交鉴定证据到第三次补充提交鉴定证据，历时20个月；无论是从施工跨越的时间，还是鉴定证据提交的时间都是较长的，都给鉴定工作增加了难度，尤其是鉴定证据的长时间、多次性提交更给鉴定工作带来巨大的困扰，作为本项目的鉴定公司体会较深，总结几点与同行分享。

（一）重视工程造价核对工作，将争议减少到最低

本鉴定项目是施工合同解除后的合同纠纷，属未完工程，鉴定项目涉及多个单项、单位工程，退场时现场工作量盘点情况显示已完成工程量节点比较笼统，没有达到工程造价计量、计价的深度。因此，鉴定公司对本项目造价核对工作高度重视，核对中以事实为依据，以理服人，以高超的专业技能服人，在双方争议、矛盾巨大的情况下，通过造价核对工作消除了很多工程量界面划分上的问题，大大减少了争议事项，使双方矛盾减少到最低，为后续鉴定工作的完成奠定了基础。鉴定人主要注意了以下三点：

（1）在编制鉴定方案时，结合本鉴定项目的特点，制订完善的造价核对计划，合理安排核对的程序、步骤和时间节点。

（2）在核对中注意对核对成果签字确认。不仅对每日核对成果签字确认，而且对过程中完成的分部工程、单位工程也要及时签认。对重大事项、争议大事项，有时也可以采取一事一签的方式。

（3）在出现当事人代表不愿签字的情况时，鉴定人要从工程造价的角度予以说明，让其明白鉴定公司的计量、计价是公正的，没有偏袒任何一方。对于当事人提出的意见，鉴定人利用自身的专业知识给予详细解答，尽可能缩小不认可、不签字的范围。对于当事人的不积极配合，甚至提出的不恰当要求，鉴定人都要保持耐心与克制。

（二）重视当事人提出的异议，认真公正地给予回复

双方当事人对初步鉴定意见所提出的异议，鉴定公司都要高度重视、认真分析，给予公正的回复，在回复时用词要准确，不能模棱两可、含糊其辞。对鉴定意见无误的要作出肯定无误的回

复；对存在计量、计价错误的，要认真复核予以更正；对已出具鉴定意见后发现的错误，可以通过出具补充鉴定来更正，切不可有对错误不承认的态度与方法，更不能强词夺理、以势压人。

（三）重视出庭作证，并应做好充分准备

鉴定公司按照法院的通知，依法出庭作证，接受当事人对工程造价鉴定意见书的询问，回答与鉴定事项有关的问题。出庭作证是鉴定人的法定义务，除特殊原因不能出庭，经委托人同意的情况外，都必须出庭作证。鉴定人要携带本人的身份证、造价工程师注册证等，在委托人或当事人要求时出示。

鉴定人在出庭作证前应做好充分准备：首先，鉴定人应对征求意见稿的异议及回复再熟悉一遍，重点对当事人仅提出了异议却未能提出证据或修改意见的鉴定事项。其次，对当事人提出异议表述比较强烈、争议较大，鉴定人认为不正确，未予以修改的鉴定事项应予以高度重视。最后，对工程量核对过程中，当事人不予认可的事项或仍未签字的事项，对这些鉴定事项要认真梳理，仍存在当庭提出的可能，也应做好准备。

本项目前后出具一份鉴定意见书和两份补充鉴定意见书，出庭作证两次。质证时，双方意见极大，当事人的委托代理人律师更是寸步不让、步步紧逼，尤其在第二次出庭作证时，一方当事人认为如若调解，达成的造价可能会高于此次鉴定造价，认为鉴定人对他们单方主张的造价金额应该采用，更不应该对部分鉴定事项出具推断性鉴定意见等。对此，鉴定人在庭审前都有充分准备，庭审时都能依法、客观、公正地一一进行了回答，同时，进一步说明工程造价司法鉴定是依据鉴定证据作出的，所以当事人不能提供证据的要自行承担责任。

（四）重视鉴定证据的采用，避免以鉴代审

证据的采用是司法鉴定人的难点，鉴定证据的多次性提交给鉴定工作增加了难度，当事人对鉴定材料的不认可，有时甚至全盘否定，更增加了鉴定的困难。

本鉴定中，从质证笔录中看出，一方当事人对第三次补充提交的15册证据异议大，认为与已提交的证据存在重复，不予认可，基本全盘否定。同时委托人在移交资料时并未予以明确。在委托法院不能明确该补充证据效力的情况下，鉴定人结合前期证据进行认真梳理和分析，剔除了重复部分内容，将不重复部分单独进行计价，同时，考虑到一方当事人对该15册证据的全盘不予认可，决定对第三次补充证据涉及的造价全部作为推断性鉴定意见，由委托法院根据证据判断使用，以避免以鉴代审。

在本鉴定项目中，施工单位退场后的质量问题签证修复费用为委托鉴定事项之一，但一方当事人对此质量问题签证的证据全部不予认可，鉴定机构在征求委托人意见时，委托人未予明确。鉴定公司如果将其列为确定性鉴定意见必将受到以鉴代审的指责，如果不予鉴定则未完成委托义务。经鉴定人研究决定，虽然一方当事人不认可修复证据，但属于委托鉴定内容，故作出推断性鉴定意见，由委托法院根据证据判断使用。

在本鉴定项目中，挡土墙顶标高设计图纸未明确，在设计通知单显示标高为11.2m，但其变

更附图中标注标高为9.40m，标高数据不一致，在造价核对时也未达成一致，且现场已无法测量。对此情况，鉴定人研究后认为：如果按任一标高作出鉴定，都可能会被指以鉴代审，在初稿征求意见时，按两个不同标高作出选择性鉴定意见，由委托人根据情况采用（后经补充证据确定了标高为9.40m，在正式鉴定意见书中对此挡土墙造价作出确定性意见）。

在工程造价司法鉴定实践中，一旦进入诉讼程序的工程承包合同纠纷案件，在质证时，一方当事人对另一方当事人提交的证据材料不予认可的情况经常出现，有时甚至会发生对所有证据材料的真实性、合法性、关联性均提出异议、否定全部证据材料的情况。因此，在鉴定过程中要重视证据的采用，鉴定人对下列情况要特别注意，从而避免“以鉴代审”的情况：

（1）当事人对证据的合法性提出异议时，应提请委托人认定；或作出推断性鉴定意见，单列并予以说明，供委托人判断使用。

（2）当事人对证据的真实性提出异议或同一证据本身彼此矛盾时，鉴定人应首先提请委托人认定，对委托人无法认定或存在彼此矛盾的证据的争议事项，鉴定人作出非确定性（如推断性、选择性）鉴定意见，单列并予以说明，供委托人判断使用。

（3）当事人对证据的关联性提出异议时，鉴定人应提请委托人决定，或鉴定人先进行鉴别、甄别后，提出意见供委托人判断决定。

（4）对证据的理解发生争议，鉴定人可按不同的理解对鉴定事项作出选择性鉴定意见，单列并予以说明，供委托人选择使用。

专家点评

该鉴定案例是一个典型的因建设项目合同解除而引发的工程结算纠纷案件，此类合同争议纠纷案件在实践中比较常见，一般具有如下主要特征：①建设项目设计深度不够即匆忙招标、开工，导致合同签订匆忙、草率随意，对于计价模式、进度款支付等主要合同条款约定不科学、不严谨，对合同的理解与执行存在争议；②施工过程中设计变更多，甚至常有重大变更，签证不及时、不准确，资料收集不完整；③因项目建设单位建设资金筹措等问题，进度款支付时常发生问题；④合同对争议纠纷解除的途径约定单一，纠纷往往得不到及时化解，逐步升级直至引发诉讼；⑤因争议而解除的合同结算，一般都是面对争议旷日持久、工程再次发包而导致现场施工界面难以确认、工程量计算证据缺乏、材料价格变化大、部分工程质量不合格等各种困难局面。

本案例几乎完全具备以上特点，工程造价鉴定难度很大。不难看出，该鉴定公司自接受委托后的鉴定方案制订、鉴定组成人员通知书的递交、受托组织鉴定项目的现场勘验、工程量与计价工作的核对等最为基础的鉴定环节中都组织得井井有条、中规中矩，鉴定人重视当事人对鉴定意见书（征求意见稿）的异议答复，重视对出庭作证的准备，面对当事人的异议与质询做到有理、有据地回复与应对，并重视采纳当事人的正确意见，修改鉴定缺陷，及时出具补充鉴定意见，充分显示了工程造价鉴定机构的专业性与公正性。

本案例还有一个比较典型的特点是鉴定资料提供的多次性与鉴定资料质证环节缺乏这一具体情形，这可能是所有工程造价鉴定机构在执行鉴定业务中常常会遇到的情形，该鉴定机构在本案例中的做法值得学习与借鉴。面对这种情形，鉴定公司除了提请工程造价司法鉴定委托人对鉴定资料组织充分质证、任劳任怨地接受鉴定资料的多次提交外，对于根据未经质证的鉴定资料所作出的鉴定意见不是确定性鉴定意见，而是推断性或者选择性鉴定意见。

本案例另外一个值得借鉴的地方是，对于因质量问题签证修复费用这一类证据合理性超出“工程造价”专业范畴的鉴定委托，出具推断性鉴定意见。

鉴定人与鉴定机构对于需要作出的“专业性判断”，一定要体现出我们造价工程师“工程造价”的专业性与权威性，鉴定人与鉴定机构均不能超越自身专业能力，越俎代庖地代委托人作“法律性判断”。

北京佳益工程咨询有限公司　孙建波

对某建设项目造价司法鉴定

——河南华威建设工程技术咨询事务所有限公司

邓琼琼　李雪萍　康晓珂　李园园　丁丽　樊卫东

一、案情简介

（一）合同履约情况

2012 年 6 月、7 月，申请人与被申请人分别签订某项目合作意向书、建设项目施工合同、补充合同（申请人为承包人、被申请人为发包人，下同），约定本项目按河南省现行预算定额进行计价；同年 8 月，申请人与被申请人签订建设项目施工合同，并向某地建设行政主管部门备案。项目未组织正式验收但已投入使用。

（二）项目起诉背景

1. 基本情况

（1）项目名称：某项目。

（2）项目地址：某地。

（3）签约合同价款：12919.0466 万元（备案合同价款）。

（4）项目主要功能：地下两层为汽车库，局部为平战结合人防地下室，地上一～五层为商业、KTV 餐饮、洗浴，1 号、2 号主楼六～二十七层为酒店，3 号主楼六～二十一层为办公区域，总建筑面积为 94963m^2，其中地下建筑面积为 16771.60m^2，一～五层裙房建筑面积为 32462.80m^2，1 号、2 号楼六层及以上建筑面积为 30499.25m^2，3 号楼六层及以上建筑面积为 15330.15m^2。

（5）鉴定工程承包范围：施工设计图纸、设计变更、答疑纪要及预算编制说明的内容（备案合同内容）。

2. 双方争议

申请人与被申请人于 2012 年共签署以下 4 份合同及协议书：

（1）2012 年 6 月 15 日双方签订项目合同意向书，约定本项目按河南省现行预算定额进行计价，根据合同内容，双方进行预算核对，核对结果让利 15% 签约合同价。

（2）2012 年 6 月 30 日双方签订建设工程施工合同。合同价款的确定：根据施工图纸、答疑纪要、定额，结算价按照《某地工程造价信息》2012 年 3 月份主材价（钢材按 4500 元 /t 进入结算，甲方代购钢材费按 4500 元 /t 从工程款中扣除），经双方审核认定后下浮 15%。

（3）2012 年 7 月 6 日双方签订补充协议，约定乙方配合费按一次性包干方式计取 60 万元，竣工决算及工程变更，依据图纸及现场签证据实结算后，下浮 15% 为结算工程总价。

（4）2012 年 8 月 25 日双方签订建设工程施工合同（备案合同），约定工程采用固定价格合同，风险费用的计算方法是材料涨落在 10%（含 10%）以内的不予调整，超出 10% 以外的只调整超出部分。

申请人与被申请人就以上合同中关于结算价款的约定有争议，申请人主张应执行 2012 年 8 月 25 日双方签订的建设工程施工合同（备案合同）进行结算，被申请人主张应执行能反映双方真实意愿的实际合同（2012 年 6 月 30 日双方签订的建设工程施工合同及 2012 年 7 月 6 日双方签订的补充协议）进行结算，这两种结算方式造成结算金额相差较大。

3. 法院委托

1）委托人：某地市中级人民法院。

2）委托案件名称：申请人诉被申请人建设工程施工合同纠纷一案。

3）委托事项和目的：

（1）2017 年 6 月 26 日委托书（委托一）：对当事人争议的某项目工程造价进行鉴定，合同依据 2012 年 8 月 25 日申请人与被申请人签订的合同。

（2）2017 年 12 月 6 日补充委托（委托二）：按合同约定，①对某工程施工项目变更签证增加部分进行工程造价鉴定；②对某工程施工项目变更签证减少部分进行工程造价鉴定；③对某工程原投标所含施工项目分包给第三方施工的部分进行工程造价鉴定；④对某工程施工项目中由被申请人提供给申请人（原告）的原材料及设备部分进行工程造价鉴定。

二、案件争议焦点和造价鉴定难点

（一）案件争议焦点

1. 事实阐述

诉讼前，双方依据 2012 年 6 月 30 日双方签订的建设工程施工合同及补充协议约定的方式、标准对工程结算进行过多次核对，在行业主管部门的参与下就争议内容协商、调解未果，申请人提起诉讼。

被申请人与申请人签订不同的合同文本，合同约定结算方式不一致，造成结算金额差额较大，无法达成一致。

委托书要求依据 2012 年 8 月 25 日申请人与被申请人签订的合同进行鉴定，合同中约定存在多处不一致，存在理解偏差。

2. 问题分析

（1）因合同前后约定矛盾，依据《建设工程造价鉴定规范》（GB/T 51262—2017）第 5.3.5 条

“鉴定项目合同对计价依据、计价办法约定条款前后矛盾的，鉴定人应提请委托人决定适用条款，委托人暂不明确的，鉴定人应按不同的约定条款分别作出鉴定意见，供委托人判断使用”，经与委托人沟通，鉴定按照固定单价与固定总价方式分别进行鉴定，形成较为合理的多种方案数据供法院判断使用。

（2）对有争议的鉴定材料，依据《建设工程造价鉴定规范》（GB/T 51262—2017）第 4.7.3 条“如委托人未及时认定，或认为需要鉴定人按照争议的证据出具多种鉴定意见的，鉴定人应在征求当事人对于有争议的证据的意见并书面记录后，将该部分有争议的证据，分别鉴定，并将鉴定意见单列，供委托人判断使用”，经与委托人沟通，对争议部分，以单列形式体现，以供委托人判断使用。

（3）鉴于案件的复杂性，经测算，按不同合同约定计算数据差异较大，不利于本案问题解决，在鉴定报告出具前与法庭主审法官沟通，在鉴定意见之外依据双方 6 月 30 日签订的建设工程施工合同以及补充协议进行计算，并出具相应数据，以便法院判案使用。

（二）案件争议难点

（1）现场勘验时，发现部分工程未按图纸施工。

（2）部分隐蔽工程，如屋面工程，双方对具体做法有争议，且未提交隐蔽工程验收记录等相关鉴定材料，若取样防水层，会破坏整体工程的防水性能，且对破坏性拆除的修复费用，双方未达成一致意见，最终实际做法无法现场勘验确定，在此种情况下，鉴定人依据双方各自主张分方案进行计算，以供委托人判断使用。

（3）关于贝雷架措施费计算，按照申请人提供的贝雷架专项措施方案，定额中未有适用子目，通过市场询价与套用类似定额子目对比，贝雷架措施费最终确定套用比较符合市场合理价格的定额子目计入鉴定造价。

（4）其他争议问题，依据鉴材及现场无法核实的，按各自主张分别计算，以单列形式体现，以供委托人判断使用。

三、鉴定情况

（一）委托人提供鉴定材料内容

（1）某市中级人民法院司法委托书（某中法技委字第 20 号）1 份。

（2）某市中级人民法院关于（某中法技委字第 20 号）司法委托书的补充委托 1 份。

（3）某项目项目司法鉴定质证笔录 1 份。

（4）被申请人向法院造价鉴定单位提供材料明细目录 1 份。

（5）被申请人提交的某项目合作意向协议书 1 份。

（6）被申请人提交的 2012 年 8 月 25 日被申请人与申请人签订的建设工程施工合同 1 份。

（7）被申请人提交的 2012 年 6 月 30 日被申请人与申请人签订的建设工程施工合同 1 份。

（8）被申请人提交的 2012 年 7 月 6 日被申请人与申请人签订的补充协议 1 份。

（9）被申请人提交的某项目招标文件 1 份。

（10）被申请人提交的某项目投标文件 1 份。

（11）被申请人提交的某项目被列为某市重点工程红头文件、项目开工报告批复单、某市城建监察支队未经验收交付使用行政执法告知书各 1 份。

（12）被申请人提交的工程决算在市住建局主持、标准定额管理站主导下核对基本情况住建局监察支队领导签署意见证明，定额管理站出具核对决算情况原始记录，及定额站最后出具汇总双方争议十一条内容各 1 份。

（13）被申请人提交的项目监理单位对争议 7 条认证签订手续证明 1 份。

（14）被申请人提交的某项目结算书 1 份。

（15）被申请人提交的施工图纸一套。

（16）被申请人提交的技术核定单 110 张、现场签证单 134 张、墙体定位图 64 张、安装工程变更签证 32 页。

（17）被申请人提交的监理工作通知单、罚款通知单 9 页。

（18）申请人提交的 2012 年 8 月 25 日被申请人与申请人签订的建设工程施工合同（含备案表）1 份。

（19）申请人提交的中标通知书 1 份。

（20）申请人提交的施工许可证 1 份。

（21）申请人提交的施工资质文件 1 份。

（22）申请人提交的竣工决算书 1 份。

（23）申请人提交的某设计研究院图纸修改通知单 25 份及图纸会审记录。

（24）申请人提交的甲方变更通知单 31 份。

（25）申请人提交的施工现场签证单 44 份及图片一张。

（26）申请人提交的联系单、技术核定单、施工组织设计共 23 份。

（27）申请人提交的后期资料：①变更通知 3 页；②技术核定单 1 份；③工作联系单 1 份；④施工现场签证单 21 份，⑤水电安装签证单 8 份。

（28）申请人提交的通知及施工现场签证单。

（29）被申请人提交的外分包工程及甲方提供材料设备清单及分包合同及材料设备订购合同证明 1 份。

（30）申请人提交的连廊照片、塔式起重机照片及某商品混凝土有限公司技术资料关于某项目裙房工程混凝土配比试验报告 1 份。

（二）工程造价司法鉴定情况

1. 鉴定过程

（1）2018 年 6 月 26 日、27 日，鉴定人员到人民法院（委托人）听取有关人员关于本次鉴定工作相关事项的情况介绍，收领委托书及有关鉴定材料，并审核、整理鉴定材料。

（2）6 月 28 日，鉴定公司收到委托人提交的鉴定材料，在对该项目进行认真分析判断，对自身专业胜任能力、独立性和业务风险进行综合分析和评价后接受委托。

（3）7 月 6 日，委托人组织鉴定公司、申请人、被申请人进行第一次现场勘验。

（4）7 月 6 日～7 月 28 日，鉴定人员对委托人提供的鉴定材料进行必要的分析、归纳和整理，根据委托人提供的有关资料进行初步计算，并出具征求意见书。

（5）9 月 4 日，收到申请人及被申请人对征求意见书的反馈意见。

（6）9 月 20 日，对申请人及被申请人提出的对征求意见稿的反馈意见进行回复。

（7）10 月 17 日，委托人组织鉴定公司、申请人、被申请人就征求意见书进行初稿听证。

（8）12 月 6 日，收到人民法院关于（2017）某中法技委字第 20 号司法委托书的补充委托。

（9）2019 年 1 月 3 日，出具补充委托的征求意见书。

（10）3 月 5 日，收到申请人及被申请人对补充委托征求意见书的反馈意见。

（11）3 月 30 日，委托人组织鉴定公司、申请人、被申请人就征求意见书进行初稿听证。

（12）4 月 9 日～11 日，委托人组织鉴定公司、申请人、被申请人就征求意见书反馈意见中工程量问题进行核对。

（13）4 月 10 日，委托人组织鉴定公司、申请人、被申请人进行第二次现场勘验。

（14）4 月 12 日～5 月 18 日，鉴定人员就工程量核对记录进行分析、归纳、整理，编写司法鉴定意见书，进行三级复核，出具鉴定意见书。

2. 鉴定依据

（1）《建设工程造价鉴定规范》（GB/T 51262—2017）。

（2）法院移交的经质证可以作为鉴材使用的招标文件、投标文件、建设工程施工合同、合同意向书、补充协议、施工图纸、设计变更、签证资料等。

（3）工程量依据图纸、结合现场勘验计算，鉴定造价依据合同、《河南省建设工程工程量清单综合单价（2008）》及省、市配套的计价办法、调整文件及综合解释等计算。

（4）材料价格按合同约定调整。

（5）安全文明措施费依据豫建标定〔2012〕31 号文，仅计取基本费；依据合同约定单列。

（6）规费依据合同约定不计取社会保险费。

（7）税金依据豫建设标〔2011〕16 号文执行。

3. 鉴定方法

采取物证分析、现场勘查、调查取证、全面审查、质证、庭证等方法完成委托任务。

4. 鉴定计算情况

1）委托书一（方案一）

（1）工程量依据图纸计算，鉴定工程造价单价、取费依据投标文件出具，安全文明施工措施费以单列形式体现（税后）。

（2）材料价调整部分依据 2012 年 8 月 25 日被申请人与申请人签订的建设工程施工合同第 57 页“23.2 风险费用的计算方法：材料涨落在 10%（含 10%）以内的不予调整，超出 10% 以上的只调整超出部分”计算。

（3）屋面工程依据“变更单约定的材料及构造做法”及被申请人提供的鉴定材料“某项目决算异议现场核实情况汇总第三条”分为两个方案计算。

（4）马凳筋依据双方各自主张按几字型、一字型分两个方案计算。

（5）施工配合费依据补充协议列出此金额，并予以单列。

（6）P8 抗渗混凝土增加费因图纸设计为 P8 抗渗，投标文件中未显示 P8 抗渗增加费，予以单列；“某项目裙房工程混凝土配比试验报告”未显示 P6 外加剂配比，P6 抗渗增加费未计算。

（7）贝雷架措施费依据施工组织设计计算，投标文件未显示此费用，予以单列。

（8）吸顶灯费用因双方争议予以单列。

（9）工程罚款单、一～五层室内装修增项费用依据鉴定材料，予以单列。

2）委托书一（方案二）

（1）鉴定工程造价依据合同及投标文件按固定总价计算。

（2）材料价调整部分依据 2012 年 8 月 25 日被申请人与申请人签订的建设工程施工合同第 57 页“23.2 风险费用的计算方法：材料涨落在 10%（含 10%）以内的不予调整，超出 10% 以上的只调整超出部分”计算。

（3）变更减少工程依据屋面工程“变更单约定的材料及构造做法”及被申请人提供的鉴定材料中“某项目决算疑议现场核实情况汇总第三条”分为两个方案计算。

（4）施工配合费依据补充协议列出此金额，并予以单列。

（5）工程罚款单、一～五层室内装修增项费用依据鉴定材料，予以单列。

3）委托书二

鉴定工程造价依据委托书、投标文件等鉴材，分别计算变更签证增加部分造价、变更签证减少部分造价、原投标所含施工项目分包给第三方施工部分工程造价、被申请人提供给申请人的原材料及设备部分工程造价四个部分工程造价。

4）应法庭要求出具的数据

因按不同合同约定计算数据差异较大，不利于本案问题解决，在鉴定过程中经与法庭主审法官沟通，鉴于本案的特殊性，应法庭要求，在鉴定意见之外依据双方 2012 年 6 月 30 日签订的建设工程施工合同以及补充协议进行计算，并出具相应数据，以便法院判案使用。

（1）鉴定工程造价依据被申请人与申请人签订的建设工程施工合同以及补充协议中“依据图纸及现场签证据实决算，结算价按照《某市工程造价信息》2012 年 3 月主材价（钢材按 4500 元 /t 进入直接费），计取住房公积金、意外伤害保险及文明措施费只计取基本费，人工费按照每日 64 元计算，商品混凝土运输按 5km”计算。

（2）鉴定工程造价未按照 2012 年 7 月 6 日补充协议中的下浮让利 15% 计算，下浮让利金额以法院判定最终鉴定造价为基数计算。

（3）屋面工程依据“变更单约定的材料及构造做法”及被申请人提供的鉴定材料“某项目决算疑议现场核实情况汇总第三条”分为两个方案计算。

（4）马凳筋依据双方各自主张按几字型、一字型分两个方案计算。

（5）吸顶灯费用因双方争议予以单列。

（6）工程罚款单、一～五层室内装修增项费用依据鉴定材料，予以单列。

5. 鉴定意见

本所接受某法院委托，按照国家的有关规定，本着独立、客观、公正、科学的原则，按照必要的鉴定程序，对委托鉴定的项目进行鉴定，得出如下鉴定结论。

1）依据委托一

“按 2012 年 8 月 25 日某建筑工程有限公司与某有限公司签订的合同，对某项目工程造价进行审计鉴定。”某工程鉴定造价分两个方案进行计算：

（1）方案一：依据投标文件固定单价计算某工程鉴定造价分为鉴定工程造价、单列项目工程造价、工程罚款单及一～五层室内装修增项费用四个部分，工程造价详见表 1。

（2）方案二：依据投标文件固定总价计算（不包含变更签证减少部分工程造价）某工程鉴定造价分为鉴定工程造价、单列项目工程造价、施工配合费、工程罚款单及一～五层室内装修增项费用五个部分，工程造价详见表 2。

表 1　某工程造价鉴定一览表（委托一）方案一

（单位：元）

序号	项目名称		鉴定造价(不含安全文明施工措施费)	安全文明施工措施费	备注
按 2012 年 8 月 25 日申请人与被申请人签订的合同，对某工程造价进行审计鉴定					
一	鉴定工程造价		126324556.90	2855734.13	依据投标文件固定单价计算
1	某工程土建工程		122723536.98	2763649.90	
2	某工程安装工程		2031767.36	62121.62	
3	变更签证部分		1684777.45	29962.60	
4	材料价调整部分		−115524.88	0.00	
二	单列项目工程造价				
1	屋面工程	依据变更单计算	1611667.24	24636.35	鉴定工程造价未包含费用，依据鉴材结合现场勘查分为两个方案计算
		被申请人提供鉴定材料计算	1113629.96	15917.76	
2	地下车库马凳筋	方案一马凳筋为几字型	228830.52	1932.91	鉴定工程造价未包含费用，依据双方各自主张按几字型、一字型分两个方案计算
		方案二马凳筋为一字型	129749.04	1095.98	
3	施工配合费		600000.00	0.00	依据补充协议列出此金额
4	P8 抗渗混凝土增加费		299116.41	0.00	施工图设计为 P8，投标报价未显示 P8 增加费，予以单列
5	贝雷架措施费		83701.26	2531.80	依据施工组织设计计算

续表

序号	项目名称	鉴定造价(不含安全文明施工措施费)	安全文明施工措施费	备注
6	吸顶灯费用	5329.07	0.00	因主材费用争议予以单列
三	工程罚款单	−4000.00	0.00	依据鉴材，予以单列
四	1～5层室内装修增项费用	−154988.67	0.00	数据来源于“某项目一～五层室内装修变更增项情况说明”

表2 某工程造价鉴定一览表（委托一）方案二

（单位：元）

<table>
<tr><th>序号</th><th>项目名称</th><th colspan="2">鉴定造价</th><th>备注</th></tr>
<tr><td colspan="5">按2012年8月25日申请人与被申请人签订的合同，对某工程造价进行审计鉴定</td></tr>
<tr><td>一</td><td>鉴定造价</td><td colspan="2">101316044.47</td><td>依据投标文件固定总价计算（不包含变更签证减少部分工程造价）</td></tr>
<tr><td>1</td><td>合同价款</td><td colspan="2">131928810.99</td><td>依据2012年8月25日签订的合同</td></tr>
<tr><td>1.1</td><td>合同金额</td><td colspan="2">129190466.00</td><td>不含安全文明施工措施费</td></tr>
<tr><td>1.2</td><td>安全文明施工措施费</td><td colspan="2">2738344.99</td><td>依据合同约定数据</td></tr>
<tr><td>2</td><td>合同应增减造价</td><td colspan="2">−30612766.52</td><td></td></tr>
<tr><td>2.1</td><td>变更签证增加部分工程造价</td><td colspan="2">4345061.48</td><td rowspan="4">依据投标文件变更及第三方施工工程量计算，增减值均是相对合同而言</td></tr>
<tr><td>2.2</td><td>原投标所含施工项目分包给第三方施工部分工程造价</td><td colspan="2">−33386134.44</td></tr>
<tr><td>2.3</td><td>被申请人提供给申请人的原材料及设备部分工程造价</td><td colspan="2">−1456168.68</td></tr>
<tr><td>2.4</td><td>材料价调整部分</td><td colspan="2">−115524.88</td></tr>
<tr><td>二</td><td>单列项目工程造价</td><td colspan="2"></td><td></td></tr>
<tr><td rowspan="2">2.2</td><td rowspan="2">变更签证减少部分工程造价</td><td>方案一依据被申请人提供鉴定材料计算</td><td>−12250218.61</td><td rowspan="2">依据双方争议以两个方案体现</td></tr>
<tr><td>方案二依据变更单计算</td><td>−12331527.77</td></tr>
<tr><td>三</td><td>施工配合费</td><td colspan="2">600000.00</td><td>依据补充协议列出此金额</td></tr>
<tr><td>四</td><td>工程罚款单</td><td colspan="2">−4000.00</td><td>依据鉴材，予以单列</td></tr>
<tr><td>五</td><td>一～五层室内装修增项费用</td><td colspan="2">−154988.67</td><td>数据来源于“某项目一～五层室内装修变更增项情况说明”</td></tr>
</table>

2）依据委托二

“对某工程施工项目变更签证增加部分按照固定价格（固定总价、固定单价）进行工程造价鉴定；对某工程施工项目变更签证减少部分按照固定价格（固定总价、固定单价）进行工程造价鉴定；对某工程原投标所含施工项目分包给第三方施工的部分按照固定价格（固定总价、固定单价）进行工程造价鉴定；对某工程施工项目中由被申请人提供给申请人（原告）的原材料及设备部分按照固定价格（固定总价、固定单价）进行工程造价鉴定”，某工程鉴定造价分为变更签证增加部分工程造价、变更签证减少部分工程造价、原投标所含施工项目分包给第三方施工部分工程造价及被申请人提供给申请人的原材料及设备部分工程造价四个部分，以表3体现。

表3　某工程造价鉴定一览表（委托二）

（单位：元）

<table>
<tr><th>序号</th><th>项目名称</th><th colspan="2">鉴定造价</th><th>备注</th></tr>
<tr><td colspan="5">按照约定的“固定价格”（固定总价、固定单价）合同结算方式，参照招投标文件及2012年8月25日双方签订的《建设工程施工合同》约定内容对某工程施工项目的下列事项进行工程造价鉴定并委托：①某工程施工项目变更签证增加部分按照固定价格（固定总价、固定单价）进行工程造价鉴定；②某工程施工项目变更签证减少部分按照固定价格（固定总价、固定单价）进行工程造价鉴定；③某工程原投标所含施工项目分包给第三方施工的部分按照固定价格（固定总价、固定单价）进行工程造价鉴定；④某工程施工项目中由被申请人提供给申请人（原告）的原材料及设备部分按照固定价格（固定总价、固定单价）进行工程造价鉴定</td></tr>
<tr><td>一</td><td>变更签证增加部分工程造价</td><td colspan="2">4345061.48</td><td rowspan="5">依据投标文件及变更单，结合现场勘查计算，争议内容分为两个方案计算，增减值均是相对合同而言</td></tr>
<tr><td rowspan="2">二</td><td rowspan="2">变更签证减少部分工程造价</td><td>方案一屋面工程依据被申请人提供鉴材八计算</td><td>−12250218.61</td></tr>
<tr><td>方案二屋面工程依据变更单计算</td><td>−12331527.77</td></tr>
<tr><td>三</td><td>原投标所含施工项目分包给第三方施工部分工程造价</td><td colspan="2">−33386134.44</td></tr>
<tr><td>四</td><td>被申请人提供给申请人的原材料及设备部分工程造价</td><td colspan="2">−1456168.68</td></tr>
</table>

6. 其他事项说明

在完成委托书要求事项之外，因案件特殊性，经与法庭主办法官沟通后，应法庭要求“依据双方2012年6月30日签订的建设工程施工合同及补充协议计算”（鉴定公司就此部分鉴定结果未收取任何鉴定费用），以供法庭判案使用见表4。

表4　某工程造价鉴定一览表（应法庭要求）

（单位：元）

<table>
<tr><th>序号</th><th>项目名称</th><th>鉴定造价</th><th>备注</th></tr>
<tr><td colspan="4">应某市中级人民法院法庭要求“依据双方签订的建设工程施工合同以及补充协议”计算</td></tr>
<tr><td>一</td><td>鉴定工程造价</td><td>130946799.28</td><td rowspan="6">依据图纸及现场签证据实决算，下浮15%为结算工程总价（一览表中数据未下浮）</td></tr>
<tr><td>1</td><td>某工程土建工程</td><td>126141182.08</td></tr>
<tr><td>2</td><td>某工程安装工程</td><td>2100459.41</td></tr>
<tr><td>3</td><td>变更签证部分</td><td>1719762.52</td></tr>
<tr><td>4</td><td>施工配合费</td><td>600000.00</td></tr>
<tr><td>5</td><td>P8抗渗混凝土增加费</td><td>299116.41</td></tr>
<tr><td>6</td><td>贝雷架措施费</td><td>86278.86</td><td>依据施工组织设计计算</td></tr>
</table>

续表

<table>
<tr><th>序号</th><th colspan="2">项目名称</th><th>鉴定造价</th><th>备注</th></tr>
<tr><td>二</td><td colspan="2">单列项目工程造价</td><td></td><td></td></tr>
<tr><td rowspan="2">1</td><td rowspan="2">屋面工程</td><td>依据变更单计算</td><td>1714258.95</td><td rowspan="2">鉴定工程造价未包含费用，依据鉴材结合现场勘查分为两个方案计算</td></tr>
<tr><td>被申请人提供鉴定材料计算</td><td>1146436.07</td></tr>
<tr><td rowspan="2">2</td><td rowspan="2">地下车库马凳筋</td><td>方案一马凳筋为几字型</td><td>228818.46</td><td rowspan="2">鉴定工程造价未包含费用，依据双方各自主张按几字型、一字型分两个方案计算</td></tr>
<tr><td>方案二马凳筋为 I 字型</td><td>129742.20</td></tr>
<tr><td>3</td><td colspan="2">吸顶灯费用</td><td>5329.07</td><td>因吸顶灯主材费用问题双方争议予以单列</td></tr>
<tr><td>三</td><td colspan="2">工程罚款单</td><td>−4000.00</td><td>依据鉴材，予以单列</td></tr>
<tr><td>四</td><td colspan="2">一～五层室内装修增项费用</td><td>−154988.67</td><td>数据来源于“某项目一～五层室内装修变更增项情况说明”</td></tr>
</table>

（三）案件当事人对鉴定意见异议问题

1. 申请人提出的异议及回复

（1）夜间施工增加费、冬雨季施工增加费未计取，应按全国统一建筑安装工程工期定额规定计取。

回复：实际工期未见相关资料，鉴定征求意见书未计取。

（2）商品混凝土运距，应根据现场到商品混凝土站距离据实计取。

回复：按投标文件内容，出具征求意见书。

（3）塔式起重机实际使用 3 台，司法征求意见书少计 1 台。

回复：塔式起重机属于措施费用，应按照经批准的施工组织设计计入。

（4）连廊模板、脚手架应按申请人方案计取，司法征求意见书未计取此项费用。

回复：鉴材未提供相关连廊模板、脚手架申请人方案。

（5）针对司法征求意见书中工程量、子目、漏项存在的问题。

回复：工程量不一致及子目套取等问题可由法院组织进行核对。

（6）针对司法征求意见书中材料价调整问题。

回复：材料价调整部分按 2012 年 8 月 25 日被申请人与申请人签订的合同约定计入，出具征求意见书。

（7）单独列项造价中 60 万元施工配合费，司法征求意见书未计取此项费用。

回复：鉴定征求意见书中施工配合费以单列形式体现。

（8）单独列项造价中 P8 抗渗混凝土增加费，司法征求意见书未计取此项费用。

回复：鉴材中未有现场 P8 抗渗剂配比，以单列形式体现。

（9）司法征求意见书未计取社会保障费，此项费用不应扣除。

回复：社保为专项费用，以单列形式体现。

2. 被申请人提出的异议及回复

（1）征求意见书据实结算方式与招标投标文件、备案合同约定的承包结算方式不符，备案合同约定采用“固定价格”合同申请人式，合同约定风险计算方法：价格涨落超过 10% 的只调整超出部分，其他均无调整内容，强烈要求第二轮鉴定造价中必须纠正结算方式。

回复：2012 年 8 月 25 日被申请人与申请人签订的合同约定合同价款方式为固定价格合同而非一次性包死合同，鉴定征求意见书依据投标预算的价格计入，工程量据实计算；补充委托鉴定可在工程量核对完成后出具补充鉴定的征求意见书。

（2）工程造价按合同约定下浮 15% 情况。

回复：征求意见书是依据鉴定委托书出具。

（3）单独列项造价中 60 万元施工配合费情况。

回复：鉴定征求意见书是对施工配合费的造价作出鉴定征求，并以单独列项形式体现。

（4）单独列项造价中屋面工程因变更较大，现场没有按照图纸选用图集做法施工，按施工单位实际施工内容计算。

回复：按照经双方确定的现场勘验记录的实际施工做法计入鉴定征求意见书，并以单独列项形式体现（双方有争议，单列）。

（5）单独列项造价中 P8 抗渗混凝土增加费，不应增加。

回复：鉴材中未有现场 P8 抗渗剂配比，鉴定征求意见书以单列形式体现。

（6）单独列项造价中地下车库马凳筋，因设计不明确，按现场实际做法为单根钢筋竖向焊接支撑筏板上下部钢筋调整。

回复：图纸设计不明确，且鉴定材料中未有专项措施方案，暂按规范以单列形式体现。

（7）所有钢筋由甲方采购供应，钢筋材料单价应按约定金额 4500 元 /t 计入。

回复：材料价调整部分按 2012 年 8 月 25 日被申请人与申请人签订的合同约定计入，出具征求意见。

（8）工程造价计算书工程量不一致等情况回复。

回复：工程量不一致及子目套取等问题可由法院组织进行核对。

四、出庭作证情况

（一）质证

2018 年 3 月 20 日，参加委托人组织的质证，记录申请人与被申请人对鉴定材料的质证意见。

（二）庭证

2019 年 6 月 25 日，参加庭证，出庭回复双方在庭上提出的问题，记录内容如下：

（1）被申请人代理人提出的关于合同价款约定“固定价格”的理解。

回复：合同约定为“固定价格”，未明确是固定单价合同还是固定总价合同，鉴定公司分两种方案进行计算：①方案一工程量依据图纸结合现场勘验记录计算，子目单价依据投标定额子目；②方案二按照“固定总价+合同应增减”计算。

（2）被申请人代理人提出的关于“鉴定造价未按优惠率 15% 进行让利”的问题。

回复：依据委托书，按照 2012 年 8 月 25 日签订的合同约定计算。

（3）申请人提出的关于施工配合费问题。

回复：依据补充协议单列此部分费用，以供委托人判断使用。

（4）申请人提出的关于“商品混凝土运距应根据现场到商品混凝土站距离据实计取”。

回复：依据投标文件定额子目进行计算，以供委托人判断使用。

五、心得体会

（1）通过对复杂案情的分析，经与委托人沟通，出具多个鉴定方案，并采取单列方式体现，以供委托人判断使用。

（2）对不同时间签订的合同及协议进行分析对比，针对合同重点内容形成分析对比表，为后期处理类似项目积累数据。

（3）对当事人有争议的鉴定材料等，及时与委托人沟通，并结合鉴定规范给出专业的意见，为案件审理工作提供有力的数据支持。

（4）项目开展后，将鉴定思路及方案、技术要求及标准传达至各项目成员，有问题及时沟通，尽快解决，避免鉴定思路出现偏差。

（5）项目实施过程中，依据鉴定规范要求做好信息传递工作，使鉴定过程有据可查，更加规范。

（6）定期开展项目进度节点会议，及时把握项目进度，避免超期。

（7）对贝雷架等特殊措施项目，通过询价、咨询等方式进一步了解施工工艺，为鉴定计算提供基础数据及积累。

（8）及时关注与工程造价鉴定有关的法律法规，并组织学习。

（9）积累出庭经验，提升了特殊项目的应对能力，使鉴定流程更加规范化、程序化、标准化，为今后鉴定工作的开展提供了参考。

专家点评

本案例为争议工程造价鉴定。涉案当事人签订多份施工合同（协议），包括合同意向书、施工合同、备案合同、补充协议等，其合同版本、内容均不一致，且截至起诉之日，涉案项目已使用但未组织正式验收。

鉴定委托按照备案合同约定条款对“当事人争议工程造价进行鉴定”以及补充委托鉴定“变更签证增加、变更签证减少、原投标所含施工项目分包、甲供原材料及设备部分”工程造价。

涉案项目施工内容丰富，涉及专业面广，包括地下人防、建筑、装饰、建筑智能化、强弱电、给排水、消防等工程。施工时间长，鉴定证据不够完整充分，合同效力关系复杂，法院多次委托鉴定内容及事项，鉴定工作量大幅增加，给鉴定人专业判断带来一定难度。

鉴定人接受委托并听取委托人关于鉴定工作的情况介绍，收集、整理、分析、研判、审查鉴定材料、踏勘现场、计算数据等程序以及过程方法后出具征求意见书，对征求意见书的异议意见修正、完善、复核后出具鉴定意见。

委托鉴定所涉为争议造价鉴定，当事人争议点较多，争议原因为多方面的，具体包括：未办理竣工验收但已实际使用，签订多份施工合同，分包工程，鉴定人在踏勘现场中发现部分项目未严格按图施工，委托人决定鉴定依据的备案合同内容前后不一致、自相矛盾。鉴定人紧扣委托内容，查明争议焦点事项，按照《建设工程造价鉴定规范》的规定，对于涉案当事人双方不能达成一致的争议焦点事项，与委托人沟通形成一致意见，按照各自主张分别出具鉴定意见，供委托人判断选择使用。

因涉案争议焦点较多，涉及多份合同困扰、合同约定内容前后矛盾等情形，鉴定人本着对案件、当事人、专业技术负责，经与委托人沟通并得到允许，鉴定人免费义务增加“按照2012年6月30日签订的建设工程施工合同及补充协议”鉴定分析，形成多种数据方案鉴定意见供法院判断选择。

涉案项目涉及合同效力、法律关系复杂，鉴定方法科学、专业，所涉争议焦点事项，在鉴定意见中提供了多套鉴定方案单独列项，供委托人选择判断，有效避免了以鉴代审，鉴定程序合法，鉴定过程清晰，鉴定依据充分合理，鉴定意见中立、规范、客观、可信。

湖北嘉宁工程咨询有限公司　张其涛

对某住宅小区项目工程造价司法鉴定的总结

——湖北宇泰工程造价咨询有限公司

程征　李新　孙健

一、项目及案例概况

某教师住宅小区项目包含 1 号～ 5 号楼五栋住宅楼及地下车库，总建筑面积约为 177855m^2。2010 年 5 月，本项目未经招标投标签订了工程施工总承包合同，发包方为某民营房地产开发有限公司，承包方为某总承包特级建设集团有限公司。施工总承包合同约定按湖北省 2008 定额计价，以直接费为基数按 15% 综合费率取费结算造价。合同开竣工日期为 2010 年 6 月 1 日～ 2011 年 11 月 30 日，实际开工时间为 2011 年 7 月，承包方和发包方因工程款支付不及时不到位，导致中途停工。2012 年 5 月，经协商签订补充协议，结算条款修改为“以直接费为基数按 25% 综合费率取费结算”后复工。承包方退场时间为 2014 年 3 月，实际竣工验收日期为 2017 年 6 月。承包方因本项目工程结算造价的确定和工程款支付纠纷，起诉到人民法院，申请对本案进行工程造价鉴定，申请鉴定标的额为 20052.497 万元。2017 年 7 月 6 日，人民法院经司法鉴定机构选用程序，委托湖北宇泰工程造价咨询有限公司（以下简称鉴定公司）进行本案的鉴定工作。鉴定公司收到鉴定委托函后，对项目情况进行了解，确定鉴定公司及鉴定人员等与本项目均无回避情形，书面复函委托人同意接受委托，按规定程序开展鉴定工作。

二、案件争议焦点和造价鉴定难点

本案合同约定以定额计价为基础的综合费率取费结算方式，当事人争议的焦点为是否执行 2012 年 5 月签订的补充协议中约定的综合费率结算。发包方提出：承包方未按补充协议约定工期节点完工验收，且未按施工合同约定时限完成质量修复工作，影响最终验收时间，故不能按补充协议约定条款结算，应执行原施工总承包合同约定结算条款。承包方提出：该工程延期近两年才开工，此后经历多次停工、复工；在施工期间，存在主材甲供、甲供断供、发包方直接发包部分专业工程、将部分收尾工程另行委托其他施工单位、将部分质保修复工作另行委托其他施工单位、发包方不能按期支付专业分包单位工程款等因素影响，导致不能按补充协议约定工期节点竣工验收，均为发包方责任，工程结算应按补充协议执行。在其他条件不变的情况下，当事人双方争议的施工合同与补充协议约定取费综合费率差异为10%，所产生的造价差异约为1897万元。

本案鉴定的难点：①纠纷双方均提出因项目收尾时临时办公室发生火灾，本案的施工原始施工资料和监理资料部分损毁，导致存在证据缺陷；②因证据缺陷导致发包承包纠纷中承包方实际施工完成的工作内容界面难以确定；③因上述情况涉及施工期间人工、材料多次政策性文件调整的节点界定和范围划分。

三、鉴定过程简述

鉴定公司接受委托后，编制了本案造价鉴定工作方案，鉴定方案经公司批准报委托人备案后开始本案造价鉴定工作：对鉴定资料进行梳理分析，对缺项资料提请委托人进行补充提供，对未经过质证的资料提请委托人补充质证；提请委托人组织现场勘验；经过计量、计价、综合分析、三级复核后，于2017年9月4日出具鉴定意见书（征求意见稿）；经委托人接收当事人双方的反馈意见；针对当事人双方对鉴定意见书（征求意见稿）的反馈意见，鉴定人员经过详细复核后作出书面回复，于2017年9月25日出具了正式鉴定意见书。

鉴定人员于2017年11月16日根据委托人的要求出庭作证，接受当事人对工程造价鉴定意见书的质询。质询过程中，发包方对人工费调整节点界限提出了异议："2017年7月23日质证认可的调整节点划分不够精准"，并当庭补充提交了监理单位存档的各楼栋"隐蔽工程验收表""监理日志"，庭审法官经征得当事双方律师同意，当庭委托鉴定人据此出具补充鉴定意见。鉴定人按委托人的要求时限，7天内提交了补充鉴定意见，圆满地完成本次鉴定工作。

四、案例专业指导意义

（一）鉴定方案的制订与落实

鉴定公司应全面了解熟悉鉴定项目，对送鉴证据要认真研究，了解各方当事人争议的焦点和委托人的鉴定要求，应根据鉴定项目的特点、鉴定事项、鉴定目的和要求制订鉴定方案。本案根据项目规模及委托人对鉴定时间的要求，编制的方案主要明确了：工作目标按委托人要求的120天的时间内完成本案的鉴定；按楼栋及地下室布局配备建筑工程专业组6人、安装工程专业组3人开展工作，程征（注册证号：建〔造〕02420002442）为项目负责人，负责鉴定工作的联络、沟通、协调、组织及三级复核；李新（注册证号：建〔造〕14420006820）负责建筑工程组的计量计价指导、编制、汇总、分析、校核，李卫（注册证号：建〔造〕01420000840）负责安装工程组的计量计价指导、编制、汇总、分析、校核，两个专业组的工程师各负其责，完成任务分工及成果自检；鉴定人员拟用5个工作日集中熟悉收到的鉴证资料，并对其进行分类分专业整理、分析、汇总，综合所收到资料的完整性、可利用度；同时，确定适合本案施工时间段内的鉴定依据，如采用的定额标准、材料信息价、人工调整文件、同时期施工规范等；明确鉴定方法：先按竣工图全面计算工程量计价，再依据质证资料与现场情况相结合界定施工界限核准工程量，同时，将所计量的各项建筑指标与同时期类似项目含量进行对比和造价指数对比，确保鉴定意见的准确性；研究本案的重点、难点及处理方法等；及时向委托人提出补充鉴定材料；计划 30 个工作日内完成初步计量工作，根据计量工作中发现的施工界面不清、做法不明等情况，向委托人提出现场勘验申请，并由委托人组织进行；勘验后 5 个工作日内完善计量工作并完成计价；经校核复核后，5 个工作日内出具鉴定意见征求意见稿；经 15 个工作日收到当事人反馈意见，对反馈意见给出书面回复并调整鉴定意见形成正式报告；特殊情况下，根据委托人要求，出具补充鉴定意见。本鉴定方案在实施过程中，严格按方案时间节点及程序实施，确保了鉴定成果文件的质量及鉴定时效，获得了委托人的好评。

（二）准确分析鉴证资料

鉴定人对委托人提交的鉴证资料应进行分析和辨别，看是否满足鉴定工作的基本要求，如不能满足要求，需提请委托人提交补充证据材料；对没有经过法院质证的资料，提请委托人重新质证。如在本案例工程造价鉴定中，对于发包方和承包方是否采用补充协议约定费率取费的争议焦点，鉴定公司鉴定人分析得出：经质证的施工合同和补充协议的签字盖章手续完整、约定履约事项清晰，签订补充协议是基于“发包方不能按合同约定及时提供甲供材料组织到场，影响工程整体进度，将甲供材料改为由承包方自行采购并垫付材料款”而调整了结算取费费率。对于工程不能按补充协议约定工期节点竣工验收的原因责任不明，鉴定人书面提请委托人通知当事人补充证据，并组织质证确认导致不能按期竣工验收的责任方。经当事双方重新举证，委托人组织庭审质证并对当事双方的责任进行了明确：由发包方直接发包的门窗工程、电梯安装工程、公共部位装修工程、室外主管网配套工程、供电配电工程等专业工程分包实施过程中，因进度款未按专业分包合同约定节点和额度进行支付，而导致工程施工进度缓慢或多次暂停施工，其对工期延误负主要责任；承包方按补充协议约定的时间节点完成了除与专业工程分包配合收尾工作外的其他施工范围内主体工程及装修工程，对项目初验后的质量修复工作组织不及时，由发包方另行组织施工单位进行了修复并通过最终验收，承包方对工期延误负次要责任。因此，委托人认定当事人双方应根据补充协议约定的按“以直接费为基数按 25% 综合费率取费”计取结算，工程质量修复费用按施工合同约定的质量保修条款执行。当事人双方对质证意见进行了签字认可。本案鉴定人全面分析收到的鉴定材料后，根据归纳整理鉴定材料的真实性、完整性，并对质证过程中对鉴定材料中相关内容有效性的认定及可能影响鉴定意见准确性的鉴定材料是否充分满足等情况，及时与委托人沟通，利用造价专业特长，协助委托人梳理鉴定质证材料，提请委托人通知当事人补充证据、完善鉴证依据，在鉴定材料质证过程中解决部分争议问题和当事人部分责任认定，避免了鉴定人因鉴定材料的不确定性按多方案分别作出鉴定意见，减少了案件审判过程中的工作量，获得了委托人的支持，合理地解决了这一焦点问题。

鉴定人要善于精准分析鉴证资料，解决难点问题。本案例工程造价鉴定，当事人双方对于人工费、材料费的调整节点界限成为争议焦点之一，对适用于鄂建文〔2011〕80 号文和鄂建文〔2012〕85 号文调整人工费的工程施工进度节点和范围界定不清。因当事人双方前期提供的资料不完整或不能满足鉴定要求、部分资料未经质证，在本案例鉴定过程中，鉴定人向委托人提请了补充提交鉴定资料和完善质证程序的鉴定函，当事人双方补充提交相关验收会议纪要等资料，对工程施工进度节点和范围界定进行了质证确认，补充鉴定资料和质证笔录移交鉴定人。鉴定人对补充质证资料进行了分析对比，确定了不同楼栋不同施工节点进度人工费、材料费调整方案。在正式鉴定意见出具后，鉴定人在出庭作证时，发包人对人工费调整节点重新补充证据，鉴定人根据再次补充证据质证资料修改了人工费调整节点：细化到楼层结构的精准节点，修改调整后对比正式鉴定意见减少了 330.90 万元，见表 1，并据此出具了补充鉴定意见。因此，工程造价司法鉴定最重要、工作量最大的环节就是对收到的质证资料进行全面分析、分类整理、准确利用，其完整性、真实性将直接影响到司法鉴定的准确性和公正性。

表 1　人工费调整节点分析表

序号	项目界限	正式鉴定意见书人工费调整方案		补充鉴定意见书人工费调整方案			鉴定造价差异（补充鉴定意见对比正式鉴定意见）
		庭审质证笔录（2017年8月23日）确认时间节点	执行调整文件	正式鉴定意见书质证补充鉴定资料（2017年11月16日）确认时间节点		执行调整文件	
				隐蔽工程检查记录	监理日志记录		
1	地下室	主体结构验收会议纪要确认的验收时间为 2012 年 12 月 28 日	按鄂建文〔2011〕80 号文调整		2012 年 12 月 1 日以前只完成主体结构钢筋混凝土工程，砌筑、装饰、防水等其他工程为 2012 年 12 月 1 日以后施工	地下室主体结构按鄂建文〔2011〕80 号文调整；其他项目按鄂建文〔2012〕85 号文调整	增加造价 36.5 万元
2	商场 A	主体结构验收会议纪要确认的验收时间 2013 年 7 月 30 日	按鄂建文〔2012〕85 号文调整		2012 年 8 月 21 日主体结构一单元 3 层柱加固、屋面梁板钢筋垫块、接泵管；2012 年 11 月 28 日主体结构二单元 3 层柱钢筋绑扎；2012 年 11 月 29 日二单元 3 层柱钢筋绑扎，屋面梁板模板安装	一单元主体结构 1～3层，二单元 2 层柱、3 层梁板以下按鄂建文〔2011〕80 号文调整；其他项目按鄂建文〔2012〕85 号文调整	减少造价 11.93 万元
3	商场 B	主体结构验收会议纪要确认的验收时间 2014 年 8 月 14 日	按鄂建文〔2012〕85 号文调整		2012 年 9 月 13 日主体结构一单元 2 层板钢筋垫块，二单元 2 层板梁板钢筋绑扎；2012 年 11 月 28 日主体结构一单元 1～19 轴 1 层柱、2 层梁板混凝土浇筑；2012 年 11 月 29 日主体结构一单元 2 层放轴线	主体结构 1 层柱 2 层梁板按鄂建文〔2011〕80 号文调整；其他项目按鄂建文〔2012〕85 号文调整	减少造价 4.63 万元

续表

序号	项目界限	正式鉴定意见书人工费调整方案		补充鉴定意见书人工费调整方案			鉴定造价差异（补充鉴定意见对比正式鉴定意见）
		庭审质证笔录（2017年8月23日）确认时间节点	执行调整文件	正式鉴定意见书质证补充鉴定资料（2017年11月16日）确认时间节点		执行调整文件	
				隐蔽工程检查记录	监理日志记录		
4	1号楼	主体结构验收会议纪要确认的验收时间2013年7月30日	按鄂建文〔2012〕85号文调整	2012年12月14日完成主体结构1A～1K/（1-19）～（1-40）轴线13层柱、14层梁板的钢筋绑扎及安装	2012年11月29日主体结构一单元13层墙柱、14层梁板混凝土浇筑；2012年12月15日主体结构二单元14层梁板混凝土浇筑	主体结构一单元13层柱、14层梁板以下，二单元12层柱13层梁板以下按鄂建文〔2011〕80号文调整；其他项目按鄂建文〔2012〕85号文调整	减少造价72.68万元
5	2号楼	主体结构验收会议纪要确认的验收时间2014年8月14日	按鄂建文〔2012〕85号文调整	2012年12月19日完成主体结构1A～1K/（2-1）～（2-19）轴线3层柱、4层梁板的钢筋绑扎及安装	2012年9月13日主体结构一单元3层墙柱、4层梁板模板安装，二单元3层柱筋绑扎；2012年9月14日至2012年11月26日未施工；2012年12月10日一单元4层梁钢筋绑扎，二单元3层柱、4层梁板模板安装	主体结构2层柱3层梁板以下按鄂建文〔2011〕80号文调整；其他项目按鄂建文〔2012〕85号文调整	减少15万元
6	3号楼	主体结构验收会议纪要确认的验收时间2013年3月27日	按鄂建文〔2012〕85号文调整	2012年11月30日完成主体结构3A～3J/（3-1）～（3-14）轴线27层墙柱、28层梁板钢筋绑扎及安装	2012年11月27日主体结构28层梁板模板修整；2012年11月28日28层3单元梁板钢筋绑扎；2012年11月29日28层1、2单元梁板钢筋绑扎	主体结构26层柱27层梁板以下按鄂建文〔2011〕80号文调整；其他项目按鄂建文〔2012〕85号文调整	减少149.49万元
7	4号楼	主体结构验收会议纪要确认的验收时间2013年3月27日	按鄂建文〔2012〕85号文调整	2012年12月1日完成主体结构（4-1）～（4-22）轴线27层墙柱、28层梁板钢筋安装	2012年11月27日主体结构27层墙柱钢筋绑扎；2012年11月29日27层墙柱、28层梁板模板安装	主体结构26层柱27层梁板以下按鄂建文〔2011〕80号文调整；其他项目按鄂建文〔2012〕85号文调整	减少57.07万元
8	5号楼	主体结构验收会议纪要确认的验收时间2013年3月27日	按鄂建文〔2012〕85号文调整	2012年11月26日完成主体结构27层墙柱、28层梁板消防线管预埋	2012年11月26日主体结构26层墙柱27层梁板混凝土浇筑；2012年11月29日27层墙柱28层梁板模板安装	主体结构26层柱27层梁板以下按鄂建文〔2011〕80号文调整；其他项目按鄂建文〔2012〕85号文调整	减少56.6万元

续表

<table>
<tr><th rowspan="3">序号</th><th rowspan="3">项目界限</th><th colspan="2">正式鉴定意见书人工费调整方案</th><th colspan="3">补充鉴定意见书人工费调整方案</th><th rowspan="3">鉴定造价差异（补充鉴定意见对比正式鉴定意见）</th></tr>
<tr><th rowspan="2">庭审质证笔录（2017年8月23日）确认时间节点</th><th rowspan="2">执行调整文件</th><th colspan="2">正式鉴定意见书质证补充鉴定资料（2017年11月16日）确认时间节点</th><th rowspan="2">执行调整文件</th></tr>
<tr><th>隐蔽工程检查记录</th><th>监理日志记录</th></tr>
<tr><td colspan="7">造价差异总和</td><td>减少 330.90 万元</td></tr>
</table>

注：鄂建文〔2011〕80 号文《关于调整我省现行建设工程计价依据定额人工单价的通知》从 2011 年 6 月 1 日起执行；鄂建文〔2012〕85 号文《关于调整我省现行建设工程计价依据定额人工单价的通知》从 2012 年 12 月 1 日起执行。

（三）规范采用鉴定依据

鉴定人要规范应用鉴定依据，特别是自备鉴定依据。本案例施工合同约定以湖北省建设厅鄂建文〔2008〕214 号《湖北省建筑、安装、市政、土石方工程消耗量定额及统一基价表（单位估价表）》、施工期间《武汉建设工程造价信息》及相关政策性调整文件等为依据结算工程价款。因多种原因，本案例施工期较长，施工期内，材料价格变化较大，人工费政策性调整了两次，即“鄂建文〔2011〕80 号文《关于调整我省现行建设工程计价依据定额人工单价的通知》、鄂建文〔2012〕85 号文《关于调整我省现行建设工程计价依据定额人工单价的通知》”；同时，建设工程施工规范和验收规范也有所修改，如构造柱的设置、钢筋锚固长度的设置、钢筋搭接方式等涉及工程量准确性的依据，鉴定人全面地梳理了本案例施工过程时间段适用的相关规范：《混凝土结构施工图平面整体表示方法制图规则和构造详图》（11G101—1、11G101—2、11G101—3）、《砌体填充墙结构构造》（06SG614—1）等，确保自备鉴定依据的规范应用，保证了鉴定结论的准确性。

（四）现场勘验工作的有效利用

1. 做好准备工作

在进行勘验工作前要熟悉证据资料，明确需要勘验的具体内容，在勘验时具有针对性，做到有的放矢。

2. 进一步熟悉项目整体情况

现场勘验时，对项目的整体承包范围、施工环境、项目边界、施工合同范围内的实际完成情况与施工图及竣工图的差异、施工用主材（元器件或设备）等做充分的了解和熟悉，以利于在鉴定过程中更为直观地进行计量计价，从而提高了鉴定工作效率。

3. 发挥相关参建方的旁证作用

提请现场勘验通知时，建议委托人邀请非当事人项目相关参建方（如相关专业分包现场负责人或监理单位现场总监代表等）参与现场勘验，从旁证的角度，更能真实地反映项目的实际施工情况及界面分割，避免当事人双方在现场勘验时仍争议不休。本案由鉴定人提请的“现场勘验通知”经报委托人批准，由委托人组织，在勘验过程中邀请了监理单位的项目总监及现场监理工程师，对当事人双方争议的地下室隔墙、商业部分隔墙、公共部位装饰等施工范围进行了界定，准确地确定了承包方与专业分包或尾工施工单位的施工界面。

4. 当事人双方律师参与现场勘验的重要性及作用

提请现场勘验通知中，建议当事人双方的律师全程参与现场勘验，让其更加全面地了解争议焦点和范围的确定，并让其作为当事人双方代表在现场勘验记录上签字认定。勘验记录经法院批准后可作为质证资料使用，避免多次质证，提高鉴定工作效率，避免其在后面鉴定意见书反馈意见或庭审时因情况不熟悉而提出更多的异议。本案双方律师在鉴定意见书反馈意见时或庭审时均未提出太多异议。

5. 掌握分歧争议点

通过勘验，对法院提供的证据资料及争议进行分析，充分了解当事人的分歧和争议点，把能经过现场勘验解决的争议内容整理出来，在勘验记录过程中，让当事人双方及其他参建方现场沟通认定，结合现场情况达成共识并在勘验记录上签字确认，减少分歧和争议部分的不确定性造价的占比，提高鉴定意见的准确性。

（五）遵守鉴审分离原则

鉴审分离是工程造价鉴定意见公正性、合法性的重要基础。有些时候鉴定材料未经过举证、质证，或质证不明，或双方举证的合同版本较多，其真实、合法和关联性均不确定。没有经过庭审质证和经过法院确认的证据，鉴定人自己决定取舍是存在很大风险的。比如现实中有很多的签证单都是伪造的，有的是倒签的，作为鉴定人对这些签证单有时候是很难分辨的。鉴定人在鉴定过程中很可能会主观取舍这些材料，并据此作出鉴定意见，这就陷入了“以鉴代审”的局面。鉴定人应尽量在过程中规避此风险：对所有的鉴定材料都应当要求核对原件；不接受当事人直接送来的鉴定材料，必须通过委托人转交；对于无法确定真伪的鉴定材料，要求委托人决定是否作为鉴材；对于当事人之间在合同中有特殊条款约定的，应当向委托人提出，经委托人明确后再决定鉴定方法；对于当事人合同中未约定或有约定但前后条款相互矛盾或约定不明确、理解上存在争议，且委托人暂未明确的，可以考虑按照不同假设情形，出具几个鉴定意见供当事人或法院选择，不可直接决定取舍。2020 年 7 月 31 日，最高人民法院印发了《关于人民法院民事诉讼中委托鉴定审查工作若干问题的规定》（法〔2020〕202 号），其中“二、对鉴定材料的审查：5. 对当事人有争议的材料，应由人民法院予以认定，不得直接交由鉴定机构、鉴定人选用”明确了委托人对相关问题的处理意见，从根本上降低了鉴定人发生“以鉴代审”风险的概率。

（六）出庭作证时要准备充分、精准陈述

1. 鉴定人出庭作证前应做好充分的准备

熟悉和准确理解专业领域相应的法律、法规和标准、规范以及鉴定项目的合同及补充协议的

约定；重点是以鉴定意见为基础，详细熟悉案情，对鉴定过程、鉴定方法、鉴定意见及其依据、必要的补充说明进行全面梳理；双方当事人在庭审中可能提出的问题或对鉴定意见书有异议的内容进行预估分析；准备相对应的书面证据材料和佐证资料原件及复印件。在本案出庭时准备充分、准确应答、精练陈述，让主审法官和当事人直接明晰鉴定依据及鉴定意见的合规性、准确性。

2. 出庭回答问题的注意事项

回答问题可以做必要的整理与思考，应该以通俗易懂的语言来表述专业的问题；应简洁明了、言辞清晰、明确、肯定、逻辑性强，切忌夸夸其谈、盲目回答、扩展回答；不要使用可能、大概、或许等模糊词语；避免长时间陈述。对不属于鉴定人员必须回答的或与鉴定无关的问题，可以经审判长同意后不予回答，充分表现出鉴定人精准的专业素质和规范的行为准则。

如在本案例的庭审作证过程中，发包方提出“鉴定意见书中对甲供材按照 25% 的综合取费费率进行取费的依据是什么？”鉴定人根据补充协议以及鄂建文〔2008〕216 号文 2008 年《湖北省建筑安装工程费用定额》规定对其进行了答复：补充协议中约定“以直接费为基数按 25% 综合费率取费结算”，费用定额规定“由发包人供应的材料应计入直接工程费，计算各项费用后，从工程造价中扣除发包人供应的材料费”。鉴定人出示了相关文件，并向庭审法官提供了复印件。

五、结束语

鉴定人在鉴定活动中应遵循合法、独立、客观、公正的原则，严格执行《建设工程造价鉴定规范》规定的程序、方法，合理利用鉴定依据、计价依据等，规避鉴定风险，作出科学、专业、公正的鉴定意见。

专家点评

本鉴定方案在实施过程中，严格按方案时间节点及程序实施，确保了鉴定成果文件的质量与鉴定时效，获得了委托人的好评。鉴定人的这一总结是这一案例的最大亮点，本案例鉴定人在接受了委托人委托后的一系列组织工作，为工程造价司法鉴定机构提供了学习借鉴的榜样，根据受委托的鉴定业务特点，把专业能力强、专业配备齐全、数量充足的造价工程师组成鉴定小组，按照分工明晰、沟通协调顺畅、三级复核制度完善的鉴定方案执行鉴定工作，提高了鉴定效率，缩短了鉴定期限，同时又能够保证鉴定意见的“专业性”，尤其针对当事人在质证过程中当庭提出新的证据、法庭要求进一步作出补充鉴定意见的情况下，能够在 7 日内快速完成补充鉴定意见的提交，充分显示了鉴定人与鉴定机构的“专业性”，高效的鉴定工作效率是博取当事人与委托人信任与好评的重要因素。

本案例的另一亮点是鉴定过程中与委托人保持有效沟通，“利用造价专业特长，协助委托人梳理鉴定质证材料，提请委托人通知当事人补充证据、完善签证证据”，本案鉴定人的这一做法绝不是“以鉴代审”，这样做，既能为当事人完善提交有效证据提出建议，又能够协助委托人收集到有力的证据，为鉴定人准确地作出“专业判断”鉴定意见、为委托人作出准确的“法律判断”提供了有效的帮助，此做法必定受到当事人与委托人的欢迎与赞许。

本案例的第三个亮点是在鉴定过程的现场勘验环节、质证环节中，及时对达成的共识、勘验记录与质证意见进行签字认可，在鉴定过程中，充分发挥“工程造价”专业的调解特长，尽量化解当事人双方的纠纷，减少分歧与争议，提高当事人双方对于鉴定意见的接受程度。

本案例所提出的“遵守鉴审分离原则”，应引起工程造价司法鉴定人与鉴定机构的高度重视，对于工程造价鉴定范围的确定、对于造价鉴定资料的接受与确定、对合同的理解与解释、对于相关法律及司法解释的适用等属于“法律判断”的权力属于法院与仲裁庭所有，工程造价司法鉴定人与鉴定机构不能触碰，在工程造价司法鉴定的实践中应严守鉴定的法律边界，专注对于涉案工程有关工程造价的“专门性问题”提出自己的“专业性判断”鉴定意见，坚决杜绝“以鉴代审”的状况发生。

北京佳益工程咨询有限公司　孙建波

对广州市某地铁站项目工程造价司法鉴定

——中量工程咨询有限公司

陈金海　何丹怡　张建平　林兆昌　刘堃

一、案情简介

2005 年 1 月，某建设公司（简称承包方）作为总承包方与发包方和某公司（简称发包方）签订中国广州市某地铁站项目总承包工程合同文件。第三方公司（简称代理方）受承包方委托，于 2008 年 11 月 20 日向某公司（简称分包方）发出塔四至塔六结构及装修工程中标通知书，各方关系图如图 1 所示。代理方与分包方签订中国广州市某地铁项目 4 号、5 号及 6 号塔楼结构及装修工程分包协议书，内容主要约定：分包方同意代理人受承包方委托，全权管理广州某地铁站项目的总承包工程，并代承包方与各分包签署合同，代理方发出之信函皆视为承包方的函件；分包合同金额为 68773937.27 元，工程工期由 2008 年 11 月 26 日开始计算，各方关系见图 1。

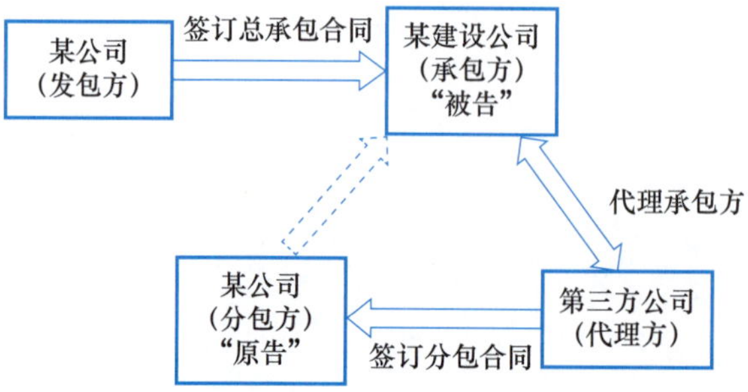

图 1　各方关系

分包方于 2008 年 12 月 26 日开工，塔六于 2010 年 12 月 24 日通过竣工验收，塔四、塔五部分于 2011 年 4 月 2 日通过竣工验收。2012 年 8 月 15 日，承包人与分包人签订付款协议书，订明“鉴于分包方（乙方）承接广州市某地铁站项目四、五、六栋塔楼结构分包工程与承包方（甲方）因工程款结算有所分歧，甲方及乙方为了尽快解决拒绝离开工地及占用幼儿园等地方的事宜，甲方愿意向乙方支付人民币 720 万元”。

2014 年 12 月 24 日，分包方委托广东某律师事务所向承包方发出律师函，要求其支付工程款 76213991.75 元及利息。2015 年 1 月 30 日，分包方将承包方诉至工程所在地人民法院。经原告、被告双方协商，2016 年 4 月 2 日，法院委托某公司（简称鉴定人）对广州市某地铁站项目四～六栋塔楼结构及装修工程造价进行评估和鉴定。

二、案例争议焦点和造价鉴定难点

（一）关于代理方及和某公司（发包方）是否应追加为本案被告的问题

承包方（被告）认为案涉项目发包方为和某公司，其曾直接向分包人支付了工程款 1790600.00 元，应追加发包方为共同被告。代理方向分包方发出了中标通知书，错误地将代理方与承包方混为一谈，将代理方应当承担的法律责任混淆给承包方，应追加代理方为本案共同被告。而分包方认为无论是代理方还是发包方都不是分包方的合同相对人，与分包方没有合同关系，两公司均不是本案的必要共同诉讼人。

（二）关于分包方完成工程量的总价款及停工损失问题

（1）分包方主张应按其自行制作的工程量确认书、工程结算书计算工程造价为 146745289.97 元，承包方则主张应按 2009 年 8 月 13 日会议纪要确定工程造价为 6300 万元。

（2）关于工程增加代工指令（签证部分），工程原施工单位施工范围遗留增加项目及外墙分格缝施工增加费用，不锈钢栏杆施工增加费用，机电、水管位堵封施工部位项目增加费用，阳台、墙身、反基被破坏饰面砖修复增加费用的鉴定部分，分包方提供的签证、相关工程量及单价有代理方和分包方各自的代表签名确认，而承包方认为代理方代表为代理方的正式员工，不是承包方派出的代表，应由代理方负责。承包方不认可分包方提供的签证资料，并且不提供相关的签证资料，原告、被告双方对主要材料单价签证表是否作为结算依据产生争议，鉴定仅有原告提供的签证资料导致工作量增多，鉴定程序进展受到影响，保障造价鉴定程序公正的及时性尤为困难。

（3）关于钢筋、混凝土、外墙砖的损耗问题，原告、被告提供的合同存在差异，双方对于采用分包方的还是承包方的分包合同存在争议。

（4）关于开办费问题，分包方认为鉴定结论未计入部分因增加合同外工程量而相应应增加的开办费且已计算部分开办费比例错误（应为 21.13%，而不应是 12.07%），造成漏算工程款约 975 万元。而承包方认为应该按照原合同比例计算。

（5）对于分包方提出的外墙分格缝、不锈钢栏杆施工、机电、水管位堵封施工，还有图纸变更修改、车堵大门、进度款拖延造成停工等费用，承包方认为是虚报工程量。

（三）关于分包方已收取工程款的问题

承包方主张分包方已收取工程款合计 72871898.22 元，分包方则认为应当在上述金额中扣减工程奖励金 30 万元、外排栅租金 25 万元及由发包方支付的其他工程的工程款 1790600.00 元。

（四）关于承包方主张的工期延误款项的问题

分包方工期延误，承包方坚持要求按照其与发包方签订的广州某地铁站项目总承包工程合同文件中的约定，计算分包方应支付的工期延误款项，分包方认为自身并非广州某地铁站项目总承包工程合同文件的合同当事人，无须履行。

（五）工程造价司法鉴定程序缺少独立规定，急需行业标杆

我国尚未出台规定工程造价司法鉴定程序的独立法律法规，而工程造价司法鉴定的过程体现为既要有一定的司法鉴定程序，又要满足工程造价要求的实体内容，其中鉴定程序是保证工程造价鉴定结论的顺利形成而实施的，并且伴随整个鉴定程序，直至形成真实合法的鉴定结论。虽然相关法律法规明示了工程造价司法鉴定程序适用于通用的司法鉴定程序，但该规定也不是一部完整的法律规定，而是散布于各个法律条文或司法解释中。工程造价司法鉴定程序相关法律的缺乏，从法律制度层面上就不利于鉴定人形成合法、有效的鉴定结论。鉴定公司自接到人民法院的委托书时立即引入常年法律顾问全程参与到鉴定工作中，协助鉴定公司在符合法律规定的前提下，顺利出具了鉴定结论，人民法院以及某法院在案件的一审、二审中均采信了鉴定公司的鉴定结论。

三、鉴定情况

（一）司法鉴定委托人提供鉴定材料内容

（1）2005 年 1 月签署的某地铁站商住发展项目总承包施工合同。

（2）2008 年 11 月 26 日签订的某地铁站商住发展项目分包合同。

（3）关于原施工单位搭设部分外排栅租赁费。

（4）2009 年 8 月 13 日签署的会议纪要。

（5）关于四栋、五栋、六栋塔楼结构及装修工程结算事宜的复函。

（6）关于四栋、五栋、六栋塔楼工程合同签署复函。

（7）四栋、五栋、六栋结构及装修总计算表。

（8）分包方工程款汇总情况表。

（9）施工现场工程量确认汇总。

（10）关于项目施工方案相关报价问题。

（11）关于停工问题。

（12）关于工期问题。

（13）关于进度款支付问题。

（14）关于工程款支付申请。

（15）为确保四栋、五栋、六栋外墙计划的实施，配合其他的配套单位协助工作增加二次施工修复需产生的费用申报。

（16）四栋、五栋、六栋外排栅工字钢拆除、外墙分格缝、不锈钢栏杆施工、机电、水管位堵封施工部分项目、阳台、墙身、反基被破坏饰面砖修复、外墙清洗施工增加费用表。

（17）关于四栋、五栋、六栋原施工单位遗留需修正部位项目报价确认函。

（18）分包方提供的工程结算书。

（19）工程量确认记录（施工现场工程量确认单 1 ～ 20）。

（20）施工图纸、竣工图纸及竣工验收等资料。

（21）结算审核报告（广州穗监）。

（22）双方对初稿及征求意见稿的回复意见及其相关资料。

（二）工程造价司法鉴定情况

1. 鉴定过程

（1）2016 年 4 月 12 日，人民法院委托鉴定公司对“（2016）粤 01 工评 2 号”合同纠纷案进行工程造价鉴定。

（2）2016 年 12 月 30 日，鉴定公司提交鉴定初稿。

（3）2017 年 3 月 3 日，转来原告和被告广州市某地铁站商住发展项目四～六栋塔楼结构及装修工程进行工程造价鉴定（初稿）审核意见书。

（4）2017 年 4 月 18 日，鉴定公司鉴于双方对鉴定初稿的异议，经认真审核，分别对双方的异议做了修复，并提交征求意见稿。

（5）2017 年 5 月 8 日，转来原告和被告广州市某地铁站商住发展项目四～六栋塔楼结构及装修工程进行工程造价鉴定（征求意见稿）审核意见书。

（6）2017 年 6 月 20 日，法院召集各方在法院调解室进行庭询。

（7）2017 年 7 月 11 日，根据庭询各方意见（详见 2017 年 6 月 20 日庭询笔录），经鉴定公司认真分析，对征求意见稿进行完善，提交终稿。

（8）2017 年 8 月 4 日，法院开庭审理，鉴定公司鉴于双方对终稿的异议，结合双方的意见，对终稿进行修正，于 2017 年 8 月 23 日提交终稿修正稿。

2. 鉴定依据

（1）人民法院鉴定委托书“（2016）粤 01 工评 2 号”及其送鉴材料。

（2）执行 2006 年《广东省建筑工程综合定额》《广东省装饰装修工程综合定额》《广东省安装工程综合定额》和相应计价办法，以及工程施工相应时期国家、省、市工程造价管理的有关规定。

（3）费用计取：利润 27.5%；安全文明施工费按相应定额规定；工程保险费、工程保修费、赶工措施费、预算包干费按合同约定。

（4）材料价格分别参照项目施工期间的《广州地区建设工程常用材料综合价格》《广州地区建设工程材料（设备）厂商价格信息》。

（5）合同外部分项目，套用《广东省建筑工程综合定额》（2006 年）、《广东省装饰装修工程综合定额》（2006 年）、《广东省安装工程综合定额》（1998 年），无适用的定额子目，参考套用《广州市房屋修缮工程预算定额》（1998 年）。

3. 鉴定方法

本次鉴定项目分为合约款项、清单调整项目款项、其他项目款项、外墙排栅更改及外墙二次施工增加费用、工程增加代工指令（签证部分）、工程原施工单位施工范围遗留增加项目、外墙分格缝施工增加费用、外墙清洗施工增加费用、开办费等内容。

鉴定公司主要根据合同约定的计价原则和方法进行鉴定，严格执行《建设工程司法鉴定程序规范》（SF/Z JD0500001—2014）。如因证据所限，无法采用合同约定的计价原则和方法的，则按照与合同约定相近的原则，选择工程量清单计价方法进行鉴定。由于存在较多争议，根据当事人的争议事项列出鉴定意见，便于委托人判断使用。鉴定过程中，当事人之间的争议通过鉴定逐步减少，有和解意向时，鉴定人应以专业的角度促使当事人和解，并将此及时报告委托人，便于争议的顺利解决。这与 2018 年 3 月开始实施的《建设工程造价鉴定规范》（GB/T 51262—2017）提出的鉴定方法如出一辙，具体方法如下。

1）成立专业的鉴定小组，确定鉴定流程

利用在工程造价审核方面的丰富经验，鉴定公司组织了一支专业的工程造价司法鉴定小组，严格按照法律规定收集证据资料、出具工程造价司法鉴定书以及对异议的答复，具体流程如图 2 所示。

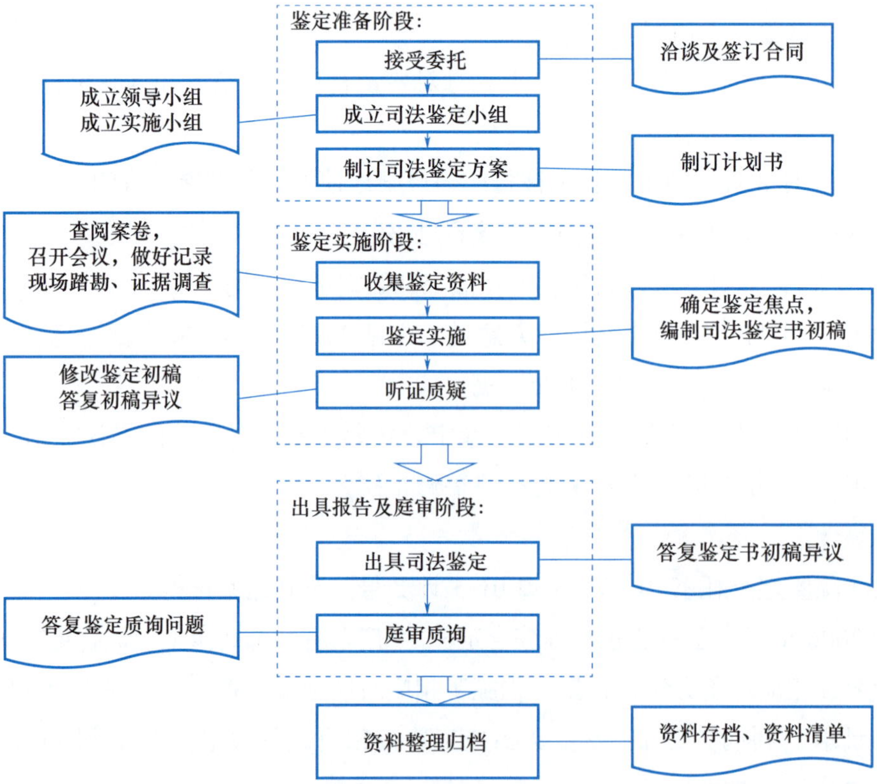

图 2　司法鉴定流程

2）鉴定原告提供的签证资料的合理性，并保障造价鉴定程序公正的及时性

鉴定公司多次要求被告提供相关的签证资料，被告始终不予提供。鉴定小组按照鉴定程序，针对原告所提供的签证资料进行鉴定，首先核实其签证的合理性、必要性，如属实，再核实工程量、单价。由于签证较多，鉴定其合理性工作量大，鉴定小组为了严格按照鉴定进度计划书开展

工作，保障造价鉴定程序公正的及时性，采用快速轨道法（fast-track），打破了“循序渐进”的传统模式，在审核组织方式上实现部分活动界面的搭接与集成，从而保证审核周期满足其时间约束。快速审核轨道如图 3 所示。

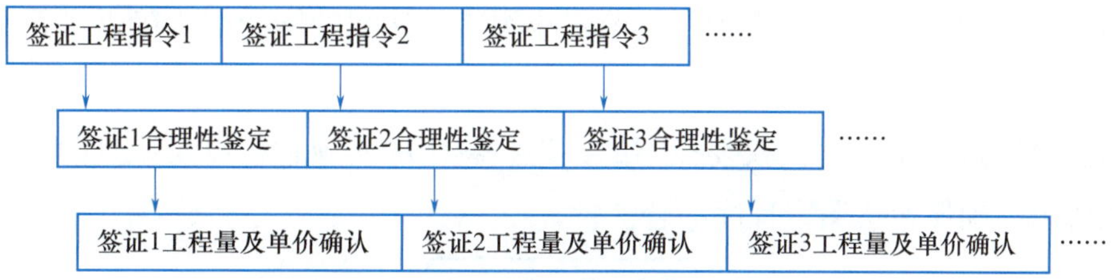

图 3　签证合理性鉴定快速审核轨道方案

3）构建多部门联合工作责任矩阵，确保司法鉴定的公正性、准确性

工程造价司法鉴定是一项政策性、技术性、经济性及法律性比较强的工作，需要懂技术、法律的专业人士对鉴定过程中的专业问题进行判断。为确保本项目鉴定工作的准确性，鉴定公司建立了多部门联合工作责任矩阵。本项目的多部门联合工作责任矩阵模式成立了三个主要的部门：造价部、合同部以及综合部。造价部主要负责工程造价的鉴定（比如计量的复核、套价、收集相关鉴定资料）、工程造价司法鉴定书的撰写以及对质询、异议的答复；合同部主要负责档案资料以及相关合同文件的管理；综合部主要负责项目过程中的后勤保障。多部门联合工作责任矩阵的引入，一方面，能够确保项目组随时抽调相关部门业务能力较强的工程师对争议中的重难问题进行集中讨论，全方位地保证工程造价司法鉴定工作的准确性；另一方面，在业内创造了一种“多项目并行”的工作方式，极大地提高了工作效率。多部门联合工作责任矩阵如图 4 所示。

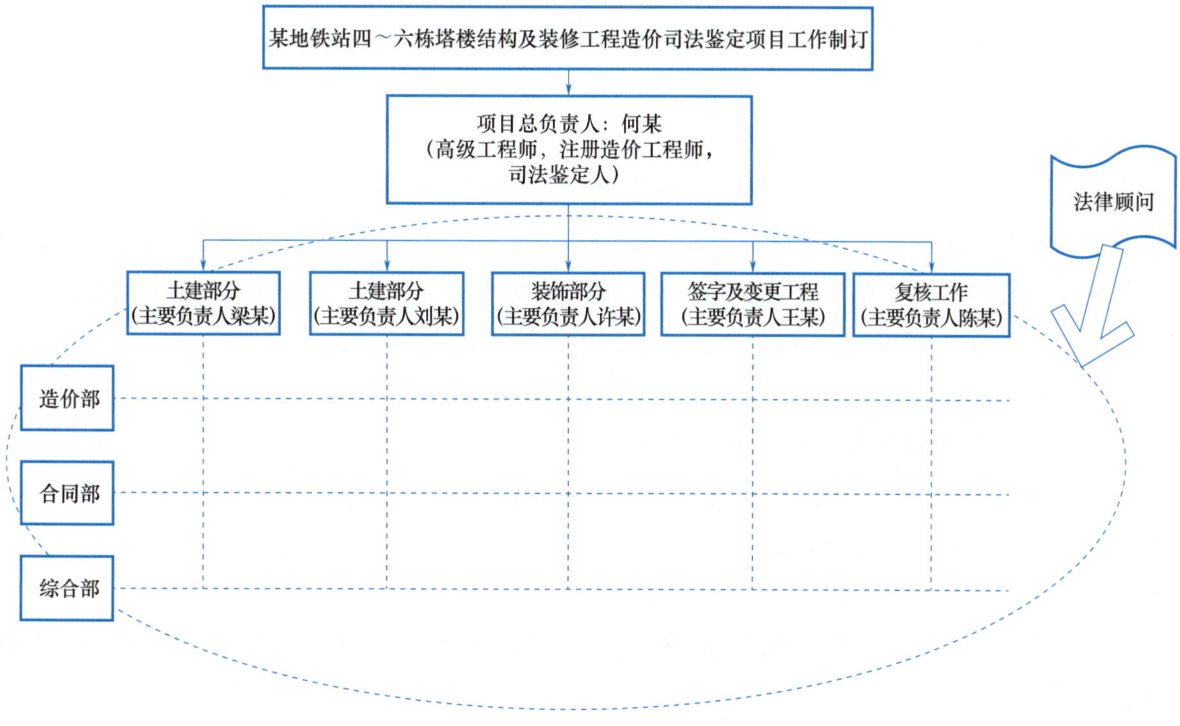

图 4　某地铁站四～六栋塔楼结构及装修工程造价司法鉴定项目多部门联合工作责任矩阵示意

4）全程引入法律顾问，确保司法鉴定结论的合法性、有效性

工程造价司法鉴定既是工程造价咨询业务技术性工作，也是司法审判证据链的组成部分。在本次司法鉴定中，需要获得判断鉴定程序、鉴定材料、鉴定依据是否合法的技术支持，为此，鉴定公司全程引入法律顾问，将其纳入到司法鉴定小组中。法律顾问的引入确保了司法鉴定结论的合法性、有效性，具体而言：

（1）在司法鉴定过程中，对授权委托书的办理、鉴定的实施过程以及谈判阶段三个环节进行监督，如图 5 所示，确保司法鉴定程序的合法性。

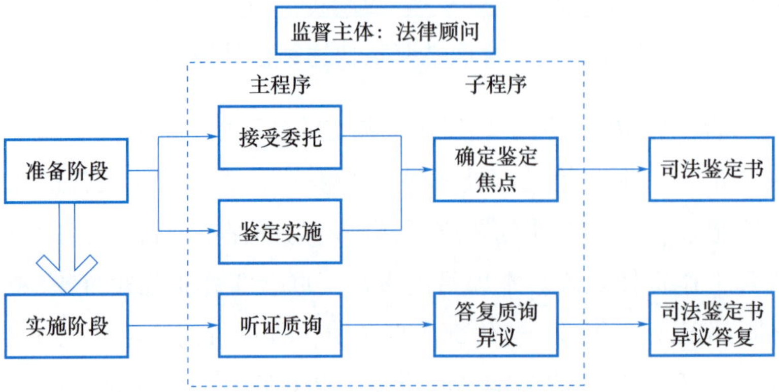

图 5　法律顾问流程

（2）由于鉴定单位需对鉴定资料的真伪作判断，在本次司法鉴定过程中，法律顾问的引入保证了资料收集过程的合法性。

（3）在国家层面，缺少与工程造价司法鉴定程序相关的法律法规。在本项目司法鉴定过程中引入法律顾问，全程为鉴定小组提供技术支持，确保造价司法鉴定结论的合法性、有效性。

（4）引入 PDCA 理论，确保造价司法鉴定工作质量的可靠性。

在本次工程造价司法鉴定项目实施过程中，引入 PDCA 理论，保证了鉴定工作的质量。整个鉴定实施过程中，原告、被告对鉴定公司出具的工程造价司法鉴定书（初稿）、广州市某地铁站商住发展项目四～六栋塔楼结构及装修工程造价司法鉴定书提出了异议及质询，鉴定公司针对原告、被告提出的异议内容，积极快速收集证据资料，准确、客观地进行了答复，3 次对争议问题的答复形成了两次 PDCA 循环，有效提高了鉴定质量的可靠性。整个广州市某地铁站商住发展项目四～六栋塔楼结构及装修工程造价司法鉴定 PDCA 循环如图 6 所示。

4. 鉴定意见

1）手续齐全的鉴定部分：67450903.08 元。

2）建议法院裁决的资料合理性或手续不齐全项目的说明：经查看，双方送鉴资料存在矛盾，分包方此部分诉求金额 47657250.23 元，鉴定公司鉴定金额 21633367.88 元，根据双方的鉴定资料进行数据分析，鉴定意见如下：

（1）关于分包方报总包方存档的合同外单价是否能采纳存在争议，鉴定给出不同意见供法院裁决：

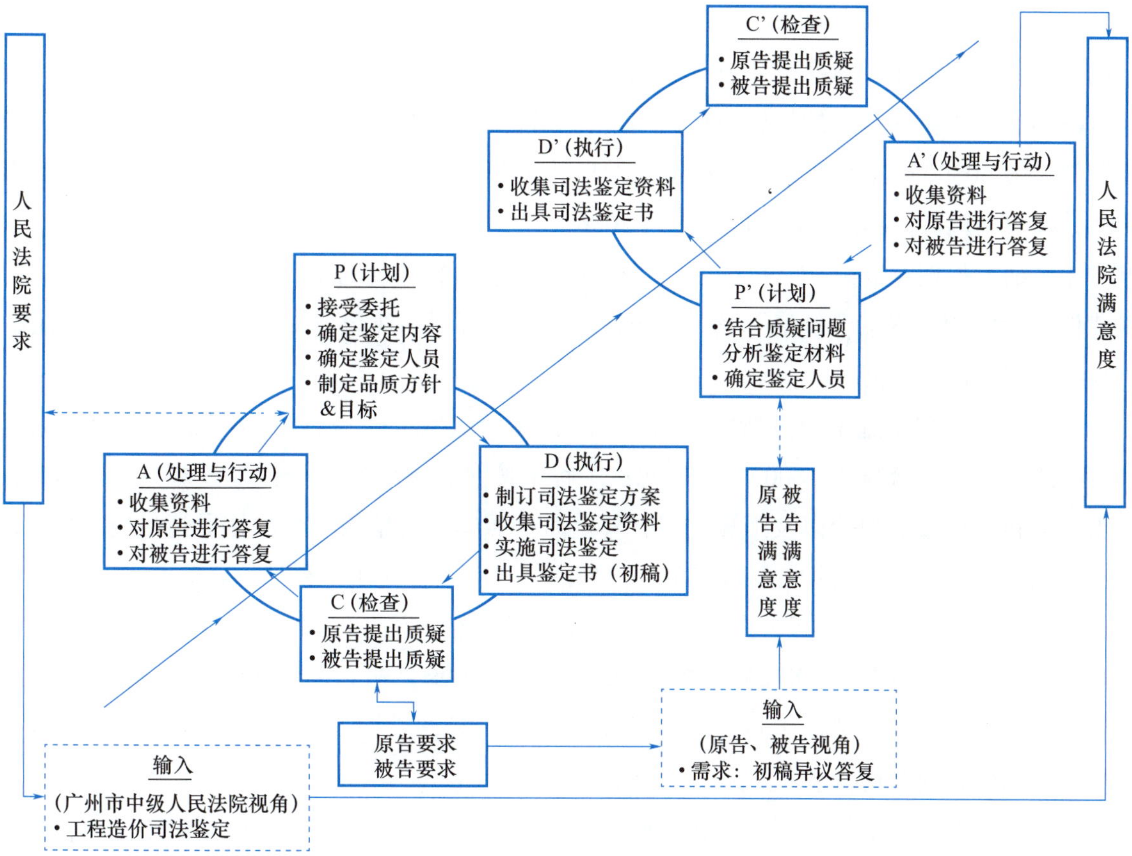

图 6　广州市某地铁站商住发展项目四～六栋塔楼结构及装修工程造价司法鉴定 PDCA 循环

① 根据分包方提供的报总包方存档的单价计算相关费用。

a. 工程增加代工指令（签证部分）：该部分送鉴金额为 8614030.28 元，鉴定金额为 6934873.85 元，核减金额为 1679156.43 元；该部分送鉴资料为签证单形式，只有代理方和分包方各自的代表签名确认的工程量，但没有盖章，单价根据有原清单内单价的按原清单内单价，原清单内没有的，按照分包方提供的证据清单 45 中的单价。

b. 工程原施工单位施工范围遗留增加项目：该部分送鉴金额为 26368445.98 元，鉴定金额为 25892363.73 元，核减金额为 476082.25 元；工程量按照总包单位与分包单位双方已核对的工程量，单价根据有原清单内单价的按原清单内单价，原清单内没有的，按照分包方提供的证据清单中的单价。

c. 外墙分格缝施工增加费用，不锈钢栏杆施工增加费用，机电、水管位堵封施工部位项目增加费用，阳台、墙身、反基被破坏饰面砖修复增加费用：该部分送鉴金额为 2954787.18 元，鉴定金额为 2944959.96 元，核减金额为 9827.22 元；工程量按照总包单位与分包单位双方已核对的工程量，单价根据有原清单内单价的按原清单内单价，原清单内没有的，按照分包方提供的证据清单中的单价。

以上鉴定金额 a+b+c = 35772197.54 元。

② 鉴定公司根据广东省建设工程计价通则作出相关费用的鉴定。

a. 工程增加代工指令（签证部分）：该部分送鉴金额为 8614030.28 元，鉴定金额为

4263443.33 元，核减金额为 4350586.95 元；该部分送鉴资料为签证单形式，只有代理方和分包方各自的代表签名确认的工程量，但没有盖章，合同或其他送鉴资料没有说明该部分的结算方式，鉴定时按照有原清单内单价的按原清单内单价，原清单内没有的，根据《建设工程工程量清单计价规范》（GB 50500—2008）、《广东省建筑工程计价办法》（2006）、《广东省建筑工程综合定额》（2006）、《广东省装饰装修工程计价办法》（2006）、《广东省装饰装修工程综合定额》（2006）、《广州市房屋修缮工程预算定额》（1998）人工费及机械台班价格，材料价格参考项目施工期间《广州地区建设工程常用材料综合价格》及《广州地区建设工程材料（设备）厂商价格信息》调整，缺项材料参考同期市场价格。

b. 工程原施工单位施工范围遗留增加项目：该部分送鉴金额为 26368445.98 元，鉴定金额为 8360694.42 元，核减金额为 18007751.56 元；工程量按照总包单位与分包单位双方已核对的工程量，由于分包合同没有单价以及结算方式，鉴定时按照有原清单内单价的按原清单内单价，原清单内没有的，根据《建设工程工程量清单计价规范》、《广东省建筑工程计价办法》（2006）、《广东省建筑工程综合定额》（2006）、《广东省装饰装修工程计价办法》（2006）、《广东省装饰装修工程综合定额》（2006）、《广州市房屋修缮工程预算定额》（1998）人工费及机械台班价格，材料价格参考施工期间《广州地区建设工程常用材料综合价格》及《广州地区建设工程材料（设备）厂商价格信息》调整，缺项材料参考同期市场价格。

c. 外墙分格缝施工增加费用，不锈钢栏杆施工增加费用，机电、水管位堵封施工部位项目增加费用，阳台、墙身、反基被破坏饰面砖修复增加费用：该部分送鉴金额为 2954787.18 元，鉴定金额为 1175940.60 元，核减金额为 178846.8 元；该部分送鉴单价偏高，鉴定时按照有原清单内单价的按原清单内单价，原清单内没有的，根据《建设工程工程量清单计价规范》（GB 50500—2008）、《广东省建筑工程计价办法》（2006）、《广东省建筑工程综合定额》（2006）、《广东省装饰装修工程计价办法》（2006）、《广东省装饰装修工程综合定额》（2006）、《广州市房屋修缮工程预算定额》（1998）人工费及机械台班价格，材料价格参考施工期间《广州地区建设工程常用材料综合价格》及《广州地区建设工程材料（设备）厂商价格信息》调整，缺项材料参考同期市场价格，工程量按照总包单位与分包单位双方已核对的工程量。

以上鉴定金额 a+b+c ＝ 13800078.35 元。

（2）外墙清洗施工增加费用。

该部分送鉴金额为 617901.79 元，鉴定金额为 0.00 元，核减金额为 617901.79 元。根据广东省相关定额规定，原合同的综合单价已经包含外墙清洗这项工作内容，不应再另计取费用。除有相关材料证明该清洗费用是二次清污，即业主要求的非正常施工期的清洗，则可计算该费用（617901.79 元）。

（3）钢筋、混凝土、外墙砖的损耗问题。

关于采用原告的还是被告的分包合同存在争议，鉴定给出不同意见供法院裁决：

① 采用原告（分包方）的分包合同，钢筋、混凝土按 3%，外墙砖按 8%，费用总计为 2384094.60 元。

② 采用被告（承包方）的分包合同，结算数量按照施工图纸计算，不另计算损耗，此项费用

为 0.00 元。

（4）关于开办费问题存在争议，鉴定给出不同意见供法院裁决：

① 采用原告（分包方）的分包合同，开办费按原合同的比例相应增加，比例系数为 21.13%，费用总计为 4013911.23 元。

② 采用被告（承包方）的分包合同，合同内部分已包含所有人工、材料、员工住宿、机械设备、套筒检测、运输、管理、价格浮动利润和税项的一切开办费，不另计算，此项费用为 0.00 元。

③ 在原告、被告双方提供的分包合同都无效的情况下，鉴定根据开办费的工作内容，按照合同外实际发生的开办费所占总工作内容的比例进行调整计算，此项费用为 1314066.65 元。

（5）只有分包方的单方确认资料。

图纸变更修改、车堵大门、进度款拖延支付造成停工费用：该部分送鉴金额为 4869145.07 元，鉴定金额为 4135128.29 元，核减金额为 734016.78 元；送鉴结算包括项目增加相应管理费及其他费用，鉴定时认为该部分单价中已包含该部分，属重复计算：送鉴结算还计算了开办费，该部分合同内已考虑，不应再计算。

3）工期延误不在此次鉴定范围。

（三）案件当事人对工程造价司法鉴定意见异议问题

（1）分包方认为，鉴定单位使用非法证据作为鉴定依据，擅自改变三方合意，对事实认定不清，误差严重：①鉴定单位在出具最终鉴定书时，采纳了第 21 项“鉴定依据”材料——承包方单方的结算报告，该“鉴定依据”承包方没有提交原件进行核对，且上册还分别提交过两次，两次的内容均不同，不具有真实性和合法性。②鉴定结论认定应将水泥砂浆结合层费用从黏合剂材料款中扣除错误。分包方与承包方均已提交证据显示经 2009 年 813 会议确定的 338 万元工程款，是代购塔楼外墙粘贴剂的材料款，这是二方合意，此项增加造价已综合考虑扣除原清单水泥砂浆黏结层各因素而综合总价包干价的，故不存在着鉴定意见书所述该项应扣除原清单水泥砂浆结合层。③鉴定结论未计入因增加合同内工程量而相应增加的开办费，漏算工程款 325 万余元。一审判决已认定应当根据增加的工程量（合同外及合同内的工程量）而相应增加开办费，且开办费不做调减。但鉴定单位显然漏算了增加的合同外工程量这部分，且将扣数项目计入开办费调减，与合同约定相冲突。④鉴定结论未计入部分因增加合同外工程量而相应应增加的开办费且已计算部分开办费比例错误（应为 21.13%，而不应是 12.07%），造成漏算工程款 975 万余元。⑤鉴定结论将外墙防水工程包含在外墙面贴砖单价中，漏算工程款 309 万余元。⑥鉴定结论虚扩扣数 276 万余元，分包方与承包方在起诉前就扣数问题的异议已经达成一致。⑦鉴定结论认定开办费包含外墙排栅更改及外墙二次施工，与证据相冲突，导致严重失误达 1274 万余元。⑧鉴定结论错误认定外排栅工字钢拆除施工为合同内工程，与事实不符，误差达 81 万余元。⑨鉴定结论错算漏算工程指令，造成误差 205 万余元。

（2）承包方认为：①根据 2009 年 8 月 13 日会议纪要（813 会议纪要），双方已就案涉工程约定固定结算价，根据《最高人民法院关于审理建设工程施工合同纠纷案件适用法律问题的解释》

第二十二条的规定，案涉工程应以约定固定结算价进行结算，一审法院支持对案涉工程造价进行鉴定的申请违反了上述规定，该造价鉴定意见不应作为案件判决依据；②一审法院遗漏了关于工程延误的鉴定委托，致使鉴定人在工程造价意见书中形成了“工期延误不在此次鉴定范围”的结论，分包方承担因工期延误应支付给承包方的工期延误款项 34336000.00 元。

四、出庭作证情况

法院于 2017 年 8 月 4 日开庭审理，鉴定公司出庭解决争议问题。鉴于双方对终稿的异议，结合双方的意见，对终稿进行修正，于 2017 年 8 月 23 日提交终稿修正稿，具体如下：

（1）对于手续齐全的鉴定部分为 66344103.08 元，原告提出：鉴定意见书分析了该 6000 多万元的构成：① 2019 年 8 月 13 日后增加代付塔楼外排栅租金部分，双方第一次开庭明确表述是总工程款的一部分，可以扣除，但鉴定意见书计算到总工程款中直接予以扣除，与计算到总工程款可以扣除是不能对应的；②外墙增加额外工程款，原告投标时的清单不包括这一项，本案出现两份清单单价，只可能有一份是真实的，因为两份清单不一样，清单单价从法律上来讲是原告投标时的价格，被告接受原告投标就应该接受清单结算，故我方认为我方提交的清单单价是被告结算或鉴定时应当接受的清单单价，原告提交的清单单价不包含外墙粘贴剂材料款，从我方提交的清单单价中可以印证，813 会议纪要里面列出的 338 万元是增加工程款，不是投标中包含的价格，338 万元的支付得到三方签名确认是三方合意，已经履行并支付；鉴定单位对三方没有异议的工程款进行扣除是鉴定单位不尊重事实的表现；③针对外墙排栅更改及外排栅工字钢拆除增加费用、外墙二次施工增加费用，我方的清单单价对应的价格是一次性大规模完成工程所适用的价格而不是包干价，如果在我方已经做了大部分工程，但是接下来出现总包方变更图纸要求对同一工程重新施工的情况下，第二次施工价格不能包括在清单单价里，鉴定单位以清单单价计算没有事实根据。

鉴定公司提出：关于“2019 年 8 月 13 日后增加代付塔楼外排栅租金部分”，原告提交的法律意见清单调整项提到要将争议扣数删除，在鉴定报告费用汇总表中合同双方争议金额已经添加；关于“外墙增加额外工程款”，鉴定公司是根据双方的意见在鉴定报告费用汇总表中已经计取了。关于“外墙排栅更改及外排栅工字钢拆除增加费用、外墙二次施工增加费用”，原告认为外墙二次施工是合同外增加的项目，但原告提供的资料无法证明是合同外增加的项目，鉴定公司以清单单价计算合理。

（2）原告提出：二次施工的原因是分包商不同期完工或者质量不过关，导致鉴定公司要再次收口造成外墙二次施工。

鉴定公司提出：二次施工要有依据，是业主原因造成才能计入。原告法律意见：外墙排栅更改、外排架都是属于开办费的问题。关于清洗费，原告未能提供证据。合同外项目单价，鉴定公司征求了法官意见，已经将总承包报上来的单价以及定额分别列出来。被告提到的外墙粘贴剂的问题，根据原告提供的证据，外墙结合层由砂浆变更为粘贴剂，故 300 万元属于变更后粘贴剂的价款。

（3）原告提出法律意见：外排架并非包含在开办费中，当庭列举相关证据。还有清洗费的问题，鉴定公司都有记录在案，外墙被污染是存在的事实。

被告提出：之前是第三人在发包，鉴定资料 813 会议纪要之后才是被告发包，813 会议纪要已经约定外墙粘贴剂只作为工程预支款不作为工程结算依据，合同清单已经包括了此做法 300 万元，不应重新计算；现在没有办法看到原始证据，鉴定单位没有办法区分证据材料，原告也使用了有争议的资料，例如在外墙的清洗项目中，被告没有指令其自行做的项目，我方是不予确认的。

被告还提出：不同意鉴定单位的计算，开办费应该遵守的原则在被告书面意见有提及。

鉴定公司提出：关于开办费，原告、被告分包合同外的是否可以计取都存在争议，鉴定公司根据开办费的组成内容来进行调整。

五、心得体会

工程造价司法鉴定是一项政策性、技术性、经济性及法律性比较强的工作，需要懂技术、法律的专业人士对鉴定过程中的专业问题进行判断。

要做好建设工程造价司法鉴定，鉴定人员必须有扎实的造价专业知识，并且熟悉司法鉴定程序和相关的法律内容，《建设工程造价鉴定规范》（GB/T 51262—2017）明确了建筑工程在进行仲裁、诉讼等过程中，建筑工程造价鉴定工作的相关规定，鉴定人在鉴定过程中，必须严格按照上述规范执行，并坚持学习新的政策文件，做到与时俱进；其次，案件庭审时，原告、被告律师的质询相当激烈，而作为鉴定单位的鉴定人员需出庭作证，面对质询，必须立刻准确地作出相应回复，这要求鉴定人员在出庭前必须做充分的准备；鉴定人员需理清案件争议的大框架，能够根据律师的提问作出回应并立刻找到相应回答的依据；同时鉴定人员不能怯场，面对律师的施压，根据充足的依据进行回答，不需要担心任何问题。

最后，也是最重要的一点，鉴定人员应保持公平公正。实事求是、注重以事实为依据是鉴定公司做好鉴定工作的根本原则，每一个鉴定结论都应来源于客观实际，来源于对鉴定课题的正确判定，如实地反映事物的客观事实。对采集的材料应认真分析，去伪存真，按照鉴定课题的本来面貌，对照有关依据作出符合实际的分析判定和结论，切忌有任何偏见和主观臆断。同样也不能受案情、人情、私利和有关压力等因素影响和违背客观事实，造成鉴定结论失真的现象发生。

专家点评

本案例鉴定流程完善，构建多部门联合工作责任矩阵、全程引入法律顾问、引入 PDCA 理论等，使鉴定结论更能反映事物的客观事实。案例中归纳出争议焦点和造价鉴定难点：关于代理方及和某公司（发包方）是否应追加为本案被告的问题；关于分包方完成工程量的总价款及停工损失问题；关于分包方已收取工程款的问题；关于承包方主张的工期延误款项的问题；工程造价司法鉴定程序缺少独立规定，急需行业标杆。并在问题中分别对各方诉求进行描述。案例鉴定情况中，鉴定过程把主要事件按时间节点进行统计，在鉴定方法中提到：因证据所限，无法采用合同约定的计价原则和方法的，则按照与合同约定相近的原则，选择工程量清单计价方法进行鉴定。由于存在较多争议，根据当事人的争议事项列出鉴定意见，便于委托人判断使用。鉴定过程中，当事人之间的争议通过鉴定逐步减少，有和解意向时，鉴定人以专业的角度促使当事人和解，并将此及时报告委托人，便于争议的顺利解决。这与2018年3月开始实施的《建设工程造价鉴定规范》（GB/T 51262—2017）提出的鉴定方法如出一辙。确定鉴定流程并以流程图进行体现，按照鉴定程序，针对原告所提供的签证资料进行鉴定，由于签证较多，鉴定其合理性工作量大，为了严格按照鉴定进度计划书开展工作，保障造价鉴定程序公正的及时性，采用快速轨道法，打破了“循序渐进”的传统模式，在审核组织方式上实现部分活动界面的搭接与集成，从而保证审核周期满足其时间约束。同时构建多部门联合工作责任矩阵，确保司法鉴定的公正性、准确性，并全程引入法律顾问，确保司法鉴定结论的合法性、有效性。鉴定意见方面，分手续齐全的鉴定部分和建议法院裁决的资料合理性或手续不齐全项目的两部分进行说明，其中对分包方报到总承包方存档的合同外单价是否能采纳存在争议和关于开办费问题存在争议，鉴定给出不同意见供法院裁决。案件当事人对工程造价司法鉴定意见异议问题分别进行列举。关于出庭作证情况，鉴于双方对终稿的异议，结合双方的意见，对终稿进行修正，并分别进行了说明。心得体会方面总结到：鉴定人在鉴定过程中，必须严格按照规范执行，并坚持学习新的政策文件，做到与时俱进；其次，案件庭审时，原被告律师的质询相当激烈，需要鉴定人员在出庭前必须做充分的准备；鉴定人员需理清案件争议的大框架，能够根据律师的提问作出回应并立刻找到相应回答的依据；同时鉴定人员不能怯场，面对律师的施压，根据充足的依据进行回答。心得中最重要的一点是鉴定人员在鉴定工作中应当遵循合法、独立、客观、公正的原则，做到每一个鉴定结论都应来源于客观实际，来源于对鉴定课题的正确判定，如实地反映事物的客观事实。

北京求实工程管理有限公司　吴玉珊

深圳市龙华区某住宅项目工程结算造价鉴定

——深圳市航建工程造价咨询有限公司

陈曼文　钱忠美　李屹　王蕾

一、鉴定项目简介

项目位于中国深圳市龙华区，项目用地面积约为 5.13 万平方米，规划总建筑面积约为 15.4 万平方米，地上部分由七栋 12~18 层高层住宅和一栋 3 层幼儿园构成，附属公建配套及一层（部分二层）沿街商业；地下一层主要为车库和设备附属用房，局部为防空地下室。结构类型：1~7 栋住宅采用钢筋混凝土剪力墙结构，幼儿园为多层框架结构。

发包人于 2004 年 11 月竞拍获得土地使用权，2006 年 5 月 28 日通过招标将本工程施工部分发包给广东省某集团有限公司，后因合同纠纷，该公司退场。发包人于 2011 年以招标投标及随后以议标方式确定某建设集团有限责任公司深圳分公司为本项目总承包人。双方同意主合同总承包工程造价为 25400 万元（不含指定项目暂定价 10500 万元人民币，但是合同总价包含总承包照管费），该部分按合同条件总价包干。双方同意主合同总工期确定为 486d。工期从总监理工程师发出开工令之日起计算。

项目开工日期为 2012 年 4 月 12 日，按合同约定完工日期应为 2013 年 8 月 13 日，实际完工（深圳市住房和建设局备案）日期为 2016 年 10 月 24 日。

深圳市航建工程造价咨询有限公司受发包人、承包人共同委托，对该项目结算造价进行鉴定。鉴定内容包括合同内容、发包人指令单、设计变更、联系函、工期、缺陷责任等引起的相关费用。（委托人 1 为发包人，委托人 2 为承包人，为清晰表述，下文提及的委托双方指发包人和承包人，深圳市航建工程造价咨询有限公司简称鉴定人。）

发包人拟结算金额为 14002.68 万元，承包人结算诉求金额为 41098.23 万元，鉴定人鉴定金额为 24531.43 万元。

委托鉴定时间为 2016 年 12 月，正式鉴定工作于 2017 年 2 月 13 日开始，2017 年 9 月 1 日出具正式鉴定报告。鉴定内容不包括索赔事项及索赔事项引起的连带赔偿费。

二、争议焦点和造价鉴定难点

项目发包人为港资背景在深注册的房地产开发公司，承包人为国内某建设集团公司深圳公司挂靠单位（民营企业），某国际工料测量公司提供合约服务，国内某工程顾问有限公司提供监理服务。

（一）争议焦点

1. 工期

工期延误因素分析、工期干扰因素甄别是本项目争议之焦点。本工程开工日期为 2012 年 4 月 12 日，按合同约定完工日期应为 2013 年 8 月 13 日，实际完工（深圳市住房和建设局备案）日期为 2016 年 10 月 24 日。发包人认为工期延误 1140d，承包人认可竣工日期为 2015 年 10 月 19 日竣工初验。

2. 费用

双方对合同及补充协议已明确的费用无争议。有争议的费用包括两部分：①缺陷责任修复费用；②没有指令单增加的变更费用。本工程验收收尾阶段、工程保修期内存在发包人委托第三方执行总承包人未完成部分（需整改）修复工程，费用已由发包人支付，而承包人对此有异议。施工阶段存在因规范调整导致施工图修改，存在发包人提高标准而发生的变更。

3. 停工索赔

施工阶段存在因发包人原因引起的停工，施工节奏被打乱，增加的施工成本得不到发包人认可。

（二）造价鉴定难点

1. 过程取证难

施工方案、进度计划无法查证，施工过程管理资料规范性和完整性不足，发包、承包双方各执一词，缺少文字资料支持，责任区分难。

2. 认知差异

承包人反馈工程实施过程中发包人口头承诺不能兑现，过程中解决了很多合同没有明示的难题，但付出的心血没有回报。发包人则坚持认为已按合同履约。

3. 合同文件关于变更指令约定不完整

设计图纸为 2006 年，承包人 2011 年进场，期间设计规范、施工规范均有调整，因合同条款明确只有获得发包人指令方可认为变更，发包人认为规范调整不属于变更，承包人以此为理由等待指令造成窝工损失；本合同承包人对前期已完工程的收尾工作约定不完整、不清晰。

三、鉴定情况

（一）送鉴资料整理

委托人（发包、承包双方）共同提供的鉴定材料内容见表 1，发包人诉求内容见表 2，承包人诉求内容见表 3，委托鉴定结算总价对比见表 4。

表 1　送鉴资料

序号	名称	版本	数量(本)	备注
1	某项目施工总承包合同（第一册、第二册）	电子版	—	
2	某项目工程结算往来函件	纸质版	1	
3	某项目发包人指令单	纸质版	1	
4	某项目设计变更	纸质版	1	
5	某项目联系单（一）（二）	纸质版	2	
6	某项目给排水、结构设计变更图纸	纸质版	1	
7	某项目工程监理月报	纸质版	1	
8	某项目日报表	纸质版	1	
9	某项目总承包工程结算书（某国际公司出具）	纸质版	1	
10	某项目工程造价结算书（承包人出具）	纸质版	1	
11	某项目工程结算辅助资料	纸质版	1	
12	授权委托书（承包人）	纸质版	1	
13	某项目全套图纸光盘	电子版	1	
	……			

表 2　委托人 1（发包人）诉求

序号	内容	涉及金额(万元)
一	工程指令	419.93
二	人工材料调差	–933.86
三	索赔事项	–9607.30
1	总工期延误索赔	–5700.00
2	发包人代承包人支付工人工资（待确认）	–700.00
3	发包人代承包人执行未完成部分及修复工程之费用	–1567.30
4	发包人向承包人之索偿（金额由发包人提供，有待确认）	–1640.00
合计		–10121.23

表 3　委托人 2（承包人）诉求

序号	内容	涉及金额(万元)
一	工程指令、设计更改、工作联系函	4648.52
二	人工材料调差	463.86
三	消防工程、分包单位水电及住宿等相关费用	798.31
四	索赔事项	11183.99
1	2012 年 6 月停工赔偿费	2067.74
2	总工期延误索赔	6568.49
3	办理开工证（包开工典礼）费用、办理复工费用及其他费用	725.40
4	停工赔偿费、发包人扣钢筋进度款、延期付款计算 2% 利息	752.67
5	总承包公司管理费及税金	1069.69
合计		17094.68

表 4　委托鉴定结算总价对比

序号	内容	承包人诉求金额（万元）	发包人诉求金额（万元）
1	合同总价	35900.00	35900.00
2	扣减暂定金额	-10500.00	-10500.00
3	扣减铝合金门、门连窗和窗（补充协议书四）	-1796.09	-1796.09
4	外墙保温工程、外墙防水工程包干总价（补充协议书七）	400.00	400.00
5	五栋 A、B 单元局部去掉两层之非爆破静力拆除及修缮加固		120.00
6	工程指令（包干费）、设计更改、工程联系函	4648.52	419.93
7	材料调差、人工调差增加造价	463.86	-933.86
8	消防工程	215.31	0.00
9	分包单位水电费及住宿舍相关费用	583.00	0.00
10	2012 年 6 月停工赔偿费	2067.37	0.00
11	总承包工程一栋至七栋总工期延误赔偿费	6568.49	-5700.00
12	办理开工证（包开工典礼）费用、办理复工费用及其他费用	725.40	0.00
13	停工赔偿费、发包人扣钢筋进度款、延期付款计算 2% 利息		0.00
14	8~12 项总承包公司管理费及税金（10%）	1069.69	0.00
15	发包人代承包人支付工人工资（待确认）		-700.00

续表

序号	内容	承包人诉求金额（万元）	发包人诉求金额（万元）
16	发包人代承包人执行未完成部分及修复工程之费用（待确认）		−1567.30
17	发包人向承包人之索偿（金额由发包人提供，有待确认）		−1640.00
总计		41098.23	14002.68

（二）鉴定情况

1. 鉴定过程

1）委托意向确定后，听取发包人、承包人对该建设项目过程介绍和双方诉求。

2）签订三方造价鉴定委托合同，明确鉴定内容。

3）正式工作开始前，召集发包人、承包人对该项工作进行原则性沟通，明确工作计划和要求。

4）工作程序：

（1）合同及补充协议为总价包干，双方无异议，不做鉴定。

（2）鉴定发包人指令单增减造价，由发包人、承包人、鉴定人根据施工资料共同核对工程造价。

（3）鉴定设计变更增减造价（即未获得指令单的设计变更）由鉴定人进行专业判断。

（4）了解工程联系函内容，结合合同约定，后期会议达成共识：未得到发包人指令或书面追认的工程变更发生的费用和由此导致发包人的损失由承包人承担，延误的工期不予顺延。未获得发包人指令的联系单且落实情况不明的，根据合同规定，不予鉴定。查实未获得发包人指令的联系函，不予鉴定。查实未获得发包人指令，但有发包人签字确认金额的联系函，则进行专业判断。

（5）鉴定质量缺陷修复费用。根据施工合同，保修期内发现的任何缺陷或其他过失，承包人在收到该保修项目表后 7d 内，须自费进行修补；若发包人认为该修补的工作由他人执行更为恰当和有益，则承包人须补偿发包人支付他人执行修补工作的费用，或发包人可从应付给承包人的款项中扣除该费用。查证属于保修期内的任何缺陷或其他过失，则执行合同给予鉴定。

5）工期分析（另项专题，略）。

查阅承包人联系函、施工进度计划表、发包人指令单，查阅监理周报、月报，查阅施工日志，研读合同关于工期的描述，分析延误原因，形成专题报告，出具建议。

2. 鉴定依据

（1）发包人与承包人签订的“中国深圳市某项目总承包工程合同文件”（电子版 PDF）。

（2）某项目施工图（电子版）。

（3）《建设工程工程量清单计价规范》（GB 50500—2008）及《建设工程工程量清单计价规范》补充规范（深圳 2009）。

（4）《深圳市建设工程计价规程 2009》。

（5）《2003 深圳市建筑工程消耗量标准》《2003 深圳市装饰工程消耗量标准》《2003 深圳市安装工程消耗量标准》《2009 深圳市建设工程计价费率标准》。

（6）深圳建设工程价格信息。

（7）委托鉴定的资料，包括工程指令单、设计变更、联系函引起的增减费用。

（8）工程建设期间，建设行政主管部门颁发的相关规定。

3. 鉴定方法

鉴于该工程建设过程复杂，发包承包双方分歧严重，为避免矛盾进一步扩大，鉴定人作为受委托的第三方，支持双方合理合法诉求。坚持独立、客观、公正原则的前提下，采用了以下方法对专业性内容进行鉴定。

（1）分专业、分层次鉴定。本项目施工总承包包括土建、电气、给排水、消防等专业，单位工程由专业工程师鉴定并与委托双方核对。有关专业交叉、项目管理内容，由项目负责人组织鉴定。

（2）坚持合同原则。合同已明示的风险，执行合同，不管承包人如何辩解。

（3）坚持合同原则与当地惯例相结合的原则。合同中虽有明示，但项目建设过程中遇到的政策性调整，如施工规范调整、人工材料调差，按当地通用合同条款执行。

（4）实事求是原则。工程建设期间发包人下发的指令，征询监理、发包人及合同服务单位确认实施情况，承包人没有实施，发包人找第三方完成的工作按规定作扣减。合同规定：未得到发包人指令或书面追认的工程变更发生的费用和由此导致发包人的损失由总承包人承担。本项目承包人报审结算中有部分设计变更、施工联系函没有相对应的工程指令，客观对待，由监理、发包人确认，该追认的变更及联系函应追认，未实施的应剔除，以免混淆。

（5）和解促成原则。普遍性、特殊性相结合，从专业角度梳理问题，给出参考意见，理解委托双方的诉求，促使双方达成妥协性意见。关于工期延误事项，建议由发包人、监理、承包人商议，分清原因，厘清责任。一般来说，工期拖延不是单方面责任。因此需要多方倾听，现场查看，深入了解项目实际情况，听取参建各方（包括设计单位、监理单位、合约服务等单位）的意见。

4. 鉴定意见

本工程结算鉴定造价为 24531.43 万元，其中，三方核对认可的无争议部分造价为 23917.25 万元，争议部分专业鉴定造价为 614.17 万元。鉴定意见分为两部分：①三方认可的确定性意见；②争议事项供参考的专业性意见。

关于工期延期意见。依据合同条款，经反复查阅过程资料，并充分听取双方表述，鉴定公司认为工期延误双方均有不可推卸的责任，鉴定开展过程中居中协调，委托双方于 2017 年 4 月出具会议纪要将工期从决算中独立出来，工期引起的索赔反索赔不纳入鉴定内容。

1）无争议费用

三方认可的确定性意见主要包括三部分内容：合同及协议，经确认的工程指令、设计变更、工程联系函，合同约定的调差费用，见表 5。

表 5　无争议造价鉴定汇总

序号	内容	三方认可金额(万元)	备注
一	合同及协议部分	24003.91	
1	合同总价	35900.00	
2	扣减暂定金额	-10500.00	
3	扣减铝合金门、门连窗和窗（补充协议书四）	-1796.09	
4	外墙保温工程、外墙防水工程包干总价（补充协议书七）	400.00	
5	五栋 A、B 单元局部去掉两层之非爆破静力拆除及修缮加固		不纳入本次结算
二	工程指令、设计变更、工程联系函	629.77	
1	工程指令（含包干费）	629.77	详表另附
2	后浇带遗留问题处理	0.00	
3	未获得指令单的设计变更	0.00	
4	未获得指令单的联系函	0.00	
三	调差	-716.43	
1	钢筋调差	-929.95	
2	混凝土调差	213.52	
3	成品砂浆价格调差	0.00	
	合计	23917.25	

（1）合同及协议。

双方均遵守合同及协议约定，对合同及协议书明确约定的事项及金额无异议，此部分金额为 24003.91 万元。内容如下：

2011 年 10 月 11 日双方协议总价 35900 万元，其中包括指定项目暂定价 10500 万元；扣减发包人指定分包商（8 家）暂定金额 10500.00 万元；扣减铝合金门、门连窗和窗 1796.09 万元（补充协议四，2013 年 4 月 15 日签订）；增加外墙保温、外墙防水工程 400 万元（补充协议五、七，2013 年 10 月 9 日签订）；取消属于合同范围、非承包人施工内容（五栋 A、B 单元局部去掉两层之非爆破静力拆除及修缮加固）。

（2）工程指令、设计变更、工程联系函。

根据合同相关条款，该部分金额为 629.77 万元，内容如下：

工程指令（含包干费）金额为 629.77 万元，无争议 85 份（共 151 份），鉴定依据为：

① 依据合同条件，任何发包人要求的或获发包人随后追认的工程变更皆不会使本合同失效；未得到发包人指令或书面追认的工程变更发生的费用和由此导致的发包人损失由总承包人承担，延误的工期不予顺延。

本次鉴定的指令单由发包人发出，费用按合同规定计算。

② 依据总承包工程合同文件合同条件第 11（CC/12~13）工程变更、暂定款及指定项目暂定价第（4）条：发包人要求的工程变更的费用和暂定款所指的工作的费用，皆由发包人确定。除非另有协议，变更价款按以下规则计算：

a. 与工程量单价表内性质相类、施工环境相似的工作以工程量单价表内价款计算。

b. 若性质不相类或施工环境不相似，则以工程量单价表内的价款为换算基础计算，否则由总承包人申报，发包人批准。

c. 若有关工作客观上无法正确地量度及计算价款，则以点工方法计算。

d. 减去的工作也以工程量单价表内的单价计算，若减去的幅度极大而使剩余工作的施工环境变更，则剩余工作的费用按 b. 方法计算。

③ 指令单三方核对情况：

a. 指令单明确已包干的价格，按包干价确认，此项共 9 份。

b. 指令单明确工作内容，但不涉及造价工作项目，造价鉴定为 0 元，此项共 36 份。

c. 经三方共同核对，无争议指令单共 40 份，造价 136.27 万元。

d. 经三方共同核对，发包人、承包人对部分指令单无法达成共识，发包人认为承包人报送的部分工作没有实施，承包人存在异议。此部分按委托合同要求，以专业判断形式呈现。

后浇带遗留问题处理、未获得指令单的设计变更、未获得指令单的联系函的变更，三方未认可。

（3）调差。

该部分金额为 −716.43 万元。根据项目总承包工程施工合同补充协议书第 6.1 ～ 6.4 条（第 8 页），针对本工程结构用钢筋和结构用商品混凝土的价格波动对主合同价款进行调整（包括调增和调减）。除钢筋混凝土外，其他的原材料、人工和机械的价格波动均不得调整主合同价款。内容如下：

① 钢筋调差金额为 −929.95 万元。

② 混凝土调差金额为 213.52 万元。

③ 成品砂浆价格调差金额为 0.00 万元。

2）争议项专业鉴定意见

对于争议内容，出具专业性意见，该部分金额为 614.17 万元，见表 6。

表 6　争议项专业鉴定意见

序号	内容	争议造价(万元)	专业判断造价(万元)
一	合同及协议部分	0.00	0.00
二	工程指令、设计变更、工程联系函	3872.28	1090.76
1	工程指令（含包干费）	2598.32	825.11
2	后浇带遗留问题处理	202.32	122.16
3	未获得指令单的设计变更	253.29	138.49

续表

序号	内容	争议造价(万元)	专业判断造价(万元)
4	未获得指令单的联系函	818.36	5.00
三	调差	106.17	0.00
1	钢筋调差	0.00	0.00
2	混凝土调差	0.00	0.00
3	成品砂浆价格调差	106.17	0.00
四	第三方修复	1567.30	-480.40
1	发包人代承包人执行未完成部分及修复工程之费用	1567.30	-480.40
五	其他	798.31	3.82
1	消防工程	215.31	3.82
2	分包单位水电费及住宿舍相关费用	583.00	0.00
六	索赔事项	3247.77	0.00
1	2012 年 6 月停工赔偿费	—	—
2	总承包工程一至七栋总工期延误赔偿费	—	—
3	办理开工证（包开工典礼）费用、办理复工费用及其他费用	725.40	未收到资料
4	停工赔偿费、发包人扣钢筋进度款、延期付款计算 2% 利息	752.67	—
5	总承包公司管理费及税金（10%）	1069.69	—
6	发包人代承包人支付工人工资（待确认）	700.00	此项由财务核对
七	合 计	9591.83	614.17

按送鉴内容分别阐述专业判断标准及依据，内容如下：

（1）合同及协议：合同签约款无争议。

（2）工程指令、设计变更、工程联系函。

① 工程指令：三方核对过程中，委托双方（即发包人和承包人）对部分指令单内容存在争议。针对此情况，鉴定人根据指令提出时间、工程进度计划、双方往来函件、图纸、施工规范、现场查勘情况等综合判断，作出专业意见，供双方参考。共 66 份，争议造价 2598.32 万元，专业鉴定造价 825.11 万元。费用计算另见附表（略）。

② 主要指令单判断依据及说明（仅列举大项）：

a. 016 号指令单：A 区已施工完毕飘板，高度修改。专业意见说明：正式指令单发出前，承包人已就此项内容报价 598.92 元 /m，报价及时（发包人指令单 2013 年 2 月 1 日发出，承包人 2013 年 2 月 26 日签收，报价单 2012 年 12 月 26 日报出，发包人未及时对报价进行确认）。通过分析施工工序、做法，套用深圳计价标准，判断承包人该项报价适中，指令单增加费用约 168 万元。

b. 032 号指令单：幼儿园窗及地下室侧墙、顶板、各栋屋面防水修改。内容如下（结算表格数据较多，仅列部分）：

专业意见说明：经查证，指令单是由发包人发出的，所以发生的内容成立。专业判断增加费用约 23 万元符合客观实际。

c. 046 号指令单：

专业意见说明：

（a）工程量：由发包人、承包人、鉴定人三方共同核对。

（b）材料价：外墙所用的材料（包含金麻石、假云石、文化石）由发包人指定品牌，指令单所涉及的信息价（合同价）外的材料单价，一般由合同参与方共同询价确定，因施工过程未及时进行材料认质认价工作，导致结算时对单价的争议，最终发承包双方共同委托鉴定人提供专业的结算价格。

鉴定人进行了询价，按中间合理价格原则确定材料单价，询价情况另附（略）。

d. 其他指令单综述：

详见工程指令三方核对情况汇总表的专业判断依据及说明（略）。

（a）后浇带遗留问题处理。

争议造价 202.32 万元，专业鉴定造价 122.16 万元。专业意见如下：

补充协议书第 2 条“在建工程处理 2.2：承包人同意，对在建工程（……，但不包括已施工完成的地下室底板及以下不合格工程部分）的处理及继续施工方案……已包含在合同价款之中（不含设计单位设计修改费用）”。

补充协议书第 2 条“在建工程处理 2.3：承包人同意，对在建工程（……，但不包括已施工完成的地下室底板及以下不合格工程部分），无论是需要采取加固或其他改善、完善的措施，还是需要拆除后重新施工，……其他费用均已包含在合同总价之中，承包人无权因此要求发包人增加价款，或提出索赔，或要求发包人另行补偿”。

根据补充协议，底板后浇带及以前遗留问题不属于承包人应承担的风险，承包人可以取得该部分费用补偿。钢筋检查不符合设计要求，费用计算详见附件。扣减合同中后浇带处理费用造价 45.56 万元。

（b）未获得指令单的设计变更。

该部分争议造价 253.29 万元，鉴定人专业鉴定造价为 138.49 万元（执行合同条件 2、合同条件 11，未获得发包人指令或书面追认的工程变更发生的费用和由此导致的发包人损失由总承包人承担，延误的工期不予顺延）。承包人若已按设计变更实施，应要求发包人追加指令。专业意见如下：

ⅰ. 本工程未获得指令单却发生设计变更可能存在的原因为：设计原因、外部审查要求、监理（施工方）合理建议并经发包人批准等。具体内容如下：

（ⅰ）为配合相关部门验收：根据工程所在地工程惯例，承包人应按设计变更内容完成工程施工，方可通过发包人、监理及政府职能部门验收。

（ⅱ）符合中国特色的市场常规（有变更必执行）：专业角度判断，设计变更非承包人提出，费用应按实结算。

（ⅲ）设计院行为：2017 年 8 月 7 日，鉴定公司组织项目参建方——某建筑与工程设计顾问有限公司、某工程顾问有限公司、某工料测量有限公司及委托双方进行现场勘察，经现场确认，未获得发包人指令的设备变更为某建筑与工程设计顾问有限公司发出。

ⅱ. 设计变更单编号 JB-08 凸窗顶板采用玻化微珠保温砂浆 300mm 厚，此项变更已包含在补充协议七中。

（具体审核费用略）。

（c）未获得指令单的联系函。

该部分争议造价 818.36 万元，专业鉴定造价 5.00 万元（执行合同条件 2、合同条件 11，未获得发包人指令或书面追认的工程变更发生的费用和由此导致的发包人损失由总承包人承担，延误的工期不予顺延）。承包人若已按工作联系函实施，应要求发包人追加指令。专业意见如下：

ⅰ. 承包人提出的、经发包人确认的联系函（且费用已谈妥），费用按发包人签字确认的金额计算。

ⅱ. 承包人提出的未获得发包人确认的联系函，造价鉴定不增加费用。

（具体审核费用略）。

（3）调差。

a. 钢筋调差：无。

b. 混凝土调差：无。

c. 成品砂浆价格调差。

争议金额 106.17 万元，专业鉴定造价 0.00 元。意见如下：

（a）补充协议书第 6 条“价格调整 6.2 双方同意依照本协议约定的方法，针对本工程结构用钢筋和结构用商品混凝土（以下简称钢筋、混凝土）的价格波动对主合同进行调整（包括调增和调减）。除钢筋混凝土以外，其他的原材料、人工和机械的价格波动均不得调整主合同价款”。协议书明确：价格调差不含成品砂浆。

（b）本工程合同签订前，工程所在地有关于砂浆的使用规定。详见广东省深圳市人民政府令 2009 年第 212 号《深圳市预拌混凝土和预拌砂浆管理规定》。

（4）第三方修复（发包人代总承包人执行未完成部分及修复工程之费用）。

争议造价 1567.30 万元，专业鉴定造价 480.40 万元。专业分析过程及意见如下：

① 争议内容：

此费用初始数据由某工料测量公司提供。根据过程会议纪要，发包人代承包人执行未完成部分及修复工程之费用，该费用数据由某工料测量公司审核确认，纳入结算总表。此费用承包人存在争议。争议内容如下：

a. 外墙龟裂修复工程量及单价与合同存在差异。合同中设计外墙涂料工程量为 53940m^2，投标单价为 39.79 元 /m^2，合计费用 214.63 万元；发包人委托第三方修复工程量为 84500m^2，单价为 62 元 /m^2 及 82 元 /m^2。

b. 设计缺陷属于非承包人风险。按发包人提供的图纸施工存在的外墙龟裂属于质量通病，屡次整改效果不佳，为设计缺陷。

② 争议分析：

政府部门初步验收后需要整改的问题，发包人多次下发整改函件，承包人没有及时进行整改。按合同条件 15 第（2）、（6）条，若发包人认为修补的工作由他人执行更为恰当和有益，则总承包人须补偿发包人支付他人执行修补工作的费用，或发包人可从应付给总承包人的款项中扣除该项费用。

a. 扣减费用可按两个方案考虑：

方案 1：若按发包人实际发生的修复费用计算，应扣除总包方费用 1163.45 万元。（附表略）

方案 2：综合考虑合同工程量和合同单价，从应付给总承包人的款项中扣除该项费用，应扣除总包方费用 480.40 万元。（附表略）

b. 鉴定意见：

可按某工料测量公司提供的资料和数据计算，待合同双方进一步提供有效证据后确定。此次鉴定意见选方案 2。

（5）其他。

① 消防工程：

争议造价 215.31 万元，专业性鉴定造价 3.82 万元。专业意见如下：

消防工程为承包人合同范围内工作内容，不宜单列区分。考虑到消防工程一般为专业分包，且双方提交的 063、0139 号指令单内容确定为消防内容，结算据此单列计算汇总。详见附表（略）。

② 分包单位水电费及住宿舍相关费用：

争议造价 583.00 万元，专业性鉴定造价 0.00 万元。原因是本内容不属于工程费用范畴。该费用由总承包单位与分包单位协商处理，分包单位有责任和义务向为其提供生活服务的总包单位缴纳费用。

（6）索赔事项。

索赔事项处理，不属于本合同的委托范围。鉴定人仅对部分内容进行专业性意见的陈述。

① 停工赔偿（2012 年 6 月停工赔偿费）：

遵循委托人双方会议纪要内容的处理意见，留待后期处理。

承包人提出的索赔事件符合合同条件，索赔事件真实，可以计算，但缺少过程认定资料。

② 总承包工程一至七栋总工期延误赔偿费：

根据委托人双方会议纪要，工期问题由双方协商解决，协商不成的，双方均可通过诉讼途径解决。鉴定人就工程建设过程中双方往来函件、工程指令进行了梳理和分析，另册。过程梳理分析内容，开会讨论，指出双方问题促成了双方妥协。

③ 办理开工证（包开工典礼）费用、办理复工费用及其他费用：

根据合同文件，此项费用包含在合同价款内，不额外增加。合同条件第 4 条，法定责任、通知和费用约定：

a. 承包人须遵从中华人民共和国政府或地方政府、对本工程有管辖权或本工程需与其系统接驳的地方管理机关或公用事业单位的法律、条例和通知（下称法定要求），并呈交所需的通知和申请，及支付所需的费用和税项（下称法定费用）。

b. 承包人须负责获取中华人民共和国政府或地方政府所需的任何临时及特定的许可证（包括施工许可证），以进行或完成本工程；并须在整个工程期间持有该等许可证。不论是否由承包人的过失引致，承包人不会因未有获得或持有该等许可证而获延长工期。承包人须负责前述规定而所需的费用和支出。

（a）停工赔偿费、发包人扣钢筋进度款、延期付款计算 2% 利息：

非工程费用，不做鉴定。

（b）总承包公司管理费及税金（10%）：

非工程费用，不做鉴定。

（c）发包人代总承包人支付工人工资：

此项费用作为支付环节的付款内容，由财务统一核算。

（d）发包人向总承包人之索偿：

不属于本合同的委托范围。

四、出庭作证情况

鉴定合同不包括此项工作。

五、心得体会

本结算造价鉴定从签订委托合同至完成正式鉴定报告，历时 9 个月。期间主要经历工期分析、量价核对、资料查证、问询监理、质疑回复、与发包人沟通、与承包人沟通、三方开会协调、五方现场查看、征求意见等诸多工作，鉴定报告最终以“无争议造价 + 专业判断”的形式出具。几点心得体会如下：

（1）具备良好职业操守的专业工程师是保证工作顺利的基础。结算造价鉴定为事后工作，鉴定过程类似案件剖析过程。从委托双方提供的有限的资料中结合专业工作经验分析还原当时情况，通过多次努力居中调和，并经高层协调，委托鉴定结果最终得到双方确认。

（2）受委托双方信任是顺利开展鉴定工作的前提。正式鉴定工作开展前，三方约定工作方法、工作态度，明确工作原则。发包、承包双方纠纷始于工程第一次停工（正式开工后半年），一直持续至工程完工，至今仍未完全解决。委托双方从公平的合同关系演变到敌对关系，工作开展难度大。鉴定方作为受双方信任的第三方，首要工作为居中调解，努力让双方进入正常工作状态。明确工作纪律，确保送签资料真实、合法。要求所有送签资料由委托双方共同确认，专人检查签收。建立工作微信群，邀请委托双方、鉴定方主要负责人进群，及时通报项目进展、问题。工作群建立的另一个目的是公开面对问题，了解过程有关事项，同时观察双方态度。

（3）逻辑分析能力是结算鉴定工作开展应具备的基础工作能力。鉴定工作开展过程中，通过查阅过程联系函件发现，本工程建设过程中很多问题没有得到及时解决。承包人管理未严格按合同约定收集资料、发包人口头发指令变更且双方缺乏及时对指令进行确认、没有明确的工作流程、缺乏对建设过程的风险管理，以至于出现了工人闹事现象也无法及时处理。从双方的纸面诉求和函件看，本工程双方均缺少能够解决实际问题的工程师，上级意见下达不及时，以导致工期延误现象。这种建设管理模式，对一个成熟的开发商和承包商是难以理解的，由此可见，双方均存在不可推卸的责任。

（4）合约风险分担原则是顺利履约的保证。合同规定（条件 22）工期延误赔偿率，5.00 万元 /d，不足一天按一天计。没有规定工期提前应获得的奖励。本工程延误赔偿没有限额。延期赔偿费标准是在合同签订前由发包人定下来的，只是在招标时对延期损失的一种合理预见，因此，与实际的延期损失可能不一致。但如果延期赔偿费标准明显高于发包人的预期，损失太大，或被认为带有惩罚性质，则有可能被司法机关判定为无效。基于此，鉴定人建议将“工期延误”的索赔从结算价审定中独立出来，委托人也采纳了此项建议。

（5）合同的刚性条款仍然少不了沟通的软性需求。合作前双方应加强沟通，及时化解履约中存在的问题。发包人是港资背景公司，虽然有较强的法律意识，但仍然存在对承包人函件回复不及时、某些回复不切合实际的情况。而承包人对合同条款研究不透，同时以“中国人情思维”来开展工作，未及时纠正发包人的问题，导致计划实施严重受阻，成本失控，虽然在本工程开工阶段（2012 年 6 月局部停工指令下发前）承包人施工是勤勉而有规律的，但由于缺少和发包人深度沟通，未及时化解双方存在的问题，导致积怨越来越深，最终失去了合作基础，发生了纠纷事件。

专家点评

本案例涉及项目跨越时间长、参与方较多，鉴定时间长，鉴定过程程序清晰，依据罗列充分，相关数据通过列表等方式使人一目了然。本案例围绕工期、费用及停工索赔三个争议焦点，归纳出造价鉴定的难点：过程取证难、文化差异及合同文件关于变更指令约定不完整。通过对送鉴资料整理，对委托双方诉求及委托鉴定结算总结对比进行列表，诉求差别显而易见。在工作程序中对鉴定发包人指令单增减造价、鉴定设计变更增减造价、未得到发包人指令或书面追认的工程变更发生的费用和由此导致的发包人损失及鉴定质量缺陷修复费用等多种情况进行详细说明。在坚持合法、独立、客观、公正原则的前提下，采用了分专业、分层次、坚持实事求是原则及和解促成原则等方法对专业性内容进行鉴定。鉴定意见分为两部分：①三方认可的确定性意见；②争议事项供参考的专业性意见。关于工期延期意见，考虑工期延误双方均有不可推卸的责任，时间跨度长，责任分析取证耗时长，可能影响其他鉴定工作的进展，鉴定人鉴定开展过程中居中协调，委托双方出具会议纪要将工期从决算中独立出来，工期引起的索赔反索赔不纳入鉴定内容。对争议项专业鉴定意见进行列表并逐项分析，其中工程指令单方面争议金额最大，对涉及金额较大的进行了列项，对每项均进行了专业意见说明。对未获得指令单的设计变更和联系函两部分争议根据具体问题具体分析给出专业意见。关于第三方修复费用争议，通过争议内容及争议分析提供了两个考虑方案，鉴定中选择方案 2。对索赔事项处理，因不属于本次委托范围，鉴定人仅对部分内容进行专业性意见的陈述。本案例中鉴定人的心得体会体现出良苦用心，从签订委托合同至完成正式鉴定报告，历时9个月，鉴定人从有限的资料中结合专业工作经验分析还原当时情况，通过多次努力居中调和，并经高层协调，得到双方确认的鉴定结果。并提炼出受委托双方信任是顺利开展鉴定工作的前提、逻辑分析能力是结算鉴定工作开展应具备的基础工作能力、合约风险分担原则是顺利履约的保证、合同的刚性条款仍然少不了沟通的软性需求等心得体会。本案例中发包方是港资背景公司，双方对待问题存在差异，存在往来函件不规范等情况，加大了鉴定难度，鉴定人鉴于掌握的信息建议将“工期延误”的索赔从结算价审定中独立出来，为鉴定工作能有一个结果创造了条件。

北京求实工程管理有限公司　吴玉珊

对南宁市某住宅项目工程造价司法鉴定

——广西工建工程造价咨询有限公司

卢勇全　韦庆国　宋琪

一、案情简介

2009年5月22日，承包人中标广西南宁市某住宅项目。2009年7月21日，发包人与承包人就该工程签订了建设工程施工合同，签约合同价为29245300元，合同采用固定综合单价合同，合同价款中包括的风险范围：除工程设计变更和国家政策性调整以外的其他风险。合同工期420d，工程实际工期为2009年9月23日～2011年8月11日，实际工期687d，超出工期267d。发包人（原告）认为，承包人存在逾期完工、不履行保修责任、拖延结算、逾期提供竣工备案资料等诸多违约行为已导致原告受到巨额损失，依照《中华人民共和国合同法》及双方合同的约定，承包人（被告）应承担违约责任，赔偿原告所受损失并支付相应违约金，为维护自身的合法权益，特向法院提起诉讼。承包人认为，承包人已按合同约定进场施工，工程于2011年8月11日竣工验收合格，经结算工程总造价为41652324元，但发包人仅支付18252834.27元，扣除甲供材4347130.75元，剩余19052358.98元没有支付，承包人多次向发包人追索剩余工程款，发包人均拒绝支付，为维护自身的合法权益，特向法院提起反诉。

二、案件争议焦点和造价鉴定难点

（一）案件争议焦点

1. 关于对本工程竣工结算的审核单位问题

承包人认为，由发包人委托审核竣工结算的某工程造价咨询公司，由于合同专用条款无对审核单位的特别约定，故发包人无权单方面委托本工程竣工结算，为了本工程结算能公平合理进行审核计量，广西工建工程造价咨询有限公司（以下简称鉴定公司）要求本工程的竣工结算应由合同双方共同委托，或委托广西建设工程造价管理总站进行审核。

发包人认为，承包人与发包人签订的施工合同约定由发包人对承包人提交的结算资料进行审核，承包人有异议的，双方进行核对，并未约定工程结算须由双方共同委托第三方进行，因此鉴定公司委托有造价咨询资质的某工程造价咨询公司对承包人提交的结算资料进行审核，完全符合合同的约定及造价管理办法的规定。

2. 关于工程量清单问题

承包人认为，根据《建设工程工程量清单计价规范》（GB 50500—2008）广西壮族自治区实施细则第 3.1.2 条：采用工程量清单方式招标，工程量清单必须作为招标文件的部分，其准确性和完整性由招标人负责。本工程合同价款采用固定综合单价合同，合同招标工程量清单不能作为承包人履行合同规定义务过程中应予完成的实际工程量，竣工结算的工程量按实际完成的工程量确定。本合同中始终未对清单工程量与图纸实际工程量发生误差作描述，只能理解为合同无约定，本工程的工程量发生误差应按《建设工程工程量清单计价规范》第 4.0.9 条的规定执行“不论由于工程量清单有误或漏项，还是由于设计变更引起新的工程量清单项目或清单项目工程数量的增减，均应按照实际调整”。故对于本工程竣工结算，承包人认为应按实际完成的工程量以及投标清单单价进行结算，工程量清单发生漏项的部分应按实际调整。分项清单工程量与图纸实际工程量发生误差超出 10% 的部分应给予综合单价及措施费调整。

发包人认为，施工合同第 23.2 条（3）项约定承包人完全认可投标时无异议的工程量清单，且合同价款包含的风险为除设计变更和政策性调整以外的风险，即清单工程量与实际工程量发生误差的风险已包含在合同价款内，不应另行调整。

3. 关于施工条件变化导致施工组织方案改变的问题

承包人认为，由于西侧高切坡土坡等没能够在施工前挖除（直至 2011 年 8 月 1 日才解决），以及受到报建小区路的提前施工等限制，原投标平面图无法实施，重新布置后施工组织方案改变，导致施工相关措施费用增加及工期延误。

发包人认为，承包人在投标报价时有义务对项目施工现场进行踏勘，而鉴定公司为项目提供的施工及临时设施搭建场地、施工进出道路、施工用水用电均能够满足该项目施工需要。

4. 关于由发包人指定的甲供材料供应商供应材料问题

承包人认为：

（1）由发包人指定的甲供材料供应商在施工过程中经常出现材料不能及时供应。在施工过程中，超出投标报价表和甲供材料、设备价值一览表数量的部分，发包人拒绝按工程量清单工程量供货，经双方协调，最终继续供应部分甲供材料，条件是承包人承诺甲供材料按市场价从工程款中扣除，这显然不符合合同约定。承包人认为，超出投标报价表和甲供材料、设备价值一览表数量的部分应按同期市场信息价结算。

（2）实际施工的材料工程量（甲供材部分）远超发包人招标时的工程量清单数量，而该部分材料价款由发包人直接转账给甲供材料供应商，缺乏合同依据。承包人在投标报价已做了极大的让利，由此引起的争议，造成工期拖延，已造成承包人的极大损失，发包人应合理承担相应的损失。

（3）根据本工程合同第 27.6 条的规定，本工程竣工结算甲供材部分的采保费按有关文件规定应按总金额的 3.5% 计取。

发包人认为：

（1）发包人已在承包人要求的时间内，按合同中约定的甲供材料的数量将甲供材料运送到施工场地内，已按合同约定履行完责任。至于超出甲供材料、设备价值一览表中的材料供应问题，是承包人与材料供应商之间的买卖行为，发包人只是按承包人要求，从该项目的工程进度款中扣除此部分材料款代为支付给材料供应商而已。

（2）对超出合同数量供应的甲供材料进行扣款，是发包人应承包人的书面申请要求执行的，且双方在此前的协调中已就此问题达成一致意见。

（3）关于甲供材部分的采保费问题，根据广西建筑装饰工程消耗量定额相关规定及合同约定，材料采购及保管费按规定计取和分成，但费率应为 2.5% 而不是 3.5%。

5. 关于工程进度款拨付延误问题

承包人认为：因实际工程量远超出原工程量清单工程量，限定的甲供材料使用量势必增加，同时实际工程造价会增加，发包方提前支付甲供材料款，但实际“应付款额”也应调增，扣甲供材料设备款后，“实际付款额”应确保满足合同及施工需求。发包人不按合同附件 6 工程款支付一览表规定按时支付工程款，是违背了固定单价合同本意的，应视为工程进度款拨付延误。发包人现场管理员在此问题上一直不同意接收工程进度款拨付延误相关签证，监理员也因发包人现场管理员不同意接收而拒绝签收。承包人认为，发包人应根据实际情况给予相关签证确认。

发包人认为：发包人不存在延误付款或为此需要进行签证的问题。甚至在工程施工后期，应承包人要求，在承包人经济出现困难导致工程进展缓慢时，为了支持承包人，发包人还提前支付了部分工程款，以推进项目的进展，保证竣工。

6. 关于材料价格调整问题

承包人认为：根据施工招标文件第 8.3.8 条的规定，材料价格上涨（或下跌）幅度超过 15% 时，超过部分按信息价调整材料单价。

发包人认为：根据建设工程施工合同专用条款第 23.2 条的约定，承包人承担的风险范围为：除工程设计变更和国家政策性调整以外的其他风险。因此，材料费的市场风险应当由承包人承担。

（二）造价鉴定难点

1. 工程技术问题与法律问题相互关联

在工程施工过程中，材料在建设项目的成本中占有较大比例，对承包人的施工成本影响较大，为降低承包人的风险，一般在合同中均会约定承包人在材料价格波动时承担的风险范围，超过部分由发包人承担。但在工程项目管理实践中，发包人凭借其优势地位，往往将本应由自身承担的风险转嫁给承包人。发包、承包双方在处理施工过程中物价变化导致的合同价款调整问题上各抒己见，不能达成统一意见。而物价变化一旦发生并超过一定范围，实际的工程总价款远远高于合同价，引起一系列发包、承包双方纠纷事件的发生。

对于本案件，合同对材料调差约定条款前后矛盾，鉴定机构计算出涉及材料调差费用金额，最后由双方举证，法院来判决。

2. 关于对工期延误责任的归属

在工程施工过程中，由于很多不稳定因素的影响，包括社会条件、人为条件、自然条件和管理水平等，施工效率低甚至停工，造成实际进度滞后于计划进度，形成了工期延误。它发生的原因是多方面的，各方应承担己方责任，并补偿对方相应损失。

对于本案例，因发包、承包双方对合同理解不一致，影响中间计量和工程款支付，造成施工工期延误，导致材料涨价而增加工程造价，工期延误和增加的工程造价应由责任方承担。

三、鉴定情况

（一）司法鉴定委托人提供鉴定材料内容

（1）司法鉴定评估委托书、司法鉴定申请书、民事起诉状、质证笔录。

（2）当事人双方签订的施工合同。

（3）该工程招标文件、投标文件、中标通知书、工程施工图纸、图纸会审记录。

（4）关于本项目钢筋超合同供应申请函、关于本项目甲供材料申请供应函（证明原告根据被告的要求供应甲供材料）。

（5）关于要求按进度计划推进本项目建设的函、关于本项目工程进度严重滞后的函、关于本项目建设工程施工合同附件 6 补充协议、本项目建设协调会、关于协调督促尽快完成本项目的报告、关于本项目申请资金援助的报告、会议纪要、关于协调督促承包人加快本项目建设并竣工交付的报告（证明原告通过各种方式催告、协调被告按照约定推进工程进度）。

（6）关于要求对本项目存在问题进行整改及尽快完成剩余工作的函，关于要求对本项目存在问题进行整改及尽快完成剩余工作的回复函，关于本项目未完成合同内容的履行以及后续维修、资料收集移交工作的专题会，关于本项目工程结算审核意见的函，关于本项目工程结算审核意见的回复函，本项目维修整改及结算专题会会议纪要，关于本项目工程款催款函，关于本项目结算问题的情况报告，本项目工程结算对数协调会会议签到表及核对结算部分成果、说明（退回“本项目土建结算造价整理汇总”的原因），关于本项目工程结算进展情况的报告，本项目竣工备案协调会议纪要，关于本项目工程结算情况的催函，关于本项目工程结算情况的复函，关于进一步开展本项目工程结算造价核对工作的函（证明工程竣工验收后，仍有收尾工作未完工，并且工程存在质量瑕疵，被告不履行保修义务，原告只能委托第三方代为履行保修责任）。

（7）本项目已付工程款明细表及相应的凭证（证明原告按合同约定依照工程进度付款）。

（8）建设工程竣工验收备案审批标准及房建档案归档要求规范（证明被告未按合同约定提供竣工备案资料）。

（9）无法销售商铺位置图及库存情况明细表、周边商铺的商品房买卖合同登记备案证明（证明被告未完成提供竣工备案资料，原告的商铺无法销售，造成资金积压损失）。

（10）本项目结算书电子文档（证明原告审核被告的结算资料及双方对账资料后得出的审核结果，与被告投标报价的金额基本一致，反映了工程的实际造价情况）。

（11）本项目结算汇总表及附表（证明涉案的工程结算造价为 29441091.41 元）。

（12）本项目工程款支付明细及凭证（证明原告已向被告支付工程款共计29905700元，超出合同约定的竣工结算前支付90%合同价款的金额）。

（13）本项目工程结算造价核对每日签到表、每日核对成果确认表、每日核对分歧项目确认表（证明被告参与了涉案项目的结算工作并在结算成果上进行了签字确认）。

（14）本项目确认部分工程竣工结算总价及附件（证明已确认部分工程的竣工结算总价为19262794.69元）。

（15）建设工程质量竣工验收报告（证明被告完成施工的事实）。

（16）地球大气探测资料卡，国务院办公厅2009年、2010年、2011年部分节假日安排的通知（证明工期应予顺延的客观情形）。

（17）关于工程材料上涨导致材料单价调整联系函、关于本项目协调拨付合同工程进度款的报告、关于本项目申请资金援助的报告（证明原告拖延支付工程款及未按合同给予工期顺延的事实）。

（18）关于本项目竣工结算意见的函、本项目实际工程量与原招标工程量清单工程量对比偏差分析、关于本项目工程款催款函、关于“工程款催款函的复函”意见的函、关于本项目合同履行情况说明及申请协调的报告、关于本项目有关住宅楼工程计价问题的复函、关于本项目催促工程结算的函、关于本项目结算书进行核对的复函（证明原告拖延结算、逾期未支付工程款的事实）。

（19）被告提供的工程结算书、签证单、设计变更通知及预算、工程联系函（证明被告完成的工程量及工程总造价为42719252.09元）。

（二）工程造价司法鉴定情况

1. 鉴定过程

（1）法院向鉴定机构发出司法鉴定委托书，鉴定机构对委托书中的鉴定范围、内容、要求或期限等有疑问的，及时与法院联系，排除疑问。

（2）法院直接移交的鉴定资料，经法院同意可直接作为鉴定依据使用。鉴定人根据鉴定需要提请法院通知当事人补充证据，对法院组织质证并认定的补充证据，鉴定人直接作为鉴定依据；对当事人提交的举证资料应经法院质证，质证后的资料才能作为鉴定资料使用。

（3）收集适用于鉴定项目的法律、法规、规章和规范性文件。

（4）全面计算。鉴定机构根据鉴定资料，重新对本工程项目进行全面详细计算，依据相关工程造价计算规则进行工程量的计量。对所有重新组价项目，根据合同及定额计算规则，计算工程量，逐项核实每项综合单价的合理性及准确性。

（5）现场勘测。鉴定机构在计算过程中进行了现场勘测，根据现存的实际现场情况进行了拍摄。

（6）征求意见。鉴定公司将鉴定成果送法院转交原告、被告双方，由双方对鉴定成果提出问题和证据，鉴定机构根据回复意见进行修改完善。

（7）经当事人申请，法院同意，依法出庭作证，接受当事人对工程造价鉴定意见书的质询，回答与鉴定事项有关的问题。

2. 鉴定依据

（1）《建设工程造价鉴定规范》（GB/T 51262—2017）。

（2）司法鉴定评估委托书、司法鉴定申请书、民事起诉状、质证笔录。

（3）《最高人民法院关于审理建设工程施工合同纠纷案件适用法律问题的解释》（法释〔2004〕14号）、《最高人民法院关于审理建设工程施工合同纠纷案件适用法律问题的解释（二）》（法释〔2018〕20号）。

（4）当事人双方签订的施工合同。

（5）《建设工程工程量清单计价规范》（GB 50500—2008）及《广西建设工程工程量清单计价应用指南》、《广西壮族自治区建设工程计价办法》（桂建管〔2006〕61号）。

（6）《广西壮族自治区建筑工程消耗量定额》（2005年）、《广西壮族自治区建筑装饰装修工程消耗量定额》、《全国统一安装工程预算定额广西壮族自治区单位估价表》（2002年）、《广西壮族自治区建筑装饰装修安装园林绿化工程费用定额》（2005年）及南宁市所执行的相关造价文件。

（7）《关于调整建设工程检验试验费和检验试验配合计取方式的通知》（桂建标〔2009〕7号）。

（8）工程材料价格根据合同约定采用《南宁建设工程造价信息》（2009年第3期）、本工程招标时的有关文件以及当地市场材料价格、工程量清单、施工图设计图纸和补充材料。

（9）该工程招标文件、投标文件、中标通知书、工程施工图纸、图纸会审记录。

3. 鉴定方法

（1）确定委托范围：鉴定意见书表述的鉴定范围和内容必须符合鉴定委托书的要求，不得作出不符合委托的鉴定表述。

（2）在鉴定项目合同约定有效的情况下，鉴定应采用当事人合同约定的计价方法。除非合同纠纷各方另行达成一致约定，否则不得采用不符合原合同约定的计价方法作出鉴定意见，也不得修改原合同计价条件而作出鉴定意见。

（3）确定合同的解释顺序，后成立的文件优于先成立的文件。

（4）当事人对合同、洽商、变更、索赔等文件的有效性有分歧的，应提请法院决定。

（5）根据合同约定的计价原则和方法进行鉴定采用全面审核和重点复核的方法，按照尊重合同、实事求是、公平合理的原则，根据鉴定依据，结合原告、被告提供的结算资料和现场踏勘情况，经过鉴定机构三级复核，对结算中出现的争议问题开会讨论，提出解决方案。

4. 鉴定意见

1）根据法院鉴定委托书要求，鉴定结论如下：

本项目已完成工程量鉴定总造价为36154928.54元（含养老保险费1096748.05元），其中土建工程鉴定造价为31402231.16元（含养老保险费990028.74元），安装工程鉴定造价为4752697.38元（含养老保险费106719.31元），此金额已包含争议项金额，详见下列争议金额说明。

2）争议金额的说明：

鉴定过程，原告、被告对材料调差、消防灭火器等费用存在争议，且鉴定资料不完整，鉴定机构不能准确出具鉴定意见，依据鉴定规范的规定，采用与之相适应的专业方法推断计算鉴定，涉案事项列入争议金额，由法院根据其他举证判定。

（1）材料调差费用。在征求意见稿后，原告提出异议，认为鉴定金额应扣除此费用，理由：根据《建设工程施工合同》专用条款第23.2条的约定，承包人承担的风险范围为：除工程设计变更和国家政策性调整以外的其他风险，因此，材料费的市场风险应当由被告承担。被告认为鉴定金额应计算此费用，理由：根据施工招标文件第8.3.8条的规定：材料上涨（或下跌）幅度超过15%时，超过部分按实调整材料单价。鉴定机构根据相关资料计算，材料调差争议金额为245634.46元，由于无法确定此费用是否应该从鉴定结论金额中扣除，此部分金额已计入鉴定结论金额，属于争议项，最终由法院判定。

（2）消防灭火器费用。在征求意见稿后，原告提出异议，认为鉴定金额应扣除此费用，理由：被告未按照图纸要求配置楼宇消防灭火器，导致原告单位另行委托其他施工单位提供消防工程灭火器而另行支出款项21303.19元。由于鉴定资料没有相关资料，无法确定该项内容由谁完成。鉴定机构根据相关资料计算，消防灭火器争议金额为21994.90元（含养老保险费691.71元），由于无法确定此费用是否应该从鉴定结论金额中扣除，此部分金额已计入鉴定结论金额，属于争议项，最终由法院判定。

（三）案件当事人对工程造价司法鉴定意见异议问题

1. 发包人对工程造价司法鉴定意见异议问题

1）关于鉴定报告土建工程部分鉴定结果的质证意见：土建工程部分鉴定结果中，与承包人于2014年8月9日已经签字认可的工程造价有差异，根据《最高人民法院关于审理建设工程施工合同纠纷案件适用法律问题的解释》第十六条的规定，双方对于已经确认结算的部分工程价款，不再另行进行鉴定计算造价。因此，土建工程部分的鉴定，应当只对双方未确认的部分进行工程造价鉴定。

鉴定机构回复：鉴定机构是根据法院的委托对本项目实际造价进行鉴定，双方已经确认部分结算价款资料无双方盖章，工程量应按实际完成工程量进行计算，详见鉴定报告。

2）关于鉴定报告土建漏项及设计变更部分鉴定结果的质证意见：根据“建设工程施工合同”专用条款第23.2条第（6）项的约定，因设计变更引起工程项目、工程量变化的，变更合同价款涉及的变更工程的单价需要乘以下浮系数（下浮系数＝中标总价/上限控制价），鉴定报告对于设计变更新增项目计算的变更工程的单价没有按照合同约定乘以下浮系数计算。

鉴定机构回复：设计变更新增项目计算的变更工程的单价鉴定初稿时已按照合同约定计算。

3）鉴定报告土建漏项及设计变更部分中列出的上人屋面01070090子目项目——屋面分格缝，原招标投标确定为内填丙烯酸酯密封膏，鉴定报告换算为石油沥青玛蹄脂，没有相应的设计变更或工程鉴证资料。

鉴定机构回复：鉴定机构是根据2011年3月3日发包人发出的设计变更通知进行计算，分格缝纵横间距不大于6m，缝内填丙烯酸酯密封膏，现将01070090屋面分格缝（石油沥青玛琋脂）定额修改为01070196建筑油膏/填缝（屋面分格缝）定额，详见鉴定报告。

4）鉴定报告土建漏项及设计变更部分中列出的不上人屋面增加B-子目项目——防水卷材屋

面贴锡纸保护膜，没有相应的设计变更或工程鉴证资料。

鉴定机构回复：鉴定机构是根据2011年3月3日发包人技术部发出的设计变更通知进行计算，不上人屋面做法第2点：3mm厚SBS改性沥青防水卷材，表面贴锡纸保护膜，详见鉴定报告。

5）鉴定报告土建漏项及设计变更部分中列出的铝合金工程部分按铝合金型材88系列计价，而按照招标投标预算使用的铝合金型材为70、90系列，对变更使用铝合金型材并没有工程鉴证资料约定，承包人作为施工单位自行变更使用其他铝合金型材，增加的工程费用应当由承包人自行承担，不能增加工程造价费用。此外，鉴定报告将铝合金工程部分一并列入分部分项工程材料费计价，不符合广西定额中的铝合金门窗按税前独立费B-计价的规定，应改为税前独立费计价。

鉴定机构回复：鉴定公司是根据工程联系函进行计算，该联系函已由建设单位签字盖章同意铝合金型材系列由原70系列改为88系列。现已将铝合金门窗按规定改为税前独立费计价，详见鉴定报告。

6）根据《建设工程施工合同》专用条款第23.2条的约定，承包人承担的风险范围为：除工程设计变更和国家政策性调整以外的其他风险，因此，材料费的市场风险应当由承包人承担。鉴定机构对本案讼争工程计算材料费调整的造价费用，违反了当事人的合同约定。

鉴定机构回复：根据施工招标文件第8.3.8条的规定“材料上涨（或下跌）幅度超过15%时，超过部分按实调整材料单价进行计算”，现将该部分金额列入争议金额，最终由法院判定，详见鉴定报告。

7）发包人对于安装工程部分的核算，是以承包人对安装工程部分的投标报价，减去因设计变更调整增减工程量计算减少的工程造价，确定最终的安装工程造价结果。但由于鉴定机构并未提供安装工程的计算数据，发包人无从得知安装工程工程量的计算依据，无法进行复核。

鉴定机构回复：鉴定机构是根据法院的委托对本项目实际造价进行鉴定，工程量应按实际完成工程量进行计算，详见鉴定报告。

8）关于鉴定报告中安装工程部分计算的工程造价费用，没有扣除因承包人未按照图纸要求配置楼宇消防灭火器，导致发包人另行委托其他施工单位提供消防工程灭火器而另行支出款项21303.19元。

鉴定机构回复：由于无法判断该消防灭火器由谁购买，现将该部分金额列入争议金额，最终由法院判定，详见鉴定报告。

2. 承包人对工程造价司法鉴定意见异议问题

（1）鉴定报告中该项目基础土石方工程是否按大开挖计取，承包人认为该土石方工程应按大开挖计算。

鉴定机构回复：根据鉴定材料工程量签证原始记录以及基础开挖竣工图，鉴定初稿时已按基础开挖竣工图说明材料机械大开挖进行计算，计入土建工程内，详见鉴定报告。

（2）鉴定报告中桩基础工程未计取，承包人认为该项应按实际完成工程量给予计取。

鉴定机构回复：该工程量鉴定初稿时已按实际完成工程量计入土建工程内，详见鉴定报告。

（3）鉴定报告中砌筑工程全部扣除，承包人认为该项应按实际施工工程量给予计取。

鉴定机构回复：该工程量鉴定初稿时已按实际完成工程量计入土建工程内，详见鉴定报告。

（4）鉴定报告中混凝土及钢筋工程全部扣除，承包人认为该项应按实际施工工程量给予计取。

鉴定机构回复：该工程量鉴定初稿时已按实际完成工程量计入土建工程内，详见鉴定报告。

（5）鉴定报告中模板工程全部扣除，承包人认为该项应按实际施工工程量给予计取。

鉴定机构回复：按照合同约定以及《建设工程工程量清单计价规范》（GB 50500—2008）广西壮族自治区实施细则相关规定结合项目实际情况鉴定计算，详见鉴定报告。

（6）鉴定报告中脚手架工程全部扣除，承包人认为该项应按实际施工工程量给予计取。

鉴定机构回复：按照合同约定以及《建设工程工程量清单计价规范》（GB 50500—2008）广西壮族自治区实施细则相关规定结合项目实际情况鉴定计算，详见鉴定报告。

（7）鉴定报告中阳台方通栏杆全部扣除，承包人认为该项应按实际施工工程量给予计取。

鉴定机构回复：该工程量鉴定初稿时已按实际完成工程量计入土建工程内，详见鉴定报告。

四、出庭作证情况

本案件在庭审过程中，经当事人申请，法院同意，鉴定人进行了出庭作证。出庭作证有利于法官具体了解鉴定报告情况，本案中，鉴定人对原告、被告双方庭审过程提出的争议问题，再详细从专业角度解释，为法院公平判决提供依据。

五、心得体会

工程造价鉴定是一项经济性、法律性、技术性很强的工作，要求鉴定人员具有较高的业务素质、业务技能，同时具备法律知识和实际工作经验，有一定的分析问题和解决问题的能力，因此在工程造价司法鉴定过程中应该注意以下几个方面的问题。

（一）工程造价鉴定最重要的是依法办事

依法办事，要求工程造价鉴定人员具有法律意识和法律观念，尊重法律法规，维护其尊严；要求鉴定人员认真学法、熟悉法律，在工作中熟练运用；鉴定人员应忠实于法律及专业技术。如果鉴定人员缺乏法律意识，有法不依，或者任意歪曲法律、断章取义，在鉴定中自行其是、以情代法，是做不好工程造价鉴定工作的。

（二）调查研究是做好造价鉴定的最好途径

工程建设中存在各种经济矛盾，鉴定者需要厘清头绪，辨明真伪。搞清楚这些问题，最好的途径就是调查研究。调查研究需要倾听当事人各自对所争执问题的陈述，以便从掌握的情况中作出分析判断，包括深入施工现场，测量勘察，也包括调阅工程建设阶段所形成的合同、协议、材料定价、现场签证、会议纪要等原始资料，这是最本质、最能说明问题的资料。以实事求是的精神进行工作，一些事情，当对它的情况不了解时，会觉得纷繁复杂，似乎缺乏解决的办法，而当深入实际，做了调查，进行了分析研究，就会明白问题的实质，如何解决就做到了心中有数。

（三）鉴定应当敢于面对矛盾，做到公平公正

鉴定就要敢于面对各种矛盾和纠纷，要允许双方把问题摆出来，这样，有助于鉴定人员了解事情发生、发展和内在的东西；鉴定还要做到公平公正，让当事人双方面对面提出问题，摆事实、讲道理，进行讨论争辩，这样有助于鉴定者深化对事情的认识，也有利于双方倾听对方的意见，坚持正确，纠正错误，给问题的解决创造条件，使双方对对方的正确意见能够客观地进行分析甚至认同，鉴定人员则因势利导，做一些转化工作，做出适当的调解。

（四）慎重处理争议问题

鉴定过程中，由于原告、被告双方对某些问题所掌握的证据不同、理解认识不同，容易产生争议，鉴定机构需慎重处理这些问题，谨记鉴定机构不是审判机关，不能以鉴定代替审判，对于争议问题，鉴定机构无法进行判断的，将争议事项鉴定意见单列表述，由人民法院依据根据查明的事实，判断使用。

专家点评

本案为已完工工程造价鉴定，涉案项目施工时间长，合同约定时间为420日历天，实际工期687日历天，工期延长267日历天。

涉案争议焦点事项涉及：①是否可以单方委托咨询公司实施工程造价结算审核咨询；②合同约定不明情况下对《建设工程工程量清单计价规范》规定的理解与适用；③施工组织方案变化情况下的措施费调整；④甲方确定材料的数量、价格、采保费如何计算，材料价格如何调整；⑤工期延长的责任归属等问题。争议焦点事项均影响工程造价结算以及鉴定实施，鉴定人在鉴定过程中采用逐一分析、解剖问题的实质属性，科学、专业地分析、判断、解决涉案项目的争议焦点与难点问题。

鉴定人接受委托、收集整理鉴定材料、研判审查证据材料、组织现场踏勘、全面计算后出具征求意见稿、针对委托人以及涉案当事人对征求意见稿的异议意见复核、修正、答复并出具鉴定意见。

鉴定人在对涉案当事人对合同、洽商、变更、索赔等有效性存在分歧，按照《建设工程造价鉴定规范》的规定，与委托人沟通并提请委托人决定，按照委托人决定出具鉴定意见。

鉴定人合理地分析，科学、专业地评判工期延误导致材料上涨责任归属原因，并由责任方承担责任。因涉案当事人对招标文件、合同条款的理解存在差异，鉴定人按照《建设工程造价鉴定规范》的规定，在鉴定意见中将材料调差金额列入争议，由法院裁判确定，避免以鉴代审。

鉴定人按照委托范围及要求进行鉴定，严格鉴定，本分工作，不越位。鉴定人在对征求意见异议回复中，贯穿融合鉴定材料的客观性、真实性、合法性，保持中立，其公信力、说服力在本

案中得到专业体现。

鉴定人的心得体会全面概述作为鉴定人应科学、专业、客观、公正地出具鉴定意见，鉴定人应为遵守法律的典范，公平正义的化身，懂经济、晓法律、精技术性的复合型专业人才。涉案项目招标文件、合同文件内容不一致，施工工期超期，法律关系复杂。鉴定意见所采用的鉴定方法科学、专业，鉴定依据充分，鉴定程序合规，鉴定过程翔实，鉴定意见客观。

湖北嘉宁工程咨询有限公司　张其涛

对广西防城港市东兴某大酒店项目 2016 年 1 月 22 日至 2017 年 5 月 30 日停工期间的损失造价司法鉴定

——广西信达友邦工程造价咨询有限责任公司

磨安伟 陆军 柏振飞 雷钦羽 彭燕

一、案情简介

2014 年 6 月 9 日，湖南省某公司（原告）与广西某房地产开发公司（被告）签订了建设工程施工合同，由原告承包广西防城港市东兴某大酒店工程的施工，原告进场施工后由于资金问题及施工手续等各种原因导致中途停工，停工后由于工程款的问题造成当事双方发生合同纠纷并诉诸法律，在案件审理期间当事人对该项目 2016 年 1 月 22 日—2017 年 5 月 30 日停工期间的损失存在争议。由原告申请进行造价鉴定，人民法院委托广西信达友邦工程造价咨询有限责任公司（以下简称鉴定公司）对湖南省某公司在该工程项目 2016 年 1 月 22 日—2017 年 5 月 30 日停工期间发生的损失进行造价鉴定。

二、案件争议焦点和造价鉴定难点

（一）案件争议焦点

当事人对停工事项本身、停工责任方、停工期间是否存在损失和损失的金额存在争议。

（二）造价鉴定难点

在法院未判定项目停工性质及申请人提供的证据另一方当事人有异议而法院又未确认的情况下，停工期间各项损失金额需根据案情分类划分，如何分类更利于案件的审理是本次鉴定的难点。由于被告方对停工原因有争议、补充协议公章是否真实有效有争议且原告的送鉴证据材料与主张损失内容无法全部对应，增加了鉴定公司在鉴定过程中对各项损失内容的判断和处理的难度。

三、鉴定情况

（一）司法鉴定法院提供鉴定材料内容

（1）民事起诉状。

（2）答辩状。

（3）鉴定申请书。

（4）庭审笔录。

（5）送鉴资料的质证意见。

（6）停工损失鉴定证据资料：补充协议（二）、解除合同的通知、湖南省某公司内部承包合同、建设工程施工合同、停工损失计算明细表、移交清单、说明收款收据、塔式起重机租赁合同、塔式起重机结算书、项目部工资表、结算单、钢管租赁价格补偿费用、钢管脚手架劳务合同书、钢材购销合同、工程劳务分包合同、停工补偿结算协议书、第三方结算审计建设项目竣工结算汇总表、工程造价审核报告书、进度款支付申请、送货单、工地现场交接手续、还款协议书、补充协议书。

（7）关于停工损失鉴定补充资料的说明。

（8）关于修正钢材材料款违约补偿的说明及相应材料款汇总表和对应票据。

（二）工程造价司法鉴定情况

1. 鉴定过程

1）鉴定准备阶段

2019 年 10 月 14 日鉴定公司接收委托书，根据委托书中的鉴定范围、内容、要求或期限等收集影响鉴定工作的相关资料，成立该项目的鉴定工作项目小组，审查委托鉴定资料是否齐全，并于 2019 年 10 月 17 日向法院发出补充资料函。2019 年 11 月 14 日收到法院转交的补充资料后，根据已收到的举证资料，鉴定公司通过专业能力判断可以受理该项目鉴定工作，根据规范要求于 2019 年 11 月 16 日发出接受鉴定委托的关于鉴定委托的复函、鉴定人员组成通知书、鉴定费用支付通知书，2019 年 12 月 5 日收到当事人支付的部分鉴定费用。

2）案情调查阶段

收到部分鉴定费用后，鉴定项目小组根据现有送鉴证据资料进行分析、交底，统一部署鉴定工作，对该项目进行了初步计算后，根据相关造价鉴定程序规范于 2019 年 12 月 20 日在法院组织下，鉴定人与当事人一起进行现场勘验，采用向当事人各方询问项目施工过程实际情况和对工程现场进行核实两种形式对鉴定项目进行了解和复核，通过文字和照片、摄像形成勘验记录并由现场参与各方签字确认。

由于本案的送鉴资料均为申请人提交的证据资料，被申请人对证据的真实性提出异议。根据《建设工程造价鉴定规范》第 4.7.3 条“当事人对证据的真实性提出异议，或证据本身彼此矛盾，鉴定人应及时提请委托人认定并按照委托人认定的证据作为鉴定依据”的规定，鉴定公司于2019年12月10日向委托人发出关于提请委托人认定相关事项的函，要求委托人对送鉴资料进行认定，但委托人并未复函认定，根据本条规范要求，在现场勘验工作中，鉴定公司征求了当事人对送鉴资料的意见并记录在现场工作底稿中，同时在鉴定意见中说明“将该内容单列造价，供委托人判断使用”。

3）鉴定实施阶段

根据法院提交的所有资料及鉴定过程中现场勘验记录资料，鉴定公司通过梳理分析、详细计算工程量、套取定额计算、取费计价等过程逐步完成鉴定成果，于2020年1月13日出具造价鉴定的征求意见稿。

4）出具鉴定报告阶段

2020年2月6日鉴定公司收到法院转交的当事人征求意见稿反馈意见，反馈意见称有补充证据资料。2020年3月17日收到法院转交的当事人补充资料及相应质证意见，经过对反馈意见、补充资料的复核，与法院沟通后，按法院要求出具本次鉴定意见书。

2. 鉴定依据

（1）人民法院2019年10月12日法院委托书。

（2）《中华人民共和国合同法》。

（3）《中华人民共和国招标投标法》。

（4）《最高人民法院关于审理建设工程施工合同纠纷案件适用法律问题的解释》（法释〔2004〕14号）。

（5）《建设工程造价鉴定规范》（GB/T 51262—2017）。

（6）《司法鉴定程序通则》（司法部令第132号）。

（7）《最高人民法院关于审理建设工程施工合同纠纷案件适用法律问题的解释（二）》（法释〔2018〕20号）。

（8）《关于颁布2005年〈广西壮族自治区建筑工程消耗量定额〉的通知》（桂建管〔2006〕53号）。

（9）《关于颁布2005年〈广西壮族自治区装饰装修工程消耗量定额〉的通知》（桂建管〔2006〕50号）。

（10）《关于颁布2005年〈广西壮族自治区建筑装饰装修安装园林绿化工程费用定额〉的通知》（桂建管〔2006〕51号）。

（11）《关于颁布2008年〈广西壮族自治区安装工程消耗量定额〉的通知》（桂建标〔2009〕14号）。

（12）《关于颁布2008年〈广西壮族自治区安装工程费用定额〉的通知》（桂建标〔2009〕15号）。

（13）送鉴项目的工程建设合同。

（14）《建设工程工程量清单计价规范》（GB 50500—2008）、《建设工程工程量清单计价规范》（GB 50500—2008）、《广西壮族自治区实施细则》《广西壮族自治区建筑工程消耗量定额》（2005

年)、《广西壮族自治区装饰装修工程消耗量定额》(2005 年)、《广西壮族自治区节能工程消耗量定额》、2008 年版《广西壮族自治区安装工程消耗量定额》及其配套费用定额,《关于调整建设工程定额人工工费及有关费率的通知》(桂建标〔2015〕5 号)。

(15)送鉴项目的施工图纸。

(16)其他相关送鉴资料。

3. 鉴定方法

本次造价鉴定主要针对送鉴资料的东兴某大酒店工程停工损失计算明细表中原告主张的停工损失内容展开。由于原先主张的停工损失有部分在合同解除后是否应该发生,以及合同解除的具体时间双方也都有较大争议,鉴定公司根据送鉴资料工程建设合同第二部分通用条款第 44.5 条“解除合同的通知到达对方时合同解除”的约定,按送鉴资料《解除施工合同通知书(湘某函〔2016〕144 号)》的被告接收时间 2016 年 10 月 27 日(发出时间为 2016 年 10 月 24 日)作为分界,以及被申请人的主张,将本次损失造价鉴定成果分成三部分:①停工时起至解除施工合同通知发出之前(2016 年 2 月—2016 年 10 月)的损失;②解除施工合同通知发出之后(2016 年 11 月—2017 年 5 月)的损失;③解除施工合同后未施工部分的合理利润。具体计算方式如下:

1)本次损失造价鉴定计算中东兴某大酒店工程停工损失计算明细表的第 1 ~ 10 项内容,根据送鉴资料工程建设合同第二部分通用条款第 44.5 条“解除合同的通知到达对方时合同解除”的约定,结合送鉴资料湖南省某公司关于解除东兴某大酒店工程施工合同的通知书中广西某房地产开发有限公司签署的接收日期为 2016 年 10 月 27 日作为分界点,分列对应的损失造价。

2)东兴某大酒店工程停工损失计算明细表第 1 ~ 10 项内容:

(1)12、13、14 层模板停工补偿,木方停工补偿:模板、方条等周转材料的损失须以实际的周转次数来计算,申请人主张该部分模板为全新,按一次性摊销计算损失。提交有购买新模板及方条的供货单及收据,另外还有部分混凝土的供货记录,经查阅送鉴资料,没有直接证明该部分模板、木方为一次性摊销的证据资料,也没有与申请人主张一次性摊销有矛盾的资料,故本次鉴定按申请人一次性摊销的主张,扣除已完工程结算中相应的周转材料后得出该项损失金额,供法院参考。

(2)2016 年 6 月—2016 年 11 月步步紧、螺杆、蝴蝶扣补偿内容,由于没有明确周转次数的证据资料,无法计算相关的损失。

(3)2016 年 1 月—2017 年 5 月塔式起重机停工补偿:根据送鉴资料及原告主张,以塔式起重机租赁合同中约定的租金 13000 元 /(台·月)计算,分别计算出解除合同通知发出前、后的补偿款,供法院判断使用。

(4)2016 年 1 月—2017 年 5 月保卫工资:根据送鉴资料项目部工资表的应发工资数据,结合送鉴资料停工后管理人员分工说明统计工资,供法院判断使用。

(5)劳务队其他零星材料包干补偿:根据送鉴资料结算单(2016 年 7 月 20 日)以及现场勘查了解的情况,该部分主张的零星材料和设备一次性摊销费,当事人双方已确认的停工时已完工程结算造价中已含有该部分的部分摊销费，无法在相应结算造价中区分计算。

（6）钢管 2016 年 1 月—2017 年 5 月按市场租赁价格补偿费用：

① 根据送鉴资料中原告主张的数量进行统计。

②本次鉴定数量仅根据送鉴资料东兴某大酒店项目停工损失补偿计算明细统计，价格经查询 2016 年 2 月—2017 年 5 月共 16 个月时间段的《防城港市建设工程造价信息》公布的市场价格信息复核计取，分别计算出解除合同通知发出前、后的补偿款，供法院判断使用。

（7）2016 年 1 月—2017 年 5 月现场管理人员工资：根据送鉴资料项目部工资表的应发工资数据，结合送鉴资料停工后管理人员分工说明统计工资，并对有无劳动合同、有无相关个人参保情况的人员工资进行列明，供法院判断使用。

（8）钢材材料款违约补偿：

① 根据钢材购销合同中付款方式的约定，货到工地 7d 内付款不收取垫资利息，如超过 7d，自每批货货到工地之日起需方自愿支付 4 元 /（t·d）给供方作为垫资利息（按实际垫资天数计算）；违约条款的约定，是以需方即原告方不按期限付款为前提计算滞纳金。

② 建设工程施工合同第三部分专用条款第 26 条中约定“承包人垫资完成土方、基础及地下室工程、地面以上六层楼面，发包人按一次性支付完成工程量的 80% 工程款给承包人”，根据送鉴资料中工程款申请表（一），显示的施工单位请款时间为 2015 年 10 月 19 日，申报时段为地下室至地上土建六层，从申报的形象进度来看符合建设工程施工合同该条进度款支付约定。

③ 建设工程施工合同第二部分通用条款中第 26.1 条约定，在确认计量结果后 14d 内，发包人应向承包人支付工程款（进度款）。根据送鉴资料中工程款申请表（一）“审核意见　筹建处总经理意见”的签署日期 2015 年 10 月 23 日为合同约定的确认计量结果时间，在该时间后的 14d 内即 2015 年 11 月 6 日之前均不属于因工程款未支付可以计算相应违约金的时段。

④ 根据送鉴资料钢材材料款违约金计算汇总表的送货日期和约定付款日期最晚时间 2015 年 9 月 11 日与工程款申请表（一）的申请时间 2015 年 10 月 19 日对比可知，原告主张的钢材材料款违约金的钢材属于在达到施工合同约定的第一次请款条件之前。而根据建设工程施工合同第三部分专用条款第 26 条中“承包人垫资完成土方、基础及地下室工程、地面以上六层楼面，发包人按一次性支付完成工程量的 80% 工程款给承包人”的约定，在未达到发包人即被告支付工程款条件的施工过程应由承包人即原告垫资完成。

⑤ 综上所述，原告主张的钢材材料款违约事项发生在施工合同约定的应付进度款之前，根据施工合同约定，不应计算该项补偿。

⑥ 根据 2020 年 3 月 17 日收到的法院转交的原告补充资料及相应的质证意见，对于原告将钢材材料款违约补偿变更为钢材停工损失补偿的主张，经鉴定公司核对，发现所提供的证据资料之间有冲突，主要为相关费用支付凭证与提供的钢材停工损失计算明细一览表中的实际付款日期、金额、付款事项有出入：说明中所叙述的实际的付款凭证和收据中的金额每笔包含了应付货款的本金和少部分违约金，但在相应的付款凭证和收据中却有部分写明事项为“钢材货款”，其余写明事项为“工资”；付款凭证和收据无法对应“钢材停工损失计算明细一览表”中相应的付款时间

和金额。由于证据资料之间有出入，事实不清楚，鉴定公司就现有资料结合上述相关合同中约定的条款无法计算相应的钢材停工损失费用。

（9）补偿劳务公司停工补偿费：根据原告主张的停工补偿结算协议书资料计算，供法院判断使用。

3）东兴某大酒店工程停工损失计算明细表第 11 项内容：解除施工合同后未施工部分利润（本次鉴定意见书修改为“工程未施工部分的合理利润”）。

（1）根据原告、被告双方于 2014 年 6 月 9 日签订的建设工程施工合同计价条款的约定，本次计算工程未施工部分的合理利润按提供的签署合同时配套使用的设计图进行。

（2）根据提供的各方当事人认可的造价审核报告书作为该项目已完工程内容节点，本次计算未施工部分的合理利润均不含已结算的已完工程内容。

（3）采用《建设工程工程量清单计价规范》（GB 50500—2008）、《建设工程工程量清单计价规范》、《广西壮族自治区实施细则》、《广西壮族自治区建筑工程消耗量定额》（2005 年）、《广西壮族自治区装饰装修工程消耗量定额》（2005 年）、《广西壮族自治区节能工程消耗量定额》、《广西壮族自治区安装工程消耗量定额》（2008 年）及其配套费用定额。费用定额费率有取值区间的按“建设工程施工合同”约定以高值计取。

（4）该项目无开工令，以合同签约时间 2014 年 6 月 9 日作为该项目开始时间，由于建设工程施工合同未约定合同工期，结合送鉴资料施工组织设计第五条施工进度计划及保证措施中“本工程自开工后 600d 内竣工”的计划，以 600d 作为合同工期，即 2014 年 6 月 9 日—2016 年 1 月 29 日为未施工部分的合理利润有计价关联的材料价格取值范围，按“防城港市建设工程造价信息”公布的价格并优先选用东兴市价格以算术平均值计算，信息价未公布的则按市场询价计取。

（5）2014 年 6 月 9 日—2016 年 1 月 29 日作为该项目计算未施工部分合理利润的基准区间，人工费及相关费率按《关于调整建设工程定额人工费及有关费率的通知》（桂建标〔2015〕5 号）计取。

（6）根据《广西壮族自治区建筑装饰装修及安装工程费用定额》（2005 年）及《广西安装工程消耗量费用定额》（2008 年）关于施工利润的说明“利润是指施工企业完成所承包工程获得的利润”，本工程未施工部分的合理利润为按合同约定上述计算方式完成承包工程计算相应获得的合理利润金额，供法院参考使用。

4. 鉴定意见

1）本次造价鉴定意见，详见表 1。

2）由于当事人未能按要求提交建设工程施工合同中工程承包范围提到的小区道路及绿化工程相关图纸资料，鉴定公司无法计算，故本次鉴定意见书的解除施工合同后未施工部分的合理利润不含小区道路及绿化工程利润。

表 1　工程造价鉴定结果汇总

工程名称：湖南省某公司在东兴某大酒店工程 2016 年 1 月 22 日—2017 年 5 月 30 日停工期间的损失

序号	项目名称及内容	鉴定造价（元）	备注
一	停工时起至解除施工合同通知发出之前（2016 年 2 月—2016 年 10 月）		详见附后“东兴某大酒店工程停工损失计算明细表”第 1 ～ 10 项内容鉴定明细
1	2016 年 2 月—2016 年 10 月塔式起重机停工补偿	117000.00	
2	2016 年 2 月—2016 年 10 月保卫工费	51300.00	
3	劳务队其他零星材料包干补偿	—	
4	钢管 2016 年 2 月—2016 年 10 月按市场租赁价格补偿费用	708021.00	
5	2016 年 2 月—2016 年 10 月现场管理人员工资	669700.00	
6	2016 年 2 月—2016 年 10 月钢材材料款违约补偿	—	
7	补偿劳务公司停工补偿费	1374960.60	
二	解除施工合同通知发出之后（2016 年 11 月—2017 年 5 月）		
1	12、13、14 层模板停工补偿	135880.74	
2	木方停工补偿	61021.84	
3	2016 年 6 月—2016 年 11 月步步紧、螺杆、蝴蝶扣补偿	—	
4	2016 年 11 月—2017 年 5 月塔式起重机停工补偿	91000.00	
5	2016 年 11 月—2017 年 5 月保卫工资	34200.00	
6	钢管 2016 年 11 月—2017 年 5 月按市场租赁价格补偿费用	550683.00	
7	2016 年 11 月—2017 年 5 月现场管理人员工资	423000.00	
三	工程未施工部分的合理利润	2073293.65	详见附后“工程造价鉴定意见书”

3）质证意见显示原告主张停工损失内容提交的相应送鉴资料中被告方对主张损失相应的大部分证据资料有争议，但并未有相反证据的资料，根据《建设工程造价鉴定规范》（GB/T 51262—2017）第 4.7.6 条的规定“同一事项当事人提供的证据相同，一方当事人对此提出异议但又未提出新证据的；或一方当事人提供的证据，另一方当事人提出异议但又未提出能否认该证据的相反证据的，在法院未确认前，鉴定人可暂用此证据作为鉴定依据进行鉴定，并将鉴定意见单列，供法院判断使用”，鉴定公司在鉴定意见书中将该内容单列造价，方便法院判断使用。

（三）案件当事人对工程造价司法鉴定意见异议问题

（1）由于被告对原告提交的相关损失证据资料全部不认可，所以原告认为鉴定无基础依据。

（2）鉴定公司出具的鉴定意见以《解除施工合同通知书》（湘某函〔2016〕144 号）的被告接收时间 2016 年 10 月 27 日为界，该时间之前和之后分开计算损失费用，原告有异议。

（3）原告对鉴定意见中未计算 2016 年 12 月 20 日—2017 年 9 月 13 日的钢材材料款因停工发

生的损失金额 1556074.56 元有异议。

（4）由于没有相关图纸材料，无法对涉案项目装饰装修和小区道路及绿化未施工部分的工程合理利润进行计算，原告有异议，要求补充计算。

四、出庭作证情况

2020 年 4 月 22 日下午，人民法院开庭对本案进行审理，鉴定公司鉴定人员根据法院要求，依法出庭作证，接受当事人对造价鉴定意见的质询。被告在庭上未对鉴定公司出具的造价鉴定意见提出任何疑问或要求做任何说明，原告则提出以下意见及请求：

1）对鉴定意见以《解除施工合同通知书》（湘某函〔2016〕144 号）的被告接收时间 2016 年 10 月 27 日为界划分计算损失有意见，认为把损失分为两部分无依据。

2）请求鉴定机构对涉案项目 2016 年 12 月 20 日—2017 年 9 月 13 日的钢材材料款停工损失金额 1556074.56 元进行复核并计算。

3）请求鉴定机构对涉案项目装饰装修和小区道路及绿化未施工部分的工程合理利润 100 多万元进行计算并复核。

对于当事人提出的意见和请求，鉴定公司的人员作出了答复意见如下：

1）根据原告、被告双方于 2014 年 6 月 9 日签订的工程建设合同第二部分通用条款 44 条合同解除的相关约定及合同解除后，持续的一些损失事项还持续发生，责任待定，为方便法院审理参考，鉴定公司按被告发出解除施工合同通知书对方接收的时间划分两个阶段的做法符合客观事实及相关规定。

2）对于“请求鉴定机构对涉案项目 2016 年 12 月 20 日—2017 年 9 月 13 日的钢材材料款停工损失金额 1556074.56 元进行复核”的请求，答复如下：

（1）根据送鉴资料中钢材购销合同第五条第 1 点的结算方式“钢材价格按钢铁网南宁市场建筑钢材价格行情，需方收货当天公布的相应规格及品牌的价格上浮 100 元 /t（不含税）”作为钢材价格计算依据，但送鉴资料“钢材停工损失计算明细一览表”中的送货日期、应付货款、材料数量无任何相关证明资料，且钢材数量并没有具体规格及对应的数量，无法复核应付货款的金额。

（2）根据送鉴资料中钢材购销合同第五条第 2 点的付款方式 A 项内容及第六条第 1 点违约及处罚的约定，补充的“钢材停工损失计算明细一览表”中的“货到工地没有按时付款的金额”计算方式与超过日期天数计算方式有误，多计了合同约定的 7d 以内无须支付的垫资利息。

（3）送鉴资料提供的银行回单和收据的时间并不是完全对应钢材停工损失计算明细一览表中的实际付款日期，无法确定实际付款日期。

（4）对于证据资料之间有冲突、事实不清楚的情况，鉴定公司无法出具该部分损失金额具体数据的意见。

3）对于“请求鉴定机构对涉案项目装饰装修和小区道路及绿化未施工部分的工程合理利润 100 多万元进行计算并复核”的申请，经鉴定公司再次复核，小区道路及绿化内容的未施工部分是没有提交图纸资料，且实际还没有施工，无法通过现场核实计算，完全没有计算依据，也无法通过估算的方式得出该部分的合理利润，所以鉴定公司无法作出计算和复核。

五、心得体会

本次造价鉴定为涉及合同解除项目停工期间的损失鉴定，对于损失鉴定中的证据资料，从质证意见来看均为单方当事人主张及确认的举证资料，没有双方当事人均认可的证据材料，加上当事人各方对争议点法院未作出判决时，涉及从发出停工通知到损失结算等所有证据均需要我们鉴定机构根据所提供的合同和相关资料进行专业判断和甄别，在鉴定公司的专业范围内进行合理化的筛选并罗列，对应主张内容作出造价鉴定意见，为法院审理案件作出相应依据。《建设工程造价鉴定规范》第4.7.3条规定“当事人对证据的真实性提出异议，或证据本身彼此矛盾，鉴定人应及时提请委托人认定并按照委托人认定的证据作为鉴定依据”，所以在开展工程造价司法鉴定的过程中，需要鉴定人对送鉴资料进行全面梳理，对照法院审理的笔录，将每一份证据的质证意见通过表格进行汇总，标注双方对证据的质证意见，严格按照《建设工程造价鉴定规范》第4.7条“证据的采用”原则展开鉴定工作。

在工程造价涉及索赔的项目中，一般都不是单纯的造价计算，还涉及工程管理、工程财务、工程预期利润等，需要根据提供的资料如票据等追溯索赔的依据出处。索赔的依据多为劳务合同、材料购销合同、租赁合同等，每个合同约定的计算依据不尽相同，故需要鉴定公司对资料分门别类列表整理，对于已经无法通过现场勘察进行核实的内容只能通过送鉴资料进行分析判断，在不超出工程造价专业范围的基础上进行合理分析。对专业合理范围内相关证据依据充分的损失进行统计，对无相关对应依据且又无法核实和统计的内容进行说明，便于法院审理案件使用，不能以鉴代审。

建设工程项目停工损失及停工后解除合同涉及补偿的司法鉴定中，证据资料未经过双方当事人现场确认的情况比较普遍，它不同于正常的工程资料，都按程序签字确认，因为在停工事件发生时，当事人可能未预料到后续会有纠纷发生，未及时完善相关损失的资料，或者能预计有纠纷发生会走司法程序，所以一方当事人故意不给予签字确认，造成在诉讼阶段主张损失或赔偿的一方提供的证据资料不够充分完善，无法还原现场真实情况，给法院或仲裁委及造价司法鉴定机构的工作造成较大的难度。在造价司法鉴定阶段，委托人一般未对资料是否采信提出确定性意见，针对这种证据资料仅有一方当事人确认的情况，《建设工程造价鉴定规范》（GB/T 51262—2017）第4.7.6条规定“同一事项当事人提供的证据相同，一方当事人对此提出异议但又未提出新证据的；或一方当事人提供的证据，另一方当事人提出异议但又未提出能否认该证据的相反证据的，在委托人未确认前，鉴定人可暂用此证据作为鉴定依据进行鉴定，并将鉴定意见单列，供委托人判断使用”。所以在实际操作中，鉴定公司应按此条规定将送鉴资料进行鉴定并单列，供委托人审理参考。

建设工程项目停工损失及停工后解除合同涉及的补偿，一般包含人工、材料、机械及管理费利润、资金成本等的损失索赔，其中人工方面的损失索赔内容有：①施工人员停工窝工、遣散费；②工地留守保卫人员工资；③劳务队伍违约赔偿。材料方面的损失索赔内容有：①周转材料的折旧或租金损失；②已进场材料的费用；③已订购材料设备的定金损失等。机械方面的损失索赔内容有：①已进场机械的停滞费、折旧费或租金损失；②机械的进退场损失；③机械操作人员的工资等。管理费方面的主要是管理人员的工资。利润索赔就是未完成工程的预期利润。资金成本的损失主要是履约保证金延长的费用、保险的延长费用及借贷资金的资金成本等。所以这类损失或索赔的造价司法鉴定，在操作过程中，要根据当事人提供的证据资料逐一分析，并提请委托人组织双方当事人召开案情调查会，尽可能地还原当时的真实情况，把了解到的情况整理成笔录，并结合送鉴资料一起作为鉴定的依据。

根据本案鉴定公司的经验，针对上述损失或索赔，应提供的证据资料除了停工复工事实的相关证明资料外，主张的具体金额对应的证据材料一般如下：人工费损失方面的证据资料：①主张的停工窝工人员名单、身份证、劳务合同及具体停工窝工的现场确认资料、遣散费的协议或路费车费依据等；②工地留守保卫人员的身份证、劳务合同、值守时间依据、工资发放依据等；③劳务队的劳务合同、队员名单及身份证信息，违约赔偿协议及付款凭证等。材料损失方面的证据资料：①周转材料如模板、钢管及配件的进退场记录，购货进场依据或租赁协议，付款凭证等；②已进场材料的采购合同、进场材料确认单报验单等；③已订购材料设备定金支付凭证等。机械损失方面的证据资料：①已进场机械设备滞留现场的时间记录；②机械的进退场记录、机械设备的租赁合同、违约金支付凭证；③机械操作人员的工资支付等。其他费用索赔主要是管理人员的劳动合同、工资标准及发放记录、停工或解除施工合同期间服务于本项目的证据、资金借贷合同、付款凭证、保险合同等。另外还应提供本工程的施工组织设计方案和各种专项方案等。

在造价鉴定实施过程中，鉴定机构应按证据的三性质证情况，以及证据的完整情况进行分类，鉴定意见可同时包括确定性意见、推断性意见或供选择性意见：当鉴定项目或鉴定事项内容事实清楚，证据充分，应提出确定性意见；当鉴定项目或鉴定事项内容客观，事实较清楚，但证据不够充分，应提出推断性意见；当鉴定项目合同约定矛盾或鉴定事项中部分内容证据矛盾，委托人暂不明确要求鉴定人分别鉴定的，可分别按照不同的合同约定或证据，作出选择性意见，由委托人判断使用。

在索赔的司法鉴定中，往往有涉及工期方面的内容，当事人对鉴定项目暂停施工、顺延工期有争议的，鉴定人应按以下规定进行鉴定：因发包人原因暂停施工的，相应顺延工期；因承包人原因暂停施工的，工期不予顺延；工程竣工前，发包人与承包人对工程质量发生争议停工待鉴的，若工程质量鉴定合格，承包人并无过错的，鉴定期间为工期顺延时间。当事人对鉴定项目因设计变更顺延工期有争议的，鉴定人应参考施工进度计划，判别是否因增加了关键线路和关键工作的工程量而引起工期变化，如增加了工期，应相应顺延工期；如未增加工期，工期不予顺延。对工期延误责任的归属，鉴定人可从专业鉴别、判断的角度提出建议，最终由委托人根据当事人的举证判断确定。

关于费用索赔争议的鉴定。当事人因提出索赔发生争议的，鉴定人应提请委托人就索赔事件的成因、损失等作出判断，委托人明确索赔成因、索赔损失、索赔时效均成立的，鉴定人应运用专业知识作出因果关系的判断，并提出鉴定意见，供委托人判断使用。一方当事人提出索赔，对方当事人已经答复但未能达成一致的，鉴定公司可按以下规定进行鉴定：对方当事人以不符合事实为由不同意索赔的，鉴定人应在厘清证据事实以及事件因果关系的基础上作出鉴定；对方当事人以该索赔事项存在，但认为不存在赔偿的，或认为索赔过高的，鉴定人应根据相关证据和专业判断作出鉴定。当事人对暂停施工索赔费用有争议的，鉴定公司应按以下规定进行鉴定：合同中对上述费用的承担有约定的，应按合同约定作出鉴定；因发包人原因引起的暂停施工，费用由发包人承担，包括对已完工程进行保护的费用、运至现场的材料和设备的保管费、施工机具租赁费、现场生产工人与管理人员工资、承包人为复工所需的准备费用等；因承包人原因引起的暂停施工，费用由承包人承担。

关于合同解除后未施工工程的合理利润索赔的计算方式，可以根据《建设工程造价鉴定规范》第 5.8.5 条“因发包人原因，发包人删减了合同中的某项工作或工程项目，承包人提出应由发包人给予合理的费用及预期利润，委托人认定该事实成立的，鉴定人进行鉴定时，其费用可按相关工程企业管理费的一定比例计算，预期利润可按相关工程项目报价中的利润的一定比例或工程所在地统计部门发布的建筑企业统计年报的利润率计算”的规定计算。由于该部分尚未实施，如果按工程项目报价中的利润全额计算显然也不合理，但按“一定比例”到底是多少比例也不好界定。在操作过程中，可参考后一种“工程所在地统计部门发布的建筑企业统计年报的利润率”，即按合同履行期间当地的计价费用定额中规定的利润中间值计算，供委托人参考使用。

另外，本案还涉及图纸提供不全的问题，根据鉴定规范第 5.4.1 条的规定，鉴定项目施工图（或竣工图）缺失，鉴定人应按以下规定进行鉴定：建筑标的物存在的，鉴定公司应提请委托人组织现场勘验计算工程量作出鉴定；建筑标的物已经隐蔽的，鉴定人可根据工程性质、是否为其他工程的组成部分等作出专业分析进行鉴定；建筑标的物已经灭失，鉴定人应提请委托人对不利后果的承担主体作出认定，再根据委托人的决定进行鉴定。本案申请人诉求的未施工工程合理利润中，附属部分的图纸无法提供，鉴定机构无法凭空想象来计算，所以申请人应承担举证不力的后果。

专家点评

本案例为停工损失费用鉴定，原告与被告因停工期间的损失存在争议，由原告申请，法院委托对涉案项目停工期间发生的损失进行造价鉴定。

鉴定人自接受委托开始，成立鉴定工作组，收集、整理、审查、研判、分析证据，组织踏勘现场，并对踏勘证据材料由当事人双方签字确定。因委托人未对委托事项的责任、原因以及移交的鉴定材料真实性作出决定及判断，鉴定人根据已形成的证据材料结合合同约定、政策规定进行计算后出具征求意见，征求意见所涉鉴定材料为单方提供且未得到合同相对方确认，涉案当事人对停工事项原因、责任、是否存在损失、损失金额存在争议。涉案当事人对征求意见提出书面异议及补充证据后，鉴定人按照《建设工程造价鉴定规范》规定的方法，与委托人沟通后出具正式鉴定意见。

鉴定材料的不确定性，给鉴定人判断和鉴定带来了一定的难度，鉴定人对提供的合同、证据材料进行科学判断与专业甄别，利用专业知识分析其合理性，筛选罗列合理范围，对应主张内容提出鉴定意见，科学、专业地解决了鉴定疑难问题，鉴定人按照不同的时间节点段分别提出鉴定意见，具体为停工之日起至解除合同通知发出之日止的损失；解除施工合同通知发出之日后的损失；解除施工合同后未施工部分的预期可得利益，有效地避免了“以鉴代审”的现象。

涉案项目鉴定材料不全，对于工期如何确定计算的关键证据无法锁定，鉴定人按照合同约定的开工时间、施工组织设计中的进度计划保证措施专业判断合理的施工工期作为鉴定依据，有效解决合同工期依据难点。

涉案停工索赔包括实体工程费用、措施费用、预期可得利益等损失鉴定，牵涉工程造价、工程施工、工程管理、工程财务等专业问题，鉴定人就专业问题、合同问题、法律问题、技术问题等进行有效地融合解决，鉴定意见采用表列方式对其索赔事项损失费用分别列项，索赔所涉费用项目清晰明了。

鉴定意见中的预期可得利益按照《建设工程造价鉴定规范》的规定，参考“工程所在地统计部门发布的建筑企业统计年报的利润率”原则，合理确定为“合同履行期间当地的计价费用定额中规定的利润率中间值”，对预期可得利益单独列项出具鉴定意见，供法院判断选择使用。

鉴定公司中立地结合鉴定证据材料、合同约定、客观情况，运用科学的方法以及专业技术知识对涉案当事人不同意见进行专业质询答复，按照《建设工程造价鉴定规范》规定的规则解决相关问题，有效地把控执业风险，避免以鉴代审等问题发生，涉案鉴定牵涉内容复杂，解决问题的方法专业、科学，鉴定意见中立、客观。

湖北嘉宁工程咨询有限公司　张其涛

对四川省某市住宅项目工程造价司法鉴定

——四川鼎恒永信工程建设项目管理有限公司

黄怡　丁萍

一、案情简介

本工程为某市安置小区，位于四川省某市新城，包括 1 ～ 17 号楼共 17 栋楼，总建筑面积约为 12.56 万平方米。某投资有限公司，是本次鉴定案例的建设方（以下简称当事人 A）；某建筑工程有限公司，是本次鉴定案例的施工方（以下简称当事人 B）。项目为公开招标，双方于 2012 年 5 月 15 日签订施工合同，实际开工时间为 2012 年 7 月 4 日。2018 年 8 月 3 日四川省某市中级人民法院委托四川鼎恒永信工程建设项目管理有限公司（以下简称鉴定公司）对申请人（当事人 B）提交的工程签证中增加、变更工程量的价款进行司法鉴定。申请司法鉴定时该项目正在进行总平施工及局部整改。

二、案件争议焦点和造价鉴定难点

（一）砖胎模签证事项的认定及造价金额的计算

背景：本项目送鉴签证共有 115 份，其中争议点最大也最具代表性的为砖胎模事项签证。17 栋建筑物中有 3 栋建筑物涉及基础砖胎模签证事项，3 份送鉴签证金额共计约 104.02 万元。项目包含筏板基础、独立基础等多种基础形式，招标文件中，设计图纸明确筏板基础采用砖胎模形式。当事人 A 在招标工程量清单中虽列出了基础模板项清单，但项目特征描述缺失。当事人 B 中标后，双方签订了施工合同。施工中，当事人 B 在进行筏板基础施工时，施工方案明确基础模板为砖胎模，将砖胎模措施项目按照招标工程量清单漏项处理，申请办理了该措施项目的现场签证。此项签证经过现场监理和发包人现场代表审批后实施。

争议：当事人 A 认为砖胎模项目工程量应计入招标工程量清单中的基础模板分部分项工程中。其合约部在后期进行审核中，认为该项签证不应成立。当事人 B 认为招标工程量清单中基础模板项目缺失项目特征，仅仅包含独立基础部分的模板，而他们在投标报价时，也未将砖胎模综合到此项单价中，砖胎模应视为招标工程量清单漏项。且在施工过程中，发包人代表及监理均审批通过了砖胎模事项签证，此签证应成立。

鉴定分析：按照《建设工程工程量清单计价规范》第 4.1.2 条“招标工程量清单必须作为招标文件的组成部分，其准确性和完整性由招标人负责”，第 4.2.1 条“分部分项工程量清单应载明项目编码、项目名称、项目特征、计量单位和工程量”，本案例招标工程量清单的准确性应由当事人 A 负责，清单中存在措施项目特征描述缺失会导致承包人无法确定综合单价，属于清单质量问题。招标答疑阶段，各投标人应充分对清单进行提问，但包括当事人 B 在内的所有投标人并未对该项提出问题，当事人 A 也未对此项目给出解释说明。在当事人 B 进场后，清标过程中，双方也未对此问题进行沟通处理。施工过程中，当事人 B 提出签证申请时，当事人 A 的现场代表及监理工程师确认审批通过了该签证事项。

鉴定意见：鉴定公司的鉴定人在充分了解当事人双方的矛盾争议后，通过现场勘验和隐蔽工程资料梳理，核实砖胎模项目确实按方案已经施工，认为此项签证事项可以确定已发生，同时现场签证流程也符合施工合同约定，故此项签证成立。为了避免在鉴定过程中出现“以鉴代审”现象，鉴定公司仅对签证是否成立以及其涉及的工程造价进行判定给出专业意见，不对签证的合理合法性进行判断。

（二）安全文明施工费的认定

背景：本案件受理时，项目未完工，所以尚无安全文明评定表。安全文明施工费的认定也成为争议焦点之一。

争议：当事人 A 坚持，按照审计原则，无安全文明评定表不计取安全文明施工费。当事人 B 认为自己依照现行标准规范，结合工程特点、工期进度和作业环境要求，在施工组织设计文件中执行了相应的安全防护、文明措施，应该收取签证部分对应的安全文明施工费。

鉴定分析：鉴定公司通过现场勘验及施工过程资料核实，当事人 B 在项目施工过程中进行了相应的安全文明施工措施。司法鉴定并不是办理竣工结算审计，应遵循公正性原则，保证程序公正、司法鉴定实体公正。

鉴定意见：鉴定公司鉴定人认为鉴于项目尚未完工，无安全文明评定表，应暂按基本费率计取本项目的安全文明施工费。

（三）营业税金税率的认定

背景：本项目地处某市郊区某乡镇，当事人 B 由于内部管理混乱，遗失了营业税交税凭证。双方就该项目营业税上缴税率产生争议。

争议：当事人 A 认为缴税税率应按当地文件中乡镇的税率标准计算；而当事人 B 坚持自己是按照某市区税率标准上缴的税金。

鉴定分析：为了确定该项目的营业税税率，鉴定公司的鉴定人员先后走访了省造价站、市造价站以及项目所在地街道办进行询问调查。

鉴定意见：虽然项目地处某市郊区某乡镇，但其所在地域属于该市经济开发特区，行政归属于该市，由此鉴定人判断本项目税金执行市区税率标准。

（四）当事人双方矛盾积累很深，交流时情绪很激动

由于当事人双方矛盾积累很深，在现场勘察、工程量核对及会议中，每次见面时情绪都很激动，甚至发生争吵，双方均难以理智清晰地表达思路，这也给鉴定询问工作带来了不小的难度。鉴定公司的鉴定人不断给双方当事人做思想工作，告知其司法鉴定程序和原则，并说明司法鉴定工作不同于办理审计结算业务。双方只有充分表达了自己的申请意见，提交相应的证据资料，才能推进鉴定工作有效开展。

三、鉴定情况

（一）司法鉴定委托人提供鉴定材料内容

以下鉴定材料均由委托人法院质证后，移交给鉴定公司。

（1）施工合同（共 1 本），接收日期：2018 年 10 月 10 日。

（2）司法鉴定申请书及笔录（共 1 本），接收日期：2018 年 10 月 10 日。

（3）招标文件（共 1 本），接收日期：2018 年 10 月 10 日。

（4）工程量清单（共 4 本），接收日期：2018 年 10 月 10 日。

（5）招标投标清单（共 3 本），接收日期：2018 年 10 月 10 日。

（6）证据汇编（共 1 本），接收日期：2018 年 10 月 10 日。

（7）跟踪审计报告书（共 1 本），接收日期：2018 年 10 月 10 日。

（8）本项目工程签证单（共 9 本），接收日期：2018 年 10 月 10 日。

（9）基桩检测报告及图纸（共 6 本），接收日期：2018 年 10 月 10 日。

（10）施工组织设计（共 2 册），接收日期：2018 年 10 月 10 日。

（11）工程开工报审表、工程质量验收记录、隐蔽部分验收备案表（共 3 份），接收日期：2018 年 10 月 10 日。

（12）工程规费计取标准（共 1 份），接收日期：2018 年 10 月 10 日。

（13）电子版资料 U 盘（共 1 个），接收日期：2018 年 10 月 10 日。

（14）关于对当事人 B 建筑工程有限公司所递交补充资料的意见（共 1 页），接收日期：2019 年 1 月 30 日。

（15）关于撤回 13 号、14 号楼消防工程鉴定的申请书（共 1 份），接收日期：2019 年 1 月 30 日。

（16）当事人 A 关于当事人 B 2019 年 1 月 24 日申请的说明（共 1 页），接收日期：2019 年 2 月 1 日。

（二）工程造价司法鉴定情况

1. 鉴定过程

鉴定公司于 2018 年 8 月 3 日收到委托方的司法鉴定委托书。接受委托后，鉴定公司明确了委

托事项，了解了案件基本情况，组建鉴定小组，制订了鉴定方案。鉴定小组人员名单见表 1，司法鉴定方案如图 1 所示。

表 1　司法鉴定小组人员名单

职务	人员	职称	
鉴定审定人	赵林	注册造价工程师	高级工程师
鉴定人	丁萍	注册造价工程师	工程师
鉴定人	黄怡	注册造价工程师	工程师
辅助鉴定人	张朝阳	造价员	

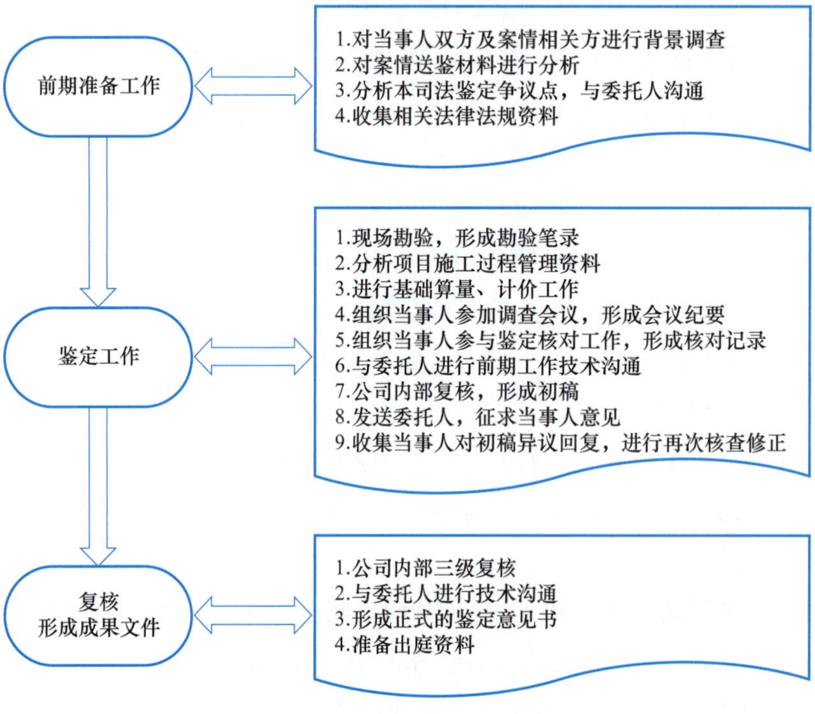

图 1　司法鉴定方案

按照《建设工程造价鉴定规范》3.7 条中对鉴定期限的规定，本项目争议标的涉及工程造价约为 2000 万元，鉴定期限为 60 个工作日。由于鉴定事项涉及签证数量较多，鉴定工作复杂，鉴定公司与委托法院协商，于 2018 年 12 月 17 日向法院提交书面延期申请，申请延长鉴定时限 30 个工作日。本项目鉴定时间“从鉴定人接收委托人移交的证据材料之日起的次日算起”，扣除“等待当事人提交、补充或者重新提交证据、勘验现场等所需的时间”，共 82 个工作日。本项目鉴定时间符合《建设工程造价鉴定规范》规定的鉴定期限。鉴定公司鉴定工作开展的流程信息见表 2。

表 2　鉴定工作流程信息

序号	时间	事项	记录种类	记录编号
1	2018 年 8 月 3 日	收到司法鉴定委托书	接受委托	〔2018〕×× 中院法技委字第 ×× 号
2	2018 年 8 月 6 日—9 月 28 日	调查案情及双方当事人背景，收集相关法律法规资料	工作底稿	川鼎鑫（建）价鉴〔2018〕015 号底 01、02、03
3	2018 年 10 月 10 日	委托方组织鉴定公司及当事人双方现场勘验	现场勘验签到表、勘验笔录	川鼎鑫（建）价鉴〔2018〕015 号勘 01
4	2018 年 10 月 10 日	收到委托人首次移交鉴证材料	送鉴材料	
5	2018 年 10 月 11 日—10 月 16 日	分析送鉴材料，梳理本司法鉴定争议点	工作底稿	川鼎鑫（建）价鉴〔2018〕015 号底 04
6	2018 年 10 月 17 日—11 月 30 日	完成基础算量、计价工作，形成初步鉴定意见书	工作底稿	川鼎鑫（建）价鉴〔2018〕015 号底 05
7	2018 年 11 月 21 日	前往项目所在地行政部门调查项目税金问题	工作底稿	川鼎鑫（建）价鉴〔2018〕015 号底 06
8	2018 年 12 月 3 日—12 月 7 日	鉴定公司内部复核	初步鉴定意见书	
9	2018 年 12 月 11 日	向委托方邮寄“初步鉴定意见书征求意见函”	征求意见函	川鼎鑫（建）价鉴函〔2018〕015 号 01
10	2018 年 12 月 17 日	向委托方提交书面延期申请	延期申请函	川鼎鑫（建）价鉴函〔2018〕015 号 02
11	2018 年 12 月 29 日	收到法院转交的当事人双方对初步鉴定意见书的异议	当事人对初步鉴定意见书提出的书面异议	
12	2019 年 1 月 7 日	委托方组织鉴定公司及当事人双方对初步鉴定意见的异议进行陈述，并确定三方核对工程量时间	会议纪要	〔2019〕01
13	2019 年 1 月 8 日	发出要求当事人提交补充证据材料函	补充证据函	川鼎鑫（建）价鉴函〔2018〕015 号 03
14	2019 年 1 月 16 日—17 日	组织当事人双方进行工程量核对	核对记录	川鼎鑫（建）价鉴〔2018〕015 号底 07
15	2019 年 1 月 18 日—1 月 28 日	再次对双方争议部分进行核查调整工作	工作底稿	川鼎鑫（建）价鉴〔2018〕015 号底 08
16	2019 年 1 月 29 日	鉴定公司同当事人双方到四川省造价站进行造价咨询	专家意见记录	川鼎鑫（建）价鉴〔2018〕015 号底 09
17	2019 年 1 月 30 日	第二次收到法院转交的本工程补充送鉴材料		
18	2019 年 2 月 1 日	第三次收到法院转交的本工程补充送鉴材料		

续表

序号	时间	事项	记录种类	记录编号
19	2019年2月11日—19日	对补充送鉴材料进行计量、计价工作	工作底稿	川鼎鑫（建）价鉴〔2018〕015号底10
20	2019年2月20日—25日	鉴定公司内部三级复核		
21	2019年2月26日	出具司法鉴定意见书（包含当事人对初步鉴定意见书提出的书面异议的回复）	正式鉴定意见书	川鼎鑫（建）价鉴函〔2018〕015号

2. 鉴定依据

（1）四川省某市中级人民法院委托书。

（2）司法鉴定申请书。

（3）施工合同。

（4）招标文件。

（5）工程量清单。

（6）招标投标清单。

（7）证据汇编。

（8）跟踪审计报告书。

（9）本项目工程签证单。

（10）基桩检测报告及图纸。

（11）施工组织设计。

（12）工程开工报审表、工程质量验收记录、隐蔽部分验收备案表。

（13）工程规费计取标准。

（14）电子版资料U盘。

（15）《建设工程工程量清单计价规范》（GB 50500—2008）及宣贯教材。

（16）2009年《四川省建设工程工程量清单计价定额》及其配套文件。

（17）其他相关资料。

3. 鉴定方法

鉴定公司根据送鉴材料及现场勘验的实际情况进行全面核查计算。在鉴定过程中鉴定人参加了委托方组织的现场勘验和调查会议，形成了现场勘验签字、现场勘验记录和会议纪要；同时组织三方对鉴定范围内的造价工作内容进行了全面的核对，形成核对记录。

过程中，对案件争议的鉴定工作忠于送鉴证据材料，应用了《建设工程工程量清单计价规范》（GB 50500—2008）、2009年《四川省建设工程工程量清单计价定额》、《关于审理建设工程施工合同纠纷案件适用法律问题的解释》等标准、规范、规程；运用经验法则进行逻辑推理的科学分析；走访省和地方造价站，引用大多数业内专家的观点和资料进行推断。

4. 鉴定意见

根据送鉴的鉴定资料，并结合该工程的实际及现场勘测等，经过必要的鉴定程序，鉴定意见如下：

当事人 B 提交的工程签证中增加、变更工程量的价款为 18550866 元。鉴定意见汇总和明细情况见表 3 和表 4。

表 3 司法鉴定意见汇总

序号	项目名称	金额(元)	备注
1	3 号楼签证	63749	
2	10 号楼签证	774864	
3	5 号楼签证	811519	
4	13 号楼签证	1184432	
5	14 号楼签证	314644	
6	15 号楼签证	1837559	
7	16 号楼签证	975110	
8	综合 2 ~ 15 号楼签证	12588990	
	合 计	18550866	

表 4 申请人提交的工程签证中增加、变更工程量的价款明细

序号	签证编号	项目(内容)名称	计算工程造价(元)	备注
1	3-1	3 号楼预应力管桩变更	63749.05	
2	3-2	3 号楼超高施工增加费用	0.00	超高施工增加费属于措施费，投标时应综合考虑一起报价
3	3-3	3 号楼屋顶电梯机房爬梯	0.00	原招标清单已计算此项，3 号楼【建筑工程】第 33 项
4	10-1	10 号楼桩基础、承台、梁钢筋	704139.56	已扣除原清单内的基础
5	10-2	10 号楼旋挖桩基础及大型机械		
6	10-3	10 号楼基础梁		
7	10-4	10 号楼桩承台基础		
8	10-5	村民出入道路改道	7861.68	
9	10-6	排污、雨水管沟改道	13173.95	
10	10-7	10 号楼旋挖桩接桩	40712.43	
11	10-8	10 号楼基础超深部分填筑	8976.30	
12	5-2	5 号楼基础后浇带下部混凝土	13844.57	仅计算增加后浇带，因不知原清单筏板基础是否计算此处工程量，故未扣除原筏板基础

续表

序号	签证编号	项目(内容)名称	计算工程造价(元)	备注
13	5-3	5 号楼地下室后浇带止水带	19585.26	
14	5-4	5 号楼基础管桩接桩	8197.60	
15	5-5	5 号楼地下室混凝土图纸与中标清单不符	56481.45	
16	5-6	5 号楼地下室顶板自动扶梯增加 PVC 排水管	1526.69	
17	5-7	5 号楼 1 号坡道截水沟预埋排水管	2381.58	
18	5-8	5 号楼基础管桩埋件及桩心	8127.40	
19	5-9	5 号楼基础垫层	102458.28	
20	5-10	5 号楼独立基础	28532.81	石方开挖未扣除原投标土方总量
21	5-11	5 号楼地下室挡墙止水拉杆	0.00	不计算；对拉螺杆由模板施工方案确定，应计算在模板单价中，不另计算造价
22	5-12	5 号楼商业 2 层增加工程量（钢筋）	0.00	清单量分不出二楼的工程量，故暂未计算
23	5-13	5 号楼一层清单混凝土标号不符	12284.52	招标清单模板是无梁板，实际是有梁板（单价采用其他楼栋投标单价）
24	5-14	5 号楼清单漏项（悬挑板、超高费等）	35542.67	1. 有梁板模板超高：不计算；因为招标清单列了板模板，应综合考虑超高费一起报价，不单列； 2. 外墙脚手架：不计算；原招标清单建筑、装饰均列了“脚手架 1 项”，投标时应综合考虑一起报价
25	5-15	5 号楼地下室外墙防水层	92231.96	
26	5-16	5 号楼清单漏项（送桩、梁模板超高、外架）	833.05	1. 有梁板模板超高：不计； 2. 外墙脚手架：不计
27	5-17	5 号楼塔式起重机基础	6317.52	
28	5-20	5 号楼旋挖桩	362675.71	
29	5-21	5 号楼地下室钢筋螺纹套筒	0.00	螺纹套筒属于措施钢筋、应综合考虑进入措施中相应项目报价之中，故不计算
30	5-22、5-23	5 号楼管桩变更	-276130.51	根据打桩记录计算工程量
31	5-24	5 号楼砖胎模	172412.66	按监理批准的施工方案计算，因方案仅表示需做防水层，但未明确防水层规格、做法，故未计算防水层
32	5-25	5 号楼外墙防水保护墙 120 砌砖	77910.10	
33	5-26	5 号楼玻璃幕墙	86305.58	
34	13-2	13 号楼砖胎模	315633.19	同 5-24 签证计算方式

续表

序号	签证编号	项目(内容)名称	计算工程造价(元)	备注
35	13-3	13 号楼地下室剪力墙止水拉杆	0.00	不计算；对拉螺杆由模板施工方案确定，应计算在模板单价中，不另计算造价
36	13-4	13 号楼地下室消防预埋	107739.83	
37	13-5	13 号楼基础管桩变更	91162.63	根据打桩记录计算工程量
38	13-6	13 号楼电梯基坑增加散热预埋管	0.00	不计算；大体积混凝土施工预埋管进行冷水散热属于施工措施费，应该在混凝土投标单价中综合考虑
39	13-7	13 号楼清单漏项（悬挑板、超高费等）	48401.07	1. 有梁板模板超高：不计算；因为招标清单列了梁板模板，应综合考虑超高费一起报价，不单列； 2. 外墙脚手架：不计算；原招标清单建筑、装饰均列了“脚手架 1 项”，投标时应综合考虑一起报价； 3. 异型柱：不计算；混凝土与矩形柱单价一致，不算漏项；模板，招标清单为“柱模板”，投标应综合考虑
40	13-9	13 号楼塔式起重机基础增加管桩	12577.16	
41	13-10	13 号楼地下室基础梁增加工程量	13125.79	
42	13-12	市政管网管沟回填	15179.21	
43	13-13	13 号楼接地装置制作、安装	12729.52	
44	13-14	13 号楼基础后浇带加厚	40564.58	仅计算增加后浇带，因不知原清单筏板基础是否计算此处工程量，故未扣除原筏板基础
45	13-15	13 号楼清单漏项（异型柱、悬挑板等）	71077.07	异型柱：不计算；混凝土与矩形柱单价一致，不算漏项；模板，招标清单为“柱模板”，投标应综合考虑
46	13-16	13 号楼接桩	24147.65	
47	13-17	13 号楼截桩	0.00	不计算；招标清单已有此项
48	13-18	13 号楼送桩	5098.56	
49	13-19	13 号楼基坑支护	224266.40	
50	13-23	13 号楼清单漏项（外墙脚手架）	0.00	不计算；原招标清单建筑、装饰均列了“脚手架 1 项”，投标时应综合考虑一起报价
51	13-24	13 号楼清单漏项（有梁板模板超高）	0.00	不计算；因为招标清单列了梁板模板，应综合考虑超高费一起报价，不单列
52	13-25	13 号楼增加塔式起重机一座	0.00	不计算；招标清单“大型机械进出场 1 项”，投标人自行报价不调整
53	13-26	13 号楼清单漏项（有梁板模板超高、外墙脚手架）	0.00	1. 有梁板模板超高：不计算；因为招标清单列了梁板模板，应综合考虑超高费一起报价，不单列； 2. 外墙脚手架：不计算；原招标清单建筑、装饰均列了“脚手架 1 项”，投标时应综合考虑一起报价

续表

序号	签证编号	项目(内容)名称	计算工程造价(元)	备注
54	13-27	13 号楼商业二层清单漏项（异型柱、飘窗板等）	5576.68	1. 有梁板模板超高：不计算；因为招标清单列了梁板模板，应综合考虑超高费一起报价，不单列； 2. 外墙脚手架：不计算；原招标清单建筑、装饰均列了“脚手架 1 项”，投标时应综合考虑一起报价； 3. 异型柱：不计算；混凝土与矩形柱单价一致，不算漏项；模板，招标清单为“柱模板”，投标应综合考虑
55	13-28	13 号楼地下室消防预埋	37629.37	
56	13-29	13 号楼地下室混凝土工程量增加	7606.96	
57	13-30	13 号楼清单漏项（后浇带止水带）	42181.90	
58	13-31	13 号楼地下室三级螺纹钢筋工程量增加	50588.48	
59	13-32	13 号楼地下室二级螺纹钢筋工程量增加		
60	13-33	13 号楼地下室圆钢工程量增加		
61	13-34	13 号楼地下室坡道板 C40 增加工程量	1404.93	
62	13-35	13 号楼地下室 C40 顶板增加工程量	41275.34	
63	13-36	13 号楼地下室防水混凝土顶板梁增加工程量	16465.46	
64	13-37	13 号楼地下室矩形柱增加工程量	0.00	
65	14-10	14 号楼地下室砖胎模	314643.96	同 5-24 签证计算方式
66	15-1	15 号楼砖胎模	158644.45	同 5-24 签证计算方式
67	15-2	15 号楼清单漏项（送桩、外墙脚手架）	3137.50	1. 有梁板模板超高：不计算；因为招标清单列了梁板模板，应综合考虑超高费一起报价，不单列； 2. 外墙脚手架：不计算；原招标清单建筑、装饰均列了“脚手架 1 项”，投标时应综合考虑一起报价
68	15-3	15 号楼地下室满堂基础混凝土工程量增加	65192.73	
69	15-4	15 号楼地下室二级螺纹钢筋工程量增加	217481.34	
70	15-5	15 号楼地下室三级螺纹钢筋工程量增加	585218.69	
71	15-6	15 号楼地下室冷轧带肋钢工程量增加	31911.48	

续表

序号	签证编号	项目(内容)名称	计算工程造价(元)	备注
72	15-7	15 号楼地下室 C40 直行墙工程量增加	2758.53	
73	15-8	15 号楼地下室防水底板工程量增加	45201.98	
74	15-9	15 号楼地下室防水基础梁工程量增加	6177.05	
75	15-10	15 号楼清单漏项（垂直运输机械）	0.00	不计算；招标清单地下室措施二列了“垂直运输机械 1 项”，投标人未报价视为包含在其他价格内，不另计算
76	15-11	15 号楼清单漏项（后浇带及止水带）	30042.84	仅计算增加后浇带，因不知原清单筏板基础是否计算此处工程量，故未扣除原筏板基础
77	15-12	15 号楼清单漏项（挡墙止水拉杆）	0.00	不计算；对拉螺杆由模板施工方案确定，应计算在模板单价中，不另计算造价
78	15-16	15 号楼清单漏项（接地装置）	13154.92	
79	15-17	15 号楼清单漏项（钢制接线盒）	2848.67	
80	15-18	15 号楼商业二层清单漏项（异型柱、脚手架等）	9708.48	1. 有梁板模板超高：不计算；因为招标清单列了梁板模板，应综合考虑超高费一起报价，不单列； 2. 外墙脚手架：不计算；原招标清单建筑、装饰均列了“脚手架 1 项”，投标时应综合考虑一起报价； 3. 异型柱：不计算；混凝土与矩形柱单价一致，不算漏项；模板，招标清单为“柱模板”，投标应综合考虑
81	15-19	15 号楼塔吊基础	12635.05	
82	15-20	15 号楼截桩工程量增加	-3691.19	
83	15-21	15 号楼 C15 垫层工程量增加	16104.59	
84	15-22	15 号楼预埋件工程量增加	217103.81	
85	15-23	15 号楼基础管桩接桩	4769.44	
86	15-24	15 号楼基础旋挖桩及大型机械	156583.29	
87	15-27	15 号楼商业一层清单漏项（异型柱、飘窗板、脚手架等）	8782.13	1. 有梁板模板超高：不计算，因为招标清单列了梁板模板，应综合考虑超高费一起报价，不单列； 2. 外墙脚手架：不计算；原招标清单建筑、装饰均列了“脚手架 1 项”，投标时应综合考虑一起报价； 3. 异型柱：不计算；混凝土与矩形柱单价一致，不算漏项；模板，招标清单为“柱模板”，投标应综合考虑

续表

序号	签证编号	项目(内容)名称	计算工程造价(元)	备注
88	15-28	15 号楼预应力管桩变更	167848.18	根据打桩记录计算工程量
89	15-29	15 号楼清单漏项（后浇带下部混凝土）	30532.82	仅计算增加后浇带，因不知原清单筏板基础是否计算此处工程量，故未扣除原筏板基础
90	15-30	15 号楼地下室 120mm 厚保护墙	55411.91	
91	16-1	16 号楼基础后浇带加厚	29790.51	仅计算增加后浇带，因不知原清单筏板基础是否计算此处工程量，故未扣除原筏板基础
92	16-2	16 号楼清单漏项（异型柱、飘窗板、接地等）	76868.06	异型柱：不计算；混凝土与矩形柱单价一致，不算漏项；模板，招标清单为“柱模板”，投标应综合考虑
93	16-3	16 号楼基础管桩变更	194186.90	根据打桩记录计算工程量
94	16-4	16 号楼电梯基坑增加预埋	0.00	不计算；大体积混凝土施工预埋管进行冷水散热属于施工措施费，应该在混凝土投标单价中综合考虑
95	16-5	16 号楼后浇带及墙止水带	40596.51	
96	16-6	16 号楼塔吊基础	12830.07	
97	16-7	16 号楼砖胎模	303247.83	同 5-24 签证计算方式
98	16-8	16 号楼清单漏项（玻璃雨篷）	8578.52	
99	16-9	16 号楼消防水池抹灰	22012.19	仅计算消防水池墙面防水砂浆抹灰，未扣除原清单内的水泥砂浆抹灰
100	16-10	16 号楼基坑护壁	202732.61	
101	16-11	16 号楼地下室 120mm 厚保护墙	84266.83	
102	综-2	5 号、15 号、16 号楼地下室顶板防水漏项	865885.85	
103	综-3	15 号、16 号楼地下室房上砖砌体	31173.51	
104	综-4	15 号、16 号楼屋顶机房刚爬梯	12821.87	
105	综-5	5 号、15 号、16 号楼地下室 C25 混凝土地面	405214.55	设计施工图做法为：50mm 厚 C25 混凝土地面
106	综-6	5 号、15 号楼地下室 C15 混凝土回填	326383.27	
107	综-7	10 栋楼的内墙及天棚腻子	1458348.85	
108	综-8	3 号、5 号、15 号、16 号楼地下室消防系统	3353058.75	
109	综-9	3 号～5 号、15 号、16 号楼地下室水电安装	4716588.68	

续表

序号	签证编号	项目(内容)名称	计算工程造价(元)	备注
110	综-10	15号、16号楼一层消防通道填混凝土	0.00	不计算；监理签署意见为“按设计施工”，但设计图并未说明此处需回填混凝土
111	综-11	3号～5号、15号、16号楼弱电系统	1055584.96	
112	综-12	3号、15号、16号楼电梯门洞门套	214789.63	
113	综-13	—	0.00	送鉴资料无此签证
114	综-14	排水管预埋、蹲便器变更	141076.14	
115	综-15	地下室排水沟箅子、外墙防水层	8063.97	
		汇 总	18550866.36	

（三）案件当事人对工程造价司法鉴定意见异议问题

2018年12月11日，鉴定公司向委托方出具初步鉴定意见书征求意见函。2018年12月29日收到当事人A、当事人B的回复意见。鉴定公司回复如下。

1）当事人A异议问题一：当事人A认为4项（超高施工增加费、梁板超高模板、砖胎模、基坑支护）约为133万元原清单报价中已经包含的项目以及措施费不应纳入新增、变更的工程量。

鉴定公司回复：

（1）超高施工增加费：2019年1月16日组织三方核对时达成一致意见，不计算。

（2）梁板超高模板：征求意见稿未计此项费用。因为招标清单列了梁板模板，应综合考虑超高费一起报价计入综合单价，不单独计取。

（3）砖胎模：2019年1月29日三方到四川省造价站咨询时，造价站回复：施工图要求基础侧模采用砖砌模板，但投标文件却采用钢模；发包人应在评标时提出疑问，承包人应对投标文件的报价及技术文件负责。本工程实际采用砖胎模（发包人现场代表、监理签字），故鉴定公司遵循按实计算的原则计入鉴定意见。此项费用共计1264582.09元，其中：5号楼为172412.66元、13号楼为315633.19元、14号楼为314643.96元、15号楼为158644.45元、16号楼为303247.83元。

（4）基坑支护：本工程招标清单未列基坑支护的项目且无设计基坑支护方案，本工程13号、16号楼属于深基坑应采取基坑支护。在实施过程中承包人提出基坑支护方案并经监理工程师签字确认进行施工，故鉴定公司按实计算13号、16号楼基坑支护费用426999.01元，并计入鉴定意见。其中：13号楼为224266.40元、16号楼为202732.61元。

2）当事人A异议问题二：跟踪审计单位2016年1月25日核定的“报告书”以及跟踪审计的各期进度款“报告书”中包含的新增、变更项目基本属实，但在鉴定结论中应该明确当事人A已经对这些项目予以初步确认，并已按合同约定支付相应价款的事实。

鉴定公司回复：根据四川省某市中级人民法院委托书的委托内容，鉴定公司仅针对签证内容造价进行计算；对于这些项目是否进行支付，不在鉴定范围内。

3）当事人A异议问题三：安全文明施工费应在评分后按费率计取。剩余款项应在工程竣工验收合格，经结算审计后按合同约定办理。

鉴定公司回复：双方签订的合同约定安全文明施工费按照《四川省建设工程安全文明施工措施计价管理办法》（简称《管理办法》）进行结算。《管理办法》规定对按规定应办理施工许可证的工程，工程竣工验收合格后，承包人凭建设工程安全文明施工措施评价及费率测定表测定的费率办理竣工结算。2018年10月10日现场勘测时，本项目仍在施工，未进行竣工验收，故承包人无法办理建设工程安全文明施工措施评价及费率测定表。但实际施工中会发生安全文明施工费，因此鉴定意见暂按基本费率计取安全文明施工费。按基本费率计取的安全文明施工费为491206.04元。

4）当事人B异议问题一：签证单及造价书的多数定额人工费调差均未按当期执行调整。

鉴定公司回复：不调整，征求意见稿已按当期文件调整人工费。

5）当事人B异议问题二：13-9、16-10基坑支护签证单，鉴定公司把钢筋和锯材、柴油是否未按投标统一口径调价？

鉴定公司回复：组织双方核对时已调整。

6）当事人B异议问题三：16-8，玻璃雨篷人工费是否未按当期调整？

鉴定公司回复：不调整，征求意见稿已按当期文件调整人工费。

7）当事人B异议问题四：3-3签证，3号楼电梯机房爬梯409元漏算，是否请核实后计算？

鉴定公司回复：不计算，送鉴资料投标清单3号楼第33项已计算3号楼电梯机房爬梯，故不应重复计算。

8）当事人B异议问题五：所有高楼层，梁板支撑超高费、装饰脚手架、商业原投标无梁板是否变更为有梁板？

鉴定公司回复：不调整。

（1）梁板支撑超高费：送鉴资料工程量清单中列项"有梁板、无梁板模板安拆"，承包人应根据设计图纸综合考虑梁板支撑超高费投标报价，故不再计取梁板支撑超高费。

（2）装饰脚手架：送鉴资料招标工程量清单装饰工程中列项"脚手架1项"，承包人应根据设计图纸综合考虑并报价，故不再计取装饰脚手架费用。

（3）商业原投标无梁板变更为有梁板：经核实工程量清单，5号楼为"现浇混凝土模板安装、拆除无梁板组合钢模"，而实际为有梁板，故采用其他楼栋投标清单项目"有梁板、无梁板模板安拆"单价进行计算。

9）当事人B异议问题六：综合-2：5号、15号、16号楼地下室顶板，砂浆找平只计算一层，实际应为2遍，还有一层保护层砂浆未计算，未按设计变更文件通知单计算，人工费未调整。

鉴定公司回复：组织双方核对时已调整。

10）当事人B异议问题七：综合-3：15号、16号楼地下室砌体，应按总金额×2栋，因为

15 号、16 号楼是一样的结构。

鉴定公司回复：组织双方核对时已调整。

11）当事人 B 异议问题八：综合 -4：15 号、16 号楼屋顶电梯机房钢梯及爬梯也应按总金额 ×2 栋，因为 15 号、16 号楼是一样的结构。

鉴定公司回复：组织双方核对时已调整。

12）当事人 B 异议问题九：综合 -5：5 号、15 号、16 号楼地下室 C25 细石混凝土地面找平找坡应该是原设计通知文件规定的 8cm，审计按 5cm 豆石混凝土计算，有误，未按设计变更文件通知单计算，人工费也未调整，总面积是否也有误差？

鉴定公司回复：是按送鉴资料工程签证单及设计施工图计算的；组织双方核对时已调整人工费和工程量。

13）当事人 B 问题十：综合 -6：5 号、15 号楼地下室 C15 混凝土地面回填，依据设计变更文件通知内容是起抗浮沉作用的，而审方按 C10 混凝土计算明显强度等级及计算有误，人工费均未调整。

鉴定公司回复：组织双方核对时已调整。

14）当事人 B 异议问题十一：其他各楼栋及签证核减原因。

鉴定公司回复：组织双方核对时已说明。

四、出庭作证情况

本案例中，鉴定公司从接受委托开始，重要环节均积极与委托方技术室或者法官沟通。尽管双方当事人在面对争议点时，坚持意见，态度很坚决，情绪也很激动，但鉴定人员不断地安抚双方，并作出严谨的技术解释。由于前期沟通工作做得较好，法官和当事人对鉴定意见书理解充分，本案最终未要求我方鉴定人员出庭。

鉴定人员简单梳理了以往案例出庭作证的处理原则：

（1）出庭前整理案件司法鉴定工作底稿，从程序上再次闭合各项工作环节，准备好各项出庭资料。

（2）在庭上对专业问题实事求是，怎么做的就怎么答，不偏不倚。

（3）对于当事人律师的假设性问题，尽量避开。工程建设是一个复杂多变的过程，不能简单地假设，必须具体问题具体分析。

五、心得体会

通过本案例的鉴定工作，可总结出以下心得。

（一）鉴定中各环节重视与委托方和当事人的沟通

工程造价鉴定工作的期限规定很严格，如何有效地推进鉴定工作很关键。从接受司法鉴定委托到出具鉴定意见书以及出庭作证，司法鉴定业务各个环节的关键工作需要跟委托方进行充分的沟通，沟通方式以电话、QQ、短信等常见联络方式为主，必要环节可向委托方正式发函。

接到委托时，认真分析委托材料、梳理案情、正确理解委托范围是鉴定工作的首要任务。法院的委托范围往往来源于当事人的申诉事项。而当事人在起诉时往往带有主观性，申诉事项的出发点也是利己的。客观地、正确地理解委托范围十分重要。因此收到委托书后，应第一时间了解案情和委托范围，分析鉴定的争议点，与委托方进行有效沟通，充分理解委托事项及范围。

在鉴定工作开展过程中，对于争议点的处理意见往往是鉴定意见的核心。鉴定意见书不可能将所有的鉴定分析过程一一详细记录，且造价鉴定属于专业性较强的技术工作，鉴定过程中也会涉及很多专业术语。积极与委托方、法官交流鉴定中的争议点处理情况和鉴定采用的技术方法，可以帮助法官更好地了解鉴定工作的开展情况。

法官并非造价专业出身，某些法官往往对造价专业术语不太理解。当鉴定意见书中出现造价专业术语时，如暂估价、暂列金、计日工、人工费调差、材料费调差等，提前与法官做好解释工作，便于法官更好地理解鉴定意见书的内容。

本案例中针对签证事项，鉴定公司在此过程中反复与法院沟通，说明签证的产生原理、界定范围、通常的流程以及结合本项目施工合同规定签证的成立要件；针对安全文明施工费，对法院说明了费用界定的范围以及包含的内容；针对营业税金的计取，向法官说明了营业税的计税依据、计税基础、税率计取的准则等。只有当法官充分了解了案件争议点所涉及的专业术语及造价分析思路，才能更好地判断是否采信鉴定意见书。

另外，在鉴定过程中出现请求提交补充证据材料、通知现场勘验、邀请当事人参加核对工作、鉴定意见书征求意见等情况，建议参照《建设工程造价鉴定规范》的规范格式发函。

（二）重视鉴定材料质证和移交程序

人民法院审判业务部门应当组织当事人对鉴定资料进行质证，并对鉴定材料的真实性、合法性、关联性进行审核认定，将经过质证的鉴定材料移交给鉴定机构。对于当事人争议大、人民法院尚需结合其他证据和事实作出质证的鉴定材料，人民法院应向鉴定公司作出说明，并要求鉴定机构就该证据采信与不采信的情形分别作出鉴定意见，供人民法院审核认定。

当事人提交鉴定材料时应附材料清单，材料经质证后，由人民法院审判业务部门组织当事人与鉴定机构进行交接，并由鉴定机构在材料清单上盖章签收。

在鉴定过程中常常会出现当事人补交鉴定材料的情况，本案就出现了当事人多次提交补充送鉴材料的情况。这些由法院移交的补充材料可能第一时间未来得及质证。若鉴定人以材料未质证为由不开展这部分材料的鉴定工作，很可能延误鉴定期限。建议鉴定人在接受未经质证的鉴定材料后，还是按计划开展鉴定工作，同时请法院尽快组织当事人双方进行质证环节。在出具鉴定意见书之前，完成所有鉴定材料的质证工作。未经质证的材料原则上不纳入鉴定意见中。

（三）安抚当事人，与当事人进行有效沟通，让当事人配合鉴定工作

很多司法鉴定案件中，当事人双方矛盾尖锐、积怨颇深，当事人不配合鉴定工作的情况屡见不鲜。这给正常的鉴定工作开展带来了不小的障碍。

本案中双方当事人在司法程序开始时，每次见面情绪都非常激动，加之不了解鉴定程序和鉴定工作原则，单纯地认为鉴定工作等同于审计工作，主要任务是将造价具体金额算清楚。这是一种极其片面的认识，非常不利于配合鉴定工作。鉴定人员不厌其烦地与当事人解释沟通，告知其鉴定工作的程序和鉴定原则，解释了造价鉴定工作与普通造价（审计）工作的不同之处。同时强调鉴定工作的严谨性和证据材料的重要性。后来当事人理解了配合鉴定工作的重要性，慢慢转变了态度。

鉴定人除了具备丰富的造价类专业知识，熟悉司法诉讼法律法规，还应该掌握一些心理学知识，懂得与人沟通的技巧。在鉴定工作中，有效地沟通、让双方当事人积极配合是鉴定工作有效开展的保障。

（四）对鉴定意见明细表述，切勿只给出总金额

工程造价鉴定意见在《中华人民共和国民事诉讼法》第六十三条规定中属于诉讼证据种类之一，是用以证明案件事实的材料，鉴定意见是否被采信，属于审理法院认证范畴。

鉴定公司接受鉴定委托事项往往有很多送鉴材料，虽然这些材料是经过法院质证后移交的，但是材料以及其产生的鉴定结论是否被法院采信，属于审理法院认证范畴。鉴定工作是将这些送鉴材料进行拟合，但不能“以鉴代审”。在鉴定意见描述中，鉴定人员应该按照送鉴材料的分类对鉴定意见进行详细描述。

本案例中涉及 115 份经质证的签证及变更送鉴材料，在司法鉴定意见书结论阐述时，若仅仅给出一个总的鉴定结论，不便于法官判决。鉴定公司的鉴定人梳理出了每一组签证送鉴材料所涉及的鉴定意见造价金额以及每项签证的特殊情况说明，便于法官决断当采信某个签证材料时，该签证的造价能准确提取。

本案中鉴定公司出具的是确定性鉴定意见，详细鉴定意见用表格形式呈现，便于法官理解和使用。对于一些带争议的选择性鉴定意见，通常也会用表格形式呈现详细鉴定意见，表头设计如表 5 所示。

表 5　对于证据争议的选择性鉴定意见表头

争议事项		当事人A主张 (注明当事人名称)	当事人B主张 (注明当事人名称)
（事项名称）	各自主张的证据		
	鉴定金额（元）		

近年来，建设工程施工过程中的各类矛盾层出不穷，进入诉讼领域的纠纷也越来越多。此类

案件大多涉及工程量结算、工程款支付及工期延误等问题，并与拖欠民工工资、重点工程项目建设等关系民生、稳定和发展大局的多种元素糅合，日益成为法院审判工作关注的重点和难点。作为一名合格的造价鉴定人员，不仅要有丰富的造价工作经验，还应具备其他多方面的知识，如法律、工程技术、财务会计等，同时要有较好的观察能力、判断能力、调解能力、文字和语言表达能力。在鉴定过程中，要厘清各方当事人的利益所在、平衡点所在及其最为关注的问题，充分运用心理学和各种谈判技巧，促使当事人各方以客观务实的态度正确对待分歧，争取当事人的积极配合，最大限度地消除当事人对鉴定结果的疑虑。

专家点评

本案例对鉴定过程描述细致，对每一分项均进行了说明，通俗易懂。案例中清晰地抓住了争议点和造价鉴定难点，分别是砖胎模签证事项的认定及造价金额的计算、安全文明施工费的认定和营业税金税率的认定，并对以上三个部分分别就背景、争议、鉴定分析和鉴定意见逐个进行阐述。及时组建鉴定小组，制订图表相结合的鉴定方案，并对鉴定期限方面单独进行了说明。由于鉴定事项涉及签证数量较多，鉴定工作复杂，与委托法院协商，并向法院提交书面延期申请，申请延长了鉴定时限。通过鉴定工作流程信息表将鉴定期间的主要工作进行汇总，整个鉴定中各个工作节点一览无余。鉴定过程中，对案件争议的鉴定工作忠于送鉴证据材料，应用了相应的标准、规范、规程，运用经验法则进行逻辑推理的科学分析，走访地方和省造价站，引用大多数业内专家的观点和资料进行推断。鉴定意见以汇总表及相关明细表进行全面体现，将鉴定意见全貌呈现出来。对于案件当事人对工程造价司法鉴定意见异议问题，对超高施工增加费、梁板超高模板、砖胎模、基坑支护费用争议进行分别详细说明，特别是对砖胎模争议，三方到当地造价站进行咨询，得到造价站的回复，根据回复结合实际情况，该工程实际采用砖胎模（发包人现场代表、监理签字），遵循按实计算的原则计入鉴定意见。同时对 11 个异议问题均分别进行详细回复。该案虽然鉴定人未进行出庭作证，但结合以往案例梳理了出庭作证处理的三个原则，使案例饱满完整。通过本案的鉴定工作，鉴定人总结出了 4 点心得体会，分别是：①鉴定中各环节重视与委托方和当事人的沟通；②重视鉴定材料质证和移交程序；③安抚当事人，与当事人进行有效沟通，让当事人配合鉴定工作；④对鉴定意见明细表述，切勿只给出总金额。每一个心得体会都全面展开进行描述，并都进行举例说明，有很好的借鉴意义。最后总结出作为一名合格的造价鉴定人员不仅要有丰富的造价工作经验，还应具备其他多方面的知识，如法律、工程技术、财务会计等，同时要有较好的观察能力、判断能力、调解能力、文字和语言表达能力。在鉴定过程中，要厘清各方当事人的利益所在、平衡点所在及其最为关注的问题，充分运用心理学和各种谈判技巧，促使当事人各方以客观务实的态度正确对待分歧，争取当事人的积极配合，最大限度地消除当事人对鉴定结果的疑虑，力争取得各方均能接受的鉴定结果。

北京求实工程管理有限公司　吴玉珊

某市政项目工程造价鉴定案例分析

——开元数智工程咨询集团有限公司

吴绍康　谭尊友　潘敏

为进一步提高工程造价鉴定水平，发现、总结优秀鉴定经验，开元数智工程咨询集团有限公司对曾经负责并已完结的某市政项目工程造价鉴定案例进行总结分析，提出工程造价鉴定过程中遇到的典型、突出问题，并提供相关解决方案或建议，旨在以此抛砖引玉，促进工程造价鉴定行业健康有序、良性发展。

一、案情简介

2019 年 3 月，受某仲裁委的委托，开元数智工程咨询集团有限公司（以下简称鉴定公司）对某建工集团股份有限公司（承包人）申请仲裁与某市投资（集团）有限公司（发包人）的关于某立交桥工程建设工程施工合同纠纷一案（以下称本案）进行工程造价鉴定。项目开工日期为 2010 年 4 月 28 日，竣工日期为 2012 年 11 月 12 日。

申请人（承包人）在报送结算时将索赔部分一并报送，后被当地审计局退回，审计局于 2013 年对案涉工程结算价款进行审计，并出具了审计报告，报告明确结算价款不包含索赔部分。在此之后，申请人又单独报送索赔报告于被申请人（发包人），但双方未能就索赔部分达成一致意见。因此，申请人就索赔部分单独申请仲裁。受托鉴定的索赔部分争议问题涉及金额约 2030 万元（不含该项目发包人、承包人双方已认可并结算金额 18849.27 万元），具体包含以下五部分：

（1）征地拆迁阻工造成机械费用损失。

（2）工期延误造成管理费增加。

（3）工期延误造成碗扣脚手架租赁费增加。

（4）赶工造成模板、木板、钢管等周转材料租赁费增加。

（5）被申请人未按合同节点付款增加资金占用费。

二、案件争议焦点及造价鉴定难点

接到此鉴定委托以后，鉴定公司对项目资料进行了全面的梳理及分析。从承包人提交的仲裁申请可以看出，争议问题涉及总金额约为2030万元，均为索赔鉴定，不涉及工程本身的工程造价费用。其中，碗扣脚手架租赁费损失约为873万元、管理费损失约为634万元，两项占索赔总金额的74%，为重点鉴定事项。而前述三项费用的鉴定均涉及对工期索赔的鉴定，只有将申请人可索赔的工期鉴定出来以后，才能计算出脚手架租赁费的损失以及管理费的损失。因此工期鉴定应为前三项费用鉴定的前提，是本案鉴定的重点。将本案鉴定的争议问题及鉴定难点归纳如下。

（一）关于经政府审计后的项目能否进行鉴定

案涉项目已经审计局审计，并作出了审计结论，发包、承包双方签订的“建设工程施工合同”明确约定，结算价款以审计结论为准。如申请人在报送工程结算送审报告时审计部门未对索赔部分进行实质审核，而后又单独提起索赔，是否有违合同的约定？索赔部分是否已过诉讼时效？鉴定时能否按照申请人的申请直接鉴定？

（二）关于合同约定的冲突

2010年1月发包、承包双方签订建设工程施工合同，其中通用条款第11.3条发包人的工期延误中写明“在履行合同过程中，由于发包人的原因造成工期延误的，承包人有权要求发包人延长工期和（或）增加费用，并支付合理利润”。专用条款第11.3条发包人的工期延误，按通用条款执行。由此可以看出，由于发包人的原因造成工期延误，承包人有权延长工期和（或）增加费用，并支付合理利润。但是，专用条款第11.5条承包人的工期延误中，第11.5.1.7条写明“工期延误，必须经过发包人相应管理程序签字并加盖公章后方可顺延工期，但发包人不支付额外的费用”。专用条款第11.3条和第11.5条对发包人延误工期造成的额外费用是否支付约定不一致，承包人的索赔申请是否能得到支持？

（三）关于工期延误造成管理费增加的索赔计算

如前文所述，根据合同的约定，要计算此项费用首先要明确的是工期延误是否是由发包人的原因造成的，如果双方都有原因，那就需要确定发包人的原因造成的工期有多长，从而得出应计算管理费的工期。

合同约定工期为540d，应于2011年10月19日竣工。开工报告日期为2010年4月28日，监理日志中记录承包人实际进场日期为2009年12月2日，相差约5个月。即将接近竣工日期时，双方当事人针对变更及清单漏项等，签订建设工程施工合同补充协议，交工时间延长至2012年5月30日，合同工期增加至764d，各方签署的竣工日期为2012年11月12日，整个项目实际工期930d。所以对于本项计算存在以下几个难点：

（1）开工日期到底是按开工报告日期记录还是按实际进场日期记录？

（2）根据《建设工程造价鉴定规范》（GB/T 51262—2017），工期索赔需找出关键线路，如果增加的工程量并非是关键工作，可以组织平行施工和交叉施工，还可以采取增加作业工人和施工机械等组织措施，确保项目按期完工。承包人提供了经审批的施工进度计划、调整进度计划、实际进度网络图及其他相关资料。在经过各种事件交叉影响、进度计划不断调整以后，关键线路应如何确定？如何能计算出索赔工期？

（3）在管理费的损失中，承包人提出管理人员工资索赔申请，并提交了管理人员名单、承包人内部的考勤表及工资表等证据资料。在鉴定过程中，鉴定公司查阅了双方对此部分证据的质证意见，发包人认为此部分资料均为承包人单方制作的资料，人员数量及工资标准均过于异常，不能采信。如何确定管理人员数量及工资成为此部分费用计算的难点。

（四）关于工期延误造成碗扣脚手架租赁费的索赔

发包、承包双方签订的建设工程施工合同约定本项目采用固定单价，合同清单范围内措施项目中以“项”为单位的措施费按招标清单说明进行包干使用不做调整。从审计部门委托某咨询公司出具的本项目竣工结算报告书中可见，脚手架项目在措施项目清单（二）中按“项”包干使用未作调整，符合合同约定。承包人提出由于征地拆迁延误、管线迁改不及时等原因造成工期延误，碗扣脚手架正常使用以外租赁费增加的申请，并提供了监理单位人员签字的脚手架使用相关证据。此部分费用是否应该计算？是否能按监理认可的数量及时间计算碗扣脚手架租赁费？

（五）关于赶工费用索赔

发包人于2011年6月组织承包人召开会议，要求案涉项目必须在2011年底通车。承包人为了满足发包人的工期要求，自行组织赶工，增加了模板的投入，而最后案涉项目的竣工日期为2012年11月12日，并未在发包人要求的时间节点竣工通车。在此情形下，发包人的工期要求是否被视为要求承包人赶工呢？承包人未将赶工方案报发包人审批而直接实施赶工所增加的费用能否计算赶工费用？

上述都是需要鉴定公司在鉴定时思考的问题。只有将这些问题都弄明白、找到解决方案了，才能提出较为公平公正、客观合理的鉴定意见。

三、鉴定情况

（一）司法鉴定委托人提供鉴定材料内容

在委托鉴定时，委托人向鉴定公司移送了以下资料：

（1）某项目工程款延迟支付统计表。

（2）某项目建设工程施工合同。

（3）某项目管理费损失证据资料。

（4）某项目由于工期延误造成的费用损失结算书。

（5）某项目资金占用费证据资料。

（6）某项目工期延误和费用损失的报告汇编。

（7）某项目木枋、模板、钢管费用损失证据资料。

（8）某项目施工组织设计。

（9）某项目二环主线桥碗扣脚手架费用损失证据资料。

（10）某项目十六标段证据资料、分部分项质量验收记录、专项施工方案、隐蔽资料、经济签证单、设计变更单。

（11）某项目道路排水、桥梁、滑坡整治施工图、竣工图。

（12）施工监理日志。

（13）招标文件、投标文件。

（14）审计局文件。

（15）审计结算报告。

（16）机械租赁合同、询价记录。

上述所有证据资料均为委托人组织发包人、承包人双方质证后，转交于鉴定公司的材料。

（二）工程造价司法鉴定情况

1. 鉴定过程

（1）接受委托，收取鉴定费用。

（2）接收鉴定资料。

（3）编制鉴定人员组成通知书，提请委托人送达双方当事人，并告知其有权提出回避。

（4）熟悉证据资料，分析项目情况，编制鉴定方案。

（5）对证据资料中存在的问题提请鉴定委托单位向当事人转达补交鉴定资料的函件及补交资料清单。

（6）针对鉴定内容及鉴定资料现场勘验。

（7）询问申请人与被申请人项目相关情况，制作询问笔录。

（8）实施具体的量价等定量与定性的鉴定工作。

（9）出具鉴定征询意见稿，征求双方当事人意见。

（10）收到各方复函后，对各方复函意见进行复核、完善、修订，再报经委托人同意后出具正式鉴定意见书。

（11）配合委托人要求出庭接受质询与答复。

（12）退还借阅资料及公司存档。

2. 鉴定依据

（1）《司法鉴定程序通则》（司法部令第 107 号）。

（2）《司法鉴定技术规范》（SF/Z JD0500001—2014）。

（3）《建设工程造价鉴定规范》（GB/T 51262—2017）。

（4）鉴定委托书。

（5）申请人与被申请人双方签字确认的质证意见。

（6）申请人与被申请人双方签字确认的询问纪要。

（7）申请人与被申请人签订的建设工程施工合同、建设工程施工补充协议。

（8）经过质证、经双方认可或者委托人确认证据效力的所有证据材料。

（9）申请人与被申请人签订的建设工程施工合同约定的2009年《四川省建设工程工程量清单计价定额》及配套文件。

（10）四川省建设工程造价总站发布的《关于明确零星工作项目人工单价、停（窝）工人工、机械台班单价计算方法的通知》。

3. 鉴定方法

鉴定过程中，结合本案具体情况，实施了包括收集鉴定依据、熟悉图纸资料、踏勘现场、核算工程量、询问当事人、提请委托人确认、内部复核、对争议事项会审等必要的鉴定程序。而针对不同的问题又采取了不同的方法。主要问题处理如下。

1）关于经政府审计后未审计部分能否进行鉴定。

接受鉴定委托后，在梳理资料时，鉴定公司发现证据材料中有对于涉案项目进行政府审计的相关资料，案涉项目已经经过政府审计，且出具了审计报告，审计报告中明确结算金额不包括承包人提出的某某索赔事项所涉及的金额，且承包人提出已将索赔部分一并报送结算，但审计部门并未接收。因此，对于索赔这部分实际并未经政府审计，经查，案涉项目建设工程施工合同约定，结算金额以审计部门认定的金额为准，若此部分金额未经审计能否直接申请鉴定？

虽然此问题与鉴定公司可能没多大关系，公司只需要按照委托事项进行鉴定，但当对委托事项的范围或内容存在疑问时，也应与委托人积极进行沟通，以避免开始鉴定后出现不必要的麻烦。因此，本着认真负责的态度，鉴定公司就此问题与委托人进行了沟通，委托人明确回复，索赔事项不包含在结算金额中，申请人与被申请人无法就索赔部分达成一致意见，要求鉴定公司按照委托鉴定书的内容进行鉴定。

2）合同争议。

前文已描述“建设工程施工合同”相关条款，对发包人延误工期造成的额外费用是否支付约定不一致。根据对双方当事人询问，均表示由仲裁庭确定。根据《建设工程造价鉴定规范》（GB/T 51262—2017）第4.7.3条的规定：证据本身彼此矛盾，鉴定人应及时提请委托人认定并按照委托人认定的证据作为鉴定依据。鉴定公司采用函件的形式，将合同条款争议问题提请委托人决定适用条款，委托人口头回复，由鉴定机构判定。遵循工程造价鉴定合法、独立、客观、公正的原则，对承包人提出的索赔申请，鉴定公司根据相关证据、依据分别提出鉴定意见，供委托人判断使用。

3）开工日期的确定。

《最高人民法院关于审理建设工程施工合同纠纷案件适用法律问题的解释（二）》第五条（一）及《建设工程造价鉴定规范》（GB/T 51262—2017）第5.7.1.1条均明确，合同中约定了开工日期，发包人又批准了承包人的开工报告或发出了开工通知，应采用发包人批准的开工报告或发出的开工通知的时间。本案中承包人虽表示提前进场是应发包人的要求，但并未提出相关书面证据证明发包人有过这样的要求，所以鉴定公司最终采用了发包人和监理人批准的开工报告日期为开工日期。

4）工期索赔的计算。

（1）关于建设工程施工合同补充协议是否包含管理费的问题。

在鉴定过程中，鉴定公司对双方签订的对于发包人引起的变更所增加的费用的补充协议有一些疑问：补充协议约定发包人就 4 项设计变更共支付承包人约 1500 万元，工期延长至 2012 年 5 月 30 日，协议中没有签订时间，同时合同条款用词较为概括，不能看出补充协议金额所包含的费用明细，无法确定此金额是否已经包含了工期延长造成管理费增加的补偿费用。鉴定公司认为需要询问双方当事人，了解双方签订合同时的真实意思表示，且尽量要求双方提供此补充协议的费用明细才能确定。所以鉴定公司向仲裁庭提出申请，希望组织双方当事人进行现场询问。此后在仲裁庭的组织下进行了现场询问并制作了询问纪要。

询问纪要中双方当事人均回复补充协议金额只含变更内容涉及的实体费用，没有包含工期延长造成的管理费增加。虽然鉴定公司从专业角度出发认为发包人对承包人的补贴是综合单价包干的，已经包含了相应增加的管理费，不宜再计取管理费的索赔，同时，通过比例法计算出此部分延长的工期予以扣除，但是为了尊重双方当事人的真实意思表示，鉴定公司在鉴定意见中单独计取了设计变更部分所增加的管理费索赔。比例法计算工期索赔值见下式。

已知额外增加工程量的价格，则有

$$\text{工期索赔值} = \text{原合同总工期} \times \frac{\text{额外增加的工程量的价格}}{\text{原合同总价}}$$

（2）工期索赔关键线路的确定。

承包人提交了由于征地拆迁延误、管线迁改不及时等原因打乱原进度计划施工工序的证据，发包、承包双方并未就调整后的施工进度计划进行签认，由于关键线路需要根据更新调整后的施工进度计划来确定，于是鉴定公司向委托人提出要求承包人补充提交实际施工进度网络图的申请，承包人补充提交了实际施工的进度网络图，但被申请人提出质疑，认为承包人补充提交的实际施工进度网络图，是承包人补充绘制的，并不是在施工过程中形成的原始资料，对其真实性不予认可。但鉴定公司根据监理日志、施工日志等资料的记录复核承包人补充提交的实际施工的进度网络图，发现基本与事实相符，但仍然无法确定关键线路，且仅能根据现有资料推断出案涉项目有两条关键线路。

与此同时，发包人并没有提出由承包人责任造成工期延误的证据。据此，鉴定公司综合根据双方提供的证据资料，就各事件影响的时间分别计算，推算出索赔事件造成工期延误 8.3 个月，最终由委托人根据当事人的证据材料及质证意见判断确定。

（3）管理人员工资。

鉴定过程中，鉴定公司提请仲裁庭要求承包人进一步提供管理人员的社保缴纳凭证以及银行转账记录等资料，承包人均未提供。由于鉴定项目实际施工时间距今已有 9 年之久，不易求证，目前已不能单纯通过市场询价的方式确定，且管理人员工资不同于劳务人员工资，行政及行业主管部门未发布相关工资标准。

在此种情况下，鉴定公司查看了项目施工时间对应年份工程所在地统计局发布的某市城镇全部单位就业人员平均工资（即社会平均工资），经研究，其工资构成并未包含单位应缴纳的社会保险部分金额，结合本项目承包人未提供社保购买凭证以及承包人属于国有大型建筑企业的实际情况，如果采用社会平均工资作为鉴定标准，理应加上单位应缴纳的社会保险部分金额。

最后，管理人员工资参照当年工程所在地统计局发布的相应社会平均工资加上单位应承担的社会保险金额计算。鉴定公司就通过此方法得出的金额与部分人员的工资进行了对比，对比结果显示是较为公平合理的工资。管理费损失汇总详见表1。

表1　管理费损失汇总

序号	费用名称	索赔时间(月)	管理人员数量(人)	人均费用		金额(元)
				月平均工资(元/人)	单位缴纳部分社会保险(元/人)	
1	管理费损失	8.30	48	4014.00	524.21	1808020.87
合计						1808020.87

（4）碗扣脚手架租赁费。

经过双方质证的证明材料关于某立交桥工程碗扣脚手架租赁费用增加的情况说明中，发包人现场代表签署意见为“情况属实，工程数量以现场监理核实为准”。后附的脚手架使用相关证据均有监理单位相关人员签字，但部分资料存在明显的不合理，即发包人现场代表签字时间在现场监理签字之前，就此问题询问双方当事人时，上述证明材料数量得到发包人认可，部分资料时间问题属于笔误。

即便发包人对于现场数量的签证全部认可，鉴定公司仍然需要考虑：现场所有材料都计索赔费用，还是只计部分？承包人是否存在相应的过错？根据双方签订的建设工程施工合同的约定，脚手架项目在措施项目清单（二）中按“项”包干计取，由于市政道路的特殊性，从节约成本的角度出发，承包人一般不会将所需要用到的所有脚手架全部运至施工现场，而是根据项目的进度计划分批运至现场，而案涉项目承包人却在未完全开工的情况下，提前两个月将本项目要用到的所有脚手架均运至现场，这显然与“施工组织设计”的计划与有经验的承包人正常的施工管理不符。

最后，鉴定公司根据监理审批的施工组织设计及专家论证的支架搭设和模板施工专项方案，结合常规施工规范流程，计算出碗扣脚手架租赁费与监理核定差异约35万元（详见表2、表3）。综合分析，鉴定公司认为责任如何划分、证据是否采纳应由仲裁庭决定，所以在鉴定意见中按照上述两种方式计算了两种鉴定金额，供委托人判断使用。碗扣支架租赁费损失按审批方案计算详见表2，按监理核定数量计算详见表3。

表2　碗扣支架租赁费损失汇总（按审批方案计算）

支架搭设部位	起算日期	终止日期	时间(d)	材料名称	单位	按方案计算数量	租赁单价[元/(d·t)或者元/(d·套)]	租赁损失费(元)
某段右二联	2010年7月1日	2010年12月8日	161	碗扣支架	t	451.178	5.00	363198.29
				上、下托	套	6720	0.06	64915.20
				架管	m	59138	0.01	95212.18
				扣件	套	19713	0.008	25390.34

续表

支架搭设部位	起算日期	终止日期	时间(d)	材料名称	单位	按方案计算数量	租赁单价[元/(d·t)或者元/(d·套)]	租赁损失费(元)
某段左二联	2010年7月11日	2011年3月10日	243	碗扣支架	t	529.962	5.00	643903.83
				上、下托	个	7680	0.06	111974.40
				架管	m	68037	0.01	165329.91
				扣件	套	22679	0.008	44087.98
某段左一联	2010年9月21日	2011年3月31日	192	碗扣支架	t	190.72	5.00	183089.28
				上、下托	个	4800	0.06	55296.00
				架管	m	26037	0.01	49991.04
				扣件	套	8679	0.008	13330.94
某段右一联	2010年8月30日	2011年1月14日	138	碗扣支架	t	161.886	5.00	111701.34
				上、下托	个	4200	0.06	34776.00
				架管	m	7488	0.01	10333.44
				扣件	套	22462	0.008	24798.05
某段右二联	2010年6月11日	2011年3月16日	279	碗扣支架	t	728.782	5.00	1016650.89
				上、下托	个	6510.00	0.06	108977.40
				架管	m	93684.00	0.01	261378.36
				扣件	套	31228.00	0.008	69700.90
某段左二联	2010年6月1日	2011年3月19日	292	碗扣支架	t	642.032	5.00	937366.72
				上、下托	个	5890.00	0.06	103192.80
				架管	m	87656.00	0.01	255955.52
				扣件	套	29219.00	0.008	68255.58

续表

支架搭设部位	起算日期	终止日期	时间(d)	材料名称	单位	按方案计算数量	租赁单价[元/(d·t)或者元/(d·套)]	租赁损失费(元)
某段右一联	2010年8月21日	2011年9月1日	377	碗扣支架	t	128.44	5.00	242105.63
				上、下托	个	3696.00	0.06	83603.52
				架管	m	22112.00	0.01	83362.24
				扣件	套	7371.00	0.008	22230.94
某段左一联	2010年8月11日	2011年9月17日	403	碗扣支架	t	116.63	5.00	235003.41
				上、下托	个	3696.00	0.06	89369.28
				架管	m	18579.00	0.01	74873.37
				扣件	套	6193.00	0.008	19966.23
合计								5669321.01

表3　碗扣支架租赁费汇总（按监理核定的数量计算）

序号	支架搭设部位	单位	金额	起算日期	终止日期	时间(d)
1	某段右二联	元	1556747.03	2010年6月11日	2011年3月16日	279
2	某段左二联	元	1636206.63	2010年6月1日	2011年3月19日	292
3	某段右一联	元	471969.58	2010年8月21日	2011年9月1日	377
4	某段左一联	元	511146.48	2010年8月11日	2011年9月17日	403
5	某段右二联	元	594638.78	2010年7月1日	2010年12月8日	161
6	某段右一联	元	249845.81	2010年8月30日	2011年1月14日	138
7	某段左二联	元	998607.55	2010年7月11日	2011年3月10日	243
合计		元	6019161.86			

（5）赶工费用。

根据证据材料，发包人于2011年6月组织承包人召开会议，要求案涉项目必须在2011年年底通车，但此后双方未就赶工有进一步的洽谈，承包人未提交赶工方案报发包人审核。承包人称，为了满足发包人的工期要求，自行组织赶工，增加了模板的投入，但并不能证明是发包人要求的赶工，最后案涉项目的竣工日期为2012年11月12日，也并未在发包人要求的时间节点竣工通车。综合分析，鉴定公司认为赶工费用不应计算。

4. 鉴定意见

根据上述分析，鉴定公司根据双方质证认可的证据材料提出了确定性的意见；一方质证时未予认可或证据材料不足但是鉴定公司从专业角度判断认为可以计算的部分提出了推断性的意见（如工期索赔部分），对于证据材料有矛盾的根据各种材料作出供选择性的意见供法院参考判断（如碗扣脚手架租赁费的部分）。最终分别根据两种方案提出鉴定意见，第一种方案涉及的金额为8900947.82元，第二种方案涉及的金额为8538932.51元，较之鉴定申请人主张的金额2030余万元有较大的减少。鉴定意见汇总详见表4。

表4　鉴定意见汇总表

序号	项目名称	单位	鉴定申请人主张金额	第一种鉴定方案		第二种鉴定方案	
				鉴定金额	计算方式	鉴定金额	计算方式
1	机械费损失	元	820000.00	774429.00		774429.00	
2	管理费损失	元	6340000.00	1808020.87		1808020.87	
3	某段碗扣脚手架租赁费	元	8730000.00	6019161.86	按监理核定数量	5669321.01	按审批方案计算
4	模板、木板、钢管等周转材料租赁费	元	1630000.00	0.00		0.00	
5	资金占用费	元	2100000.00	0.00		0.00	
6	税金	元	680000.00	299336.09		287161.63	
合计		元	20300000.00	8900947.82		8538932.51	

（三）案件当事人对工程造价司法鉴定意见的异议问题

鉴定意见征求意见稿做出后，被申请人未提出任何异议，申请人对管理人员数量、脚手架租赁费按照施工方案计算、赶工费用不计费用提出了异议。鉴定公司对申请人所提出的异议一一回复，并认为申请人提出的异议并没有明确的证据支持，鉴定意见合理合规，因此，对所有异议项均未采纳。

四、出庭作证情况

仲裁庭在收到鉴定公司的正式鉴定意见后，组织了开庭审理，要求鉴定人员出庭参与质证。在对鉴定意见质证的庭审过程中，鉴定公司先就鉴定意见及重要问题做了简要的介绍，此后分别接受了申请人、被申请人、仲裁员的询问，各方对碗扣脚手架的鉴定意见较为关注，由于此部分鉴定公司提供的是供委托人选择的意见，因此仲裁员也就此项进行了较为深入地询问，包括鉴定公司依据的哪些证据材料、如何计算的、鉴定公司的意见等。

五、取得的效果

针对本鉴定项目，通过鉴定公司长达半年的不懈努力，本着客观、公平、公正、实事求是的鉴定原则，严格按照鉴定委托要求、现行鉴定规范和相关规定要求，数次与委托人及发包、承包双方一起进行案件的分析、取证、质证，数次发函给委托方，先后出具了鉴定征求意见稿和鉴定意见书，最终的鉴定结果被委托人采信，也被发包人、承包人双方接受和认可，为维护当事人合法权利、解决工程遗留问题起到了积极有效的作用。

六、经验总结与体会

鉴定公司提出的鉴定意见往往作为委托人裁判的重要证据，其准确与否直接关系着当事人的切身利益。但是，由于受建设工程造价鉴定事项复杂、专业性强、过程证据资料不充分等因素的影响，往往在实际解决建设工程施工合同价款纠纷案件中，无法科学、准确地提出鉴定意见。经过对上述案例分析，鉴定公司总结出以下经验。

（一）工程造价鉴定与正常的工作造价确定相比，鉴定中各个环节必须遵从严格的法律程序

在鉴定程序上，鉴定公司认为需着重注意以下几点：

（1）在开始鉴定前，将鉴定人员组成名单书面函告各方当事人，在鉴定过程中增加或者变更人员以后也应及时书面函告各方当事人，并告知其有申请回避的权利，以免鉴定完成时，当事人提出存在需回避的事项，从而认为鉴定意见不公平或不公正，推翻鉴定意见，要求重新鉴定。

（2）在整个鉴定过程中，应避免单独与一方当事人会见、交流，如遇某些事项需要向当事人询问情况的，需通知委托人，在委托人的组织下各方当事人共同参与询问，充分听取各方的意见，以保证鉴定意见公正客观，不受一方当事人的影响，也避免被指责程序不合规、鉴定意见不公正等风险。

（3）如需补充资料，应提请委托人将当事人补充的资料组织质证再转交鉴定机构，若委托人坚持让当事人直接交给鉴定机构，应告知双方当事人一起到场移交资料并提交书面质证意见存档。

（4）在收取鉴定材料的过程中，均应以当事人书面提交的纸质版证据材料为准，不宜通过电子邮箱等接收资料。如有时为了节约时间，经委托人允许，可先通过电子邮箱等接收电子版资料，后期也应当告知当事人提交纸质版，并与纸质版核对无误后方可采纳，以避免采用未经质证的证据材料进行鉴定的情形。

所以，工程造价鉴定程序是鉴定意见具备证据效力的首要条件，只有程序合法，才能进一步提高鉴定意见的证明力。

（二）在接受委托时，提前落实造价鉴定范围，就委托鉴定范围存疑处与委托人沟通非常重要

在本案中委托人委托鉴定范围中的第5点，发包人未按合同节点付款导致增加资金占用费，经核实，其并不属于工程造价鉴定范围，因为资金占用费是否计算、起算点或者终止点是什么时候、利率按多少计算等，都属于法律问题，工程造价鉴定机构仅能就专业问题作出判断，而资金占用费可以由委托人依据造价鉴定机构计算出来的工程造价为基础，直接进行裁决。因此当遇到委托鉴定事项不在鉴定机构鉴定范围之内或者鉴定机构无相应资质时，鉴定机构应及时向委托人汇报，并在鉴定意见中特别说明。切勿作画蛇添足之举，如超范围鉴定、超资质鉴定，否则将导致鉴定意见不被采纳，同时还浪费了宝贵的诉讼时间，最终导致案件久拖不决。

（三）所有鉴定材料均须经质证，证据的采纳与否应由委托人决定

最高人民法院于2020年8月14日发布的《最高人民法院关于人民法院民事诉讼中委托鉴定审查工作若干问题的规定》（法〔2020〕202号）有以下规定："4.未经法庭质证的材料（包括补充材料），不得作为鉴定材料。当事人无法联系、公告送达或当事人放弃质证的，鉴定材料应当经合议庭确认。5.对当事人有争议的材料，应当由人民法院予以认定，不得直接交由鉴定机构、鉴定人选用。"

但在目前的实践中，各地区各级法院操作各有不同，部分委托人往往会将此类证据材料直接转交于鉴定机构。尤其是"对当事人有争议的材料，应当由人民法院予以认定"这一点，客观来讲，难以完全达到上述要求。比如说对属于承包人施工范围而后发包人又另行分包的事项，发包人往往会提供单独分包的相关分包合同、分包结算报告、分包付款凭证等证明材料，但此时承包人往往会以自己没参与而不予认可此类证据材料。若在此时由法院认定是否采纳前述资料，在判断其真实性的时候，需要考虑的一个专业问题便是分包事项的价格是否合理，可能此时法院也还是需要结合鉴定机构的专业意见来确定是否采纳此类证据材料。

虽然目前难以完全像最高院发布的司法解释那样在鉴定前由委托人对所有证据材料（尤其是双方有异议的材料）进行认定，但可认为这是一种主导思想。作为鉴定机构，鉴定公司只能接受委托人组织双方当事人质证后的证据材料，不能擅自接受当事人的证据材料，可以给委托人提供专业意见，不能自行确定证据采纳与否。结合《建设工程造价鉴定规范》（GB/T 51262—2017）第4.7条证据的采用中，对委托人质证并确认了证据的证明力以外的其他证据如何使用，提出两点思路：

（1）可在委托人的组织下，邀请双方当事人就争议较大的问题进行协商调解，从专业方向上加以引导，促成双方达成解决方案，这既尊重了当事人的权利，又保证了鉴定的效率。

（2）当事人对证据有异议无法达成一致意见，或提交的证据彼此矛盾，委托人对此又未作出认定的情况下，鉴定人可根据自己的判断分别出具鉴定意见，供委托人判断使用，既尊重了委托人的权利，又可保证鉴定的正常进行，避免"以鉴代审"的现象。

（四）应严格区分专业问题与法律问题，鉴定机构应肩负起帮助委托人查明与专业问题有关事实的责任

针对合同或者其他协议效力及当事人的责任承担，不应由鉴定公司进行认定，应由委托人决

定适用条款。鉴定意见中不得对案件性质和当事人责任进行认定，避免“以鉴代审”的现象。

鉴定意见的提出是基于对当事人双方提供的证据材料进行分析，再结合专业知识通过专业的方法得出，当证据材料冲突、处于真伪不明的状态时，鉴定公司可通过询问双方当事人、现场踏勘、对现场进行破除等方式确定案件的实际实施情况，据以提出确定性的鉴定意见，而不能一味地将问题抛给委托人，让委托人来查明事实。只有当通过前述手段均无法确定案件的真实情况时，可综合全案的证据资料再结合鉴定公司的专业判断，作出推断性意见或者供选择性的意见供法院参考判断。

（五）推断性意见及供选择性意见，应谨慎出具

在工程造价鉴定过程中，鉴定人应利用专业优势想尽办法解决鉴定过程中遇到的难题，在做到有理有据的同时也不能矫枉过正，不能固化地认为只有在具有确定的证据资料时才能进行鉴定的思维，让鉴定陷入僵局，委托人难以决断。鉴定人也可以通过专业判断提出推断性的意见、供选择性的意见供委托人参考。

但推断性意见及供选择性意见应谨慎出具，尤其是推断性意见，有时候可能会误导委托人。在出具推断性意见时，实际上隐含的一个意思便是：鉴定公司认为是这样的、应该这样计算，只是证据还不够充分。因此，委托人会采纳此种意见的概率很高。为避免对一方当事人不公平，应尽量少采用推断性的意见。

供选择性意见的采纳同样也需遵循两个原则：①供选择性意见的出具是基于委托人的决定而非当事人的申请；②除了合同约定不明、证据资料有明显冲突等涉及证据材料采纳的问题可以出具供选择性的意见外，其余问题不宜出具供选择性的意见。比如鉴定方法的采用问题，不宜出具供选择性的意见。

专家点评

该案主要就工程索赔鉴定方面进行分析总结，案例中诸多依据均列明相关法律条文及《建设工程造价鉴定规范》（GB/T 51262—2017）的具体条文，说服力强。同时对造价难点归纳准确，准确抓住了该案例中的鉴定难点——工期鉴定，该案索赔费用均与工期相关。根据归纳的鉴定争议问题及鉴定难点，通过收集鉴定依据、熟悉图纸资料、踏勘现场、核算工程量、询问当事人、提请委托人确认、内部复核、对争议事项会审等必要的鉴定程序，针对不同的问题采取了不同的方法，逐个进行分析。对于经政府审计后未审计部分能否进行鉴定提出疑问并进行沟通，得到委托人的明确回复。对于建设工程施工合同的相关条款，对发包人延误工期造成的额外费用是否支付约定不一致事宜，根据《建设工程造价鉴定规范》的规定，鉴定人采用函件的形式，将合同条款争议问题提请委托人决定适用条款，委托人进行了口头回复（建议采用书面答复）。对于开工日期方面，采用了发包人和监理人批准的开工报告日期为开工日期，依据充分。工期索赔方面的计算，对于疑问事宜在仲裁庭的组织下进行了现场询问并制作了询问纪要，结论尊重双方当事人的

真实意思表示。关于关键线路的确定涉及比较专业的问题，关键线路在实施过程中会因某一节点时间变化可能会发生改变，所以需要专业人员作出专业判断，该案涉项目从两条关键线路中推算出延误时间。管理人员工资方面，参照当年工程所在地统计局发布的相应社会平均工资加上单位应承担的社会保险金额计算比较合理。脚手架租赁费方面，分别根据监理审批的“施工组织设计”及专家论证的“支架搭设和模板施工专项方案”，结合常规施工规范流程，计算出碗扣脚手架租赁费与监理核定两种方式计算了两种鉴定金额，供委托人判断使用。最终分别根据两种方案提出鉴定意见，较之鉴定申请人主张的金额有较大的减少。该案例中的经验总结与体会针对性强，鉴定中各个环节必须遵从严格的法律程序在该案例中体现充分。作为鉴定公司，只能接受委托人组织双方当事人质证后的证据材料，案例中对委托人质证并确认了证据的证明力以外的其他证据如何使用提出的两点思路比较实用。案例中提出推断性意见及供选择性意见应谨慎出具，并提出了供选择性意见的采纳需遵循的两个原则。总之，该案例是运用《建设工程造价鉴定规范》非常到位的案例。

北京求实工程管理有限公司　吴玉珊

贵州省某景区旅游开发项目工程造价司法鉴定

——普诚正华工程咨询有限公司

廖文婕　何鸿浩　吴聪

一、案情简介

本工程造价鉴定景区旅游开发项目案例是贵州省某县政府于2012年推出的BOT项目，后因该项目占地违反了《中华人民共和国自然保护区条例》的强制性规定，被上级有关部门责令拆除恢复，由此产生了投资人索赔案件。现将该案主要事实经过简述如下：

2012年8月，某县政府与某社会资本方（民营企业，以下简称A公司）签订合作框架协议，就A公司投资开发某景区旅游项目相关事宜进行了约定，主要内容：项目总投资约1.2亿元，分两期投入：第一期2012年9月至2014年9月，主要开发建设三星级以上宾馆、水体漂流、景区地热资源、水上游乐园等；第二期2015年1月至2018年1月，计划投资0.75亿元，主要开发建设某温泉疗养馆、康体养生中心、生态庭院度假山庄等。A公司与该县政府下辖单位共同注册具有独立法人资格的项目公司，依法缴税、自主经营。

随后，该县政府下辖单位与A公司签订合作协议。旅游开发投资计划与合作框架协议一致，还对其他事项进行了约定："第一条，甲方通过招商引资引进乙方作为投资主体，实施景区开发。第三条，合作方式：开发范围所有权属甲方所有，合作期间甲乙双方对约定的旅游项目进行合作开发，其中景区合作开发项目的经营性项目及修改配套设施由乙方独资开发建设，自主经营、自负盈亏，在使用年限内长期属乙方所有。第六条，旅游合作开发经营年限初定40年。合作约定期限到期后，若国家政策没有新的变动，本协议顺延十年。第八条，从2014年9月起，前五年乙方将经营收入净利润的10%分配给甲方，从2019年9月起，乙方将经营收入净利润的25%分配给甲方。第二十条，若一方违约，应承担乙方已投资总额50%的违约金支付给守约方；如乙方违约还应承担所投资建设的固定资产归甲方所有；如甲方违约除承担以上约定的违约金外，还应赔偿乙方全部投资资金。"

2012年9月，该县政府下辖单位与A公司共同注册成立独立法人资格的项目公司（以下简称B公司），随即B公司启动该景区开发建设工作，陆续完成了宾馆、水上游乐园、漂流河道等项目建设。2016 年 11 月经某地级市旅游景区质量等级评定委员会组织评定和审定，该景区达到国家 3A 级旅游景区标准的要求，批准为国家 3A 级旅游景区。

2017 年 4—5 月，上级有关部门到该县开展环境保护督察。因 B 公司在某自然保护区范围内开展旅游活动的行为违反了《中华人民共和国自然保护区条例》的强制性规定，被要求立即停止在自然保护区的违法违规建设项目，并对修盖的违法违规建设项目予以拆除。8 月初，县政府通知 B 公司关闭景区。之后县政府职能部门分别作出关停或拆除通知。

2018 年 4 月，县政府与 B 公司签订资产处置框架协议，主要约定："B 公司在某自然保护区内修建的水上乐园游乐设施、大型观音塑像、河道内的拦河坝、漂流项目水泥水渠及水泥硬化部分、卡丁车赛道硬化部分，必须在 2018 年 4 月 30 日前予以拆除。对乙方在自然保护区的全部项目开发投资进行核定，核定总的补偿数额。对于所有物资、设施设备类资产由双方提交资产评估公司进行评估核定；对乙方的所有建筑类资产由甲方组织相关部门核实工程量，并委托造价公司按历史成本法予以造价核定，造价核定过程中，有计价标准的从其标准；没有计价标准的，双方协商解决；对难以获取充分造价依据的房屋等建筑物，双方协商解决。评估公司的报告和造价咨询公司的造价作为双方协商总计补偿金额的重要参考依据（最终以双方确认为准）。对于双方当前拆除的部分，由造价公司、乙方、财政局、审计局派人参加，在 2018 年 4 月 27 日前初步确认量价。"双方于 2018 年 5 月 20 日前完成对乙方自然保护区的全部项目开发投资的总补偿金额核定，并于 2018 年 6 月 10 日前签订该总补偿款的支付协议。之后陆续签订了资产清算工作备忘录、协商处理协议、协商处理补充协议、拆除施工补偿协议，上述协议对已开发建设设施的拆除及 B 公司已投入资产的评估及补偿作出了相关部署和安排。

2018 年 8 月，某县林业局出具了《某水上乐园及配套项目相关设施拆除施工验收报告》。根据报告内容，2018 年 8 月 7 日，由该县林业局牵头，水务、财政、审计、住房建设等部门参与，对水上乐园及配套项目相关设施第一、二、三期执行拆除施工进行验收。第一期拆除内容：水上乐园游乐设施、大型观音塑像、河道内拦河坝、下游段漂流滑道及漂流道挡墙、漂流接待中心、卡丁车水泥硬化部分。第二期拆除内容：上游段漂流滑道及漂流滑道挡墙。第三期拆除内容：漂流起点接待厅及厕所、漂流起点大坝、漂流中段两栋房屋（中段休息室）、漂流中段大型树形滑道、水上乐园旁钢结构廊道、卡丁车赛道旁廊道、码头三个廊道、码头游船清运。经验收，水上乐园及配套项目相关设施按照协商处理协议及某水上乐园及配套项目一、二、三期自行拆除施工补偿协议约定拆除的内容完成拆除施工和码头游船的清运。

某县政府于 2018 年 7 月向该县人民法院起诉，请求确认某景区旅游开发项目合作框架协议、某景区旅游项目合作协议书、某景区旅游投资合作补充协议无效。该县人民法院 2018 年 12 月的民事判决书判决确认以上 3 份协议无效；并告知 B 公司要求县政府等赔偿其损失的请求超过了基层人民法院受理第一审民事案件的受案范围，其可另案主张权利。

该判决生效后，B 公司（本案原告）随即向上级法院提起诉讼。提出请求：依法判决被告因拆除原告投资建设的景区，赔偿原告损失约 3.87 亿元；本案全部诉讼费及原告实现债权的费用由被告承担。该案在上级法院立案受理后，于 2019 年 1 月第一次开庭审理，在该案审理过程中，被告方（县政府）提出了工程造价鉴定申请。上级法院于 2019 年 4 月向普诚正华工程咨询有限公司（以下简称鉴定公司）下达“委托鉴定函”，委托鉴定公司对该案诉争项目中的工程造价进行鉴定。

二、案件争议焦点和造价鉴定难点

（一）案件争议焦点

1. 被告是否应承担赔偿责任

B 公司（原告方）诉讼请求：依法判决被告因拆除原告投资建设的某景区，赔偿原告损失。原告认为其与被告签订了某景区旅游开发项目合作框架协议、某景区旅游项目合作协议书、某景区旅游投资合作补充协议，在该景区旅游开发过程中没有过错，一直是按照被告的意见办事。2017 年 8 月被告通知关闭了原告投资建设的景区，被告方应按资产处置框架协议、资产清算工作备忘录、协商处理协议、协商处理补充协议相关补偿标准赔偿损失。

某县政府（被告方）辩称：其在本案中并不存在过错，不应就 B 公司的损失承担责任。开发某景区旅游项目，必须在合法的基础上进行，但是从原告的建设施工情况来看，原告所有的建设项目均属违法建设项目。退一步来说，被告需要对原告的损失承担责任的话，也仅仅是行政管理上的责任，而绝不是自身存在的过错，需要承担过错比例上的责任。

2. 损失金额为多少

原告方的诉讼请求：诉讼时请求赔偿金额约 3.87 亿元，庭审过程中撤销其中 4800 万元（0.48 亿元）的诉讼请求，最终诉讼请求赔偿金额为 3.39 亿元。

被告方辩称：原告方所诉请求赔偿的损失无事实和法律依据。原告起诉的投资金额，未经被告认可。被告方在庭审前已经递交了评估鉴定报告的申请，对具体的投资额以重新鉴定或者鉴定结论为准。

（二）造价鉴定难点

1. 项目情况复杂多样

县政府通过招商引资，与 A 公司签订合作开发协议，双方共同成立项目公司 B 公司，由 B 公司进行项目的融资并开发建设某景区，B 公司在一定年限内享有经营权及经营收入，经营期满后政府收回。从合作开发过程可以看出，本案原被告属于 BOT 融资模式下的合作开发关系，不是工程造价鉴定中常见的承包发包关系。且本项目是集酒店、漂流、温泉、水上乐园、拉力赛车为一体的综合性风景区建设项目，涉及多个类别的建设项目，包括房建、市政、园林绿化、公路、水利等多个专业。

2. 造价鉴定范围不明

委托人出具给鉴定公司的委托鉴定函仅明确对“该案诉争项目的工程造价进行鉴定”，并未明确具体鉴定范围。涉案项目各类别建设项目均可确定工程造价，但首先应确定哪几个大类纳入鉴定范围，方能针对性地开展造价鉴定工作。

3. 鉴定计价方式不明

通过查阅提交的鉴定材料发现，仅资产处置框架协议对计价方式有所涉及。资产处置框架协议中约定："双方确定：对乙方在该自然保护区的全部项目开发投资进行核定，核定总的补偿数额。对于所有物资、设施设备类资产由双方提交资产评估公司进行评估核定；对乙方的所有建筑类资产由甲方组织相关部门核实工程量，并委托造价公司按历史成本法予以造价核定，造价核定过程中，有计价标准的从其标准；没有计价标准的，双方协商解决；对难以获取充分造价依据的房屋等建筑物，双方协商解决。评估公司的报告和造价咨询公司的算价作为双方协商总计补偿金额的重要参考依据（最终以双方确认为准）"。该条款仅说明"建筑类资产按历史成本法予以造价核定，有计价标准的从其标准"，并未明确造价核定的范围及执行的计价标准。

4. 资料杂乱且数据矛盾

原告、被告双方诉讼（答辩）时提交了很多项目相关资料，但涉及工程造价的工程经济资料很少。住建部分室外工程回填工程量、公路工程开挖石方土石比在原告、被告双方提交证据中迥异，且都有一些佐证材料，无法判断该采信哪份证据材料。

5. 项目现场损毁严重

涉案建设项目从 2012 年 8 月开始建设至 2017 年 5 月停工，建设期长达 5 年。在 2018 年 4 月—2018 年 8 月又陆续完成了拆除，鉴定初步踏勘现场时发现仅少量建筑物及室外构筑物可见，纳入鉴定范围的大部分建构筑物已拆除，无法通过现场踏勘获取工程造价鉴定所需的数据。

三、鉴定情况

（一）司法鉴定委托人提供鉴定材料内容

委托人提供的资料较多，详见表 1、表 2。

表 1　移交鉴定机构资料清单

序号	资料数量	资料内容	被告质证意见	备注
1	封面为"证据目录"胶装本 1 册	原告提供证据目录第 1~54 项。胶装本 1 册（第 1 项原告签约时的营业执照 ~ 第 54 项某县某风景区建设项目工程造价汇总表）	详质证意见	
2	A4 纸透明抽杆夹夹装 1 册	原告提供证据目录第 55 项。A4 纸透明抽杆夹夹装水利造价计算书 1 册	对三性有异议，要求鉴定	
3	燕尾夹夹装资料一份、A4 纸透明抽杆夹夹装 1 册	原告提供证据目录第 56 项。燕尾夹夹装交通造价计算书 1 份、A4 纸透明抽杆夹夹装收方记录 1 册	对三性有异议，要求鉴定	
4	A4 纸透明抽杆夹夹装 1 册	原告提供证据目录第 57 项。A4 纸透明抽杆夹夹装园林绿化造价计算书 1 册	对三性有异议，要求鉴定	
5	燕尾夹夹装资料 1 份、订书钉资料 2 份、胶装本 1 册、胶条打眼装订 1 册	原告提供证据目录第 58 项。燕尾夹夹装住建造价计算书 1 份、订书钉订评估公司选取记录 1 份、订书钉订估价委托合同 1 份、房屋及地面构筑物测量报告胶装本 1 册、房地产估价报告胶条打眼装订 1 册	对三性有异议，要求鉴定	

续表

序号	资料数量	资料内容	被告质证意见	备注
6	燕尾夹夹装资料1份、A4纸透明抽杆夹夹装1册、订书钉资料1份、胶装本3册	原告提供证据目录第59项。燕尾夹夹装其他部分造价计算书1份、A4纸透明抽杆夹夹装土地征地费用资料1册、订书钉订资产评估业务约定书1份、委托评估资产申报明细表胶装本1册、资产评估报告书胶装本2册	对三性有异议，要求鉴定	
7	胶装本1册	原告提供证据第60项。某景区资产清算各单位回复资料胶装本1册	对三性有异议	
8	照片2张	原告提供证据第61项。两张照片	真实性无异议	
9	燕尾夹夹装资料1份	法院提供资料。燕尾夹夹装内容：原告举证据、原告对被告提供证据质证意见、被告对原告提供证据质证意见、2019年1月25日开庭笔录、2019年1月28日庭前会议笔录、2019年3月20日谈话笔录、原告关于诉争项目工程造价的情况说明		
10	燕尾夹夹装资料1份	燕尾夹夹装内容：塑像拆除专题会议纪要、水上乐园拆除施工验收报告、证明或说明材料3份		
11	胶装本1册	工程造价书（原告自行计价）	不认可	

表2　原告提供证据清单

序号	证据名称及内容
1	原告签约时的营业执照
2	原告依约办的营业执照
3	法定代表人身份证明
4	某私营企业法人代表身份证
5	项目合作框架协议
6	签项目合作框架协议的资料
7	项目合作协议书
8	某县发改局文件
9	某县国土局文件
10	某县环保局签字同意选址
11	某县文广局同意建设的意见
12	某县规划局同意选址的意见
13	某县下辖单位会议纪要
14	县领导督查工作资料
15	县领导督查工作资料
16	贵州省围棋邀请赛资料
17	中国汽车拉力锦标赛资料
18	第八届某旅游发展大会资料

续表

序号	证据名称及内容
19	某县水利局文件
20	某县环保局的说明
21	项目投资合作补充协议
22	某县委、政府办联合文件
23	全国溯溪大赛资料
24	某县政府办文件
25	某县林业局的说明情况
26	某县林业局文件
27	某县林业局的说明，贵州省野生动物和森林植物管理站签章
28	某地级市林业局的说明，贵州省林业厅森林公园管理办公室签章
29	某县人民政府专题会议纪要（附：已通过的规划设计）
30	某县下辖单位文件
31	县领导检查工作资料
32	某镇党委文件
33	某镇政府文件
34	时任市委书记调研工作资料
35	某县下辖单位文件
36	某县下辖单位议纪要
37	某县人民政府专题会议纪要
38	某地级市环境保护工程中心文件
39	某地级市环保局的批复文件
40	县领导督查工作资料
41	第十届某旅发大会代表观摩
42	税收缴款书
43	某县离退局组织老干部参观
44	某县发改局文件
45	某地级市旅游景区评定委员会公告
46	调研资料
47	黔迎环督办专（2017）×× 号通知
48	资产处置框架协议
49	资产清算工作备忘录
50	协商处理协议
51	某县政府等起诉“合同无效”

续表

序号	证据名称及内容
52	协商处理补充协议
53	某县法院民事判决书
54	工程造价汇总表（以下分类统计）
55	水利类（附评估计价资料）
56	交通类（附评估计价资料）
57	林业类（附评估计价资料）
58	住建类（附评估计价资料）
59	其他类如塑像、运输设备、游乐设施等（附评估计价资料）
60	某资产清算各单位回复意见
61	观音像、韦陀像照片 2 张

（二）工程造价司法鉴定情况

1. 鉴定过程

1）确定鉴定方案

2019 年 4 月 15 日，收到委托人委托鉴定函及移交的卷宗资料后，鉴定公司立即组织成立了鉴定项目组，项目组熟悉资料后经过充分讨论形成了鉴定方案，并报经公司审批同意。初步厘清了工作思路：先提请委托人进一步明确鉴定范围，再现场勘验，之后要求当事人补充证据，对已提交材料再次质证证据效力，确定计价方式，完成计量计价，视情况确定是否进行造价核对，形成征求意见稿并发出征求当事人意见，最终出具正式意见。

2）明确鉴定范围及依据

2019 年 4 月 22 日，鉴定公司向委托人提交了提请委托人明确鉴定范围的函。由于原告、被告双方对鉴定范围未达成一致意见，故鉴定公司通过研究委托人移交的卷宗资料初步判断某风景区建设项目工程造价汇总表中的水利、交通、园林绿化、住建部分（除议价和评估部分）属于可进行工程造价鉴定的部分。鉴定公司在函件中同时提出了原告、被告合作开发关系的鉴定依据问题。委托人于 4 月 23 日召集鉴定公司讨论并形成谈话笔录，进一步明确鉴定范围为原告提供证据某风景区建设项目工程造价汇总表中的水利、交通、园林绿化、住建部分（除议价和评估部分）；明确可以将资产处置框架协议第二条“对乙方的所有建筑类资产由甲方组织相关部门核实工程量，并委托造价公司按历史成本法予以造价核定，造价核定过程中，有计价标准的从其标准……”作为鉴定依据。

3）现场勘验情况

2019 年 4 月 23 日，委托人组织鉴定公司鉴定人及双方当事人前往该景区项目所在地进行了现场勘验。发现仅少量建筑物及室外构筑物可见，大部分建构筑物已拆除，无法通过现场勘验获取工程造价鉴定所需的数据。

4）要求当事人补充证据

2019年4月23日，鉴定公司向双方当事人发出了要求当事人提交证据材料的函，要求其在2019年4月30日17时前提交（或补充提交）如下证据：原告提供某景区建设项目工程造价汇总表中的水利、交通、园林绿化、住建部分（除议价和评估部分）完成工程量证据。该证据包括但不限于竣工图纸、工程量确认单、实测实量记录等资料。截至2019年4月30日17时，双方当事人均未补充提交新的证据。鉴定公司随即按已质证的资料开展鉴定工作。

5）证据效力认定、计价方式确认

鉴于双方当事人已无其他证据提供，现场勘验也无法获取相关工程数据，鉴定公司只能在已质证的资料中剥离出有效资料并通过证据效力认定的形式来确认工程量。通过查证，交通、水利、林业、住建类（附评估计价资料）及某资产清算各单位回复意见中的工程量（部分签字）引起了鉴定公司重点关注，并将该部分资料确定为需要进行证据效力认定的主要工程量依据性资料。2019年5月17日，鉴定公司向委托人提交了提请委托人明确某县某风景区建设项目证据认定情况的函，详细列明各项资料签字情况，要求双方当事人逐项核实确认工程量。委托人于6月3日组织双方当事人和鉴定人就鉴定公司提出的需要质证证据效力的资料逐项进行了答辩，形成了笔录，认定了各项工程量依据性资料的效力，除两项争议事项需委托人确定外，其他问题均在鉴定公司鉴定人协调下达成了一致意见。

笔录确定了计价标准：B公司申报的赔偿金额均未计税，经双方确认，本项目不计税。双方当庭同意了鉴定机构关于计价标准的建议：水利部分采用《2004版贵州省市政工程计价定额》，交通项目采用2008年实施的《公路工程预算定额》，园林绿化部分采用《2004版贵州省园林绿化工程计价定额》，住建部分（除议价和评估部分，主要为室外构筑物）采用《2004版贵州省市政工程计价定额》。

需进一步确定的两项争议事项分别为：水上乐园区、度假酒店停车场区及拉力赛道区土方回填工程量问题；漂流公路挖石方类别及比例问题。

6）形成征求意见稿

2019年6月19日，鉴定公司初步完成鉴定工作并汇报至委托人，委托人承办法官同意对于需进一步确定的争议事项按选择性鉴定意见、其他部分按确定性意见出具征求意见稿，不再进行造价核对。鉴定公司分别于6月21日及7月2日发出了二次征求意见稿。双方当事人对二次征求意见稿提出了一些书面异议，鉴定公司逐项进行了书面解释和回复。

7）对征求意见稿发表质证意见

2019年7月16日，在法院的组织下，原告、被告双方及鉴定公司对征求意见稿进行质证，主要对本案出具的鉴定意见书征求意见稿发表意见。质证时双方一致同意扣除玄心殿至咕噜田公路27.9万元；同意水磨地坪中50%计为彩色水磨地坪，剩余50%水磨地坪按普通非彩色计价，水磨地坪全部带嵌条。未能达成一致意见的主要争议事项：原告认为人工二次转运应按人力挑抬运计价、拉力赛道回填工程量应纳入确定性意见。原告于2019年7月18日补充提交了某县水务局出具的关于某峡谷漂流工程材料二次倒运情况的说明，该说明明确双方商定全部按人力挑抬运计价。对于拉力赛道回填，被告代表未明确同意计入确定性意见，故鉴定公司在正式意见中仍计入选择性意见供委托人选择判断使用。

8）出具正式鉴定意见

2019 年 7 月 31 日，在征得委托人同意的情况下，鉴定公司正式出具某县某景区旅游开发项目工程造价鉴定意见书。

2. 鉴定依据

（1）移交鉴定机构资料清单所列证据材料。

（2）本案鉴定过程中形成的笔录。

（3）《建设工程造价鉴定规范》（GB/T 51262—2017）。

（4）贵州省 2004 版 5 部计价定额及相关配套文件。

（5）2008 年实施的《公路工程预算定额》。

（6）《贵州省建设工程造价信息》。

（7）《贵州省交通建设工程造价管理信息》。

（8）其他与本案工程造价鉴定有关的法律法规及行业规范等。

3. 鉴定方法

1）鉴定计量方法

（1）根据本案 2019 年 3 月 20 日谈话笔录所述，原告指出“水利、交通部分大部分已经被拆除”，被告提出“对涉及量的部分，有相关部门工作人员签字后盖章的部分予以确认”。结合现场初步查勘情况，鉴定公司无法通过现场查勘确认工程量，只能通过对证据效力进行确认的方式来完成工程量的鉴定。

（2）鉴定公司查阅原告提供的证据后逐项提请委托人及双方当事人确认其效力，形成了 2019 年 6 月 3 日笔录，工程量主要依据笔录确认的有效证据进行计算。笔录确认的有效证据主要有：原告提供证据第 55 项中委托评估资产申报明细表、构筑物及附属设施复核表（水利局负责部分）、第 56 项中某县某景区交通类项目收方报告、第 57 项中某县某园林绿化苗木数量规格核查表、第 58 项中贵州某测绘有限责任公司贵州省某地级市某县某房屋及地面构筑物测量报告（之后简称为测量报告）及住建造价计算书中工程量明细表、第 60 项某资产清算各单位回复意见。

① 水利部分：双方均同意采信“委托评估资产申报明细表、构筑物及附属设施复核表（水利局负责部分）”（除手写的第 6 页备注部分外）中的工程量。贵州某房地产土地评估有限公司报告书已包含山体漂流水池结构部分、凉亭、木质长廊，鉴定时未再计入该部分重复工程量。根据笔录，双方当事人均认可峡谷漂流及自然观光建设所有施工材料人工二次转运运距为 4km。经鉴定公司计算，峡谷漂流工程除回填及挡墙（漂流道）所用土石料外的施工材料可折算为 73517m^3，鉴定依据为某县水务局 2019 年 7 月 18 日出具的关于某峡谷漂流工程材料二次倒运情况的说明，施工材料转运全部按人力挑抬运计价。

② 交通部分：双方均同意采信某县某景区交通类项目收方报告。鉴定公司发现贵州某房地产土地评估有限公司报告书已包含了拉力赛道长廊、单人移动厕所、赛道防腐木房，故该部分工程量未计入收方报告中。公路工程石方开挖石质类别及比例存在争议、拉力赛道土方回填工程量存在争议。

③ 园林绿化部分：双方均同意采信某县某园林绿化苗木数量规格核查表中苗木数量，某县园林绿化管理局“关于对B公司草坪部分的工程造价”已明确草坪数量，故鉴定公司的鉴定按此两项证据计量。鉴定查证资料后判断施工完成后至绿化核查前这段时间应为B公司实施的养护工作，故苗木的总养护时间为55个月（2013年9月—2018年3月），除成活保养外均按继续养护考虑，继续养护单列单位工程，取费根据定额规定按正常取费的30%计算。

④ 住建部分：结合笔录第6、8、11条的答辩意见，双方均同意采信某资产清算各单位回复资料第51页某县住建局关于B公司建设项目构筑物及附属工程（含隐蔽部分）工程量组价计价的函来进行确定，即住建部分以测量报告为主要组价依据、报告中缺失部分（未核实，主要为隐蔽工程）以某县住建局与B公司签字的清单计价。原告认为贵州某房地产土地评估有限公司报告书、资产评估报告书——某资产评估事务所有限公司与测量报告及双方当事人签字的清单不重复，被告认为涉及评估鉴定有重复计算的应予以扣除。经鉴定公司查证相关资料发现被告所述属实，确有部分重复内容，鉴定时予以扣除。同时，鉴定公司对测量报告中明显算术错误的工程量也予以了修正。

⑤ 工程量争议事项一：水上乐园区、度假酒店停车场区及拉力赛道区土方回填工程量问题。双方当事人签字的清单（首页体现签字时间为2018年6月24日）中水上乐园区、度假酒店停车场区及某县某景区交通类项目收方报告第26页拉力赛道区土方回填工程量与某资产清算各单位回复资料中住房城乡建设局2018年5月25日单方面出具给财政局的土方回填工程量（B公司未确认）差异较大，证据矛盾，且在鉴定过程中双方当事人各执一词，未就此回填工程量达成一致意见，鉴定公司根据委托人意见作出选择性鉴定意见供委托人判断使用。

⑥ 工程量争议事项二：漂流公路挖石方类别及比例问题。某县某景区交通类项目收方报告体现公路工程石方开挖500796m^3，但对于石方类别未达成共识，某资产清算各单位回复资料第23页体现“某县交通局估算比例次坚石：软石＝7：3、B公司提供石方开挖比例坚石：次坚石＝8：2，二者差异较大，双方当事人各执一词，未就此石方类别达成一致意见”，鉴定公司根据委托人意见提出选择性鉴定意见供委托人判断使用。

2）鉴定计价方法

（1）委托人认定可以作为鉴定依据使用的资产处置框架协议第二条约定：“双方确定对物资、设施设备类资产由双方提交资产评估公司进行评估核定；对工程建筑类资产按历史成本法予以造价核定（造价核定过程中，有计价标准的从其标准；没有计价标准的，双方协议确定；对难以获取充分造价依据的房屋等建筑物，双方协商解决）。”

（2）笔录明确双方当事人同意水利部分采用《2004版贵州省市政工程计价定额》、交通项目采用2008年实施的《公路工程预算定额》、园林绿化部分采用《2004版贵州省园林绿化工程计价定额》、住建部分（除议价和评估部分）室外构筑物采用《2004版贵州省市政工程计价定额》，且均不计税。

（3）某资产清算各单位回复资料确认了项目施工时段及部分工程材料价格或全费用单价。

（4）鉴定按笔录确定的定额计价，人、机费按施工时段进行调整，材料价格有约定的按约定执行，没有约定的按施工同期信息价及市场价格确定。

（5）峡谷漂流工程（河道治理部分）施工时段为2012年8月—2013年9月，峡谷漂流工程（其他）施工时段为2015年9月以后，故峡谷漂流工程（河道治理部分）单独计价，人工费执行黔建建通〔2011〕564号文件，峡谷漂流工程其他部分人工费执行黔建建通〔2014〕463号文件。

4. 鉴定意见

B公司诉某县政府合同纠纷一案诉争项目涉及建设工程（即某景区旅游开发项目）鉴定范围内水利、交通、园林绿化、住建部分（除议价和评估部分）工程造价鉴定金额为确定性鉴定意见金额与选择性鉴定意见金额（石方开挖、回填工程各选择一个金额相加）之和，各单位工程鉴定金额详见表3。其中，确定性鉴定意见金额为211274256.12元，石方开挖和回填工程为选择性鉴定意见，需由委托人判断使用。选择性鉴定意见如下：

（1）石方开挖（次坚石：软石=7 ：3）鉴定金额为13409698.00元。

（2）石方开挖（坚石：次坚石=8 ：2）鉴定金额为18146539.00元。

（3）回填工程（250904.80m^3）鉴定金额为11400362.49元。

（4）回填工程（472551.76m^3）鉴定金额为21471336.38元。

表3　某县某景区旅游开发项目工程造价鉴定意见汇总

序号	项目名称	鉴定金额(不含税，单位：元)	备注
一	确定性鉴定意见	211274256.12	
1	水利部分	135768871.12	
1.1	拦水坝工程	15605664.18	
1.2	峡谷漂流工程	85466223.23	
1.3	峡谷漂流工程（河道治理部分）	1404398.84	
1.4	山体漂流工程	3965348.62	
1.5	码头区附属设施	406418.25	
1.6	协商价部分	28920818.00	
2	交通部分	32112051.00	
2.1	公路工程（不含挖石方）	23825599.00	
2.2	桥梁工程（迎宾桥、拱桥）	3418991.00	
2.3	拉力赛道工程（不含回填）	3069357.00	
2.4	风景桥、铁索桥	1798104.00	
3	园林、绿化部分	8920915.95	
3.1	园林	487691.08	
3.2	林业	7430637.54	

续表

序号	项目名称	鉴定金额(不含税，单位：元)	备注
3.3	园林保存保养期	336888.28	
3.4	林业保存保养期	665699.05	
4	住建部分	34472418.05	
4.1	酒店广场水池	812547.42	
4.2	码头饮用水池	180326.92	
4.3	酒店附属工程（不含回填）	1245438.55	
4.4	乐园饮用水池	640653.04	
4.5	悬心寺工程	1915193.91	
4.6	水上乐园工程（不含回填）	11565567.32	
4.7	露营区附属设施	1861554.21	
4.8	其他附属设施	16251136.68	
…	……	……	……
二	选择性鉴定意见		由法院判断使用
1	石方类别选择性意见（次坚石：软石 =7 ： 3）	13409698.00	
2	石方类别选择性意见（坚石：次坚石 =8 ： 2）	18146539.00	
3	回填工程（250904.80m^3）	11400362.49	
4	回填工程（472551.76m^3）	21471336.38	

（三）案件当事人对工程造价司法鉴定意见异议问题

鉴定公司于 2019 年 7 月 29 日收到“关于 B 公司对某景区旅游开发项目工程造价鉴定意见书的答复”。B 公司在答复中提出水利部分材料人工二次转运运输套用土、石问题，认为水泥按运土计入，砂、碎石按运石计入才合理；提出对于交通部分中的项目（马桑弯公路、拉力赛道、桥梁工程），仅马桑弯公路路面所用的水泥按 350 元 /t 计，其余项目所用水泥必须按照 450 元 /t 计算。鉴定公司认为两个问题均已在征求意见过程中书面答复过，且在征求意见稿质证时出庭当面解释过，故未采纳其意见，仅在正式鉴定意见中予以了再次说明，未再单独回复。鉴定公司 2019 年 7 月 31 日出具本项目工程造价司法鉴定意见（正式意见）后双方当事人均未再提出其他异议问题。

四、出庭作证情况

鉴定公司的鉴定人员于 2019 年 6 月 3 日、7 月 16 日二次出庭，均形成了相关笔录。第一次出庭主要是在法官组织下与双方当事人就证据效力、计价方式进行认定和确认，第二次出庭是对征求意见稿及反馈、答复意见质证，对于双方争议问题就鉴定意见当庭作出了解释说明。判决时，委托人认定鉴定公司鉴定过程已充分征求各方当事人意见，且双方当事人在收到工程造价司法鉴定意见后未提出异议，未再通知鉴定人出庭作证。

五、心得体会

进入21世纪后，国内各地地方政府为加快地方经济发展，解决建设资金缺口的问题，实现“小投入做大项目”，不断尝试启动各种不同的融资建设模式。BOT（Build—Operate—Transfer）即“建设—经营—移交”模式，是常用于基础设施建设的社会资本方与政府合作的一种操作模式。BOT模式中，社会资本方往往要承担绝大部分投融资责任。由于此类项目交易结构复杂、产权关系繁复，也极易产生矛盾纠纷。

完成本案诉争项目工程造价司法鉴定后，鉴定公司总结出了几点心得体会：

（1）工程造价鉴定必须遵循合法、独立、客观、公正的原则。工程造价鉴定与常规的工程造价编审相比，鉴定中的各个环节必须严格按照法律程序开展鉴定活动，只有程序合法才能确保鉴定意见的证明力。在本案鉴定过程中，鉴定公司严格按照《建设工程造价鉴定规范》（GB/T 51262—2017）开展鉴定活动，受到了委托人的好评。

（2）对于复杂项目的造价鉴定工作开展，需要运用专业经验及造价知识在繁复的卷宗资料中抽丝剥茧，准确获取对鉴定工作开展有利的一切信息，了解各方当事人争议的焦点和委托人的鉴定要求，厘清鉴定思路后形成鉴定方案，向委托人提出鉴定方案建议，在获得委托人认可的前提下按照鉴定方案一丝不苟地开展鉴定工作。只有鉴定人有了清晰的鉴定工作思路，并取得委托人的认可，鉴定工作才能顺利开展。

（3）对于一般的争议问题，应当通过委托人及时与双方当事人书面沟通，详细记录沟通事项和各方意见，在此基础上充分理解当事人之间的争议和分歧，尽可能地还原事实真相，通过鉴定人准确的判断解决争议，形成确定性意见。对于分歧较大且证据矛盾的争议问题，在反复征询当事人意见后依然不能达成一致时，应当及时汇报给委托人，可在委托人同意的情况下提出选择性意见或推断性意见，供委托人判断使用。

（4）随着基础设施建设规模的迅猛发展、各种融资模式的发展变化，投资开发合同纠纷越来越多，其中以建安工程投资纠纷为主要诉因引发的案件呈逐年上升趋势。法院在受理案件后对建安工程投资的确定与工程造价的专业性问题往往需要借助于专业的司法鉴定机构，鉴定公司出具的造价鉴定结论逐渐成为建安工程投资纠纷案件调解或判决的重要依据。工程造价司法鉴定将不仅仅在建筑施工合同纠纷中适用，在投资开发合同争议诉讼活动中同样具有相当重要的作用。

专家点评

企业与政府合作开发工程项目是我国社会主义市场经济发展的必然产物，计划经济体制下政府单纯的财政投资来进行基础设施的建设模式已经不能满足社会化进程的需要，政府工程建设管理需要更加专业化、社会化、市场化，就势必促进了政府工程实现方式的多样化，而企业与政府合作开发模式正是政府工程的主要实现方式之一。

本案为地方政府与社会资本方合作的 BOT（Build—Operate—Transfer）模式，合作期限 40 年。该项目自 2012 年投资启动建设后，2016 年经某地级市旅游景区质量等级评定委员会组织评定和审定，批准为国家 3A 级旅游景区。2017 年因被查项目占地违反了《中华人民共和国自然保护区条例》的强制性规定而被责令拆除，由此产生了双方对投资损失的争议，是由社会资本方对地方政府提起索赔的案件。

1. 客观分析原因

本案产生纠纷的主要原因在于地方政府和社会资本方对合作项目的主要法律依据及政策风险预估不足、存在侥幸心理，以至于项目建设完成并投入运营之后，被上级部门勒令整改。《中华人民共和国自然保护区条例》颁布于 1994 年，而本案签署的主要合同包括某景区旅游开发项目合作框架协议、某景区旅游项目合作协议书、某景区旅游投资合作补充协议等均在 2012 年以后，法律风险早已存在。

工程司法鉴定存在的原因是项目中止及带来的经济损失，在无法达成共识的前提下，地方政府为及时完成上级下达的整改任务，迅速拆除了建筑物。而社会资本方为了挽回投资损失，在建筑物被拆除后也存在着虚报投资金额的主观意图。

这起案件时间与专业跨度大，与传统的建设工程项目相比，合同关系极为复杂，多重项目交易结构，产权关系繁复，参与方和利益方众多。在法院无法鉴定双方当事人各自的证据合法性和合理性的前提下，工程造价鉴定作为司法鉴定的“专家证人”，在公正性的范畴上已经超出了传统意义上的工程造价。

2. 保持客观中立

无论本案的原因如何，双方承担的责任大小，都是法院通过案件审理需要解决的，而工程造价鉴定的工作就是依据现有资料最大可能、客观地还原项目投资金额。保持司法鉴定的价值中立，有利于强调行业高度的专业性。

3. 确保专业合理

在本案中工程造价鉴定单位遵循合法、独立、客观、公正的原则，按照《建设工程造价鉴定规范》（GB/T 51262—2017）开展鉴定活动，并很好地运用专业经验分析案情肌理，抽丝剥茧获取对鉴定工作有利的信息。尊重各方当事人并进行充分沟通，鉴定工作思路清晰有序。鉴定人会同当事人多次踏勘现场收集核查证据，结合当事人双方证言笔录的方式还原事实，逐步弥合了当事人双方分歧，缩小争议差距，确定了各专业工程量；对于当事人双方无法统一且无法判断当事人双方资料真实性的两个内容，鉴定人采用出具选择性鉴定意见供法院采用。

4. 结语

随着基础设施建设规模的迅猛发展、各种投融资模式的发展变化，投资开发合同纠纷越来越多，其中以建安工程投资纠纷为主要诉因引发的案件呈逐年上升趋势。法院在受理案件后对建安工程投资金额的认定与工程造价的专业性问题往往需要借助于专业的司法鉴定机构，鉴定机构出具的造价鉴定结论成为建安工程投资纠纷案件调解或判决的重要依据。工程造价司法鉴定将不仅仅在建筑施工合同纠纷中适用，在投资开发合同争议诉讼活动中同样相当重要。本案投资合作协议纠纷判例在工程建设领域具有一定的代表性，司法鉴定工作方法和思路在司法鉴定领域也具有很好的借鉴意义。

北京金和通工程咨询有限公司　田华伟

景洪市某建设项目工程造价司法鉴定

——华昆工程管理咨询有限公司

汪松森　王建南　赵云海

一、案情简介

原告四川某建筑（集团）有限公司云南分公司（以下简称原告）与被告景洪市某房地产开发有限责任公司（以下简称被告）于2010年3月1日签订建筑工程施工协议，约定地产公司开发的某建设工程（面积约14万平方米）全部交给原告承包施工。开始施工后，2011年2月1日—6月23日，地产公司由于设计变更，工程暂停施工。工程复工后由原告继续施工。2012年1月13日，地产公司以质量不合格和未按时发放农民工工资为由，用邮政特快专递的方式向原告发出解除合同通知书并进行了公证。原告于2012年1月14日签收解除合同通知书，并于2012年1月26日退场。退场时，原告基本施工完成地下室部分结构工程，上部结构完成30%左右。现因合同约定工程未履行完成，双方对已完成工程的质量及造价等相关事宜提出鉴定申请。为合理确定原告施工部分的工程造价，云南某人民法院司法技术处（以下简称某法院技术处）委托华昆工程管理咨询有限公司（以下简称鉴定公司）对该部分工程的工程造价进行鉴定。

二、案件争议焦点和造价鉴定难点

（一）案件争议焦点

本案件争议的焦点主要为原告对已施工完成部分的工程量的确定、工程造价的确定。

主要表现在：

（1）地下室底板防水卷材附加层定额消耗量调整等计价标准的理解及执行。

（2）基坑护壁锚杆注浆等隐蔽工程工程量的确定。

（二）造价鉴定难点

1. 工程中途退场

本项目工程原告为中途退场，并且起诉时后续施工已经完成，对原告施工完成部分工程的工程量确认存在一定困难。

2. 两家设计单位设计的施工图表达的工程内容重复且不一致

本项目工程在原告施工时间段内，由于地产公司停工进行设计变更，由第二家设计单位对工程项目重新进行了设计，导致两家设计单位设计的施工图表达的工程内容存在重复且不一致的情况，对原告施工完成部分工程的工程量确认造成了一定的困难。

3. 多次提供鉴定材料

在本工程鉴定过程中，由于双方当事人没有一次性提供完整的鉴定材料，而是随着鉴定的推进出现多次补充提供鉴定材料的情况，使得鉴定结果进行了多次调整。

4. 计价标准的理解及执行

本项目约定的计价方法，是按《云南省 2003 版建设工程造价计价依据》（以下简称 03 定额）以及相关的配套文件按实结算；但由于对定额的内容出现不同的理解，因此造成了对鉴定结果的异议。例如，在防水附加层的计算中，地产公司认为防水卷材附加层已经包含在定额消耗量中，但原告认为设计图中的附加层已经超出了定额中附加层的定义，因此不能按定额中的附加层进行计算。

三、鉴定情况

（一）司法鉴定委托人提供鉴定材料内容

建筑工程施工协议、施工图及相关图纸、工程签证表、施工验收资料、相关笔录及函件。

（二）工程造价司法鉴定情况

1. 鉴定过程

鉴定公司于 2013 年 4 月 11 日收到某法院技术处的委托函，同月 17 日同意接受委托；2013 年 4 月 23 日派出鉴定人员到省高院技术处对相关案件情况进行了解，并接收了相关的鉴定材料；2013 年 6 月 27 日鉴定人员向原告相关人员了解了工程项目的相关情况后，于 2013 年 7 月正式开始了相关的鉴定工作。

在随后的鉴定过程中，鉴定人员发现当事人提供的鉴定材料存在较多的施工图纸缺失或重复现象，并于 2013 年 8 月 5 日向某法院技术处提交了关于景洪某工程造价司法鉴定进展情况及现阶段存在问题的报告的函件。2013 年 9 月 4 日某法院合议庭（以下简称某法院合议庭）据此进行了法庭调查，并确定由原告方重新对涉案的施工图纸及相关资料进行整理、造册，于 2013 年 10 月 9 日重新提交某法院合议庭，由某法院合议庭重新组织质证。

2013 年 10 月 9 日，原告方提交了经过重新整理、造册的图纸及其他鉴定材料，某法院合议庭将相关图纸及其他鉴定材料移交被告方，并要求被告方提交质证意见。2013 年 11 月 25 日，被告方向某法院合议庭提交了相关质证意见，某法院合议庭要求原告方对被告方提出的质证意见进行梳理，并对有争议的部分进行说明。2013 年 12 月 11—13 日，某法院合议庭组织当事双方及鉴定人对原告提交用于鉴定的 10 盒图纸进行了核对，并对核对结果进行了确认。鉴定人员又根据原告方重新提交的图纸及其他鉴定材料重新计算涉案工程的工程量。

2014年1月2—3日，鉴定人员在法院组织下对项目现场进行了实地踏勘。鉴定人员在计算工程量过程中，再次发现图纸存在缺失的情况，于2014年2月19日向某法院合议庭提交了关于景洪某工程造价司法鉴定进展情况及现阶段存在问题的报告（二）的函件，并于2014年8月21日收到了某法院合议庭出具的法庭意见及当事人补充提供的图纸，于2014年9月29日完成了鉴定报告的征求意见稿并提交给双方当事人。

2014年10月30日，双方当事人对鉴定报告征求意见稿进行了回复。在回复意见中，双方当事人对工程量的争议较大，因此鉴定人于2015年3月组织双方当事人对工程量进行复核计算，于2015年5月17日初步完成工程量的复核计算，另于2015年6月5日向法院提交了鉴定意见书质证稿。其后，双方当事人对鉴定意见书进行质证后，鉴定人于2015年11月16日收到某法院技术处转交的省高院合议庭关于委托鉴定相关事宜的函并随函补充了一批鉴定材料，并据此对鉴定意见进行了调整，于2015年11月27日向法院提交了鉴定意见书质证后调整稿。2016年6月2日及17日，鉴定人又分别收到省高院合议庭转交的由地产公司提交的关于司法鉴定意见书质证后调整稿的质证意见，当事人在质证意见中对部分定额理解及使用仍然存在异议。经鉴定人申请，省高院合议庭组织双方当事人于2016年7月29日到云南省住房和城乡建设厅标准定额处（以下简称定额处）对定额使用及理解的相关问题进行了咨询，并由省高院合议庭进行了笔录。2016年8月20日，鉴定人针对前述质证意见及向定额处的咨询结果对司法鉴定意见书再次进行了调整，形成了最终的鉴定意见书（质证后再次调整稿）。

2. 鉴定依据

（1）委托书。

（2）关于委托鉴定的相关函件。

（3）有关原告、被告方关系的协议文件。

（4）原告、被告双方向法院提交的相关证据材料。

（5）云南某法院证据交换笔录、民事调查笔录。

（6）图纸等施工管理文件、材料。

（7）省高院合议庭2013年1月30日关于委托鉴定的函；2013年7月1日关于委托鉴定相关事宜的函；2013年12月18日关于委托鉴定相关事宜的函；2015年11月13日关于委托鉴定相关事宜的函。

（8）云南省住房和城乡建设厅颁布的《云南省2003版建设工程造价计价依据》（云建标〔2003〕668号）。

3. 鉴定方法

（1）根据施工协议中材料价格按当地同期价格信息执行的约定，并且根据双方当事人提供和确认的反映重要施工节点的图纸，确认各个施工时间段完成的工程量情况，计算各个施工时间段的工程造价。

（2）按照建设工程施工协议书约定的计价原则和方法进行鉴定。

（3）通过办公室先行计算，结合现场踏勘情况，并与双方当事人共同核对的方式进行工程量确定。

（4）根据案情需要，对当事人争议的事项分别列出鉴定意见，便于委托人判断使用。

（5）对于个别争议较大的定额子目的理解和执行，在委托人的组织下，会同当事人共同向政府相关主管部门进行咨询确认。

（6）根据案件特点，积极引导当事人提供有利于分析案情、查清事实并确定鉴定金额的有效证据材料。

4. 鉴定意见

根据委托单位移交的双方当事人提供的鉴定材料，鉴定人对本案工程造价计算情况如下：

1）已施工范围工程总造价

根据双方当事人提供的鉴定材料及相关资料计算的原告方已施工范围的总造价为134482143.78元。其中：

（1）签证。

签证338号、339号金额为17161.53元，该两份签证虽然在工程现场签证表中没有建设单位代表签字及盖章，但在后附的工程现场签证单中有建设单位代表签字，并且内容与工程现场签证表中内容一致。因此在鉴定时对该两份签证单独进行了计算，并根据法院要求进行单列。

护壁、锚杆签证金额为7499771.06元，涉及签证33号、62号、148号，以及2015年11月16日收到的某法院技术处转交的省高院合议庭关于委托鉴定相关事宜的函中补充提供的经双方质证的作为鉴定依据的景洪某项目护壁支护注浆验收记录及进场设备清单。另外，在由被告委托的昆明某建设工程造价咨询有限责任公司（以下简称造价公司）审核的原告某项目基坑支护补强工程的结算审核表中，送审价为8579155.75元，审核价为8137589.68元，审减金额为441566.07元，审减率为5.15%。由于原告、被告双方均未能提供能够充分证实实际施工工艺的鉴定材料，鉴定时根据前述签证确定基坑支护补强工程相关工程量，另根据前述造价公司的审核意见确定了该部分工程的计价标准。

其余部分签证金额为1312266.42元，该部分根据原告提交的证据15～17册进行计算，包括除上述338号、339号、33号、62号、148号签证外的其他签证内容。

补充部分签证金额为105033.96元，该部分根据法院于2015年11月16日提供的补充鉴定材料进行计算。

（2）主体工程。

主体工程部分计算金额为125547910.81元，含安装工程费140773.53元，包括了由原告提交并于2013年12月13日经双方当事人质证后的10盒施工图、设计变更、签证的内容及之前由原告提交的经质证的证据材料中的基础后浇带排水钢管、挖掘机进出场费、护壁盲沟及槽钢的内容。其中：

① 质证后调整稿增加金额：

根据双方当事人对司法鉴定意见书质证稿的回复意见，增加计算了以下金额：

a. 预留柱竖筋汇总表金额为841953.68元，根据图纸第4盒中汇总表计算；

b. 预留钢套管金额为13795.65元，根据图纸第4盒签证计算；

c. 基础后浇带排水钢管金额为106043.80元，根据原告提交证据第3册第14～16页中由景洪某房地产开发有限公司所发的联系函内容计算；

d. 挖掘机进出场费金额为 15221.92 元，根据原告提交证据第 2 册中四川某建筑（集团）有限公司〔2011〕字第 02 号报告中的挖掘机数量进行计算；

e. 护壁槽钢及盲沟金额为 328782.39 元，根据原告提交证据第 5 册中第 141、142 页白图计算；

f. 木模板损失费用为 8033.01 元，该金额根据法院于 2015 年 11 月 15 日提供的补充鉴定材料进行计算。

以上计算金额均已包含在鉴定金额中。

② 临时设施费：

根据定额及相关规定计算的已施工范围内的临时设施费为 357861.64 元，其中主体部分为 339504.95 元，签证 338 号、339 号为 173.37 元，护壁、锚杆部分为 4921.9 元，其余部分签证为 12734.44 元，补充部分签证为 526.98 元，以上金额均已包含在各部分金额中。

2）对鉴定过程中当事人存在争议的部分金额的鉴定情况说明

（1）地下室挡土墙暗柱钢筋。

在经双方当事人质证后的鉴定图纸中，标示了地下室挡土墙暗柱的做法及配筋，此部分钢筋工程量为 5.51t，涉及金额 37527.21 元，已计入前述鉴定金额。

（2）后浇带钢丝网。

在经双方当事人质证后的鉴定图纸中并未标示后浇带钢丝网做法，由于该项施工内容属类似项目中均需实施的常规做法，经鉴定计算的工程量为 4542.05m^2，涉及金额 83770.59 元，已计入前述鉴定金额。

（3）自拌泵送混凝土外加剂。

在 2015 年 11 月 16 日省高院合议庭关于委托鉴定相关事宜的函，随函补充提供的普通混凝土配合比设计试验报告中有外加剂。根据云南省建设厅标准定额处 2006 年 7 月文件汇编发布的《云南省 2003 版建设工程计价依据部分解释》，《云南省建设工程消耗量定额》第六条“现场集中搅拌，采用泵送混凝土的费用如何计算？答：……采用添加剂的按实计算”。在已有证据中也未见到能证实原告未按此试验报告施工的相关证据，因此鉴定时根据该报告中的外加剂用量计算出的相关金额为 1724701.81 元，已计入前述鉴定金额。

（4）防水卷材附加层。

由于本工程筏板结构形式较复杂，导致防水卷材加强层工程量超出定额消耗量较多，因此鉴定时参照《云南省 2013 版建设工程造价计价依据》定额的相关规定，在鉴定报告中计算了防水卷材附加层增量部分的材料费，相关大面防水卷材及附加层的金额为 1198291.89 元。

（5）基础后浇带排水钢管。

该部分金额为 105524.48 元，已计入鉴定金额。

（6）挖掘机进出场费。

该部分金额为 14773.24 元，已计入鉴定金额。

（7）护壁槽钢及盲沟。

该部分金额为 344785.67 元，已计入鉴定金额。

（三）案件当事人对工程造价司法鉴定意见异议问题

在鉴定过程中，双方当事人对部分鉴定意见提出了异议。主要包括以下三方面：

1. 地下室底板防水卷材附加层定额消耗量调整等计价标准的理解及执行的问题

鉴定过程中，被告反复提出了以下 5 个关于计价标准的理解及执行的争议问题，为了维护各方的合法权益及能够得到更加合法、合理、公正、公平的鉴定结果，鉴定人于 2016 年 7 月 15 日向云南省高级人民法院发出了关于申请对相关事项进一步查证的函，申请某法院组织双方当事人及鉴定人共同向定额处对相关的计价标准的理解及执行问题进行咨询取证。2016 年 7 月 29 日，在云南某法院的组织下，四方相关人员共同到定额处对相关问题进行咨询取证并形成了必要的证明材料。具体情况如下：

1）措施费计取问题

原告主张其临时设施费是根据被告与其签订的建设工程施工协议书中确定的施工面积 14 万平方米和地产公司提供的工程项目设计图纸进行的一次性资金投入，应按全部面积计算相关费用。

被告主张定额中的垂直运输费用是包含整个工程实施所用的费用，原告并未施工砌体、装饰装修等部分，而在后期所需完成的工程还得支付垂直运输费用，所以不能按全面积计算，只能按比例 60% 计算。

针对此问题，定额处负责解释 03 定额人员（以下简称定额处解释人员）答复：中途清场情况定额没有明确规定。中途退场首先明确具体结算原则，不能明确就按合同给定的价来处理，按合同对应的工程量来划分。

而原告、被告双方均表示，定额上没有规定就由法庭判决。

根据定额处及原告、被告双方的意见，鉴定时按照原告已完成部分的工作量计算了临时设施费，按照已完成部分的建筑面积计算了垂直运输费并计入了鉴定金额。

2）定额机械费中燃动费价差是否计取管理费和利润

在鉴定过程中，双方对定额机械费中的燃料动力费价差是否能计取管理费和利润存在异议。原告认为燃动费价差应该直接计入机械费中计取管理费及利润，但地产公司认为应该仅计取燃动费的价差，不能再计取管理费和利润。

针对此问题，定额处解释人员答复：依据合同是直接依据，遵循合同约定原则，没有特别约定的只计价差。人工费部分是指导性价格。燃料动力费调整价差不计入，只做价差材料。机械中的人工费可以纳入。

原告、被告双方对上述答复均无异议。

根据定额处及原告、被告双方的意见，鉴定时按照计算价差的方式计算了燃动费补差。

3）防水卷材附加层计算问题

鉴定过程中，被告认为地下室底板防水卷材的附加层已综合考虑在定额消耗量中，不能再单独计算。

定额处解释人员答复：从定额来说，附加层针对卷材要增加一道防水工序，定额中的附加层指的并非防水层，附加层的量的比例一般都比较小，工程中特别要求的附加层的量与定额规定并非一致，工程中附加层的余量应超出定额规定的比例，定额的量在 5% ～ 10%。应当以实际为基础，子目上与实际不符的，应当以实际为准。

被告方坚持认为合同上明确按 03 定额，就只能执行 03 定额。

原告方则同意鉴定机构的意见。

根据定额处的答复，鉴定时参照 2013 版定额的有关规定，计算了防水卷材附加层增量部分的材料费并计入了鉴定金额，并且将该部分金额进行单列，以方便法院进行判决。

4）商品混凝土泵送费计取问题

鉴定过程中，双方当事人对于是否应单独计取商品混凝土的泵送费存在争议。

定额处解释人员答复：03 定额中做测定时没有按泵送的方式计算，是按常规的运输方式。03 定额执行中大多是采用泵送，在定额处发布的情况说明中，实际工程没有特别约定的情况下，无论采用什么，都不做额外的调整。有特别约定就按约定，没有约定就互不调整。

原告、被告双方对上述答复均无异议。

根据定额处的答复及双方当事人的意见，鉴定时在鉴定金额中按照定额规定计算了商品混凝土的水平及垂直运输费用，未再计算商品混凝土的泵送费。

5）护壁锚杆制安工程定额套用问题

在鉴定过程中，被告认为定额中的钢管锚杆制安定额子目包含了成孔费用，不应再单独计取成孔费用；原告意见与之相反。

定额处解释人员答复：钢管锚杆制安子目（010020175）是以焊接钢管加简单制作，不存在成孔问题。费用跟工艺是有关的，制安子目和灌浆子目是不一样的。引孔要看具体方案，以钢管锚杆制安子目（010020175）更符合要求。单独的成孔部分在机械工艺相近下，可参考预应力锚杆钻孔、灌浆子目（01020171）。

原告、被告双方对上述答复均无异议。

根据定额处的答复意见，鉴定时分别套用了钢管锚杆制安子目及预应力锚杆钻孔子目（剔除了灌浆相关材机消耗量），确定了锚杆制安工程的鉴定金额。

2. 基坑护壁锚杆注浆等隐蔽工程工程量的确定

1）护壁锚杆注浆工程量计取问题

被告认为在记录护壁锚杆工程量的签证中，仅记录了锚杆的工程量，因此一直坚持认为未发生注浆的工作；而原告认为在施工过程中确实进行了注浆的工作，并且在经地产公司质证后的证据材料中的基坑支护方案中也明确了注浆的工作内容。因此双方当事人对是否进行了注浆工作争议较大。为了能够更加准确地确定涉案工程造价，鉴定人建议双方当事人各自补充提供能支持锚杆注浆工程量各自观点的证据材料；并且建议法院组织涉案工程的监理单位，对当事人提供的相关证据材料发表意见。

其后鉴定公司于 2015 年 11 月 16 日收到的某法院技术处转交的省高院合议庭关于委托鉴定相关事宜的函中补充提供的经双方质证的作为鉴定依据的景洪某项目护壁支护注浆验收记录及进场设备清单，及在由被告委托的昆明某建设工程造价咨询有限责任公司审核的涉案基坑支护补强工程的结算审核表中，均证明了存在注浆的工作内容，因此鉴定时计算了相关费用并计入了鉴定金额中。

2）签证工程量未经建设方签字和盖章确认缺乏真实性，或将不存在的签证计给原告，或者单方提交的资料计算给原告的问题

在鉴定过程中，被告认为鉴定报告中的第 057 号、167 号、245 号、278 号、349 号、350 号、353 号签证没有其公司印章，属于多计费用。第 338 号、339 号签证不存在，不能计算费用。

对于该问题，鉴定时根据被告的意见，又详细对该部分签证进行了梳理。委托人提供的鉴定依据显示，该部分签证列于原告提交的证据 15 ～ 17 册中，并且该部分证据经过了地产公司的质证认可。在签证中虽然存在签章不全的情况，但均有建设单位或者监理单位人员的签字或盖章。对于其中的 338 号、339 号签证，虽然在签证页中没有相关人员的签认，但是在后附的相关支撑材料中都有相关人员的签字盖章，并且相关内容与签证页的内容一致。因此鉴定意见书中计算该部分费用，并且根据委托人的要求，对该两份签证的金额进行了单列。

3）自拌泵送混凝土外加剂的问题

被告认为在设计中未要求混凝土添加外加剂，假如设计或被告要求使用外加剂也必须经签证认可。原告做的配合比设计试验报告仅仅是一个试配，不能证明施工时现场使用了外加剂，即使使用了外加剂也不应该由地产公司买单支付。

对于该问题，鉴定时首先查找相关证据材料，明确了在 2015 年 11 月 16 日某法院合议庭关于委托鉴定相关事宜的函中补充提供的经双方认可的作为鉴定依据的普通混凝土配合比设计试验报告中添加了 LB-1 早强高效减水剂、YFC 高效泵送剂，掺加了聚丙烯防裂抗渗工程纤维。其次，再次查找了相关计价依据，定额处关于《云南省 2003 版建设工程计价依据部分解释》之《云南省建设工程消耗量定额》第六条“现场集中搅拌，采用泵送混凝土的费用如何计算？答：……采用添加剂的按实计算”的规定中，明确了采用泵送混凝土的在使用了添加剂时应按实计算。最后，在鉴定过程中要求地产公司提供能够证明原告未按相关配合比设计试验报告进行施工的相关证据，但地产公司一直未能提供相关证据。因此对该笔费用进行了鉴定，并在鉴定意见中将该部分金额单列，方便法院进行裁定。

4）地下室筏板后浇带钢丝网

该问题为原告提出应计算后浇带钢丝网工程量，而被告认为在施工图中未要求做钢丝网，且实际施工中也未施工，因此不得计算此项费用。

对于该问题，鉴定人咨询了相关的工程技术人员及其他相关人员后认为，后浇带钢丝网是在进行混凝土浇筑时，在预留后浇带的位置，为防止先浇混凝土流淌，在后浇带两侧需采用钢丝网对先浇混凝土进行封堵的一种措施施工。在类似项目的预留后浇带时一般情况下都需要进行设置。因此对该笔费用进行了鉴定，并在鉴定意见中将该部分金额单列。

5）基础后浇带排水钢管费用、护壁槽钢及盲沟费用

基础后浇带排水钢管费用、护壁槽钢及盲沟费用，在双方质证认可的鉴定材料中均有相应的记录证实发生了相应的工作内容。鉴定时根据相关证据材料对相关费用进行了计算并计入了鉴定金额中。但是地产公司在对鉴定报告的质证中不认可相关的证据材料，但又不能提供相关不认可

的证据材料。因此鉴定时在鉴定金额中计入该部分金额，并且在鉴定报告中对该部分金额进行了单列，以方便法院进行裁定。

6）常规算量计价作业过程中对部分工程量存在的异议

双方当事人对鉴定意见书征求意见稿中的部分工程量存在异议。鉴定人经向委托人报告后，于 2015 年 3—5 月组织双方当事人共同对工程量进行了核对计算。经过三方专业人员的工作，对图纸的内容及施工范围进行了再次核对确认，对大部分工程量达成了一致。

3. 其他问题

1）未按照施工时间段采用材料信息价问题

被告认为应该根据签证 065 号（基础换填砂石签证）以及原告质证证据第 8 册地基工程验槽记录载明自 2010 年 6 月主体施工开始，施工主体边挖土边浇灌基础垫层及砌筑砖胎模等，主要材料价均应该按照 2010 年 6 月信息价开始计算。但被告未举示出其他案涉工程主体结构从 2010 年 6 月开始实际施工的证据。

对于该问题，鉴定人员查阅了委托人提供的相关鉴定材料，根据鉴定材料中的建设工程施工协议书“建设工程材料或设备由乙方采购，价格按当地同期价格信息执行”的约定，对材料价格的取定进行了研究讨论，最终根据不同工程的施工时间段进行了确定。

护壁及锚杆施工，根据签证中记录的时间，采用了 2010 年 3 月《西双版纳景洪地区建设材料价格信息》（以下简称价格信息）中材料单价计入。其余部分的签证则按照签证中记录的 2010 年 10 月的价格信息中单价计入。对于后期提供的补充签证，也是根据签证中的日期按 2010 年 7 月价格信息中单价计入。

对于存在争议的主体部分的材料价格的取定，在详细查阅委托方提供的双方当事人经过质证后的证据材料及相关质证意见后，根据证据材料中的记录，并根据各个施工阶段分别对材料价格的时间段进行取定。在工程因为设计变更停工之前的 2011 年 2 月 1 日之前施工的部分，由于该时间段施工的工程量未能按月划分，并且其第一块筏板浇筑的时间为 2010 年 10 月 13 日，由此根据该记录，鉴定时确定该段时间施工的工程量的材料价格取定方式为：按 2010 年 10 月—2011 年 1 月价格信息中的平均单价计入。工程在 2011 年 6 月 23 日复工后，因为从 6 月—9 月前施工的工程量也不能按月划分，由此也是按 2011 年 6 月、7 月、8 月 3 个月的价格信息平均价计入。2011 年 9 月、10 月、11 月施工部分，由于可以按月划分施工的工程量，由此各自按施工当月的价格信息的价格计入，2011 年 12 月 1 日—2012 年 1 月 10 日施工部分，由于 1 月施工时间较短，由此按照 2011 年 12 月的价格信息价格计入。

2）挖掘机进出场费

在鉴定过程中，原告提出应计算土方施工的挖掘机进出场费用。在委托人提供的鉴定材料中，确实也有能证实挖掘机使用的相关证明材料，因此根据该证据材料，计算了相关的进退场费用。而被告不认可相关费用，但又不能提供相关不能计取的证据材料，因此鉴定意见中计入了该笔费用，并且将该部分金额单列。

3）地产公司代购材料的价格取值

在本次鉴定工程的材料中，有一部分材料为地产公司代购的，双方当事人对此是按实际采购价格计入还是按信息价计入发生争议。

对于该争议，鉴定人根据委托人的要求，对该部分材料的价值分别按照实际价格及信息价进行了计算。法院根据计算结果进行了判决。

4）关于停工损失的计取

在鉴定材料中，除了由原告提交的证据第 2 册中提供的已经确认的 4 份停工损失确认书及补充提供的一份“木模板停工损失统计单”外，双方均未提供其他的有关损失情况的证据材料，因此鉴定时仅对木模板停工损失进行了计算。此部分金额为 8033.01 元。对双方已经确认的 4 份停工损失确认书，仅在鉴定意见书中进行了描述。

对于以上的争议问题，在一审、二审及再审的判决中，均采信了鉴定意见书中的鉴定结果。

四、出庭作证情况

自 2015 年 6 月 5 日出具鉴定意见书质证稿以后，鉴定公司又于 2015 年 11 月 27 日和 2016 年 8 月 20 日分别出具了鉴定意见书质证后调整稿和质证后再次调整稿。根据法院要求，相关鉴定人员均参与了法院组织的对鉴定意见书的质证，出庭对当事人对鉴定意见书质疑的问题进行了解释和答复，对于当庭不能回复的问题，在庭审后经复核后出具了回复意见。

五、法院对鉴定意见的采信情况

在 2018 年 5 月 4 日一审法院的判决中，一审法院采信了鉴定意见书、出庭意见及回复意见进行了判决。一审判决后，被告不服判决，向某法院提起上诉，某法院在 2018 年 12 月 25 日的二审判决中，依然采信了鉴定意见书并根据一审的判决情况，驳回了被告的上诉，维持了一审判决。其后，被告还是不服二审判决，再次向某法院申请再审。2019 年 12 月 19 日，再审法院依然采信了鉴定意见，驳回了被告的再审申请。

六、心得体会

作为对工程造价进行的司法鉴定，笔者认为与其他类型的鉴定有很大的不同，从鉴定工作的方式、方法、鉴定过程，以及鉴定意见的出具均有不同的地方。

1. 与双方当事人充分沟通，详细了解双方当事人的诉求

其他类型的鉴定，在接到委托单位的委托及鉴材后就可以开展鉴定工作，不需要与当事人见面沟通，甚至有的鉴定还需要与当事人进行回避。

而在工程造价的鉴定工作中，在接受鉴定的委托后，则要积极与双方当事人充分沟通，详细了解双方当事人的诉求，了解主要的争议焦点，并根据争议的情况向当事人提出需要的鉴定材料。当然，上述工作需要在委托人的组织下或是在委托人的同意下进行，要做好相应的询问笔录并需要当事人签字。

2. 积极向委托人汇报沟通

在鉴定过程中，还需要与委托人保持沟通，汇报相关情况。

在本次鉴定中，随委托书已经提供了部分鉴定资料，但在鉴定人员开展工作后发现当事人提供的鉴定材料存在严重的缺失和重复。因此向委托方发送了相关函件，委托方开展了有针对性的法庭调查后，确定由原告方重新对涉案的施工图纸及相关资料进行整理、造册，并重新进行了质证。其后的鉴定过程中，鉴定人员又根据计算情况，多次向委托人发送汇报鉴定进度及补充提供鉴定材料的相关函件。

3. 严格按照委托人提供的鉴定材料进行鉴定

在鉴定工作中，鉴定单位要严格按照委托人提供的鉴定依据进行鉴定。

在本次鉴定的鉴定意见中，被告方始终对鉴定意见中的几个结果存在异议，但是鉴定结果是根据委托人提供的、经双方当事人质证确认的鉴定依据获得的，因此在一审及二审的判决中，均采用了鉴定意见书中的鉴定意见。

4. 坚持鉴定机构的专业意见

在有充分证据或相应依据的情况下，鉴定机构应坚持自己的专业意见。

例如本次鉴定中的后浇带钢丝网项目，被告方一直对该费用的计取存在异议，但是鉴定人在咨询了各方面的意见后，还是决定在鉴定意见书中对该费用进行了计取。最终一审法院和二审法院均根据鉴定意见进行了判决。

5. 避免“以鉴代审”现象，提供多种法律适用情形下的鉴定结果

《建设工程造价鉴定规范》(GB/T 51262—2017)(以下简称《鉴定规范》)第5.11.1条规定：“鉴定意见可同时包括确定性意见、推断性意见或供选择性意见。”

本项目鉴定报告完成于2016年8月20日，最后一次对当事人质证意见的回复日期为2017年2月28日，在此之前《鉴定规范》尚未颁布。

由于建设工程的复杂性、特殊性和多样性，以及对相关合同、定额及各种相关规定的理解、适用范围的不同，可能会得出多种法律适用情形下的鉴定结果。本次鉴定工作较有预见性地遵循了《鉴定规范》第5.11.1条的规定，为法院的审判工作提供了很好的技术保障。

例如本次鉴定中的防水卷材附加层的鉴定，虽然各方当事人共同听取了定额解释单位的解释，但是被告方还是认为应该按照定额中的说法不能计取防水卷材附加层的费用。产生该问题的原因就在于对定额中的“附加层”的理解问题，被告方认为定额中的“附加层”包含了所有的防水卷材附加层，而定额处解释的“附加层”仅指防水卷材接头部分的附加层，仅占5%～10%的余量，不含设计要求的转角部分的附加层。正是由于这种理解不同产生的分歧，造成被告方一直对该项费用的计算存在异议。因此，鉴定意见书中除了按定额处解释的内容计算了防水卷材附加层的费用后，还根据被告方理解内容计算的结果放入鉴定意见书中供法院进行选择、判决。

附件：鉴定期间与法院及当事人往来函件目录

(1)接受司法鉴定委托及收费的函。

(2)需向法庭提取鉴定材料的函。

(3)关于景洪某工程造价司法鉴定进展情况及现阶段存在问题的报告。

（4）关于景洪某工程造价司法鉴定进展情况及现阶段存在问题的报告（二）。

（5）关于统一核对工程量的函。

（6）关于确认锚杆注浆工程量的函。

（7）关于申请对相关事项进一步查证的函。

专家点评

本案为施工总包合同中止而引发的诉讼，开发商将其内部管理的缺陷责任转嫁给施工方，导致承包人结算时因工程资料证力不足而造成重大经济损失。建设单位不尊重客观事实和国家相关专业规定的现象，较为普遍地存在于工程结算之中。

1. 鉴定行为程序的合法性

鉴定单位接受委托，依据司法部办公厅的现行行业标准《建设工程司法鉴定程序规范》（SF/Z JD0500001）以及住房城乡建设部施行的现行国家标准《建设工程造价鉴定规范》（GB/T 51262）开展造价鉴定工作，合理运用相关理论和技术标准对有争议事项进行调查、勘验、检测、分析、复核验算、判断，出具鉴定意见。鉴定单位对建设工程纠纷案件的特性把握到位，对鉴定结果的表达客观合理、针对性强，鉴定成果均得到一审、二审、重审三级法院的采信，充分体现出鉴定成果的专业与规范。

2. 鉴定行为的客观公正性

建设工程投资金额大、参建单位多、建设周期长、受政策与市场因素影响大，具有高度的专业性与复杂性，故工程经济纠纷产生的原因绝大多数是由于建设工程管理、技术、经济与法律等多专业、多维度认知不同叠加发酵所致。司法造价鉴定更是复杂、严谨的工作，鉴定以事实为依据，对属于常识性的逻辑判断作出客观、合理推断，即便原始证据已经灭失，鉴定人秉承中立、公平的执业原则，最大程度还原工程事实，非常好地满足了法院的审理工作需要，该鉴定成果客观、严谨、规范。

本案因建设方案变化引起建设工程经济纠纷的诉讼，主要争议体现出原告、被告双方均存在不同程度的管理不善，所提供工程资料难以支持造价鉴定工作的正常推进，使得本案耗时近 7 年才得以审结。

3. 结语

工程造价鉴定工作涉及法律和造价两个大的专业领域，要求工程造价鉴定人员具有以法律意识进行工程造价鉴定的思想意识和行为能力。工程造价司法鉴定是工程造价咨询和司法鉴定相互纵深发展的业务内容，正确理解工程造价司法鉴定工作的性质，严谨客观地解决案件的重点与难点问题，促进工程造价技术在司法鉴定中的应用，推动工程造价咨询业务与法律不断融合与提升，充分体现工程造价咨询单位的专业综合能力与社会信誉。建筑工程司法鉴定工作需要更多高水平的造价专业人员协助法院定纷止诉，切实体现“合则两利、斗则俱伤”的现实意义，本案具有很强的代表性和借鉴意义。

北京金和通工程咨询有限公司　田华伟

某地块桩基及土护降工程造价鉴定

——云南云岭工程造价咨询有限公司

杨宝昆　张芸　刘宸皓　母昌锁　李国芹

一、案情简介

本项目是由B房地产开发有限公司（以下简称发包方）投资建设的某房地产项目的桩基、基坑土石及基坑支护工程（以下简称桩基及土护降工程），分为预应力管桩PHC-A500（100）为9864m；A2地块，预应力管桩PHC-A400（95）为22476m、预应力管桩PHC-A500（100）为9072m、长螺旋钻机灌注桩（ϕ600）为11580m。基坑土石方工程：A1地块，挖方工程量为24697m^3；A2地块，挖方工程量为114568m^3。基坑支护工程：A1地块基底面积为5785m^2，基坑周长为385m，基坑深度为4.6m，支护内容包括止水＋支护；A2地块基底面积为17738m^2，基坑周长为579m，基坑深度为5.6m，支护内容包括止水＋支护。A公司（以下简称承包方）通过竞争性谈判方式于2013年6月30日被确定为本项目的中标单位。双方于2013年9月26日签订设计施工合同，工期约定为117日历天。

为确保项目整体施工进度，实际施工过程中，“桩基及土护降工程”按照地块、栋号分批施工完成后即将施工场地分批移交给主体施工单位C公司，项目于2014年10月15日完成最后一块场地移交。后于2015年2月8日完成竣工验收，造成实际工期远超过合同工期。

此后结算阶段，本案中承包方申请结算金额为45144568.41元，发包方委托第三方造价公司审核认定结算金额为28567571.83元，争议金额为22501096.98元。双方未能就工程结算及相关费用的索赔达成一致意见。承包方于2017年向某市中级人民法院起诉，要求法院判令发包方违约，解除双方的合同，支付相应的工程款并申请造价鉴定。某市中级人民法院立案受理后，根据相关法律法规规定，于2018年4月24日将该案交于云南云岭工程造价咨询有限公司（以下简称鉴定公司）进行司法鉴定。

二、案件争议焦点和造价鉴定难点

（一）基坑土石方工程

合同单价分为土石方开挖不外运 16 元 /m^3 与土石方开挖外运 69 元 /m^3。承包方认为土石方开挖工程量根据经当事人双方及监理单位测量的原始地形形成的某小区场地复测图及竣工基坑图计算为 140111.12m^3，挖出土石方已全部外运，应按开挖外运单价 69 元 /m^3 进行结算；发包方认为土石方开挖工程量根据经当事人双方及监理单位测量的原始地形形成的某小区场地复测图及竣工基坑图计算为 139766.62m^3，因挖出土石方无外运签证，应按开挖不外运单价 16 元 /m^3 进行结算，不应按开挖外运单价 69 元 /m^3 进行结算。

（二）桩基工程 ϕ600 长螺旋钻孔灌注桩

设计要求 7 号、8 号栋桩采用长螺旋钻孔灌注桩（桩径为 ϕ600，有效桩长 30m，桩端进入③ 4 层粉质黏土层不小于 1.5m，单桩竖向抗压承载力特征值不小于 2100kN）。长螺旋钻孔灌注桩待基坑土方挖到坑底后，在坑底施工。合同中，ϕ600 长螺旋钻孔灌注桩投标综合包干单价为 345.80 元 /m，承包方认为素混凝土桩部分应单独计价，而发包方认为按照有效桩长计价，超出有效桩长的素混凝土桩不计价。

（三）桩基工程厕所接桩

应发包方要求对本项目中公共厕所桩基础工程进行接桩施工，实施完成上报发包方经济签证，经济签证单有监理方、发包方工程部签字，无发包方经济合同部、造价咨询单位、总工、办公会签字。承包方认为按照工作联系单、施工方案、实际完成工程量清单结算；而发包方认为未办理经济签证，桩的部分按照合同约定计算，增加土方部分按照合同约定原则计价。

（四）试桩工程

试桩工程完成工程量，承包方以经济签证形式办理确定工程量（含送桩、桩帽等），经济签证单上除“办公会讨论结果”未签署意见，其余监理方、发包方工程部、经济合同部、造价咨询单位、总工均已签署意见。据此，承包方认为签证已按照合同要求签章，按照合同约定进行结算；而发包方认为签证未经办公会讨论通过，属于无效签证，除试桩工程量按照施工记录予以计价外其余签证内容不予以计价。

（五）基坑支护工程

双方于 2013 年 9 月 26 日签订设计施工合同，由承包方进行本项目桩基础、基坑土石方、基坑降水、基坑支护方案设计及施工。合同中基坑支护综合包干单价为 A1 地块支护 491.77 元 /m^2、A2 地块支护 1276.55 元 /m^2，工作内容包括基坑支护方案设计、施工、降排水、交付主体施工单位前的所有工作内容以及全部风险。承包方认为合同包干单价属于配套2013年7月17日投标方案图纸报价，对竣工图与2013年7月17日图纸差异属于综合单价不能涵盖的内容，对差异部分应单独按合同条款单独计费。而发包方认为应按合同约定基坑止水及支护执行综合包干单价；对竣工图与2013年9月10日及2013年11月11日图纸综合差异，除承包方要求为保证邻近某校区围墙通道部分修改的A11、A12、A13剖面的变更外均属于综合单价能涵盖的内容按合同约定调整方式计取差价，其余不应单独计费。

（六）柴油发电机差价

合同约定因施工用电开通前，发包方为赶工期，要求承包方使用柴油发电机施工而产生的电费差额，按经监理及发包方确认的实际完成工程量计算电费差额。施工完成后双方与监理单位共同签认施工用电开通前使用柴油发电机完成工作量确认单。承包方认为长螺旋桩机、静压桩机动力均是采用市政用电作为动力，在签订合同时，其包干单价组价是按市政用电进行组价，根据合同的约定，用柴油发电机作动力时必须补差。发包方认为施工用电开通前采用柴油发电机施工产生的电费差额，按经监理及发包方确认的实际完成工程量计算电费差额。送审结算报送的为柴油发电机台班价，并且所附柴油发电机台班用量无任何一方签字。发包方审核时根据施工用电开通前经三方确认的实际完成桩基工程量套用定额，分析出施工用电量，用该用电量反算出柴油发电机台班量，套用定额得到机械台班使用的预算价格，用该价格与施工用电的电费相比较，仅计两者的差价。

三、鉴定情况

（一）司法鉴定委托人提供鉴定材料内容

经当事人双方质证各自提交的鉴定材料，包括质证笔录，工程施工合同、补充协议，发包工程的招标文件、投标文件及中标通知书，施工图纸、图纸会审记录、设计变更、技术联系单、现场签证，与鉴定有关的其他材料。

（二）工程造价司法鉴定情况

1. 鉴定过程

（1）2018年4月24日，收到某法院司法技术处评估鉴定机构选定通知书。

（2）2018年4月26日，向某法院司法技术处提交“建设工程造价鉴定工作方案”。

（3）2018年5月11日，收到某法院司法技术鉴定委托书（2018）昆法技字第96号。

（4）2018年5月15日，收到某法院提供的鉴定材料。

（5）2018年5月23日，提请某法院要求承包方、发包方补充证据材料。

（6）2018年6月5日，收到某法院移交的承包方、发包方补充的鉴定材料。

（7）2018年11月1日，应某法院要求参加鉴定材料质证。

（8）2018年11月19日，向某法院提交工程造价鉴定意见书（征求意见稿）。

（9）2019年6月17日，向某法院提交正式工程造价鉴定意见书。

2. 鉴定依据

（1）某法院司法技术处评估鉴定机构选定通知书。

（2）建设工程造价鉴定工作方案。

（3）某法院司法技术鉴定委托书（2018）。

（4）《建设工程造价鉴定规范》（GB/T 51262—2017）。

（5）鉴定委托人提供的所有鉴定材料。

（6）国家、行业和云南省政府行政主管部门颁布的与本项目有关的计价规范及相关文件。

（7）《云南省建设工程造价管理条例》《工程造价单位执业行为准则》《造价工程师职业道德行为准则》《工程造价咨询业务操作规程》。

3. 鉴定方法

工程造价鉴定是鉴定人运用工程造价方面的科学技术和专业知识，对工程造价争议中涉及的专门性问题进行鉴别、判断。

1）详细阅读鉴定资料，制订鉴定方案。

委托人提供的鉴定资料可分为两类：第一类是诉讼资料，包括委托书、起诉书、答辩状、法庭审查记录；第二类是技术资料，包括合同、协议、采购合同、洽商、工程预结算书、设计文件、签证、变更、技术内业、竣工验收资料，鉴定过程中经司法部门同意并提供的补充鉴定资料。

根据鉴定工作需要，安排有经验及满足资质要求的人员组成鉴定组，向委托人提交鉴定人员组成通知书、鉴定方案。

2）对鉴定项目进行划分，确定争议问题，发表鉴定意见。

根据本案合同约定的计价原则及委托人提交的鉴定资料，分析承包方、发包方结算内容，对双方结算原则一致的项目重新计价计量；对双方结算原则不一致的项目，分析确定计算原则，重新计价计量；经委托人同意，邀请当事人双方参加核对，对鉴定结果无异议的，签字确认；对鉴定结果有异议的，说明意见或经委托人同意，再行补充提交证据。通过多次核对，缩减争议事项及金额，确定当事人双方最终争议问题，由鉴定人遵循合法鉴定、独立鉴定、客观鉴定、公正鉴定原则进行鉴定，发表鉴定意见。

3）合同中有约定的，按合同约定进行鉴定。

合同中有约定的，按合同约定进行鉴定。如桩基工程 ϕ600 长螺旋钻孔灌注桩、基坑支护工程，试桩工程，柴油发电机差价合同中约定了计价及计量原则，也约定了所包含的风险范围，按合同约定进行鉴定。

4）充分论证、客观分析、还原事实，提出推断性意见。

如本案争议焦点之一为“土方是否外运”，涉及金额约700万元。由于当事人双方在实施过程中未对此内容进行确认，双方提交鉴定资料相互“三性”不认可，土方工程已隐蔽无法进行现场踏勘复核。依据现有证据进行分析、判断，结合对本项目施工期间工况调查取证后，得到客观、清楚的结果，在证据不够充分的情况下，提出推断性意见。

4. 鉴定意见

承包方提供工程造价为45144568.41元；发包方提供工程造价为28567571.83元。根据委托人提供的鉴定材料，鉴定公司对工程造价鉴定结果为36020199.93元（其中包含确定性鉴定金额290117535.71元、推断性鉴定金额7002664.22元）。

1）基坑土石方工程

（1）经查阅当事人双方提供一致的竣工基坑图及相关签证资料计算，经鉴定，土石方开挖工程量为139265.74m^3（扣除场地内原建构筑物所占土石方489.88m^3）。因合同单价分为不外运16元/m^{3}与土石方开挖外运69元/m^3，为方便计算，分解为土石方开挖单价为16元/m^3、土石方外运单价为53元/m^3。

按土石方开挖单价16元/m^{3}计算，土石方开挖鉴定结果是2228251.84元。

（2）对于土石方是否外运，根据2018年11月1日证据交换笔录，当事人双方均认可现场土石方开挖后存在部分未外运、部分外运。但双方认可外运土石方工程不一致。根据双方提供的质证材料：

承包方提供的土石方外运证明资料（发包方三性不予认可）中土石方分包合同、结算以及付款发票（复印件）反映基坑土石方（外排）工程量为132615.62m^3、基坑土石方（不外排）工程量为7140.00m^3。计算土石方外运造价金额为7028627.86元。

发包方同意“除回填之外的外运部分”，依据发包方提供的某科学研究中心出具的某项目桩基、基坑土石方及基坑支护工程工程结算咨询意见（承包方三性不予认可）：“挖填平衡是正理，任何单位只要有条件总是‘余土外运’，不可能挖方全拉走又全部买土回填，再加现场有条件堆土”，提出按照竣工状态的坑底标高及设计图纸计算土石方回填量约为61364m^3；承认实际外运土石方为77984m^3。计算土石方外运造价金额为4133152.00元。

（3）根据当事人双方质证认可的鉴定材料无法准确计算土石方外运工程量，鉴定公司对此作出推断性鉴定意见如下：

① 根据承包方提交的证据部分场地移交清单及方格网图（发包方三性不予认可）反映的现场开挖移交场地的时间顺序，结合双方提供一致的基坑支护锚杆施工记录，土石方开挖与基坑支护施工是证据工地例会纪要（17）和工地例会纪要（19）相互印证，可以确定土石方开挖顺序为：A2地块9栋—A2地块8栋—A2地块7栋—A2地块6栋—A1地块1栋—A1地块2栋、A2地块5栋—A1地块3栋。

根据发包方质证意见，不外排土石方用于现场土石方回填。本项目土石方回填工程主要包括地下室底板、承台、地梁等砖胎模周边回填，地下室外墙回填，地下室顶板回填。按照土石方开挖时间顺序，至A1地块开挖时除A2地块（除5栋及周边）具备地下室底板、承台、地梁等砖胎模周边回填条件，地下室外墙回填、地下室顶板回填尚不具备回填条件。

② 根据双方提供一致的竣工基坑图，确定基坑土石方开挖坑底标高为“桩顶标高+0.45m”。根据施工流程，还需继续开挖至地下室底板、承台、地梁等底标高。而实际并非由承包方实施。根据双方提供一致的证据工地例会纪要（17）和工地例会纪要（19）反映，此部分土石方开挖工

作由主体施工单位实施。土石方回填工作也由其实施。承包方在实施土石方开挖过程中，主体施工单位也同时在实施基底清土工作。同时对地下室砖胎模周边土石方回填。由于承包方与主体施工单位同时在场地内进行开挖施工，无法确定回填土来源。

③ 根据当事人双方提供一致的竣工基坑图及相关签证资料计算，A2 地块开挖土石方量为 115058m^3、A1 地块开挖土石方量为 24697.62m^3；发包方提出土石方回填量约为 61364m^3；根据土石方开挖顺序，A2 地块开挖预留回填土石方堆置于 A1 地块，根据测算堆土高度约为 9m。根据《建筑施工土石方工程安全技术规范》（JGJ 180—2009），临时堆土场堆土高度不应高于 2m，且须设置必要安全措施。但未见双方提供临时堆土石方案证据；发包方也未能提供其他临时堆土场地的证据。

综上，鉴定公司对于土石方外运提出以下推断性意见：土石方外运与不外运工程量相较，发包方提出的不外运土石方 61364m^3 合理性不足，承包方提出的不外运土石方 7140.00m^3 更为合理。据此鉴定公司计算开挖土石方总工程量为 139265.74m^3，外运土石方造价金额为（139265.74-7140.00）$\times$ 53 = 7002664.22 元。

2）桩基工程 ϕ600 长螺旋钻孔灌注桩

经查阅当事人双方提供的相关鉴定材料，根据发包方补充证据材料第六份会议纪要 2016-52（2016 年 11 月 14 日），承包方对真实性和证明内容没有异议，双方意见一致按照有效桩长计算，素混凝土桩不计，此部分工程鉴定造价为 4004364.00 元。

3）桩基工程厕所接桩

经查阅当事人双方提供的相关鉴定材料，根据桩基施工记录，厕所桩施工时间为 2013 年 12 月 11 ～ 12 日。本工程竣工验收证明书载明竣工时间为 2015 年 2 月 8 日。可以证明本工程桩基础工程已按合同约定完成。而工作联系单载明厕所接桩工作发生于 2015 年 8 月 4 日，即竣工验收半年后应发包方要求实施接桩工作，应属于合同外新增工作内容，不适用合同包干单价约定。根据工作联系单载明事由为应发包方要求接桩施工，要求单独结算此部分费用，并报送变更价款预算书。根据工作联系单发包方签署意见，同意按承包方报送方案施工并提请其经济合同部对变更价款进行审核。完成此项工作后办理场地移交及工程量确认单。后承包方于 2015 年 10 月 29 日上报签证申请表，经监理工程师、工程部签字确认工程量属实，但经济合同部、造价咨询单位、副总、办公会均无签字。合同通用条款 31.4 条约定“工程师无正当理由不确认，自变更工程价款报告送达之日起 14d 后视为变更工程价款报告已被确认”。发包方提供的鉴定材料并未见对此回复，据此鉴定公司认为应按承包方上报金额 45147.95 元计取。

4）试桩工程

经查阅当事人双方提供的相关鉴定材料，根据承包方提供的证据目录（一）第三组证据第 7 条试桩、桩基工程施工签证申请表 0 号，承包方提供的试桩合同（发包方提出对试桩合同三性不认可，需回去确认后回复法庭，未见回复）约定，乙方若中标本项目工程桩工程，则结算采用工程桩中标价作为本试桩工程结算价。根据合同中桩基工程包干单价约定，桩基工程工作内容包括桩主材采购（或制作）、运输、桩位测量定位、引孔、打桩、接桩、截桩、与基坑土方及基坑支护配合施工等完成桩基工程的所有工作内容以及全部风险，鉴定公司认为根据合同约定试桩的送桩、桩帽及桩机搬运费用已含在包干单价中，不应单独计算费用，此部分工程鉴定造价为342668.58元。

5）基坑支护工程

经查阅当事人双方提供的证据：2013年9月4日中标通知书第三条“根据调整完善并经最终专家评审通过的方案，编制过程预算书，报招标人审核，以确定最终合同价格”。合同签订时间为2013年9月26日，合同签订前已存在2013年9月10日版次图纸，鉴定公司认为施工合同确定的合同单价应涵盖2013年9月10日版次图纸内容，结算单价应执行合同单价，仅发包方要求为保证邻近某校区围墙通道部分修改的A11、A12、A13剖面按合同约定调整方式计取差价，鉴定造价为9547542.95元。

6）柴油发电机差价

经查阅当事人双方提供的相关鉴定材料，根据承包方提供的证据目录（一）第二组证据第4条工程结算书，鉴定公司根据施工用电开通前经三方确认的实际完成桩基工程量套用定额，分析出施工用电量，用该用电量反算出柴油发电机台班量，并考虑适量的发电机损耗（损耗率考虑20%），套用定额得到机械台班使用的预算价格，用该价格与施工用电的电费相比较，仅计两者的差价。此部分工程鉴定造价为207132.74元。

（三）案件当事人对工程造价司法鉴定意见异议问题

完成受鉴项目鉴定造价初稿后，通过委托法院向双方当事人提交鉴定报告征求意见稿。双方当事人对鉴定报告征求意见稿中不利于其本身的鉴定结果提出了异议，并补充提交相关证据材料。鉴定公司对当事人双方提出的异议均逐一进行了核对、调整后出具正式鉴定报告。

四、出庭作证情况

根据法院通知，鉴定人员依法出庭接受质证，接受当事人对工程造价鉴定意见书的质询。质证前，鉴定公司向委托人要求当事人提交所需回答的问题，进行了资料准备。本案中，鉴定人员对争议问题发表的鉴定意见并未全部满足承包方或发包方一方的诉求，双方均对鉴定意见争议较大。质证时，鉴定公司依法、客观公正、有针对性地回答问题，并将所采用证据资料提交给法庭（委托人提交部分资料、调查取证证据资料）。

五、心得体会

本案于2019年7月在某法院开庭审理，一审法院对该鉴定意见予以确认，但结合涉案证据酌情对推断性鉴定结果进行部分认定。后双方当事人不服一审判决，上诉至某人民法院，经二审法院审理后，对于一审法院部分认定鉴定结果的情况进行了纠正，全部认可了鉴定报告的结果，并进行了终审宣判。

一审中承包方意见：对鉴定意见中的确定性鉴定金额认可，对土方外运作出的推断性意见不予认可，认为所挖土石方全部外运，均应按开挖加外运单价 69 元 /m^3 计取。理由是在挖运土方过程中，除非接到发包方指令，需要现场倒土，否则土方一律外运，承包方在整个施工过程中，从未接到发包方现场倒土指令，按合同约定承包方将土方全部外运，回填是第三方（广西某建）完成的，与承包方没有任何关系。

一审中发包方意见：对鉴定意见中的确定性鉴定金额认可，对土方外运提出的推断性意见不予认可，认为鉴定意见中提出推定性鉴定意见的鉴定人员无鉴定人资质，鉴定过程中未对工程现场实地查勘，鉴定意见未经鉴定人签字，严重违反鉴定程序。鉴定意见在无有效工程量签证的情况下，仅凭承包方单方提供的复印件计算土方外运量，缺乏客观依据。鉴定意见关于土石方外运单价的计价金额错误。鉴定意见对土石方外运工程量作出的推断性意见违反鉴定科学性、客观性原则。

一审法院意见：本案的鉴定机构具备鉴定资质，鉴定程序合法，鉴定人员具有相应资质，鉴定人员当庭出庭说明鉴定的过程及意见，鉴定机构提交了鉴定意见人员的签字，鉴定材料系双方提交并质证之后移交鉴定机构，对该鉴定意见予以确认。

二审中承包方意见：承包方认为，鉴定机构鉴定程序违法，鉴定结论不应被采信。

二审法院意见：第十九条规定："司法鉴定机构对同一鉴定事项，应当指定或者选择二名司法鉴定人进行鉴定；对复杂、疑难或者特殊鉴定事项，可以指定或者选择多名司法鉴定人进行鉴定。"本案中，鉴定机构接受一审法院的司法鉴定委托后，指派包括在其机构中执业的鉴定人员在内的成员组成鉴定组，对委托事项进行鉴定工作，其执业机构且具有相关专业的执业资格，故本案鉴定机构的鉴定程序符合法律规定，不存在违法情形。

本案自 2018 年 4 月 24 日收到某法院司法技术处评估鉴定机构选定通知书起，至 2019 年 6 月 17 日提交正式鉴定报告，历时 419d。期间因发包方对鉴定意见（征求意见）不利于己方的鉴定结果多次向法院提出更换鉴定单位的要求，法院进行核查确认；鉴定公司也因当事人无法补充提交鉴定材料提出延期申请。

结合本案整个鉴定过程，心得体会如下。

（一）规范工程造价鉴定行为

2017 年 8 月 31 日，住房城乡建设部发布《建设工程造价鉴定规范》为国家标准，编号为 GB/T 51262—2017，自 2018 年 3 月 1 日起实施。

《建设工程造价鉴定规范》对鉴定机构、鉴定人、鉴定组织、鉴定准备、鉴定依据、鉴定等作出详细规定及指导，解决造价鉴定工作中的难点，规范工程造价鉴定行为。

本案中，较为强烈地体现出造价鉴定行为合规合法的重要性。当事人双方站在各自立场上，认可对己方有利的鉴定结果，试图找出鉴定机构鉴定行为中存在的违规行为，以推翻对己方不利的结果，鉴定机构面临巨大风险。

工程造价司法鉴定是法律法规与专业技术的有机结合，工程造价鉴定行为应严格按照《建设工程造价鉴定规范》执行，制订严谨规范的鉴定程序、依法组织鉴定人员、充分了解项目情况、熟悉证据资料、明确争议问题、准确计算、客观分析，保持客观公正的原则，才能规避司法鉴定风险，保障工程造价行为合规合法。

（二）现场勘验

由于工程建设的特殊性，有的项目要进行现场勘验才能查清事实。本案中，发包方口头提出现场勘验要求，鉴于本案鉴定标的物已经灭失（土方）、隐蔽（桩基础、基坑支护）无法勘验，鉴定公司也口头进行回复。在鉴定过程中，鉴定人员还是到达项目现场进行了勘验，以充分了解项目情况。

在一个项目鉴定中，鉴定人员、双方当事人在委托人组织下进行工程现场勘验，是鉴定人熟悉鉴定资料后的现场复核、证实相关内容的过程，是鉴定过程中一项重要的环节。

（三）工程造价司法鉴定方法研究

对于双方当事人提供鉴定资料不充分，需鉴定事项已隐蔽无法进行现场踏勘复核的情况，依据现有证据进行分析、判断，结合对本项目施工期间工况调查取证后，得到客观、清楚的结果，在证据不够充分的情况下，提出推断性意见，提供鉴定结论。

如本案例中双方当事人争议最大的基坑土石方工程问题。由于施工合同约定：土石方不外运为 16 元 /m³，其中已包括开挖、场地内堆放；开挖外运为 69 元 /m³，包括开挖、装卸、运输等全过程。争议焦点在于开挖出的土方是否外运。

根据双方当事人提供的鉴定资料以及法庭质证笔录，双方当事人对于本项鉴定事项的鉴定资料均相互“三性”不认可，也无法通过现场踏勘复核情况。

承包方认为开挖基坑是分期分批移交主体施工单位，并在地下室外墙外侧土方回填前进行了地貌复测，对照施工前绘制的原始地貌图，基坑开挖前后除地下室占据部分，基坑外围标高一致，证明基坑外无余土堆放。另外，由于土方回填工作是由主体施工单位完成的，施工过程中从未接到发包方指令预留土方供主体施工单位回填使用，故土方全部外运。

发包方认为按照行业惯例和常识，施工单位土石方工程施工应遵循总量平衡原则，且现场具备堆土条件，本项目分为 A1、A2 两个地块，且基坑开挖顺序为 A2—A1，故 A2 开挖土方可堆放至 A1 地块及基坑周边。从节约成本的角度，开发商不可能同意承包方在现场需要大量回填土的情况下将开挖土石方外运，而又另出费用从其他渠道购买回填土。另外合同约定：工程量的确定方式“按综合包干单价结算的部分，结算时按监理及发包方工程部确认的最终工程量乘以表中相应综合包干单价进行结算”。承包方未办理相关资料，应由其自行承担相应费用支出。

鉴定公司在对该事项进行鉴定时，重复查阅双方各自提供的鉴定资料，通过双方三性认可的合同及竣工图等资料，可计算出土方开挖的总量为 139265.74m³。对于是否外运，结合已有鉴定资料对土方开挖、回填情况进行尽可能地还原。基坑开挖平面图如图 1 所示。

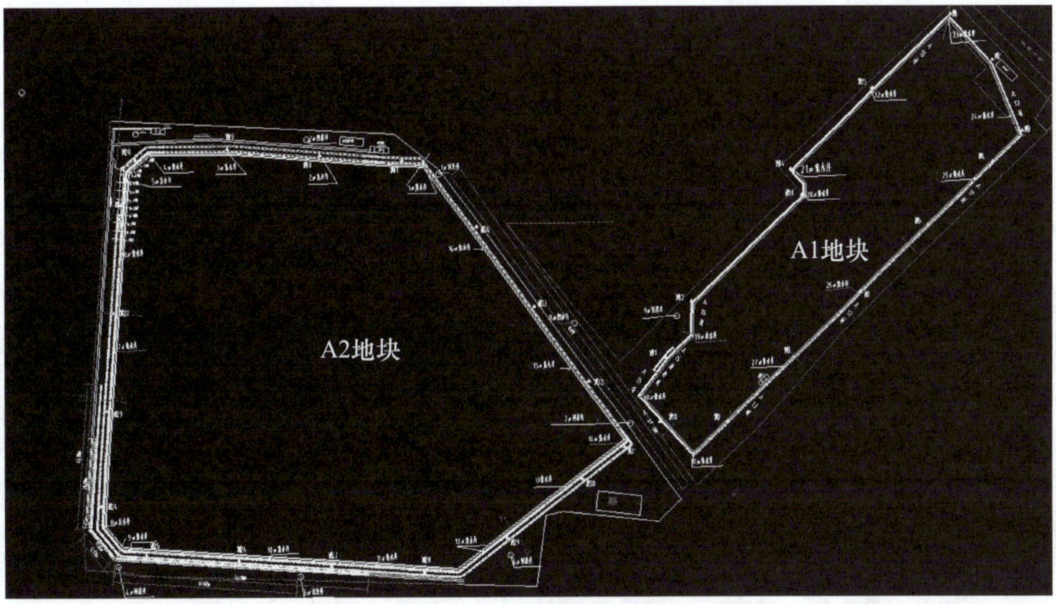

图 1　基坑开挖平面

1. 确定土方开挖的时间顺序

根据双方提供一致的基坑支护锚杆施工记录、工地例会纪要（17）和工地例会纪要（19）相互印证，可以确定土石方开挖顺序为：A2 地块 9 栋—A2 地块 8 栋—A2 地块 7 栋—A2 地块 6 栋—A1 地块 1 栋—A1 地块 2 栋、A2 地块 5 栋—A1 地块 3 栋。

同时为验证时间顺序，利用相关历史卫星地图照片进行分析，间接印证分析结果，如图 3 ～图 6 所示。

图 2　2013 年 2 月 25 日卫星地图

图 3　2014 年 2 月 24 日卫星地图

图 4　2014 年 5 月 17 日卫星地图

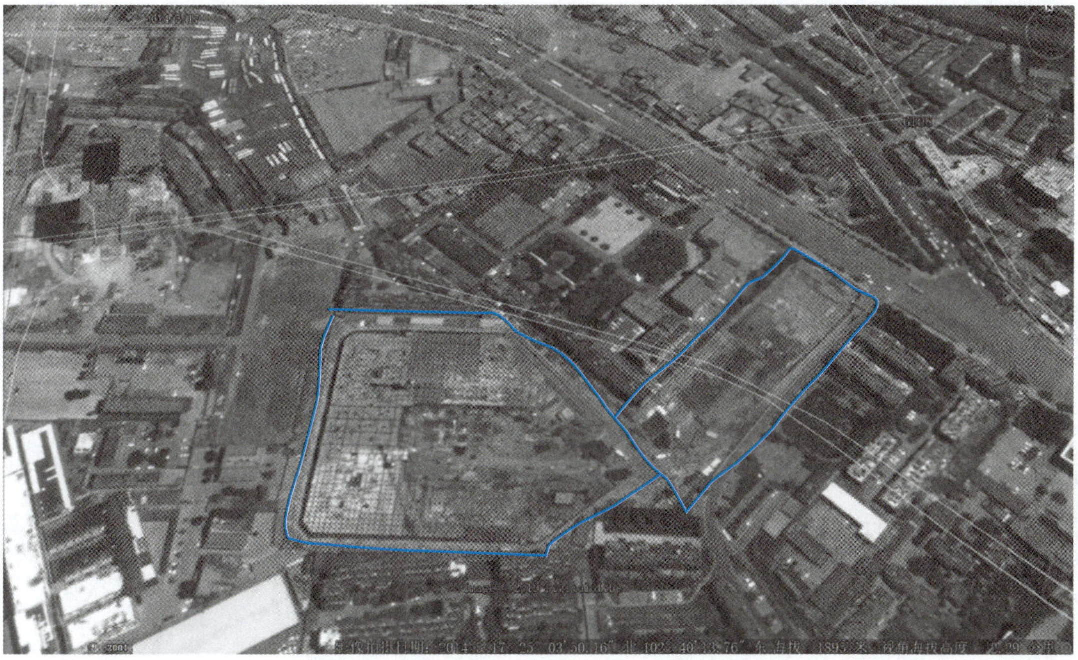

图 5　2014 年 11 月 23 日卫星地图

图 6　2015 年 1 月 4 日卫星地图

2. 确定基坑内余土的来源

根据承包方、发包方各自提供的部分时间节点现场照片（双方各自提供照片，对照片真实性认可，但拍摄时间不认可）的反映，现场基坑中确实有部分余土未外运。

根据双方提供一致的基坑竣工图，确定基坑土石方开挖坑底标高为“桩顶标高 +0.45m”。根据施工流程，还需继续开挖至地下室底板、承台、地梁等底标高。而实际并非由承包方实施。根据双方提供一致的证据工地例会纪要（17）和工地例会纪要（19）反映，此部分土石方开挖工作由主体施工单位实施。土石方回填工作也由其实施。承包方在实施土石方开挖过程中，主体施工单位也同时在实施基底清土工作。同时对地下室砖胎模周边土石方回填。由于承包方与主体施工单位同时在场地内进行开挖施工，无法确定回填土来源。

3. 印证发包方现场预留土方的合理性

根据当事人双方提供一致的基坑竣工图及相关签证资料计算，A2 地块开挖土石方量为 115058m^3、A1 地块开挖土石方量为 24697.62m^3；发包方提出土石方回填量约为 61364m^3；根据土石方开挖顺序，A2 地块开挖预留回填土石方堆置于 A1 地块，根据测算堆土高度约 9m。根据《建筑施工土石方工程安全技术规范》(JGJ 180—2009)，临时堆土场堆土高度不应高于 2m，且须设置必要安全措施。但未见双方提供临时堆土石方案证据；被申请人也未能提供其他临时堆土场地的证据。

承包方提供的土石方外运证明资料（被申请人三性不予认可）中土石方分包合同、结算以及付款发票（复印件）反映基坑土石方（外排）工程量为 132615.62m^3、基坑土石方（不外排）工程量为 7140.00m^3。

而发包方提供某项目桩基、基坑土石方及基坑支护工程工程结算咨询意见（申请人三性不予认可）“仅从理论上说明挖填平衡是正理，任何单位只要有条件总是‘余土外运’，不可能挖方全拉走又全部买土回填，再加现场有条件堆土”，提出按照竣工状态的坑底标高及设计图纸计算土石方回填量约为 61364m^3；承认实际外运土石方为 77984m^3。

据此，对于土石方外运，鉴定公司提出推断性意见：土石方外运与不外运工程量相较，发包方提出的不外运土石方 61364m^3 合理性不足，而承包方提出的不外运土石方 7140.00m^3 更为合理。据此鉴定公司计算开挖土石方总工程量为 139265.74m^3，外运土石方造价金额为（139265.74-7140.00）× 53 = 7002664.22 元。

二审法院认为：“该意见虽为推断性意见，但有相应的事实依据和专业依据，在鉴定人具备专业资质且发包方未能提交相反证据的情况下，应当采信鉴定机构的该项推断性意见。一审法院在鉴定机构的推断性意见已经达到高度可能性的情况下，酌情对该部分工程造价事实进行认定，不符合证据规则的规定和事实认定的标准，认定事实错误，本院予以纠正。据此，本院认定土石方外运工程造价为 7002664.22 元。”

（四）本案中需要改进的地方

《建设工程造价鉴定规范》(GB/T 51262—2017) 5.9.2 中第 1 条：“签证发包人只签字证明收到，但未表示同意，承包人有证据证明该签证已经完成，鉴定人可提出鉴定意见并单列，供委托人判断使用。”

本案中，桩基工程厕所接桩部分，鉴定公司认为施工合同中约定了发包、承包双方对于接收文件的答复时间，发包方未按照约定时间答复，依合同约定视同发包方已认可上报金额，应按承包方上报金额 45147.95 元计取。鉴定公司在鉴定过程中，未按照鉴定资料约定对该部分内容进行造价鉴定，将结果提供给委托人，由委托人选择使用。在今后的鉴定工作中，应避免出现在合同证据不力或依据不足且当事人无法达成妥协的条件下，擅自作出确定性意见。

（五）对土方工程作出推断性意见的感悟

当鉴定项目或鉴定事项内容客观、事实较清楚，但证据不够充分时，应作出推断性意见。

本案中承包方未能提供土石方外运证据资料且该内容已经灭失无法勘验。鉴定公司在对该事项进行鉴定时，反复查阅双方各自提供的鉴定资料，梳理出施工顺序及施工时间，利用同期卫星地图照片进行对比分析，参考《建筑施工土石方工程安全技术规范》（JGJ 180—2009）并结合现场实际情况推断出现场无法堆土的客观事实，对该项内容作出推断性意见。庭审过程中，当事人双方对鉴定公司的推断性意见均不予认可，二审法院在裁决时认可了该项推断性意见。

鉴定公司认为司法鉴定是一个复杂、严谨的工作，鉴定人应时刻怀有敬畏之心，注重以事实为依据，是做好鉴定工作的根本原则，每一个鉴定结论都应客观实际，切忌有任何偏见和主观臆断，同样也不能受案情、人情和有关压力等因素影响和违背客观事实，进而造成鉴定结论失真现象的发生。

专家点评

本案例为某地块桩基及土护降工程，争议产生的原因是发包方内部管理工作程序的缺陷责任，导致承包人提供的工程资料的证力不足，发包、承包双方在结算期间因此产生巨大争议而引发诉讼。此类问题普遍存在于建设工程结算争议问题之中，该案例颇具代表性。

1. 鉴定行为程序的合法性

本案中的双方当事人均存在合同约定过于简单、工程资料证据不足、项目管理混乱等问题，但对自己主张的工程量和金额却都有很强的执念，对专业鉴定方的核定额均不认同。

在此值得提醒的是，2018 年 3 月实施的《建设工程造价鉴定规范》为国家标准，对鉴定机构、鉴定人、鉴定组织、鉴定准备、鉴定依据等作出详细规定及指导。相关从业人员要严格根据此类规范，做好工程造价鉴定行为，在人员的资格和数量上、现场的踏勘上均应留足证据，规范程序。否则，当事人双方站在各自立场上，试图找出鉴定机构鉴定行为中存在的程序性违规行为，以推翻对己方不利的结果，会导致鉴定行为极为被动。

2. 鉴定行为的客观公正性

本案中最大的争议焦点在于土方是否按照已外运价格进行计算。承包人未能提供土石方外运证据资料且该内容已经灭失无法勘验。鉴定机构在对该事项进行鉴定时，反复查阅双方各自提供的鉴定资料，梳理出施工顺序及施工时间，利用同期卫星地图照片进行对比分析，参考《建筑施工土石方工程安全技术规范》（JGJ 180—2009），并结合现场实际情况推断出现场无法堆土的客观事实，对该项内容作出推断性意见。

司法鉴定是一个复杂、严谨的工作，鉴定人应时刻怀有敬畏之心，足够的事实依据、常识性的逻辑判断都是大胆作出客观性推断的基础，即便原始证据已经灭失，只要鉴定人员没有偏见和主观臆断，做到客观中立，最大程度还原当时的工程事实，就能让法院支持专业鉴定意见。否则任何一方枉顾事实和内在逻辑，坚持自己的理由都无济于事。

3. 结语

从本案例可见，工程造价的司法鉴定时间跨度长、涉及金额大，双方的利益冲突都有可能带来对鉴定机构否定性评价的风险，但是只要坚持“客观中立、专业第一”的思路，便能让造价鉴定机构的地位更加凸显。鉴定人只有思路清晰、方法严谨，严格按照规范程序开展工作，并合理运用造价方面的科学技术，才能对争议中涉及的专门性问题进行分析、鉴别、判断，才能让工程造价的司法鉴定在解决争议的过程中更加合理充分，让“法律的归法律，合同的归合同，专业的归专业”。

北京金和通工程咨询有限公司　田华伟

西安市某商住楼工程造价司法鉴定

——陕西信远工程造价咨询有限公司

胡晓妮

一、案情简介

某项目系西安市城中村改造项目，为商住一体的综合楼，由地下车库、裙楼、塔楼三部分组成。2010 年 8 月 10 日，A 房地产开发公司将该项目发包给 B 建设集团有限公司进行施工，双方签订了建设工程施工合同，合同中对工程承包范围、工期、合同价款及计价依据等进行了约定。2010 年 10 月 16 日 B 公司进场施工。在工程建设过程中双方发生纠纷，2013 年 3 月，B 公司非正常离场，未完成合同规定的全部工程内容，A 公司另行委托他人对该工程进行了工程收尾。

2013 年 6 月，B 公司向某法院提起诉讼，请求确认施工合同无效，并要求 A 公司支付所欠工程款、利息及停窝工损失费等共计约 1.85 亿元；2013 年 9 月 21 日，A 公司提起反诉，提出工程存在质量问题，请求法院判令 B 公司赔偿其损失 1680 万元，并承担修复工程费用（以鉴定结果为准）。2014 年 7 月，某法院委托陕西信远工程造价咨询有限公司（以下简称鉴定公司）对 B 公司所施工完成的全部工程造价进行司法鉴定。

二、案件争议焦点和造价鉴定难点

本涉案工程主要争议焦点和造价鉴定难点如下。

（一）案件主要争议焦点

（1）关于未完工程量：由于 B 公司离场时未完成合同规定的全部工程内容，因此双方对于 B 公司遗留的工程施工交节点存在较大分歧。

（2）关于合同外增、减工程量：该工程施工过程中形成了大量的工作联系单、变更签证单等资料，但是双方对合同外增、减工程量存在分歧。

（3）关于工程计价：工程施工合同虽然约定按照1999年《陕西省建筑工程综合概预算定额》（以下简称99定额）综合定额、《全国统一工程预算定额陕西省安装工程价目表》进行结算，但是双方当事人对定额中的某些费用是否应该计取，或者如何计取存在争议。

（4）关于劳保统筹费用：工程施工合同约定劳保统筹由甲方代扣代缴，不进入取费程序，但B公司认为A公司并未缴纳劳保统筹费。

（二）工程造价鉴定难点

（1）造价鉴定依据资料的确认：双方当事人各自向法院提交了若干证据资料，但部分核心技术资料双方互不认可，给工程造价鉴定工作造成困难。

（2）B公司实际施工完成工作界面的确认：由于双方当事人对B公司离场前实际完成工作面未签订确认单，B公司离场后A公司委托第三人对未完工程进行施工，虽然双方各自提供了一份"B公司遗留工程施工交接点"，但是两份资料存在差异，部分争议项既无法通过勘察现场进行核实，也无法根据其他资料进行判断，因此对B公司实际施工完成工作界面的确认是本案工程造价鉴定的难点。

三、鉴定情况

鉴定公司接受某法院的委托后，按照鉴定委托书委托的鉴定事由和鉴定要求开展了本涉案项目工程造价鉴定工作，并在鉴定委托书规定的时限内提供了工程造价鉴定意见书，主要鉴定情况如下。

（一）司法鉴定委托人提供鉴定材料内容

委托人某法院先后向鉴定公司转来如下鉴定材料：

（1）原告证据卷宗（5册）。

（2）被告证据卷宗（6册）。

（3）民事起诉状（3页）。

（4）反诉状（2页）。

（5）关于工程造价鉴定的申请书（1页）。

（6）关于工期延误责任及其延误期间损失鉴定的申请书（2页）。

（7）2013年12月12日法庭记录（113页）。

（8）2013年12月4日法庭记录（55页）。

（9）施工蓝图。

（10）2014年3月27日质证笔录（4页）。

（11）2014年5月19日质证笔录（29页）。

（12）2014年6月9日质证笔录（15页）。

（13）结算书（上、中、下各 1 册、共 3 册）。

（14）工程造价鉴定补充资料（1 册）。

（15）图纸问题（14 页）。

（16）土建工程 B 公司遗留工程施工交节点（B 公司认可）（6 页）。

（17）A 公司提交鉴定材料目录及对 B 公司质证的意见（1 册）。

（18）2014 年 7 月 22 日质证笔录（4 页）。

（19）2014 年 8 月 20 日质证笔录及其附件（15 页）。

（20）工程结算书（2 册）。

（21）岩土工程勘察报告书（1 册）。

（22）针对 A 公司补充提交鉴定资料的质证意见（1 页）。

（23）B 公司补充鉴定资料（33 页）。

（24）2014 年 11 月 17 日谈话笔录（5 页）。

（25）B 公司与 A 公司案关于施工交界面的证据清单（23 页）。

（26）工期延误损失鉴定证据（上、下 2 册）。

（27）南车库坡道交接单（1 页）。

（28）东坡道未完工程交接单（2 页）。

（29）风井砌筑（1 页）。

（30）裙房屋面防水（1 页）。

（31）实质性合同谈判纪要（1 页）。

（32）2014 年 8 月 9 日工作联系单（1 页）。

（33）风井抹灰（1 页）。

（34）实质性合同谈判纪要 2013 年 7 月 19 日（1 页）。

（35）现场收方单（3 页）。

（二）工程造价司法鉴定情况

1. 鉴定过程

本案工程造价鉴定通过某法院摇号确定鉴定机构，鉴定公司接受委托后，在委托书要求的时效内向委托单位提交了本项目鉴定所需的鉴定资料清单，并组织双方勘察了现场、召开了座谈会。在此基础上，鉴定公司于 2015 年 6 月 12 日向委托单位呈送了“鉴定意见书”征求意见稿。

（1）鉴定资料的收集。

上述 35 项鉴定材料是司法鉴定委托人于 2014 年 3 月 27 日—2014 年 12 月 1 日分 4 次提供的，期间鉴定公司分别于 2014 年 4 月 4 日、2014 年 8 月 5 日向某法院技术室呈送了鉴定资料提取函和提请补充资料函，要求对鉴定资料进行进一步补充。

本案鉴定资料收集的难点在于施工图纸。2014 年 7 月 4 日—2015 年 2 月 12 日，双方当事人分 5 次提交了工程施工图。

（2）现场勘察。

本案的工程造价鉴定，除了施工图纸以外，双方分别提交的B公司遗留工程施工交节点，即未完项明细是重要鉴定依据之一。2014年8月18日，在某法院技术室相关人员的参与下，鉴定公司到涉案工程现场进行了实地勘察，双方当事人配合了勘察工作，并在勘察记录上签字认可。但由于两份未完项明细中均有部分文字表述不清晰，现场鉴定人逐一询问后，仍有部分内容因原告、被告双方参加现场勘察的专业人员不齐，无法全部确认。

（3）申请鉴定延期。

2014年10月10日，鉴于双方仍未提交剩余的施工图纸，也未确认好未完项清单内容，鉴定公司向高院报送了关于申请鉴定期限延期的函，函中说明了鉴定工作进展缓慢的原因，并恳请某法院能延缓鉴定期限。

（4）开展鉴定工作。

鉴定公司结合该涉案工程的特点，组建了工程造价鉴定团队，组织鉴定人员认真熟悉并细致研究了鉴定资料，对委托事项及争议焦点进行了深入讨论，确定了鉴定思路，进行了专业分工。

在鉴定过程中，经某法院技术室同意，鉴定公司多次组织双方当事人就未完项中不明确的内容进行确认，对双方分别提供的施工蓝图进行核对，并达成一致意见。确认及核对过程均形成了书面记录，双方当事人均予以签字认可。

经过细致的工作，2015年6月12日鉴定公司发出了“鉴定意见书”征求意见稿，2015年7月31日向司法鉴定委托人提交了正式的“鉴定意见书”。

2. 鉴定依据

（1）鉴定委托书【（2014）陕司技委字第X—Y号】。

（2）建设工程施工合同。

（3）双方合同约定采用的1999年《陕西省建筑工程综合概预算定额》等定额标准及结算办法。

（4）国家及省、市关于工程造价结算及计价的相关政策、规范文件。

（5）委托人转来的所有鉴定材料。

（6）双方当事人共同核对后提交的若干施工蓝图。

（7）座谈记录及现场勘察记录。

3. 鉴定方法

1）工程造价鉴定依据资料的分析及使用

工程造价鉴定依据资料的确认是本涉案工程造价鉴定的难点之一。鉴定人将鉴定资料分为两大类：①建设工程施工合同中关于造价等相关约定及相关政策法规；②施工图纸、工作联系单、变更单、签证单、材料认质认价单、遗留工程施工交节点以及工程分包合同等技术资料。

（1）建设工程施工合同及其附件。

根据工程管理的基本理念，建设工程施工合同及其附件是工程项目施工与管理的纲领性文件，一切建设活动及本次鉴定均必须紧密围绕并遵从合同的约定。但2013年12月4日法庭记录中显示，B公司要求法院判令建设工程施工合同无效，对此A公司也表示相同的意见。鉴定人经查阅双方提交的证据资料，发现B公司编制的结算书仍参照的是合同中约定的计价办法，A公司也在

2013年12月4日庭审中表示："该合同作为原告和被告真实意思的表示，其有关工程结算条款对双方应产生约束力。"由此看来，双方即便主张施工合同无效，但仍然认可合同中关于工程造价的相关约定。因此，鉴定人认为无论施工合同是否有效，本次鉴定仍参照合同中约定的结算办法是符合相关规定与行业规则的。

（2）证据性资料。

对于证据性资料，鉴定人认为应在真实有效的前提下，按照证据资料的一般属性及提供时间，并考虑各证据间的相互印证情况，确定是否采信及如何使用。但由于证据资料的真实性认定属于法庭解决问题，鉴定单位只能对事实问题进行阐述，因此本次对于双方当事人没有共同认定的证据资料，鉴定人只对属于鉴定职责范围内且能基于专业知识判断的给予判断；不能给予判断的，会计算出一个结果提交由法庭进行最终认定。

①施工图纸。

图纸分为土建和安装两部分，土建工程图纸基本上全部由A公司提供，内容齐全，B公司查看后全部予以认可，这使得土建图纸工程量计算不存在问题；安装工程图纸，双方经多次核对后仍有大部分不能达成一致意见，鉴定人查看后发现双方共同确认的图纸均为系统图，若仅使用这些图纸，根本无法计算工程量。因此，本鉴定分别依据双方各自提交、对方不予认可的图纸，结合双方共同认可的系统图计算出了两种结果，交由法庭在审理过程中选择使用。

②工作联系单、变更单及签证单等。

原告、被告双方分别向法院提交了工作联系单、变更签证单及认质认价单等资料，从法庭质证笔录来看，部分资料双方是互不认可的。其中对于当事人提出的资料真实性问题，应是属于法庭解决的事情，鉴定人不作判断；对于双方存在争议的内容，鉴定人按照证据资料的一般属性及提供时间，并考虑各证据间的相互验证情况，基于专业知识判断后予以取舍。本鉴定凡涉及合同范围外的增、减工程量，均按照"一单一表"（一份单子、一个计算表）的原则进行计算，以便法庭质证。

2）B公司施工交界面问题的处理

B公司实际施工完成工作界面的确认是本案工程造价鉴定的难点之一。涉案工程项目是在原告B公司已完成主要施工内容，还有部分未完的状态下离场的。法院转来的资料中双方分别提交了一份B公司遗留工程施工交节点，从资料的关联性来看，A公司整理在先，资料最后一页还有A公司、监理公司、分包单位及辖区街道办事处等10家单位的签章（B公司没有参与及签章）；B公司是在A公司的施工交节点基础上另行整理的。从资料反映的内容来看，双方对于遗留工程施工交节点意见分歧较大。由于土建和安装施工工序不同，双方在确认遗留交节点的时候，土建记录的都是未完项目，而安装记录的却是已完项目。

由于双方对遗留交节点的意见分歧较大，为了表达清楚，便于质证，本鉴定将遗留工程施工交节点中的内容分为两个部分进行计算：第一部分为土建工程，该部分又分为了双方共同认可的未完项、A公司单方认可的未完项、B公司单方认可的未完项3个小项进行计算；第二部分为安装工程，该部分也分为了双方共同认可的已完工程、A公司单方认可的已完工程、B公司单方认可的已完工程3个小项进行计算。

3）工程量计算

（1）土建工程量的计算。

土建工程量的计算依据包括合同约定的施工范围，双方确认的施工图纸，2014年11月11日双方在鉴定公司座谈时确认的B公司遗留工程施工交节点，法院转来的、涉及土建工程的、鉴定人基于专业知识判断后予以采用的变更单、签证单及工作联系单。

土建工程量的计算，首先根据双方共同确认的施工图纸，计算出合同范围内的图纸工程量；然后分别计算出双方共同认可的未完项、A公司单方认可的未完项及B公司单方认可的未完项工程量；最后计算出变更签证及工作联系单工程量。

土建工程量计算的两种结果为：①B公司主张的已完工程量为“合同范围内的图纸工程量－（B公司单方认可的未完项工程量＋双方共同认可的未完项工程量）± 变更签证及工作联系单工程量”；②A公司主张的已完工程量为“合同范围内的图纸工程量－（A公司单方认可的未完项工程量＋双方共同认可的未完项工程量）± 变更签证及工作联系单工程量”。

（2）安装工程量的计算依据包括合同约定的施工范围，双方提交的施工图纸，2014年11月11日双方确认的“B公司遗留工程施工交节点”；法院转来的、涉及安装工程的、鉴定人基于专业知识判断后予以采用的变更单、签证单及工作联系单。

安装工程量的计算：①分别根据单方提交、对方不予认可的图纸，结合双方共同认可的系统图，计算出两种合同范围内的图纸工程量；②分别计算出双方共同认可、A公司单方认可及B公司单方认可的3项已完工程量；③计算出变更签证及工作联系单工程量。

安装工程量计算的两种结果为：①B公司主张的已完工程量为“依据B公司认可的施工图纸，结合B公司单方认可及双方共同认可的已完工程内容计算出的已完工程量，增加或减去变更签证及工作联系单工程量”；②A公司主张的已完工程量为“依据A公司认可的施工图纸，结合A公司单方认可及双方共同认可的已完工程内容计算出的已完工程量，增加或减去变更签证及工作联系单工程量”。

4）工程量单价确定及计价取费

涉案工程工程量单价及计价取费的依据是双方于2010年8月10日签订的建设工程施工合同第2-2条及第2-4条中的约定。

关于材料价格，投标预算中有单价的执行投标预算单价；投标预算中没有单价的执行认质认价单中的单价；认质认价单中也没有单价的执行施工当期陕西省材料信息价平均值。

双方签订的建设工程施工合同第2-4条第④项约定：“劳保统筹由甲方代扣代缴，不进入取费程序。”但从法庭记录得知，B公司认为A公司并未缴纳劳保统筹，究竟是否缴纳了，鉴定人也无法判断。因此取费时将劳保统筹费用进行了单列，由法庭进一步确认或质证。

4. 鉴定意见

（1）若以B公司认为其施工完成的涉案工程量，其造价为447638305.35元（其中不包含在内的劳保统筹费用为14015580.78元，劳保统筹费用由法庭进一步确认或质证）。

（2）若以A公司认为B公司施工完成的涉案工程量，其造价为435624591.33元（其中不包含在内的劳保统筹费用为13621081.16元，劳保统筹费用由法庭进一步确认或质证）。

（3）以上结果因涉及双方证据不一致，有12013714.02元的差异（不含劳保统筹），需由法庭进一步确认或质证。

（三）案件当事人对本案鉴定意见异议问题及其处理

鉴定公司于2015年6月12日发出了鉴定意见书征求意见稿，双方当事人两次向法院提交了书面异议，鉴定人均进行了书面答复及当庭答复。

根据双方异议书内容，结合原有鉴定资料，鉴定人对部分计算结果进行了复核、修正，修正原则如下：

（1）对于当事人提出的漏算、多算及错算问题，鉴定人在原有鉴定资料的基础上，经过认真复核，对相关计算数据予以相应调整。

（2）对于当事人新提出的，但从原有鉴定资料中反映不出或与原有鉴定资料内容相违背的问题，未予调整，可待法庭进一步查明了事实问题后再定是否需要调整。

（3）对于当事人新提供的证据资料（异议书附件），由于还未经过法庭质证，鉴定人不能擅自作为鉴定依据使用，可待法庭质证后再对相关费用进行调整。

以下是对双方提出问题的处理。

1. 甲供材异议的处理

A公司提出“配电箱、桥架、支架等甲供材属于A公司提供的，属A公司发生的费用”。B公司提出“按照谁主张谁举证的举证规则，如果A公司认为该部分材料属于甲供料，应当由A公司提供其向B公司提供了该部分材料有B公司签收的供货单据，现A公司未能举证，理应由其承担举证不能的责任”。

鉴定公司认为，施工合同约定的承包方式为包工包料，A公司提出配电箱、桥架、支架等材料为甲供材，并提供了材料买卖合同、甲供材料数量清单及收料单等证据资料，B公司对甲供材料数量清单及收料单的真实性认可，对其余资料不予认可，并在2015年12月31日质证笔录中称“对具体的甲供料数量，以有B公司盖章确认的数量清单及收料单清单数量为准”。因此，本案鉴定公司将B公司认可的甲供材料费用进行了扣减，同时按1.2%的费率计取了该部分甲供材料保管费，按7%的费率计取了该部分甲供材料补偿费。其余A公司主张的甲供材料，鉴定人查阅现有鉴定资料，无法判断这些材料是否为甲供材，因为事实认定属于法庭解决的事情，鉴定公司只能将该部分费用计算后单列，交由法庭决定取舍。

2. 甲方分包工程问题的处理

A公司提供了其与某装饰公司签订的内装饰装修工程施工合同书，用以证明裙楼部分灯具、开关、插座属于A公司分包项，并提出裙房排水属合同外分包项目，提供了一份其与某吸排水公司签订的建筑虹吸屋面排水供货、安装合同。但根据2015年12月31日庭审笔录，B公司对这些资料的合法性、关联性均不予认可。由于证据资料的效力未确认，鉴定公司无法直接使用进行费用调整，只能计算出费用后单列，交由法庭进一步确认。

3. 合同约定的优惠160万元

A公司提出“应当按照合同约定，扣除优惠的160万元”。B公司主张“因讼争合同无效，因此约定的优惠费用也属无效”。

双方签订的建设工程施工合同第 28 条增订条款第 4 款约定：“合同签订后，乙方一次性向甲方优惠 160 万元。”鉴定公司认为如果 B 公司完成了合同范围内的全部内容，结算时优惠 160 万元无可厚非；但 B 公司是在未完成合同规定的全部工程内容的情况下非正常离场，在此情况下，是仍然按 160 万元足额优惠，还是按照已完工程的比例优惠，合同中没有明确。鉴于合同条款真实意思的理解及认定，可能不在鉴定单位权限范围内，鉴定公司不敢妄然推断，因此只能将该部分费用单列出来，交由法庭进一步确认。

4. 劳保统筹问题的处理

A 公司认为应当从工程造价中扣除劳保统筹费，B 公司则主张不扣除。

甲方是否足额缴纳不影响本次计算工程造价，况且劳保统筹收取部分是西安市城建部门，A 公司已经提交了向政府单位缴纳劳保统筹的票据。

鉴定公司认为，虽然双方签订的建设工程施工合同第 4–2 条第 2–4 款约定：“劳保统筹（甲方代扣代缴）不进入取费程序”，但由于劳保统筹是工程造价的重要组成部分，且 B 公司对 A 公司是否缴纳了劳保统筹存在异议，因此鉴定人在鉴定意见书中将劳保统筹费用单列出来，交由法庭进一步确认或决定取舍。

5. 四项保险问题的处理

A 公司提出“99 定额第 32 页第 17 条明确规定，未参加保险的施工企业不得计取四项保险费用，如果四项保险有的话，B 公司必须向鉴定单位提交其参保证明，而且合同仅约定支付其中的两项保险”。

鉴定公司认为，双方签订的建设工程施工合同第 4–2 条第 2–4 款约定：“四项保险只计取工伤保险费及医疗保险两项，费率标准执行定额规定。”因此鉴定人在鉴定意见书中计取了这两项保险费用。现 A 公司提出未见到 B 公司关于本项目的参保证明，因此此项费用不应计取。但 B 公司是否参保，现有鉴定资料中未见到相关证明资料，鉴定人也无法判断。因此只能将该项费用单列出来，交由法庭进一步确认。

6. 安全文明施工费问题的处理

双方签订的建设工程施工合同第 4–2 条第 2–4 款约定：“文明工地补贴费按省级文明工地标准进行现场管理，文明工地补贴费按 1.3% 计取。”因此鉴定意见书中鉴定人按 1.3% 的费率计取了文明工地费。但 A 公司认为不应计取文明工地费，理由有两点：① 99 定额费用定额中规定施工单位只有取得省级文明工地证书才能计取文明工地费，但 B 公司根本没有取得文明工地证书；②合同中约定计取 1.3% 文明工地费的前提条件是要按省级文明工地标准进行现场管理，但 B 公司现场管理混乱，根本达不到此要求。

该工程合同和 99 定额中对文明工地的计取办法不一致，2015 年 11 月 30 日开庭时双方当事人也为该执行合同还是执行 99 定额意见不统一。鉴定公司认为，根据“约定大于规定”的鉴定原则，在双方合同中有明确计取办法的前提下，应该首先从其约定。至于 B 公司当时是否是按省级文明工地标准对现场进行的管理，现已时过境迁，鉴定人无法判断，因此，本次将该费用单列出来，交由法庭进一步确认。

7. 超高费问题的处理

A 公司提出“超高费应当按照 99 定额中约定的砌块计算，而不应该全额计算”。

鉴定公司认为，根据 1999 年《陕西省建筑工程综合概预算定额》总说明第十条及附录三的规定：“多层工业与民用建筑凡设计室外地面至屋面板顶面的高度超过 20m 以上计算建筑物超高费；计算建筑物超高费是以建筑物全部建筑为计算量。”该建筑虽然分裙楼和塔楼两部分，但是塔楼坐落在裙楼屋面之上，一家单位连续施工，拥有共同的基础，属于一个整体建筑（定额超高费第 4 条说明已经在定额使用说明中明确：“取消第 4 条”）。另外，根据陕西省 99 定额使用说明第 1 页附录三第 3 条：“出屋面的建筑物、构筑物（包括有围护结构的水箱间、电梯井间）的建筑面积之和大于屋面面积 50%时，这些部分可以计算超高费（也按不同高度标准砌块计算），反之不计算屋面部分的超高费因素，这些建筑物和构筑物的高度如果超过 2.2m 时，可以计算建筑面积并入不同高度的主体建筑面积内。”可见，此处出屋面建筑物应为小附属建筑。本工程塔楼面积远大于裙楼面积，实际为一整体建筑，故超高费计取无误。

8. 塔吊基础费用问题的处理

B 公司提出“塔式起重机基础费用属于 B 公司实际施工发生的费用，B 公司也已提供了塔式起重机基础施工专项方案予以证明，所以应计取塔式起重机基础费用 200253.53 元及劳保统筹费 6744.51 元”。

鉴定公司认为，在原鉴定资料中未见到能够计取塔式起重机基础费用的相关资料，因此意见书中塔式起重机基础费用没有进行计算；后 B 公司新提供了塔式起重机基础的相关资料，但 A 公司对该资料的三性均不认可，故鉴定人将此费用计算后进行了单列，不计入总工程造价，供法院参考。

9. 1 号地块、2 号地块连接通道费用问题的处理

B 公司提出“连接通道属于 B 公司实际施工发生的费用，B 公司也已提供了施工蓝图‘结施，93，连接通道’‘结构平面及配筋图’‘1 号综合体和 2 号综合体连接部位防水做法’等资料，所以应计取连接通道费用 1719456.9 元及劳保统筹费 57911.07 元”。

鉴定公司认为，B 公司提供了相关图纸资料用以证明他们对 1 号、2 号地块连接通道进行了施工，但 A 公司对资料的真实性及 B 公司主张的施工事实均不予认可。1 号、2 号通道究竟是否由 B 公司施工，鉴定人无法判断，因此鉴定人将此费用计算后进行了单列，交由法庭进一步确认。

四、出庭作证情况

在本案审理过程中，鉴定人员根据双方当事人的申请及委托单位要求，于 2015 年 11 月 30 日在陕西省某法院参加了该案庭审质证会，当庭就双方所提异议进行了逐一答复。

五、心得体会

本涉案工程的造价鉴定得到了委托人及双方当事人的肯定。通过对造价鉴定过程的总结，有

如下的心得体会。

（一）规范造价鉴定程序是工程造价鉴定效力的保证

接到工程造价鉴定委托后，鉴定公司根据工程特点和鉴定工作需要组建了高质量的造价鉴定团队，团队内部人员合规、分工明确、职责清晰。

造价鉴定过程中，鉴定公司对鉴定工作的规范性提出严格要求，做到所有工作有记录、所有记录有签字，不留盲点。

（二）鉴定资料的收集、分析及合理使用是工程造价鉴定顺利进行的保证

本工程的造价鉴定资料数量大、种类多、性质复杂、分歧严重，给鉴定资料的收集、分析及使用带来困难。在造价鉴定过程中，鉴定公司安排专人对鉴定资料进行分类整理，按专业分工进行分发，收集专业鉴定人在使用鉴定资料过程中遇到的各种问题并提供必要的支持，同时及时向委托人提请补充、完善。对于双方差异较大的举证资料，鉴定人通过现场勘察及座谈，最大限度地缩小双方争议问题。这些都为工程造价鉴定的顺利进行提供了有效保证。

（三）清晰的鉴定思路是工程造价鉴定效率的保证

本涉案过程的鉴定过程虽然复杂，但由于鉴定公司在鉴定开始之前确定了清晰的鉴定思路，使工程造价鉴定工作少走了很多弯路，也未出现重大纰漏。鉴定思路是鉴定工作的总体部署，鉴定思路的确定要紧密结合工程造价鉴定委托书中的委托事项和时间要求，结合涉案工程的特点以及工程造价鉴定工作的专业要求。

（四）严谨的工作是工程造价鉴定质量的保证

在工程造价鉴定过程中，鉴定公司不断强化各个关键环节的工作。对于鉴定过程中遇到的难点和堵点，以及预提交的鉴定意见书，及时组织鉴定人员进行集体讨论，必要时请行业专家提供咨询，及时发现、解决存在的问题，最大程度降低个人主观判断带来的风险。在工程造价鉴定过程中，鉴定公司要求鉴定人准确辨别问题性质，对属于鉴定职责范围内且能基于专业知识判断的给予判断；对于属于法律范畴的事实认定问题，要求鉴定人不能以鉴代判、越俎代庖，只能将所涉及的费用计算后单列，由法庭进一步确认。在撰写鉴定意见书时，要求鉴定人将鉴定方法和计算结果呈现得一目了然，使得外行人和内行人都能轻松读懂和理解，给法庭审判提供了很大帮助。

专家点评

本案例涉案工程由于中途停工导致合同承包、发包双方当事人对承包人已完工程价款产生争议，已完工程造价约为4.5亿元。

本案例主要争议焦点：已完工工程施工界面争议；合同外增、减工程量争议；工程计价原则

以及劳保统筹计取争议等。主要鉴定难点：由于双方当事人对承包方离场前已完成工作面未签订确认单，承包方离场后发包方另行委托第三人对未完工程进行施工，虽然双方当事人各自提供了一份已完工程工作界面，但是两份资料存在差异，部分争议项既无法通过勘察现场进行核实，也无法根据其他资料进行判断，实际已完工程工作界面的确认是本案工程造价鉴定的难点；双方当事人各自向法院提交了若干证据资料，但部分核心技术资料双方互不认可，给工程造价鉴定工作造成困难。

本案例鉴定人在进行本案工程造价鉴定时，能够严格按照《建设工程造价鉴定规范》开展工程造价鉴定工作，工程造价鉴定工程程序严谨、合规，对于法律事实和鉴定资料效力认定的事项涉及的工程造价单独进行鉴定，出具选择性意见供法庭参考，使工程造价的鉴定工作不越位。本案例在双方当事人均同意认定合同无效时，鉴定人根据双方当事人的庭审记录，认为“双方即便主张施工合同无效，但仍然认可合同中关于工程造价的相关约定。因此，鉴定人认为无论施工合同是否有效，本次鉴定仍参照合同中约定的结算办法是符合相关规定与行业规则的”。案例上述“鉴定人认为无论施工合同是否有效，本次鉴定仍参照合同中约定的结算办法是符合相关规定与行业规则的”工程造价鉴定计价原则的确定方法欠妥，建议遇到此类问题时，若法院司法鉴定委托书中明确按照合同约定的结算方式进行鉴定，则严格按照鉴定委托书进行鉴定即可，若法庭已认定合同无效，则对于工程造价鉴定计价方法的确定建议提请法庭进行明确，因为合同无效后合同结算价款约定是否有效问题属于法庭认定范畴。对于此类涉及合同约定效力认定的问题，建议在鉴定意见书中不要出现鉴定人认定的相关描述，需根据法院委托的鉴定原则或者双方当事人在鉴定会议纪要中达成的一致意见进行鉴定。

本案例为未完工项目建筑合同纠纷，主要涉及已完工程施工界面的确定、签证资料有效性、工程计价如何确定等典型争议项，主要争议焦点和鉴定难点为常见工程合同纠纷类型，工程纠纷争议焦点和鉴定难点具备代表性。案例在鉴定方法、事实认定和法律适用方面工作尺度把握较准确，工程造价鉴定方法和鉴定原则具备借鉴性和推广性。

中建精诚工程咨询有限公司　任双成

银川市某科技大厦工程造价司法鉴定

——宁夏营建工程咨询有限公司

王朝侠　李蕊　王义　刘广南　王泳

一、案情简介

本涉案项目银川市某科技大厦，位于银川市经济开发区，2011 年建设单位 A（下称发包方 A）经法定招标程序，和某建筑公司（下称承包方）签订了建设工程施工合同（下称施工合同），原中标价、合同价均为 170488824 元，合同方式为固定价格合同。

项目建设过程中，发包方 A 将本涉案项目转让予建设单位 B（下称发包方 B），项目转让前发包方 A 与承包方针对承包方 2013 年 7 月 26 日之前已完成的工程办理了结算。项目转让后，发包方 B 对本涉案项目外装方案进行了变更，针对银川市某科技大厦建设项目后续建设内容，发包方 B 和承包方于 2014 年 8 月 26 日签订了某科技大厦工程项目资产转让后续施工协议书（以下称变更协议），约定由承包方继续完成涉案项目的后续施工工作（含原合同未施工内容及变更后的外装）。同时变更协议约定，由于工程外装变更，扣除原中标价中的外装工程造价为 26187239 元，外装工程包干价变更为 39680000 元，变更协议合同价变更为 183981585 元。

变更协议对于工程结算约定“执行合同中标包干价（外装因设计变更需与原外装投标价进行比对，经甲乙双方确认后，以核定外装包干价减投标外装中标价，差价计入合同中标包干价，为调整合同中标包干价）结算。原合同中标价承包范围内除外装项目外，其他项目全部不再进行调整，以原中标价为依据结算（如有增减变更项目另行签证结算），原承包范围内项目不再进行审核结算”。

后期，由于发包方 B 工程款不能按时支付导致工程停工，双方当事人对承包方已完成工程量、工程造价及误工损失不能达成一致，承包方向宁夏回族自治区某人民法院提起了诉讼。

二、案件争议焦点和造价鉴定难点

本涉案项目双方当事人主要争议焦点和造价鉴定难点如下。

（一）主要争议焦点

1. 关于工程造价鉴定原则

由于本涉案项目未全部完工，承包方认为应按现场实际完成工程量进行工程造价司法鉴定；发包方 B 认为应按施工合同约定全部工作内容固定价格扣减未施工工作内容进行工程造价司法鉴定。

2. 关于外装工程

承包方认为应按现场实际完成外装工程量及 2011 年 10 月 30 日投标文件约定综合单价计算工程造价；发包方认为应按新出外装图重新核定工程量、重新确定综合单价，计算外装工程造价。

3. 停工误工损失费、电费、机械设备损失费

承包方认为应计入误工期的全部电费、机械设备损失费及现场看护人员、管理人员工资；发包方认为应按施工合同和变更协议约定只计入 56 天的水费、电费、机械设备损失费及现场看护人员、管理人员工资。

（二）造价鉴定难点

1. 已完工程量的确定

由于双方当事人对承包方实际完成工作面未签订确认单，并且已完成工程有部分已经进行了结算，对承包方实际完成工作界面的确认是本案工程造价鉴定的难点。

2. 变更后外装工程造价的确定

双方当事人均未提交变更后外装图计算工程造价的书面资料，对外装工程的造价鉴定也是本案的难点。

3. 停工误工损失费、电费、机械设备损失费的确定

由于停工误工损失费、电费、机械设备损失费鉴定依据资料不完善，对于此部分补偿费用的鉴定也是本案鉴定的难点。

三、鉴定情况

鉴定公司接受银川市某科技大厦建设项目工程造价司法鉴定委托后，按照委托单位的鉴定委托书委托的鉴定事由和鉴定要求开展了本涉案项目工程造价鉴定工作，并在委托鉴定书规定的时限内提供了工程造价鉴定意见书，主要鉴定情况如下。

（一）司法鉴定委托单位提供鉴定材料内容

（1）起诉状、答辩状及法庭质证笔录。

（2）建设工程施工合同、协议书、关于银川某科技大厦工程项目资产转让后续施工协议书。

（3）投标文件、公证书、工程量签证单。

（4）施工图纸（含新出外装工程施工图纸）、关于某科技大厦外装部分材料及做法说明及其他

相关资料。

所有鉴定资料需要做好书面交接记录，并予以签字确认，如图 1 所示。

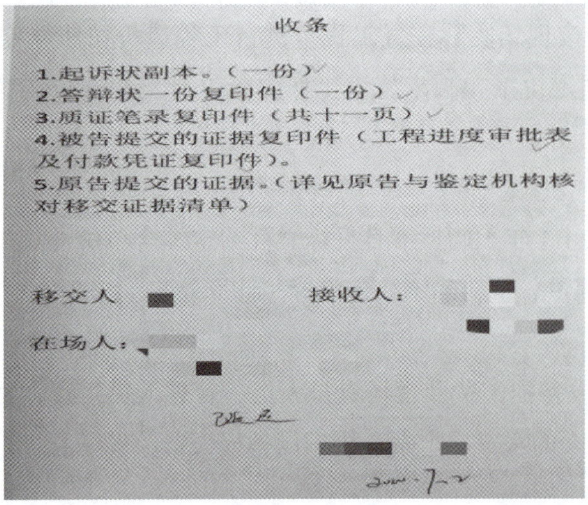

收条

1.起诉状副本。（一份）
2.答辩状一份复印件（一份）
3.质证笔录复印件（共十一页）
4.被告提交的证据复印件（工程进度审批表及付款凭证复印件）。
5.原告提交的证据。（详见原告与鉴定机构核对移交证据清单）

移交人 [redacted] 接收人：[redacted]

在场人：[redacted]

[redacted]

2020.7.2

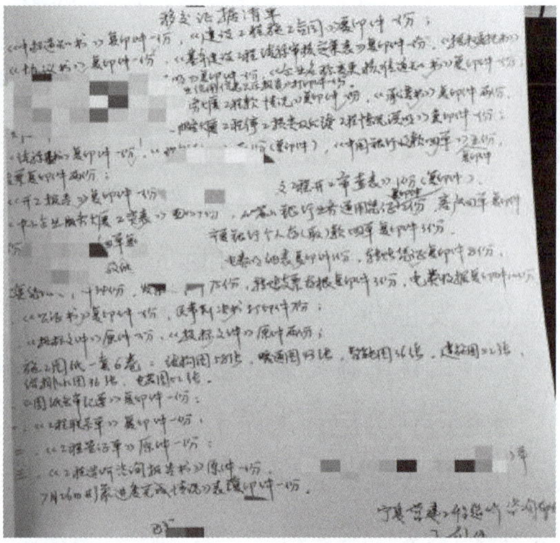

移交证据清单

图 1　鉴定资料的书面交接记录

（二）工程造价司法鉴定情况

1. 鉴定过程

本案工程造价鉴定通过某人民法院委托室摇号确定宁夏营建工程造价咨询有限公司（以下简称鉴定公司）为鉴定机构，2019 年 10 月 22 日收到某人民法院鉴定委托书。在接受该鉴定委托后，鉴定公司在委托书要求的时效内向委托单位提交了本项目鉴定所需的鉴定资料清单。2019 年 11 月 20 日，鉴定公司收到经法院质证的工程造价司法鉴定资料：涉案工程的民事起诉状、质证笔录、建设工程施工合同、协议书、关于银川某科技大厦工程项目资产转让后续施工协议书、工程量签证单、投标文件、公证书、施工图纸及其他相关资料。2019 年 12 月 5 日，鉴定公司收到经法院质证的外装施工图纸。2020 年 1 月 16 日，在某人民法院主办法官的组织下，鉴定公司及当事人对涉案工程进行了现场勘验，并形成了由有关各方签字确认的“现场勘验记录”。在现场勘验过程中，鉴定公司经核实发现外装施工图纸与现场情况不符，与主办法官沟通后要求当事人提交与现场情况相符合的外装施工图纸。2020 年 3 月 23 日，鉴定公司去法院接收经双方当事人签字确认的外装施工图纸及关于某科技大厦外装部分材料及做法说明。之后，按照本工程的鉴定资料、《建设工程工程量清单计价规范》（GB 50500—2008）、宁夏回族自治区住房和城乡建设厅 2008 宁夏回族自治区建设工程造价计价依据《建设工程费用定额》《建筑工程计价定额》《装饰装修工程计价定额》《安装工程计价定额》及相关文件对该涉案工程造价进行了计算。由于当事人提交补充鉴定资料时间过长，鉴定公司在法定鉴定时限内不能完成该项工程造价司法鉴定，办理了“工程造价司法鉴定时限延长申请书”，并收到某人民法院关于申请延长鉴定期限的回复 [（2019）宁 ×× 鉴 ××× 号]，后经双方当事人同意，办理了“原、被告双方同意延期证明”。在收到经质证的外装施工图纸及补充资料后，鉴定人员针对有关问题要求再次去施工现场进行核实。在主办法官的组织下，2020 年 4 月 27 日鉴定公司及主办法官、当事人对涉案工程进行了第二次现场勘验，并形成了由有关各方签字确认的现场勘验记录。

根据现场勘验，该项目土建地上工程卫生间、空调机房做至防水下找平层，管道井、强弱电间地面完成，主楼、裙楼及人防出口屋面防水下做法完成，卫生间墙面底灰完成，空调机房、管道井墙面做至抹灰层，强弱电间的墙面及天棚完成至腻子面层，雨落管安装完成；该项目土建地下工程集水坑及排水沟盖板完成，地下室顶板防水卷材以下做法完成，人防出口内墙做至抹灰层，消防水池内侧墙面做至防水砂浆、外侧墙面做至抹灰层，混凝土墙面、矿棉吸声板墙面施工至墙面抹灰，砖墙面做至底灰层，地下室内墙、天棚腻子完成，耐磨混凝土地面完成，面砖层地面做至混凝土垫层，坡道天棚做至保温层，地坪完成，墙面及顶棚做至腻子层，地下室天棚保温层完成，地下室顶板做至防水卷材。电气工程地上各楼梯间照明线已穿完，7层（含7层）以上强弱电桥架安装完成，桥架盖板材料已全部完成；消防工程地下及地上消火栓立管全完成，管道材质由原环氧复合钢管改为镀锌钢管，喷淋管道（与消防管材质相同）地下2层至地上15层已完成，与喷头连接处DN25管道及喷头未安装，地下2层至地上3层消防箱体完成；给水工程地下2层至地上21层主管道完成，管道材质改为内衬PPR衬塑钢管，排水管道已全部完成，地下集水坑强排管道全部完成；空调水工程地下2层至地上21层管道全部完成（DN350、DN300为螺旋管，其他为镀锌管）；采暖工程地下1～2层管道全部完成，DN100及以上为焊接钢管，以下为镀锌钢管；通风工程地下4层至地上15层风管（含保温）全部完成，其中1～3层风管仅制作、未安装，16～21层风机盘管的风管（含保温）已完成，消防排烟4～16层管道完成，消防排烟地下网管吊杆完成。外装工程于2014年7月—2014年11月施工，其中玻璃幕墙及铝单板幕墙的铝型材骨架、花岗岩石材钢骨架、3mm厚铝塑板及避雷装置已全部施工完成，玻璃幕墙、1mm厚铝单板施工已基本完成，3mm厚铝单板、25mm厚花岗岩石材、楼梯间外墙面（仅施工了3号楼梯间的钢骨架）、屋面机房、车道、雨篷、外装门窗均未施工。现场情况如图2所示。

图2　现场情况

后经再次仔细计算、审核、复查，形成了该涉案工程司法鉴定意见书的征求意见稿。2020 年 5 月 14 日，鉴定公司将宁夏营建工程造价咨询有限公司关于某科技大厦工程造价司法鉴定意见书征求意见稿交给委托单位，并由委托单位转交给原告、被告双方，同时要求当事人按照规定的时间提交书面反馈意见。2020 年 5 月 28 日，鉴定公司从委托单位收到发包、承包双方关于涉案工程造价的书面反馈意见。之后，鉴定公司对提出的反馈意见进行核实，对有关工程造价进行调整，并对相关异议予以答复，同时针对该项目工程造价司法鉴定工作召开会议，参与该项目的所有鉴定人员对该工程造价司法鉴定工作再次仔细复核、复查。鉴定公司于 2020 年 6 月 2 日向委托单位提交了本项目工程造价司法鉴定意见书。

2. 鉴定依据

（1）某人民法院鉴定委托书。

（2）某人民法院质证笔录。

（3）涉案工程的建设工程施工合同、协议书、关于银川某科技大厦工程项目资产转让后续施工协议书。

（4）涉案工程的投标文件、公证书、工程量签证单。

（5）涉案工程施工图纸、变更后发承包双方签字确认的外装施工图纸。

（6）宁夏某工程咨询有限责任公司对截至 2013 年 7 月 26 日之前已完成工程的“工程造价咨询报告书”。

（7）鉴定公司及双方当事人 2020 年 1 月 16 日及 2020 年 4 月 27 日现场勘验形成的现场勘验记录。

（8）承包、发包双方关于某科技大厦外装部分材料及做法说明。

（9）《建设工程工程量清单计价规范》（GB 50500—2008）、宁夏回族自治区住房和城乡建设厅 2008 宁夏回族自治区建设工程造价计价依据《建设工程费用定额》《建筑工程计价定额》《安装工程计价定额》及相关文件。

（10）本工程其他相关资料。

3. 鉴定方法

根据本案鉴定委托书及双方当事人主要争议焦点问题，鉴定公司在工程造价鉴定时主要采取的鉴定方法如下：

（1）对原投标清单内的工程。

其有确定的综合单价，根据施工图纸、投标文件工程量清单、现场勘验资料对现场实际施工情况进行确认，核定现场实际完成工程量，确定现场实际完成的工程造价。

（2）外装工程。

根据鉴定公司 2019 年 12 月 5 日向某人民法院提交的“工程造价司法鉴定实施方案”、2019 年 12 月 5 日质证笔录及原告方 2019 年 12 月 6 日的“关于工程造价司法鉴定方法的回复”，鉴定公司按《建设工程工程量清单计价规范》（GB 50500—2008）、2008 宁夏回族自治区建设工程造价计价依据、2011 年 10 月 30 日投标文件中的材料价格、同一取费标准（一般建筑工程，一类企业、一类工程）分别计算出外装工程实际完成工程造价和全部工程造价。外装情况如图 3 所示。

外装工程剩余材料费：根据双方签字确认的关于某科技大厦外装部分材料及做法说明中第五项“外装材料：幕墙铝单板、幕墙玻璃、幕墙窗扇及门窗配件、保温材料已全部采购和加工完成（未安装材料均在施工现场、库房及供货商处堆放）”，鉴定公司据此将主楼、裙楼中的幕墙铝单板、幕墙玻璃、幕墙窗扇及门窗配件、保温材料用外装工程全部工程造价中的材料数量（含损耗）减去实际完成工程造价中的材料数量（含损耗），计算出剩余材料数量（含损耗），价格采用 2011 年 10 月 30 日投标文件中的材料价格，2011 年 10 月 30 日投标文件没有的，按施工期银川地区平均材料价格含税价计入。

图 3　外装情况

外装工程造价完成率：按外装工程已完成工程造价与全部工程造价的比例，计算出工程造价完成率。

$$外装工程造价完成率=\frac{外装工程已完成工程造价}{外装工程全部工程造价}$$

以上鉴定方法，鉴定公司向委托单位提交了工程造价司法鉴定实施方案，双方当事人均予以认可（详见 2019 年 12 月 5 日质证笔录及原告方 2019 年 12 月 6 日的关于工程造价司法鉴定方法的回复）。

（3）关于停工误工损失费、电费、机械设备损失费。

① 停工、误工损失费。

依据 2008《建设工程费用定额》的相关规定计算。根据 2019 年 6 月 24 日质证笔录及发包、承包双方向某人民法院提交的关于涉案工程“工程造价司法鉴定意见书征求意见稿”的反馈意见，对此费用进行区分，看护人员费用350628元计入确认工程造价，管理人员费用467503元计入争议工程造价，争议部分由法院裁决。

② 电费。

按当事人提供的发票金额计算。此费用根据发包、承包双方向某中级人民法院提交的关于涉案工程“工程造价司法鉴定意见书征求意见稿”的回复计入确认工程造价。

③ 机械损失费。

按2008《施工机械台班费用定额》及2008宁夏回族自治区建设工程造价计价依据《建设工程费用定额》相关规定及现场勘验记录所列设备计算。根据2019年6月24日质证笔录及发包、承包双方向某人民法院提交的关于涉案工程工程造价司法鉴定意见书征求意见稿的反馈意见，对此费用进行区分，56天之内的施工电梯停置补偿费9641元计入确认工程造价。

（4）争议问题处理。

停工、误工损失费中的管理人员费用467503元、电焊机的停置费299332元、搅拌机的停置费61423元及56天之外的施工电梯停置补偿费247236元列入争议工程造价，由法院裁决。

4. 鉴定意见

根据鉴定委托书约定的鉴定内容及双方当事人主要争议问题，鉴定公司出具了本项目鉴定意见。鉴定意见分确定部分和争议部分两部分，如下。

（1）确认部分的工程造价共计40440595.23元，其中：

2013年7月26日之后土建、安装工程已完成工程的工程造价为9578874.23元。

2013年7月26日之后外装工程造价完成率：

$$\frac{\text{外装工程已完成工程造价}}{\text{外装工程全部工程造价}}=\frac{19120661.8}{24990652.63}=0.7651$$

外装工程造价：39680000（包干价）×0.7651=30359168元。

2014年11月停止施工之后损失费确认部分的工程造价为502553元。

（2）争议部分的工程造价：2014年11月之后因工程停工给宁夏某建筑有限公司造成的停工、误工及电费、机械设备损失费为1075494元。

（三）双方当事人对工程造价司法鉴定意见异议问题

1. 承包方意见及处理方法

（1）停工、误工及电费、机械设备损失费应当计入确定工程造价，而不应计入争议工程造价。

答复：根据该项目代理建设办公室与宁夏某建筑有限公司于2011年11月1日签订的建设工程施工合同（GF–1999–0201）44.2“发生本通用条款第26.4款情况，停止施工超过56天，发包人仍不支付工程款（进度款），承包人有权解除合同”，以及2019年6月24日质证笔录和被告方2020年5月27日“关于某科技大厦工程造价司法鉴定意见书的回复”，鉴定公司把看护人员费用350628元计入确认工程造价，管理人员费用467503元计入争议工程造价，争议部分由法院裁决；56天之内的施工电梯停置补偿费9641元计入确认工程造价，电焊机的停置费299332

元、搅拌机的停置费 61423 元及 56 天之外的施工电梯停置补偿费 247236 元计入争议工程造价，由法院裁决。

（2）停工、误工损失中漏计了脚手架钢管、扣件在停工期间的损失费用。

答复：脚手架钢管、扣件的使用费已经包含在工程费用措施费中，停工期间的损失费用在司法鉴定期间未提交证明资料，由申请方向法院提交相关资料，由法院裁定。钢管搭设具体情况如图 4 所示。

图 4　钢管搭设具体情况

（3）请求人民法院委托营建公司将本案建设工程施工合同约定的 170488824 元工程总价中的 4 项措施费及 2013 年 7 月 26 日前已完工程价款中的 4 项措施费根据投标文件等证据材料，按照鉴定规则进行计算，单独列项至鉴定意见中。

答复：2013 年 7 月 26 日之前已完工程造价中的 4 项措施费（包括环境保护、文明施工、安全施工、临时设施）不在人民法院“鉴定委托书”[（2019）宁 01 鉴 ××× 号] 的委托事项和要求内。因宁夏某工程咨询有限责任公司对截至 2013 年 7 月 26 日已完成部分工程造价咨询报告书已结算，但未计入 4 项措施费（环境保护、文明施工、安全施工、临时设施）。现鉴定公司根据此异议对此费用只进行计算，共计 1723690.19 元，不计入此次委托事项的鉴定意见中。

2. 发包方意见及处理方法

（1）关于工程停工损失费用中的人工费损失，应计算现场必要的看护人员费用。

答复：看护人员费用 350628 元计入确认工程造价，管理人员费用 467503 元计入争议工程造价，争议部分由法院裁决。

（2）关于机械设备损失费，仅对 56 天之内施工电梯停置补偿费用予以认可，对电焊机、搅拌机的停置费及 56 天之外的施工电梯停置补偿费不予认可。

答复：对 56 天之内的施工电梯停置补偿费 9641 元计入确认工程造价，电焊机的停置费 299332 元、搅拌机的停置费 61423 元及 56 天之外的施工电梯停置补偿费 247236 元计入争议工程造价，由法院裁决。具体情况如图 5 所示。

图 5　机械设备损失具体情况

（3）关于外装工程造价，应按新出外装施工图纸重新核定工程量，计算工程造价。

答复：根据关于银川某科技大厦工程项目资产转让后续施工协议书，外装工程包干价为 39680000 元，原告、被告双方至今未提交此价格的工程造价计算文件。鉴定公司于 2019 年 12 月 5 日向某人民法院提交了涉案工程的工程造价司法鉴定实施方案，某人民法院对此方案进行了法庭质证，根据 2019 年 12 月 5 日质证笔录及原告方 2019 年 12 月 6 日的关于工程造价司法鉴定方法的回复，发包、承包双方均同意鉴定公司按比例折算法对外装工程造价进行计算；根据 2020 年 3 月 23 日由法院接收的经双方当事人签字确认的外装施工图纸、2020 年 1 月 16 日的现场勘验记录确定的外装施工范围（不含钢结构工程、不含北面大雨篷、不含屋顶屋阳光房），以及 2020 年 1 月 16 日、2020 年 4 月 27 日两次现场勘验记录确定的现场勘验涉案工程完成的实际情况，按《建设工程工程量清单计价规范》（GB 50500—2008）、2008《宁夏回族自治区建设工程造价计价依据》、2011 年 10 月 30 日投标文件中的材料价格、在同一取费标准（一般建筑工程，一类企业、一类工程）下，分别计算出外装工程实际完成工程造价和设计图纸中的全部工程造价，再计算出实际完成工程造价的完成率，用计算出的完成率与外装工程包干价 39680000 元相乘得出该外装工程的工程造价。

四、出庭作证情况

根据某人民法院要求，鉴定公司需要进行出庭作证，鉴定人员提前做好相关准备工作：了解、查阅与鉴定事项有关的情况和资料；了解出庭的相关信息和质证的争议焦点；准备需要携带的相关资料及成果、过程文件。

2020 年 7 月 2 日上午，应本工程造价双方当事人的申请，鉴定人员到庭作证，按照某人民法院的要求，携带本人身份证件、司法鉴定人相关证书和人民法院出庭通知等材料，并在法庭指定的鉴定人席位就座，出庭作证，对当事人的询问进行回答。当事人争议的关键：①外装工程的鉴定方法问题。鉴定人员在进行工程造价司法鉴定过程中，在收到该项目鉴定资料并对相关鉴定资料进行了详细分析之后，对该工程造价司法鉴定的实施方案进行确定，该实施方案详细阐述了该项目的鉴定方法以及鉴定方法的优缺点，随后鉴定公司将工程造价司法鉴定实施方案提交给法院，并由主办法官对双方当事人进行了质证，双方均同意外装工程按工程造价完成率法进行计算。鉴定公司司法鉴定人员根据本工程鉴定依据“工程造价司法鉴定实施方案”进行解答。②对所使用鉴定资料的有效性问题。由于本工程使用的鉴定资料都是经过法庭进行质证过的，发包、承包双方均在质证笔录上阐述了相关意见，并予以签字确认，鉴定公司据此对发包、承包双方当事人提出的相关问题进行回答。③对争议工程造价的确定问题。本项目列入争议工程造价的项目均为鉴定公司将“宁夏营建工程造价咨询有限公司关于某科技大厦工程造价司法鉴定意见书征求意见稿”交给某人民法院，并由其转交给原告、被告双方之后，根据当事人提交的书面反馈意见，对有关工程造价进行单独计算，并列入争议。鉴定人员根据法庭提问，配合法庭质证，如实回答了与鉴定有关的问题，并在法庭提问结束后对所有回答的内容进行复核，发现记录有差错的，提出进行补充修正，并在相关资料上签字捺印予以确认。出庭结束后，鉴定人员对出庭作证相关材料予以归档。

五、心得体会

根据近年来法院的委托情况，建设工程造价类的司法鉴定工作日益增多，因其具有复杂的法律特性，要求鉴定人员必须公平公正、科学合理地进行司法鉴定工作，对鉴定人员的专业技术、协调能力及相关原则上也提出了更高的要求，要求鉴定人员不仅要懂工程造价专业知识，还要懂得经济和法律方面的知识，而且必须具备良好的职业道德和社会责任感。

（1）工程造价司法鉴定工作一定要按照《建设工程造价鉴定规范》（GB 51262—2017）和《司法鉴定程序通则》的要求进行，规范和通则是规范司法鉴定机构和司法鉴定人员的司法鉴定活动、保障司法鉴定质量、保障诉讼活动顺利进行的重要依据，司法鉴定人员一定要遵照通则的要求进行工程造价司法鉴定工作。

鉴定公司常用的司法鉴定程序为：司法鉴定的委托→受理→与主办法官进行沟通→向委托单位提交工程造价司法鉴定送鉴资料目录→主办法官对当事人提交的鉴定资料进行法庭质证→由委托单位向鉴定机构提交质证笔录并转交鉴定资料→鉴定机构根据案件具体情况确定鉴定组成员（确定之后，须向委托单位提交鉴定人员组成通知书，需要回避的人员不得参与工程造价司法鉴定工作）→鉴定组成员对所有资料分析及鉴定方法的确定→进行现场勘验并做好工程造价司法鉴定现场勘验记录（主办法官、发包承包双方、鉴定人员均须在记录上签名，有意见时必须注明）→根据鉴定资料及现场勘验情况进行工程量及工程造价计算→出具征求意见稿→当事人向委托单位提交书面反馈意见→由委托单位向鉴定机构转交书面反馈意见→鉴定人员对反馈意见进行分析并对涉及的内容进行核实，确需修正的必须进行调整，对所有反馈意见予以答复→出具“工程造价司法鉴定意见书”并提交委托单位→鉴定人员出庭作证→对所有成果文件及过程文件进行归档。

在实际工作中，鉴定公司在收到司法鉴定委托书之后，能否受理、鉴定资料是否满足要求，需要具体案件进行具体分析。如果满足要求，才能受理鉴定；对于不满足司法鉴定要求、不具备司法鉴定条件的委托工作，必须书面向委托单位进行阐述，述明致使鉴定工作无法继续进行的原因，并要求终止鉴定，退还所有鉴定资料。司法鉴定程序的合法性是进行工程造价司法鉴定工作的前提，只有程序合法，才能保证司法鉴定工作的顺利进行。

（2）鉴定人员要认真把握鉴定资料的有效性。凡起诉到法院的工程造价司法鉴定，绝大多数是发包、承包双方当事人意见分歧较大、争议较多、无法进行协调解决的，所以对鉴定资料一定要求委托单位进行法庭质证，发包、承包双方当事人对所提交的鉴定资料进行认可，鉴定人员对鉴定资料的情况就可按质证笔录进行认定。

（3）鉴定人员一定要根据具体项目的实际情况，对鉴定方法恰当合理地进行确定。不同的鉴定方法会出现相差较大的不同结论，所以一定要根据不同项目、不同鉴定资料的具体情况进行分析确定。此次工程造价，鉴定公司按照两种方法进行鉴定：①对原投标清单内的工程，其有确定的综合单价，根据施工图纸、投标文件工程量清单、现场勘验资料对现场实际施工情况进行确认，核定现场工程量，确定现场实际完成的工程造价；②对重新出施工图纸的外装工程，根据原告宁夏某建筑公司与被告宁夏某实业有限公司签订的关于银川某科技大厦工程项目资产转让后续施工协议书，对工程外装进行了设计变更，扣除原中标价中的外装工程造价 26187239 元，外装工程包干价变更为 39680000 元，双方均认可该外装工程总价，并未提交详细具体的工程造价计算文件。鉴定公司根据现有投标文件、施工合同及其他相关资料分析，认为按照比例折算法进行鉴定，在同一取费标准下分别计算出已完工程部分价款和整个合同约定工程的总价款，计算出工程造价完成率，再据此计算出实际工程造价，只是鉴定人员的工程量大，需要对现场已完工程造价及施工图纸内的工程造价分别进行计算，计算过程较复杂、计算周期长。鉴定公司由于提前进行了工程造价司法鉴定方法的确定，发包、承包双方对此鉴定方法均予认可，有利于司法鉴定后续工作的顺利进行。

（4）对发包、承包双方分歧较大、有不同意见、争议较大的情况，根据工程造价司法鉴定期内提交的证据材料无法判定其真实情况，该项目需要将工程造价单独列项，由主办法官根据举证责任由双方举证，根据举证资料进行裁定。

（5）损失索赔的鉴定要求方法恰当、计算合理。凡涉及工程造价司法鉴定的工程，较大部分是因多方面的原因中途停工、无法继续进行的未完工的工程，其索赔内容包括人工费、机械费、材料费、管理费、利润利息及诉讼费、违约金等的索赔，对此索赔没有确定的标准，鉴定人员一定要依据不同的情况，运用所掌握的专业知识及相关规范规定，公平公正地进行测算，并向委托单位提供合理的参考意见。

（6）鉴定人员一定要清楚自己只是具有专业技术知识的工程造价人员，并不是法官。鉴定人员利用自己的专业知识、工程经验帮助主办法官进行测算、确定、确认与工程有关的造价、费用等，向委托单位提供相关参考意见，具体判决应由主办法官确定，鉴定报告书中的措辞应尽量中性、客观，只叙述事实，不作猜测，语言要简洁清晰，不带有任何倾向性。

工程造价司法鉴定工作是保障司法公正的重要环节，也是一项复杂而且难度较大的工作，在建设工程施工合同纠纷中担当着重要任务，发挥着特殊的作用。司法鉴定人员一定要明白自己肩负的重要责任，从维护司法公正、维护当事人利益的高度，充分认识做好司法鉴定工作的重要意义，站在鉴定机构的角度确保司法鉴定的科学性和客观性，努力使司法鉴定工作更好地为委托单位服务，增强社会责任感，不断把司法鉴定工作提高到新水平。

专家点评

本案例为银川市某科技大厦工程建筑合同纠纷项目，涉案项目建设工程中发包方主体变更。发包方主体变更后由于外装方案变化对原固定价合同价款进行调整，后由于发包方资金问题导致项目停工，双方当事人对于承包方已完工程价款不能达成一致诉讼至某人民法院。本案例为典型的固定总价合同中途停工导致合同价款纠纷案例。

本案例主要争议焦点：已完工程造价鉴定原则争议；外装工程方案变更后原中标单价的适用争议；停工误工损失费、电费、机械设备损失费争议等。本案例主要鉴定难点：由于双方当事人对承包方实际完成工作面未签订确认单，并且已完成工程有部分已经进行了结算，对承包方实际完成工作界面的确认是本案工程造价鉴定的难点；双方当事人均未提交变更后外装报价明细，对外装工程的造价鉴定也是本案的难点；由于停工误工损失费、电费、机械设备损失费鉴定依据资料不完善，对此部分补偿费用的鉴定也是本案鉴定的难点。

本案例鉴定人能够严格按照《建设工程造价鉴定规范》开展工程造价鉴定工作，工程造价鉴定工程程序严谨、合规。本案例的亮点在于外装工程已完工程价款和现场采购材料价格的确定原则和方法，由于本案例外装工程变更后双方当事人对变更后总价认可，但并未形成新的外装报价清单，对于已完外装工程价款的鉴定，案例中采取了按照当地计价标准根据外装变更后施工图纸分别对已完工程造价和全部工程造价进行鉴定，按照同一计价标准计算出已完工程占全部工程造价的比例，再根据双方当事人确认的外装合同总价鉴定出承包方外装工程已完工程的工程造价。在对外装工程现场预留材料造价进行鉴定时，双方当事人均认可承包方外装材料已全部采购完毕，并运至施工现场，案例中鉴定人根据已完外装工程造价和全部外装工程造价中材料数量差异对现场外装预留材料进行造价鉴定，材料价格对于2011年10月30日投标文件中已有的，采用投标文件中的材料价格；对于投标文件中没有的，按施工期银川地区平均材料价格含税价计入，在此基础上求出外装工程现场预留材料造价。对于固定价外装工程已完工程造价和现场预留材料造价的鉴定，依据上述鉴定原则和方法鉴定出的结论虽然未必十分准确，但在现有资料基础上，此种鉴定原则和鉴定方法的选择思路值得借鉴和参考。

中建精诚工程咨询有限公司　任双成

某物流中心项目工程造价鉴定

——瑞衡工程咨询有限公司

王惠娟　拓兆成　张学琴　兰德卿

一、案情简介

某建设单位（下称发包方）就其投资建设的总建筑面积为 81561.43m^2（包括 14 个单体工程）的某物流中心项目，于 2015 年 5 月 10 日与某建筑单位（下称承包方）订立了建设工程施工承包合同，合同约定承包方施工内容为施工图范围内所有内容（不包括消防、电梯、电信电话、网络、有线电视、天然气、通风、中央空调、玻璃幕墙及二次装修和道路、室外工程和绿化工程等），合同价款暂定为 81561430.00 元，同时合同约定，最终工程价款按照合同约定的计价依据及计价方式和实际完成工程量据实结算。

项目实施过程中，由于施工现场管理问题导致项目停工，双方当事人对承包方实际完成的工作内容和工程价款产生争议，故发包方向某人民法院提起诉讼。瑞衡工程咨询有限公司（以下简称鉴定公司）接受某人民法院的委托，对本涉案项目承包方已完工程量和工程造价进行鉴定。

二、案件争议焦点和造价鉴定难点

本涉案项目双方当事人主要争议焦点和造价鉴定难点如下。

（一）主要争议焦点

1. 关于工程计价标准

（1）装饰工程人工费调整问题。

发包方认为装饰工程人工费调整在施工合同中已明确约定执行开工时相关政策文件，不应执行开工后颁布的宁夏回族自治区住房和城乡建设厅《关于对装饰装修工程定额人工单价动态调整的通知》（宁建（科）发〔2016〕11 号）调价文件。承包方认为该文件明确规定在 2016 年 4 月 1

日未完成的装饰装修工程应执行本通知。因此，对于2016年4月1日未完成的装饰装修工程的人工费应该进行调整。

（2）工程取费问题。

发包方认为根据施工合同中关于工程取费“按照三类企业、三类工程标准取费（如有异议，按照相关法定单位出具的工程类别划分确认书为准），本项目相关法定单位未出具相应的工程类别确认书”的约定，应按合同约定的三类企业、三类工程取费标准执行。承包人认为应按照宁夏回族自治区建设工程造价计价依据《建设工程费用定额》（2013版）中各专业工程类别划分标准进行划分，该项目中有部分单体按《建设工程费用定额》（2013版）划分标准应划分为二类工程，不应按合同约定费率计取。

（3）劳动保险费的问题。

发包人认为根据施工合同中“双方在结算时劳保基金由发包人缴纳，结算时不再列入”的约定，劳保基金应按合同执行，结算时不计取劳保基金。承包方认为依据宁夏回族自治区住房和城乡建设厅宁建（建）发〔2016〕24号文件《关于做好建筑工程劳运保险管理办法废止后接续工作的通知》，2015年10月12日以前已完成招投标的建设工程项目按建筑安装工程造价（税前）的3%缴纳劳动保险费，如建设单位已向当地劳保基金管理办公室缴纳该费用，凭建设单位缴纳发票予以扣除，故应按政策文件计取办法进行计取。

2. 关于未完工程量

发包方认为门窗、室外台阶面层、散水面层、坡檐口防水及保温、门头石材面层、玻璃幕墙、卫生间墙面腻子、地暖保护层、基础防腐、楼梯扶手等以及安装除预埋管外均未施工。承包人认为除门窗未施工，其余均已按施工合同进行施工。

3. 关于委托方提供的工作联系单、变更签证单

（1）手续齐全，但属于措施费用的计取问题。

承包方提供签字齐全的工作联系单是否计取问题，如钢筋植筋的问题，发包人认为钢筋植筋属施工措施问题，应提供经批准的施工组织设计等资料，不能单就工作联系单进行确认计取；承包人认为二次结构钢筋植筋联系单中建设单位、监理单位及施工单位签字盖章齐全，应按工作联系单确认内容进行计取。

（2）手续不齐全的计取问题。

承包方提供的工程变更签证单手续不齐全，只有监理单位签字盖章、无发包方签字盖章，该签证是否计取的问题，如现场基础换填工程量及垃圾外运运距。发包人认为该签证单中虽有施工单位签字盖章、监理单位签字盖章确认，但建设单位未签字盖章确认，不应计入；承包人认为现场监理已进行确认，实际也进行了施工，应按工程变更签证单进行计取。

4. 关于现场实际施工与图纸设计不相符

（1）钢结构刷漆问题。

原图纸设计钢结构油漆为聚氨酯底漆一遍、中间漆两遍、环氧富锌漆两遍以及防火涂料两遍。发包人认为承包方未按图纸施工，实际油漆为调和漆两遍，但又不能提出相佐证的相关资料及隐蔽验收资料；承包人认为已按图纸设计施工。

（2）屋面防水卷材层数问题。

设计图纸中防水卷材部分楼栋设计为两层、个别楼栋设计为一层，鉴定意见书（征求意见稿）中按设计图纸设计层数计入。在反馈意见进行核对时，发包人提出3号楼图纸设计为两层而实际施工为一层，并提供了现场打洞时的图片，图片显示为一层；承包人认为现场实际按图纸施工，图片仅为一栋楼的图片，该项目栋楼较多，仅用提供一栋楼的图片不能反映整体项目实际施工情况。

5. 关于门窗配合费的问题

发包人认为施工单位未对该项目门窗进行施工，不应计入门窗费用及配合费；承包人认为，依据施工合同，门窗属于施工合同施工范围，该部分内容由建设单位分包给其他施工单位进行施工，应按15元/m^2计取门窗配合费。

6. 关于商品混凝土及钢结构运距的问题

发包人认为该两部分价格应按当地发布信息价中的价格计入，部分运距可能存在超运的情况，但不同意进行调整；承包人认为该项目未进行招投标工作，材料的运距需根据施工时的情况进行确认，实际商品混凝土站及钢结构加工厂距离较远，应按实际运距增加费用。

（二）造价鉴定难点

1. 鉴定依据资料的确认

由于设计图纸中未注明施工现场自然地坪标高及部分设计图纸中未给出地基换填砂夹石的厚度，双方当事人提供了由监理确认的换填的工程量确认单以及签字盖章齐全的地基验槽记录，但提供的工程量确认单中的土方开挖深度及砂夹石换填厚度与地基验槽记录存在不一致的情况。土方开挖深度的确定将直接影响土石方工程量及换填工程量，因此土方开挖深度及基础砂夹石换填厚度的确定是依据工程量确认单还是地基验槽记录中的标高进行工程量计算，是本次鉴定急需解决的问题。

2. 施工范围的确定

由于双方当事人对承包方实际完成工作面未进行清理盘点或留存相关影像资料等相关确认，施工单位未全部按图纸将该工程施工完成，并且后期未施工部分已由其他施工单位完成并交付使用，对承包方实际完成工作界面的确认也是本案工程造价鉴定的难点。

3. 争议问题的解决

合同中关于人工费的调整、综合费率的计取及劳保基金的计算办法与政策相关文件规定不一致，如何选择将直接影响工程造价鉴定结论，并且如采用方法不当将直接激化双方矛盾，因此对该类问题如何计取要提前确定，并制订解决方案。

三、鉴定情况

鉴定公司接受某人民法院的委托后，按照委托鉴定单位的鉴定委托书委托的鉴定事项开展了本涉案项目的工程造价鉴定工作，主要鉴定情况如下。

（一）司法鉴定委托人提供鉴定材料内容

（1）委托方提供的鉴定委托书、民事起诉状、工程造价鉴定申请书、追加被告申请书、询问笔录、审理笔录、质证笔录及原被告身份证明等。

（2）施工合同、施工图纸、中标通知书、设计修改通知单、变更通知单、图纸会审纪要、地基验槽记录。

（3）变更通知单、工程变更签证单、工程联系单、工程量确认单。

（4）屋面瓦等相关资料（申请方）、窗材料规定的通知等文件。

（5）彩钢钢结构合同书、施工机械协议书、购销合同书、建筑材料购销合同、商品混凝土买卖合同及部分施工图纸（被申请方）。

（二）工程造价司法鉴定情况

1. 鉴定过程

本案工程造价鉴定是通过某人民法院摇号确定瑞衡工程咨询有限公司为鉴定机构。鉴定公司接受委托后，在委托书要求的时效内向委托单位提交了本项目鉴定所需的鉴定资料清单，并依据《建设工程造价鉴定规范》（GB/T 51262—2017）相关规定开展鉴定工作，分别于 2019 年 7 月 15 日、8 月 7 日、8 月 14、9 月 9 日接收鉴定资料，并于 2019 年 8 月 26 日、2019 年 10 月 14 日进行了延期申请，于 2019 年 9 月 3 日组织各方当事人、鉴定人员对施工现场进行勘验，并做了相应的勘验记录与现场会议纪要。实施了包括查验资料、编制鉴定方案、计算工程量及套价询价等鉴定过程，由于受新冠肺炎疫情影响，于 2020 年 3 月 11 日出具了征求意见稿。2020 年 5 月 11 日收到双方当事人就征求意见稿的反馈意见，接收到反馈意见后，经法院组织与双方当事人进行核对，并分别于 2020 年 5 月 14 日、6 月 16 日组织各方当事人、鉴定人员再次对施工现场进行勘验并提交鉴定补充材料，于 2020 年 6 月 30 日出具了本项目工程造价鉴定意见书。本项目工作流程大体分业务准备、业务实施及业务终结三个阶段，具体如下：

（1）签订咨询合同，明确咨询标的、目的及相关事项。

（2）接收并收集咨询服务所需的资料、踏勘现场、了解情况。

（3）依据项目实际情况编制鉴定项目实施方案、组建项目组成员，并对项目组人员进行交底。

（4）根据实施方案要求开展工程造价的各项计量、确定、控制和其他工作。

（5）形成初步成果并征询有关各方的意见。

（6）资料的整理归档。

（7）服务回访与总结。

（8）成果的信息化处理及存档。

2. 鉴定依据

（1）某人民法院委托进行造价鉴定的鉴定委托书。

（2）《建设工程造价鉴定规范》（GB/T 51262—2017）。

（3）委托方提供的由某设计有限公司设计的施工图纸。

（4）建设单位与施工单位签订的建设工程施工合同。

（5）工程造价司法鉴定申请书、民事诉状、审理笔录、质证笔录及双方当事人提供的证据资料等。

（6）经委托方、建设单位、施工单位确认的三次现场勘验记录及会议纪要。

（7）宁夏回族自治区 2013 版《建筑工程计价定额》《装饰装修工程计价定额》《安装工程计价定额》及《建设工程费用定额》。

（8）宁夏回族自治区建设工程造价管理站《建设工程造价》（2015 年、2016 年）施工当期材料价格。

（9）其他与鉴定有关佐证资料。

3. 鉴定方法

根据本案鉴定委托书及双方当事人主要争议焦点问题，鉴定公司在工程造价鉴定时主要采取的鉴定方法如下：

1）关于结算计价标准的确定

（1）工程量确认依据。

工程量的计算依据委托方提供的建设工程施工合同、施工图纸、设计修改通知单、变更通知单、图纸会审纪要、工程变更签证单、工程联系单等证据资料，结合现场实际施工情况及某法院、双方当事人、咨询机构共同参与且由相关方签字认可的现场勘验记录、会议纪要确定。

（2）定额套用。

依据施工合同，定额采用宁夏回族自治区 2013 版《建筑工程计价定额》《装饰工程计价定额》《安装工程计价定额》《建设工程费用定额》。

（3）费率计取等。

① 依据施工合同，本造价鉴定项目工程取费执行一般建筑安装工程三类企业、三类工程（其中取费类别与合同不一致的部分单体分别按三类企业、三类工程和三类企业、二类工程列入不确定项）；

② 依据施工合同，本造价鉴定项目税金按工程造价的 3.4875% 计取。

（4）工程材料价格确认依据某人民法院提供的由双方认可的某工程施工工期明细表进行调整，具体如下：

① 主体工程：1 号楼按 2015 年 3 期～ 2016 年 2 期平均价、2 号楼按 2015 年 3 期～ 2016 年 1 期平均价、3 号楼按 2015 年 4 期～ 2016 年 5 期平均价、4 号楼按 2015 年 4 期～ 2015 年 5 期平均价、5 号（6 号～ 8 号、12 号～ 14 号）楼按 2015 年 4 期～ 2015 年 6 期平均价、15 号（16 号、17 号）楼按 2015 年 3 期～ 2015 年 6 期平均价；

② 二次结构：1 号楼按 2015 年 4 期～ 2016 年 3 期平均价、2 号楼按 2015 年 4 期 ～ 2016 年 3 期平均价、3 号楼按 2016 年 2 期～ 2016 年 6 期平均价、4 号楼按 2015 年 5 期～ 2015 年 6 期平均价、5 号（6 号～ 8 号、12 号～ 17 号）楼按 2015 年 4 期～ 2016 年 3 期平均价；

③ 装饰装修工程：1 号楼按 2015 年 5 期～ 2016 年 5 期平均价、3 号楼按 2016 年 3 期～ 2017

年3期平均价、4号（5号～8号、12号～17号）楼按2015年5期～2016年4期平均价；

④安装工程：按2017年2期～2017年6期平均价。

2）未完工程范围的确认

由于施工单位未全部按图纸将该工程施工完成，且退场时也未进行清理盘点或留存相关影像资料，未施工部分已由其他施工单位完成并交付使用，依据委托方提供的资料在现场查勘时，鉴定公司以会议纪要的形式将合同范围内未施工内容让双方当事人予以确认。本次造价鉴定施工合同范围未施工内容确定如下：

（1）土建工程未施工项目。

Ⅰ标段门窗、室外台阶面层、散水面层、坡檐口防水及保温、门头石材面层、玻璃幕墙；卫生间墙面未刮腻子，3号、6号、13号、14号楼地暖保护层，基础防腐（设计变更前已施工1号、4号、12号、15号、16号、17号楼）；2号宾馆附属仅施工钢结构及主体工程、屋面工程、雨落管及室内外抹灰；3号、4号商场、15号汽车站楼梯扶手；12号农贸市场内厅原设计主网架（仅施工预埋件）。

（2）安装工程未施工项目。

Ⅰ标段太阳能、采暖入口装置、卫生洁具、主电源电源线；所有楼弱电仅施工预埋管，所有照明灯具（白炽灯）、疏散应急灯仅施工1号、4号楼；电气部分：2号宾馆附属仅施工预埋管，3号商场仅施工正负零以下预埋管，4号商场强电电缆未施工，5号、6号、7号、8号商网只施工预埋管，12号农贸市场仅施工预埋管，15号汽车仅施工预埋管盒及箱体，16号、17号商网仅施工预埋管。

采暖部分：3号商场未施工，5号、6号、7号、8号商网仅施工正负零以下管道，12号农贸市场仅施工正负零以下管道及保温，16号、17号商网仅施工正负零以下管道。

给排水部分：3号商场仅施工预埋管，5号、6号、7号、8号商网仅施工正负零以下管道，12号农贸市场给水仅施工正负零以下管道及保温，16号、17号商网仅施工正负零以下管道。

3）争议问题的处理方法

（1）钢筋植筋的问题：本案中二次结构钢筋植筋联系单中建设单位、监理单位及施工单位签字盖章齐全，但申请人未予以认可，由于该部分内容属于隐蔽工程，被申请人不能提供经批准的施工组织设计等资料，依据《建设工程造价鉴定规范》（GB/T 51262—2017）5.9.2条相关规定，本次将该部分内容的鉴定意见单独列项，供委托方判断使用。

（2）依据《建设工程造价鉴定规范》（GB/T 51262—2017）相关规定，由被申请人提供的工程联系单、工程变更签证单等建设单位、监理单位及施工单位签字盖章齐全的或有监理单位、施工单位盖章签字的计入本次鉴定结论中，对无监理及建设单位签章的本次未予采纳。对工程变更单有中施工单位签字盖章、监理单位签字盖章确认，但建设单位未签字盖章确认部分，依据《建设工程造价鉴定规范》（GB/T 51262—2017）5.4.2条结合5.9.2条相关规定，本次将该部分内容的鉴定意见单独列项，供委托方判断使用。

（3）关于施工合同中约定不明确的争议。

①装饰人工费调整的问题：依据宁夏回族自治区住房和城乡建设厅《关于对装饰装修工程定

额人工单价动态调整的通知》[宁建（科）发〔2016〕11号]，在2016年4月1日未完成的装饰装修工程应执行本通知；依据《建设工程造价鉴定规范》(GB/T 51262—2017）第5.6.3.2条相关规定，本次将在2016年4月1日未完成的装饰装修工程的人工费按宁建（科）发〔2016〕11号相关规定进行调整，并将该部分内容的鉴定意见单独列项，供委托方判断使用。

② 施工合同约定的工程取费问题：本次鉴定分别依据工程施工合同中关于工程取费约定的“三类企业三类工程”、2013宁夏回族自治区建设工程造价计价依据《建设工程费用定额》中各专业工程类别划分标准“三类企业二类工程”两种取费标准分别计算，依据《建设工程造价鉴定规范》(GB/T 51262—2017）第5.11.4条相关规定，将二类工程与三类工程取费差值计入单独列项，供委托方判断使用。

③ 原施工合同中约定劳保基金计取的问题：依据宁夏回族自治区住房和城乡建设厅《关于做好建筑工程劳运保险管理办法废止后接续工作的通知》[宁建（建）发〔2016〕24号]，2015年10月12日以前已完成招标投标的建设工程项目按建筑安装工程造价（税前）的3%缴纳劳动保险费，如建设单位已向当地劳保基金管理办公室缴纳该费用，凭建设单位缴纳发票予以扣除。本次鉴定意见将劳保基金单独计列，供委托方判断使用。

（4）由于本次鉴定的14个单体工程已由建设单位委托其他单位将未完工程施工完毕并交付使用，本次鉴定范围内已完工程无法现场查勘核实。本次鉴定针对项目实际情况在现场查勘时，对施工单位已完成部分逐项进行确认，并形成已完工程施工范围会议纪要，依据《建设工程造价鉴定规范》(GB/T 51262—2017）5.11.5条结合相关规定计入确定鉴定意见书。

（5）由于现场钢结构已涂刷防火涂料无法查勘，建设单位又不能提出相佐证的相关资料及隐蔽验收资料，本次鉴定时将钢结构油漆部分内容按图纸设计做法计入鉴定意见中。

（6）门窗配合费存在争议，依据现场查勘会议纪要，该项目门、窗工程未由施工单位进行施工，施工方在现场查勘时提出按《建设工程工程量计价规范》及《建设工程造价鉴定规范》应补偿合理的施工利润按15元/m^2计入，但施工单位未能提供任何关于门、窗配合费的相关资料，不能判断是否存在肢解分包的情况，本次鉴定结论中未将该部分费用计入。

（7）关于商品混凝土运距及钢结构运距以及主要材料运距的问题，本次鉴定意见依据现场查勘时的会议纪要，该项目主体工程中所有混凝土使用商品混凝土，商品混凝土运距以53km计入。钢结构为加工厂加工成品后运输安装，运距按60km计入。主要材料运距依据施工合同约定的信息价计入，并参考《建设工程造价鉴定规范》(GB/T 51262—2017）第5.11.5条相关规定计入确定鉴定意见书。

（8）屋面防水卷材层数争议，经过第三次现场查勘，对现场屋面防水进行抽点打开查验，将现场实际情况记录在现场勘验记录中，并由当事人双方签字确认。本次鉴定按确认后的现场勘查记录的施工内容进行修正计入。

（9）基础砂夹石换填厚度的确定：经与设计图纸、工程量确认单及地基验槽记录进行核对后，发现地基验槽记录中所示标高与工程量确认单中的标高不一致，依据《建设项目工程结算编审规程》(CECA/GC 3—2010）中结算审查依据性资料中无地基验槽记录，本次鉴定没有采纳地基验槽记录，而是采用了工程量确认单中的标高。按照提供的监理确认过的工程量确认单中的现场自然地坪相对黄海标高以及砂夹石换填相对黄海标高确定了基础换填砂夹石的深度，结合图纸设计尺寸计算土石方开挖工程量及换填工程量。

4）其他问题的说明

（1）依据现场查勘的会议纪要及发包方提供的某工程保温材料规定的通知，本项目外墙保温为 B_1 级 70mm 厚的聚苯板，密度为 22kg/m^3；屋面保温为 B_1 级 100mm 厚的聚苯板，密度为 18kg/m^3。

（2）本次鉴定土方回填及外运综合考虑，场区内挖填平衡使用土方的运距按 1km 考虑。

（3）结合项目现场情况，本次鉴定塔式起重机及挖掘机按以下原则计入，其中：5 号～ 8 号楼考虑共用 1 台，计入 8 号楼中；13 号、14 号楼共用 1 台计入 13 号楼中；15 号～ 17 号楼考虑共用 1 台，计入 15 号楼中；1 号、2 号楼考虑共用 1 台，计入 1 号楼中；12 号楼考虑 2 台；其余各楼分别考虑 1 台。

（4）鉴定意见未扣除施工用水电费用，实际发生的费用，由建设单位根据现场安装的水电表计量数据以及缴纳收据在财务付款时扣除。

4. 鉴定意见

依据《建设工程造价鉴定规范》（GB/T 51262—2017）第 5.11 条鉴定意见的相关规定，本造价鉴定意见由确定性鉴定意见及供选择性鉴定意见两部分内容组成，具体如下：

1）确定性鉴定意见为 106358996.57 元。

2）不确定项作出供选择性鉴定意见为 5962085.04 元，其中劳保基金按合同约定三类三取费为 3214483.24 元，按费用定额三类二与三类三取费的差值为 41593.53 元。具体造价构成明细详见表 1。

表 1　某项目已完工程造价鉴定意见汇总

序号	工程名称	鉴定造价（元）	备注
一	确定项		
1	1 号宾馆	10208752.47	
2	2 号宾馆附属	3265187.85	
3	3 号商场	24259586.77	
4	4 号商场	18379662.69	
5	5 号汽摩会所	1678999.63	
6	6 号商网	1235658.48	
7	7 号商网	1623751.31	
8	8 号商网	1965570.63	
9	12 号农贸市场	27466603.62	
10	13 号商网	2446016.09	
11	14 号商网	2202318.85	

续表

序号	工程名称	鉴定造价（元）	备注
12	15 号汽车站	5703793.26	
13	16 号汽车站商网	2882600.26	
14	17 号汽车站商网	2829120.84	
15	3 号、4 号连廊	211373.80	
合计		106358996.57	
二	不确定项		
1	植筋	312378.96	
2	人工费调整	341828.33	3 号楼装饰部分
3	经济签证单	658590.92	
4	取费	1393210.06	三类二与三类三取费的差值
5	劳保基金	3214483.24	全部按三类三
		41593.53	三类二与三类三取费的差值
合计		5962085.04	

（三）案件当事人对工程造价司法鉴定意见异议问题

在本案工程造价鉴定征求意见稿出具后，双方当事人对鉴定征询意见书提出了异议，且对鉴定过程中提供的相关资料相互不予认可。本次鉴定将争议部分按不确定的项目进行单独列项，由法院在案件审理时根据双方所提供的证据资料进行判断取舍。针对主要异议问题处理方法如下：

（1）关于发包人提出装饰人工费不予调整的问题：确定性意见依据合同中约定为执行开工时相关政策文件不应该对装饰部分人工费进行调整，被申请人认为依据宁夏回族自治区住房和城乡建设厅《关于对装饰装修工程定额人工单价动态调整的通知》[宁建（科）发〔2016〕11 号]，2016 年 4 月 1 日尚未完成的工程应执行本通知，本次鉴定将 3 号商场装饰装修部分人工费调整的价差按被申请人意见计入不确定项。

（2）关于植筋的问题：由于 2020 年 5 月 14 日被申请人提交的质证资料中，二次结构植筋签字盖单齐全，但在质证笔录中申请人未予以认可，本次将该部分内容单独计算列入不确定项。

（3）关于工程变更签证单的问题：由于 2020 年 5 月 14 日被申请人提交的质证资料中，部分工程变更签证单有监理单位签字盖章，但在质证笔录中申请人未予以认可，本次将该部分内容单独计算列入不确定项。

（4）施工合同约定按照三类企业三类工程标准取费（如有异议，按照相关法定单位出具的工程类别划分确认书为准），截至出具报告之日，未见到工程类别确认书，确定性意见按照三类企业三类工程标准进行取费。被申请人提出应按照 2013 宁夏回族自治区建设工程造价计价依据《建设工程费用定额》中的规定确认工程类别，该项目 3 号、4 号、12 号楼按《建设工程费用定额》划分标准为二类工程，不确定鉴定意见中将二类工程与三类工程取费差值单独列项。

（5）关于申请人提出的劳保基金的问题：依据宁夏回族自治区住房和城乡建设厅《关于做好建筑工程劳运保险管理办法废止后接续工作的通知》[宁建（建）发〔2016〕24号]，2015年10月12日以前已完成招标投标的建设工程项目按建筑安装工程造价（税前）的3%缴纳劳动保险费，本次鉴定意见将劳保基金单独计列，如建设单位已向当地劳保基金管理办公室缴纳该费用，凭建设单位缴纳发票予以扣除。

四、出庭作证情况

本案在鉴定过程中，鉴定公司就双方争议问题及处理办法多次与委托方进行沟通。审理过程中，法院未提出鉴定人出庭作证且双方当事人未向法院提出鉴定人出庭作证的请求，本案件造价鉴定人未进行出庭作证。

五、心得体会

近年来建筑业中承包、发包双方因工程造价纠纷引起的仲裁及民事诉讼案件逐年增加，由此产生的工程造价司法鉴定也随之增多，如何科学、客观、公正、合法地进行工程造价司法鉴定显得尤为重要。在实际工作中，法院和仲裁委（委托方）往往委托专业的工程造价咨询机构，运用造价专业知识和科学方法对诉讼或仲裁中涉及的造价专业性问题进行鉴别和判断，并提供鉴定意见。就其本质而言，鉴别和判断是专业行为，而不是司法行为，其准确程度取决于鉴定人员的专业技术水平和职业道德水准。所以，如何科学、客观、公正、合法地进行工程造价司法鉴定，为仲裁庭或法院审理案件提供技术参考和重要依据。通过对本案例的分析及多年从事鉴定工作的经验，开展鉴定工作时鉴定人应该就以下事项予以注意：

（1）鉴定资料方面，要区分其法律效率，分为两类：①证据即经过法庭质证后的相关证据资料（前提是质证时双方予以认可的部分），可以作为鉴定依据计入鉴定意见书中；②经过质证但双方有争议的资料，鉴定时只能将该部分资料作为参考，不能作为依据直接计入鉴定意见书中，如本案中二次结构植筋的问题。

（2）鉴定资料提交方面，在鉴定过程中，当事人提供的所有资料都必须由法院经过质证后转交给鉴定人，鉴定人不能直接接收当事人提供的任何资料，如本案中建设单位未签字确认的工程变更签证单等；主要依据性资料鉴定人无法判断，使用时应及时与法官沟通。鉴定资料的有效性及真实性由法院进行判定，鉴定人不能越权，不能“以鉴代判”。

（3）施工范围确定的重要性：由于双方当事人对承包方实际完成工作面未进行清理盘点或留存相关影像资料等相关确认，施工单位未全部按图纸将该工程施工完成，并且后期未施工部分已由其他施工单位完成并交付使用，对于承包方实际完成工作界面的确认，鉴定人员多次与委托方沟通并建议委托方召集几方当事人以会议纪要的形式将合同范围内未施工内容让双方当事人予以确认。

（4）现场勘验的重要性：将现场勘验的过程采取拍照或摄像取证的方式，留下影像资料并形成现场勘验记录，经委托人、当事人现场签字确认，供鉴定人进行鉴定。如屋面防水卷材层数争议，经过第三次现场查勘，对现场屋面防水进行抽点打开查验，就现场实际情况记录在现场勘验记录中，并由当事人双方签字确认，本次鉴定按确认后的现场勘验记录的施工内容进行修正计入。

（5）鉴定人员出庭问题：许多鉴定人员没出庭经验，可以采取旁听方式熟悉。出庭人员要熟悉庭审流程，只对报告内容负责，要围绕报告回答问题，答辩时不要受当事人的情绪左右，要冷静，难以回答的问题可以庭后书面答复，不能答错。出庭人员要具备一定的法律知识、沟通能力、心理素质和应变能力，对专业知识要精通。

（6）由于工程造价司法鉴定的困难和复杂程度，作为一名合格的造价鉴定人员，不仅要有丰富的造价工作经验，还应具备其他多方面的知识，如法律、工程技术、财务会计等，同时要有较好的判断能力、协调能力、文字和语言表达能力。在鉴定过程中，要了解各方当事人的利益所在、平衡点所在及其最为关注的问题，充分运用心理学和各种谈判技巧，使当事人各方以客观务实的态度正确对待分歧，争取当事人的积极配合，最大限度地消除当事人对鉴定结果的疑虑。如基础砂夹石换填厚度的确定：经与设计图纸、工程量确认单及地基验槽记录进行核对后，发现地基验槽记录中所示标高与工程量确认单中的标高不一致，最终鉴定人员依据造价工作经验按工程量确认单中的标高进行计算。

（7）若遇到项目单体多、单体种类多的情况，如本案例中单体种类分别有宾馆、商场、商网、农贸市场、汽车站及会所等，在项目安排中必然存在项目组人员安排较多的情况。所以在项目安排时应考虑项目类型及人员情况等多方面因素分类安排、组建项目成员，确保在鉴定工作开展的前期保持口径一致。

（8）对于项目复杂、争议项较多的项目，应多做汇总表，以便委托方判案时方便使用，如本案例中除鉴定意见汇总表外，还包括劳保基金汇总表、工程类别鉴定汇总表，分别见表 2、表 3。

表 2　劳保基金汇总

序号	工程名称	劳保基金(元)	备注
一	三类三取费		
1	1 号宾馆	304776.79	
2	2 号宾馆附属	97480.42	
3	3 号商场	724256.85	
4	4 号商场	548714.90	
5	5 号汽摩会所	50125.63	
6	6 号商网	36889.92	
7	7 号商网	48476.22	
8	8 号商网	58681.05	
9	12 号农贸市场	820000.61	
10	13 号商网	73024.49	

续表

序号	工程名称	劳保基金(元)	备注
11	14 号商网	65749.04	
12	15 号汽车站	170283.67	
13	16 号汽车站商网	86058.47	
14	17 号汽车站商网	84461.87	
15	3 号、4 号连廊	6310.45	
16	植筋部分	9325.90	
17	人工费调整部分	10205.10	
18	经济签证单	19661.88	
小计		3214483.24	

表 3　工程类别鉴定汇总

序号	工程名称	二类工程(元)	三类工程(元)	差值(元)	备注
1	3 号商场	24728951.83	24259586.77	469365.06	
2	4 号商场	18744821.95	18379662.69	365159.26	
3	12 号农贸市场	28025289.36	27466603.62	558685.74	
合计		71499063.14	70105853.09	1393210.06	

专家点评

本案例为某物流中心建筑合同纠纷项目，总建筑面积为 81561.43m^2，包括 14 个单体工程。业态分布包括宾馆、商场、商网、农贸市场、汽车站及会所等。本案例项目于 2015 年 5 月 10 日订立了建设工程施工承包合同，项目实施过程中，由于施工现场管理问题导致项目停工，双方当事人对承包方实际完成的工作内容和工程价款产生争议，故发包方向某人民法院提起诉讼。

本案例主要争议焦点：合同签订后当地建设主管部门下发的人工调价文件是否调整；合同约定的企业取费标准和计价文件规定不一致时是否调整；合同约定发包方缴纳的劳保基金是否需要根据文件调整；已完工工程施工界面争议；属于措施项目的签认手续齐全的植筋费用是否另行计取；签认手续不齐全的工程变更签证单费用是否计取；现场实际施工与图纸设计不相符的争议问题（钢结构刷漆做法和屋面防水卷材层数）；原属于承包人施工范围的门窗工程发包人另行发包是否计取总包管理费；商品混凝土及钢结构运距争议等。主要鉴定难点：由于双方当事人对承包方实际完成工作面未进行清理盘点或留存相关影像资料等相关确认，承包方未全部按图纸将该工程施工完成，并且后期未施工部分已由其他承包方完成并交付使用，对承包方实际完成工作界面的确认是本案工程造价鉴定的难点。由于设计图纸中未注明施工现场自然地坪标高及部分设计图纸中未给出地基换填砂夹石的厚度，双方当事人提供了由监理确认的换填工程量确认单以及签字盖章齐全的地基验槽记录，但提供的工程量确认单中的土方开挖深度及砂夹石换填厚度与地基验槽记录存在不一致的情况。土方开挖深度的确定将直接影响土石方工程量及换填工程量，因此土方开挖深度及基础砂夹石换填厚度的确定是依据工程量确认单还是地基验槽记录中的标高进行工程量计算，也是工程造价鉴定的难点。

本案例上述争议焦点和鉴定难点为常见建筑合同纠纷类型，鉴定人在进行工程造价鉴定时对于鉴定资料质证、现场勘验、争议问题处理、鉴定方法选择、鉴定意见书质疑回复及开庭质证等环节均能够严格按照《建设工程造价鉴定规范》开展相关工作，工程造价鉴定工程程序严谨、合规，本案例具备借鉴性和推广性。但在技术问题处理和法律事实认定的问题上，建议能够采用更加准确全面的鉴定方法，如案例中“依据现场查勘会议纪要，该项目门、窗工程未由施工单位进行施工，施工方在现场查勘时提出按《建设工程工程量计价规范》及《建设工程造价鉴定规范》应补偿合理的施工利润按 15 元 /m^2 计入，但施工单位未能提供任何关于门、窗配合费的相关资料，不能判断是否存在肢解分包的情况，本次鉴定结论中未将该部分费用计入”，故未计取门窗工程总包管理费。建议对于此类问题在鉴定意见书中提供选择性意见供法庭参考。

中建精诚工程咨询有限公司　任双成

对新疆某商住大厦改造项目综合楼造价司法鉴定

——新疆天健建设工程项目管理有限公司

冶永仁　谭玉萍　郑咏梅　李春艳　李思扬

一、案情简介

新疆某建筑工程有限责任公司（以下称承包方）与新疆某房地产开发有限责任公司（以下称发包方），针对新疆某商住大厦改造项目综合楼于 2012 年 4 月 25 日通过公开招标，签订了施工合同，合同约定由新疆某建筑工程有限责任公司负责承建新疆某商住大厦改造项目综合楼。2012 年 5 月—2013 年 8 月新疆某商住大厦改造项目在竣工结算时，由于结算方式不清、施工主体不明确、主要材料价格存在争议、签证资料盖章不全、施工工作面混乱等问题，发包方与承包方产生了巨大的结算分歧，进而导致合同纠纷，诉讼至新疆维吾尔自治区某人民法院。

二、案件争议焦点和造价鉴定难点

本涉案项目双方当事人主要争议焦点和造价鉴定难点如下。

（一）主要争议焦点

（1）关于结算计价标准。

施工合同中专用条款第六 23.2（1）条采用固定价格合同，合同价款中包括的风险范围：施工图纸全部内容，以及所有的设计变更、经济签证；专用条款第六 23.2（2）条采用可调价格合同，合同价款调整方法：工程完工后，按施工图纸、设计变更、签证资料、实际发生工程量及其他资料，在可调价的基础上按实决算，工程施工材料按施工时段当地材差文件调整，进行结算。承包方认为：本工程应执行专用条款第六 23.2（2）条采用可调价格合同。发包方认为：本工程应执行专用条款第六 23.2（1）条采用“中标价 + 设计变更 + 经济签证”的方式。

（2）关于未完工程量。

承包方认为不存在未施工的项目，发包方认为部分施工内容是由自己另找施工方施工的，主要包括：楼地面垫层、找平层、花岗岩面层、水泥花砖、麻石砖、踢脚、台阶及花岗岩面层、散水、屋面防水、屋面聚苯板保温、陶粒混凝土保温、7～11层梁底以上墙面抹灰及天棚抹灰、配电室墙面抹灰、8～14轴A～D轴的墙、梁、板、基础、钢筋、防腐、7～11层楼梯扶手调和漆及防锈漆、外墙干挂复合墙板、卫生间GRC墙板、不锈钢防护栏杆（玻璃幕）、一层加气混凝土砌块墙、主配电箱、接线端子、7层以下照明线及部分桥架、电缆、水表、水龙头、地漏、雨水斗、地面扫除口、管道保温、热力入口装置、阀门（包括静态平衡阀、柱塞阀、闸阀、自动排气阀、手动排气阀）、散热器、室内镀锌钢管、铝塑管等。

（二）造价鉴定难点

（1）鉴定依据资料的确认：发包方当事人对于对方提供的签章不全的鉴定资料均不予确认，为工程造价鉴定工作造成了困难。如何确认鉴定资料是本案工程造价的难点。

（2）由于双方当事人对承包方实际完成工作面未签订确认单，并且后期未完工程由其他单位完成，对承包方实际完成工作界面的确认也是本案工程造价鉴定的难点，例如4层屋面的防水层施工方不明确、车库土方工作面混乱等内容。

（3）由于双方当事人对主要材料价格未签订主材价格确认单，且未提交关于主要材料价格的资料，鉴定时也无法确定两年前的主材价格。对主要材料价格的确认也是本案工程造价鉴定的难点。

（4）本案由于核对工程项多且复杂，鉴定过程的确认环节有一定难度。确认环节也成为本案工程造价鉴定的难点。

三、鉴定情况

新疆天健建设工程项目管理有限公司（以下简称鉴定公司）接受新疆维吾尔自治区某人民法院〔2015〕法技字第05号司法鉴定委托后，按照鉴定委托书委托的鉴定事由和鉴定要求开展了本涉案项目工程造价鉴定工作，并在鉴定委托书规定的时限内提供了工程造价鉴定意见书，主要鉴定情况如下。

（一）司法鉴定委托人提供鉴定的材料内容

（1）起诉书。

（2）竣工图纸、设计变更单、经济签证单、设计交底、图纸会审记录。

（3）地基验槽记录、原始地坪抄测记录、隐蔽验收资料、材料进场报验。

（4）中标通知书、施工合同、补充协议、招标文件、投标文件。

（5）竣工验收报告、影像资料。

（二）工程造价司法鉴定情况

1. 鉴定过程

本案工程造价鉴定通过人民法院摇号确定鉴定公司。鉴定公司接受委托后，在委托书要求的时效内向委托单位提交了本项目鉴定所需的鉴定资料清单，并成立鉴定小组、勘验现场、召开鉴定会议、出具鉴定征询意见书、异议问题核对，在上述工作基础上，于2016年6月8日向委托单位提交了本项目工程造价鉴定意见书。

2. 鉴定依据

1）行为依据：受新疆维吾尔自治区某人民法院委托对新疆某商住大厦改造项目综合楼工程已完工程量进行造价鉴定（〔2015〕法技字第05号司法鉴定委托书）。

2）政策依据：根据《中华人民共和国建筑法》《中华人民共和国合同法》、《中华人民共和国招标投标法》《建设工程价款结算暂行办法》《建设工程造价鉴定规程》（CECA/GC 8—2012）等法律、法规。

3）分析（或计算）依据：

（1）依据委托人判定本工程合同价款采用“中标价＋设计变更＋经济签证”的方法进行结算。

（2）《全国统一建筑工程基础定额》（GJD–101–95）、《1998新疆维吾尔自治区建筑工程补充预算定额》《1999新疆伊犁房屋修缮工程预算定额》《2004新疆维吾尔自治区建筑安装工程费用定额》《全国统一建筑定额伊犁地区单位估计汇总表》（2004版）、《全国统一安装定额伊犁地区单位估计汇总表》（2004版）。

（3）土建变更签证部分人工费采用当地2012年二季度人工费调整文件，材料价差采用当地2012年下半年建设工程价格信息文件计入。安装变更签证部分人工费采用当地2014年二季度人工费调整文件，材料价差采用当地2014年上半年建设工程价格信息文件计入。

（4）工程设计图纸、设计变更、设计交底与图纸会审记录、经济签证。

（5）中标通知书、施工承包合同、补充协议。

（6）招标文件及答疑，中标预算。

（7）现场勘验通知书、现场勘验记录、双方当事人对鉴定征询意见稿及鉴定意见书的异议。

（8）对鉴定意见书异议回复的一步一签的鉴定签字表。

（9）双方当事人一致同意鉴定结果的鉴定情况说明。

3. 鉴定方法

根据本案鉴定委托书及双方当事人主要争议焦点问题，鉴定公司在工程造价鉴定时主要采取的鉴定方法如下：

（1）关于结算计价标准的确定：针对双方当事人主要争议焦点，根据施工合同通用条款第2.1条约定：解释顺序第3条为投标书及附件，第4条为本合同专用条款，第3条优先于第4条，故应按招标文件执行（招标文件是要约邀请，投标文件是响应要约邀请，招标投标文件是一个整体，所以招标文件属于第3条）。鉴定公司给出的意见是执行招标文件的计算方式：中标价＋设计变更＋经济签证。新疆维吾尔自治区高级人民法院伊犁哈萨克自治州分院与承包、发包双方沟通商议，一致同意执行专用条款第六23.2（1）条：中标价＋设计变更＋经济签证，鉴定公司在现场勘验时再次确认结算方式为：中标价＋设计变更＋经济签证。

（2）未完工程量的计量：鉴定公司通过现场勘验，要求承包、发包双方的施工负责人全部到场，与委托方、鉴定机构、双方当事人委派的授权委托人一起指认现场未施工的部位。四方共同确认出原告方未施工的项目属实，并签字确认在现场勘验记录表中。

（3）争议问题处理：

① 当现场有交叉施工且现场勘验也无法确定时，鉴定方可以通过与现场监理电话沟通或现场指认的方式来确定施工方。

② 对于跨年无法进行询价的主材价格，鉴定公司发函要求承包、发包双方提交相关询价单、主材发票、综合答疑等有关主材价格的资料，从而更真实地确定主材价格；通过原被告双方补充提交综合答疑，最终确定出主材价格。

③ 对于质证过的签证资料仍有签章不全的情况，鉴定公司通过与现场监理电话沟通或现场指认的方式来确定其工程内容及工程量。

（4）对于工程内容多且复杂的鉴定项目，鉴定公司应采用一步一签法，每核对一项，三方进行签字确认，避免重复工作。

4. 鉴定意见

根据鉴定委托书约定的鉴定内容及双方当事人主要争议问题，鉴定公司出具了本项目鉴定意见，鉴定意见分确定部分和争议部分两部分。本项目鉴定公司出具了两次鉴定意见书，第一次为2016年1月27日出具了鉴定意见书，第二次为2016年6月8日出具了补充鉴定意见书。具体情况如下：

1）第一次鉴定意见

可确定的工程造价合计为61940824.33元。由以下部分组成：

（1）中标价为62448000.00元。

（2）调减中标价中未施工的项目（以勘验记录为准）工程造价为10233859.67元。

（3）增加变更、签证、图纸会审等项目（以勘验记录为准）工程造价为9726684.00元。具体内容由以下组成：签证部分（001～010）、设计交底部分（001～004、006）、增加钢结构部分（除防火涂料，4层屋面防水均未施工）、墙体保温采用水泥发泡保温（除与钢结构相交部位采用聚苯板保温，其他采用水泥发泡保温、7～11层两楼体内侧部分采用聚苯板保温）、消防水池部分（只施工了剪力墙部分）、增加2～6层超出D轴部分（梁、板、墙、钢筋等）、2～6层塑钢窗变更为断桥隔热窗、1～6层楼梯间安装不锈钢栏杆。

不可确定部分含税金工程造价为3129910.47元。具体意见如下：

（1）施工图纸中设计了玻璃幕墙与外墙装饰（花岗岩），但中标价中未报此项预算，实际现场由原告按施工图纸进行了施工；承包方认为施工图纸中设计了玻璃幕墙与外墙装饰（花岗岩），而现场也施工了玻璃幕墙与外墙装饰（花岗岩），只是中标价中将外墙装饰（花岗岩）写成了外墙干挂复合墙板，属于书写疏忽，所以不应扣除外墙干挂复合墙板3129910.47元。

（2）发包方认为虽然施工图纸中设计了玻璃幕墙与外墙装饰（花岗岩），现场也施工了玻璃幕墙与外墙装饰（花岗岩），但外墙装饰（花岗岩）与外墙干挂复合墙板不是同一种材料，故应扣除外墙干挂复合墙板3129910.47元。

（3）鉴定公司对由承包方按照施工图纸施工的玻璃幕墙及外墙装饰（花岗岩）部分进行了现

场勘验并最终审定该部分的工程造价为 2075881.41 元。

2）第二次的补充鉴定意见

2016 年 1 月 27 日出具了新天健基审字〔2016〕58 号鉴定意见书。在规定的时间内，发包方对鉴定意见书未提出异议；承包方于 2016 年 3 月 25 日对鉴定意见书提出异议，并于 2016 年 4 月 25 日提出了新的证据（招标答疑）；经人民法院审核后，转交到鉴定公司。2016 年 6 月 5 日～6 月 8 日，鉴定公司对承包方提出的以上问题进行了补充鉴定；本次鉴定在新天健基审字〔2016〕58 号鉴定意见书鉴定造价 61940824.33 元的基础上增加了 3050890.08 元；最终鉴定新疆某商住大厦改造项目综合楼工程总造价为 64991714.41 元；承包方、发包方一致签字同意本次鉴定的结果。现将本次补充鉴定情况报告如下：

可以确定的工程造价合计为 64991714.41 元。由以下部分组成：

（1）第一次出具鉴定报告可确定的工程造价为 61940824.33 元。

（2）承包方提出的 19 条异议及提供新的招标答疑可确定的工程造价为 3050890.08 元。增加造价的主要项目有：真石漆装饰部分、大理石装饰部分、钢结构部分、水泥发泡保温部分、消防水池及设备间部分、超出 D 轴增加部分、玻璃幕装饰部分、断桥隔热窗变更部分。

上述鉴定结果，承包方、发包方一致签字同意。最终鉴定总造价为 64991714.41 元。

（三）案件当事人对工程造价司法鉴定意见两次异议问题

在本案工程造价鉴定征询意见书出具后，双方当事人对鉴定征询意见书提出了异议，鉴定公司对主要异议问题的处理方法如下。

1. 承包方意见及处理方法

（1）根据合同约定，本合同为暂定价合同且已约定调差方法，应按合同约定按施工相应时段的当地材差文件进行调差。2012 年上半年，承包方施工至地上 5 层，为了满足发包方 2012 年年底主体封顶的要求，承包方将主体施工材料已全部运至现场，所以主体部分应按 2012 年上半年信息价进行调差。

（2）发包方未按照合同约定支付方式支付工程款到位：①地下室封顶付至总工程款的 15%；②每层主体完成支付本层工程款的 50%；③主体封顶支付至总工程款的 60%；④竣工验收前支付至总工程款的 95%；⑤质保金年后付清：因发包方未按约定支付工程款即视为发包方违约，按违约处理。因发包方工程款不到位或其他违约行为造成承包方停止施工，后发包方又将工程转包给他人施工的，后期发包方转包的工程，承包方一律不予认可。

（3）因发包方原因（工程款不到位、甲供材料不到位、应甲方协调的事务未协调到位等）造成的工程停工，发包方应向承包方支付未支付到位工程款资金利息 100 万元（按同期银行贷款利率计算）、误工费 150 万元。

（4）因发包方大开挖土方未征得乙方同意并无文字性依据，不应扣除土方工程量。

（5）由于建筑 ±0.00 由建设单位现场指定与设计给定的绝对标高有较大出入，所以造成现场土方实际工程量与招标投标工程量出入较大，此项应按实际发生土方计算。

（6）运距与实际不符，有发包方提供的答疑为依据（实际运距为 5km）。

（7）大理石外墙面因发包方原因产生变更（有变更图纸），工程量变化较大，应由发包、承包双方协商重新组价计入，价格有发包方提供的工作回复为依据（580 元 /m^2）。

（8）变更后原大理石外墙面部分变更为真石漆，外墙真石漆新源市场价为 140 元 /m^2，而结算价为 60.5 元 /m^2，应重新计算。

（9）1 ～ 11 层增加部分，超出 D 轴部分面积在 1661.12m^2，鉴定公司只计取了 16 万元与事实差距较大，要求重新计算。

（10）消防水池工程建筑面积为 623.7m^2、高度 4.8m，鉴定公司只计取 12 万元，承包方计算总价为 124.4 万元，要求重新计算。

（11）钢结构工程造价，鉴定公司只计取 423 万元，而承包方计算总价为 743 万元，要求重新计算。且钢结构部分返工签证没有计算，签证编号（001、003）。造价公司是按预埋件计算，现场实际采用的是植化学螺栓、焊接卯板，此部分要求重新计算，有变更图为依据。

（12）屋面工程只有 SBS 防水层及后续工程未做，根据建设方要求，施工方在找平层增加了一层丙纶布作为临时防护，增加丙纶工程量未计算，且 SBS 防水层前面的所有工程建设单位不应扣除。

（13）经发包方同意，5 ～ 11 轴 6 层屋面增加 30mm 厚细石找平层一道，该工程量未计算。

（14）楼地面聚苯乙烯泡沫板不应扣除。

（15）屋面雨水斗在施工屋面之前就已安装完毕，不应扣除。

（16）结算中扣除承包方投标预算中保温面积有误，现场实际保温面积未变，只是将部分保温材料变更为水泥发泡板，应增加承包方水泥发泡板部分与原投标预算中保温价差。

（17）玻璃幕墙的计算价格与发包方提供的工作回复中 680 元 /m^2 的价格不符，应重新计算。

（18）2 ～ 6 层断桥隔热窗决算单给出面积为 1531.46m^2，而实际施工面积为 1900m^2，发包方回复单为 500 元 /m^2，7 ～ 11 及屋面层塑钢窗没有计算，按发包方回复单为 300 元 /m^2，此项应重新计算。

（19）发包方甩项部分应给予承包方的总包配套费未支付（电梯、消防、配电、空调、装修等）。

（20）土建的部分签证未计算（005、013、015），安装部分 016 签证计算的结果与实际工程量不符。

（21）1.1 中新疆某商住大厦改造项目综合楼 2012 年上半年人工费应执行〔2012〕23 号文件。

（22）1.2 中新疆某商住大厦改造项目综合楼 2013 年下半年人工费应执行〔2013〕17 号文件。

（23）1.3 和 2.1 中新疆某商住大厦改造项目综合楼 2014 年下半年人工费应执行〔2014〕7 号文件。

（24）旱厕漏项。

（25）设计变更 01（地下基处理方案）、02（自动扶梯）漏项。

（26）卫生间增加的变压式烟道漏项。

（27）铸铁水斗和落水管漏项。

（28）空调机房、设备机房、电梯井岩棉板抗噪漏项。

（29）首层室外（地下室项面）地面换填土石方漏项。

（30）水箱间防水、设备用房防水漏项。

（31）地下室剪力墙防水及保温漏项、防水地板的保温及防水漏项。

（32）消防控制室配电室弱电机房空调机房的地面做法漏项。

（33）由于施工现场无法堆放土方，所有土方均要外运 8km，回填土方均要计算回运。

（34）防火隔离带漏项。

（35）屋面钢筋混凝土 + 造型未计算，沉降缝及后浇带未计算。

处理方法：以上问题较多，鉴定公司提请委托方进行三方核对工作，经委托方同意，与双方当事人对承包方的以上问题进行了逐一核对，并采用了一步一签法进行确认。

2. 发包方意见及处理方法

（1）土石方工程，工程量不实，需重新审核量。

（2）M5.0 水泥砂浆多孔砖及 M5.0 混合砂浆加气块墙工程量不实，需重新审核。

（3）楼地面工程（8-11、8-14、8-27、8-43、8-44、8-57、8-59、8-8 换 8-82、8-152、8-154）子目未做，需调整。

（4）屋面及防水工程（9-94、9-99、9-106、9-109、B9-16、B16-51、10-50）子目未做，需调整。

（5）防腐、保温、隔热工程（10-211、10-220 换、B10-20）子目与实际不符，需调整。

（6）装饰工程（11-575、11-595、B11-87）未做，需调整。

（7）单位工程人材机价差表中：水泥花砖、麻石砖、SBS 防水卷材、聚苯乙烯泡沫塑料板、调和漆、石油沥青等均未做，需调整。

（8）电气部分：

① 控制设备及低压电器（2-264、2-265、2-331、2-332、2-333、2-334、2-335）均未做，需调整。

② 电缆（2-542、2-543、2-544 2-618、2-619、2-620、2-626、2-627、2-642）与事实不符，需调整。

③ 照明器具与事实不符，需调整。

④ 新补电气工程（B237、B2-38、B2-39）与事实不符，需调整。

⑤ 单位工程主材表（电气部分）：桥架、声检开关、成套插座，需调整。

（9）给排水工程：

① 8-230、8-231 未做，需调整。

② 低压器具、水表组成与安装（8-358、8-361、8-362、8-139、8-140），均需调整。

③ 卫生器具制作安装（8-439、8-447、8-449、8-453）子目与事实不符，需调整。

④ 单位工程主材表（给排水）：螺纹水表 20、40、50，铜水嘴，地漏，地面扫除口与事实不符，需调整。

⑤ 承插塑料排水太阳能管 DN100 未做，需扣除。

（10）采暖工程：

① 地暖，甲方未认价，不予认可。

② 地暖工程量与事实不符，需调整。

③ 热力入口装置未做，需调整。

④ 负一层暖气主管均由甲方施工，需扣除。

⑤ 散热器未安装，扣除相关网门安装、手动放风间、钢制散热器、零配件及管道等工程量，需调整。

⑥ 管道保温（11-1970、11-1978、11-2153）未做，需调整。

（11）设计变更、经济签证部分依据工程造价意见书第四条鉴定依据第三款，委托人最终决定合同价款采用“中标价 + 设计变更 + 经济签证”的方法，故中标价中存在漏项或套用子目错误造成增加造价 6004447.72 元不予认可。

（12）经现场实际勘验（未施工项）：

① 扣减 8 ～ 14 轴交 A ～ D 轴地下室机构部分。

② 土石方工程重新计算（隐蔽资料）。

③ 楼梯间及公共走道部分均为做粉刷。

④ 所有屋面防水均为发包方施工，需扣除。

⑤ 所有管道井内封堵均由发包方施工，需扣除。

⑥ 除 1 ～ 4 层 200mm × 100mm 桥架以外，其余所有管道井内桥架均未做扣除。

⑦ 楼内开关插座、应急照明、消防疏散指示、安全指示灯等局部未做。

⑧ 电气部分，所有配电箱均为发包方施工，需扣除。

⑨ 7 ～ 11 层无灯具、小三箱安装不到位。

⑩ 暖气立管只刷了一遍底漆。

⑪ 防火门存在质量问题，无标识标牌，且五金件不全。

⑫ 屋面雨水管、排烟道均未按图纸施工或不完善，不予计算，应扣除。

⑬ 屋顶水箱间未做高位水箱，预算中应扣除。

⑭ 钢结构防火涂料均为发包方施工，应扣除。

⑮ 屋面避雷装置未按图纸施工，应扣除。

⑯ 1 层及钢结构部分地暖由发包方施工，扣除。

⑰ 玻璃幕墙不锈钢防护栏未做，扣除。

⑱ 7 ～ 11 层楼梯扶手均未做处理（1 ～ 7 层为不锈钢，7 层以上为钢制栏杆），应扣除。

⑲ 屋面玻璃采光井（中庭）由发包方施工，应扣除。

⑳ 外墙保温除东、南、北三面为水泥发泡外，其余均为苯板。

㉑ 外墙干挂花岗岩内无处理，需重新审核。

㉒ 玻璃幕墙内未做保温。

㉓ 室内主电缆均由发包方施工，1 ～ 6 电线、电缆均由发包方施工，应扣除。

㉔ 楼梯间踢脚线未做，应扣除。

㉕ 室外散水、踏步、无障碍坡道、花岗岩踏步地面均未施工，应扣除。

㉖ 1 层铝合金断桥隔热门由发包方施工，应扣除。

㉗ 卫生间 GRC 隔墙板由发包方施工，应扣除。

㉘ 阳台及飘窗均未做滴水线，应扣除。

处理方法：以上问题较多，鉴定公司提请委托方进行三方核对工作，经委托方同意，鉴定公司与双方当事人对发包方的以上问题进行了逐一核对，并采用了一步一签法进行确认。

四、出庭作证情况

在本案审理过程中，鉴定公司根据双方当事人的申请及委托单位要求进行当庭作证。在出具鉴定意见书后，承包方又提出了新的证据，由人民分院转交给鉴定公司。鉴定公司提请人民法院核对异议，经人民法院同意后，与承发包双方进行了核对；核对时对承包、发包双方进行了调解，最终双方当事人一致同意鉴定结果，并汇报给人民法院；人民法院要求鉴定公司出具鉴定补充意见书。在法庭上，双方律师均对鉴定补充意见书没有异议。本案也得到了人民法院庭审法官的高度评价：“本案鉴定结论清晰、鉴定方法科学、效率高、鉴定机构专业，像这种专业的鉴定机构我要推荐他们多做我院的造价鉴定。”

五、心得体会

笔者从事工程造价 15 年，从事司法鉴定业务 8 年多，近年来有幸涉及一定数量的工程造价的司法鉴定工作，梳理工作实践中的体会以及遇到的实务案例相关问题的处理，浅谈一下对司法鉴定的认识与体会。

1. 保持科学、独立、公正、高效的原则

科学的含义就是通过对鉴定项目进行分析研究，用工程造价专业知识作依据，精准鉴定出项目的实际造价，并对所要解决的问题提供结论性意见。鉴定结论应准确并符合鉴定规范，造价人员在司法鉴定中应遵循司法鉴定规范、规程，根据质证资料专业准确地计算出其工程造价。

独立的含义就是要求专业的鉴定不受任何界限的干扰，独立地表达自己的意见。鉴定结论是鉴定人经过勘验和技术分析，综合专业知识而作出来的。

公正的含义就是鉴定人要求对不同委托的当事人鉴定一视同仁，他们在案件中的地位都是平等的。做到鉴定立场公正、鉴定程序公正、鉴定方法公正、鉴定意见公正、鉴定行为公正。

高效的含义就是人民法院下达鉴定委托是有时间要求的，而鉴定的工作时间是十分有限的，如果不能科学地安排时间，就不能按时作出鉴定报告。

2. 保守对司法鉴定保密的原则

保守司法鉴定的秘密，是保证司法公正、保护当事人合法利益的一条重要原则，也是鉴定人的义务之一。任何鉴定都有一定的保密范围。

3. 鉴定人的角色定位要精准，不能以鉴代审

造价人员在司法鉴定中只是专业技术人员，不是法官；案件判决应由法官决定，不可“以鉴

代判”。鉴定人员应用自己的专业知识、工程经验，站在第三方的角度，公正不带倾向性地帮助法官测算、确定、确认出与工程有关的造价，为法院提供专业、准确的参考意见，具体判决谁是谁非是由法官决定的。如果不能精准地定位自己的角色“以鉴代审”，最终在庭审时双方当事人就会对鉴定机构的鉴定结论不采信，申请更换鉴定机构。因此鉴定结论一定不能出现“以鉴代审”的内容，鉴定报告中措辞应尽量中性、客观、只叙述事实，不作猜测，语言要简练、清晰，不拖泥带水，不能偏袒任何一方。双方无争议部分的造价计入可确定部分，有争议部分的造价计入不可确定部分。

4. 鉴定工作的一般流程

收到委托书与质证资料→研读送鉴资料→提请法院勘验现场→发函现场勘验通知（由法院分发给双方）→现场勘验→鉴定预算的编制→公司内部审核鉴定预算→出具鉴定征询意见书（由法院分发给双方）→双方提出异议→回复异议或申请核对→公司内部三级审核鉴定预算及鉴定意见书→出具鉴定意见书（由法院分发给双方）→无异议提交法院安排开庭→开庭→办理结案。

5. 鉴定工作重点

（1）确定结算计价标准：这是司法鉴定工作的首要任务，将影响鉴定结论的准确性。鉴定项目合同对计价依据、计价方法约定不明的，鉴定人应提请人民法院确定并执行。对于招标文件结算计价标准与施工合同不一致的情况，可参考施工合同解释顺序或最高人民法院发布的《关于审理建设工程施工合同纠纷案件适用法律问题的解释（二）》。

（2）勘验现场：根据图纸、签证以及变更资料，现场确认承包方施工的部位是司法鉴定的工作重点，将直接影响最终的鉴定结论。鉴定人应在勘验时进行影像资料的录制，将现场承包方施工的部位详细记录；现场无法勘验的施工内容，应用询问当事人或证人的方式进行记录。

（3）异议问题核对：根据发承包双方提出的异议，提请人民法院进行核对，人民法院允许后，鉴定人应对每一项核对内容的阶段性成果与双方当事人形成书面意见并签字确认（一步一签法）。

经过几年的历练和积累，初步总结出了以上宝贵经验，在今后的司法鉴定工作中，笔者会继续努力成长，继续沉淀自己，争取获得更多的具有实践性且操作性强的方法，与各位同人分享！

专家点评

本案例为新疆某商住大厦改造项目综合楼建筑合同纠纷项目，由于签订的建筑施工合同工程合同价款约定不清晰，工程结算时，合同双方当事人对于本涉案项目为固定总价合同还是据实结算合同产生重大争议，导致诉讼至某人民法院。此案例为典型的合同计价方式约定矛盾的建筑合同纠纷案例。

本案例主要争议焦点：本案施工合同中专用条款第六 23.2（1）条约定采用固定价格合同，合同价款中包括的风险范围：施工图纸全部内容，以及所有的设计变更、经济签证；专用条款第六 23.2（2）条采用可调价格合同，合同价款调整方法：工程完工后，按施工图纸、设计变更、签证资料、实际发生工程量及其他资料，在可调价的基础上按实决算，工程施工材料按施工时段当地材差文件调整，进行结算。双方当事人对于本案工程固定价格合同和可调价格合同产生争议。同时，双方当事人对于承包方是否存在未施工项产生争议。主要鉴定难点：发包方对于承包方提供的签章不全的鉴定资料均不予确认，为工程造价鉴定工作造成了困难；由于双方当事人对承包方实际完成工作面未签订确认单，并且后期未完工程由其他单位完成，对于承包方实际完成工作界面的确认也是本案工程造价鉴定的难点；由于双方当事人对主要材料价格未签订主材价格确认单，且未提交关于主要材料价格的资料，鉴定时也无法确定两年前的主材价格，对于主要材料价格的确认也是本案工程造价鉴定的难点。

本案例工程造价鉴定的亮点在于对于合同结算方式争议处理上把握上较为准确。本案最大争议是合同按照中标价＋设计变更＋经济签证的方式进行结算，还是按照可调价格合同据实结算。案例中，鉴定机构针对施工合同的结算方式约定矛盾问题，根据其专业技术能力结合本案例项目合同约定的解释顺序和招标文件中对于结算条款的约定，判断出合同中中标价＋设计变更＋经济签证的结算方式和招标文件约定的结算方式一致，据此向委托人提出其专业判断，由委托人向双方当事人沟通后，双方当事人对于中标价＋设计变更＋经济签证的结算方式达成一致，并记录在会议记录中。鉴定人对于工程造价鉴定原则选择上处理较为妥当，此类鉴定原则和鉴定方法的选择方法值得工程造价鉴定工作借鉴和参考。案例中工程造价鉴定工作能够严格按照《建设工程造价鉴定规范》开展工程造价鉴定工作，工程造价鉴定工程程序严谨、合规。

中建精诚工程咨询有限公司　任双成